CONTES DES COLONIES

LE COLON
DE
VAN DIÉMEN

PAR CH. ROWCROFT

TRADUCTION REVUE

PAR E. DE NIEUL.

LIMOGES
EUGÈNE ARDANT ET Cie, ÉDITEURS.

AVANT-PROPOS DU TRADUCTEUR.

La presse périodique a unanimement proclamé que les *Contes des Colonies* de M. Rowcroft étaient un des livres les plus remarquables que la littérature anglaise eût produits depuis quelques années. On les a généralement assimilés à Robinson Crusoé.

« Cet ouvrage, dit un journal, réunit l'attrait de la vérité au charme du roman.
» Le fonds et la forme rappellent les œuvres de Defoë.
» Depuis Robinson Crusoé, notre littérature n'a rien produit de comparable aux
» *Contes des Colonies*.
» Cet ouvrage est tout à fait original, dit un autre. Ce n'est point un roman, ce
» n'est point une fiction; c'est quelque chose de mieux, c'est une œuvre conçue
» par une imagination féconde et exécutée par un talent puissant. Le livre avec
» lequel celui-ci offre le plus de rapport est Robinson Crusoé; il le cède en bien
» peu de chose à cette admirable histoire, si même il ne l'égale pas de tout
» point.
» La nature, s'écrie un troisième, produit rarement un Defoë, surtout parmi les
» émigrants, qui ont leur chemin à faire dans des pays sauvages, une hache à la
» main, un fusil sur l'épaule et un chien derrière eux. Nous venons de recevoir un
» ouvrage nouveau intitulé : *Contes des Colonies* ou *Aventures d'un Émigrant*,
» qui, dans notre opinion, surpasse tout ce qu'on a publié depuis bien longtemps.
» Le récit porte un tel caractère de vraisemblance que l'auteur entraîne son lec-
» teur à sa suite, quoi qu'il en ait? Ce qu'il a vu, il le lui fait voir : son admiration,
» ses inquiétudes, ses alarmes, il les lui impose. »

Quel est donc ce livre si attrayant, va demander à son tour le lecteur français?

Pour les femmes, pour tout le monde répondra le traducteur, encore placé sous le charme de l'écrivain qu'il a cherché à interpréter, c'est un simple roman, attachant par le naturel des détails, amusant par l'originalité des caractères, intéressant par la nouveauté des mœurs, l'étrangeté des descriptions, l'éclat du coloris, le pathétique et l'imprévu de la fable.

Pour l'administrateur, pour l'homme d'État même, c'est un livre d'enseignement pratique, profond sous ses dehors de naïve simplicité, rigoureusement vrai sous les apparences de la fiction. C'est un livre dans lequel on apprend mieux que dans de lourds et graves traités, comment s'organise et s'accroît une colonie pénitentiaire, comment les condamnés se mêlent et se confondent à une population libre. Comment ils sont utilement employés; comment améliorés, récompensés et punis. On y voit, non pas dans les rêves d'une fallacieuse utopie, mais dans la peinture réelle et vivante d'un système en pleine activité, d'un système sanctionné par trente ans d'expérience, comment on parvient à délivrer la mère-patrie de cette population flottante que les bagnes rendent à la société plus perverse qu'ils ne l'ont reçue; et que la société, impuissante à lui offrir des moyens d'existence, replonge dans les bagnes chargée de nouveaux crimes. Ce livre révèle comment on peut trouver dans une œuvre de bonne administration, dans une œuvre d'humanité une source d'accroissement pour la puissance et la richesse nationales.

AVANT-PROPOS DU TRADUCTEUR.

Le traducteur s'est permis de substituer le titre : *Le Colon de Van Diémen*, au titre un peu vague de *Contes des Colonies*, adopté par l'auteur de l'ouvrage anglais. Il lui a semblé que le titre substitué donnerait au lecteur français une idée plus précise que le titre original, et du sujet du livre traduit, et du lieu où la scène se passe.

Quant aux équivalents des monnaies et des mesures anglaises jetés en parenthèse au milieu du texte, en monnaies et en mesures françaises, on sent qu'il eût été d'une exactitude trop minutieuse de les pousser jusqu'à leurs dernières limites.

Cependant, comme quelques lecteurs pourraient avoir intérêt à appliquer des calculs rigoureux aux détails statistiques que renferme l'ouvrage, nous reproduisons ici la réduction des mesures et des monnaies anglaises, qui y sont citées, en mesures et en monnaies françaises, telle qu'on la trouve dans l'*Annuaire du Bureau des Longitudes*.

Yard impérial.	0,91438348 mètres.
Mille.	1609,3149 mètres.
Acre.	0,404671 hectares.
Gallon impérial.	4,54345797 litres.
Bushel (8 gallons).	36,347664 litres.
Livre avoir du poids.	0,4534 kilogr.
Ton (tonneau).	1015,63 kilogr.
Livre sterling ou souverain depuis 1816.	25 fr. 21 cent.
Crown, le quart du souverain.	» »
Shilling, la 20° partie du souverain.	» »
Penny, la 12° partie du shilling.	» »

INTRODUCTION.

La difficulté toujours croissante de pourvoir, en Angleterre, à l'entretien de sa famille, la concurrence chaque jour plus acharnée qui s'établit même à l'égard des objets les plus indispensables à la subsistance, les obstacles si souvent insurmontables que l'on éprouve à assurer l'avenir de ses enfants, ont placé beaucoup de parents dans l'impérieuse nécessité de rechercher quels états, quelles professions pouvaient leur offrir une perspective de sécurité et de bien-être. Dans de telles circonstances, l'attention de presque toutes les classes de la société a été dirigée vers les colonies de la Grande-Bretagne, où tant de terres fertiles, sans propriétaires comme sans limites, n'attendent que le travail de la main de l'homme pour prodiguer à l'homme tout ce qui peut combler ses vœux.

Le gouvernement ou les pouvoirs législatifs d'un État qui laissent languir dans une stérile inactivité la puissance féconde de production dont est douée une partie active, industrieuse et intelligente de la population, quand cette population ne demande qu'à travailler, quand elle est capable de produire plus qu'il ne faut pour sa subsistance, quand elle viendrait apporter un tribut d'accroissement à la richesse générale, n'ont qu'à choisir entre le reproche d'une insouciance coupable ou celui d'une ignorance profonde. Il est choquant de voir sur une partie des domaines d'un grand empire pulluler une surabondance de population, au travail de laquelle la terre manque et qui est dans la continuelle appréhension de n'avoir pas le lendemain sa part du pain quotidien, tandis que dans une autre partie se trouve une surabondance de terres, dépourvues de la population dont elles auraient besoin pour produire. Il est douloureux de voir qu'en face d'un pareil état de choses, ni le gouvernement, ni les pouvoirs législatifs n'aient proposé aucune grande mesure nationale pour neutraliser les uns par les autres les funestes effets de cette double surabondance; surtout lorsque l'on songe qu'une mesure de cette nature contribuerait au bonheur des individus, en augmentant la prospérité générale des masses.

Tous ceux qui ont une connaissance pratique des colonies savent que, si depuis quelques années on eût appliqué à un système bien combiné d'émigration nationale un dixième seulement de la dépense annuelle qui est faite pour les pauvres, et qu'on eût ainsi métamorphosé ces malheureux à demi-morts de faim en colons heureux et bien nourris, on n'eût pas vu cette irritation et ce mauvais vouloir qu'a fait naître l'application de la nouvelle loi sur les pauvres, loi qui réduit la classe indigente à un degré d'infortune, tel qu'il n'y a que la mort par famine qu'on puisse regarder comme plus affreuse. Si un pareil acte de charité et de sagesse nationale eût été adopté, on aurait vu tomber devant ses bienfaisantes dispositions ces vastes et odieux repaires de souffrances qui, sous le nom de *Union Workhouses*, soulèvent l'exécration populaire, ces foyers de mécontentement, ces pépinières de chartistes, ces écoles normales de conspiration et de complots, ces tristes et redoutables prisons du pauvre, dont les rigides privations attestent combien la pauvreté est un crime irrémissible aux yeux du riche, et semblent justifier par des exemples pratiques le reproche impie adressé à la Providence, de permettre à des créatures humaines de naître dans un monde dont la population a été déclarée à l'état d'encombrement par les oracles de l'économie politique ! Ces taches déshonorantes dont un système de parcimonie impitoyable, égoïste, étroit dans ses vues, a souillé le noble sol de l'Angleterre, en auraient été à jamais effacées au milieu des éclatants témoignages de honte et de repentir que la société tout entière aurait donnés en expiation de la tolérance qu'elle a eue de souffrir une épreuve aussi dangereuse et aussi antipathique aux sentiments et aux mœurs du peuple anglais.

Mais ce ne sont pas seulement les classes, dont la subsistance dépend du travail de leurs bras, qui sont tourmentées par la difficulté de trouver de l'emploi pour leur famille ; on éprouve le même embarras dans tous les rangs des classes moyennes. Ceux qui possèdent un certain capital, aussi bien que ceux qui n'en ont pas, sont en proie à l'incessante inquiétude de procurer à leurs enfants une éducation professionnelle qui soit en harmonie avec leur éducation de famille et leurs habitudes, dans un pays où ce but devient chaque jour plus difficile à atteindre. Les parents, en se livrant à cette recherche, sentent combien il serait pénible pour leurs enfants, accoutumés à tenir un certain rang dans le monde, de descendre dans une condition plus humble et de demander au travail de leurs mains les moyens de subsistance qu'ils aimeraient à devoir à leur intelligence : c'est le même genre d'angoisses que celles éprouvées par les enfants du journalier, réduits à cet état extrême de dénuement et à cette incertitude de l'existence auxquels on est maintenant exposé dans notre vieille société.

L'appréhension d'une telle décadence pousse les classes bien élevées à chercher dans les professions libérales les moyens de maintenir leur rang dans la société. Elles espèrent, grâce à la rénumération plus élevée que les talents intellectuels obtiennent comparativement aux arts mécaniques, se procurer par eux les ressources nécessaires pour satisfaire à la délicatesse de leurs penchants et à celle de leurs goûts. Car les raffinements de l'éducation entraînent leurs inconvénients avec eux. L'homme, considéré comme simple animal, ne retourne pas moins difficilement que les autres animaux, de l'état civilisé à l'état de nature. Cette marche rétrograde ne s'opère pas pour lui sans privations et sans douleurs. L'éducation raffine et perfectionne le corps et l'esprit de l'homme; mais, en le faisant passer de l'état de nature à une sorte d'état artificiel, elle ajoute à ses besoins et en rend la satisfaction plus difficile et plus dispendieuse.

Chaque jour cependant les efforts de la concurrence laissent moins de chances de succès aux talents qui ressortent de l'intelligence. Tout le monde reçoit de l'éducation, tout le monde se porte à l'envi vers les professions libérales; on doit donc regarder comme très-prochain le moment où il n'y aura pas plus de clients sans profession qu'il n'y aura d'avocats, de médecins, d'avoués, de chirurgiens et d'apothicaires empressés à mettre à leur disposition leurs talents divers. Jusqu'ici, notre nation patiente est demeurée soumise à l'empire de la coutume et des lois. A chaque coin de rue, vous trouvez un chirurgien, ses instruments à la main, tout prêt à vous amputer si vous êtes vivant, à vous disséquer si vous êtes mort. Des apothicaires et des pharmaciens sans nombre vous offrent derrière les glaces de chaque magasin nouveau leurs inévitables remèdes. Il n'y a pas jusqu'à la carrière des pompes funèbres que vous ne trouviez encombrée. Les clous étincelants dont les entrepreneurs de cette industrie ornent les cercueils brillent à leurs fenêtres comme pour engager les passants à venir s'installer dans ces lits de repos si séduisants. Cependant ces malheureux industriels se plaignent que les affaires vont mal et jettent des regards pleins d'amertume et de convoitise sur le passant qui se permet, à leur grand préjudice, d'être encore en vie.

Quel sera alors le sort de cette masse de personnes bien élevées, qui se poussent, se pressent, se heurtent dans la carrière de la vie, et dont le nombre va toujours croissant? Ils ne peuvent pas devenir journaliers; ils ne peuvent pas avancer, toutes les avenues sont obstruées. Ils ne peuvent pas reculer, leur amour-propre et leurs habitudes s'y opposent; et s'ils demeurent stationnaires, c'est la faim qui les tuera. Que faire? Heureusement, il y a dans les colonies de la place pour tout le monde : tous les rangs, toutes les classes peuvent y trouver d'heureuses situations. Dans notre pays, travailler à la terre est une sorte d'humiliation, parce que la terre sur laquelle on travaille appartient à un autre homme et que cet homme est un maître; c'est une sorte de déshonneur, parce que le travailleur agricole, en butte à une inévitable pauvreté, dans un pays où le plus grand des crimes est d'être pauvre, est en état perpétuel de prévention au sujet de ce crime, que les maisons de travail sont chargées de réprimer et de punir.

Mais dans les colonies, au milieu d'un monde nouveau, dans une nouvelle vie, l'homme peut cultiver sa terre, il peut travailler de ses mains sur son champ sans en éprouver d'humiliation ni à ses propres yeux, ni aux yeux de ceux qui l'entourent. Au contraire, en revenant à cette vie des anciens patriarches, on peut dire qu'il recouvre sa dignité personnelle. La paisible solitude du désert, l'étendue illimitée de l'espace, le profond silence, le repos solennel de la nature, tout le met dans un contact plus immédiat avec son créateur. Dans cette situation nouvelle, son âme, naguère abattue par les soucis et l'inquiétude, reprend son indépendance naturelle. Il foule avec sécurité ce sol qui renferme, pour sa famille et pour lui, la source d'une subsistance assurée et du seul genre de richesse qui ait quelque stabilité ici-bas. Sur sa tête, Dieu verse des torrents d'une lumière qui ne lui est point concédée avec usure au prix d'une taxe accablante. Il n'est point obligé d'acheter l'appui ou le patronage des riches ou des grands par d'obséquieuses adulations. Il n'en est pas réduit à prier un homme, son semblable, de lui permettre de travailler. Ses succès ne dépendent que de son propre travail et de sa propre prudence. Là, il vaut quelque chose comme HOMME; là, il trouve que partout où il y a des matériaux à mettre en œuvre, L'INDUSTRIE EST UN CAPITAL.

L'expérience le confirme bientôt dans cette importante vérité : que si la nature a créé l'homme pour le travail, elle l'en récompense largement toutes les fois que la société n'y met pas d'obstacles. Sa famille, au lieu d'être une charge pour lui, est son plus ferme appui; au lieu d'être la source d'une inquiétude dévorante et continuelle, elle en est une de prospérité et de consolation. Chacun de ses enfants devient une démonstration vivante de ce principe que, dans l'ordre de la nature, tout homme a la faculté de produire au-delà de ce qui est nécessaire à sa consommation. Le soir, il se couche sans redouter le lendemain. Les idées de loyers, de taxes, d'impôts, de dîmes, ne troublent pas ses heureux songes ; il se lève le corps rafraîchi par un doux repos, le cœur plein d'une nouvelle espérance et sans être poursuivi par l'appréhension cruelle que le labeur du jour ne reste sans salaire. Il retourne à son travail, joyeux et se reposant avec assurance sur la libéralité de la terre, qui lui prodiguera cette abondance que la nature n'a jamais refusée à ses enfants laborieux.

L'ouvrage que l'on va lire a été écrit dans le but d'indiquer quelle marche on doit suivre pour former un établissement dans une colonie, les précautions qu'il faut prendre, tout ce qu'il faut prévoir, les premières difficultés que l'on a à vaincre, et la récompense certaine qui ne peut manquer de couronner les efforts de tout colon prudent et industrieux. L'éditeur, qui a résidé comme magistrat dans la colonie où est placée la scène de ces récits, peut rendre personnellement témoignage de la vérité des descriptions que ce livre renferme, et qui n'est autre que le journal d'un colon où l'on trouve décrits, dans toute la simplicité d'un langage de famille, jour par jour, les travaux successifs qu'exige l'établissement d'une ferme coloniale.

LE COLON

DE

VAN DIÉMEN

CHAPITRE PREMIER.

Je n'ai pas la prétention d'être assez profond philosophe pour analyser rigoureusement les motifs qui m'ont déterminé, après une vie passée presque entièrement dans des occupations laborieuses et cependant agréables, à déposer la hache pour prendre la plume, et à écrire le récit de mes aventures dans ce pays. Cela vient-il de ce que mes enfants, arrivés aujourd'hui à un âge qui leur permet de me remplacer dans la surveillance de ma ferme, me laissent goûter un loisir que je sens le besoin d'occuper en donnant de l'activité à mon esprit, et de ce que, pour fuir une inaction antipathique à mes habitudes, je me sens heureux de retracer les tableaux du passé et de réveiller tous mes vieux souvenirs? ou bien serait-ce que parvenu à soixante-deux ans, et cédant à cette propension que la vieillesse a pour conter, je me laisse aller à confier au papier les récits que chacun semble recueillir de ma bouche avec une curieuse avidité? J'aimerais à pouvoir me flatter que j'ai été porté à mon entreprise par de meilleures raisons que celles que je viens d'indiquer, et à dire que si j'ai pris la plume pour retracer mes aventures et mes émotions, cela a été dans le but d'offrir un tableau utile de la vie d'un colon, et de montrer par mon propre exemple ce que l'on peut faire à force de prudence, d'industrie et de ténacité.

Je ne sais si ces pages seront jamais exposées au grand jour de la publicité. Je ne dois cependant pas dissimuler que si je donne tous mes soins à ce travail, c'est avec un secret désir de le voir quelque jour parvenir, d'une manière ou d'une autre, sous les yeux du public. Mais soit que cet écrit reçoive ou non les honneurs de l'impression, j'ai du moins la douce satisfaction de penser que lorsque mes restes reposeront sous le sol de ce beau pays, que j'ai appris à aimer si tendrement, il ne sera pas sans quelque utilité pour les enfants de mes enfants, de rechercher de temps à autre, dans les feuillets vieillis de ce manuscrit, les anciens souvenirs de leur aïeul.

CHAPITRE II.

Il y a aujourd'hui vingt-deux ans que j'ai quitté Londres pour venir m'établir dans la terre de Van Diémen. Aussitôt que je fus à bord du vaisseau qui devait m'y transporter, je remarquai que la plupart des passagers tenaient un journal de leur voyage. L'imitation me porta à faire comme eux, bien que, dans les commencements, l'uniformité d'un voyage sur mer fournît bien peu de matière à mes observations. Mais, de ce moment, l'habitude de tenir un journal prit racine chez moi, et je la conservai quand je fus à terre, au point qu'il m'était difficile de m'endormir le soir sans avoir écrit, auparavant, tout ce qui m'était arrivé pendant le jour. Je m'applaudis maintenant de ma résolution à cet égard : j'en ai tiré l'avantage de pouvoir jeter un regard utile sur le passé, de mieux sentir tout ce que je dois de gratitude à la Providence pour l'état de bien-être auquel je suis parvenu, et de laisser à ceux qui viendront après moi de profitables instructions.

Je commencerai donc par exposer les motifs qui m'ont déterminé à émigrer, et ensuite j'extrairai purement et simplement de mon journal divers fragments, parmi lesquels chacun de mes lecteurs choisira, à sa fantaisie, ce qu'il croira pouvoir lui être de quelque utilité.

C'est dans les premiers jours de 1816 que je commençai à éprouver quelques embarras dans mes affaires en Angleterre. La guerre continentale venait de finir. Le pays était en proie à une grande misère, et tout semblait aller de mal en pis. Le passage de l'état de guerre à l'état de paix laissait sans emploi un grand nombre de bras. Beaucoup de malheureux mouraient de faim : ce n'était partout que troubles et confusion. Si ma mémoire ne me trompe pas, c'est dans cette déplorable année que les ouvriers des fabriques de couvertures de laine vinrent du Nord pour présenter une pétition au roi.

J'avais fait pendant plusieurs années d'assez bonnes affaires à Croydon, dans le commerce des grains. Le voisinage du canal m'avait donné l'idée d'essayer aussi quelque trafic en charbon de terre. Plus tard, quand j'ai été dans un pays nouveau, ce genre de négoce a servi à me rappeler les avantages des transports par eau. Enfin je ne négligeais aucune des affaires qui étaient de nature à me donner quelque profit. Néanmoins, mon commerce de grains était ma principale ressource. Il me mettait tout naturellement en rapport avec de nombreux fermiers, dans la conversation desquels je prenais quelques notions d'agriculture. Mais j'ai eu lieu d'apprendre depuis l'énorme différence qu'il y a entre la culture qui convient à la terre de Van Diémen et celle qui convient au comté de Surrey.

Je me souviens encore, comme si c'était d'hier, qu'un beau matin, où je me trouvais à la halle au blé, je vis une réunion de fermiers et de quelques autres personnes qui entouraient un de mes voisins, occupé à leur donner lecture d'une lettre qu'il avait reçue de son fils, espèce de vaurien entreprenant, qui s'était embarqué sur un vaisseau pour

Sidney, ou, comme on le disait alors, pour Botany-Bay, bien que Botany-Bay et Sidney fussent deux endroits tout à fait différents. En effet, Botany-Bay est situé au sud de Sidney, et il ne s'y trouve pas de ville, tandis que la ville de Sidney est située à treize mille plus haut que la baie vers le nord. Sir Joseph Banks a donné à Botany-Bay le nom sous lequel ce point de la côte est désigné, à cause du grand nombre de plantes nouvelles qu'il y trouva. Quoi qu'il en soit, la lecture de la lettre excitait au plus haut point l'intérêt et la curiosité de l'assistance ; il y était question des kanguros, des indigènes et des Bush-rangers (1). Mais ce qui excitait surtout la surprise de l'auditoire, c'était la prodigieuse facilité avec laquelle le jeune aventurier avait été métamorphosé en fermier, car lorsqu'il avait quitté l'Angleterre, il n'avait pas la moindre idée de culture, et c'était tout au plus s'il avait visité une ferme dans sa vie. Les tableaux séduisants qu'il faisait, dans sa lettre, de la beauté du pays, de la fertilité du sol, de l'abondance des moissons, produisirent une impression profonde sur mon esprit. De ce moment je me sentis assiégé d'idées vagues et de projets de toute espèce, et je me mis à prendre de plus sérieuses informations. Cependant je ne dis rien chez moi du trouble qui m'agitait, et en attendant que je me fusse procuré des renseignements plus positifs, je continuai à me livrer à mes affaires ; mais mes affaires étaient loin d'aller aussi bien que par le passé. Au reste, mon dessein n'est pas de montrer ici comment un homme se ruine en Angleterre ; je veux seulement enseigner comment il fait son chemin dans les colonies. Je ne dirai donc rien de plus sur les pertes que j'éprouvai et sur les embarras dans lesquels je fus bientôt plongé. En un mot, je trouvai qu'il n'y avait plus moyen de tenir au milieu d'un état de choses dans lequel une faillite succédait à une autre faillite, où d'innombrables concurrents se précipitaient dans la même voie, et où chacun faisait tous ses efforts pour arracher de la bouche de son voisin le morceau de pain indispensable à son existence.

Enfin un soir, après une journée du plus pénible travail, qui ne m'avait donné que de la perte et pas le moindre bénéfice, je résolus de couper court à une situation si fâcheuse.

Ma femme (je m'aperçois que j'ai oublié de dire que j'étais marié depuis onze ans, et que j'avais cinq enfants), ma femme était seule dans son parloir : je m'approchai d'elle et je lui dis :

« Mary, les choses prennent une mauvaise tournure.

— Cela ira mieux avec le temps, mon ami.

— Les affaires ont été de mal en pis depuis six mois, repartis-je, et je n'ai pas la plus petite espérance d'amélioration.

— Eh bien ! il faudra redoubler d'efforts, me dit-elle.

— Mary, répliquai-je, il faut que je vous montre les choses telles qu'elles sont. Je travaille autant qu'un homme peut humainement le faire ; nous dépensons aussi peu qu'il est possible, et cependant nous attaquons notre capital. Nous ne pouvons résister longtemps, moi à travailler comme je le fais, et toute la famille à vivre au milieu des

---

(1) On appelle *Bush-rangers* les condamnés à la déportation qui s'échappent des établissements du gouvernement et se cachent dans les bois, où ils forment des bandes de brigands, aussi dangereux que redoutés.

privations qu'elle s'impose. Nous avons éprouvé des banqueroutes de tous côtés et nous n'avons pas la plus petite espérance de rentrer dans nos fonds. Dans trois ans, il ne nous restera rien. Nous serons réduits à faire faillite à notre tour, car les choses vont de plus mal en plus mal et le commerce ne semble plus être qu'un jeu de hasard.

— Que faire alors? dit ma femme; essayerons-nous de prendre une ferme?

— Oui, repartis-je, oui, mais pas en ce pays. Comment voulez-vous que l'exploitation d'une ferme soit une chose avantageuse avec le prix élevé des fermages, les impôts, les taxes, les dîmes, qui nous accablent, et cela en présence de la dépréciation du prix des blés et de l'ébranlement général des affaires? Non, Mary, continuai-je, en m'animant de plus en plus, non : l'exploitation d'une ferme, en ce pays, serait encore une déception. Nous n'y trouverions pas les ressources nécessaires pour nourrir nos cinq enfants et assurer leur avenir; non, je ne risquerai pas le peu qui nous reste sur le travail improductif d'une ferme. Il faut que nous sachions prendre une résolution énergique, et puisqu'il y a en Angleterre trop de monde, luttant les uns contre les autres, il faut aller là où les rangs sont moins serrés et où la terre ne manque pas à l'homme; il faut émigrer, Mary.

— Emigrer! s'écria-t-elle; mais où?

— Je n'ai pas encore arrêté mes idées sur ce point, continuai-je, et comme jusqu'ici je ne m'étais pas consulté avec vous et que je n'avais point votre consentement, je n'ai pris aucune résolution définitive; mais voilà déjà longtemps que je réfléchis sur ce sujet, et plus j'y pense, plus je suis convaincu que le seul parti que nous ayons à prendre est de sauver ce qui nous reste et de chercher une nouvelle patrie. Si nous n'avions à songer qu'à vous et à moi, je conçois que nous pourrions tenter un dernier effort; mais nous devons penser à nos enfants, qui grandissent, et je ne vois plus de quel côté donner de la tête pour pourvoir à leurs besoins. Il est plus sage de leur assurer, loin d'ici, une maison, un champ, du pain et des vêtements, que de les exposer aux chances incertaines qui menacent à la fois le commerce et l'agriculture. »

Je m'aperçus que les yeux de ma femme s'étaient remplis de larmes pendant que je lui parlais, et que son cœur était sur le point de déborder. L'idée de sa vieille mère, de ses parents, de ses amis, les souvenirs de son enfance, des compagnes de sa jeunesse, dont il faudrait se séparer peut-être pour toujours, vinrent assaillir à la fois son imagination; enfin, la pensée des pertes que nous venions d'éprouver, celle des embarras qui nous assiégeaient, mirent le comble à son émotion, au point qu'elle fondit en larmes et éclata en sanglots.

Je n'avais pas non plus les yeux secs; mais je sentis qu'il était des cas où le salut d'une famille dépendait de la fermeté de son chef, et que tout est à jamais perdu s'il fléchit. Je mis donc en usage, pour consoler Mary, tout ce que put m'inspirer l'affection la plus profonde qu'un homme ait jamais éprouvée pour une femme. J'entrai dans le détail de notre position et de toutes les circonstances qui l'aggravaient. Notre entretien fut long, la raison reprit peu à peu son empire sur l'esprit de ma femme, et son vif attachement pour ses enfants l'emporta sur toutes les autres considérations. Elle finit par entrer complètement dans mes vues, et il fut convenu que, puisque nous avions résolu d'en venir à ce parti extrême, le plus tôt où nous le mettrions à exécution serait le mieux.

J'ai raconté cette conversation jusque dans ses moindres détails, d'abord parce qu'elle a, comme on le suppose bien, laissé une profonde impression dans mes souvenirs, et ensuite parce qu'elle a décidé d'un des actes les plus importants de ma vie. Il est une autre circonstance que je me plais aussi à consigner, c'est que, depuis cet instant, malgré tous les désagréments, et, parfois même, malgré les privations et les fatigues que nous avons eues à essuyer durant notre voyage et pendant les premières années de notre établissement dans la colonie, ma femme n'a jamais proféré une seule plainte, ni laissé échapper le moindre murmure.

Cette courageuse conduite est d'autant plus digne de remarque, que j'ai été souvent témoin, dans la terre de Van Diémen, des déplorables effets qu'une manière d'être opposée exerçait sur le sort des colons. A ma connaissance, il y en a beaucoup qui n'ont échoué dans leurs entreprises que par suite des caprices, des exigences, des taquineries et des bouderies de leurs chères moitiés. Tout homme qui émigre ne saurait assez se pénétrer combien l'humeur riante, le caractère égal et la cordiale coopération de sa femme, sont choses indispensables à son bien-être, à son bonheur et même au succès de ses entreprises dans une colonie.

Le consentement et le concours sincère de ma femme, dans l'exécution de mon projet, une fois obtenus, tout le reste alla de soi-même. Elle eut bien d'abord quelque effroi en songeant à tout ce qu'elle avait à faire ; mais elle reconnut bientôt que les peines et les difficultés qui semblaient insurmontables, quand on les envisageait en masse, diminuaient et s'aplanissaient quand on les divisait et qu'on les prenait une à une. Aussi, disait-elle quelquefois, en accompagnant ses paroles d'un gracieux sourire : « Si nous » attendions que nous eussions pourvu à toutes les éventualités prévues ou imprévues, » nous n'entreprendrions jamais notre voyage. Pourquoi ne parviendrions-nous pas, » avec de la prudence, du soin et de l'énergie, à faire ce que d'autres font comme nous? » Mettons dans notre entreprise tout le zèle et toute l'industrie dont nous sommes » capables ; et, pour le reste, confions-nous à la Providence, qui n'abandonne jamais les » cœurs courageux et les esprits humbles. »

Je pourrais en écrire bien long sur les espérances et les craintes que nous éprouvions successivement, sur les petits tourments ou les grandes inquiétudes qui nous agitaient tour à tour; mais je suis impatient d'en arriver à mon journal. Je passerai rapidement sur les circonstances de notre traversée, sur les requins que nous vîmes et sur les poissons volants que nous mangeâmes sur le gril, parce que toutes ces choses ont été redites mille fois. Tous les voyages sur mer se ressemblent à peu de chose près. Il faut toujours s'attendre à un peu de gêne à bord d'un bâtiment, où l'on n'a pas toute la place que l'on peut souhaiter. Le passage à la Nouvelle-Galles du Sud est une affaire, j'ose le dire, souvent très-désagréable, mais toutes les petites incommodités qui l'accompagnent s'adoucissent pour les gens de bonne humeur et d'un caractère facile et gai. J'ai observé que, dans la vie, le bonheur ou le malheur de bien des gens dépend exclusivement de la manière dont ils prennent les événements. Il y a des caractères chagrins et difficiles, qui regrettent sans cesse des choses qu'ils ne peuvent obtenir, et qui laissent, pendant ce temps-là, échapper le plaisir que pourraient leur procurer celles dont la jouissance est à leur portée. Les personnes de cette humeur sont très-malheureuses et rendent malheureux tous ceux qui les entourent. On trouve par bonheur, en compensation, des êtres plus heureusement organisés, qui prennent leur parti sur leur contrariété auxquelles ils ne sauraient se soustraire, et qui, grâce à leur humeur aimable et enjouée, savent faire naître le plaisir des moindres bagatelles et le communiquer aux autres. Mais avant de commencer notre voyage, il est essentiel de constater quelles étaient nos ressources en quittant l'Angleterre, et ce que nous emportions avec nous.

Après avoir recueilli tout ce qui me restait de ma fortune, je parvins à réunir une somme totale de 1,150 livres sterling (28,750 fr.), ce qui certes était à peine suffisant pour commencer une nouvelle existence avec une femme, cinq enfants et la mère de ma femme, que j'emmenais à l'autre bout du monde. Je dois faire observer aussi que ma femme avait reçu une bonne éducation, qu'elle avait toujours vécu dans l'aisance et que, bien qu'elle fût une excellente femme de ménage, elle ne s'était jamais livrée à aucun de ces travaux manuels et pénibles, qui sont l'inévitable partage des femmes des colons, dans les deux ou trois premières années de leur établissement.

Outre nos 1,150 livres sterling d'argent, nous avions nos lits, leur garniture, du linge en abondance et toutes sortes d'objets composant un ménage bien monté, que nous prîmes avec nous. Tout cela n'est pas d'une grande valeur en Europe; mais, en arrivant dans la colonie, nous trouvâmes que chaque chose avait son prix, soit pour notre propre usage, soit par la vente que nous en fîmes. Quant aux meubles encombrants, nous vendîmes tout. On m'avait prévenu que je serais plusieurs années avant de pouvoir trouver place où les mettre, et que je tirerais un bien meilleur parti de l'argent que j'en ferais; qu'il fallait laisser tout cela de côté pendant quelque temps et ne m'occuper que de mon mobilier de colon, c'est-à-dire de moutons et de bestiaux. J'ai eu lieu de reconnaître toute la sagesse de cet avis, et, pendant bien longtemps, je me suis trouvé aussi heureux, assis sur le tronc d'un arbre, en face de ma femme, qui était assise, vis-à-vis de moi, sur un autre, que si nous eussions reposé à Londres sur les sofas les plus élastiques. Du reste, nous n'avions pas grand temps pour nous reposer, comme on le verra quand j'en serai arrivé à mon journal. Je pris le plus grand soin de me munir de tous les outils dont l'usage est indispensable pour former un premier établissement, tels que des scies, des haches, des ciseaux, des tarières, etc. J'eus aussi le bon esprit de me conformer aux avis d'un capitaine de vaisseau, qui m'avait conseillé d'emporter tout ce qui constitue une forge de maréchal. Cette forge m'a été de la plus grande utilité. Je ne m'étendrai pas davantage sur la liste des objets qu'il convient à un colon d'emporter avec lui, parce qu'on en trouvera l'énumération dans deux lettres que ma femme et moi nous avons adressées en Angleterre à quelques amis, qui nous en demandaient la liste, et dont j'ai retrouvé la copie sur mon journal. Elles sont trop longues pour être insérées ici; elles trouveront leur place en lieu plus convenable. Je me bornerai seulement à dire, pour le moment, qu'il vaut mieux avoir trop d'outils que de n'en avoir pas assez; car dans le défrichement des forêts, le défaut d'un outil, tel qu'une scie ou une hache, est un inconvénient qui peut arrêter un ouvrage important. Je me trompai dans le genre de clous dont je fis provision. Ils étaient bons pour les plateaux de sapin et les autres bois que l'on emploie en Angleterre; mais ils se trouvèrent trop faibles pour les bois très-serrés et très-durs de la Nouvelle-Galles du Sud. Je pris encore une paire de roues de charrette, avec leurs boîtes et leurs essieux.

C'est un article qui était alors fort utile; mais, aujourd'hui, on fait dans la colonie des roues aussi bonnes et à aussi bon marché que celles que l'on peut importer. Les bois de la colonie, quand ils sont abattus en temps convenable, supportent même mieux que les autres les chaleurs de l'été ; mais je vois que j'oublie mon journal.

Je reviens donc à notre voyage, que j'abrégerai le plus possible. Nous partîmes de Gravesend le 7 septembre 1816. Nous relâchâmes au cap de Bonne-Espérance. Je ne dirai rien d'un lieu qui a été si souvent décrit ; il me tarde d'arriver à la colonie.

Après un voyage d'environ cinq mois, nous abordâmes à Hobart Town le 3 février 1817. Hobart Town est la ville principale, ou, si l'on veut, la capitale de la terre de Van Diémen : elle se trouve au sud de l'île.

Les idées que l'on attache dans ces contrées aux mots *nord* et *sud* jetèrent d'abord quelque confusion dans mon esprit ; car, au rebours des idées que nous prenons en Europe, le vent du nord, dans la partie méridionale du globe, est le vent qui apporte la chaleur ; tandis que le vent du sud est celui qui accompagne le froid. Les mots : *Vents chauds du nord et vents froids du sud*, choquèrent longtemps mon oreille : je ne m'accoutumai pas tout de suite à en faire usage.

L'aspect de la nouvelle patrie dont j'avais fait choix n'était pas très-séduisant, et j'avoue que j'éprouvai d'abord quelque abattement, en promenant mes regards sur ces côtes. Tout le pays, en remontant la rivière, depuis la passe de Storm-Bay jusqu'à Hobart Town, me parut triste et désolé. Les arbres avaient la plus sombre apparence, et le gazon était d'un brun terne ; quelques pâturages d'une verdure éclatante se détachaient seuls, çà et là, sur ce fond mélancolique. On me dit que ces rares tapis de verdure étaient des prairies auxquelles on avait mis tout récemment le feu. Le pays présentait plutôt les teintes qui caractérisent la fin de l'automne que le milieu de l'été, dans lequel nous étions pourtant, puisque nous étions arrivés le 3 février, et que les mois de l'hiver et de l'été sont en opposition directe avec les nôtres, dans ce pays où, pour nous autres Européens, tout est sens dessus dessous.

Toute la nature semblait avoir revêtu les sombres et mélancoliques couleurs de l'automne. Un silence profond, une inaction universelle, régnaient sur toute la contrée, et tout, dans ces sites d'une effrayante immobilité, semblait attendre la présence de l'homme pour prendre du mouvement et de la vie.

Derrière la ville, à gauche, en remontant la rivière, s'élève une montagne, haute de quatre mille pieds, qui est couronnée, à son sommet, par un petit chapeau de neige. Cette montagne est appelée le mont Wellington. Je l'ai observée plusieurs fois pendant l'été, depuis mon séjour dans la colonie, et j'ai remarqué que, durant cette saison, sa couronne de neige n'est visible, chaque jour, que pendant quelques heures.

Les maisons de la ville, disséminées çà et là, ne s'élevaient point sur un plan régulier. Ce n'est que de loin à loin que l'on en trouvait quelques-unes de bonne apparence. L'intervalle qui les séparait était sans constructions aucunes, ou occupé seulement par quelques habitations, dont l'extérieur ne différait pas beaucoup des huttes les plus grossières.

Il ne faut pas perdre de vue que je parle de Hobart Town, tel qu'il était il y a vingt-deux ans. Depuis cette époque, il s'y est opéré de grands changements que l'on trouvera signalés dans divers endroits de mon journal. Une particularité que je ne puis m'empêcher de mentionner ici, c'est le nombre prodigieux de chiens, dont les aboiements incessants nous empêchèrent de dormir pendant les premières nuits que nous passâmes dans la ville. A cette époque, tout habitant qui pouvait nourrir un chien kanguro en avait un. Outre ceux-là, on en avait d'autres encore; et le soir, aussitôt qu'un chien se mettait à hurler, son voisin faisait chorus avec lui; puis d'autres chiens répondaient de quelque autre quartier de la ville, et bientôt des centaines de chiens, chiens de garde, chiens kanguros, chiens de toute nature et de toute taille aboyaient et hurlaient ensemble, au point de faire croire que quelque malheur était venu fondre sur la ville; que les indigènes y avaient mis le feu, ou que les condamnés à la déportation s'étaient évadés. Nous aurions voulu que ces maudits chiens eussent tous la queue dans le gosier pour étouffer leurs cris; mais nous finîmes par nous y accoutumer, comme ce jeune apprenti, épuisé de fatigue, que l'on trouva endormi au fond d'une chaudière autour de laquelle les ouvriers chaudronniers frappaient à grands coups de marteau. Plus tard nous eûmes l'occasion d'apprécier toute la valeur de la fidèle et intelligente espèce de chiens que l'on appelle, dans ce pays, chiens kanguros, et de leur utilité dans les forêts vierges. Sans leur vigilance nous aurions été tous égorgés par les indigènes, ou au moins brûlés vifs; mais je parlerai de cela en son lieu.

Je n'entrai pas alors dans une étude plus approfondie de la statistique, comme on dit aujourd'hui, de la ville ou de la colonie; j'avais assez que de m'occuper de la statistique de mes propres affaires. Je ne songeai plus qu'à choisir les terres sur lesquelles nous devions nous établir, et à quitter la ville; car tout y était si cher, que si nous y fussions restés longtemps, nous n'aurions pas tardé à voir tout notre argent fondre sans retour. Je payais 35 schellings (43 fr. 75 c.), la semaine, pour le mauvais logement dans lequel nous avions cherché un asile; car de nous installer dans une auberge, c'eût été une ruine : Il n'y en avait que deux dans toute la ville, encore ne valaient-elles guère mieux que les cabarets d'Angleterre. On payait la viande de 9 à 10 pence (1 fr.). Le pain était un peu meilleur marché qu'à Londres. Quant au lait et au beurre, il fallait s'en passer. Le beurre, plusieurs années après notre arrivée, valait de 5 à 10 schellings 6 deniers la livre (de 6 fr. 25 c. à 13 fr.), et le beurre salé d'Irlande 2 schellings 9 deniers (3 fr. 40 c.), tout rance et huileux qu'il était. Je ne saurais dire quelle fut ma surprise en apprenant qu'il n'y avait ni lait ni beurre dans une colonie agricole, mais je ne tardai pas à en connaître la raison. Pour avoir du lait de vaches sauvages, dans un pays où il n'y a pas d'enclos, il faut d'abord s'emparer des vaches. J'aurais l'occasion de décrire plus tard tout ce qu'il y avait à faire alors pour parvenir à traire une vache. C'était une expédition à laquelle tout le personnel d'une ferme devait prendre part; mais n'anticipons pas sur les événements.

En somme je n'étais pas très-satisfait de l'aspect sous lequel les choses se présentaient au premier abord; mais je savais que l'intérieur du pays était plus attrayant, et je reçus l'avis de m'occuper promptement du choix de mes terres. C'est une remarque qui a été faite souvent, que les colons qui perdent leur temps à flâner par la ville, à bâiller et à rôder dans les environs, à se dépiter et à se plaindre de ce que les choses ne vont pas au gré de leurs désirs, ne tardent pas à voir diminuer leur argent et n'en conservent plus assez pour payer les frais de leur première année d'établissement. Je ne devais pas trouver étrange de recevoir plus d'une impression inattendue dans un pays nouveau, où tout est si différent des habitudes contractées dans la mère patrie. La difficulté que ma femme éprouva à se procurer une servante pour l'aider à soigner ses enfants et partager les travaux du ménage, servante qu'il fallut choisir parmi les condamnées à la déportation, est un minutieux détail dont je ne parlerais pas, si ce choix ne lui avait pas causé un tourment extrême. J'eus moi-même quelque peine à m'accoutumer à frayer avec les condamnés, que l'on reconnaît à leurs casaques jaunes. Quelques-uns n'en portaient pas, mais tous me semblaient avoir un aspect particulier, et quand je les rencontrais çà et là, sur les routes, travaillant par bandes de douze à quinze, avec leurs chaînes aux pieds, j'avoue que je ne me sentais pas très-rassuré en pareille compagnie.

Après tout, comme je ne m'étais pas attendu à trouver aux arbres des plum-puddings tout cuits et des lits de roses tout dressés pour me coucher, comme quelques émigrants ont la folie de se l'imaginer, je fis contre fortune bon cœur et me mis à marcher droit à mon but.

Ma première occupation fut de faire débarquer soigneusement tout ce qui nous appartenait et de le placer en sûreté dans les magasins d'un négociant de la ville, ce qui ne laissa pas que de me coûter cher. L'embarras que j'éprouvai ensuite, fut de savoir ce que je ferais de mon argent, dans un pays peuplé de bandits, qui ont un hameçon au bout de chaque doigt de la main; heureusement le gouverneur me permit de le déposer au trésor. Comme j'avais converti mon capital en dollars, il était d'un certain poids, et plus lourd que la charge que je pouvais porter. Aussi, dis-je à ma femme, en plaisantant à cette occasion, que jusque-là j'avais bien entendu parler de l'embarras des richesses, mais que c'était la première fois que je l'éprouvais pour mon propre compte. Toutes mes dépenses de passage et de débarquement payées, je restais possesseur de 3,600 dollars, équivalant à peu près à 700 liv. sterl. (18,000 fr.). J'avais acheté les dollars à Londres à raison de 4 schellings 4 pence la pièce. C'était là tout ce que je possédais pour m'établir au milieu du désert.

J'avais maintenant à porter toute mon attention sur le choix de ma résidence. La manière d'obtenir une concession de terres était très-différente alors de ce qu'elle est aujourd'hui. Je ne pense pas qu'il y ait eu amélioration à cet égard. Quoi qu'il en soit, voici les formalités que l'on suivait il y a vingt-deux ans.

Avant de quitter l'Angleterre, je m'étais adressé par lettre au bureau du secrétaire d'État au département de l'intérieur. J'exposais dans ma lettre que mon intention était d'émigrer avec ma famille à la terre de Van Diémen, et je demandais une autorisation pour obtenir une concession de terrain à mon arrivée. En réponse je reçus une lettre scellée, à l'adresse du lieutenant gouverneur, laquelle, ainsi que je l'appris du chef du bureau que ces affaires concernaient, et qui me donna audience, renfermait l'autorisation nécessaire. Cette lettre, ainsi que j'en ai acquis depuis la certitude, autorisait le gouverneur à me faire une concession de terres, proportionnée à mes moyens d'établissement. Le gouverneur, qui me reçut en personne et que je trouvai plein de bienveillance dans les renseignements et dans les conseils qu'il me donna, prit note de ma situation, du montant de mon capital, du nombre de mes enfants et des autres membres de ma famille, ainsi que de mes projets en venant dans la colonie. Il insista surtout pour savoir si j'avais l'intention sérieuse et de bonne foi d'occuper la terre qui me serait concédée, et de la mettre en culture. Je lui répondis, de la manière la plus positive, que mon intention était de m'établir comme fermier, de résider sur mes terres et de les cultiver. A l'époque dont je parle, en 1817, les cultivateurs étaient favorisés par le gouvernement d'une manière toute spéciale, et cette faveur était inspirée par les idées d'une bonne et sage administration. En effet, c'était surtout de fermiers dont on avait besoin dans la colonie pour former les habitants de l'intérieur, pour augmenter ses produits alimentaires et pour créer des établissements qui allégeassent les dépenses que le gouvernement était obligé de faire pour l'entretien des condamnés. L'accroissement du nombre des fermiers secondait aussi le projet du gouvernement pour l'amélioration morale des condamnés. On trouvait, dans la création de fermes nouvelles, plus d'occasions de les éloigner des tentations de la ville et de les accoutumer à des travaux utiles et salubres; on les forçait ainsi à changer leurs anciennes habitudes et à rompre les liens de leurs funestes associations. Comme je me présentais pour augmenter le nombre si désirable de cette classe de colons, le gouverneur me dit qu'il pensait que ses instructions lui permettaient de me faire une concession importante et qu'il pourrait m'accorder douze cents acres. Cette encourageante promesse me parut un bon début. La propriété de douze cents acres de terre était quelque chose de positif, et cette perspective me sourit beaucoup. Il ne me restait plus qu'à les choisir. Il y avait dans la colonie une immense quantité de terres sans propriétaires; mais beaucoup de ces terres ne valaient rien, et d'autres étaient dans des positions défavorables.

Le gouverneur me dit que, pour ce qui concernait le choix à faire, c'était à moi de me décider. Il me prévint qu'il y avait beaucoup de mauvaises terres dans la colonie; que la bonne terre, surtout dans les environs de la ville, était celle qui avait été choisie la première, au moins pour la plus grande partie; que, si j'avais l'intention d'élever des troupeaux, il me conseillait de ne pas craindre de pénétrer dans l'intérieur, parce qu'il pensait, d'après les communications qu'il recevait d'Angleterre, que l'émigration pour la colonie prendrait bientôt un développement considérable, et que l'affluence des nouveaux colons mettrait probablement les propriétaires de troupeaux dans l'impossibilité de trouver autour de leurs résidences assez de terrains sur lesquels ils pussent exercer le parcours pour nourrir leurs bestiaux. L'événement a pleinement justifié la sagesse de ces prévisions.

A cette époque les concessions étaient gratuites : c'était un pur don de la couronne à l'émigrant. Cette libéralité était un puissant encouragement à la colonisation, et je pense que les mesures différentes qui ont été adoptées depuis, quoique bien conçues pour élever la valeur des terres dans la colonie, ont eu cependant pour résultat d'empêcher beaucoup de personnes, dont les ressources étaient modiques, mais dont les connaissances pratiques étaient réelles, de se hasarder dans des régions si éloignées.

Comme j'aurai l'occasion de revenir sur ce sujet, je ne m'en occuperai pas davantage ici; j'ai cru qu'il était bon de faire connaître comment j'étais parvenu à obtenir la concession de mes terres. Comme je l'ai dit, j'obtins aisément l'ordre de cette concession, mais il me restait sur d'autres points de nombreuses difficultés à vaincre. La première était de choisir mes terres. J'avais entendu tant de rapports contradictoires sur les différentes parties du pays; chacun suivant ses intérêts ou son caprice, m'avait tellement vanté le district qu'il occupait, que j'étais plongé dans la perplexité la plus embarrassante, et que je ne voyais aucun motif déterminant pour tourner mes pas plutôt dans une direction que dans une autre. Mais enfin, comme il fallait que ce choix fût fait et le plus tôt possible, j'en pris mon parti. Je laissai à la ville ma femme, ses enfants et la mère de ma femme, qui, malgré son grand âge, était pleine de résolution. Je les établis le moins mal qu'il me fut possible dans leur logement. Je priai une famille résidente de veiller à leur sécurité, pendant mon absence ; puis je mis mon fusil sur mon épaule et partis pour m'enfoncer dans les terres.

CHAPITRE III.

Il était cinq heures du matin quand je quittai Hobart Town. La ville était encore plongée dans le calme le plus profond, quoique le soleil brillât déjà avec éclat au-dessus de ses toits. Je ne rencontrai dans les rues que deux ou trois rôdeurs. Malgré l'heure matinale, une chaleur assez vive ne s'en faisait pas moins sentir, car le soleil d'été n'est pas une plaisanterie dans la terre de Van Diémen. Je dois dire cependant que je n'en ai jamais été plus incommodé qu'en Angleterre. Quand j'eus gagné le haut de la petite colline qui domine Hobart Town, je m'arrêtai et je retournai pour jeter un regard sur la ville que je quittais. Son aspect était réellement imposant. Elle présentait bien le caractère d'une ville naissante ; personne n'aurait pu s'y méprendre. De tous côtés se dressaient les perches et les échafaudages des maisons en construction. On aurait dit que les habitants étaient venus s'y camper de la veille pour y élever leurs demeures. Du point d'où je plongeais mes regards, j'avais le mont Wellington à droite : d'épais flocons de nuages, semblables à de blanches toisons, entouraient ses flancs et cachaient son front. Tout l'espace qui séparait la ville de la montagne était couvert d'arbres et d'arbrisseaux au feuillage vert foncé. Vis-à-vis de moi s'élevait l'hôtel du Gouvernement, encore inachevé, tandis qu'à ma gauche la large rivière de Derwent promenait ses eaux, à perte de vue, vers le sud, jusqu'à l'endroit où elle se jette dans la mer. Tout près du rivage, on apercevait quelques bateaux et deux vaisseaux marchands reposant sur leurs ancres. L'ensemble de cette perspective était réellement magnifique. Cette majestueuse rivière, ce beau port, sa jetée, à une portée de fusil de laquelle des vaisseaux de cinq cents tonneaux peuvent mouiller ; ces pièces de terre, cultivées de loin à loin, qui semblent placées là comme autant d'échantillons destinés à révéler l'inépuisable richesse du sol qui les avoisine, et qui n'attend pour prodiguer ses trésors que le fer de la charrue ; enfin cette ville silencieuse, dont tous les travaux étaient suspendus et qui était encore ensevelie dans les douceurs d'un paisible sommeil, tout contribuait à former le plus remarquable tableau. Son charme enchaîna assez longtemps mes regards. J'étais demeuré là immobile, et comme attendant ce qui allait advenir, quand les sons de la cloche du quartier des condamnés se firent entendre pour appeler chacun à son poste. Ils me tirèrent moi-même de la rêverie dans laquelle j'étais plongé ; car je crois que, sans trop m'en rendre compte, je reculais un peu devant l'idée d'abandonner des lieux habités par des hommes civilisés, pour me lancer dans le désert, au milieu des indigènes : j'étais cependant encore sur une grande route qui n'était pas très-bonne, il est vrai. Je jetai un dernier regard sur la maison où je savais que reposaient ma femme et mes enfants ; j'examinai si les batteries de mon fusil étaient en bon état et je me mis en marche.

Je ne fis pas la moindre rencontre entre le *Camp* : c'est ainsi que l'on appelait alors Hobart Town, et New-Town, qui est à trois milles de distance. Je me souviens que cet isolement me causa la plus pénible impression. Je n'avais pas encore le cœur à l'ouvrage, si l'on peut se servir de cette expression, et je me laissais aller à cette nonchalante incertitude qu'éprouve tout homme qui entreprend un voyage sans avoir de but déterminé. Je ne savais en effet de quel côté me porter de préférence, et j'attendais de ma bonne étoile les renseignements, qui pourraient m'indiquer vers quel point je devais diriger mes recherches. En même temps, d'après l'expérience que j'avais acquise en ville, mon esprit était prévenu que chacun chercherait à me tromper soit sur les lieux, où je trouverais encore des terres vacantes, soit sur la contrée où j'aurais le plus d'avantage à m'établir. Je poursuivis ma route au milieu de ces inquiétantes pensées ; et, après avoir rencontré seulement une ou deux misérables cabanes, j'arrivai à un bac, qui se trouvait sur la droite, à dix milles (4 lieues) du Camp. La rivière était là, à peu près, aussi large que la Tamise à Chelsea. Je fis halte pour décider si je continuerais ma route vers New-Norfolk, à vingt et un milles (8 lieues) environ du Camp, ou si je traverserais la rivière et suivrais la grande route, telle quelle, qui conduit d'un côté de l'île à l'autre, dans le Launceston, sur les bords de la rivière de Tamar. Je me mis donc à me promener, en suivant le fil de l'eau, et je liai conversation avec les mariniers du bac, qui travaillaient à leur bateau. Leur avis fut que je devais me diriger vers le New-Norfolk, où ils me dirent qu'il y avait une grande quantité d'excellentes terres, et où se trouvaient déjà plusieurs établissements. Le maître du bac, et en même temps d'une auberge qui était auprès, étant survenu au milieu de cet entretien, je lui demandai à son tour quelle était son opinion. Il me toisa des yeux, comme pour apprécier quelles pouvaient être mes ressources ; puis secouant la tête d'un air capable : « Vous êtes un nouveau débarqué? me dit-il. — Oui, très-nouveau, répondis-je, et je vous aurais la plus grande obligation si vous vouliez bien me dire quelle est la meilleure route à suivre pour trouver de bonnes terres?

— Combien vous en faut-il?

— Douze cents acres.

— Ce n'est pas trop pour une ferme à troupeaux, mais c'est assez pour une simple habitation.

— Je le pense comme vous ; mais où trouverai-je de bonnes terres?

— Avez-vous déjeûné? dit l'aubergiste, sans répondre à ma question.

— Oui, avant de me mettre en route.

— Oh! dit-il d'un air peu satisfait ; et, après une pose, il reprit : Si j'étais à votre place, j'établirais mon quartier général ici, pendant un ou deux jours, pour réfléchir à ce que j'aurais à faire.

— Et après? répliquai-je.

— Et après... ou vous passerez le bac, ou vous...

— Grand merci, » repartis-je : car je voyais de quel côté venait le vent. Les hommes du bac m'engageaient à me diriger vers le New-Norfolk pour n'avoir pas la peine de me passer à l'autre bord, à la place de leur maître, et leur maître voulait me faire dépenser mon argent dans son auberge, sauf à me laisser libre ensuite, comme il l'avait probablement conseillé à bien d'autres, de passer ou de ne pas passer le bac. Je vis alors que je n'avais à prendre conseil que de moi-même. Puisqu'il y a déjà des établissements dans le New-Norfolk, me dis-je, cela prouve que c'est une contrée favorable dans laquelle il doit y avoir encore quelques bonnes terres à choisir; il faut donc aller voir ce qui en est.

« Adieu, messieurs, dis-je à l'aubergiste, qui était resté à me regarder, pendant que les hommes du bac le regardaient lui-même; je me décide à aller voir s'il y a encore des terres disponibles dans le New-Norfolk.

— Vous feriez mieux d'attendre jusqu'à ce soir, dit l'aubergiste, car il va faire une terrible chaleur.

— Je n'ai pas de temps à perdre.

— Vous ne voulez pas prendre un verre de rhum, avant de partir?

— Non, je vous remercie; je n'en bois jamais. (Cette réponse fit ricaner les hommes du bac.)

— Aimez-vous mieux un verre d'eau-de-vie?

— Pas davantage; je vous suis obligé.

— Je puis vous offrir du whiskey, du vrai farantosh, ou du whiskey d'Irlande, qui a un vrai goût de terroir, ou...

— Je vous rends grâce, je ne bois jamais de spiritueux le matin; mais je prendrais volontiers un verre de bière, quoiqu'il soit encore de bonne heure; cependant, comme j'ai une longue route à faire, un peu de petite bière...

— De la petite bière! que le bon Dieu vous bénisse avec votre petite bière, si vous êtes venu dans ce pays-ci pour en boire. Vous ne trouverez pas une goutte de bière dans toute la colonie : c'est du rhum, à flots, que nous buvons ici.

— Mais il y a aussi de l'eau? je suppose.

— De l'eau? oui, nous avons de l'eau : mais nous n'en buvons jamais que dans le thé. Je puis vous donner, si vous voulez, une tasse de thé, avec un verre de rhum dedans : il n'y a rien de plus rafraîchissant.

— Je l'aimerais mieux avec un peu de lait, repartis-je.

— Il y a beaucoup de gens qui sont de votre goût; mais vous verrez que c'est l'habitude qui fait tout. Ce n'est pas chose commune que le lait dans ce pays-ci : de façon, voyez-vous, qu'aussitôt que nous quittons la mamelle, c'est le rhum qui remplace le lait de nos mères. Allons, allons, vous vous accoutumerez peu à peu à la vie de colon, au rhum et à tout ce qui s'ensuit.

— Je l'espère, » répliquai-je, en prenant congé et en rompant cette conversation, dont je n'étais pas très-satisfait. Après tout, dis-je à moi-même, le métier de cet homme est d'engager le public à dépenser de l'argent chez lui et à passer la rivière; nous sommes tous égoïstes, chacun dans notre profession.

Cependant le soleil commençait à se faire vivement sentir. Ma montre, que je consultai, marquait dix heures. Je pensai que, s'il faisait aussi chaud à dix heures, la chaleur serait accablante à midi. Mais comme il me fallait gagner New-Norfolk, je me mis à doubler le pas et à poursuivre courageusement ma route. Cependant, au bout d'une demi-heure, les rayons du soleil devinrent si brûlants, que n'ayant pas encore repris l'habitude des voyages à pied, je commençai à ralentir ma marche et à regarder, à droite et à gauche, si je ne trouverais point une place commode pour me reposer. En promenant ainsi mes regards autour de moi, j'avisai un homme de l'aspect le plus singulier, qui était assis par terre, à peu de distance de la route et adossé à un monticule formé de petits rochers. Il se désaltérait dans l'eau d'une fontaine, qui remplissait une espèce de bassin que la nature avait creusé dans la pierre. Celui-là, me dis-je, n'est pas un buveur de rhum, il paraît se désaltérer avec trop de plaisir dans l'eau pure de cette fontaine; mais il ne m'en a pas moins l'air d'un étrange original. Comme c'était la première fois que je rencontrais un homme dans un pareil accoutrement, je crois devoir en faire ici le portrait.

Ses pieds étaient enveloppés dans des espèces de vieux brodequins, connus sous le nom de Mocassins, et faits avec une peau de mouton, dont la laine était à l'extérieur; mais la marche en avait mangé et raccourci les fibres. Ses jambes étaient nues. Une paire de vieilles culottes, qui avaient eu autrefois des boutons et des cordons, mais qui n'en avaient pas conservé la moindre trace, ceignait tant bien que mal la partie inférieure de son corps. Enfin la pièce principale de son habillement se composait d'un surtout, fait avec une peau de kanguro, ou plutôt formé de l'assemblage de plusieurs peaux desséchées et garnies de leur poil, qui, grâce à l'user et à la poussière, avaient contracté toutes sortes de nuances. Sur sa tête il avait un chapeau, si on pouvait encore donner ce nom à cette coiffure. Ce chapeau, qui avait été noir autrefois, était alors d'une couleur inexprimable. Le fond en était ingénieusement attaché à la forme, à l'aide d'une espèce de ligament fait avec de l'écorce d'arbre, ce qui n'empêchait pas quelques brins de gazon échiquetés de poindre entre la couture. Cette garniture avait été placée dans le fond du chapeau, qui n'avait pas été primitivement fait pour son propriétaire actuel, afin d'en diminuer la capacité et de le maintenir dans un équilibre convenable. Une barbe grise, que le rasoir avait respectée depuis quinze jours au moins, servait de dernier ornement à cette épouvantable figure.

J'avais fixé sur ce velu personnage des yeux aussi curieux que vigilants, et je ne m'approchai de lui qu'avec précaution, car je savais qu'il y avait des Bush-rangers, qui couraient le pays. Quoique ce ne fût pas une place où l'on pût s'attendre à les rencontrer; néanmoins, comme j'étais étranger, je pensai qu'il était plus prudent de me tenir sur mes gardes. En conséquence, après avoir porté en avant le canon de mon fusil et mis le doigt sur la gâchette, je m'avançai d'un air indifférent, mais parfaitement sur mes gardes. Cependant je ne sus pas tellement dissimuler mes précautions qu'elles fussent inaperçues par l'homme-kanguro, qui, tournant sa face de mon côté, me dit avec l'accent bien prononcé d'un paysan anglais :

« N'ayez pas peur, notre maître. Si vous voulez de l'eau, approchez-vous et buvez. Grâce à Dieu, l'eau ne manque pas dans ce pays; il y en a beaucoup et de la douce encore..... sauf qu'elle est un peu saumâtre. »

Et voyant que j'hésitais, il ajouta : « Buvez à votre aise, je m'en vais m'éloigner. Il n'est pas étonnant que vous soyez un peu défiant. S'il vous était arrivé ce qui m'est arrivé à moi-même, dans ce pays de malheur, vous ne manqueriez pas de motifs pour l'être encore plus. » Quoique les traits de cet homme fussent peut-être les plus grossiers que j'eusse jamais vus, il y avait dans ses manières et dans sa physionomie quelque chose qui respirait la bonté; aussi n'hésitai-je pas plus longtemps à me pencher vers la source. Je m'y désaltérai avec un plaisir que je crois n'avoir jamais vivement éprouvé. Pendant ma traversée d'Angleterre j'avais appris à apprécier le mérite de l'eau, et je crois n'en avoir jamais bu avec autant de délices, même quand j'étais écolier.

Ces libations, prises à la même fontaine, établirent entre l'homme aux habits de peaux et moi une sorte de fraternité. Nous nous assîmes, l'un à côté de l'autre au bord de la source.

Je ne pouvais m'empêcher de regarder ma nouvelle connaissance avec une sorte de surprise. Ce doit être, pensai-je en moi-même, une des figures grotesques de l'avant-scène des tableaux champêtres qui vont se dérouler à mes yeux dans ce pays nouveau.

« Vous me regardez avec étonnement, dit mon compagnon.

— Je ne m'en défends pas, répondis-je; mais, soit dit sans vous offenser, tout le monde dans ce pays est-il habillé comme vous? Je ne prétends pas que ce costume ne soit pas convenable, ajoutai-je, dans la crainte de le blesser, et qu'il ne soit pas parfaitement approprié aux usages ou aux besoins du pays; mais je ne suis dans la colonie que depuis quinze jours, et vous ne devez pas être surpris si chaque chose nouvelle me semble étrange.

— Je le crois bien, répondit mon interlocuteur, car cela me semble encore plus étrange qu'à vous. Savez-vous comment je me trouve affublé de ce que vous voulez bien appeler mon costume?... Eh bien! je m'en vais vous le dire, car vous ne le devineriez jamais. C'est le produit d'une contribution volontaire!

— D'une contribution volontaire! m'écriai-je. Et comment cela?

— Voici comment : il y a dix jours, je suis tombé dans un parti de Bush-rangers, de l'autre côté de l'île, et ils m'ont mis nu comme un ver.

— Les enragés! m'écriai-je en saisissant mon fusil.

— Oh! n'ayez pas peur, il n'y en a pas de ce côté-ci, et j'espère que vous aurez le bonheur de ne pas en rencontrer dans cet horrible pays.

« Dieu me pardonne; mais je me donnerais à tous les diables pour en être hors. Imbécile que j'ai été d'abandonner mon bon vieux maître dans le Shropshire, pour venir ici essayer à être propriétaire. Depuis cet instant, tout a toujours tourné de mal en pis pour moi. Ces diables de Bush-rangers m'ont enlevé tout ce que j'avais sur le corps, et ils m'ont fait porter leurs bagages pendant trois jours. Celui qui a pris ma redingote, une redingote superbe, en velours de première qualité, avec des poches de tous les côtés, m'a dit, en me jetant sa casaque de kanguro sur le corps : — Tiens, mon ami, accepte cela comme un souvenir de moi; j'espère que tu ne te plaindras pas que nous ayons manqué de procédés à ton égard; nous nous dépouillons de tout pour toi, et de plus nous t'avons fait voir du pays. »

« Quant à ces brodequins, je me les suis procurés dans la hutte d'un gardien de troupeaux, qui m'a permis d'appliquer sur mes pieds une peau de mouton toute chaude. Ils étaient assez confortables dans le principe; mais ils commencent à être un peu secs et un peu râpés. J'espère au reste que je ne les porterai pas longtemps; je ne vais plus travailler que pour gagner l'argent de mon passage. Puisse le ciel me tirer de cet abominable pays! Je crois vraiment que le bon Dieu l'a fait avant les autres et que c'est un essai malheureux, qui n'a pas répondu à ses intentions. D'abord on n'y trouve rien comme ailleurs, et ce qu'il y a de pis, c'est qu'il n'y a pas la plus petite chose à manger.

— Rien à manger, dites-vous; mais c'est une mauvaise plaisanterie! Comment vivent donc les gens qui l'habitent?

— C'est une façon de parler; je ne prétends pas qu'il n'y ait absolument rien, quoique, si on en excepte les côtelettes de mouton et les dampers (espèce de galette), je ne vois pas ce qu'on peut y trouver. Mais ce que je veux dire c'est que cette île damnée ne produit rien par elle-même : elle n'a ni animaux, ni fruits, ni légumes; avant de venir ici, je m'imaginais qu'il devait y avoir des fruits en abondance dans un pays chaud. Fiez-vous-y! Vous pourrez vous promener longtemps dans les bois avant d'y trouver quoi que ce soit à manger, je vous en avertis. La seule chose que j'y aie vue, qui ait quelque ressemblance avec un fruit, c'est une espèce de cerise difforme, dont le noyau pousse en dehors. Un jour que je passais auprès d'un arbre qui en était couvert, je vis des oiseaux en manger, et j'en mangeai aussi; mais Dieu sait le beau gazouillement que cela m'a fait dans le ventre. Non, je vous le répète, il n'y a absolument rien de bon dans quelque endroit que ce soit. En un mot, c'est le plus détestable pays du monde, la plus abominable contrée où l'homme ait jamais résidé; et tout ce que je souhaite c'est d'en être bien loin.

— Je suis fâché de vous voir avec une si mauvaise opinion sur un pays dans lequel je viens m'établir, monsieur...; mais, à propos, vous ne m'avez pas dit votre nom?

— Crab. — Samuel Crab. C'est notre nom, de père en fils.

— Je suis, voyez-vous, originaire du Shropshire. J'ai été pendant trente-cinq ans valet de charrue chez sir Dampier, à Dampier Hall. Mon pauvre bon maître! faut-il que j'aie été assez insensé pour le quitter! Voilà pourtant à quoi m'a servi de savoir lire et écrire.

— Et quelle influence fâcheuse ces connaissances ont-elles pu avoir sur votre sort?

— Vous allez l'apprendre. Un jour que j'étais chez le forgeron du village, à attendre après une charrue qu'il raccommodait, je ne savais que faire, de sorte que je pris un journal qui se trouvait là; Dieu damne tous les maudits journalistes! Je me mis à lire quelque chose, où il était question de la terre de Van Diémen. On disait que son sol était le plus fertile du monde. On vantait les gages élevés qu'on y gagnait; on ajoutait qu'on y manquait de fermiers et surtout d'hommes capables de labourer, et on finissait par dire qu'une fois là on avait sa fortune sous la main. Moi, qui avais été tourmenté toute ma vie par l'idée de posséder en propre un pauvre petit coin de terre, je ne voyais pas le moindre moyen vraisemblable d'arriver jamais à mon but en Angleterre, de façon que je fus saisi d'une espèce de désir désordonné d'aller à la terre de Van Diémen. Je mis mon projet à exécution, malgré tout ce que put me dire mon maître. J'avais à peu près 150 liv. sterling (3,750 fr.) d'épargnes. Je partis donc; mais maintenant je voudrais bien être retourné. »

Je me sentais un peu découragé en entendant un pareil langage dans la bouche d'un véritable cultivateur, d'un homme qui avait habité longtemps la colonie, et je commençai à douter que j'eusse agi avec prudence en quittant un pays riche et civilisé comme l'Angleterre, pour venir m'établir dans un pays neuf et sauvage comme la terre de Van Diémen. Ma nouvelle connaissance me parut être une de ces natures bornées et opiniâtres, telles que l'on en trouve beaucoup parmi les cultivateurs des comtés du centre de l'Angleterre. Il me sembla tout naturel, qu'après sa fâcheuse rencontre avec les Bush-rangers, maître Crab eût quelques préjugés contre le pays qu'ils parcouraient. Mais je pensai que, néanmoins, il pourrait me rendre un compte fidèle de ce qu'il avait vu, et je profitai du penchant que je lui trouvais à parler pour en tirer quelques renseignements que je désirais avoir.

« Quel système de culture, lui dis-je, suit-on dans ce pays?

— Un système! vous êtes bien bon de croire que l'on suit ici un système quelconque. Leur manière de cultiver me révolte, voyez-vous. Ils ne s'entendent pas plus à gouverner une ferme qu'un bourgeois de Londres. Ils ne savent pas faire pousser la moindre chose.

— Pas même du blé?

— Oui, ils font pousser du blé, mais en le laissant venir comme il peut.

— De l'orge?

— Oui, de l'orge aussi.

— De l'avoine?

— Je n'ai pas vu beaucoup d'avoine; cependant je crois qu'ils en font un peu.

— Des pommes de terre? oh! des pommes de terre, ils en produisent énormément.

— Et des légumes : des choux, des pois, des fèves?

— Ils en produisent aussi; mais on ne peut pas dire qu'ils fassent pousser tout cela; cela vient de soi-même; et puis, selon moi, cela vient trop gros et cela pousse trop vite. D'ailleurs, comment voulez-vous que les choses viennent bien dans une terre travaillée à leur mode? Un homme, dans mon pays, serait honteux d'appeler labour la préparation qu'ils donnent à la terre. Si vous voyiez ce qu'ils osent nommer un champ de blé! Moi j'appelle leurs champs de blé des champs de souches. Et là où il n'y a pas de souches, ne croyez pas qu'ils fassent mieux pour cela. Ils donnent un seul et unique tour de charrue à leur terre; ils se contentent de retourner le gazon, en laissant l'herbe qui la couvrait; et puis après, un mauvais tisserand ou quelque escroc de Londres vient avec de la semence dans un sac, et alors, c'est vraiment à en mourir de rire, ces cultivateurs d'une nouvelle espèce vous sèment le grain comme s'ils donnaient à manger à des poules. Ensuite un autre misérable arrive avec une énorme branche d'arbre, traînée par une paire de bœufs, il éparpille le grain à droite et à gauche, en disant effrontément qu'il herse. Puis quand ce beau travail est fait, ils abandonnent le reste à la grâce de Dieu.

— Et qu'arrive-t-il, alors?

— Oh! d'abord les kakatoës se garnissent l'estomac avec leur semence. Les perroquets et les pies en prennent ensuite leur part, et enfin ce qui reste lève.

— Eh bien! c'est toujours quelque chose.

— Oui; mais vraiment du blé si mal cultivé ne devrait pas pousser du tout. C'est une honte de gaspiller ainsi de bonne semence. Quand par hasard ils travaillent un coin de terre, je ne dirai pas selon les règles de la bonne culture, mais pas trop à rebours du sens commun, si vous saviez, grand Dieu, ce qu'ils en font! Vous ne devineriez jamais ce que m'a dit un méchant cockney avec qui je me suis rencontré à Pit-water. « Camarade, lui disais-je, laissez-vous souvent vos terres en jachères dans cette contrée-ci? — Des jachères! qu'est-ce que c'est que cela? me répondit-il. — Vous êtes vraiment un habile homme pour être fermier, vous qui ne savez pas ce que c'est que de la terre en jachères. Mettre sa terre en jachères, mon ami, c'est la laisser reposer pendant une année pour qu'elle reprenne des forces, afin de produire une meilleure récolte l'année suivante. — Oh! me répondit-il, ici nous ne laissons jamais reposer nos terres, ou, comme vous dites, nous ne les mettons jamais en jachères. Nous y faisons régulièrement la même récolte tous les ans. Voyez-vous ce champ, voilà onze ans de suite que je l'ensemence de blé. — Comment, lui dis-je, vous avez eu la cruauté de semer onze ans de suite du blé sur cette terre-là? — Certainement, me répliqua-t-il, et, pour peu que Dieu me prête vie, j'espère bien en semer pendant onze années encore. » Mon cher maître, on m'aurait jeté bas du bout du doigt, tant un pareil langage m'avait frappé de stupéfaction. Que voulez-vous qu'on fasse jamais de bien, dans un pays où l'on herse avec des branches d'arbre, et où l'on traite la terre avec cette barbarie? Mais j'ai découvert bien d'autres horreurs, quand j'ai creusé au fond des choses. Vous ne voudrez pas me croire et on ne me croira pas non plus à mon retour dans le Shropshire, quand je dirai que cette partie de terre, dans laquelle ce misérable avait semé du blé pendant onze ans sans interruption, n'avait pas reçu un seul banneau d'engrais; pas un seul pendant ces onze ans! Eh bien! qu'en dites-vous? y a-t-il un seul fermier chrétien, en Angleterre, qui oserait traiter ainsi sa terre? Et n'est-ce pas agir contre nature?

Cette bizarre sortie commença à me faire comprendre à quelle espèce d'homme j'avais affaire. Maître Crab était un de ces laboureurs obstinés qui ne peuvent pas concevoir que l'on cultive la terre d'une autre manière que celle à laquelle ils ont été eux-mêmes accoutumés. Cuirassés contre toute espèce d'innovation, ils ne veulent pas croire même ce qu'ils voient de leurs propres yeux, et ils dénaturent toute amélioration pour la réduire à la sphère étroite de leurs idées. Ces réflexions me mirent à l'aise avec mon nouvel ami, et je commençai à m'amuser de sa bizarrerie et de son entêtement. Mais je pensai néanmoins que l'expérience qu'il avait acquise dans les affaires de la colonie, et que la connaissance qu'il avait du pays, devaient en faire pour moi un utile compagnon, malgré l'excentricité de son accoutrement, et je lui dis:

« Eh bien! maître Crab, qu'avez-vous l'intention de faire, maintenant?

— Maintenant je veux m'en aller droit à bord d'un bâtiment pour quitter sans retour ce misérable pays.

— C'est fort bien; mais aucun vaisseau ne fera voile d'ici à six semaines, j'en ai la certitude. Vous proposez-vous de passer tout ce temps-là en ville?

— Ah! vous me rappelez là un de mes autres griefs contre cet horrible pays. Quand un pauvre homme a été enlacé, comme moi, par tous les mensonges des capitaines, des armateurs et des courtiers de navires, il faut qu'il reste ici jusqu'à ce qu'il se trouve un capitaine aussi dégoûté de ce beau séjour qu'il l'est lui-même. Que deviendrai-je d'ici à six semaines? je ne saurais vraiment le prévoir, car c'est une chose affreuse que de vivre dans une exécrable ville qui n'est peuplée que de condamnés ou de gens qui seraient dignes de l'être par leur improbité et leurs rapines. Je ne suis entré qu'une seule fois en ma vie dans un cabaret de cette cité maudite...

— Et comment vous en êtes-vous trouvé?

— Oh! je m'en vais vous conter cela. J'entre et je demande un verre de bière. « On ne donne pas moins d'une bouteille, » me dit le maître de la maison. — Et combien vendez-vous une bouteille? répliquai-je, car je savais qu'il était bon de se tenir sur ses gardes, en achetant à ces aigrefins de la ville. — On vous traitera ici comme en Angleterre, poursuivit-il, en évitant de me donner une réponse précise et en me montrant une bouteille dont le verre portait en relief la marque de Barclay. — Vraiment! repartis-je, en sentant battre mon pauvre cœur à l'aspect d'une bouteille de bière anglaise et en oubliant dans mon transport d'en demander de nouveau le prix. Allons, faites sauter le bouchon, dis-je en ne me sentant pas de joie. Le bouchon partit comme l'éclair; c'était mon début dans un cabaret. « Eh bien! camarade, dis-je à l'hôte, ne prenez-vous pas un verre de bierre? — Avec plaisir; » et il se mit à remplir doucement son verre jusqu'au bord. « A votre santé, me dit-il. — A la vôtre, » répliquai-je en m'appliquant un deuxième verre. Je ne l'eus pas plutôt versé, que mon hôte, sans attendre que je l'y invitasse, s'en versa aussi un second verre. « Comment trouvez-vous cette bière-là? me dit-il. — Je n'en ai jamais bu de meilleure dans ma vie, répliquai-je; combien est-ce? — Une demi-guinée. — Une demi-guinée pour une bouteille de bière? — Oui, ce n'est pas cher; il n'y en a plus que deux douzaines de bouteilles dans la colonie et vous venez d'en boire une. » A cette demande foudroyante je sentis la maudite bière se soulever dans mon estomac, comme si elle y fût tombée par erreur et qu'elle eût voulu en sortir. Je ne répliquai rien, car j'avais perdu l'usage de la parole. Je vis que j'étais refait. Encore si j'avais eu de leurs billets *d'un schelling* et de *six pences* pour acquitter ma dette, cela aurait un peu adouci mon malheur; mais je fus obligé de tirer de ma bourse deux beaux dollars en argent, sur lesquels l'hôte fit main basse, en me disant : « C'est encore six pences. Il me fallut donc allonger un troisième dollar, dont l'hôte me rendit la monnaie en vilains billets tout crasseux de quatre et de six pences. Je les reçus, en jurant bien que j'aurais ma revanche si j'en trouvais jamais l'occasion. Mais ce ne sont là que des bagatelles en comparaison de tout ce que j'ai eu à souffrir dans cet infernal pays, bon tout au plus pour des condamnés et des kanguros.

« Je vois que vous n'avez pas été beaucoup mieux traité par les gens de la ville que vous ne l'avez été, à la campagne, par les Bush-rangers; et, en vérité, je ne sais trop que vous dire pour modifier vos opinions. Pour moi, je m'enfonce dans le pays avec l'intention d'y choisir des terres, et j'aurais besoin d'une personne honnête et intelligente pour m'aider dans mes recherches. Rien n'est plus difficile, vous le savez, que d'obtenir des renseignements exacts. L'avis des personnes déjà établies est toujours intéressé; et c'est suivant ses vues particulières que chacun vous conseille de vous établir auprès de lui ou loin de lui. Un étranger est vraiment fort embarrassé de savoir quel parti il doit prendre.

— Vous êtes fermier, je le suppose à votre extérieur, me dit maître Crab, en m'examinant de la tête aux pieds. — Je n'ose pas me dire cultivateur comme vous, répliquai-je; car vous me paraissez avoir été élevé derrière une charrue; mais je ne suis pas étranger à la culture. — Voilà qui est sagement parlé, répondit maître Crab; mais, avant tout, permettez-moi de vous demander votre nom?

— Thornley. William Thornley, de Croydon dans le comté de Surrey, et aujourd'hui fermier dans la terre de Van Diémen.

— Oui, mais peut-être fermier à la mode de Londres; car il ne faut pas que les gens de Londres s'imaginent entendre la culture comme nous autres gens du Shropshire.

Après tout, notre maître, je pense que, si cela vous convient, rien ne m'empêche de battre la campagne pendant quelque temps avec vous. Tout ce que je souhaite, c'est de parvenir à vous persuader de ne pas rester dans ce vilain pays et de retourner ensemble dans notre bonne vieille Angleterre, où l'on cultive la terre comme il convient à des chrétiens. Je suppose que vous ne m'en voulez pas, pour vous parler avec cette franchise. — Pas le moins du monde, répondis-je : je me fie à votre physionomie, qui respire la probité. Eh bien! si vous vous êtes assez reposé, nous nous mettrons en marche.

— Partons, dit maître Crab. Je vais vous indiquer, dans le bois, un chemin qui est moins uni que la grande route, mais dans lequel nous serons à l'abri des rayons du soleil. »

L'intimité ne tarde pas à s'établir entre gens qui parcourent les parties incultes de la colonie, où le choix des compagnons de voyage n'est ni varié, ni nombreux. Le grondeur Crab et moi, nous fûmes bientôt accoutumés l'un à l'autre. Nous marchions, sans nous presser, dans l'épaisseur du bois, et nous approchions déjà de New-Norfolk, quand nos oreilles furent tout à coup frappées par un mélange confus de sons, qui troublèrent le silence de la solitude qui nous entourait. Nous ne pouvions nous imaginer ce qui occasionnait tant de bruit et de cris divers. Tout à coup nous aperçûmes un homme à cheval, qui galopait de toutes ses forces, devant nous, à travers les arbres. Tantôt il sautait par-dessus les pièces de bois abattu, tantôt il baissait la tête pour éviter les branches des arbres restés sur pied. Heureux et habile à éviter tous les dangers semés sur sa route, il soutenait avec vigueur le galop de son cheval, qui semblait aussi animé que lui. Nous entendîmes ensuite le bruit d'une innombrable quantité de coups de fouet, qui éclataient aux environs comme autant de coups de pistolet; et enfin nous nous trouvâmes cernés par une multitude de personnes qui s'avancèrent, en formant un cercle autour de nous. Tout ce que nous voyions, tout ce que nous entendions, excitait au plus haut point notre surprise. Mais comme ce singulier événement marqua le premier pas que je fis dans l'étude de la carrière agricole d'un colon cultivateur, je renverrai au chapitre suivant l'explication du désordre et de l'agitation qui déjouaient toutes nos conjectures.

CHAPITRE IV.

Cependant le tumulte allait toujours croissant. Les cris des hommes et le claquement des fouets, qui s'approchaient de plus en plus de nous, annonçaient le dénoûment de cette scène, que mon ami, à la peau de kanguro, semblait regarder avec une dédaigneuse satisfaction. Ses traits, naturellement peu gracieux, prirent une expression encore plus refrognée, dans laquelle se confondaient à la fois un dédain profond et une maligne joie. « Maître, me dit-il, vous allez voir comment on mène les choses dans ce beau pays!

— Je ne devine pas de quoi il s'agit, » lui répondis-je. A peine avais-je achevé ces mots, qu'un bruit soudain qui se fit entendre dans des buissons morts et dans des ramées sèches, entassées près de nous, me fit craindre l'approche de quelque danger. Je me retournai, par un mouvement instinctif, du côté d'où le bruit partait, et je tins mon fusil prêt à tout événement. Cette précaution fit sourire maître Crab. Je me sentais disposé à en faire autant, car j'avoue que je n'éprouvais pas un bien grand effroi, quand j'aperçus un bœuf en furie ou ce que je crus en être un, qui venait droit sur nous. L'animal paraissait dans un grand état d'excitation. Sa bouche était écumante, ses naseaux dilatés et ses yeux en feu ; sa queue, torse en tire-bouchon, était l'indice certain de ses mauvaises intentions. Je fis un saut de côté, au moment où il se ruait sur moi, tête baissée, et je fus assez heureux pour l'éviter.

« C'est une vache en furie! m'écriai-je. Je suppose que, dans ce pays, la chaleur du climat doit ajouter encore à la fureur des animaux sauvages, quand on les maltraite.

— Ah! les gens y sont encore plus enragés que les bêtes, me dit Crab; mais attendez un peu et vous allez voir la fin. » Aussitôt nous nous trouvâmes au milieu des personnes qui donnaient la chasse à cette vache. Je ne savais à quelles conjectures me livrer à propos de tout ce dont j'étais témoin.

« Que voulez-vous faire de cet animal? dis-je à un grand homme sec, qui avait cessé pour un instant de faire résonner son fouet; il paraît bien sauvage.

— Ah! tous les animaux sont sauvages, me répondit-il; mais cette vache est une des meilleures laitières qu'on puisse trouver. Je ferais une bonne journée si je pouvais parvenir à l'enfermer dans ma cour, dussé-je, pour cela, mettre tout le New-Norfolk sur pied.

— Je ne demanderais pas mieux que de vous aider ; mais, dans mon ignorance des usages de ce pays-ci, je craindrais de faire plus de mal que de bien. »

Mon secours, au reste, serait arrivé trop tard, car un hourra général, poussé à quelque distance, nous annonça que la victoire était gagnée. Nous nous dirigeâmes Crab et moi vers le lieu du triomphe. Le grand homme sec, qui était le propriétaire de la vache poursuivie, nous accompagna. Il y avait une trentaine de personnes, parmi lesquelles ne se trouvaient qu'une ou deux femmes. Je remarquai que les hommes étaient munis de liens faits avec des lanières de peau de bœuf, torses ensemble et d'une grande force. J'en étais toujours à savoir ce qu'ils voulaient faire avec tous ces préparatifs, quand un fermier s'avança avec une écuelle en étain de la contenance d'une demi-pinte environ et une sellette, qui n'avait qu'un seul pied. La sellette à un pied me fit supposer qu'on voulait traire l'animal. Quant à la destination de l'écuelle d'étain, c'était encore un mystère pour moi. Si c'eût été un seau à lait, je n'aurais pas eu la moindre incertitude ; mais c'était alors un meuble bien peu connu dans la colonie. Je continuai à observer avec un grand intérêt tout ce qui se faisait. Je vis s'avancer un homme, armé d'un gros et long bâton, d'une espèce de perche, à l'extrémité de laquelle était attachée une des cordes de cuir dont j'ai parlé tout à l'heure. Cette corde formait un nœud coulant. Le porteur de la corde en tenait l'autre extrémité roulée dans une main. Il grimpa par-dessus les palissades de la cour, qui étaient composées de troncs d'arbres, de six pieds de haut environ, plantés debout. La vache jeta les yeux sur son adversaire, comme si elle eût été accoutumée à ce jeu, et, sans attendre qu'il l'attaquât, fondit avec impétuosité sur lui. L'homme au nœud coulant n'en parut nullement déconcerté. Il se jeta de côté avec autant de sang-froid que d'agilité, et laissa l'animal aller donner de la tête contre les palissades, qui en furent ébranlées. Cette manœuvre fut répétée plusieurs fois, au grand amusement des spectateurs, dont les uns applaudissaient à la souplesse du porteur de perche, tandis que les autres se prononçaient en faveur de la vache.

« Vous l'avez échappé belle, dit un des assistants dans un moment où, la bête en s'élançant contre son ennemi, avait enlevé avec sa corne un morceau de sa casaque; la prochaine fois, Jem, elle vous embrochera.

— Je n'en ai pas peur, dit Jem. C'est bien la plus méchante vermine que j'aie jamais vue; mais j'en viendrai encore à bout.

— Est-ce que vous auriez l'intention de la tuer? m'écriai-je.

— La tuer! s'écria de son côté le grand homme sec. Tuer la bête la meilleure, la plus belle et la plus douce de tout mon troupeau! Elle est si apprivoisée qu'elle vous laisserait la toucher partout. Seulement elle ne veut pas se laisser traire : cela la met hors d'elle-même. Allons, Jemmy, jette promptement ta corde, tiens-la ferme, ne lâche pas, serre bien et la bête est à nous. Où est la corde pour les pieds? »

En effet l'homme à la perche avait saisi le moment opportun, et jeté le nœud coulant sur les cornes de l'animal. Deux ou trois hommes, placés en dehors de l'enclos, s'étaient en même temps emparés de l'extrémité de la corde et tiraient dessus comme des matelots tirent sur un câble quand on lève une ancre, en l'enroulant autour d'un tronc d'arbre. En ce moment mes yeux s'arrêtèrent sur Crab, et je ne pus m'empêcher d'admirer l'expression de raillerie sarcastique qui animait ses traits. Il me lança un regard qui me disait, mieux que la parole : « voilà comme on trait les vaches dans ce pays-ci! »

Cependant l'opération n'était pas encore consommée. Pour l'achever il restait plus d'une précaution à prendre. L'animal avait les pieds de devant tendus en arc-boutant, le cou allongé, et il ruait sans cesse avec ses pieds de derrière. Tous ses membres étaient enlacés dans la corde, où l'on avait adroitement engagé ses cornes. Une demi-douzaine d'hommes en serraient l'extrémité, tiraient dessus et la tenaient bien raide, pour empêcher l'animal de donner des coups de tête. On crut alors la pauvre bête en état convenable, pour qu'on pût la traire. Crab me lança un second regard non moins significatif que le premier.

L'homme, qui portait la sellette à un pied et l'écuelle d'étain, s'avança alors, en parlant doucement à l'animal sur lequel il voulait agir, et en employant force cérémonies et force précautions pour l'approcher. Il saisit le moment qu'il crut favorable et parvint à faire jaillir quelques gouttes de lait dans son vase; mais la vache irascible, indignée de cet outrage fait à sa personne, donna un effroyable coup de tête, qui renversa les hommes qui tenaient la corde, et, recouvrant l'usage de ses jambes, elle culbuta l'un sur l'autre celui qui avait voulu la traire, la sellette et le pot au lait. L'amusement de l'assistance se manifesta en longs éclats de rire. Les plaisanteries et les quolibets pleuvaient de toutes parts. L'amour-propre des gens de la ferme en fut piqué, et comme leur honneur se trouvait en outre compromis par la présence des deux étrangers, témoins de leurs impuissants efforts, ils se mirent de nouveau à garrotter l'animal presque épuisé. L'homme à l'écuelle d'étain, jetant de côté sa sellette comme un meuble digne tout au plus d'une femme, se mit à genoux avec l'intrépidité d'un héros; et, sans se laisser émouvoir par les gémissements ou par les efforts de sa victime, il parvint enfin à lui enlever à peu près une demi-pinte de lait. Après ce triomphe, la vache fut rendue à la liberté; on abattit les perches qui barraient l'entrée de la cour, et l'animal alla se perdre dans la profondeur des bois.

« Eh bien! maître, me dit Crab, aviez-vous jamais vu traire une vache de cette façon-là?

— Certainement, lui répondis-je, on pourrait s'y prendre mieux.

— Ah! poursuivit Crab, c'est une histoire qui mériterait d'être racontée dans le Shropshire. On devrait y retourner quand ce ne serait que pour publier une si belle aventure. Mais vous n'êtes pas au bout, et vous verrez encore plus d'une chose curieuse.

— Suivez-moi, me dit le propriétaire de la vache : je serai bien aise de vous faire voir ma maison, ma ferme, et de vous présenter ma femme et mes enfants. Vous paraissez étranger, poursuivit-il, en s'adressant à moi. Pour vous, l'ami, ajouta-t-il, en jetant sur Crab un regard qui trahissait la perplexité de ses conjectures, vous paraissez plus familiarisé avec les habitudes de ce pays, du moins si j'en juge par votre costume, qui ne laisse pas que d'être un peu bizarre, même pour un habitant du désert. Puis-je savoir d'où vous venez, messieurs?

— Moi, je viens du Camp, répondis-je, avec l'intention de choisir des terres. Quant à ce... (j'allais dire gentleman; mais l'aspect de Crab, sur lequel mes regards tombèrent en ce moment, arrêta ce mot au passage dans ma gorge); quant à ce... colon... — Ne m'appelez pas colon! s'écria Crab, je ne viens pas ici pour m'établir, moi, car les Bush-rangers, les condamnés et les voleurs d'habitants ont pris soin de mettre bon ordre à mon établissement. — J'ai rencontré ce brave homme sur ma route, interrompis-je, et il a eu l'obligeance de s'offrir pour me guider dans le pays.

— Vous êtes venu dans un mauvais district pour trouver de bonnes terres, me dit l'homme du New-Norfolk. Il n'y en a plus du tout, maintenant. La terre est assez pauvre dans ces environs, et on s'établit ici plutôt à cause des avantages qu'offrent les transports par eau, qu'à cause de la fertilité du sol. Mais voici ma maison précisément en face de nous, de l'autre côté de la rivière. Passons ; vous pouvez compter sur une cordiale hospitalité. »

La rivière de Derwent est étroite à New-Norfolk; au-dessous de la ville, elle est aussi profonde que rapide. A New-Norfolk elle cesse d'être navigable; le pays qui est au delà est montueux, et elle ne présente plus qu'une succession non interrompue de cascades. Cette partie de la terre de Van Diémen a été occupée par l'immigration simultanée de cent cinquante colons qui vinrent de l'île de Norfolk, où l'expérience avait appris qu'il était impossible d'établir une colonie à cause de la difficulté d'y aborder et d'y prendre terre. En conséquence, le gouvernement opéra la translation des colons et leur concéda, sur les bords du Derwent, des terres d'une étendue proportionnée à celles qu'ils occupaient dans l'île. Telle est l'origine de la ville de Norfolk; et c'est une des fermes que cette circonstance avait fait naître dans laquelle j'étais admis.

Je ne saurais exprimer les sentiments d'intérêt et de curiosité que je sentis naître en moi en m'approchant de cette résidence. Il me semblait que j'allais y voir se réfléchir, comme dans un miroir, l'image de tout ce qui allait m'arriver d'ici à peu de temps. Les songes dorés auxquels je m'étais livré à bord du vaisseau, pendant la traversée, commençaient à s'évanouir devant la sévère réalité et en face des sérieuses difficultés qui accompagnent un établissement dans un pays nouveau. Ce ne fut donc pas sans un sentiment secret de mélancolie que je me disposai à visiter la ferme où j'étais introduit. Je vais tâcher de décrire les choses telles qu'elles existaient il y a vingt ans, et telles qu'on les retrouve encore aujourd'hui, identiquement semblables, sur certains points de la colonie.

Le bâtiment que j'avais devant moi était construit, ainsi que j'en acquis plus tard l'assurance, avec des troncs d'arbres fendus en deux, revêtus d'une écorce filandreuse et plantés debout en terre. Ce bâtiment, peu élevé, avait trente pieds de long et était blanchi à l'extérieur. Le toit en était couvert avec une espèce de feuillet ou de petites planches en bois, qui avaient neuf pouces de long, quatre de large et un quart de pouce d'épaisseur. Cette couverture avait acquis, sous l'action de l'atmosphère, une couleur bleu-grisâtre et avait l'apparence de l'ardoise. Un des pignons de ce bâtiment était formé par une muraille grossière, bâtie avec des pierres informes ramassées dans les environs. La cheminée de la maison, adossée à ce mur, était construite de la même manière. Derrière ce bâtiment s'élevait une meule de blé assez considérable, entourée de pieux, formant une sorte d'enceinte destinée à recueillir les récoltes. Sur un des côtés, on avait ménagé un jardin enclos de palissades faites avec des planches toutes brutes, encore revêtues d'écorce et fendues à même les arbres. Ce jardin me présenta l'aspect de la plus féconde végétation. Sur le devant de la maison, on avait laissé debout un jeune arbre, aux branches duquel était suspendu un mouton, tué tout nouvellement. Un homme était occupé à enlever un de ses quartiers, et il me sembla que notre approche avait déterminé cette atteinte portée aux provisions de la maison. Une jolie figure, un peu brûlée du soleil, se laissa entrevoir, un instant, à la porte du logis, et disparut tout à coup. Au même moment mon oreille fut frappée du bruit de certains bouillonnements, qui m'annonçaient qu'on se livrait, à l'intérieur, à quelques opérations culinaires.

A peu de distance, on entendait les bêlements d'un petit troupeau de moutons, car le soir approchait. D'un autre côté, sous la direction d'un conducteur armé d'un fouet d'une immense dimension, prodiguant un flux de paroles encourageantes, s'avançait lentement une paire de bœufs, qui apportait une énorme charge de bois pour le foyer. Nous étions sur le point de franchir le seuil de la porte, quand un essaim de jeunes enfants vint nous barrer le passage. Il y en avait six : le plus âgé avait tout au plus sept ans ; il tenait dans ses bras le plus jeune de ses frères, qu'il présenta à embrasser à son père. Chacun d'eux était muni d'un énorme morceau de l'espèce de gâteau qu'on appelle ici *damper*, qui leur avait été donné pour s'amuser, en attendant un repas plus substantiel. Le vêtement de toute cette petite marmaille était aussi léger que la décence pouvait le comporter. Il me parut, à leur chaussure, que la mode des brodequins, que j'ai déjà désignés sous le nom de *mocassins*, était la mode dominante. Du reste ces enfants étaient propres et annonçaient la gaieté de leur âge ; mais ils avaient l'air un peu étiolés. On aurait dit de plantes sauvages qui auraient poussé sans culture. J'ai eu l'occasion d'observer depuis, que telle était l'apparence générale des enfants nés dans la colonie.

« Y a-t-il du lait, père? balbutia une petite fille, qui commençait à peine à parler.

— Tout juste une goutte pour votre mère et son marmot, chère amie. Où est votre frère? »

A cette question, un jeune garçon fluet, de dix ans environ, s'avança d'un air grave et un peu nonchalant. Il embrassa son père, qui lui dit : « Eh bien! Ned, le troupeau est-il en bon ordre?

— Oui, père. Nous l'aurions bien laissé toute la nuit sur la colline de Green-hill; mais Dick a vu ce matin deux hommes rôder aux environs. Il les a encore rencontrés cet après-midi. Ils ont un air qui ne lui plaît pas trop, et il a pensé qu'il valait mieux mettre le troupeau en sûreté dans la petite cour.

— Eh bien! monsieur, me dit l'homme du New-Norfolk, si vous vous sentez en humeur de souper, allons nous mettre à table. »

Nous entrâmes dans l'habitation; une pièce spacieuse, dont la porte ouvrait en plein air, se présentait la première. La partie de la maison, opposée au pignon qui portait la cheminée, était divisée en deux chambres à coucher. Vis-à-vis la porte d'entrée, était une porte intérieure conduisant à une arrière-pièce, qui servait de cuisine. C'était de là qu'étaient partis les bruits de vapeur et de bouillonnements que j'avais d'abord entendus, et qui étaient devenus encore plus intenses. Il y avait, au milieu de l'appartement principal, une table faite de planches informes, sur laquelle étaient rangées plusieurs écuelles d'étain, quelques assiettes, ainsi que des fourchettes et des couteaux dépareillés. Une gigantesque bouteille verte, pleine de rhum, ornait un des coins de la table. A la place du milieu se trouvait, comme une marque d'honneur, l'écuelle de lait, qui était le produit des efforts réunis de tous les habitants du voisinage.

L'hôtesse sortit alors de son sanctuaire; elle portait dans ses mains un énorme plat de côtelettes de mouton, qui fut bientôt suivi d'un autre plat, sur lequel reposait une espèce de gâteau pâteux.

« Je pense, dit la maîtresse du logis, que vous préférerez un gâteau en terrine à un simple damper. En voici un : Edward, servez ces messieurs. Ils ont fait une longue route, ils doivent avoir faim. »

Le mari répondit à cette hospitalière invitation en tirant du grand plat trois ou quatre côtelettes de mouton, qu'il me présenta : « Servez-vous vous-même, dit-il à mon compagnon. Vous connaissez les usages du pays. Où est le sel et la moutarde?

— Nous n'avons pas de moutarde, répondit la maîtresse de la maison. On ne peut en acheter que lorsqu'on va au Camp. Pour ce qui est du sel, nous n'en avons malheureusement plus un grain. Si vous ne pouvez pas vous en passer, nous en enverrons chercher à la ferme de Corolly, qui est à trois milles d'ici (une lieue un quart). Je sais qu'il doit y en avoir, parce qu'on y a salé un bœuf aujourd'hui.

— Ne vous inquiétez pas du sel, dit Crab. J'en ai, moi, du sel! j'en ai trouvé dans une des poches de cette casaque de peau de kanguro, dont ces enragés Bush-rangers m'ont fait présent en échange de ma redingote. Ils ont eu l'attention délicate de ne pas l'ôter. » Et en disant ces mots il plongea ses doigts dans la poche de son vêtement hérissé de poil, et en tira une substance noirâtre et graveleuse qu'il posa sur la table.

— Ah! dit l'hôtesse, c'est du sel qui vient des plaines de Saltpan. Cela vaut mieux que rien. Vous êtes donc tombé dans les mains des Bush-rangers, mon brave homme? Vous ont-ils bien maltraité?

Ils m'ont enlevé jusqu'à ma chemise; heureusement que j'avais laissé mon argent au Camp. Et puis après ils m'ont fait porter leurs bagages pendant trois jours. C'est une rude besogne, je vous assure, surtout à l'ardeur du soleil. J'ai vu, à leur suite, une bonne partie du pays. Quel épouvantable pays! ce ne sont que monts et vaux. C'est à peine si l'on rencontre, par-ci par-là, une bonne pièce de terre. Je parie qu'on ne trouverait pas douze acres capables de fournir de quoi nourrir un mouton pendant un an.

— Vous ne paraissez pas aimer beaucoup ce pays-ci? dit mon hôte, en s'adressant à Crab.

— Aimer ce pays-ci! Y a-t-il quelqu'un au monde qui puisse l'aimer? Y a-t-il aucun de ceux qui ont la faculté d'en sortir qui voudraient y rester? Où peut-on trouver une plus pauvre terre? La meilleure est couverte d'arbres qu'il faut abattre, avant de tirer la moindre chose du sol. Et, quand les arbres sont abattus, restent les souches, qui ne vous permettent pas de tracer un seul sillon droit. Et puis, admettons que vous ayez le moyen de monter une ferme, n'êtes-vous pas exposé à tout perdre? Si vous avez du bétail, il se sauve dans les bois, où vous le rattrapez quand vous pouvez. Si vous avez des moutons, ils vous sont enlevés par les voleurs; et si vous êtes seul à les garder, vous courez grand risque de recevoir un bon coup de fusil. Quant aux condamnés échappés, que vous appelez Bush-rangers, ce sont d'aimables gens qui enfoncent, pendant la nuit, les portes de votre maison, qui enlèvent tout ce qui se trouve dedans, et qui vous procurent le plaisir de les regarder faire, avec les mains liées derrière le dos et un canon de fusil armé sur la poitrine. Mais ceux qui sont assez insensés pour venir ici méritent d'y mourir de faim et d'y être volés et assassinés. Bien fous ceux qui y viennent; encore plus fous ceux qui y restent. Pendant cette causerie, la pyramide de côtelettes de mouton avait été vigoureusement battue en brèche, et l'énorme gâteau en terrine avait presque entièrement disparu sous les attaques réitérées des convives. Mon hôte se tourna alors vers la bouteille de rhum.

« Si nous avions seulement un citron, dit-il, nous pourrions brûler un bol de punch; mais il ne faut jamais songer à ce qu'on ne peut pas se procurer. »

A la suite de cette réflexion philosophique, il versa dans son écuelle à peu près un quart de pinte de rhum, qu'il tempéra par une certaine quantité d'eau, qu'il prit dans une jatte voisine. Il me parut que l'eau entra pour une part bien faible dans la mixtion. Puis il m'invita, ainsi que Crab, à l'imiter. Je le remerciai, à son grand étonnement, en lui disant que je ne prenais jamais aucun spiritueux. Quant à Crab, il s'administra sans hésiter une copieuse libation de la grosse bouteille verte, en ajoutant que, sur ce point, il se sentait assez d'inclination à se conformer aux habitudes de la colonie.

Pour compléter le tableau de notre festin, je dois ajouter que, pendant que nous engloutissions à la grande table les innombrables côtelettes de mouton, la maîtresse du logis servait aux enfants du thé qu'elle puisait dans un chaudron à trois pieds, qui bouillait au foyer. Après avoir jeté une poignée de thé dans ce vase grossier, elle avait plongé successivement dans la décoction l'écuelle de chacun des enfants, en y ajoutant quelques morceaux d'un sucre brun; quelques gouttes de lait, délicatesse inaccoutumée, nuancèrent, ce jour-là, le bouillant liquide. Tout en buvant leur thé, les enfants faisaient de fréquentes attaques et de nombreux larcins à même notre pyramide de côtelettes, sans préjudice du gâteau en terrine et de l'éternel damper, qui faisait alors la base de tous les repas dans une ferme.

Des symptômes d'assoupissement commencèrent alors à se manifester dans l'assemblée. Depuis longtemps la jeune couvée avait été nichée dans ses dortoirs respectifs, et notre digne hôtesse s'agitait pour trouver dans quel endroit elle m'installerait ainsi que mon compagnon. Pour y parvenir, elle dut déloger son mari d'une espèce de sofa, ou plutôt de lit de camp en bois, et elle appela Dick pour l'aider à préparer ma couche.

« Les peaux de kanguro ont-elles été envoyées au Camp? lui demanda-t-elle.

— Non, maîtresse, elles sont dans la hutte. On en peut faire de fameux lits pour ces gentlemen : elles seront ici dans une minute. »

Un tas de peaux sèches et retentissantes fut en effet apporté en quelques instants, et Dick, transformé en femme de chambre, se mit en devoir d'en dresser un lit à mon usage. On fit à quelques autres couches un emprunt de couvertures et de courtes-pointes pour compléter les nôtres. Crab s'était contenté d'une certaine quantité de sacs qu'il avait accumulés sur le plancher. Tout ainsi disposé, on se fit réciproquement les adieux accoutumés et on se prépara au repos. Crab se plongea, sans autre façon, dans ses sacs, sans se donner même la peine de se déshabiller. Dans cette situation, il ressemblait assez à un gros animal velu d'une espèce tout à fait particulière. Il ne tarda pas à donner les signes bruyants d'un profond sommeil. Pour moi, malgré la fatigue que je ressentais, je restai quelque temps éveillé, sous les impressions nouvelles de la scène qui m'entourait et de celles que j'avais éprouvées pendant mon voyage. Je réfléchis sur tout ce qui s'était offert à mes regards pendant cette première journée de ma vie de colon. L'image de cette habitation incommode, ses matériaux informes, cette nourriture aussi grossière en elle-même que dans son assaisonnement, la malpropreté et le dénûment d'une ferme, du moins à juger d'après ce que j'en avais vu ; enfin les sentiments de désappointement et de danger que je ne pouvais dissiper, tout contribuait à me porter à la tristesse. Cependant, comme la plus entière tranquillité régnait au dedans et au dehors et que les chiens eux-mêmes, dont la vigilance est extrême dans ces contrées, étaient silencieux, la fatigue prit peu à peu le dessus, mes pensées s'affaiblirent graduellement, et je tombai enseveli dans un profond sommeil.

Malheureusement mon repos ne devait pas être d'une bien longue durée. Je rêvais que j'étais à Hobart Town avec ma femme et mes enfants, et que nous nous plaignions de l'ennui que nous causaient les aboiements incessants des chiens. Ces aboiements allaient toujours croissant et il me semblait entendre crier mes enfants, que ce bruit épouvantable effrayait. Je m'imaginai que je me levais pour les rassurer, et en ce moment je m'éveillai. Il était environ trois heures du matin. Je ne tardai pas à reconnaître que mon rêve avait été provoqué par quelque chose de réel. Les chiens de mon hôte aboyaient avec violence, et les cris de ses enfants faisaient chorus avec eux. Bientôt le berger Dick frappa à coups redoublés à la porte de la maison. Mon hôte, tiré de son sommeil, fut promptement sur pied.

« Maître! s'écria Dick du dehors, le troupeau est sorti de la cour. Il se passe quelque chose de mauvais : venez-y voir le plus tôt que vous pourrez. Le gentleman qui est arrivé hier a un fusil ; est-il éveillé?

— Oui ! m'écriai-je, en sautant de mon lit au milieu des ténèbres ; mon fusil et moi sommes à votre disposition. Mais de quoi s'agit-il? Sommes-nous attaqués par les Bush-rangers?

— Probablement, exclama Crab d'un autre côté, en se dégageant de ses sacs ; ça ne peut pas être autre chose. Voilà votre joli pays ! Mais j'espère, continua-t-il, en s'adressant à notre hôte, que vous ne les laisserez pas entrer sans nous chamailler un peu.

— Je l'espère, répondit le fermier ; mais la partie n'est pas égale avec les Bush-rangers, quand on a une femme et des enfants à défendre. Du reste, je ne crois pas que ce soient eux. Ce ne sont probablement que quelques maraudeurs qui en veulent au troupeau ; mais il faut s'en défier, car ils ne se font pas scrupule de vous lâcher un coup de fusil quand vous les serrez de trop près.

— Quelle heure est-il?

— Trois heures un quart.

— Il va bientôt faire jour. Fais lever tout le monde, Dick, et appelle les chiens. Cela ne nous servira pas à grand'chose de nous mettre en quête avant que le jour ne nous permette de suivre la trace des voleurs. Quant à vous, ma chère amie, dit-il à sa femme, qui s'était jetée en toute hâte sur ses vêtements, tenez-vous bien enfermée ici pendant mon absence, et ne laissez pas sortir les enfants. Ce n'est pas une attaque de Bush-rangers, mais c'est, je l'ose dire, une audacieuse tentative de gens qui se proposent d'enlever à un homme son troupeau sous son nez. Dick et moi nous allons suivre leurs pas ; donnez-moi mon fusil. Où sont les cartouches? c'est bien. Donnez-moi un morceau de damper ; nous pourrons bien en avoir besoin avant de revenir. Dick, nous prendrons Hector et Fly avec nous et tu laisseras les autres chiens. Pourvu que la jument ne se soit pas échappée dans le bois... quoique nous serons peut-être mieux à pied, car nous n'avons que des moutons à suivre. Allons, messieurs, bonjour.

— Bonjour ! s'écria Crab. Je n'en veux pas de votre bonjour. Est-ce que vous vous êtes imaginé que je vais manger votre pain, boire votre rhum, et vous laisser dans l'embarras. Non, non, je vous tendrai la main, s'il vous plaît. Donnez-moi un bon bâton ; c'est ce dont je sais le mieux me servir, et je vais vous accompagner. Et vous, maître, vous allez venir aussi, n'est-ce pas? dit-il en se tournant vers moi. Votre fusil peut nous être d'un grand secours.

— Je vous accompagnerai avec le plus grand plaisir, répondis-je. Je ne sais pas trop comment il faut se conduire dans les bois ; mais je ferai de mon mieux.

— Je vous remercie, messieurs, dit le fermier. De cette façon nous serons quatre hommes et deux fusils aux trousses des voleurs, et il restera trois hommes pour garder la ferme. Nous aurons probablement du chemin à faire, ainsi préparez-vous pour cela. Femme, donne-nous une bouteille de rhum : Dick, j'en suis sûr, ne demandera pas mieux que de s'en charger. Tiens, mon garçon, et ne nous triche pas.

— Il sera bon aussi de prendre deux tasses.

— Tu as raison, dit notre hôte. Prends aussi de la petite corde, nous pourrons en avoir besoin. Maintenant, que personne ne dise plus un mot, et surtout que rien ne fasse soupçonner combien il restera d'hommes à la ferme.

— Je crois, dit le berger, qui avait une longue expérience en pareille matière, que nous ferons bien de nous partager en deux bandes, et de marcher, deux sur la droite, et deux sur la gauche, jusqu'à Green-hill, où nous nous réunirons. De cette façon nous ne pouvons manquer de rencontrer la trace du troupeau. Il y en aura probablement plusieurs, car c'est la ruse ordinaire de ces gueux-là ; mais nous devrons de cette manière reconnaître la principale.

— Dick, prends avec toi notre ami à la peau de kanguro, dit le fermier ; vous irez à gauche, tandis que monsieur et moi nous marcherons sur la droite. Tiens, prends mon fusil, il faut qu'il y en ait un de chaque côté. Ne perdons pas de temps, car nous laisserions probablement échapper nos voleurs. » L'aube commençait à paraître, et il faisait assez clair pour voir où placer ses pieds. Chaque bande se mit en devoir de suivre la direction convenue ; et je me trouvai bientôt, avec le fermier, à une grande distance de son habitation.

Nous suivîmes les bords de la rivière, pendant un demi-mille environ, et nous tournâmes ensuite à gauche. Mon hôte commença alors à chercher attentivement les traces de son troupeau. Je l'aidai du mieux qu'il me fût possible. Nous étions tous deux tellement absorbés dans notre recherche, que nous n'aperçûmes une réunion d'indigènes qui étaient assis autour d'un grand feu, qu'au détour d'une petite éminence, et quand nous nous trouvâmes en quelque sorte au milieu d'eux. Ils se levèrent vivement à notre approche, et le fermier, alarmé par leur présence, mit la main sur mon fusil et fit halte pour les reconnaître.

CHAPITRE V.

« Ils n'ont pas de mauvaises intentions, me dit l'homme de New-Norfolk, après avoir observé quelque temps les indigènes. C'est une troupe de ville. On les reconnaît aux couvertures que portent quelques-uns d'entre eux ; mais il est toujours bon de se tenir sur ses gardes, car ce sont des diables bien traîtres. Ne vous dessaisissez pas de votre fusil, et ne montrez aucune inquiétude. Maintenant abordons-les. Si je puis parvenir à leur faire comprendre que je suis à la recherche d'un troupeau égaré, ils me seront, j'en suis sûr, d'un grand secours pour le retrouver. »

Pendant que mon compagnon parlait ainsi, nous nous approchâmes du feu. Les indigènes se tenaient debout çà et là, en nous regardant d'un air impassible, nonchalant et un peu hébété. Près du feu il y avait un tronc d'arbre, sur lequel mon ami du New-Norfolk m'engagea à m'asseoir.

« Mettez-vous là, me dit-il, tout vis-à-vis de moi, de façon que chacun de nous puisse voir ce qui se passera derrière le dos de l'autre, sans que cela semble concerté. Pour moi je m'en vais essayer si je ne pourrais pas tirer parti de ces gens-là. »

Trois ou quatre indigènes reprirent leur place, en même temps que nous, auprès du feu, et continuèrent les préparatifs d'un repas que notre arrivée semblait avoir interrompu.

J'étais curieux de voir le cérémonial du déjeuner de ces noirs et graves personnages. Mes désirs ne tardèrent pas à être satisfaits. Rassurés, je le suppose, sur la nature de nos intentions, les indigènes poursuivirent les préparatifs de leur cuisine. Nous vîmes s'avancer d'abord une jeune femme, grande et mince, revêtue d'une couverture en lambeaux, drapée avec une certaine prétention autour de sa personne. Un filet, rempli d'un gros morceau de gomme, était suspendu à son cou. Elle donna à un des hommes de la troupe ce morceau de gomme, qui était à peu près gros comme une noix de cacao. Cependant une autre femme présenta un opossum, espèce d'animal qui me parut tenir le milieu entre un chat mort et un écureuil. Le morceau de gomme et l'opossum furent jetés ensemble dans le feu. La peau de l'animal et tout ce qu'il avait dans le corps fut respecté, sans doute pour mieux assaisonner ce rôti. Après que la gomme et l'opossum eurent grillé, pétillé, et fumé pendant quelque temps, un des hommes de la bande tira la bête du feu, et, plongeant sa face dans ses entrailles, savoura quelque temps ce mets délicat, puis rejeta dans le feu ce qui restait de l'animal. Un autre indigène l'en retira à son tour, en dépeça les membres, dévora ceux qu'il choisit comme les meilleurs et en jeta les os à demi rongés aux dames de la troupe. Celles-ci, qui étaient debout derrière les hommes, reçurent ces marques d'une tendre largesse avec autant de respect que de déférence, et surtout avec une extrême avidité.

« Messieurs les indigènes ne paraissent pas avoir beaucoup d'égards pour le beau sexe, dis-je à mon ami du New-Norfolk. Ces noirs animaux-là se sont fait la part du lion.

— C'est ainsi qu'ils en usent avec leurs *gins*, me répondit-il.

— Leurs *gins*? Qu'est-ce que c'est que cela?

— C'est ainsi qu'ils appellent leurs femmes. Un indigène en a trois, quatre, cinq et même quelquefois plus, suivant les circonstances. Le nombre varie, en plus ou en moins, suivant la faculté qu'ils ont de les nourrir. Ils font travailler leurs *gins* pour eux. Ce sont elles qui ramassent la gomme sur les arbres; elles la recueillent dans un filet pareil à celui que vous avez vu suspendu au cou de cette jeune femme. Elles excellent aussi dans la chasse de l'opossum; j'ai vu une de ces gins noires, poursuivant un opossum, monter à un arbre couvert de la plus rude écorce, avec autant d'agilité qu'en aurait pu déployer un homme. Mais voilà leur déjeuner achevé, je vais maintenant essayer à me servir d'eux pour découvrir mon troupeau. »

Je dois ajouter que le repas que je viens de décrire avait été fait dans le plus profond silence. Les indigènes avaient mangé l'opossum rôti et les morceaux de gomme avec une effroyable voracité, sans proférer une parole et sans s'occuper de nous le moins du monde. C'est un sage principe de ne point troubler le repas d'un homme affamé. Aussi le fermier s'était-il abstenu de rien dire et de parler de son troupeau jusqu'à ce que les indigènes eussent achevé leur festin; mais, en ce moment, il avisa le chef de la bande, et le dialogue suivant s'établit entre eux.

« Vous avoir beaucoup de kanguro? dit le fermier, en se conformant à la manière de parler des sauvages.

— Pas de kanguro, répondit l'indigène.

— L'opossum être bon? reprit son interlocuteur.

— Bon, répliqua le chef. »

Je fus surpris de l'excellent accent avec lequel l'homme noir prononça ces laconiques réponses.

« Est-ce que les indigènes parlent anglais? dis-je à mon compagnon.

— Ils n'en savent que quelques mots; mais ce sont des mimes de première force, et quand ils saisissent un mot, ils en reproduisent le son avec une parfaite exactitude, même sans le comprendre.

— Moi, avoir beaucoup de moutons, continua mon compagnon en s'adressant au chef.

— Beaucoup de moutons!

— Les moutons être partis, ajouta-t-il, en montrant une colline, qui était à quelque distance. »

L'homme noir secoua la tête.

« Vous, pouvoir trouver mes moutons? » poursuivit le fermier, en accompagnant ces mots des gestes d'un homme qui cherche des traces sur la terre.

L'homme noir se retourna vers les gens de sa suite et leur dit quelques mots que nous ne comprîmes pas; la troupe se réunit et chuchota, comme des gens indécis de ce qu'ils doivent faire.

« Ils n'ont pas rencontré mon troupeau sur leur route, me dit le fermier. Cela ne m'étonne pas, car c'est cette nuit qu'on m'a joué le mauvais tour de me l'enlever, et les indigènes ne marchent jamais la nuit. Mais je crois qu'ils ont compris ce que je voulais leur dire, et qu'ils délibèrent sur le parti qu'ils doivent prendre. Voyez-vous; le chef, que distingue la cravate de coton rouge qu'il porte autour de son cou, confère avec sa suite. Je suppose que c'est pour arrêter les conditions du marché.

— Troupeau être parti? dit l'homme noir, en se rapprochant du fermier.

— Oui, être parti, répliqua mon ami, et moi ne pouvoir le retrouver. » Et il recommença la pantomime d'un homme qui cherche à reconnaître des empreintes sur le sol.

« Et vous, que donner? répondit l'indigène.

— Qu'offrirai-je à ces fripons-là, dit le fermier. Ils sont déjà bien rusés. Je ne sais vraiment à qui il vaut mieux avoir affaire ou à ceux qui sont tout à fait sauvages ou à ceux qui sont à moitié apprivoisés. C'est une chose prodigieuse que la rapidité avec laquelle ces hommes de la nature apprennent de nous autres chrétiens que l'on ne fait rien pour rien. Je vois à la face de ce vilain noir qu'il est résolu à me rançonner.

— J'ai quelques dollars dans ma poche, lui dis-je, ils sont à votre service.

— Ce ne sont pas des dollars qu'il leur faut; ils ne connaissent pas encore l'emploi de l'argent, mais ils veulent ce qui vaut autant que de l'argent.

— Moi, dit-il au chef, moi donner une bouteille de rhum. »

Ces mots bouteille de rhum parurent admirablement compris de toute la bande noire, qui porta les yeux sur son chef. Le chef regarda à son tour son monde, comme un homme qui semblait calculer en lui-même ce qui lui resterait d'une bouteille de rhum, quand il en aurait donné une part convenable à chacune des vingt personnes qui l'accompagnaient; puis il fit un signe de tête négatif.

« Une bouteille? dit-il, en montrant le groupe; trop peu!

— Le vieux fripon! s'écria le fermier, il est aussi difficile à manier qu'un marchand du Camp; mais comme il est très-capable de réussir à ce que je souhaite, il faut que je lui lâche encore une bouteille!

— Deux, reprit-il donc, en levant deux doigts; deux bouteilles de rhum!

— Deux ! répéta le chef à sa bande, en prononçant parfaitement ce mot. Les indigènes parurent ébranlés ; mais le chef répliqua d'un ton résolu : Deux? Trop peu.

— Il faut faire semblant de nous en aller, dit le fermier ; peut-être se décideront-ils ?
— Deux bouteilles, assez ! adieu. »

Tous les indigènes répétèrent ensemble : adieu !

« On dirait en vérité, m'écriai-je, que ce sont des Anglais, tant ils prononcent bien.

— Oui, ils ont tous attrapé ce mot au vol... Mais j'ai besoin de mettre ce vieux drôle dans mes intérêts. Que le diable l'emporte avec ses exigences ! Après tout je pourrai bien baptiser un peu le rhum. »

En nous retournant, nous aperçûmes les indigènes, qui nous suivaient des yeux, comme des gens, dont le dernier mot n'était pas dit.

« Trois bouteilles, dit l'homme du New-Norfolk, en levant trois doigts : trois grosses bouteilles de rhum. »

Nous tournâmes alors les talons, en gens bien déterminés à poursuivre leur route. Le négociateur noir, pensant alors être arrivé à l'apogée de ses prétentions, nous rappela en disant : « Trois bouteilles ? Bon ! »

Nous nous arrêtâmes à ces mots, et trois ou quatre des hommes de la bande nous rejoignirent. Ils se consultèrent entre eux, et, après une courte délibération, le chef nous envoya un jeune indigène, à la taille élancée, en disant : « Lui trouver le troupeau. »

Cette substitution ne plaisait pas au fermier, qui secoua la tête, en s'écriant : « Pickanniny, n'être pas bon pour trouver le troupeau. Vous, vous, ajouta-t-il en montrant le chef.

— Non, moi... Gins, gins !

— Ah ! me dit mon ami, il prétend qu'il ne peut quitter ses gins. Il faudra se contenter de ce jeune garçon ; allons. »

Le jeune indigène se mit aussitôt à marcher devant nous. Il était dans un état de nudité absolue. Heureusement pour lui le temps était chaud. Sa chevelure de laine était crêpue. Ses membres sains et bien faits ; mais l'ensemble de sa personne était un peu grêle, à l'exception de la partie abdominale, qui lui servait à engloutir les opossums et les morceaux de gomme dont nous l'avions vu tout récemment se régaler. Frappé de l'énorme protubérance de cette partie de son corps : « Ces gaillards, dis-je, sont bâtis de manière à absorber une masse d'aliments prodigieuse.

— Ils mangent prodigieusement, me dit mon compagnon ; peut-être cela vient-il de ce que leur nourriture est précaire, et qu'ils croient prudent d'en faire une abondante provision toutes les fois que l'occasion s'en présente, ce qui les fait enfler un peu. Mais quelle route ce jeune garçon-là nous fait-il donc suivre ? Il revient sur ses pas ! Ah ! c'est pour trouver la première trace. C'est bien : il sait ce qu'il faut faire. Je commence à concevoir quelque espérance : regardez.

— Il veut vous parler, je crois.

— Non, il ne le peut pas ; mais je le comprends très-bien. Il désire savoir d'où le troupeau est parti.

— Voyons, où sommes-nous ? Ah !... la ferme est ici, au-dessus de cette petite colline.

— Là, là, dit-il, alors, en s'adressant à l'indigène ; là le troupeau ; et ajouta-t-il, en étendant le bras devant lui, parti par ici. »

Le jeune indigène réfléchit quelques instants, et sans essayer de nous faire comprendre ses intentions, il se dirigea vers une petite colline située à notre gauche.

« Nous marchons vers le rendez-vous où nous devons rencontrer mon berger et votre compagnon de voyage, me dit le fermier. Ils ne doivent vraiment savoir ce que nous sommes devenus. »

Il parlait encore quand nous entendîmes dans le lointain une voix qui semblait un cri de rappel, mais cadencé d'une façon tout à fait nouvelle pour moi. Je ne sais si cette manière particulière à ce pays, de lancer sa voix dans les forêts, est le résultat du hasard ou de quelque combinaison harmonique. Quoiqu'elle me parût fort étrange, j'en reproduirais aisément les sons que l'on peut écrire à peu près ainsi : Cou... ou... ie !...

« C'est Dick et votre ami, me dit l'homme du New-Norfolk ; ils s'imaginent que nous nous sommes égarés, et ils essayent de se faire entendre. Je vais leur répondre sur le même ton. »

Aussitôt il mit ses doigts dans sa bouche et répondit par un vigoureux et perçant cou... ou... ie. La réplique ne se fit pas attendre. Cependant l'indigène, qui paraissait comprendre parfaitement la raison de tout ce qui se passait, s'était arrêté et demeurait immobile. Bientôt deux chiens s'élancèrent vers nous, en bondissant entre les arbres, et, peu de temps après, nous aperçûmes à quelque distance la taille informe de mon ami, à la peau de kanguro et la casaque bleue du berger ; en un instant nous fûmes réunis. « Eh bien ! y a-t-il quelque chose de nouveau ? dit le fermier.

— Je crois être sur la trace, répondit le berger ; mais nous ne tarderons pas à être sûrs de notre fait, puisque vous avez pris avec vous un indigène pour nous servir de guide. J'ai aperçu de la fumée au-dessus des collines, et je me suis douté qu'il devait y avoir là une de leurs bandes. Eh bien ! maître, il faut placer ce jeune noir sur la trace que j'ai trouvée et le laisser aller en avant. »

Mais l'indigène refusa de suivre une autre route que celle qu'il avait en tête, et il continua à nous conduire droit à une place qu'il semblait avoir déterminée en lui-même pour son point de départ.

« Ce que nous avons de mieux à faire, c'est de le suivre, dit le berger.

— Le suivre ! dit Crab, qui avait gardé jusque-là le silence ; le suivre ! c'est vraiment une belle chose que de nous mettre à la remorque d'un pareil moricaud, et cela pour retrouver un troupeau que l'on a enlevé pendant la nuit. La belle vie que l'on mène dans ce pays ! Un homme se couche le soir avec un troupeau de moutons dans sa cour, et le lendemain matin il se réveille avec son troupeau emmené, Dieu sait où ! et ensuite c'est à un mauvais garnement nègre qu'il faut avoir recours pour le retrouver. S'il n'y a pas là de quoi dégoûter à jamais de ce pays, je ne sais pas ce qu'il faut. Que pensez-vous de cela, maître, dit-il en se tournant vers moi ? Vous êtes venu ici dans l'intention de chercher des terres, et c'est à la piste d'un troupeau de moutons que vous voilà. Je ne serais pas surpris que vous finissiez par ne trouver ni l'un ni l'autre. »

Ce n'était qu'une boutade sans raison ; mais, à dire vrai, la préoccupation qui s'était emparée de moi était telle qu'elle avait pour un instant effacé de ma pensée le but de mon voyage. Je m'étais engagé dans la poursuite du troupeau du colon du New-

Norfolk avec autant d'ardeur et d'empressement que si cette affaire m'eût regardé moi-même, tant nous sommes enclins à abandonner les considérations éloignées pour les choses immédiates et pressantes. Mais enfin je sentis que j'étais lié d'honneur au bon comme au mauvais succès de l'entreprise. Je ne pus cependant tellement comprimer les pensées qui traversaient mon esprit que je n'en laissasse échapper quelque chose.

« En venant dans le New-Norfolk, dis-je à ma nouvelle connaissance, j'étais loin de m'attendre à une pareille équipée. Je venais pour visiter des terres, et me voilà maintenant chassant des moutons. Je suppose que c'est là une des nombreuses aventures qui animent la vie d'un colon.

— Vous avez raison, me dit le fermier ; pour moi, je suis très-reconnaissant de votre compagnie et de l'assistance que vous me donnez dans cette expédition, surtout à cause de la spontanéité et du bon vouloir que vous m'avez montré ; mais si vous désirez voir le pays, soyez bien convaincu que vous n'en aurez jamais une meilleure occasion. Nous aurons encore à courir avant d'arriver à notre but, et il nous faudra visiter certaines parties de ce pays, où ni vous ni moi ne songerions jamais à pénétrer, si la nécessité ne nous y forçait. Ainsi ne croyez pas perdre votre temps ; vous l'employez parfaitement au contraire, car, si vous faites un bon usage de vos yeux, vous verrez plus de choses que la plupart des personnes, qui viennent dans cette colonie, n'en voient ordinairement.

« Eh bien ! soit, répondis-je. On m'avait bien prévenu, avant de m'embarquer, que la vie d'un colon était une vie d'aventures ; en voici un bon commencement. »

En devisant ainsi, nous étions parvenus sur les bords d'un petit ruisseau, comme on en voit beaucoup dans ce pays, qui ont un ou deux pieds de large et quelques pouces de profondeur seulement. L'indigène s'arrêta tout à coup en cet endroit et sembla réfléchir pendant quelque temps. N'ayant aucune habitude de voyager dans les parties incultes du pays, je sentis combien il était aisé de s'y égarer. Le soleil commençait à baisser, c'était une chose certaine que nous pouvions voir ; nous ne le sentions que trop aussi. L'impression que l'on éprouve quand on parcourt ces vastes bois et qu'on a le malheur de s'y perdre, est d'une nature toute particulière. Les facultés intellectuelles semblent s'anéantir dans ces immenses solitudes, et l'on y perd toute sa présence d'esprit ; mais j'aurai à parler de cet effet singulier dans un autre endroit.

Notre guide noir parut prendre promptement son parti. Il regarda en arrière et secoua la tête comme pour nous dire que le troupeau n'était pas dans cette direction. Puis il continua sa marche, en prenant à gauche et en suivant les bords du ruisseau. On pouvait s'apercevoir à ses regards qu'il cherchait attentivement la trace des moutons.

Nous continuâmes à le suivre, pendant plusieurs milles, dans cette direction, jusqu'à ce qu'enfin la fatigue commença à se faire sentir. Crab fut le premier à réclamer une halte.

« Nous avons vraiment l'air de faire une chasse aux canards sauvages ! s'écria-t-il. Nous avons suivi jusqu'ici ce misérable négrillon, pendant je ne sais combien de milles, et nous en sommes encore à voir la queue d'un mouton. Nous n'en verrons pas davantage, je vous le prédis, car je suis sûr que ce perfide indigène nous conduit dans quelque embuscade où nous trouverons une troupe de diables comme lui, qui nous dévorera. Que le bon Dieu ait pitié de nous ! Ma pauvre mère aurait-elle jamais cru que son fils était destiné à faire une pareille fin ! être mangé par ces vilains noirs, être grillé sur le feu et sentir leurs dents entrer dans votre chair à moitié cuite, n'est-ce pas affreux? Eh bien! maître, que pensez-vous de tout cela? Pour moi, mon avis est de nous en aller avant que les choses n'aillent plus loin.

— Nous en aller! dit le berger, peut-on faire une pareille proposition? Avec du courage, nous finirons par trouver ce que nous cherchons. Comment! vous oseriez retourner sans avoir trouvé le troupeau? Trois cent cinquante bêtes ne peuvent pas disparaître sans laisser de traces après elles.

— Il paraît cependant qu'elles n'en ont pas laissé, dit Crab.

— Allons en avant, dit le fermier en faisant signe à l'indigène de marcher à notre tête. Il serait vraiment curieux que l'on nous vît revenir sans ramener un seul mouton!... Ah! notre guide a rencontré quelque chose : voyez, il nous engage à regarder à terre. »

Nous nous précipitâmes sur les pas de l'indigène, qui, après avoir suivi quelque temps des traces qu'il venait d'apercevoir, s'arrêta tout à coup. Il semblait avoir besoin de quelque renseignement qu'il ne savait comment nous demander.

« Va à lui, Dick, dit le fermier. Tu connais mieux les allures de ces gens-là que nous; tâche de savoir ce qu'il veut. »

Le berger s'approcha de l'indigène, qui lui montra les traces.

« Moutons, moutons! dit-il.

— Oui, ce sont bien des traces de moutons, dit le berger, mais il désire savoir encore quelque chose. »

Alors l'indigène, étendant les bras en rond, sembla décrire un large cercle autour de lui, et il dit avec le ton d'un homme qui interroge :

« Moutons, beaucoup?

— Ah! s'écria Dick, je devine maintenant ce qu'il veut. Il désire savoir si le troupeau est considérable. Les traces qu'il vient de trouver ne sont pas nombreuses, et il craint de faire fausse route en ne suivant qu'un petit détachement du troupeau. « Beaucoup, beaucoup! dit alors le berger au guide; et là, ajouta-t-il en secouant la tête et en lui montrant les traces : Peu, peu! »

L'indigène parut le comprendre parfaitement, car il tourna immédiatement sur la gauche. Nous n'avions pas fait deux milles que nous rencontrâmes de nombreuses traces de moutons. Nous acquîmes la certitude que l'on avait conduit le troupeau parallèlement à la rivière. Ensuite les voleurs, tournant brusquement à gauche, l'avaient traversée dans un lieu où elle était guéable. De l'autre côté de la rivière les traces étaient profondes et nouvelles. Nous les suivîmes à grands pas.

Nous continuâmes ainsi notre marche pendant plusieurs milles, jusqu'à un endroit où les traces du troupeau se divisaient en deux branches, l'une se dirigeant sur la droite et l'autre sur la gauche.

Pour résoudre ce dilemme, il fut arrêté que le fermier, avec le berger et le guide, prendraient à gauche, et que Crab et moi nous suivrions la droite, nous réservant d'agir suivant les circonstances. Crab ne fit aucune objection à cet arrangement, car il y avait, dit-il, autant de chances de trouver les moutons d'un côté que de l'autre. Pour lui, il ne doutait pas qu'au moment où nous parlions, ils ne fussent déjà dans quelque retraite où on ne les retrouverait pas. Ou bien il prétendait que si on les retrouvait, personne ne les reconnaîtrait, parce qu'on aurait déjà changé leurs marques et qu'on leur en aurait imprimé de nouvelles. Sur ces réflexions nous nous séparâmes et chaque parti suivit sa direction respective.

J'ai appris, depuis, que le fermier du New-Norfolk avait recouvré la presque totalité de son troupeau ; mais je ne m'amuserai pas à décrire ici les heureuses circonstances qui concoururent à son succès. Je suis plus préoccupé du désir de faire connaître comment je pris possession de ma ferme, et par quels moyens un colon, malgré les obstacles et les dangers qu'il rencontre, peut parvenir à l'indépendance et à la fortune.

« Eh bien ! maître, me dit Crab, vous venez de voir une partie du pays : qu'en pensez-vous ?

— C'est un très-beau pays à voir, lui répondis-je ; mais la beauté des sites et la fertilité du sol sont deux qualités bien différentes. Un colon ne vit pas de la contemplation d'un beau paysage. C'est la richesse de la terre sur laquelle il s'établit qui assure sa subsistance. En ce moment, par exemple, mon cher Crab, je vous avoue que la chose dont je m'accommoderais le mieux, ce serait un bon déjeuner.

— En ce cas, dit Crab, en s'arrêtant et en baissant la voix, voilà une bonne occasion pour en faire un excellent. Regardez : sur ce tronc d'arbre, voyez-vous la tête de ce kanguro ? il va sauter ; c'est le moment de lui lâcher votre coup de fusil. »

Je tirai, l'animal fit un saut en avant.

« Vous l'avez touché, me dit Crab ; et tout fatigués que nous étions, nous nous mîmes à courir après l'animal blessé, qui s'enfuit en faisant des bonds prodigieux, et ne tomba qu'après avoir parcouru près d'un mille. »

Crab dépeça promptement notre gibier et fit un grand feu avec du bois mort, que nous trouvâmes en abondance autour de nous. Nous déjeunâmes et dînâmes tout à la fois. L'eau d'une fontaine voisine servit à nous désaltérer, et Crab, qui ne voulait pas être pris au dépourvu, se chargea de la queue de notre proie.

La chasse du kanguro nous avait fait perdre la trace du troupeau de notre hôte, à la grande satisfaction de Crab, qui me proposa d'aller à travers champs, jusqu'à ce que nous eussions regagné la grande route qui unit les deux extrémités de l'île. J'acquiesçai à cet avis, et, après une marche fatigante de trente heures, nous arrivâmes sur la route. Heureusement nous y rencontrâmes un chariot, attelé de bœufs, que conduisait un colon qui se rendait aux plaines de Norfolk, dans la partie septentrionale de l'île. Nous profitâmes de cette circonstance favorable : et alternativement montés sur le chariot, ou marchant à pied, nous gagnâmes les plaines. De là, nous nous rendîmes à Launceston ; puis, revenant sur nos pas le long de la grande route, nous arrivâmes à un endroit appelé les Marais-Verts, dans le district de Murray. Là, j'appris, dans une petite auberge nouvellement établie, qu'il y avait, dans la partie occidentale du pays, sur les bords de la Clyde, une portion de terre très-convenable pour élever des bestiaux et des moutons, industrie à laquelle j'avais toujours eu le projet de donner la préférence. Je traversai donc la rivière, et, suivi de mon inséparable Crab, j'abordai à la place indiquée, qui me plut, à cause du vaste parcours qu'elle offrait pour les troupeaux.

Le choix de mes terres une fois bien arrêté, je me hâtai de revenir à Hobart-Town, afin de n'être devancé par personne dans la demande que j'en devais faire. J'avais été absent pendant dix-sept jours, qui m'avaient paru bien longs ; et ce ne fut pas sans un vif plaisir que je revis ma femme et mes enfants. Le lendemain, j'adressai au gouverneur la demande d'un ordre pour prendre possession de mes terres. Je fus informé, en réponse, qu'elles seraient régulièrement arpentées et bornées aussitôt que les occupations du géomètre du gouvernement le lui permettraient, mais que je pouvais en prendre provisoirement possession et commencer à y bâtir. Mon premier soin fut alors de me procurer deux chariots et deux attelages de quatre bœufs chacun pour transporter mon mobilier et toutes les choses de première nécessité.

Je voulais d'abord me rendre seul sur mes terres pour y faire les premiers préparatifs de notre établissement; mais ma femme, que je consultai, préféra y venir de suite avec ses enfants plutôt que de continuer à séjourner à la ville. Nous avions eu par bonheur la précaution d'apporter avec nous deux tentes, qui nous furent de la plus grande utilité. Les préparatifs de notre voyage ne se firent pas, comme on le pense bien, sans embarras et sans trouble. Il y avait à peu près cinquante milles (20 lieues) de la ville à la place que j'avais choisie pour ma résidence. Cette distance exigeait des soins dans le transport de tout ce que nous possédions. On m'assigna deux hommes du gouvernement que je pris l'un comme conducteur de bœufs et l'autre comme valet de ferme. Je plaçai sur l'un des chariots ma femme, sa mère, nos enfants, la servante et tout ce qui dépendait du coucher et des ustensiles de ménage. Sur l'autre chariot je mis les instruments aratoires, les outils et les provisions. Tel fut l'état dans lequel nous commençâmes notre voyage vers les bords de la Clyde, le 23 février 1817. Quoique nos esprits ne fussent pas tout à fait libres de soucis et d'inquiétude, nous étions néanmoins pleins de résolution et d'espérance.

CHAPITRE VI.

Vingt et un ans se sont écoulés depuis ce mémorable voyage; mais toutes les circonstances en sont aussi présentes à ma pensée que si je l'avais fait hier. Je me rappelle encore toutes les sensations que j'éprouvai en voyant ma femme perchée sur un lit de plumes, au sommet de son chariot à bœufs; sa vieille mère était à ses côtés, et pêle-mêle, autour d'elles, étaient nos enfants, charmés de la nouveauté de tout ce qu'ils voyaient, et s'abandonnant, avec l'insouciance de leur âge, au plaisir d'être traînés par des bœufs dans un grand chariot. Il y avait quelque chose de si burlesque dans la marche de notre caravane, et, en même temps, notre départ était un événement si sérieux dans notre vie, que ma pauvre femme ne savait si elle devait rire ou pleurer. Les cahots, que les aspérités de la route communiquaient aux chariots, rendirent bientôt les enfants si joyeux que leur joie gagna le reste de la bande, en sorte que notre voyage fut très-gai, au moins dans le commencement.

Notre bonne grand'mère occupait seule sa place avec gravité. On lisait à la fois dans ses traits un peu d'effroi et la plus entière résignation à sa destinée. Elle nous a dit depuis qu'elle avait bien cru, dans un si étrange équipage, n'arriver jamais vivante au terme de notre route. Il faut avouer qu'il y eut un moment où ses appréhensions faillirent n'être que trop réelles.

Nous arrivâmes heureusement jusqu'au Bac, connu pendant bien des années sous le nom de Stocker's Ferry, à neuf milles (4 lieues) d'Hobart Town. Nos bœufs se comportaient admirablement bien. C'étaient de très-beaux animaux; j'avais donné 40 liv. sterl. (1,000 fr.) pour chacune des deux premières paires, et 35 liv. sterl. (875 fr.) pour chacune des deux autres paires. Un de mes bœufs était vieux et faible, mais plein de courage au travail. Il m'était nécessaire pour rompre les plus jeunes à la besogne, et il semblait vraiment y prendre plaisir. Bob, qui a vécu chez moi pendant bien des années après ce voyage, avait l'honneur de diriger le principal attelage; celui de devant était confié aux soins de mon autre domestique. Pour moi, accompagné de Will, l'aîné de mes fils, qui était sur le point d'atteindre sa dixième année, j'allais de l'un à l'autre chariot, tout prêt à donner de l'aide suivant que les circonstances l'exigeaient.

Nous étions à peine à un mille de la ville que nous entendîmes quelqu'un qui appelait à grands cris après nous. C'était Crab, qui nous rejoignit hors d'haleine. Son extérieur n'avait rien perdu de son originalité, mais son air habituel de mécontentement semblait tempéré par une espèce d'intérêt affectueux qui me détermina à arrêter, pour un moment, toute la caravane, inhabile que j'étais à deviner de quoi il s'agissait.

« Qui donc vous amène, lui dis-je, maître Crab? Ce n'est rien de fâcheux, je l'espère.

— Absolument rien, me répondit-il; mais j'ai pensé, ajouta-t-il en hésitant, que vous n'aviez pas assez de bras pour le voyage que vous faites. Si un de vos chariots venait à verser, avec si peu de monde il vous serait impossible de le remettre sur pied.

— O ciel! maître Crab, s'écria ma femme, ne faites pas les choses pires qu'elles ne sont. Vous avez la triste habitude de ne les envisager jamais que du mauvais côté.

— Madame, répliqua Crab, en prenant l'air le plus gracieux qu'il était possible à sa physionomie d'exprimer, je n'aime pas à effrayer les dames; mais il est sage de se préparer à tout événement; c'est le moyen de se tirer plus facilement des mauvais pas. J'ai pensé que l'habitude que j'ai des routes de ce pays pourrait vous être de quelque utilité, et je voudrais vous voir arriver tous sains et saufs dans vos terres. Je ne mets pas en doute qu'aussitôt que vous les aurez vues, vous ne soyez bien aise d'en revenir. Alors j'aurais le plaisir de vous ramener de nouveau à la ville et de m'embarquer avec vous à bord de quelque bon vaisseau, qui nous reportera ensemble dans notre chère patrie, loin de ce maudit pays. Ne devrait-on pas rougir des moyens que l'on emploie pour y attirer les gens! Pauvres malheureuses dupes! Y a-t-il jamais eu personne de plus cruellement trompé? D'ailleurs, je me regarde comme engagé envers votre excellent mari. Enfin, pour vous dire d'un mot toute ma pensée, mon intention est; si cela peut vous être agréable, de vous accompagner jusqu'à vos terres et de vous offrir mes services. Vous en aurez certainement besoin, tout médiocres qu'ils sont. Qu'en dites-vous, maître? ajouta-t-il en se tournant vers moi. »

Sous la rude enveloppe de cet homme, il y avait des sentiments de probité et de dévouement qui m'avaient donné une sorte d'entraînement vers lui. J'acceptai donc ses propositions en lui disant que j'étais enchanté de l'excellent renfort que notre petite troupe trouvait dans sa personne. Il manifesta par un signe de tête qu'il regardait notre arrangement comme conclu, et aussitôt il retomba dans ses doléances et dans ses diatribes accoutumées. Il commença par se plaindre du mauvais état des routes, de la profondeur de leurs ornières et de leur mauvais nivellement.

« Peut-on concevoir, dit-il, la stupidité des faiseurs de routes de ce pays? S'ils ont une montagne à franchir, au lieu de la tourner, en côtoyant ses flancs, et sans en allonger sensiblement le parcours, ils l'attaquent de front et tracent le chemin en ligne droite, sans s'inquiéter si les bêtes de somme ou de trait ne succomberont pas en la gravissant à pic. Et puis, voyez les troncs d'arbres qu'ils laissent au milieu des chemins. Ne voilà-t-il pas une agréable contrée à parcourir pour un voyageur!

— Vous ne pouvez pas vous flatter, lui dis-je, de trouver les choses poussées à leur dernier degré de perfection dans un pays neuf. Il y a un commencement à tout.

— Mais alors, poursuivit-il, pourquoi venir dans un pays neuf? Pourquoi ne pas attendre que la civilisation y soit assez avancée pour que les chrétiens y puissent vivre? Mais cette contrée-ci, voyez-vous, ne sera jamais bonne que pour des condamnés ou des kanguros. »

Cette conversation nous amena jusqu'au passage appelé Stocker's Ferry.

« Qu'avez-vous l'intention de faire, maintenant? me dit Crab.

— Mon intention est de franchir le passage.

— Et comment?

— Comment? Mais dans le bac, je suppose.

— Il chavirera certainement et alors adieu, bœufs, chariots et tout ce qui s'en suit.

— Que voulez-vous? il faut bien en prendre son parti. » A ces mots, nous nous mîmes en devoir de passer le bac, ce que nous fîmes heureusement, mais non pas sans beaucoup de travail et de peine.

« Eh bien! Crab, lui dis-je, voilà une difficulté dont nous nous sommes assez bien tirés?

— Je crois que l'autre route aurait été préférable, dit Crab, et qu'en la suivant nous nous serions sauvé bien des embarras; mais enfin, puisque nous voilà de ce côté de la rivière, que Dieu nous conduise! Nous aurions mieux fait de prendre une route près de laquelle nous eussions trouvé de l'eau pour les bœufs, car les pauvres animaux commencent à être bien harassés par la chaleur. Si vous voulez même que je vous dise toute ma façon de penser, j'ai grand'peur qu'ils ne puissent transporter leurs charges jusqu'au lieu de notre destination. »

Ces fâcheux pronostics n'étaient pas un très-agréable accompagnement pour nos fatigues.

Enfin nous arrivâmes dans les plaines de Brighton, où nous fîmes halte dans un endroit ombragé. Tout près il y avait un petit ruisseau sur les bords duquel nous laissâmes nos bœufs paître en liberté. A cette occasion, Crab s'écria que nous pouvions nous préparer à demeurer là, sinon quelques semaines, au moins plusieurs jours, car les bœufs ne manqueraient pas de s'enfoncer dans les bois. Mais cette prophétie fut accueillie par des éclats de rire. De leur côté les enfants, ravis d'être délivrés de la captivité qu'ils avaient subie dans le chariot, firent retentir les échos de la vallée de leurs cris de joie. Ma femme ne se montrait pas moins gaie qu'eux. Quant à la bonne grand'-mère elle était enchantée d'être venue jusque-là et d'avoir traversé la rivière sans accident. Crab lui-même, cédant à la gaieté communicative et folle des enfants, dérida quelque peu sa physionomie refrognée. Un léger sourire sembla même l'effleurer une ou deux fois; mais reprenant bientôt sa gravité chagrine : « Pauvres enfants! dit-il en secouant la tête, laissez-les se divertir; les malheureux ne savent pas à quel sort ils sont réservés ! »

Nous tînmes alors une espèce de conseil de guerre, dans lequel il fut décidé que nous attendrions la fraîcheur du soir, et que nous ferions ensuite un vigoureux effort pour gagner les Marais-Verts, où il y avait une petite auberge. Nous y arrivâmes en effet à la nuit tombante; mais comme la maison était petite et la nuit belle et chaude, nous résolûmes de la passer sous nos tentes, qui furent dressées en un instant. Nous mîmes nos bœufs en sûreté dans une petite cour attenante à l'auberge, et toute la bande fut bientôt plongée dans un profond sommeil, à l'exception de Crab. Cet infatigable original prétendit que nous pourrions bien être attaqués par les Bush-rangers, et il passa toute la nuit en sentinelle, prêt à donner l'éveil au besoin.

Il ne vint pas de Bush-rangers, et, à quatre heures du matin, nous étions tous sur pied, prêts à partir. Nous suivîmes la grande route, en bon ordre, pendant l'espace de quatre milles (une lieue et demie), après quoi nous tournâmes à gauche, vers l'ouest, pour nous rendre à notre destination. Nous passâmes la petite rivière du Jourdain, à un gué assez mauvais, ce qui n'eût pas été une tâche facile dans une autre saison que l'été. Nous continuâmes ensuite notre route avec précaution, car il n'y avait aucun chemin de tracé et le sol n'était pas toujours uni.

Après une marche de quelques milles, nous arrivâmes au pied d'une colline que l'on appelle Den Hill, laquelle fait partie d'une chaîne de monticules qui s'étendent vers la gauche. A droite, nous avions une riante vallée qu'arrosait un petit ruisseau. La côte, que nous avions devant nous, présentait une pente fort escarpée. Son accès n'est pas beaucoup plus facile aujourd'hui qu'il ne l'était alors; mais un chemin qui n'est pas fréquenté paraît encore plus long et plus impraticable à celui qui le parcourt pour la première fois. Nous fîmes halte pour laisser respirer nos bœufs et leurs conducteurs, et pour nous armer nous-mêmes de la résolution nécessaire pour franchir la montée. Crab tournait alternativement une figure longue d'une aune sur nos chariots et nos bœufs et sur la colline, qui était couverte d'arbres formant une masse si compacte que l'on n'y apercevait aucun passage. Je confesse que je n'étais pas moi-même sans quelque inquiétude. J'avais déjà franchi cette colline lorsque j'étais venu choisir mes terres sur les bords de la Clyde, mais il y avait une grande différence à la monter à pied ou à la gravir avec des chariots lourdement chargés. Aussi, étions-nous tous également sérieux en mangeant sur le gazon le pain et la viande dont nous avions formé un repas improvisé. Les enfants eux-mêmes regardaient avec effroi et anxiété cette sombre forêt d'arbres entassés les uns contre les autres, qui se dressaient devant eux.

Nous nous tournâmes tous instinctivement du côté de Crab, dans l'attente de quelqu'une de ses malencontreuses prophéties. Mais il gardait un imperturbable silence et se contentait d'entasser l'un sur l'autre, dans sa bouche, d'énormes morceaux de damper. Il les broyait avec une activité et une vigueur qui semblaient témoigner de l'incertitude qu'il éprouvait sur le moment où il lui serait permis de faire un nouveau repas. Il me sembla aussi qu'il jouissait intérieurement et avec malice de la surprise que nous causait son silence inaccoutumé.

A la fin, voyant qu'il fallait prendre un parti, je secouai l'incertitude et le découragement, que la fatigue, la chaleur et les difficultés en apparence insurmontables que nous avions devant nous, avaient fait naître dans mon esprit, et je recueillis toute mon énergie pour sortir de ce mauvais pas. Nous fîmes environ un quart de mille sans encombre ; mais l'escarpement de la colline et les arbres morts qui la jonchaient nous contraignirent bientôt à suspendre notre marche. Nous plaçâmes des morceaux de bois derrière les roues des chariots pour les empêcher de descendre en arrière, et nous nous mîmes à nous regarder comme pour nous interroger les uns les autres. L'entreprise semblait désespérée. Crab ne disait rien, et les hommes regardaient leurs bœufs d'un œil découragé.

« C'est plus que les meilleurs animaux ne peuvent faire, dit Bob, qui avait déjà donné des preuves d'activité et de bon vouloir. Il vaudrait autant essayer à monter par-dessus les murs d'une maison. »

Je pensais de même, quoique je me gardasse bien de le dire. Je ne savais plus que faire. Le soir approchait, et quoiqu'à cette époque de l'année les nuits ne soient jamais absolument sombres dans la terre de Van Diémen, la vive clarté du jour allait bientôt nous manquer. Dans cette extrémité, un expédient que suggéra ma femme nous tira d'embarras.

« Puisque quatre bœufs ne suffisent pas pour faire monter un chariot, dit-elle, pourquoi n'en mettrait-on pas huit, et ne ferait-on pas monter chaque chariot l'un après l'autre ? »

C'était l'histoire renouvelée de l'œuf de Christophe Colomb, c'est-à-dire la chose du monde la plus simple à faire après qu'elle avait été énoncée. En un instant les bœufs du chariot qui portait les provisions furent détélés : Crab aida à cette opération avec autant de promptitude que de zèle. Il nous fallut deux heures des efforts les plus pénibles et le concours de nos forces à tous pour faire parvenir, jusqu'au sommet de la terrible colline, le chariot qui portait ma femme et mes enfants. Il faisait presque nuit quand nous y arrivâmes. Notre chariot de provisions était resté à peu près à un mille derrière nous ; mais nos bœufs étaient trop épuisés de fatigue pour que nous puissions songer à l'aller chercher. Il nous fallut donc passer la nuit sous les armes, là où nous étions. Nous laissâmes nos bœufs enchaînés et attachés à leur joug. Ne connaissant pas le pays, nous avions à craindre qu'ils ne s'égarassent en cherchant leur nourriture. Crab s'offrit pour faire sentinelle auprès du chariot, qui était resté au bas de la colline. Il alluma un grand feu pour nous indiquer où il était ; nous en fîmes autant de notre côté, et de cette façon nous passâmes la nuit assez confortablement. La chaleur naturelle de la saison et le brillant éclat du ciel nous dédommagèrent de ce que notre asile offrait de sauvage. Nous avions des couvertures en abondance pour abriter les enfants, qui dormirent profondément, en sorte que tout se passa le mieux du monde.

A la première lueur du jour, nous nous mîmes en mouvement. Nous eûmes recours au même moyen que la veille pour faire monter notre chariot de provisions. Il ne fut pas plutôt arrivé que nous nous empressâmes de déjeuner. Ce repas fut d'autant mieux accueilli que nous avions dû nous passer de souper la veille. Pour arriver à notre destination, nous n'avions plus qu'à descendre le revers de la colline, qui se prolongeait en pente douce. Il nous fallut frayer notre route, tantôt en suivant quelques clairières, tantôt en nous guidant sur des arbres qui portaient des signes de reconnaissance, tantôt enfin en pénétrant à travers l'encombrement formé par des arbres morts ou par l'épaisseur de la forêt. Ce ne fut qu'au bout de deux heures d'une marche pénible que nous parvînmes au lieu que j'avais choisi pour établir ma résidence.

Il était midi. Le soleil était brûlant. Nous étions tous fatigués, bêtes et gens ; mais comme nous étions arrivés sains et saufs, nous nous sentions dans la meilleure disposition d'esprit possible. Notre caravane était là, seule au milieu du désert. A l'ouest il n'y avait pas un être humain entre nous et la mer. La résidence la plus voisine était à dix-huit milles (7 lieues). Nous étions entourés, jusqu'à des distances considérables, de vastes pâturages, convenables pour la nourriture des troupeaux et du gros bétail. Dans cet immense parcours, nous n'avions rien à démêler avec personne. Mais en fait de troupeaux, je ne possédais encore que les huit bœufs de travail qui nous avaient amenés. Nous les laissâmes paître en toute liberté dans la plaine qui s'étendait devant nous et qu'arrose la Clyde, plus connue alors sous le nom de Fat-Doë River. Nous n'avions pas à craindre qu'ils s'éloignassent, tant ils étaient fatigués du voyage. Mes deux domestiques se mirent d'eux-mêmes en devoir de dresser les tentes.

Je me rappelle que je m'assis avec ma femme, mes enfants et leur grand'mère sur le tronc d'un arbre renversé que protégeait un épais ombrage. Je restai longtemps absorbé dans des réflexions où se confondaient à la fois la peine et le plaisir. Crab nous avait quittés pour explorer la forêt. La journée était des plus belles. Le silence solennel qui régnait autour de nous parlait profondément à l'âme. Le soleil brillait aux cieux du plus vif et du plus pur éclat. Tout ce qui nous entourait était calme et magnifique. Je ne pus me défendre de me livrer à un sentiment de mélancolie, et des pensées sans nombre vinrent assaillir mon esprit. J'envisageai la responsabilité que j'avais prise en venant m'établir ainsi au milieu du désert. J'avais accompli la première partie de ma tâche : ce n'était pas, il est vrai, sans peine, sans travail, sans obstacles, sans dangers, mais enfin le premier pas était fait. J'avais atteint la terre promise. J'avais pris possession de mes terres, qui formaient un très-beau domaine. Mais combien n'avais-je pas encore de difficultés à vaincre et de risques à courir ! Je fus épouvanté à la pensée de ce qui me restait à faire. En cas de danger, je ne pouvais attendre aucun secours des environs. Pas de médecins, pas d'amis dans le voisinage. Je jetai les yeux sur ma femme et mes enfants, qui étaient nonchalamment couchés sur le gazon desséché. De là, je les portai tout autour de moi, et je m'épuisai en vaines conjectures pour pénétrer l'avenir qui m'était réservé. Tourmenté par mes réflexions, fatigué par le voyage, je cédai insensiblement à la lassitude que nous éprouvions tous, et je finis par tomber endormi sur le gazon.

Ma femme ne voulut pas me réveiller ; et, se livrant sans hésitation et sans retard à l'accomplissement des devoirs d'une femme de colon, elle donna tout bas l'ordre de décharger les chariots et de préparer nos habitations provisoires. Elle destina la plus petite tente à servir de magasin pour le mobilier de toute nature que nous avions apporté, et elle y ménagea une place pour mon lit ; quant à la plus grande, elle la convertit en chambre à coucher pour elle, pour sa mère et pour ses enfants. Elle fit dresser une table au dehors, à l'aide de deux malles, et on approcha quelques troncs d'arbres autour pour servir de siéges. Elle ordonna ensuite d'allumer du feu à quelque distance, et se mit à préparer le dîner. C'était un vrai repas de colon primitif. Il se composait de porc salé bouilli, de damper, de thé, de sucre brun et de riz pour les enfants. Je dormis pendant tous ces préparatifs ; mais Crab, qui était revenu après deux heures d'exploration dans la forêt, me réveilla en s'écriant :

« Oh ! oh ! voilà un beau colon qui dort pendant que sa femme travaille pour lui. Ouvrez les yeux, je vous apporte quelque chose ! »

Je me réveillai à ces mots, bien reposé et prêt à me mettre en besogne.

Crab nous montra alors une paire de canards sauvages, qui devinrent l'objet de la curiosité générale. Sans s'amuser à répondre à toutes nos questions, il se mit à les préparer à sa manière, pour les mettre à la broche. Mais de broche à rôtir, nous n'en avions pas ; il fallut donc nous contenter de faire griller notre gibier sur la braise, à la façon des indigènes. La baguette d'un de nos fusils nous servit à le retourner ; puis, j'en fis une équitable répartition entre tous les convives. J'avais apporté avec moi un petit baril de rhum, de vingt-cinq bouteilles environ, beaucoup moins par goût personnel, que pour me conformer aux usages de la colonie. Je pensai que c'était le cas d'en user ; et, pour arroser le premier gibier de Crab, j'en fis à tout mon monde une distribution modérée. Cette largesse inattendue fut reçue avec la plus vive satisfaction, surtout par les hommes. La gaieté circula autour de notre table. Nous nous familiarisions à chaque instant davantage avec notre nouvelle situation. Je mis le comble à ces bonnes dispositions en proposant un toast, accompagné de trois salves d'applaudissements, en l'honneur et à la prospérité de la première ferme établie sur les bords de la rivière de Fat-Doë.

Nous étions tous dispos et bien reposés.

Chacun se leva alors pour se mettre au travail. Will, mon fils aîné, fut chargé de surveiller les bœufs et de les empêcher de s'écarter. Mes deux domestiques s'occupèrent à élever, à cent pas de nos tentes, une hutte en gazon pour leur usage. Crab déballa notre moulin à blé, qu'il fixa contre un fort tronc d'arbre, parfaitement approprié à cette destination, puis il prépara les haches. Pour moi, mon premier soin fut de mettre en état mes armes à feu, afin de les avoir prêtes en cas de besoin. J'avais deux fusils avec leurs baïonnettes, un fusil de chasse, deux paires de pistolets, dont une paire de gros calibre. De plus, un grand sabre et un couteau de chasse. C'était pour nous un arsenal suffisant.

« Ah ! dit Crab en fronçant le sourcil à la vue de mes préparatifs belliqueux, voici, il faut en convenir, une jolie manière de prendre possession d'une ferme, avec des armes à feu et des armes blanches, au lieu de herses et de charrues. Il faut certainement avoir un grain de folie dans la tête pour venir, au milieu d'un pareil pays, combattre des indigènes et des brigands. Enfin, puisque vous y voilà, je suppose que vous avez l'intention d'élever une maison pour mettre votre famille à l'abri. J'ai trouvé, à cinq ou six cents pas d'ici, des arbres admirables pour construire une maison de bois. La première chose que vous ayez à faire, c'est de vous loger de la manière la plus confortable possible. Quand je dis confortable, je parle du confortable des forêts vierges, du confortable qu'on peut se procurer, quand on est seul, au fond d'un pays sauvage, sans une âme qui vive autour de soi pour vous secourir, sans une goutte de bière à boire pour son argent, ou à recevoir gratuitement pour l'amour de Dieu. Mais, enfin, comme on fait son lit on se couche. Vous êtes là pour quelque temps probablement, et je pense que vous voulez y être le moins mal possible. »

Après avoir ainsi donné cours à ses observations peu encourageantes, quoique assez appropriées aux circonstances, le frondeur, mais actif Crab, prit une des plus lourdes haches de notre mobilier, et nous nous dirigeâmes ensemble vers l'entrée de la forêt, car nous nous étions établis au milieu d'une espèce de clairière où il y avait peu d'arbres. Nous passâmes pendant quelque temps en revue plusieurs arbres à gomme vigoureux, pour faire choix de ceux qui nous paraissaient les plus propres à la bâtisse que nous projetions.

« Allons! dit Crab, qui est-ce qui va porter le premier coup?

— Moi! » lui répondis-je.

Et aussitôt je portai un coup de hache sur un arbre à gomme qui se trouvait devant moi. Ma hache s'enfonça dans l'écorce.

« Voilà un bon début, dit Crab ; à mon tour! »

Et il porta un coup terrible sur le côté opposé de l'arbre, mais sans y laisser une trace bien profonde.

« Quelle rude besogne! dit Crab ; je crois que nous aurons plus de mal que nous ne pensions. Je suis curieux de voir combien nous serons de temps, vous et moi, à abattre cet arbre. Allons! continuons. »

Et nous nous mîmes à jouer de la hache, tant et plus, jusqu'à ce que nous fussions en nage et hors d'haleine. Nous étions parvenus à faire une entaille assez profonde de chaque côté de l'arbre, qui, malgré cela, ne paraissait pas du tout disposé à tomber.

« Nous n'en viendrons jamais à bout! m'écriai-je. Il faut qu'il y ait quelque chose qui n'aille pas bien. Il n'est pas naturel que nous mettions un jour entier à abattre un arbre. »

Jetant alors les yeux sur nos haches, qui étaient par terre, il me vint en tête que notre mauvais succès était dû peut-être à nos outils. En effet, nous avions pris de lourdes et larges haches à charpentier : nous avons reconnu, par une expérience subséquente, qu'elles étaient tout à fait impropres à l'abattage des arbres.

« Je pense que ces haches ne conviennent pas, dis-je à Crab. Essayons de celles que j'ai achetées au Camp. »

Le fer en était plus long et plus étroit, et le taillant, qui portait sur le bois, la moitié moins large que celui des haches dont nous nous étions servis d'abord. Le premier coup prouva leur supériorité.

« C'est là ce qu'il nous faut, » dit Crab.

Au même instant il fit pirouetter sa hache en l'air et appliqua un coup, qui enleva un énorme éclat de l'inébranlable arbre à gomme. Nous redoublâmes nos coups avec ardeur ; bientôt l'arbre chancela et tomba sur la terre avec un bruit épouvantable.

« Voici le numéro un, dit Crab. C'est un terrible travail, il faut en convenir ; et voilà pourtant pourquoi nous sommes venus de l'autre bout du monde : pour abattre des arbres à gomme! Cela ne laisse pas que de faire un emploi bien convenable pour un gentleman dans la force de l'âge. C'est un plaisir que nous aurions pu nous procurer dans notre pays, sans venir si loin! Enfin, chacun a sa manière de voir. — Allons! maître, à un autre. En voici un qui a tout à fait bon air ; il faut l'attaquer.

— Si nous essayions de la scie, lui dis-je, en voici une, peut-être serait-ce plus facile?

— Il ne peut pas y avoir de moyen plus long que celui auquel nous venons de passer notre temps, répondit Crab ; et si nous continuons de ce train-là, il faudra bien six mois pour abattre assez de bois pour faire une simple hutte. Ah! sentez-vous le vent qui s'élève? continua-t-il. Ce doit être ce qu'on appelle dans ce pays le vent de mer. Il souffle l'après-midi ; mais nous devons cependant être trop loin de la mer pour le sentir.

— N'importe, ne nous embarrassons pas d'où il vient. Il est trop agréable pour qu'on lui cherche chicane, lui répondis-je : sa douceur est vraiment charmante. »

Pendant que je parlais ainsi, le vent s'éleva, au point d'incliner assez fortement la cime des arbres, et son agréable fraîcheur nous sembla délicieuse, après la chaleur étouffante du jour. Je vis en même temps nos tentes fortement agitées et tous les objets qui étaient restés épars sur le gazon voler à droite et à gauche, pendant que les enfants couraient après en riant. J'eus lieu de reconnaître promptement que ce vent n'était pas seulement agréable, mais qu'on en pouvait encore tirer un grand parti pour l'abattage des arbres. Nous nous hâtâmes donc d'en profiter, en coupant la partie de l'arbre qui donnait du côté du vent. La force de son souffle nous sauvait la moitié de notre travail. Les branches épaisses et garnies de feuilles de l'arbre ainsi attaqué, offraient au vent une telle prise, qu'il ne fallait qu'une entaille peu profonde pour déterminer sa chute. Nous fîmes tomber de cette manière huit arbres successivement, ce qui nettoya un peu la place où nous travaillions.

Cependant le soir était arrivé, et les ombres de la nuit nous enveloppèrent bientôt. De leur côté, mes deux hommes avaient élevé les murs de leur hutte de gazon. Ils les couvrirent provisoirement avec des branches d'arbres, et s'y établirent gaiement pour y passer la nuit. Mes bœufs n'annonçaient aucune disposition à s'éloigner de notre résidence, en sorte que, voyant tout en aussi bon ordre que les circonstances le permettaient, nous nous disposâmes au repos. Le seul Crab insista pour faire le guet, armé d'un fusil, muni de sa baïonnette, et portant une giberne en bandoulière, ce qui lui donnait le plus redoutable aspect.

Tout était calme autour de nous. Le ciel scintillait d'étoiles et on n'entrevoyait plus à l'horizon que les ondulations vaporeuses des collines. Je demeurai longtemps au milieu de cette scène silencieuse, sans pouvoir me livrer au sommeil. D'inquiétantes réflexions se pressaient en foule dans mon esprit. J'avais encore tout à faire, et je n'en étais réellement qu'au premier pas. Aucune main d'homme n'avait, depuis la création, touché la terre qui m'entourait. La vaste solitude qui nous avait reçus dans son sein semblait, en se fermant sur nous, nous avoir séparés de toute communication avec le reste du genre humain. Nous étions comme un point invisible, perdu au milieu de ces incultes espaces. En vain je m'efforçais de devancer l'avenir et de me figurer les habitations nouvelles, qui ne pouvaient manquer de s'élever autour de nous, l'arrivée de colons voisins, dont la présence ranimerait notre courage et égayerait notre isolement ; la réalité était trop positive et trop saisissante pour s'affaiblir devant les illusions de l'imagination. J'étais accablé par l'idée de m'être jeté dans une entreprise aussi incertaine que difficile. Ma pensée se reporta alors vers l'Angleterre, je revins sur ma vie passée, et je m'étonnai d'avoir pu trouver mon état d'infortune assez désespéré pour me résoudre à m'engager dans la vie effroyable d'un colon qui s'établit dans le désert. Les dangers de ma position servirent du reste à redoubler l'énergie dont j'avais besoin pour les vaincre. Je pensai à la grave responsabilité qui pesait sur ma tête, comme père d'une jeune et nombreuse famille, comme mari d'une femme toute dévouée, que, par le seul fait de ma volonté, j'avais arrachée à son pays natal, à ses parents, à ses amis, pour l'exposer à tous les périls de la vie aventureuse d'un colon.

Je me jetai sur ma couche, au milieu de ces sérieuses réflexions que m'avait inspirées le spectacle majestueux qui m'entourait ; mais, avant de me livrer au sommeil, j'adressai mes actions de grâces au souverain dispensateur des choses de ce monde, dont la main protectrice m'avait conduit jusque-là, ainsi que ma famille, en nous accordant les faveurs inappréciables de la santé, et en éloignant tous les dangers de nos têtes. Je lui demandai d'étendre sa divine protection sur notre établissement naissant; et après cette intime et fervente prière, je cherchai dans un sommeil réparateur les forces nouvelles dont j'avais besoin pour le lendemain.

CHAPITRE VII.

Jeudi, 28 *février* 1817. — Je me lève au point du jour. J'envoie mes hommes débiter le bois que j'avais jeté bas la veille. Crab les aide, ils scient et abattent alternativement. Crab prétend que c'est un minutieux tatillonage. Lorsque les hommes étaient fatigués d'abattre les arbres à gomme, ils se mettaient à scier et parfois à se reposer. . . . .
. . . .

. Je parcours les terres environnantes, dans un espace que je présume égal à douze cents acres, en prenant pour base quatre cents acres le long de la rivière. J'établis la ligne de démarcation où doit commencer ma propriété. Après avoir vu et revu plusieurs positions, j'arrête la place où je bâtirai ma maison de bois. Je pense déjà au temps où je pourrai en construire une meilleure; la place choisie pour ma maison provisoire est voisine de celle où je me propose de bâtir ma maison définitive. Je coordonne tout d'après un plan général. Je détermine, dans ma pensée, où sera le jardin et l'entrée. Ceci achevé, je vais aider Crab et les hommes à fendre des pièces de bois pour notre hutte. Ma femme déclare qu'elle ne veut pas que l'on donne à notre maison le nom de *hutte*. — Me souvenir qu'il faudra ne la désigner que sous le nom de *cottage*. Nous avons jeté bas douze arbres aujourd'hui. Mon fils aîné Will, qui a gardé les bœufs dans le voisinage des tentes, m'a dit au dîner qu'il avait vu un kanguro portant un de ses petits dans la poche dont cet animal est pourvu près de l'estomac. Il paissait tout près de lui. Il faudra que je me procure des chiens, non-seulement pour chasser à l'occasion, mais aussi pour la garde. Ils sont nécessaires pour donner l'éveil dans la nuit et même pendant le jour. Le temps est magnifique. Nous passons la journée en plein air. Il me semble que nous pourrions bien y passer également la nuit. Mais nous avons nos tentes. Nous n'avons vu personne de tout le jour.

Vendredi, 1er *mars*. — J'ai été occupé toute la journée, avec Crab et mes hommes, à fendre et à scier le bois, abattu, à la longueur convenable, pour l'employer. Crab a fendu du bois en feuillet pour remplacer la tuile dans la couverture de la maison. Bob m'a dit qu'il y avait beaucoup de huttes couvertes avec une espèce de roseau qui croît dans les marais, et dont on se sert en guise de chaume. Je répugne à l'idée d'avoir un toit si combustible, dans un pays où l'on a à craindre le feu de la part des indigènes, et quelquefois aussi celui que communiquent les étincelles jaillissant des incendies qui dévorent les gazons secs pendant l'été. Malgré l'augmentation de travail et de dépense qui en résultera, je me prononce contre le toit en roseaux. Le feuillet que nous fendons a dix pouces de long sur quatre de large. Nous n'avons jeté bas que quatre arbres. Nous n'avons pas vu plus de monde que la veille.

Samedi, 2 mars. — Nous avons fait un abattis considérable. Nous avons consacré toute notre journée à cette besogne. Nous avons mis bas vingt-huit arbres, ce qui fait en tout cinquante-deux. Ma femme dit qu'il faut nous procurer quelques volailles pour former une basse-cour. Will prétend que les bœufs ont besoin d'aller paître un peu plus loin. Le temps est toujours beau. Si nous nous en exceptons les uns les autres, nous n'avons vu aucune créature humaine de toute la journée.

Dimanche, 3 mars. — Je suis resté quelque temps indécis sur ce que je devais faire, ou continuer de travailler à notre habitation, ce qui est pour nous un besoin de première nécessité, ou observer religieusement le repos du dimanche. Je me suis consulté avec ma femme. Son avis a été qu'il valait mieux observer le dimanche, à cause des enfants, dont il était important de ne pas changer les habitudes à cet égard. J'ai pesé la question avec maturité. J'ai fini par m'arrêter à l'idée qu'il n'y avait aucun mal à s'occuper le dimanche de travaux pareils à ceux que nous faisions. Mais, comme le temps était beau, j'ai pensé qu'il valait mieux respecter nos habitudes religieuses. Nous avons lu l'office du jour avec les enfants, et nous avons passé le reste du temps à causer, à flâner et à rôder sous les arbres, toutefois sans perdre de vue nos tentes. Toute réflexion faite, il m'a semblé que, malgré ce jour de repos, il n'y aurait pas en définitive de temps perdu. Le repos du dimanche rend l'homme plus dispos et plus robuste pour le travail de lundi. Puisque je touche cette matière, je dois dire que, d'après mon expérience personnelle, je n'ai vu aucun homme dont la constitution reçût la moindre atteinte d'un travail de six jours consécutifs, quelque pénible qu'il fût, pourvu qu'il se reposât le septième jour; tandis que j'ai observé que l'homme qui, dans l'excès de son ardeur, travaillait constamment, sans se reposer un jour sur sept, était bientôt excédé de fatigue et se trouvait hors d'état de travailler à un âge bien moins avancé que l'homme qui avait, dans le cours de sa vie, consacré un jour par semaine au repos.

J'ai eu l'occasion de reconnaître que cette remarque n'est pas moins applicable aux hommes qui travaillent de tête qu'à ceux qui travaillent de leurs bras. Nous n'avons pas vu une seule personne pendant le jour : on n'est pas importuné ici par les visites du dimanche.

Lundi, 4 mars. — Nous avons abattu et scié du bois.

Mardi, 5 mars. — Nous avons scié et abattu du bois.

Mercredi, 6 mars. — Idem, idem, idem, idem!

Jeudi, 7 mars. — Crab demande si je veux bâtir une ville. Il dit que c'est pitié de se donner tant de peine pour un établissement que je quitterai peut-être demain. Ma manière de voir diffère tout à fait de la sienne sur ce dernier point.

Vendredi, 8 mars. — Nous commençons à mettre debout les pièces de bois qui doivent former les murs de la maison. Notre maison aura soixante pieds de long, sur seize de large. Les pieux composant les murs ont neuf pieds de hauteur, à partir du sol. La maison se composera d'une grande pièce de vingt pieds de façade, d'un corridor de dix pieds de large, et, de l'autre côté du corridor, de quatre pièces dont trois chambres à coucher et un magasin. Au fond du corridor, en face de la porte d'entrée, on ménagera un cabinet pour serrer divers objets. On adossera à la grande pièce de vingt pieds une espèce de laverie qui servira de cuisine, etc.

Quand j'ai montré ce plan à Crab : « Je ne vivrai jamais assez de temps pour l'exécuter, m'a-t-il dit; néanmoins j'y travaillerai jusqu'au bout, et je vous promets de ne pas vous contrecarrer dans des projets qui paraissent vous sourire. »

Samedi. — La hache et la scie sont toujours en action.

Dimanche. — Nous l'avons passé comme le précédent.

Lundi, 11 *mars*. — Nous avons vigoureusement travaillé à la construction de la maison pendant toute la semaine. Nous enfonçons les pieux de deux pieds en terre. Nous avons tout le feuillet nécessaire pour la couverture.

Mardi, 19 *mars*. — Notre chaumière commence à avoir une apparence respectable. La couverture est achevée sur toute la grande pièce, mais nous sommes arrêtés par le manque de clous à lattes. Nous n'avons pas eu de viande fraîche depuis notre arrivée. Ma femme s'imagine que cela empêche les enfants de grandir. Il est convenu que l'on enverra au camp un chariot à bœufs pour en rapporter des provisions nouvelles de farine et de clous. On rapportera en même temps une partie du mobilier que nous y avons laissé en dépôt. C'est Crab et un des hommes qui feront le voyage.

Mercredi. — Départ du chariot. Nous nous trouvons bien isolés; cependant nous ne perdons pas de temps et nous l'employons à finir plusieurs petites choses dont la nécessité se faisait sentir.

Jeudi, 21 *mars*. — Je prends mon fusil pour voir si je ne pourrais pas tuer quelques canards sauvages, afin de procurer un repas de viande fraîche aux enfants, car nous n'avons mangé en viande que le porc salé que nous avons apporté avec nous. Je voulais ne pas perdre de vue nos tentes ni la maison en construction, mais je me suis trouvé entraîné plus loin que je ne pensais. J'ai rencontré une bande de canards, nageant paisiblement dans un endroit où la rivière était très-profonde, mais où le courant était moins rapide que dans les parties basses de son cours. Il y en avait une vingtaine. J'étais sur le point de les tirer quand un coup de fusil, dirigé sur la bande, partit tout à coup à mes côtés. Ma frayeur a été vive. Ce coup de feu soudain et imprévu m'a inspiré, dans le premier moment, des alarmes de plus d'un genre. Mon premier mouvement a été de courir, vers les tentes, pour rejoindre ma femme et mes enfants. Mai j'ai réfléchi que, pendant le trajet, je serais sans défense et exposé à recevoir un coup de fusil, si quelqu'un avait l'intention de m'en donner un.

Ces pensées ont traversé mon cerveau avec la rapidité de l'éclair. Cependant l'homme qui avait tiré s'est avancé rapidement, à travers les broussailles, pour ramasser son gibier. Il s'est aperçu dans sa course que mon fusil était armé et que je le couchais en joue. Il m'a été facile de reconnaître à ses gestes qu'il n'était pas plus rassuré que moi. La rivière de Fat-Doë a quarante pieds de large environ, à la place où nous nous trouvions. L'étranger était sur une rive et moi sur l'autre. Nous restâmes quelque temps, lui immobile et m'épiant, moi toujours dans l'attitude d'un homme prêt à faire feu. Je ne sais combien de temps nous serions restés dans notre position respective et dans cette crainte mutuelle l'un de l'autre, si une bande de canards ne fût venue à passer entre nous, en volant sur nos têtes. Ils étaient si tassés, je les voyais tellement à ma portée, et j'avais un si grand désir d'en avoir quelques-uns, que je ne pus résister à la tentation. Passionné d'ailleurs pour la chasse, une sorte d'instinct me poussa à oublier la prudence et à lever mon fusil. Je fis feu ; trois canards tombèrent.

« Bravo ! cria l'étranger. Je vois que vous n'avez pas de mauvais dessein, car vous n'auriez pas fait feu dans cette direction ; mais si vous n'y prenez garde, vous allez perdre vos canards. Il y en a deux, tombés dans l'eau, qui s'en vont à la dérive !

Je me procurai promptement une longue baguette, à l'aide de laquelle j'attirai à moi mon gibier, tandis que l'étranger descendit le long de la rivière pour recueillir, un peu plus loin, les quatre canards qu'il avait tués avant moi.

« Je suppose que vous m'avez pris pour un Bush-ranger, criai-je au chasseur, tandis qu'il ramassait son gibier sur l'autre rive, et qu'il tenait par les pattes ses canards encore tout mouillés.

— Je n'étais pas très-satisfait d'être l'objet de vos regards, me répondit-il, pendant que vous teniez votre fusil dirigé vers moi. C'est précisément de cette façon-là qu'en agissent les Bush-rangers. Je présume que vous cherchez des terres ?

— J'en ai choisi, lui dis-je, et je suis même établi dessus, à sept ou huit cents pas d'ici. Et vous, que faites-vous ?

— J'ai la surveillance d'une étable à quinze milles (six lieues) d'ici environ. Je suis en train de faire ma ronde pour m'assurer dans quel état sont les bestiaux.

— Des bestiaux ? répliquai-je. J'ignorais qu'il y en eût dans les environs. Je suis bien aise d'apprendre que nous pouvons nous procurer un peu de viande fraîche si près de nous. Il est vrai que, jusqu'à ce jour, je n'ai pas quitté mes tentes et que je ne me suis jamais avancé aussi loin qu'aujourd'hui. Mais nous allons causer en nous rendant chez moi. Ma famille m'attend et recevra ce que je lui apporte avec beaucoup de plaisir. »

A ces mots nous nous dirigeâmes vers mon établissement, en suivant chacun notre rive, jusqu'à un endroit où un arbre, qui était tombé en travers de la rivière, pouvait servir de pont. Le gardien de bestiaux en profita pour passer de mon côté. Quand nous fûmes arrivés à mes tentes, il alla droit à la hutte de gazon de mes hommes. Bob lui en fit les honneurs, ce qui me tira du petit embarras que j'éprouvais, de savoir sur quel pied je devais traiter cet homme. Au bout d'un instant, Bob parut, avec les quatre canards de l'étranger à la main, en me disant qu'il les échangerait volontiers contre du porc salé, ce qui serait un régal pour lui.

Vendredi, 22 mars. — Le gardien de bestiaux a couché dans la hutte de Bob. Il se trouve qu'il a deux chiens kanguros à vendre : un chien et une chienne. Il veut douze dollars (60 francs) de chacun. Cela me paraît une somme bien considérable ; mais, après quelques pourparlers, je suis convenu de la lui donner. Il amènera les chiens mardi.

Samedi, 23 mars. — Je me suis essayé avec Bob à faire une table. En prenant les morceaux de bois les mieux fendus, en les fendant encore, en les taillant et les dolant à la hache du mieux possible, nous sommes parvenus à produire une surface à peu près plane. Notre table a six pieds de long, sur quatre de large. Ma femme a vanté mon habileté, et sa mère dit que c'est un meuble de luxe. Les enfants ont été ravis à son aspect. Betsy, ma fille aînée, a renchéri encore sur sa grand'mère, elle l'a recouverte d'un vieux drap vert qui a servi à emballer divers objets, ce qui lui a donné un air tout à fait coquet.

Nous étions tous au lit et endormis, quand nous avons été réveillés par un bruit confus de coups de fouet et de voix qui retentissaient dans le lointain. Nous avons été agréablement surpris par l'arrivée du chariot ramené par Crab et celui de mes gens qui l'avait accompagné. Ils nous rapportent des provisions fraîches et une partie de notre mobilier. Nous ne les attendions que demain.

Dimanche, 24 mars. — Nous l'avons passé comme de coutume. Crab m'a dit qu'il a vu un beau troupeau, composé de cent quatre-vingts brebis avec leurs agneaux et de quarante moutons. On l'obtiendrait à bon marché, en payant comptant. Il est du côté des Marais-Verts. J'ai rêvé moutons toute la nuit. Pour garder un troupeau il me faudrait un domestique de plus.

Lundi, 25 mars. — Il se trouve que John Bond, un des hommes du gouvernement qui sont à mon service, a été berger en Angleterre. Je suis résolu à aller voir le troupeau demain. Je me sens cependant beaucoup de répugnance à quitter ma maison.

Mardi, 26. — Crab et Bob continuent à couvrir la maison. Après avoir réfléchi à la nécessité de commencer mon établissement et aux avantages du bon marché qui m'était offert, je suis parti au point du jour avec John Bond pour les Marais-Verts Nous y sommes arrivés à midi. J'ai examiné le troupeau, et j'en ai traité, à raison de dix schellings six deniers (13 francs) par tête, en comptant pour une seule tête une mère et son agneau. Les agneaux ont six mois. Le tout me revient à quatre cent soixante-deux dollars (2,340 francs) estimés à cinq schellings par dollar, tandis qu'ils ne m'ont coûté, à Londres, que quatre schellings quatre deniers.

Ce sont des moutons d'une forte stature, participant de la race du Leicestershire plus que d'aucune autre. Leur laine est loin d'être fine, mais elle n'est pas précisément commune. Les cent quatre-vingts brebis serviront de base à mes troupeaux à venir. Je parlerai ailleurs de leur propagation. J'ai payé mon troupeau au moyen d'un mandat tiré sur Hobart-Town, où j'avais laissé mes fonds. Le marché conclu, j'ai dû songer à conduire mon troupeau chez moi. Mon berger et moi, nous avons pu l'amener, dans l'après-midi, jusqu'au pied de la côte de Den-Hill. Nous l'avons laissé paître dans la vallée. A la chute du jour, il reposait paisiblement à l'endroit où nous étions arrêtés.

Nous avons été sur pied toute la nuit, occupés à veiller sans cesse. Vers le milieu de la nuit, de l'agitation s'est manifestée dans le troupeau. Je ne pouvais deviner quelle en était la cause. La crainte des Bush-rangers et des indigènes me tenait dans de continuelles alarmes. J'ai préparé mon fusil et j'ai prêté une oreille attentive. Je n'ai entendu que le ronflement de mon berger. Un instant après, j'ai distingué comme une espèce de nasillement produit par quelque animal; j'ai cherché à distinguer, à travers les ténèbres, ce que ce pouvait être, et j'ai cru apercevoir la forme d'un animal différent du mouton, et qui était isolé au milieu du troupeau. Je savais qu'il n'y avait dans le pays aucun animal sauvage capable d'attaquer l'homme; néanmoins, je sentis quelque inquiétude à l'apparition d'un animal dont je ne pouvais pas bien discerner la forme dans l'ombre, et que je pris pour un chien indigène, ainsi que je l'avais entendu appeler au Camp.

J'étais curieux de savoir si je ne me trompais pas. Poussé par le désir de faire usage de mon fusil, penchant qui se développe à un haut degré d'intensité chez ceux qui vivent dans les forêts sauvages, je fis feu. Tout le troupeau se leva en émoi, et mon berger se réveilla. Je lui dis ce que j'avais fait. Quand nous eûmes apaisé le troupeau, nous marchâmes vers la place où j'avais tiré, et nous y trouvâmes un animal abattu, encore chaud.

Au point du jour, je reconnus que j'avais tiré un animal particulier au pays, comme le sont tous ceux de la terre de Van Diémen. Il avait quelque ressemblance avec le chien sauvage ou le jackal. Sa taille était à peu près celle d'un chien de Terre-Neuve, mais il n'était ni aussi fort, ni aussi gros. Sa robe était brune, en partie rayée, en partie tachetée, comme la peau du léopard. C'était une femelle; elle avait un second estomac ou une espèce de poche, destinée à recevoir ses petits. Cette disposition est une particularité toute spéciale aux animaux de la Nouvelle-Galles du Sud. Je n'étais pas assez naturaliste pour pouvoir déterminer à quelle famille appartenait cet animal; mais j'ai su depuis par M. Moss, qui est venu s'établir auprès de moi quelques années plus tard, que c'était un animal dépendant de la race canine et d'une espèce inconnue jusque-là. Mon berger dépouilla la bête. Nous rapportâmes la peau au logis. Ma fille Betsy s'en servit pour couvrir un tronc d'arbre à gomme, puis elle la rembourra soigneusement de foin et forma du tout un siége d'honneur pour ma femme. Nous nous sommes hâtés de faire monter la côte au troupeau, ensuite nous l'avons laissé marcher à sa fantaisie et nous sommes arrivés chez moi avant midi. Aussitôt que le troupeau a été en vue, tout s'est mis en mouvement dans les tentes. Ma femme, sa mère et les enfants sont venus en corps à ma rencontre. Crab lui-même n'a pas paru inaccessible à un certain sentiment de satisfaction.

« Bien, me dit-il, il nous faut de la compagnie de plus à quelque prix que ce soit. Vous n'avez maintenant qu'à bien vous tenir sur vos gardes, ou bien vous ne verrez pas la queue d'une seule bête demain matin. Les moutons, dans ce pays, ont une tentation effrénée de se lancer au loin. On doit bien la leur pardonner aux pauvres bêtes, car il est tout naturel qu'elles cherchent des pâturages mangeables. Or, comme il ne leur arrive jamais d'en trouver, elles sont obligées de courir sans cesse après. Nous allons avoir de la besogne pour les marquer au fer chaud. Avez-vous pensé à cela?

— Ma foi, lui répondis-je, nous ferons comme nous pourrons, car je n'ai pas de fer à marquer.

— Vous n'avez pas de fer à marquer! Voilà un autre embarras. Il faudra donc entreprendre un nouveau voyage à la ville? L'agréable passe-temps que de faire cinquante à soixante milles (20 à 24 lieues) pour aller et autant pour revenir, dans le seul but de se procurer des fers à marquer ou quelques bagatelles semblables dont on a besoin. Et dire qu'il n'y a pas un forgeron d'ici au Camp! Il faudra de toute nécessité se résigner à faire un nouveau voyage.

— Il n'y aura pas grand mal à cela, lui répliquai-je. Il est trop tard et trop tôt pour commencer à labourer. Le meilleur usage que nous puissions faire de nos loisirs, c'est de les employer à charrier, de la ville ici, tout ce qui peut l'être.

— Comment, dit Crab, pouvez-vous songer à apporter ici tout votre mobilier pour avoir l'embarras de le reporter ensuite? Car, soyez-en sûr, vous ne resterez pas dans cette solitude. Aussitôt que les Bush-rangers sentiront qu'il y a ici un mobilier de quelque valeur, vous ne tarderez pas à recevoir leur visite, ou bien les indigènes viendront, avec de beaux semblants d'amitié, faire un feu de joie de votre maison ; à moins qu'il ne vous prenne fantaisie d'en faire un vous-même, quand vous serez fatigué de vos tentatives de colonisation, ce qui ne tardera pas.

— C'est ce que nous verrons, lui répondis-je. » En attendant, il fut convenu qu'il partirait le lendemain avec le chariot et qu'il prendrait Bob avec lui. J'ai besoin de l'autre homme pour soigner le troupeau. Nous avons établi notre petit troupeau dans une prairie qui s'étend devant les tentes. La vue y plonge à plus d'un mille de distance. Il n'y a d'arbres qu'autant qu'il en faut pour rendre cet endroit de l'aspect le plus agréable. On pourrait se croire au milieu d'un parc anglais.

Le gardien de bestiaux est venu amener cet après-midi les deux chiens kanguros. Ce sont précisément ceux que j'ai vus dans la ferme du New-Norfolk, Hector et Fly. Ils semblent très-bien s'accoutumer avec nous.

Mercredi, 27 *mars*. — Crab et Bob partent pour le Camp avec un des chariots et quatre bœufs. Le gardien de bestiaux reste avec nous pour nous donner un coup de main, afin de terminer la couverture de la maison. Will s'amuse à lancer les chiens après un kanguro. Le gardien de bestiaux lui promet de sortir le lendemain matin avec lui, et de lui montrer comment on fait la chasse de cet animal.

Nous avançons notre couverture.

Jeudi, 28 *mars*. — Nous avons achevé aujourd'hui la couverture de la maison, moins la laverie. Je songe maintenant à la cheminée, que je veux construire contre l'un des pignons. Je cherche de la pierre à chaux dans les environs de la maison, car j'évite toujours, autant que je puis, de m'en éloigner. Il n'y a rien qui ressemble à ce que je cherche. Je trouve une bonne veine d'argile, qui conviendra parfaitement pour faire les renduits. Je profite de ce que nous avons le troupeau en vue pour me faire aider par John Bond à scier des troncs d'arbres d'une longueur convenable pour en faire des siéges. Nous en scions six ; c'est une rude besogne. Le troupeau semble se plaire à la place où il est ; mais la nourriture commence à y devenir rare. Je présume que les parties basses de la vallée sont inondées quelquefois dans l'année. Je découvre dans les terres la trace de quelques courants d'eau desséchés, qui me portent à cette conjecture. A un quart de mille des tentes, je tombe sur une carrière de pierres de la plus grande beauté. J'y remarque des fourmis noires d'une monstrueuse grosseur. J'ai vu pour la première fois aujourd'hui un serpent sur mes terres. J'en avais déjà rencontré plusieurs pendant mes excursions dans le pays ; mais je n'en avais pas encore aperçu sur les bords de la rivière de Fat-Doë. Il était presque noir ; il avait environ quatre pieds de long ; son aspect était repoussant. Il se glissait vivement au milieu d'herbes marécageuses. Il m'a semblé que nous avions une peur égale l'un de l'autre. Il s'était déjà dérobé à mes regards quand j'ai pensé à le tuer.

En revenant à la maison, j'ai aperçu quatre kakatoës noirs qui jasaient au bord du fourré. J'en ai tiré un et je l'ai tué. Il était curieux de voir les trois autres tourner et voltiger autour du mort. Ils semblaient n'avoir pas la moindre idée de ce qui venait d'arriver à leur camarade. Je tirai de nouveau, et j'en tuai deux autres ; enfin, j'abattis le troisième, qui n'avait pas même songé à s'enfuir.

En réfléchissant à ce que je venais de faire, je me suis reproché d'avoir agi avec cruauté. C'était effectivement une espèce de boucherie exécutée de sang-froid. Ces pauvres victimes n'avaient jamais entendu auparavant la détonation d'un fusil. Elles ignoraient, dans leur innocente simplicité, qu'elles devaient fuir l'homme et ses engins meurtriers. Dans le premier moment ces pensées ne me vinrent pas à l'esprit. J'apportai les quatre oiseaux au logis et je les donnai à ma femme pour en faire un pâté. Les enfants ont ri à l'idée de manger un pâté de kakatoës noirs, et ils ont trouvé que c'était grand dommage de tuer de si jolis oiseaux. Nous n'en avons pas moins mangé le pâté avec plaisir ; c'est, à mon avis, un mets de roi.

J'ai tué un mouton dans la soirée, il pesait quarante-huit livres, les issues déduites. Il avait vingt mois.

A la nuit tombante, Will rentre à la maison avec son nouvel ami le gardien de troupeaux. Il est assez fatigué et expédie promptement le reste du pâté de kakatoës. Il apporte en triomphe avec lui la queue d'un énorme kanguro. De son côté, le gardien de troupeaux apporte sur ses épaules le train de derrière d'un autre kanguro. Il tient les pattes devant lui, tandis que la queue pend sur son dos et traîne presque jusqu'à terre. Je demande à nos deux chasseurs ce qu'ils ont fait du corps du kanguro dont Will apporte la queue. Ils me répondent qu'ils ont jeté le train de devant et qu'ils ont suspendu à un arbre le train de derrière et la peau. Ils ont laissé ce supplément de butin à six ou sept milles (trois lieues) loin des tentes. Cela me sembla une prodigalité fâcheuse ; mais alors on agissait généralement ainsi. Les femmes s'emploient à préparer une partie de la venaison pour souper. Le gardien de troupeaux, qui paraît un épicurien consommé en fait de cuisine de kanguro, surveille et dirige les préparatifs. Les parties de la chair les plus tendres, celles qui sont le moins chargées des tendons et des fibres dont abonde le kanguro, sont coupées, mises soigneusement à part et hachées très-fin ; on y mêle quelques tranches de porc salé, et le tout est exposé sur le feu à l'action d'une douce vapeur.

Ce mets classique de la cuisine du Van Diémen est appelé *Steamer* (étuvée). Je crois n'avoir jamais mangé rien de plus délicieux. Nous avions tous bon appétit. La grand'-mère a insisté pour que je verse un verre de rhum. Elle veut qu'il serve à célébrer le premier exploit de chasse de son petit-fils. La queue du kanguro a été mise dans une marmite à la Papin, pour faire de la soupe pour le jour suivant. La soupe était encore meilleure que le *steamer* ; mais n'anticipons pas.

A la suite du repas, nous nous sommes rangés tous autour du feu, chacun assis sur son tronc d'arbre. J'avais mon fusil à la main, selon ma coutume, de crainte de surprise. Cependant, il me semblait que nous étions plus en sûreté depuis l'arrivée des chiens qui, dans ce pays, servent non-seulement à la chasse, mais sont encore d'admirables et vigilants gardiens. Ma femme et sa mère se montrent curieuses de savoir comment Will est parvenu à tuer son kanguro, et de quelle manière se fait la chasse de cet animal. Will, qui a recouvré ses forces, grâce au pâté de kakatoës et à l'étuvée de kanguro, prend feu à cette idée et commence le récit de ce qui lui est arrivé. Comme c'est son premier exploit en ce genre, j'ai intégralement reproduit son récit dans mon journal. J'ai pensé que cela pourrait l'intéresser plus tard, et je lui ai fait les honneurs du chapitre spécial qui va suivre.

CHAPITRE VIII.

Le gardien de bestiaux m'a appelé dès les premières lueurs du jour. J'ai été habillé promptement. Je me suis emparé d'un des pistolets de gros calibre, que mon père m'avait permis de prendre. Mon compagnon s'est armé d'un fusil. Nous nous sommes munis en outre de la moitié d'un damper et de sel. J'avais encore sur moi un couteau de cuisine ; enfin nous sommes partis.

On dirait qu'Hector devine que nous allons nous mettre en chasse ; il paraît tout joyeux et se lèche les barbes. Fly, de son côté, témoigne sa satisfaction en agitant vivement sa queue.

La matinée était superbe. L'oiseau que ma mère aime tant à entendre chanter faisait résonner les échos. Je l'ai vu, cet oiseau. Croiriez-vous bien, mon père, que c'est une pie, mais une vraie pie, comme celles d'Angleterre, seulement son chant est délicieux.

Nous avons traversé la plaine jusqu'au pied des collines. Nos chiens nous suivaient paisiblement. « On s'aperçoit, me dit mon compagnon, qu'ils ont été bien dressés. Ils marchent le balai et le nez bas : on les dirait morts ; mais c'est quand nous aurons rencontré un kanguro qu'il faudra les voir. Nous ne pourrons plus les arracher de ses traces.

Nous avons continué notre marche jusqu'à quatre ou cinq milles (deux lieues), loin des tentes. Nous gardions le plus profond silence, car les kanguros sont comme les lièvres, ils partent au moindre bruit. Arrivé à cette distance, le gardien de bestiaux s'arrêta court, en disant aux chiens : « Cherche ! cherche ! » Les chiens se mirent à courir autour de nous, tantôt dans une direction, tantôt dans une autre, jusqu'à ce qu'enfin nous reconnûmes, à l'ardeur avec laquelle Hector flairait, qu'il avait rencontré.

« Il est sur une voie, me dit mon compagnon de chasse. » Et il n'y avait pas à en douter, car il galopait tout droit devant lui, sans lever le nez de dessus terre. Fly, qui l'avait vu, en faisait autant.

« C'est probablement quelque gros kanguro, me dit le gardien de troupeaux, car les chiens paraissent bien animés à sa poursuite. »

Je me mis à courir après eux, aussi vite que je le pus.

« Arrêtez ! s'écria mon compagnon, il est inutile de courir ainsi, vous ne les suivriez jamais.

— Que faut-il donc faire ? répliquai-je ; si les chiens tuent un kanguro, il faut être en mesure de le trouver.

— Prenez patience, répondit-il, chaque chose a son temps. Si les chiens tuent un kanguro, nous saurons bien nous en emparer, je vous en réponds. »

Nous nous mîmes donc en devoir d'attendre, et nous attendîmes si longtemps que l'ennui commençait à s'emparer de moi, quand nous vîmes revenir Hector, que suivait Fly. Ils marchaient lentement tous deux, comme s'ils eussent été fatigués. Le gardien de troupeaux examina la gueule d'Hector ; je lui en demandai la raison.

« C'est pour voir, me dit-il, s'il a tué un kanguro. Tenez, regardez : sa gueule est ensanglantée ; il en a tué un certainement. »

Aussitôt il se leva, en disant au chien :

« Allons, Hector, apporte! »

Et Hector de trotter devant, pas trop vite, mais cependant assez bon train pour que j'eusse quelque peine à le suivre. Nous marchâmes assez longtemps de ce pas de course, pour que je finisse par en éprouver quelque fatigue. Nous ne fîmes pas moins de trois milles ainsi, Hector marchant toujours en avant, et nous le suivant, jusqu'à ce qu'il nous eût conduits sur les rives d'un petit marais en face d'un kanguro mort. La bête était monstrueuse, ses pattes de derrière étaient armées de griffes capables de lacérer un chien et même un homme, en un instant, s'il les eût tenus.

« Viens, mon bon chien, dit le gardien de troupeaux à Hector, qui remuait la queue et semblait tout fier des compliments dont il était l'objet. Puis il me donna son fusil à tenir, et se mit à dépecer le kanguro. Il abandonna les intestins aux chiens, dépouilla la partie supérieure du corps jusqu'aux reins, la sépara de l'arrière-train et la suspendit à un arbre, autour duquel il plaça quelques signes de reconnaissance. Quant à l'autre moitié de la bête, il la laissa par terre, en surveillant les chiens jusqu'au moment où nous quittâmes la place, parce qu'il ne voulait que leur donner le goût du sang, sans les en rassasier, dans la crainte que leur ardeur ne se ralentît.

— Que faut-il faire, maintenant? dis-je à mon compagnon.

— Il faut tuer un autre kanguro, si vous n'êtes pas trop fatigué. »

Je lui répondis que je ne l'étais pas du tout. Nous nous reposâmes cependant quelques instants, et nous nous remîmes en marche avec nos chiens derrière nous, comme la première fois. Nous rencontrâmes une grande quantité de petits kanguros que nous dédaignâmes de suivre. Quand nous eûmes fait un mille ou deux, mon compagnon, qui avait toujours eu les yeux dirigés vers la terre, me dit :

« Je crois que nous en avons enfin trouvé un qui vaut la peine d'être chassé, du moins, si j'en juge par sa trace. Alors il dit aux chiens :

« Allons, cherche! cherche! »

Et presque aussitôt nous aperçûmes un énorme kanguro, qui n'avait pas moins de six pieds de haut, j'en suis sûr. Il nous regarda un moment ainsi que les chiens et partit. Mais, grand Dieu! quels bonds il se mit à faire! Il sautait, en s'élançant à l'aide de ses pattes de derrière, et en tenant ses pattes de devant en l'air, et sa queue roide derrière lui. Je ne sais vraiment si on peut appeler ainsi ce membre, qui n'est pas moins gros qu'un des poteaux qui soutiennent un ciel de lit anglais. Pendant que l'animal était en l'air, cette énorme queue allait à droite, allait à gauche, se relevait ou s'abaissait, comme un véritable balancier. Hector et Fly ne quittaient pas la piste. Le gardien de bestiaux crut cette fois devoir courir avec eux. Le sol était uni, aucun bois mort ne l'encombrait, et nous pouvions voir assez loin devant nous. L'ardeur de la chasse me fit oublier la fatigue que je commençais à ressentir. Le kanguro allait toujours bondissant en avant, les chiens couraient après lui, et nous, nous courions après les chiens. Nous jouâmes des jambes jusqu'à ce que je fusse tout à fait hors d'haleine. Le kanguro avait pris une bonne avance sur les chiens, quand il rencontra une colline sur sa route.

« Il est à nous, me dit mon compagnon de chasse. Les chiens vont le rattraper à la montée. »

Je repris haleine en toute hâte, et nous gravîmes la colline. J'espérais que les chiens allaient gagner la bête, mais ce fut le kanguro qui arriva le premier au sommet de la côte. Quand nous l'aperçûmes, il bondissait déjà pour en descendre le revers. Il franchissait de tels intervalles, à chaque saut qu'il faisait, que nous ne l'eussions pas cru, si nous ne l'eussions vu de nos yeux. Il n'y avait aucune chance pour les chiens de le joindre pendant la descente.

« Il est tout à fait inutile de chercher à le rattraper, me dit le gardien de bestiaux; nous ferons mieux de rester là, car on ne peut savoir jusqu'où il va mener les chiens : c'est un boomah, et un des plus forts animaux de cette espèce que j'aie jamais rencontrés. »

Nous nous assîmes au sommet de la colline, sous un arbre à gomme. Nous y restâmes longtemps ; je ne saurais vous dire exactement pendant combien de temps, mais à la fin, nous vîmes Hector qui revenait vers nous. Mon compagnon de chasse visita de nouveau sa gueule.

« Il l'a tué, me dit-il, mais il a gagné une bonne égratignure sur le museau, et Fly aussi. C'était trop pour deux chiens qu'un animal aussi énorme. « Allons, apporte ! apporte ! » dit-il à Hector et à Fly, qui se dirigèrent droit vers la place où était le kanguro, sans s'écarter ni à droite ni à gauche, et en franchissant tous les obstacles, comme si le chemin leur était connu ; en effet, nous arrivâmes bientôt à un trou, où gisait sans vie le kanguro qu'ils avaient chassé. Pendant que le gardien de bestiaux était occupé à le dépecer, j'en aperçus encore un qui n'était pas à cent pas de distance.

« En voici un troisième, dis-je à mon compagnon. »

Quoique les chiens eussent eu un rude combat à soutenir avec celui que l'on dépouillait, ils n'hésitèrent pas un instant à se mettre à la poursuite de cette nouvelle proie. Nous étions près d'un étang si vaste qu'on aurait pu le prendre pour un petit lac. Le kanguro était entre les chiens et l'étang ; ne sachant par où s'enfuir, il s'en alla tout droit, en bondissant, se jeter dans la pièce d'eau. Il continua à sauter, en s'avançant toujours davantage dans le lac, jusqu'à ce que l'eau fût assez profonde pour contraindre les chiens à se mettre à la nage ; mais ils étaient animés, et ils continuèrent intrépidement leur poursuite. Quand le kanguro se trouva assez avant dans l'eau, il s'arrêta tout à coup, se retourna et attendit les chiens. Il ne pouvait faire usage de ses terribles griffes de derrière ; mais quand un des chiens, selon l'usage ordinaire, lui sauta à la gorge, il le saisit avec ses pattes de devant, et le plongea sous l'eau. Le second chien renouvela une attaque semblable et fut reçu de la même manière.

« Bravo ! dit mon compagnon, je n'avais encore rien vu de semblable. Voilà un combat d'un nouveau genre. »

En effet, autant de fois que les chiens voulurent sauter à la gorge du kanguro, autant de fois le kanguro s'en saisit et les enfonça dans l'eau ; mais la partie n'était pas égale. Les chiens commençaient à perdre leurs forces, car après avoir subi un plongeon, il leur fallait recommencer à nager, tandis que le kanguro, paisiblement assis sur ses pattes de derrière, avait la tête et les pattes de devant hors de l'eau.

« Cela ne finira jamais, me dit le gardien de bestiaux, ou bien il va noyer les chiens à un pareil jeu. »

Il prit alors son fusil, que je portais, et il y mit une balle.

« Maintenant, dit-il, il s'agit de ne pas manquer son coup et surtout de ne pas tirer sur les chiens. »

En même temps il appuya son fusil sur une branche d'arbre morte et prenant bien son temps, il fit feu et atteignit le kanguro dans le cou. L'animal tomba dans l'eau. Mon compagnon rappela alors les chiens, qui revinrent à nous en nageant. »

« C'est une trop belle bête pour en perdre la peau, ajouta-t-il ; » et au même instant il s'avança dans l'eau pour l'attirer sur le rivage.

« C'est bien dommage, continua-t-il, de perdre une si belle pièce de gibier ; mais ses quartiers de derrière formeraient seuls une charge plus forte que vous ne pourriez porter. Je vais prendre sa peau, et quant à vous, mon jeune camarade, je vous donnerai sa queue ; c'est, j'en suis convaincu, tout ce que vous pourrez porter d'ici au logis. »

Je me sentis piqué de ce qu'on me croyait tout au plus capable de porter une queue de kanguro, et je pris la résolution d'emporter celle-ci jusqu'aux tentes, sauf à succomber sous le faix. Je dois pourtant à la vérité de dire que le fardeau me semblait si lourd que je fus obligé de me reposer de temps en temps et que le gardien de bestiaux porta la terrible queue, à ma place, pendant une bonne partie du chemin.

« Que ferons-nous de la venaison ? dis-je alors.

— Ce que nous en ferons ! répliqua le gardien. Est-ce que vous ne vous sentez pas quelque appétit?

— Je crois bien ! repartis-je.

— Eh bien ! nous allons en dîner. »

Aussitôt nous nous mîmes à ramasser quelques morceaux de bois sec et à faire du feu. Mon compagnon prit la baguette de son fusil, et, après avoir levé une tranche de viande maigre sur les reins de l'animal, où se trouve la partie la plus tendre de sa chair, il passa la baguette de son fusil à travers. Il leva ensuite un morceau de gras qu'il embrocha à côté du maigre ; puis il répéta la même opération sur plusieurs tranches de gras et de maigre alternativement, et quand il y en eut assez, il les mit griller sur le feu. Je fus chargé de tourner la broche. Cependant mon compagnon leva une large tranche d'écorce sur un arbre à gomme et en fit deux assiettes, vaisselle tout à fait convenable pour un dîner dans les bois, ainsi qu'il en fit lui-même l'observation.

Je vous ai dit que nous avions eu la précaution de prendre avec nous du sel et du damper. J'étais affamé, comme vous le pouvez croire ; aussi n'ai-je jamais fait un meilleur dîner de ma vie. Quand notre repas fut achevé, je me couchai sur le gazon. Hector et Fly vinrent s'étendre à mes côtés. Plein de sécurité entre ces deux gardiens et cédant à l'excès de la fatigue, je tombai, sans m'en apercevoir, dans le sommeil le plus profond. Je dormis longtemps, et je dormis si bien que mon compagnon de chasse se fit scrupule de troubler mon repos. Je finis cependant par m'éveiller après un bon somme. J'aurais volontiers recommencé à manger quelques tranches de kanguro, mais le jour avançait et nous nous mîmes en route pour revenir vers les tentes. Nous passâmes par la place où nous avions laissé le premier kanguro que nous avions tué. Le gardien de bestiaux en prit les quartiers de derrière qu'il a apportés jusqu'ici avec les trois peaux.

Pour moi je n'ai pu rapporter qu'une queue ! et j'en suis maintenant à savoir ce qui mérite la préférence, ou des grillades, ou de l'étuvée de kanguro.

— Ou du pâté de kakatoës, ajouta la mère du jeune chasseur. Mais avant de décider cette grave question, ce que nous avons de mieux à faire, c'est d'aller nous coucher, sauf à rêver kanguro toute la nuit. »

Ce récit de mon fils Will nous amusa beaucoup. C'était un tableau très-fidèle de la manière dont on chasse le kanguro. Je remarquerai en passant que la quantité d'herbe que mange le kanguro est énorme. Il ne se nourrit de rien autre chose dans l'état sauvage. Ce que j'en ai trouvé dans l'estomac de plusieurs de ces animaux a souvent causé ma surprise. Lorsque le kanguro est pris jeune et qu'on l'apprivoise, il mange de toutes espèces de végétaux; mais le sucre brun est de toutes choses celle dont il est le plus friand. Il suit son maître pour avoir du sucre, comme un mouton suit son berger pour lécher un morceau de sel. C'est un animal timide et craintif. Quand il est dans les bois, et qu'on ne voit, au-dessus du fourré, que sa tête et son cou, son aspect est assez agréable; mais, vu dans son ensemble, c'est un animal peu gracieux. La poche ou ventre postiche dans laquelle son petit se réfugie, soit pour dormir, soit pour éviter les dangers qu'il redoute, est un trait caractéristique dans la constitution des femelles de tous les animaux originaires de ce pays.

A l'occasion des premiers exploits de chasse de Will, Crab recommença ses doléances satiriques, et se prit à nous dire que tout était à l'envers dans cette partie du monde; que la terre de Van Diémen n'était qu'une mauvaise ébauche si mal réussie, que la nature avait eu bien soin de faire les choses différemment de l'autre côté du globe.

« Regardez les arbres, par exemple, continua-t-il; au lieu de perdre leurs feuilles en hiver, c'est de leur écorce qu'ils se dépouillent; aussi leurs troncs, jusqu'à ce qu'ils aient fait peau neuve, ressemblaient-ils à des mendiants revêtus de loques et de haillons. Nos beaux arbres d'Angleterre seraient honteux de se montrer dans un accoutrement si misérable. Voyez, d'un autre côté, ce que l'on a le front d'appeler ici des rivières. Y a-t-il rien de plus chétif que ce petit ruisseau auquel, par un abus profane des termes de l'Ecriture sainte, on a donné le nom de Jourdain? Quant à la Clyde, elle court par monts et par vaux, de façon qu'on ne sait trop quel parti en tirer. La rivière de Derwent est belle et large, il est vrai; mais elle est tellement capricieuse, qu'on ne peut jamais compter sur elle. Elle est tantôt haute, tantôt basse, et ils m'ont dit au Camp qu'on ne pouvait pas même se fier à ses marées. Quant à l'herbe des prairies, ne vous attendez pas à lui voir cette belle teinte d'émeraude qui fait le charme de nos paysages anglais : c'est une vilaine herbe brune, aussi grossière que le jonc de nos marais. Si vous voulez avoir un peu de gazon vert dans ce pays de damnation, il faut commencer par brûler l'herbe qui couvre la terre, et alors l'herbe qui pousse après cet incendie est verte; mais il faut avoir soin de la couper promptement, ce qui fait que l'on n'en a guère. Il n'y a pas une seule fleur sur toute la surface de ce triste pays! et un homme civilisé n'y trouve ni une racine, ni une plante, ni un fruit qu'il puisse employer pour sa nourriture! Ce qu'on y appelle un cerisier est la chose du monde la plus ridicule : c'est un arbre qui produit je ne sais quel fruit aigre et plat, dont le noyau, au lieu d'être au centre de la baie, est jeté en dehors, sans doute comme enjolivement. Pour tout le reste, vous semblez être dans un monde renversé. Vous ne savez jamais où est le nord et le midi. L'hiver vient en juin et l'été en janvier. Tout cela, voyez-vous, mon cher maître, est une véritable mystification; et ce que nous avons de mieux à faire, c'est de retourner dans notre bonne vieille Angleterre, où un honnête homme sait comment il vit, où il peut se procurer une pinte de bière quand il a soif, et où il trouve des chevaux pour traîner sa charrue et sa voiture, au lieu des bœufs si lourds et si lents dont on est réduit à se servir dans cet étrange pays. »

CHAPITRE IX.

29 *mars*. — Les nuits commencent à être froides, les enfants s'en sont plaints la nuit dernière. Il faut s'occuper activement de placer des portes et des contrevents à notre chaumière.

30 *mars*. — Crab est revenu d'Hobart-Town, avec le chariot, vers le milieu de la journée. Il me dit qu'il a vu, dans les environs des Marais-Verts, un lot de planches toutes sciées que je pourrais avoir au prix coûtant. C'est précisément ce qu'il me faut pour faire les portes et les contrevents de la maison. Je mets Bob à travailler à la cheminée de pierre. Je veux que la cheminée et le pignon de la maison, contre lequel elle est adossée, soient bâtis tout en pierre.

31 *mars*. — Je prends mes deux attelages pour aller avec Bob aux Marais-Verts. Je conduis un des attelages et Bob conduit l'autre. Ce coup d'essai est pour moi un coup de maître. L'homme ne sait bien à quoi il est propre qu'autant qu'il a éprouvé sa capacité. J'achète le lot de planches et je le rapporte, le même jour, chez moi. Les nuits deviennent de plus en plus froides.

1er *avril*. — Nous prenons possession de notre nouvelle maison. On travaille sans relâche aux portes et aux contrevents. Il a gelé cette nuit.

2 *avril*. — Tout le monde met la main à la cheminée en pierre; on y fait une rude corvée. La besogne va bien. La pierre est facile à tailler; elle se divise naturellement en lames, commodes pour le travail. Pour liaison, nous employons une espèce de sable marneux, mêlé à de l'argile, que nous fournit le lit de la rivière. Ce mortier paraît assez convenable pour l'emploi que nous en faisons.

3 *et* 4 *avril*. — Nous achevons la cheminée en pierre et nous l'inaugurons par un bon feu, car les nuits sont devenues froides. Notre salle de réunion, avec son nouveau foyer, sa table couverte du tapis vert de Betsy et ses troncs d'arbres pour siéges, présente un coup d'œil tout à fait agréable; nous y soupons gaiement.

5 *avril*. — Je me lève de bonne heure, selon ma coutume, et j'inspecte ma nouvelle habitation avec un vif sentiment de satisfaction intérieure.

« Charmant séjour, me dis-je à moi-même, pour lequel il n'y a point de loyer à payer! délicieuse demeure, que ne frappe point l'impôt! Confortable asile, que n'attriste pas la taxe des pauvres! Ici je n'ai à craindre de recevoir congé de personne, et, ce qui est la plus grande faveur du ciel, je suis sous mon toit et sur mon sol. »

En prononçant ces mots, je promenais mes regards sur la plaine qui s'étendait devant moi; mon troupeau y était parqué et mes bœufs y travaillaient. — Mes chiens surviennent et me lèchent les mains. — Voici le tour de mes enfants, qui se sont levés pour respirer l'air pur du matin; il est un peu vif, car chaque jour la température devient plus froide, surtout le soir et le matin; dans le milieu du jour il fait encore chaud. Nous sortons et nous faisons une battue avec les chiens. En m'asseyant pour déjeuner, malgré tout ce que notre chaumière a de grossier dans sa construction, malgré la nudité de ses murailles, formées de simples troncs d'arbres fendus en deux, malgré la rusticité du toit de feuillet qui nous recouvre, malgré l'air un peu piquant qui pénètre de plus d'un côté, j'éprouve dans cette spacieuse habitation ce sentiment profond d'indépendance et de sécurité qui est le partage de l'homme logé sur lui et chez lui, de l'homme qui possède tout ce qu'il lui faut pour se suffire à lui-même. J'ai joui longtemps de ces avantages et à un plus haut degré que celui auquel j'aspire aujourd'hui; mais je reprends le fil des événements.

. . . .

On finit les portes et les contrevents et on les ferre avec de solides verrous et de bonnes serrures que j'ai apportés avec moi d'Angleterre.

6 *avril*. — Il me vient dans la pensée qu'il serait peut-être bon de donner un tour de charrue à une certaine étendue de terre, afin de la préparer pour les semailles de printemps, que l'on fait en septembre. Les gelées d'hiver qui ont lieu en juin, en juillet et en août, pulvériseront la glèbe. L'habitude est si forte chez l'homme que je ne puis m'empêcher de sourire quand je désigne, comme mois d'hiver, les mois de juin, de juillet et d'août; mais il en est ainsi dans ce monde renversé. Je consulte Crab sur mon projet, car il entend admirablement la culture. Crab me demande ce que je veux lui dire. Il ne comprend pas qu'il puisse y avoir des semailles de printemps en septembre; c'est contre toute raison, c'est contre nature. Il me déclare qu'il ne veut prendre aucune part à toutes ces extravagances.

7 *avril*. — Je me décide à faire un essai sur une pièce de terre d'environ douze acres, située à peu près à un quart de mille de mon habitation et favorable pour former un enclos. J'ai mis la charrue en terre ce matin. Il ne m'arrive pas souvent de retourner le sillon. Crab nous plaisante. Il regarde attentivement nos sillons et ne détourne pas un instant les yeux de dessus notre charrue. A la fin l'impatience le gagne. Il prend pour prétexte l'irrégularité de nos sillons. Il me pousse de côté, sans trop de cérémonie, et, saisissant les mancerons de la charrue, il s'écrie :

« Juste ciel! vous appelez cela labourer, vous autres! Voyons, qui est-ce qui m'aide? »

Son visage refrogné semble se détendre et s'épanouir, aussitôt qu'il sent le bois de la charrue dans ses mains. Il donne le signal et Bob fouette les bœufs. Crab ravi, hors de lui-même, entonne je ne sais quelle chanson nationale et extraordinaire du Shrosphire. Tous les échos répondent à sa voix, et la besogne marche le plus gaîment du monde. De ce moment Crab n'entend plus que personne se permette de toucher à la charrue, c'est sa propriété exclusive. Il semble se livrer à sa nouvelle occupation avec tout le bonheur d'un homme rendu par une circonstance inespérée à des travaux de prédilection auxquels il avait été longtemps arraché.

La pièce de terre qu'il labourait était nue et sans arbres. Il n'y avait que peu de pierres; en quinze jours le labour en fut achevé. Nous nous mîmes alors à couper dans le voisinage du bois de médiocre grosseur pour entourer notre champ de haies. Ce travail nous demanda assez longtemps. Quand cette première enceinte fut achevée, nous nous mîmes en devoir d'en établir une seconde, à l'intérieur de la première, pour faire un jardin. Nous allâmes à quelque distance de l'habitation pour nous procurer des arbres à écorce fibreuse qui sont les plus convenables pour faire du palis. Nous entourâmes ainsi un enclos d'un acre environ.

Il nous restait encore à construire quelques bâtiments accessoires pour l'exploitation de la ferme et un parc pour les moutons. Le tout devait être environné de palissades. Ce ne fut pas une petite besogne que d'élever ces bâtiments d'exploitation. Les murailles en furent faites avec des forts troncs d'arbres de dix à douze pouces de diamètre et de vingt à trente pieds de long. Il fallut quatre bœufs pour traîner à la chaîne les arbres de l'endroit où nous les avons abattus jusqu'au logis; il y avait une distance d'environ un mille et demi (trois quarts de lieue). Ces charriages furent pénibles, et il ne le fut pas moins de mettre les pièces de bois debout et de les planter en terre; mais j'étais déterminé à tout faire parfaitement et de manière à rentrer dans le plan général de la ferme et des bâtiments que je voulais élever plus tard. Ces divers travaux, ainsi que trois voyages qu'il fallut faire au Camp pour en rapporter différents objets dont nous eûmes besoin, nous occupèrent pendant les mois de juin, de juillet et d'août, c'est-à-dire pendant tout l'hiver.

Au commencement du printemps, en septembre, je fis donner un nouveau labour à mon champ de douze acres et je semai. J'employai la meilleure semence que je pus me procurer et je ne l'épargnai pas.

J'en mis deux boisseaux et un quart à l'acre. Crab trouva que c'était trop. Cette semence me coûtait douze schellings (15 francs) le boisseau. J'aurais pu attendre pour semer, ainsi que je l'ai reconnu plus tard, jusqu'en octobre ou novembre; mais j'ai toujours pensé qu'il valait mieux semer plus tôt que plus tard.

Je profitai, vers la fin de novembre, de quelques jours secs et chauds pour semer dans mon jardin tous les légumes que nous avons l'habitude de semer en Angleterre au commencement du printemps.

C'est ici le lieu de dire que je trouvai l'hiver très-doux. La terre ne fut couverte de neige qu'une seule fois pendant trois jours; encore n'avait-elle que deux pouces d'épaisseur. Je n'ai vu de glace assez forte pour porter un homme que dans un ou deux endroits, entre autres dans un bas-fond qui se trouvait à trois milles (une lieue un quart) de chez moi, et où le soleil ne pénétrait jamais. Les soirées sont froides et les matinées aussi, surtout avant le point du jour; le froid est alors très-piquant; mais, dans le milieu de la journée, la température est celle d'un beau mois d'octobre en Angleterre.

Il tombe peu de pluie dans la terre de Van Diémen pendant l'automne, c'est-à-dire du commencement de mars à la fin de mai. Il ne pleut pas beaucoup non plus pendant l'hiver, c'est-à-dire en juin, en juillet et en août. La saison des pluies est de six semaines à deux mois, en septembre et octobre, pendant le printemps.

1er *novembre*. — Les cent quatre-vingts brebis que j'ai achetées en mars dernier m'ont donné deux cent vingt agneaux, plusieurs portières ayant eu deux petits. Je crois que la laine de cette nouvelle génération sera plus fine, grâce au soin que j'ai pris de choisir les meilleurs béliers que j'ai pu trouver, peu de temps après avoir traité du troupeau. L'ensemble de mon troupeau a maintenant un aspect tout à fait respectable.

J'ai acheté, ce mois-ci, six vaches pleines, à raison de quatre livres sterling (100 fr.) chacune. Ce sont de belles bêtes, mais un peu sauvages. J'ai fait au gouvernement la demande d'un nouveau condamné pour domestique. On m'en a assigné un d'un assez bon caractère, mais qui n'entend rien à la culture.

Nous avons maintenant beaucoup à faire. Ma pauvre femme est accablée de travail, car les femmes déportées que le gouvernement place en service sont en général ce qu'il y a de plus paresseux et de plus difficile à conduire. La mère de ma femme l'aide de son mieux, elle partage avec elle les soins que réclament les enfants.

On vitre les croisées de notre habitation; on met un plancher sur le sol. J'ai fait aussi établir un plafond en planches pour cacher le toit. Le berger a trouvé à six milles (deux lieues et demie) de la maison environ, une terre blanchâtre qui a quelque analogie avec le blanc d'Espagne. La maison est recrépie depuis longtemps, à l'intérieur et à l'extérieur, d'un renduit de sable, mêlé d'argile de rivière; mais cette terre nouvelle me sert à lui donner à l'extérieur une couche blanche sous laquelle elle prend la plus agréable apparence. Quant à l'intérieur, je mêle à la terre blanche une espèce d'ocre rouge que l'on trouve en abondance dans plusieurs parties du pays. Ce mélange produit une couleur chair de saumon, qui, répandue sur le renduit, composé d'un sable très-fin, lui donne une apparence de stuc. Cet embellissement ajoute à la propreté et à la bienséance de notre intérieur.

Nous commençons à avoir bonne opinion de nous-mêmes et à prendre des airs d'importance; malheureusement nous n'avons personne dans le voisinage pour nous admirer.

Décembre. — C'est le mois de la tonte des moutons. Il faut des mains légères pour cette besogne. On lave le troupeau à la rivière voisine. La laine est assez bien, mais il s'en faut de beaucoup que se soit de la laine fine. Ce que j'ai de mieux, c'est la laine de mes premiers agneaux, qui ont actuellement quatorze mois. L'ensemble des toisons de mon troupeau pèse à peu près neuf cent vingt livres. Ce poids donne une moyenne de deux livres et demie par toison pour cent quatre-vingts brebis, cent quatre-vingts agneaux de quatorze mois, et pour huit des quarante moutons que j'ai achetés en mars dernier. J'estime qu'en Angleterre une laine pareille à celle de ma bergerie se vendrait quatorze pences (1 fr. 40 c.) la livre.

Nous arrivons à la fin de décembre; l'été vient à grands pas. Mon blé est beau. Crab attribue cet heureux succès à sa méthode toute spéciale de labourer. Il entre à cet égard dans des grandes explications dont je ne comprends pas un mot; ce qui ne m'empêche pas de donner mon assentiment à tout ce qu'il dit. Il m'annonce qu'il restera encore jusqu'à la récolte pour voir comment le blé viendra, après il me fera ses adieux et retournera en Angleterre.

Mon jardin est admirable. Les pois ont déjà besoin d'être ramés. Les choux-fleurs, qui ont été repiqués pendant le mois précédent, poussent avec vigueur. Mes six vaches m'ont donné chacune un veau ce mois-ci; cette circonstance les attachera à la maison.

Tout me réussit et tout prospère dans mon établissement. Puisse la fin répondre à un commencement si heureux !

Janvier 1818. — Le blé a atteint tout son développement. Les épis sont pleins et bien formés. Crab m'assure que la récolte sera superbe, mais il pense que j'aurais mieux fait de défricher une pièce de terre qui est assise plus bas. Celle que nous avons ensemencée lui paraît manquer d'un peu d'humidité.

« Eh bien ! lui dis-je, nous réparerons notre faute l'an prochain.

— L'an prochain !... s'écrie-t-il, ah ! ne vous flattez pas de m'enjôler au point de me faire rester ici une année de plus. Je ne sais pas comment je me suis laissé aller à demeurer si longtemps dans cet étrange pays ; c'est sans doute parce qu'il y a toujours eu quelque chose à faire. Maintenant tout ce que je souhaite, c'est de voir comment tournera la pièce de terre que j'ai labourée. Mais, à la récolte, je prends une poignée du blé qu'elle donnera et je retourne dans le Shropshire pour montrer aux gens du pays un échantillon de ce qui pousse sur la terre de Van Diémen. C'est avec regret que je vous quitterai ainsi que les enfants ; mais rien au monde ne me déciderait à rester davantage dans ce pays ; c'est un parti pris. Les choses ont paru tourner jusqu'à présent à votre avantage, malheureusement cette prospérité ne servira qu'à rendre votre ruine plus sensible quand l'heure en sera venue, et elle viendra inévitablement, c'est moi qui vous le prédis. »

Après cette sortie de funeste augure, le grondeur mais actif Crab me quitte pour aller commencer une palissade qui n'exigera pas moins de six mois de travail ; j'aurai l'occasion de reparler de lui plus d'une fois encore.

3 février. — C'est l'anniversaire du jour, où nous sommes débarqués dans la terre de Van Diémen.

4 février. — Nous commençons la moisson. Crab se réjouit de la voir si belle.

« Trente-cinq boisseaux à l'acre ! s'écrie-t-il, ce n'est pas une bagatelle. »

Du reste il attribue cette abondance à son habileté et à la supériorité de son labour.

J'ai fait aussi un demi-acre de pommes de terre : elles paraissent magnifiques ; je crains seulement qu'elles ne poussent trop en feuilles. En général la végétation est ici d'une vigueur qui va jusqu'à l'excès. Les légumes de mon jardin ne forment qu'une seule masse de verdure.

27 février. — Ce jour, qui est l'anniversaire de notre arrivée sur les bords de la rivière de Fat-Doë, est pour toute la famille un jour de fête. Crab ne peut pas concevoir qu'il y ait déjà un an que nous soyons ici. Il prétend qu'il faut qu'il ait perdu la mémoire pour être resté si longtemps dans ce pays. Ma femme et moi nous profitons des loisirs de la journée pour faire notre inventaire.

Après avoir pris note de tout notre mobilier, de nos ustensiles aratoires, de notre troupeau, de nos bœufs, de nos vaches, j'allais clore la liste, quand ma femme arrêta ma plume en me disant :

« Mon ami, vous oubliez la partie la plus précieuse de nos richesses.

— Vraiment ! lui répondis-je ; et lesquelles, s'il vous plaît ?

— Nos cinq enfants ! répliqua-t-elle.

— Vous avez raison, ma chère amie ; ils doivent figurer parmi nos biens les plus chers. C'est à William à ouvrir la marche ; c'est un beau garçon, qui se développe chaque jour davantage.

— Puis viens Betsy, poursuivit-elle.

— Oui, puis Ned et Mary.

— Et Lucy?...

— Qui clôt la liste, ajoutai-je.

— Vous pensez, reprit ma femme ; si vous m'en croyez, vous ferez pourtant bien, mon cher ami, de laisser en blanc la place d'un nom que vous remplirez un peu plus tard.

— Oh! oh! m'écriai-je.

— Que voulez-vous, ajouta-t-elle, c'est l'influence de l'air de la colonie. Je vous ai entendu dire souvent que tout était sens dessus dessous dans ce pays : c'en est une nouvelle preuve.

— En effet, répliquai-je ; mais, hélas! comment nourrir une bouche de plus encore?... »

En poussant cette exclamation, mes yeux s'étaient arrêtés sur mon troupeau, qui s'était accru d'une manière si rapide, et sur mes vaches, qui paissaient dans la belle prairie déployée devant nous. En continuant à promener mes regards pensifs sur tout ce qui nous entourait, ils rencontrèrent le champ sur lequel était étendu le tapis d'or de notre moisson ; elle me sembla placée là comme le gage assuré de l'abondance qui devait couronner notre constance et mes travaux. Mille pensées consolantes s'offrirent alors à mon esprit, et je commençai à apprécier le bonheur si solide de la vie champêtre. En quittant ce rassurant tableau, mes yeux revinrent tout naturellement se reposer sur ma bonne et courageuse femme, la compagne de tous mes travaux, l'appui et la consolation de mes heures d'abattement et de mes jours de mauvaise fortune. Je mis en parallèle, au fond de ma pensée, la difficulté de pourvoir à la subsistance d'une nombreuse famille, au sein d'un pays déjà vieux, et la facilité de satisfaire à tous ses besoins, dans un pays où tout est neuf. Poussé par ces réflexions jusqu'à l'enthousiasme de l'espoir et de l'indépendance, je fis tressaillir ma femme sur son siége, par l'éclatant accent de joie avec lequel je m'écriai : « Salut à qui viendra! sa part du sol l'attend ; il y aura place pour lui à la table et au foyer ! Et vive le refrain de l'ancienne chanson française : Plus on est de fous, plus on rit ! »

CHAPITRE X.

1er *mars* 1818. — Mon intention, dès le principe, a été de me livrer entièrement à l'éducation des bêtes à laine. C'est l'industrie agricole la moins pénible et la plus lucrative dans la terre de Van Diémen ; je ne me mets donc point en peine de cultiver une grande étendue de terre ; je ne m'occupe de défrichement et de labour que précisément autant qu'il le faut pour que ma ferme produise ce qui est nécessaire à la consommation de ma famille. Je concentre tous mes soins et toute mon attention sur la production de la laine ; la valeur de la bête en elle-même n'est pour moi qu'un objet secondaire. La laine, comparée au blé, est d'un transport facile ; c'est un article d'exportation dont la vente est assurée.

Dans le commencement d'un établissement, on est forcé de s'occuper davantage de la valeur de la viande de boucherie que donne le mouton que de sa laine, parce qu'il est difficile, pour ne pas dire impossible, de bien élever un troupeau à laine fine sans avoir des séparations et des enclos. Il n'est pas facile dans créer dans l'origine d'un établissement, à moins qu'on ne puisse consacrer à leur construction une somme d'argent considérable. Mon premier soin fut donc de chercher à améliorer la qualité de ma laine, sans amoindrir le poids de mes bêtes. Je reconnus que la nature de celles que j'avais primitivement achetées se prêtait parfaitement à la réalisation de ce projet. En faisant l'inventaire de mon troupeau, le mois précédent, j'en avais dressé l'état suivant :

180 brebis portières, achetées en mars 1817.	180
Leurs agneaux, âgés alors de six mois (savoir : 100 agnelles et 80 agneaux).	180
2 moutons, restant des 40 achetés en mars.	2
220 agneaux de trois mois, nés en novembre, de mes 180 brebis primitives (savoir : 120 agnelles et 100 agneaux).	220
120 agneaux, nés en février, des 100 agnelles portières achetées en mars 1817 (savoir 64 agnelles et 56 agneaux).	120
Total.	702

Le total de mon troupeau, aujourd'hui 1er mars, s'élève donc en brebis portières, moutons, agneaux et agnelles, à 702 têtes. C'est un nombre trop considérable pour un seul troupeau ; cependant, comme les terres qui m'entourent ne sont occupées par personne, je puis laisser le troupeau réuni pendant quelque temps encore, sans qu'il en résulte aucun inconvénient.

J'ai, en outre, huit bœufs de travail, six vaches et six veaux, savoir : trois mâles et trois femelles ; six chiens, Hector et Fly ayant contribué pour leur part à la propagation générale ; enfin, quatre cent vingt boisseaux de blé sont en réserve dans mes greniers.

D'un autre côté, mon capital a éprouvé une terrible brèche pendant le cours de l'année.

En voici le budget :

Dépenses pendant mon séjour en ville, après mon débarquement. . . .	100	dollars.
Achat de deux paires de bœufs, à raison de 160 dollars la paire. . . .	320	»
Achat de deux autres paires de bœufs, à raison de 140 dollars la paire.	280	»
Achat de mon troupeau, fait en mars.	462	»
Achat de six vaches.	96	»
Frais de divers voyages fait au Camp.	60	»
Dépenses de ménage faites, pendant une année, sur la ferme, pour moi-même, pour ma femme, sa mère, trois domestiques et cinq enfants ; dans lesquelles dépenses ne sont pas compris 38 moutons consommés par nous.	900	»
Lot de planches sciées.	16	»
Total. . . .	2,234	dollars.

Mon capital primitif étant de 3,600 dollars. — 18,000 francs.
Il ne me reste en caisse que 1,366 dollars. — 6,830 francs.

. . . .

Je prends le parti de semer un mois plus tôt cette année; j'aurai une récolte plus précoce. Je fais labourer vingt acres de terres un peu basses. Je porte à seize acres mon champ de douze acres. J'y veux faire quatre acres d'orge. Je sème l'orge en octobre.

31 *décembre* 1818. — Je divise mon troupeau en deux. En voici l'état :

Au 1ᵉʳ mars dernier, je comptais 702 bêtes à laine. Depuis, mes 180 vieilles brebis m'ont donné, en octobre, 218 agneaux, savoir : 118 agnelles et 100 agneaux. Les 100 jeunes agnelles portières m'ont donné, en novembre, 120 agneaux, savoir : 62 agnelles et 58 agneaux. Cela fait donc :

Ancien troupeau.	702 têtes.
Agneaux de la première portée.	218 »
Agneaux de la seconde portée.	120 »
Total. . . .	1,040 têtes.

En déduisant de ce nombre 84 moutons, qui ont été mangés sur la ferme, cela donne net 956 têtes pour mes deux troupeaux. J'ai toujours mes deux attelages de bœufs. Mes six vaches m'ont encore donné six veaux, ce qui élève mon avoir en bêtes à cornes à 18 têtes, mes huit bœufs de travail non compris.

. . . .

J'ai éprouvé quelque embarras au sujet de ma laine. Les frais de transport à la ville sont considérables. Un négociant d'Hobart Town m'a fait offrir, par un de ses agents, de la faire transporter à ses frais, à raison de trois pences (30 centimes) la livre. Toute réflexion faite, j'ai accepté sa proposition, et je crois que c'est le meilleur parti à prendre.

. . . .

J'ai travaillé toute l'année avec ardeur à palissader mes enclos. C'est une des opérations les plus difficiles, les plus pénibles et les plus coûteuses dans un nouvel établissement; mais quand on peut en venir à bout sans trop attaquer son capital, on est amplement dédommagé de ses peines. Je ne parle ici que des palissades à élever autour des terres à blé, des vergers, des bergeries et des dépendances de l'habitation; car si l'on voulait enclore une quantité de terre suffisante pour la pâture des moutons et du gros bétail, ce serait une entreprise par trop dispendieuse. Il n'y a même pas nécessité de le faire quand on a autour de soi des terres non encore occupées. Je jouissais de cet avantage, et il s'est écoulé plusieurs années avant qu'il soit venu des colons s'établir entre ma ferme et la côte occidentale. J'étais donc maître de toute la contrée; cela me plaçait, il est vrai, dans un état d'isolement assez grand, mais cet isolement avait ses agréments : il m'affranchissait de toute dépendance, et laissait à mes troupeaux un libre parcours, que je n'étais obligé d'acheter par aucune redevance.

. . . .

Je trouve sur mon journal de cette année, octobre 1818, que Michel Howe, fameux Bush-ranger qui s'était rendu redoutable par de nombreux actes d'atrocité, fut tué par un détachement envoyé à sa poursuite. Ce brigand avait été un cruel fléau pour la colonie, avant mon arrivée; depuis, il s'était tenu constamment éloigné des habitations, dans la crainte d'être trahi et livré. Cette mort est un heureux événement.

. . . .

Je n'ai encore rien dit des serpents, que l'on rencontre assez souvent dans la colonie. Nous en avons tué une grande quantité et nous avons eu le bonheur de n'être jamais mordus. En général ils évitent l'homme, et paraissent bien aises de ne pas se trouver sur son passage.

J'ai, à ce sujet, une ou deux anecdotes à raconter, auxquelles je donnerai place ici.

Un jour que j'étais à me promener avec mon berger pour inspecter mon troupeau, je me sentis fatigué vers la fin de ma course, et nous nous assîmes sur l'herbe, dans un endroit jonché d'une assez grande quantité de bois mort.

A peine étais-je étendu par terre, qu'en tournant la tête, j'aperçus tout près de moi un énorme serpent noir. Il avait au moins six pieds de long, et paraissait endormi, autant que j'en pus juger par son immobilité. Je montrai le reptile au berger, sans proférer une parole, et, sortant de ma poche un pistolet que je portais toujours, je l'approchai avec précaution de la tête de l'animal, dans l'intention de la lui briser; mais, au moment où je tirai la gâchette, l'amorce seule prit en feu. La poudre qui formait la charge s'était échappée, soit que je l'eusse bourrée négligemment dans le principe, ou qu'elle se fût répandue peu à peu dans ma poche pendant tout le temps que j'y avais porté le pistolet. Enfin, il n'était resté de poudre dans le canon que tout juste ce qu'il en fallut pour pousser doucement, jusqu'à son orifice la balle, qui alla tomber sur la tête du serpent et le réveilla. Je ne me souviens pas d'avoir jamais eu une plus grande frayeur dans ma vie. Je me croyais si sûr de tuer le serpent sur le coup, que je m'étais mis tout près de lui, un genou en terre, sans songer à me ménager le moindre moyen de fuir, dans le cas où il aurait voulu s'élancer sur moi. Par un bonheur inespéré, le serpent n'eut pas moins peur que moi. Il dressa la tête, me regarda un instant, et puis disparut en se glissant sous l'herbe. Mon berger et moi, nous étions tellement paralysés par la peur, que nous n'eûmes pas la présence d'esprit de le poursuivre à coups de bâton. Il nous échappa, et nous ne fûmes pas moins satisfaits que lui d'être délivrés d'un pareil danger.

Une autre fois j'étais à me promener aux environs de chez moi, en automne, à l'époque où les rivières sont très-basses, lorsque j'aperçus un certain mouvement au milieu d'herbes qui s'élevaient sur les bords d'un petit étang, dans lequel il n'y avait presque plus d'eau. Un instant après, à l'endroit même où le mouvement s'était manifesté, je vis surgir la tête d'un serpent qui semblait plonger dans l'étang un œil investigateur. Je jugeai, d'après les mouvements de l'animal, qu'il avait l'habitude de venir boire à cette pièce d'eau, et qu'il était très-désappointé de la trouver tellement diminuée, qu'il n'y pouvait atteindre. Au bout de quelque temps, il tourna la tête vers des touffes de jonc qui étaient près de lui. Il en avisa une qui était sur le bord extrême de la rive, et, l'entourant dans les replis de sa queue, il s'y suspendit, et se laissa aller lentement jusqu'à ce que sa tête se trouvât au niveau de l'eau. Il se mit alors en devoir de se désaltérer, en levant de temps en temps le gosier, comme le font les volailles quand elles boivent. J'observais tout ce manége avec la plus vive curiosité; mais en même temps je tenais mon fusil de chasse tout prêt à faire feu sur la bête avant qu'elle se retirât ; car les serpents sont toujours, et partout, au ban dans la colonie. On leur fait une guerre à mort, et il n'y a jamais de quartier pour ce perfide et dangereux ennemi. Je tirai donc et tuai la bête : elle avait cinq pieds et demi de long.

J'ai encore une histoire de serpent à raconter : ce sera la dernière. Je parcourais un jour, à cheval, la partie de la colonie opposée à mon habitation, et je me trouvais environ à vingt milles (8 lieues) de Launceston, lorsque j'aperçus tout à coup un serpent qui traversait la route que je suivais. Il n'était pas très-grand, mais je fus frappé de la beauté et de l'éclat de ses couleurs. J'avais mon fusil à deux coups suspendu derrière moi, selon ma coutume, et je portais à la main un de ces petits fouets dont on se sert pour monter à cheval. Le serpent traversait la route à la hauteur de la tête de mon cheval, que j'arrêtai court. Aussitôt je mis pied à terre avec l'intention de tuer l'animal. Je cédai en cela à l'instinct que tout homme qui a résidé quelque temps dans la colonie éprouve de tuer un serpent en quelque lieu qu'il le rencontre. C'est pour tout colon une habitude qui devient une seconde nature. Le serpent se dirigea avec une grande rapidité vers des arbres qui étaient à peu près à deux cents pas de là, en suivant une voie que je reconnus parfaitement pour être sa trace ordinaire. J'eus beaucoup de peine à déterminer mon cheval à m'accompagner dans cette expédition. Lorsque je fus à portée du reptile, je levai le bras et lui appliquai sur la queue un vigoureux coup de fouet. A cette attaque imprévue, il s'arrêta, dressa la tête en sifflant, et parut prêt à s'élancer sur moi. Je reculai de quelques pas, et le serpent continua sa marche, jusqu'à ce que je le contraignisse à s'arrêter encore, en lui donnant un nouveau coup de fouet. Je ne voyais autour de moi aucune branche d'arbre avec laquelle je pusse l'assommer, et je craignais de souiller mon fusil en l'employant à cet usage.

Cette espèce d'escarmouche se prolongea quelque temps ; mais à la fin, le serpent irrité, se retourna de mon côté, et s'arrêta court. Je rapporte cette anecdote, surtout à cause de l'attitude que prit alors le serpent. Cette attitude est reproduite souvent dans les tableaux ; mais je ne l'avais jamais vue auparavant dans la nature. Le serpent se replia sur lui-même en anneaux serrés, de manière à donner un point d'appui solide aux élans qu'il méditait pour sa défense. Il me rappela, dans cette position, une gravure d'une vieille édition du *Paradis perdu* de Milton, représentant Eve tentée par le serpent. Cette ressemblance frappante me vint à la pensée pendant notre combat qui, à partir de ce moment, devint un véritable combat à outrance. Je laissai aller les rênes de mon cheval, et je me précipitai contre mon adversaire, mon fouet à la main. Je l'en frappai le plus vigoureusement que je pus sur le cou et sur le corps, et lui s'élança de toute sa force sur moi en sifflant avec fureur, et en faisant briller des yeux aussi étincelants que des diamants. Je dois avouer que ce combat était une folie de ma part ; mais j'étais piqué au jeu, et je ne pensais pas au danger que je courais. Je ne pus cependant parvenir à dompter mon ennemi avec l'arme légère que j'employais ; je battis donc en retraite. Le serpent s'éloigna de son côté ; il semblait me dire : « Laissez-moi tranquille, et je vous laisserai tranquille aussi. » Mais je le suivis de loin, jusqu'à ce que j'eusse rencontré sous ma main une branche d'arbre brisée, avec laquelle je le tuai facilement, en lui en portant un coup sur le corps.

. . . .

Je parcours mon journal, et jusqu'en 1821, je n'y trouve rien qui mérite une mention particulière. J'ai labouré, j'ai semé, et j'ai récolté en temps normal. Mon troupeau et mes bêtes à cornes se sont multipliés, sans que je me sois donné beaucoup de peine. J'ai cultivé mon jardin avec un soin extrême. Mes enfants n'ont pas eu la moindre indisposition depuis mon arrivée dans la colonie. En 1821, plusieurs nouveaux colons viennent se fixer sur les terres de ce district. Le pays prend un aspect un peu moins désert.

Un chirurgien, homme bien élevé et habile dans son art, forme un établissement près de nous. Il y a bien peu d'occasions pour lui d'exercer sa profession, excepté lorsqu'il arrive quelque accident. Vers la fin de l'année, un forgeron est venu s'établir sur les bords de la Clyde : c'est une grande commodité pour nous. Dans le cours de cette année, j'ai mis à profit une chute naturelle que présente la rivière, et j'ai ouvert un canal de dérivation sur lequel je me propose d'établir un moulin à blé : j'en ai le plus grand besoin. Le moulin le plus voisin que nous ayons, est au Camp, c'est-à-dire à cinquante milles (20 lieues) d'ici. Il faut charrier le blé à la ville et en rapporter la farine, ce qui est aussi pénible que dispendieux. J'ai bien un moulin à bras pour mon usage particulier ; mais il faut un temps considérable pour moudre du blé avec une pareille machine. C'est un travail qui déplaît aux domestiques, et ils s'arrangent de manière que le moulin à bras ne soit jamais en état. Dans le cours de l'année suivante, j'ai construit un petit moulin à blé avec une roue en dessous qui marche très-bien. Cette dépense sera bientôt payée par les avantages que j'en retirerai personnellement, et par les redevances que je percevrai de mes voisins à mesure que le pays se peuplera.

En 1821, on a dressé un état statistique fort exact de la colonie. Je trouve sur mon journal les détails suivants :

Habitants, 7,185 ; — acres de terres en culture, 14,940 ; — bêtes à laine, 170,000 ; — bêtes à cornes, 35,000 ; — chevaux, 350.

En 1822, on a nommé deux magistrats pour mon district.

Mai 1824. — Les choses ont suivi leur marche ordinaire jusqu'en mai 1824. C'est la septième année révolue depuis mon établissement dans la colonie, qui a pris, dans le cours de ces sept années, un aspect tout à fait nouveau. De nombreux émigrants y sont arrivés, et le pays est plus peuplé. Depuis 1821, le prix des moutons a augmenté. Les bonnes brebis portières se vendent couramment vingt schellings (25 francs) par tête, et trente schellings (37 fr. 50) avec un agneau sous elles. Cet état de choses est tout à fait avantageux pour les anciens colons qui ont été attentifs à leurs affaires. L'affluence des nouveaux arrivants a soutenu les prix pendant plusieurs années. Je tirai un bon parti de toutes les ventes que j'eus à faire ; j'eus le bonheur de saisir à propos les occasions favorables, et je réalisai une somme considérable par les ventes que je fis. Mon troupeau m'a été d'un excellent rapport. La laine en est assez belle pour que j'en trouve un placement facile, et les bêtes sont assez fortes pour convenir aux nouveaux colons, qui n'achètent de moutons que pour en user comme viande de boucherie.

En me reportant à mon journal, je trouve qu'en mai 1824 les animaux de toute nature qui se trouvaient sur ma ferme se composaient, savoir :

En bêtes à laine, de 3,650 brebis portières et de 290 moutons. Total : 3,940 têtes ;
En bêtes à cornes, 75 têtes ;
En bœufs de travail, 14 têtes.

J'achetai cette année-là trois chevaux : deux juments pleines, au prix : l'une de cinquante livres sterling (1,250 fr.), et l'autre de soixante livres sterling (1,500 fr.), et de plus un bidet, dont je donnai soixante-cinq livres sterling (1,625 fr.). Les courses sur ma ferme devenaient trop fatigantes à faire à pied.

J'étais allé à Hobart Town vers la fin de l'automne de 1821. A cette époque, on y comptait plusieurs excellents hôtels. En parcourant la ville, pendant mon séjour, j'aperçus, presque dans le centre, un morceau de terrain d'un demi-acre environ, qui était couvert en partie de décombres et en partie d'eaux stagnantes. Il avait le plus triste aspect, et semblait complètement abandonné. Les nouvelles bâtisses que l'on élevait alors s'étaient portées dans une autre direction, et l'on semblait avoir oublié ce coin de terre.

Pour moi, qui vivais loin de la ville, je devais être frappé plus qu'un autre de la prodigieuse rapidité de son accroissement. On avait bâti une église de belle apparence; un nouveau palais de justice était sur le point d'être terminé; on achevait d'importantes améliorations à l'hôtel du gouvernement; on parlait d'établir une banque : tout était prospérité et progrès dans la colonie. En réfléchissant à cette brillante situation, je n'en fus que plus surpris de voir l'abandon dans lequel on avait laissé le terrain dont j'ai parlé, et qui semblait n'avoir attiré l'attention de personne. J'avais dans ce moment en réserve quelque argent pour lequel je n'avais pas d'emploi déterminé; il me vint dans la pensée de le consacrer à l'achat de ce morceau de terre abandonné. Je pris des informations sur le propriétaire, sur le prix qu'on en voulait; bref, je l'achetai pour cent livres sterling (2,500 fr.). Mon acquisition une fois faite, je fus absorbé par le soin de mes autres affaires, et je restai plusieurs années sans m'en occuper. J'aurai l'occasion de dire ailleurs ce qui en advint.

. . . .

Les vols de moutons sont devenus beaucoup plus fréquents, dans la colonie, depuis deux ou trois ans. Il n'y a pas lieu de s'en étonner, si l'on considère l'élévation du prix des moutons, et la facilité que l'on a de les dérober et de les soustraire aux recherches. Un ou deux Bush-rangers battent aussi le pays. Me trouvant en ville dans le cours de la présente année (1824), j'appris qu'un établissement avait été attaqué par les Bush-rangers. Cette nouvelle me causa la plus pénible impression. En écoutant un pareil récit, je ne pouvais m'empêcher de penser que ma famille était exposée à un danger semblable. Je demandai à un des employés du gouvernement une copie de la déclaration qui avait été faite par la victime de l'attentat dont on parlait. J'ai retrouvé cette copie parmi les papiers annexés à mon journal; en voici le texte :

Pitt-Water, 19 mai 1824.

Déclaration de William Stark, Esq.

« Hier au soir, vers le déclin du jour, j'étais occupé à parquer mon troupeau sur la ferme que j'habite dans la vallée de Kanguro, tandis que mon fils ramenait les autres bestiaux à la place du pâtre, qui avait travaillé d'un autre côté pendant la journée.

Quand le troupeau fut parqué mon berger revint de la hutte, et moi je me dirigeai vers l'abreuvoir, pour rejoindre mon fils qui avait conduit le bétail.

» Je m'y rendis en causant avec un berger au service d'un M. Lorton, qui a pris dernièrement possession des terres appartenant à M. Ducket, dans la plaine de Stringy-Bark. Quand le bétail arriva à l'abreuvoir, nous nous aperçûmes qu'il manquait un bœuf. Le berger de M. Lorton dit alors à mon fils qu'il l'avait vu rôder du côté des collines. Mon fils partit immédiatement à la recherche du bœuf, et moi je restai à l'abreuvoir.

» Comme mon fils ne revenait pas aussi promptement que je l'espérais, et que la nuit était tout à fait tombée, je me mis en devoir de conduire le bétail à l'étable. Quand je fus arrivé à quarante pas environ de la hutte de mes gens, j'en appelai un pour m'aider à rentrer les bêtes. En ce moment je fus accosté par un homme que je n'avais pas aperçu jusque-là, quoiqu'il fût tout près de moi ; il était armé d'un fusil à deux coups et d'une paire de pistolets.

» Votre maison est entourée de brigands, me dit-il, vos gens sont garrottés. Toute résistance est inutile ; il faut vous rendre à discrétion. »

Je lui répondis que je ne l'entendais pas ainsi.

« Si vous faites un pas, répliqua-t-il, je vous brûle la cervelle.

— Faites, lui dis-je, je n'ai pas peur d'un coup de feu.

« Au même instant il me coucha en joue et tira. Heureusement son fusil fit long feu. J'en profitai pour me sauver du côté où je savais que se trouvaient le berger et mon fils. L'homme me poursuivit. J'appelai de toutes mes forces à mon secours le berger de M. Lorton, que j'avais laissé auprès de l'abreuvoir, mais il ne vint pas. Quant à l'homme, qui m'a dit un peu plus tard se nommer Collier, il me poursuivait de près. Voyant alors que personne ne venait à mon secours, et Collier m'ayant donné l'assurance que tout ce qu'il voulait c'était un peu de thé et de sucre, je m'arrêtai. Je revins ensuite avec Collier jusqu'à la hutte de mes gens. Là, il me lia les mains. Je trouvai les six hommes de ma ferme attachés avec trois autres hommes qui, ainsi que je l'ai appris depuis, avaient été amenés par Collier et sa bande de chez M. Fullarton, où les brigands s'étaient arrêtés la veille. Collier me conduisit alors à ma maison, où il fit la plus minutieuse perquisition. Il s'empara de deux ou trois livres de thé et d'autant de sucre, qui formaient toute ma provision, et de dix-huit livres de tabac. Un autre homme, que j'entendis nommer Mc Guire, prit deux couvertures, un châle, deux colliers, neuf mouchoirs de soie, un mouchoir de coton et deux fusils. Les couvertures, les châles et les mouchoirs sont marqués de mon nom.

» Mon fils m'avait entendu, quand j'avais appelé au secours, quoiqu'il fût éloigné de plus d'un demi-mille : il s'empressa d'accourir. Mistess Stark, sa mère, alla au-devant de lui à la porte de la maison et lui apprit que j'étais garrotté, ainsi que tous mes gens. Elle lui dit que ce qu'il y avait de mieux à faire, c'était d'aller répandre l'alarme chez nos voisins. Mon fils revint au bout d'une heure avec Hammond, le constable, et un autre homme armé. Mon fils et une quatrième personne qui l'accompagnait n'étaient pas armés ; mais, à leur arrivée, il y avait trois quarts d'heure que les Bush-rangers avaient quitté la maison.

» Le Bush-ranger qui faisait sentinelle à la porte de la hutte de mes gens a été reconnu par eux pour être un nommé Sturt, qui était dernièrement en service chez M. Frank.

» Quand Collier a quitté ma maison, il a emmené avec lui les trois hommes dont il s'était emparé chez M. Fullarton.

» Signé : WILLIAM STARK. »

Je ne pus fermer l'œil de toute la nuit qui suivit le jour où j'appris que les Bush-rangers étaient répandus dans le pays. Jusque-là nous n'avions pas été tourmentés sur les bords de la Clyde; mais je craignais que ces brigands, informés de l'arrivée de nouveaux débarqués auxquels ils supposeraient de l'argent et un mobilier de quelque valeur, n'eussent la tentation de venir dépouiller ces hommes, sans expérience des habitudes de la colonie et par conséquent plus faciles à surprendre et à attaquer. Ces funestes pressentiments m'agitèrent toute la nuit, et je ne pus résister au désir de retourner immédiatement chez moi. Aussi, partis-je dès les premiers rayons du jour. Mon cheval était reposé, et je pus arriver sans peine, le jour même, sur les bords de la Clyde, avant deux heures de l'après-midi. Je remarquerai en passant qu'il y a peu de chevaux plus durs à la fatigue que les chevaux de la terre de Van Diémen. Ils sont petits, mais vigoureux et pleins de cœur. Ils ont le pied sûr et peuvent supporter les fatigues du voyage, sans autre nourriture que l'herbe qui croît communément dans le pays.

Je fus enchanté de trouver tout sain et sauf chez moi; mais j'inspirai d'assez vives inquiétudes à ma femme, en lui parlant des méfaits commis par les Bush-rangers à Pitt-Water. Je me rendis le soir même chez un des magistrats résidents dans le district de la Clyde, pour l'en instruire également. Quand j'arrivai chez lui, il recevait la plainte d'un colon des environs, à qui on avait dérobé une partie de son troupeau. C'était un avertissement de redoubler de surveillance pour le mien. Je retrouve dans mes papiers une copie de cette plainte, qui était conçue dans les termes suivants :

DISTRICT DE MURRAY.

M. Philippe Bushel, après avoir prêté serment aux termes de la loi, et déclaré :

« Qu'il est régisseur de l'établissement agricole du capitaine Flood; qu'il y a quelques mois cent trente moutons appartenant au capitaine Flood ont été perdus; que le déposant, après une recherche et une enquête scrupuleuses, a de fortes raisons de croire que plusieurs des moutons perdus sont dans le troupeau d'un nommé Mac Shane, sur les bords de la rivière de Shannon, dans ce district; qu'il a examiné une partie du troupeau dudit Mac Shane, et qu'il peut affirmer sur serment qu'un des moutons dudit troupeau est un des moutons perdus il y a quelques mois; et qu'enfin il est fondé à croire que plusieurs des moutons dudit capitaine Flood sont dans le troupeau dudit Mac Shane. Le plaignant supplie en conséquence qu'il lui soit accordé par justice l'autorisation nécessaire pour faire une perquisition dans le troupeau du susdit Mac Shane.

» Signé : PHILIP. BUSHEL.

« Affirmé par serment, devant moi, le 21 mai 1824. »

Cette plainte d'un vol de moutons, ajoutée à la nouvelle des excursions des Bushrangers à Pitt-Water, redoubla mes inquiétudes et mes tourments ; mais l'aspect de ma famille et de ma maison ramena bientôt la sérénité et la confiance dans mon esprit.

. . . .

Extrait de mon journal, en mai 1824.

« J'exerce une surveillance encore plus attentive que par le passé sur mon troupeau. Toutes les chances m'ont été favorables jusqu'à présent. Les choses ont tourné de la manière la plus heureuse pour moi.

» Je possède un nombreux troupeau de bêtes à laine ; j'en ai un assez beau de bêtes à cornes. J'ai mis quarante-cinq acres de terre en labour. La construction de la maison de pierre que je bâtis marche bien. J'ai une assez vaste étendue de terres closes de bonnes palissades. Mon jardin est devenu admirable. J'y récolte en abondance tous les genres de légumes et de fruits qui croissent en Angleterre : fraisiers, framboisiers, groseilliers à épines et sans épines, poiriers et pommiers ; tout pousse et produit avec vigueur et rapidité.

» J'ai maintenant six enfants. La société de plusieurs d'entre eux commence à nous être agréable et leur assistance utile. Leur éducation, malgré la défaveur de notre position, n'est point négligée. Nos environs se peuplent. Quoique cela resserre un peu le parcours de mes troupeaux, c'est un désagrément bien compensé par la sécurité et par les relations qui en résultent.

» Mon fils aîné vient d'atteindre sa dix-septième année. C'est un appui précieux pour moi : tout annonce en lui la santé, l'intelligence et des sentiments d'honneur. Ma fille Betsy devient une belle et agréable personne ; mes autres enfants, florissants de santé et de bonheur, me font concevoir les plus douces espérances. J'ai l'inexprimable plaisir de n'être pas obligé de m'inquiéter si ma consommation de pain et de viande est un peu plus ou un peu moins considérable ; je nage dans l'abondance. Je ne sais plus ce que c'est que ce sentiment rongeur d'anxiété qui me dévorait en Angleterre, au sujet de l'avenir de mes enfants ; je ne suis plus poursuivi par l'incertitude de savoir si je pourrai les loger, les alimenter et les vêtir ; j'ai sous la main tout ce qu'il faut pour cela. Ma pensée dominante, maintenant, est de devenir riche. Nous vivons cependant sous un toit bien rustique, mais l'habitude nous l'a rendu agréable. Nous n'avons ni meubles élégants, ni vêtements recherchés ; notre établissement porte encore l'empreinte de la vie primitive du colon ; mais je suis riche, car l'indépendance est de la richesse, je suis riche en troupeaux, en maisons, en terres. Ma grande salle est ornée d'une bibliothèque assez nombreuse, où je puise à la fois instruction et plaisir.

Nous avons reconnu par expérience que le climat est sain, quoique très-variable ; la température passe vite, et souvent du chaud au froid. Je trouve sur mes notes météorologiques que, dans l'intervalle de minuit à midi, la température a varié, une fois, de trente-deux degrés. Dans la nuit, le thermomètre était au-dessous de glace, et, entre midi et une heure, il marquait soixante-trois degrés. Ces variations de l'atmosphère ne portent aucune atteinte à notre santé ; nous sentons qu'il fait froid, voilà tout.

Nous avons pu, cette année, ajouter du poisson au service ordinaire de notre table ;

nous avons tendu un filet à travers la rivière, dans un endroit où son lit est resserré, à un demi-mille environ de notre habitation. Nous y avons fait souvent de belles pêches d'anguilles ; nous avons pris aussi dans notre filet un petit poisson qui a quelque analogie avec le goujon, mais qui est plus grand ; nous l'avons appelé *bouquet d'eau vive*. Les rivières de la colonie, au moins dans les parties qui sont enfoncées dans l'intérieur des terres, sont peu abondantes en poisson : les grands lacs, où la plupart d'entre elles prennent leur source, en fournissent peu. Il est très-rare de trouver un poisson dans les lacs de la colonie ; en revanche, on y rencontre une grande quantité de gibier de marais. J'ai vu, sur l'un de ces lacs, des bandes de plusieurs milliers de canards sauvages : je n'en exagère pas le nombre...

Je reviens à mon journal.

Mai 1824. — ... Tout me réussissait donc ; mais la vie douce et uniforme que je menais depuis quelques années ne tarda pas à subir un grand changement.

C'était un peu avant l'hiver de 1824, c'est-à-dire vers la fin de mai ; nous étions tous rangés autour d'un feu pétillant qu'un domestique venait de ranimer en y jetant une brassée de bois aussi lourde qu'il avait pu porter. Il était environ neuf heures du soir, et la nuit était sombre, quand les aboiements des chiens nous annoncèrent l'approche d'un étranger. C'était un homme à cheval, autant que nous en pûmes juger au bruit des pas de sa monture, qui résonnaient d'une manière distincte et sonore sur le sol. L'étranger entra précipitamment dans la maison. Selon l'usage de la colonie, on plaça devant lui à boire et à manger, avant de lui adresser aucune question ; mais lui était impatient de nous communiquer les nouvelles dont il était porteur, et il rompit le silence.

Il nous apprit que le gouvernement avait reçu l'avis qu'une bande de condamnés s'était échappée du port de Macquarie ; que ces brigands portaient la désolation dans le district de Pitt-Water ; qu'ils avaient pillé plusieurs établissements, maltraité leurs habitants, et qu'ils étaient chaque jour renforcés par d'autres condamnés, placés par le gouvernement en état de domesticité, lesquels s'échappaient de chez leurs maîtres. L'étranger ajouta qu'il avait hâte de faire part de ces nouvelles aux magistrats résidents du district. Il était convaincu que les Bush-rangers ne tarderaient pas à se diriger vers nos parages, qui étaient sans défense ; d'autant plus que la partie occidentale de l'île leur offrait des retraites aussi sûres que nombreuses.

Nous étions encore dans tout le feu de la conversation que ces faits alarmants avaient soulevée, et je roulais déjà dans mon esprit les moyens que je pourrais employer pour me défendre contre une attaque, lorsque de grands cris, pareils à ceux de gens qui auraient appelé du secours, se firent entendre sur le bord de la rivière opposé à celui où se trouvait mon habitation, et vinrent frapper tout à coup nos oreilles. Un nouveau colon s'était établi tout récemment de ce côté. Nous nous levâmes précipitamment ; je me hâtai de saisir mes armes, que j'avais toujours le soin de tenir en état, et appelant deux de mes hommes dans lesquels je pouvais avoir pleine confiance, je donnai un fusil à chacun d'eux. Nous nous préparâmes à une vigoureuse résistance et à faire face à toutes les éventualités.

Nous tînmes promptement conseil : il fut décidé que Crab, qui était devenu un membre de la famille, demeurerait au logis pour veiller à la défense de l'habitation, tandis que nous volerions au secours de nos voisins, qu'il ne serait ni humain ni brave d'abandonner dans une pareille circonstance. J'éprouvais cependant quelque embarras à prendre des dispositions convenables pour leur porter secours et pour laisser en même temps des moyens de défense suffisants chez moi. Pendant que je délibérais sur cette difficulté, les aboiements des chiens recommencèrent avec une nouvelle violence. La nuit était sombre sur la terre, quoique cependant les étoiles brillassent d'un vif éclat au firmament. Cependant les chiens continuaient à aboyer avec fureur, et il était évident pour nous, qui avions l'habitude d'interpréter l'expression de leurs voix, qu'ils étaient excités par l'approche de plusieurs personnes qu'ils ne connaissaient pas.

Il fallait prendre un parti; je me décidai donc à me présenter sur la porte de la maison, que j'ouvris, en ayant soin de placer derrière moi un de mes hommes pour me seconder au besoin. Je distinguai alors, au milieu du vacarme, une voix qui me priait de rappeler à moi les chiens, qui étaient furieux. Je crus reconnaître, dans la voix qui me parlait, celle d'un voisin qui demeurait à quatre milles (1 lieue 1/2) de là. Je ne me trompais pas : ce colon nous dit qu'en faisant sa tournée pour inspecter son troupeau, à cause de la présence des maraudeurs dans le pays, son attention avait été attirée par des cris d'alarme, quand il s'était trouvé à peu près à un demi-mille de chez moi. C'étaient précisément les mêmes cris que nous avions entendus de notre côté. Le nouveau venu était bien armé, ainsi que deux amis qui l'accompagnaient.

Ce renfort venait à propos. Je fis part en peu de mots, à ces généreux voisins, de l'avis que l'on avait reçu de l'évasion de plusieurs condamnés du port de Macquarie, et de la crainte où nous étions que les personnes qui avaient appelé à leur secours ne fussent attaquées par ces brigands. Nous tombâmes tous d'accord de voler à leur défense. Comme je connaissais parfaitement l'endroit où la rivière était la plus facile à franchir, et que j'avais pris les mesures convenables pour mettre ma maison à l'abri d'un coup de main, nous partîmes immédiatement en nous dirigeant vers le lieu du danger.

Me voilà arrivé à une des époques les plus importantes de ma vie; je renvoie donc au chapitre suivant le récit des aventures et des malheurs qui commencèrent alors à fondre sur ma tête.

CHAPITRE XI.

Il n'y avait pas plus de trois semaines que la famille au secours de laquelle nous nous portions était venue s'établir sur ses terres. Cette famille se composait, outre son chef, appelé M. Moss, de sa femme, d'une jeune fille d'environ dix-sept ans, et de deux garçons, âgés, l'un de six et l'autre de sept ans. M. Moss avait été autrefois dans une situation de fortune brillante; mais une suite non interrompue de revers avait réduit ses ressources au point qu'il pouvait à peine faire face, en Angleterre, aux besoins les plus indispensables de la vie, tandis qu'elles étaient plus que suffisantes encore pour former un établissement prospère dans la terre de Van Diémen. Madame Moss avait reçu une éducation en rapport avec sa fortune, ainsi que sa fille, qui possédait tous les arts d'agrément qui relèvent les charmes des personnes de son âge. L'arrivée de mademoiselle Moss dans notre voisinage avait été, selon l'expression enthousiaste d'un de mes jeunes amis, « ce qu'est au désert la naissance d'une fleur ravissante. » En un mot, cette famille excitait un vif intérêt parmi tout ce qui l'entourait, et nous étions prêts à tout risquer pour lui être utiles.

Pendant que mes amis faisaient leurs préparatifs de combat, je ceignis mon vieux sabre de cavalerie, de manière à ce qu'il ne gênât pas la liberté de mes mouvements; j'avais servi dans la garde à cheval du comté de Surrey, et j'avais conservé une sorte de prédilection pour cette arme, sur laquelle je comptais, dans le cas d'une rencontre corps à corps. Je pris, en outre, mon fusil à deux coups, que je plaçai en bandoulière sur mes épaules; je mis mes deux gros pistolets d'arçon dans les poches de la veste de chasse dont j'étais revêtu, et nous nous acheminâmes vers la rivière. Je marchais en tête, mes compagnons me suivaient avec précaution et dans le plus profond silence, à la file les uns des autres, selon l'usage des Indiens. La sombre obscurité de la nuit n'était un peu éclairée que par la lumière scintillante qui jaillissait des étoiles.

Mon projet était de traverser la rivière en passant sur le tronc d'un arbre qui était tombé d'un bord à l'autre. Ce pont naturel, mais un peu grossier, n'était pas aisé à passer de jour; à plus forte raison n'était-il pas sans danger de le franchir la nuit. Un profond silence régnait autour de nous : il nous semblait plus effrayant encore que les cris qui nous avaient récemment alarmés. Nous y trouvions un funeste présage du sort que nos malheureux voisins avaient peut-être encouru.

Nous fûmes bientôt près de l'arbre renversé. Je donnai, à voix basse, quelques instructions à mes amis sur la manière dont ils devaient passer ce pont périlleux. Un de mes jeunes voisins, nommé Beresford, se montrait le plus empressé de la troupe; je n'y fis pas beaucoup d'attention dans ce moment-là, parce que nous étions tous pleins d'activité et d'ardeur; mais les événements subséquents m'ont donné l'occasion de me rappeler la vivacité de son zèle dans cette circonstance. La rivière, à l'endroit où nous étions, était étroite et coulait avec la rapidité d'un torrent qui se précipite du haut d'une montagne. Je remarquai, malgré les ténèbres, que les deux compagnons de Beresford parurent hésiter devant un tel obstacle.

« On aurait vraiment besoin de jour pour tenter un pareil passage! s'écria l'un des deux. J'entrevois, au-dessus de la teinte blanche projetée par l'écume des eaux, quelque chose que je suppose être l'arbre dont vous nous parlez; mais ce n'est pas une plaisanterie que de passer là-dessus.

— Parlez bas, lui dis-je; nous ne pouvons pas savoir dans quelles oreilles nos paroles sont exposées à tomber.

— Ne craignez rien, répliqua son compagnon; le mugissement des eaux est assez fort pour étouffer le bruit que nous pouvons faire de ce côté. La rivière est furieuse cette nuit!... Ah ça! vous êtes bien sûr de la solidité de votre passerelle. Je ne serais pas du tout jaloux de faire un plongeon dans le gouffre qui est là-dessous. Si cela m'arrivait, je ne me fie pas beaucoup sur vous autres pour m'aller chercher.

— C'est une triste perspective, reprit mon premier interlocuteur; mais si vous êtes sûr du passage, je tenterai l'aventure. Nous n'avons pas de temps à perdre, et si nous voulons faire quelque bien, il faut le faire promptement.

— Nous sommes venus pour cela; il ne s'agit donc pas de reculer. Voyons, qui est-ce qui ouvre la marche?

— C'est moi, dit Beresford, comme le plus jeune de la bande. Allons, qui m'aime me suive!

— Non pas, lui répondis-je; c'est à moi de vous montrer le chemin, je le connais.

— Peut-être pas mieux que moi, dit Beresford.

— Comment cela? lui répliquai-je; vous n'avez pas, il me semble, autant d'occasions que moi de passer la rivière. »

Beresford me répliqua quelques mots que le bruit des eaux m'empêcha d'entendre. Je me mis en tête de la troupe, et je m'avançai le long de l'arbre en me traînant sur les mains et sur les genoux.

J'avoue que ce ne fut pas sans un premier mouvement de terreur que je vis l'écume blanchissante du torrent, qui se brisait en fuyant sous moi. Un seul faux mouvement, et c'était la mort; si un ennemi avait eu la pensée de garder ce passage, c'en était fait de mes compagnons et de moi, car la position où nous nous trouvions nous livrait sans défense. Cette réflexion, qui me traversa l'esprit, me glaça d'épouvante.

Ces pensées peu rassurantes, l'obscurité de la nuit, le bruissement continu des eaux, le danger de notre expédition, tout concourait à m'inspirer de l'inquiétude et de la crainte; mais ma plume est impuissante à décrire les sensations d'horreur que j'éprouvai quand, en étendant mon bras devant moi pour sonder ma route, ma main rencontra quelque chose qui, au toucher, me parut devoir être une tête et une chevelure humaines. J'étais cramponné au tronc d'arbre d'une manière qui ne me permettait de faire usage d'aucune de mes armes. La nécessité de ne pas lâcher prise me contraignait de n'avoir jamais plus d'une main momentanément libre. Tout ce qui peut entrer de frayeur de toute nature dans le cœur d'un homme se concentra donc instantanément dans le mien.

Ma première pensée fut que les Bush-rangers, dans la prévision de notre tentative, s'étaient cachés en embuscade sur la rive opposée, et je m'attendais à chaque instant à recevoir une décharge de coups de fusil. Je songeai ensuite aux indigènes, et je me couchai tout à plat, cette position étant la meilleure pour éviter la grêle de traits qu'ils lancent sur leurs ennemis quand ils commencent l'attaque. Mes compagnons, interrompus dans leur marche par ce temps d'arrêt qu'ils ne savaient à quoi attribuer, me pressaient d'avancer. D'un autre côté, la rapidité du cours des eaux écumantes qui passaient sous mes yeux commençait à me donner le vertige. Je fus quelques instants à ne savoir absolument que faire; mais, à la fin, les ténèbres dans lesquelles cette alarme soudaine avait plongé mon esprit commencèrent à se dissiper. Je recouvrai mon sang-froid, et je pris mon parti avec autant de promptitude que de résolution.

Il était impossible de songer à reculer sur un pont aussi dangereux, au milieu de l'obscurité, et embarrassés comme nous l'étions par nos armes. En avant donc, me dis-je à moi-même; je pensai en même temps que l'adversaire qui venait à ma rencontre devait éprouver la même difficulté que moi à avancer ou à reculer, et qu'après tout, les chances étaient égales dans la lutte à engager pour demeurer maître de la place. Encouragé par cette réflexion, j'étendis de nouveau la main, et ma main rencontra le même corps chevelu que la première fois. Je ne pouvais douter que ce ne fût une tête humaine; mais cette tête immobile était restée, autant que j'en pouvais juger, dans la position exacte où ma main l'avait d'abord trouvée. Seulement, à ce second attouchement, il me sembla que les cheveux étaient d'une grande douceur, et que ce ne devait pas être des cheveux d'homme que je palpais. Cette conjecture augmenta ma surprise, et, la crainte faisant place à la curiosité, j'allongeai davantage le bras et je sentis glisser entre mes doigts les anneaux onduleux d'une chevelure de femme. L'étonnement et l'horreur succédèrent alors à mes premières alarmes : des cheveux de cette femme ma main passa sur sa figure, qui était d'un froid glacial; ses bras pendaient sans vie à droite et à gauche de l'arbre, qu'ils environnaient. Tout ce que je pus supposer dans un pareil moment, c'est que cette femme, si c'en était une, avait tenté de traverser la rivière sur ce dangereux sentier, et qu'effrayée tout à la fois par la mobilité de l'arbre qui la supportait, par la profondeur des ténèbres et par le mugissement des eaux, elle s'était évanouie dans le trajet.

Quel parti prendre au milieu de toutes ces effrayantes conjectures? La peur commençait à s'emparer de mes compagnons, dont l'imagination se laissait aller à des craintes superstitieuses. Il fallait pourtant s'arrêter à quelque chose, le danger et la perplexité des circonstances augmentaient cette impérieuse nécessité. Il était évident que la femme qui nous barrait la route, ou était simplement évanouie, ou avait peut-être succombé à l'excès de sa frayeur et de son excitation. Dans l'un ou l'autre cas, son corps inanimé s'opposait à notre passage; et cependant je ne pouvais me dissimuler que chaque instant d'hésitation rendait plus imminentes pour nos voisins les chances de meurtre et de pillage qui les menaçaient. Nos secours n'étaient donc retardés que par un obstacle qui, probablement, n'avait plus besoin qu'on lui en prodiguât à lui-même.

Pour résumer cette terrible situation, l'existence de trois hommes qui m'avaient pris pour guide se trouvait suspendue, ainsi que la mienne, à ce mobile tronc d'arbre, tandis que la vie de nos voisins était également compromise par le moindre retard apporté à notre marche. L'esprit frappé de ces déchirantes pensées, il me sembla que l'impitoyable nécessité m'autorisait à sacrifier une vie incertaine au salut du plus grand nombre, et qu'il fallait, sans balancer, culbuter le corps de la femme qui opposait un obstacle à notre marche. Son corps gisait inanimé sur le tronc arrondi et glissant de l'arbre; le moindre mouvement suffisait pour le précipiter dans le gouffre qui mugissait au-dessous de nous. Mes compagnons me pressaient d'avancer : je leur expliquai en peu de mots ce qui m'arrêtait, mais ils ne firent que d'insister plus vivement pour que je passasse outre. La crainte actuelle du danger qui les menaçait leur faisait oublier tout autre péril; ils ne songeaient même plus aux Bush-rangers, qui pouvaient être en embuscade sur l'autre rive, et qui attendaient peut-être que nous l'eussions atteinte pour tirer sur nous à bout portant. Ils se plaignaient avec autant d'aigreur que de force de ne pouvoir avancer ni reculer, et d'en être réduits à lâcher prise.

Mon imagination était épouvantée par l'imminence du danger, mes sens étaient engourdis par le froid, et mon esprit se troublait à chaque instant davantage par le bruit incessant des flots écumeux. Je sentis ma présence d'esprit m'abandonner entièrement dans une si cruelle extrémité, j'étendis de nouveau la main. Le corps était toujours resté sans mouvement, mais je pus distinguer la délicatesse des traits de cette face glacée. Cette sensation réveilla au fond de mon cœur la pensée de ma fille, et me rendit tout à coup à moi-même; le calme et la réflexion reprirent le dessus; je me soulevai sur l'arbre par un mouvement d'énergie convulsive, et je parvins à m'y asseoir; puis, je me glissai, à l'aide de mes mains, jusqu'auprès de l'être inanimé qui gisait devant moi. Je me hâtai alors d'entourer un de mes bras avec les longues tresses de cheveux de la malheureuse jeune femme, pour pouvoir la retenir sur l'abîme, dans le cas où son corps viendrait à glisser de la place qu'il occupait. Un profond silence, qu'interrompait seulement le bruit des eaux, continuait à régner autour de nous. J'élevai la voix assez haut pour en dominer les mugissements, et, me tournant vers mes compagnons stupéfaits, je leur déclarai l'intention où j'étais de sauver le corps qui était devant moi, et de m'en emparer mort ou vif.

« C'est le corps d'une jeune fille, leur dis-je.

— Le corps d'une jeune fille! s'écria Beresford; alors...

— Au nom du ciel, interrompit l'homme qui était derrière lui, ne nous amusons pas à causer; homme ou femme, jeune ou vieux, il nous faut passer dessus et gagner la rive. Nécessité n'a pas de loi : en avant! car, pour moi, je ne puis plus me tenir là une minute de plus.

— Oui, cria celui de nos amis qui fermait la marche; en avant! je ne saurais reculer, mes membres sont engourdis par le froid, le mouvement et le bruit des eaux m'étourdissent, j'ai une peur effroyable de me laisser tomber. Passez outre, ce n'est pas le moment de faire de l'humanité, notre vie ne tient qu'à un fil : si les Bush-rangers courent le pays, comme il y a tout lieu de le croire, nous pouvons être assassinés ici sans défense. Marchons! marchons, ou, pardieu, je fais ma route sur votre corps.

— Au nom du ciel! s'écria Beresford, arrêtez, arrêtez! Si mes pressentiments ne me trompent pas, je me doute quelle est cette malheureuse jeune fille. Ce serait de la barbarie que de ne pas faire au moins une tentative pour la sauver. Laissez-moi essayer de passer par-dessus vos épaules, continua-t-il en m'adressant la parole. Mais non!... attendez un moment, je crois voir en dessous de l'arbre une grande branche qui pend jusque sur l'eau. Allons, il faut que je fasse un généreux effort pour la sauver, ou que je périsse. »

Au même instant, mon jeune ami me passa son fusil en me priant de le tenir, et se laissant glisser sous l'arbre avec autant d'agilité que d'audace, il s'accrocha à la branche pendante qu'il m'avait signalée; ensuite, par une succession d'efforts désespérés, il finit par gagner jusqu'à l'extrémité du corps opposée à celle que j'avais trouvée sous ma main. C'était vers la partie inférieure de l'arbre, en sorte qu'il trouva là un appui plus large et plus sûr pour prendre pied. Il attira alors doucement et graduellement à lui le corps de la jeune fille, qu'il prit dans ses bras et qu'il alla déposer, à quelque distance, sur l'herbe étincelante de gelée blanche.

Pour nous, nous ne tardâmes pas à achever de passer le pont sans accident; mes compagnons, une fois sur la terre ferme, reprirent leur sang-froid et leur courage, et se disposèrent à l'action. Il n'y avait pas de temps à perdre : la ferme où nous nous rendions n'était guère qu'à un quart de mille de distance, et nous étions tous très-impatients d'y arriver. Mais que faire de la jeune fille? Beresford avait essayé, sans succès, de rappeler la chaleur dans ce corps inanimé, en en frottant fortement les mains dans les siennes. Si la vie n'était pas tout à fait éteinte, il était également dangereux ou d'abandonner le corps sur l'herbe glacée, ou de le transporter avec nous; mais enfin il fallait se décider. Nous cédâmes aux instances du jeune Beresford, dont le zèle pour ce corps, tout insensible qu'il était, paraissait extrême; nous consentîmes à le lui laisser porter. J'ouvrais la marche à cause de la connaissance que j'avais des lieux; nos deux amis me suivaient de très-près, et Beresford venait après eux. Tel était l'ordre dans lequel nous parvînmes jusqu'à l'endroit où notre nouveau voisin avait établi sa demeure.

Comme nous en approchions, mon pied heurta un corps flasque; je m'arrêtai pour examiner ce que ce pouvait être : c'était un chien kanguro. Je le tâtai et je reconnus qu'il avait eu la cervelle brisée par quelque instrument contondant. Cette circonstance était de mauvais augure. Nous continuâmes à avancer rapidement et en silence, en redoublant encore de précaution. Nous ne tardâmes pas à distinguer la hutte à travers l'obscurité : un morne silence régnait à l'entour. Nous étions fort embarrassés sur ce que nous devions faire; nous ne voyions pas d'ennemis, mais nous craignions de tomber dans quelque piége. Nous continuâmes néanmoins d'avancer jusqu'à la porte de la hutte, dans l'ordre où nous étions, le jeune Beresford toujours derrière nous et portant son précieux fardeau. J'avais son fusil de chasse dans les mains et le mien suspendu derrière le dos. Nous arrivâmes enfin à la porte : elle était fermée; on entendait des soupirs étouffés dans l'intérieur de la maison. Nous frappâmes, pas de réponse; nous étions tous imbus de l'idée que l'ennemi, quel qu'il fût, devait se trouver là.

Je dis tout bas à Beresford de déposer le corps de la jeune fille contre l'un des pignons de la hutte, afin qu'il fût à l'abri des coups de feu qui allaient immanquablement partir des croisées et de la porte, dans laquelle je donnai un vigoureux coup de pied. Je la fis sauter de dessus ses gonds, et nous nous précipitâmes tous trois ensemble dans la maison. Mais nous fûmes arrêtés court par un cri si profond, si déchirant et tellement empreint de frayeur et d'agonie, que j'en frémis toutes les fois que je me le rappelle. Je reconnus en un instant le véritable état des choses. Il y avait encore de la braise rouge sur le sol. J'arrachai du toit une poignée de chaume et je la jetai sur le feu pour obtenir de la flamme. La rapide clarté qu'elle projeta me permit de distinguer une femme couchée dans un coin et garrottée, ainsi que deux jeunes enfants gisant près d'elle. Mais cette lueur passagère s'évanouit presque aussitôt et nous retombâmes dans les ténèbres.

« Oh! grand Dieu! s'écria alors la femme que nous n'avions fait qu'entrevoir, est-ce encore vous? Mais je n'ai rien révélé... à personne... je vous le jure. Ces pauvres enfants osent à peine respirer. Si vous avez résolu...

— Nous sommes des amis, interrompis-je, qui viennent à votre secours. Nous avons entendu vos cris, et...

— Ah! que n'êtes-vous venus plus tôt... Mon mari!... Et ma fille... où est-elle?... Elle s'est échappée pour aller chercher du secours... Elle est noyée? Qu'en ont-ils fait? O mon Dieu! ô mon Dieu! je ne reviendrai jamais des horreurs de cette épouvantable nuit! »

Pendant que la malheureuse mère achevait ces mots, qui remplissaient nos âmes d'effroi et nous livraient aux plus funestes conjectures, un de mes compagnons avait jeté sur la braise une nouvelle poignée de chaume. L'éclat fugitif que ce feu de paille répandit un instant nous permit de voir autour de nous : une chandelle, qui avait été éteinte, nous tomba heureusement sous la main; nous l'allumâmes, et sa pâle et vacillante lumière éclaira la chaumière désolée.

Beresford, qui avait entendu les cris et les plaintes de la malheureuse mère, se hâta d'apporter dans la maison le corps inanimé de la jeune fille. Cependant je me plaçai en sentinelle à la porte de la hutte, et un de mes amis fit le guet derrière. La pauvre mère dont nous avions brisé les liens resta muette de terreur, et promena sur sa fille des regards où se peignait le plus cruel désespoir.

« Elle est morte! s'écria-t-elle enfin d'une voix affaiblie; elle est morte! ils l'ont tuée. Peut-être dois-je rendre grâce au ciel de lui avoir épargné un sort plus affreux?... Mais apprenez-moi donc comment cela est arrivé?... suis-je bien éveillée? n'est-ce point un horrible rêve?... Oh! non, il n'y a pas lieu d'en douter, la voilà!... c'est bien elle!... glacée!... morte! »

Un torrent de larmes suivit ces mots, prononcés avec le calme du désespoir; et les enfants, revenus de leur stupeur, mêlèrent leurs cris aux sanglots convulsifs de leur mère.

Mon jeune ami ne demeurait cependant pas inactif au milieu de cette scène déchirante. Plein de calme et de sang-froid, il prenait toutes les dispositions nécessaires pour rappeler la vie chez la jeune fille, s'il lui en restait encore quelques étincelles. Son exemple releva le courage de la pauvre mère, qui s'empressa de le seconder. Il plaça d'abord le corps sur une couche de bois grossier et tourna les pieds du côté du feu, que nous avions rallumé, et qui jetait une flamme vivifiante; la mère se mit à faire des frictions aux pieds, pendant que Beresford en faisait aux mains. Mais la vie semblait entièrement éteinte. La pauvre mère agissait sans proférer un mot, et les deux enfants regardaient, attendant avec angoisse ce qui allait advenir. J'étais debout près d'eux, me frottant le front et cherchant dans ma mémoire tous les moyens dont j'avais entendu parler, ou que j'avais vu indiqués dans les livres pour ramener à la vie les personnes évanouies. La mère de la jeune fille nous assura que son corps ne portait aucune trace de blessures ou de contusions capables d'occasionner la mort. Cette certitude ranima un peu notre espoir, et nous y trouvâmes quelque chance de réveiller en elle la sensibilité. Tous les événements que je viens de raconter, depuis le passage de la rivière, n'avaient pas duré vingt minutes; il n'y avait donc pas impossibilité à ce que la vie ne fût pas tout à fait éteinte; mais chaque instant écoulé aggravait la situation.

Tandis que nous étions tous en proie aux divers sentiments d'inquiétude et de crainte qui nous agitaient, que la mère tremblait pour sa fille, le jeune homme pour la belle victime, et que je partageais moi-même, comme père, les chagrins et les larmes de tous, nous entendîmes des cris confus, mais dont l'expression n'avait rien d'inquiétant, qui s'élevaient du côté de la rivière à peu près à l'endroit où nous l'avions nous-mêmes traversée. C'était une troupe de quelques-uns de nos amis, qui se dirigeaient à grands pas de notre côté.

La nouvelle que les Bush-rangers battaient le pays n'avait pas tardé à gagner de proche en proche; la bande de colons qui arrivait s'était hâtée de se réunir, dès le premier bruit qui s'en était répandu. Ils avaient appris, en passant chez moi, que nous venions de partir, et dans quel but, et ils s'étaient mis immédiatement en marche pour nous rejoindre. Ils avaient remonté la rivière un peu plus haut que nous et l'avaient traversée dans un endroit où le passage était plus sûr et plus facile. Par un bonheur inespéré, le chirurgien qui s'était récemment établi dans nos environs se trouvait au nombre des nouveaux arrivants; en entrant, ses regards s'étaient portés d'abord sur le corps inanimé de la jeune fille.

Il y eut pour toute l'assistance un cruel moment d'attente : le chirurgien prit son bras et lui tâta le pouls pendant longtemps, et avec une vive expression d'anxiété. Je vis sa figure changer, ensuite il atteignit un petit miroir de poche qu'il essuya soigneusement, sans se départir du flegme des gens de sa profession. Il l'approcha des lèvres du cadavre ; il le regarda une première fois, puis une seconde.

« Placez-la sur le côté, » dit-il.

On exécuta ses ordres. Il approcha de nouveau la glace des lèvres : le cristal resta pur.

« Mettez du bois au feu, poursuivit-il; du bois mince; promptement, que nous obtenions une flamme vive. »

Et il recommença à faire usage de son petit miroir. Peu à peu sa physionomie perdit l'expression de désespoir qui l'avait d'abord assombrie; elle devint tout à coup rayonnante : il avait reconnu qu'un souffle léger avait terni la glace.

Nous ne respirions pas.

« Du calme, dit-il alors en s'adressant à la mère ; tout dépendra de votre prudence et de votre sang-froid. Si vous voulez maîtriser vos sentiments, je puis tout espérer... elle n'est pas morte ! »

A ces mots, un sanglot étouffé parut suffoquer la pauvre mère ; elle le refoula dans son sein, et les mains jointes, les joues baignées d'un torrent de larmes, elle tomba aux genoux de l'ange tutélaire que le ciel semblait avoir envoyé à son secours, et attacha sur le chirurgien ses yeux obscurcis par les pleurs.

« Elle n'est pas morte, répéta-t-il à voix basse ; il y a encore de la vie... je le crois... je puis même vous l'assurer; mais la moindre secousse en pourrait anéantir à l'instant les faibles restes. Qu'on prenne le plus grand soin de ne pas l'émouvoir par des questions inopportunes ou par de funestes nouvelles, et je ne doute pas de la rappeler à la vie ; mais il n'y a que le calme et le silence qui puissent la sauver de la mort ou de la folie... Y a-t-il quelqu'un ici qui ait de l'eau-de-vie ? »

Un des gens de la bande, le plus fameux ivrogne du canton, avait sur lui une gourde de rhum qui ne le quittait jamais : il s'empressa de la présenter au chirurgien, après avoir eu soin, toutefois, d'en déguster un verre, pour s'assurer, ainsi qu'il le dit lui-même, qu'aucun mélange adultérin n'avait souillé la pureté primitive de la liqueur. J'ai plus d'une raison de penser que, si ce flacon de rhum contribua à sauver les jours de la jeune fille, en revanche, il concourut puissamment à abréger ceux de son possesseur; car, depuis ce moment, il ne fit plus un pas sans sa gourde, et toutes les fois qu'il la vidait, ce qui arrivait souvent, il la remplissait aussitôt, pour être prêt, disait-il, à tout événement, si le hasard jetait sur sa route quelque jeune infortunée qui eût besoin d'y recourir.

« Maintenant, messieurs, dit le chirurgien, il serait convenable de quitter cette chambre, et de ne laisser qu'à la mère de notre jeune malade et à moi le soin de veiller auprès d'elle. Pour vous, il vous reste encore beaucoup à faire pour ramener le bonheur dans cette famille. »

Nous nous retirâmes en silence. Je fus le dernier à sortir. Au moment où j'atteignais la porte, la pauvre mère saisit convulsivement mon bras, et me dit à demi voix avec un désespoir concentré :

« Et mon mari?... ne l'ont-ils pas massacré?

— Certainement non, lui répondis-je. Pourquoi vous laisser aller à de si funestes pressentiments? Vous voyez que nous sommes en force suffisante pour répondre de sa vie. Nous ne négligerons rien de ce qui dépendra de nous pour le trouver et pour vous le ramener sain et sauf.

— J'en suis bien convaincue, reprit-elle; puis elle ajouta : Voici le chirurgien qui se dispose à faire prendre à ma fille quelques gouttes de spiritueux ; je vous quitte. »

Pendant tout ce temps, Beresford n'avait pas dit un mot. En sortant, je le trouvai debout, près de la porte. L'extérieur de la hutte était alors brillamment éclairé. Quelqu'un des nôtres avait allumé, en avant de la façade, un grand feu qui jetait au loin un vif éclat, et autour duquel nous nous réunîmes tous. Là, il fut convenu que nous nous tiendrions sur nos gardes pendant toute la nuit, et que, dès le point du jour, nous nous mettrions à la recherche de notre malheureux voisin. Nous fîmes néanmoins une perquisition minutieuse aux environs de l'habitation, dans la conviction que les Bush-rangers l'avaient garrotté et bâillonné, et qu'ils l'avaient ensuite abandonné à quelque distance de sa demeure ; mais nous ne trouvâmes pas la moindre trace ni d'eux ni de lui.

Je fus choisi, d'un commun accord, pour chef de l'expédition, en ma qualité de colon le plus ancien de la contrée, et comme le plus capable de servir de guide dans les bois. Nous parlions déjà de nous partager différents postes quand un cri, parti de la hutte, détourna notre attention. Au même instant le jeune Beresford se précipita au milieu de nous.

« Elle est sauvée! dit-il; elle est sauvée!... elle vit! elle respire!... Maintenant c'est de son père dont il faut nous occuper. Son premier mot a été de le demander dès qu'elle a recouvré ses sens. Si par malheur elle soupçonnait la triste vérité, les conséquences en pourraient être affreuses.

— Fiez-vous, répliquai-je, à notre intention bien arrêtée de retrouver notre malheureux ami; nous étions précisément en train d'aviser aux moyens d'y parvenir. Nous sommes douze : c'est assez pour faire tête aux Bush-rangers. Nous avons de plus le bon droit de notre côté, ce qui est un puissant auxiliaire. Je propose donc, qu'au point du jour, nous commencions par installer chez moi cette malheureuse famille. En attendant, il sera bien de faire nos préparatifs pour passer quelques jours dans les bois. Il faut que quatre hommes se rendent à mon habitation pour en rapporter toutes les provisions qui nous sont nécessaires. Qu'on n'oublie pas les peaux de kanguros, car les nuits sont froides, et nous en aurons besoin.

— N'oubliez pas non plus de l'eau-de-vie, dit quelqu'un de la bande.

— Qu'on apporte aussi du sucre et du thé, dit un autre colon ; il n'y a rien de tel qu'une tasse de thé pour se ranimer quand on est dans les bois : cela vaut tous les spiritueux du monde.

— Apportez des écuelles en quantité! s'écria un troisième : une par tête, ce ne sera pas trop.

— Songez surtout à vous munir d'une bonne provision de riz, interrompis-je. Le riz contient beaucoup de matière alimentaire sous un petit volume, et il est plus commode que la farine pour se nourrir dans les bois. Vous recommanderez qu'on nous fasse autant de petits dampers que nous en pourrons porter. Prenez aussi tout le pain qu'il y aura de cuit. Vous vous ferez aider par mes gens pour nous apporter tout cela.

— Et les munitions, dans quel état sont-elles? dit le jeune Beresford.

— Nous avons assez de poudre; mais le plomb nous manque, répondirent plusieurs voix.

— Alors, repris-je, vous demanderez un sac de chevrotines et un petit sac de balles, que l'on trouvera suspendus à la tête de mon lit. Vous mettrez aussi dans vos poches une ou deux douzaines de pierres à fusil; en un mot, prenez tout ce dont vous croirez que nous pourrons avoir besoin.

— Ne serait-il pas convenable, dit un des assistants, de prévenir les magistrats?

— Certainement, répliquai-je. Voyons, quel est l'homme de bonne volonté qui consent à traverser la plaine, malgré l'obscurité de la nuit, et à aller avertir celui des magistrats qui demeure le plus loin?

— C'est moi, repartit un jeune homme de bonne mine. Il n'y a pas un pouce de la route que je ne connaisse, et si je fais quelque mauvaise rencontre, je vous avertirai en tirant un coup de fusil.

— Vous pourrez donner l'ordre à un de mes domestiques de prévenir l'autre magistrat de ce qui s'est passé cette nuit; sa maison est du côté de mon habitation. S'il est chez lui, il nous rejoindra pour le point du jour; vous pouvez y compter. C'est un jeune homme qui n'a ni femme ni enfants, et à qui ces sortes d'expéditions ne déplaisent pas. Il est bon d'ailleurs que nous ayons un magistrat avec nous pour donner un caractère légal à nos opérations. Ainsi, faites-le prier de venir, et qu'on lui dise que nous souhaitons vivement qu'il veuille bien se mettre à notre tête. On ajoutera que personne n'est aussi capable que lui d'occuper ce poste. Il n'y a rien de tel que la politesse; nous aimons tous à être un peu flattés... Qu'est-ce qui sait quelle heure il est?

— Il n'est pas encore onze heures.

— Nous avons toute la nuit devant nous.

— Mais les Bush-rangers l'auront aussi. Ils peuvent gagner du terrain d'ici à demain matin.

— Oh! non, répliqua un autre interlocuteur. La nuit est trop sombre pour que leur marche soit bien rapide. Attendons le point du jour; nous saurons bien ensuite trouver leur trace et les rattraper.

— Lancerons-nous des chiens après eux?

— Non. On ne peut pas se servir des chiens kanguros comme de limiers : ils reconnaissent bien, à une certaine distance, les gens qu'ils ont coutume de voir; mais ils n'entendent rien à trouver la trace des personnes qui leur sont étrangères. Nous ferons pourtant bien de prendre quelques chiens avec nous, car je suppose que nous aurons besoin d'abattre plus d'un kanguro pour nos repas, d'ici à la fin de notre expédition. »

Comme j'achevais ces mots, je sentis un museau froid qui se glissait dans ma main.

« En voilà toujours un, ajoutai-je : Hector et Fly commencent à vieillir ; mais c'est un de leurs enfants et digne de la race. En voici un autre ! Ils ont bien su me retrouver, comme vous voyez. Il faut que quelqu'un de nous s'en procure deux autres, pour que les quatre n'appartiennent pas à la même personne, dans le cas où il faudrait nous séparer. Prendrons-nous des chevaux ? J'en ai trois à l'écurie et quatre dans les bois ; mais ils viendront certainement demain matin à la maison pour manger leur avoine. Peut-être même sont-ils déjà sous les hangars de la ferme, car ils viennent souvent d'eux-mêmes y chercher un abri quand les nuits sont humides et froides. »

Il fut convenu que quatre d'entre nous seulement seraient montés pour agir comme éclaireurs. Nous présumions, avec vraisemblance, que les brigands choisiraient les sentiers les plus inaccessibles, où il serait impossible à un cavalier de pénétrer, et nous pensâmes qu'il valait mieux que le reste de la troupe restât à pied.

« Faites prendre un cheval de plus pour porter les bagages, dit quelqu'un, et faites venir un de vos gens pour le conduire.

— Voilà une idée lumineuse, répondis-je. Avec ces précautions, nous serons en état de nous engager dans les bois. Maintenant, si j'ai un avis à vous donner, c'est de dormir paisiblement jusqu'au point du jour, afin d'être frais et dispos quand il s'agira de se mettre à l'œuvre.

— Dormir ! s'écria-t-on de plusieurs côtés à la fois ; nous sommes trop agités pour dormir cette nuit ; il vaudrait mieux souper.

— Voulez-vous venir souper chez moi, ou rester ici ?

— Il vaut mieux rester. Nous ne pouvons pas abandonner cette pauvre femme de toute la nuit. Soupons ici. Ce sera un apprentissage de la vie des bois. Il fait terriblement froid ! »

Et celui qui prononçait ces mots jeta dans le feu une énorme bûche qui fit jaillir, en tombant, des milliers d'étincelles pareilles à celles d'un feu d'artifice. Puis il jeta une seconde bûche sur la première, et une autre encore.

« Voilà ce qui s'appelle du feu ! s'écria-t-il. Cela va égayer notre nuit !... Et, à propos, comment va la jeune fille ? »

Beresford ne donna pas le temps de répéter une seconde fois la question. Il me regarda, et, sur le signe que je lui fis, il disparut à l'instant. Il alla frapper doucement à la porte de la hutte, et, revenant bientôt après, il me dit à l'oreille :

« Elle vit ! elle n'a pas parlé ; mais elle dort profondément.

— C'est bon, lui répondis-je ; et vous ferez bien de dormir aussi, car demain nous aurons besoin de toute votre énergie. »

Il sourit, et, secouant la tête, il me répliqua :

« Moi, dormir ! oh ! non. Je ne dormirai pas avant d'avoir retrouvé son père.

— Je ne doute pas de votre zèle pour sa délivrance ; mais, pour réussir, il serait sage de prendre des informations bien circonstanciées sur cette malheureuse affaire. Si madame Moss était assez de sang-froid pour nous en donner, il nous serait de la plus grande utilité de connaître exactement le nombre des brigands qui ont attaqué la hutte, et de savoir comment les choses se sont passées. Cela ne nous fera pas perdre de temps,

7

car il ne nous servirait à rien de poursuivre les Bush-rangers avant le point du jour. Voyez si la pauvre dame peut quitter sa fille quelques instants. Il suffira du chirurgien pour la garder pendant son absence, et nous apprendrons d'elle tout ce qu'elle sait. »

Beresford se dirigea vers la hutte, et en revint presque aussitôt en ramenant madame Moss. Nous fûmes heureux d'apprendre d'elle que sa fille continuait à dormir paisiblement. Nous la fîmes asseoir près de notre feu, sur un tronc d'arbre; nous posâmes quelques sentinelles aux environs, de peur de surprise, et elle commença, dans les termes suivants, le récit de l'attaque dont son habitation avait été l'objet.

CHAPITRE XII.

« J'ai peu de choses à vous raconter, messieurs, dit madame Moss, et je ne sais trop par où commencer. Nous étions assis auprès du feu, moi, mon mari, ma pauvre Lucy et mes deux jeunes enfants. Depuis que nous sommes ici, la frayeur que nous avions des Bush-rangers a fait prendre à mon mari l'habitude, ou de porter sans cesse un fusil, ou de l'avoir assez près de lui pour en faire usage à chaque instant. Je ne saurais vous dire ce qui m'inspirait le plus d'effroi, ou de le voir sans cesse avec cet éternel fusil entre les mains, ou de le voir quelquefois sans être armé. Du reste, son fusil lui aurait été d'un bien faible secours contre de si nombreux assaillants. Si par malheur il eût fait feu et tué un des brigands, ils auraient été exaspérés, et les choses auraient probablement tourné plus mal encore. Peut-être tout s'est-il passé pour le mieux! Nous étions donc tous assis auprès du feu, comme je vous le disais. Mon mari, qui paraissait excessivement gai, occupait le coin de la cheminée qui avoisine la croisée; son fusil était appuyé contre le mur, tout près de lui. Comme le vent soufflait avec violence, il se leva pour fermer un contrevent du côté opposé à celui où il était.

J'ai lieu de croire que nous avions été épiés toute la soirée. Je soupçonne un domestique que nous avons, outre notre berger, d'avoir servi d'espion aux brigands; car mon mari n'eut pas plutôt quitté l'encoignure où se trouvait son fusil, qu'un homme, en casaque de peau de kanguro, se précipita dans la chambre, et s'élança entre M. Moss et son arme, dont il s'empara. En même temps il le coucha en joue, en lui ordonnant de lever les mains au-dessus de sa tête, et en le menaçant de faire feu s'il s'y refusait.

Nous étions tous tassés les uns contre les autres, tellement que mon mari, craignant que nous ne fussions tués ou blessés, leva les bras en l'air. Le Bush-ranger abaissa alors son fusil; mais mon mari profita de ce mouvement pour s'élancer sur lui et le saisir à bras-le-corps. Dans la lutte, le fusil du Bush-ranger partit. Au bruit de la détonation, d'autres brigands entrèrent. Deux d'entre eux se jetèrent par derrière sur M. Moss, tandis que le premier le frappa sur la tête avec la crosse de son fusil. Je suppose qu'il tomba étourdi sous le coup. Alors, ils lui lièrent vigoureusement les pieds et les mains. Cependant deux autres brigands s'emparèrent de moi et me lièrent également; un troisième se saisit des enfants. En regardant autour de moi, je ne vis pas Lucy. Je supposai qu'elle s'était échappée par la croisée de sa chambre à coucher. Que le ciel lui soit en aide ; mais je ne sais vraiment si je dois souhaiter de la voir rendue à la vie et à la connaissance des maux qui nous accablent. Il faut, du reste, se résigner à la volonté de Dieu ! Je reprends donc mon récit. Quand les brigands eurent lié mon mari, ils lui demandèrent où était son argent. Dans notre inexpérience des usages de la colonie, nous avions eu l'imprudence d'apporter avec nous un millier de dollars, un peu d'argenterie, nos montres et quelques autres bijoux de prix, circonstance dont les Bushrangers ont été certainement informés.

Mon pauvre mari, à peine remis de son étourdissement, déclara qu'il n'avait pas d'argent. Il dit que nous étions de pauvres colons qui n'avaient que les choses nécessaires à la vie : de la farine, du thé, du sucre, et encore en petite quantité.

L'homme qui l'avait ajusté d'abord mit le bout de son fusil contre sa tête, et le menaça, avec un horrible serment, de lui faire sauter la cervelle s'il ne lui révélait pas à l'instant l'endroit où était caché son argent.

« Il nous le faut, dit-il. Nous savons que vous en avez ; ainsi déclarez-nous où il est, ou... je vous mets la charge de ce fusil dans la tête, ajouta-t-il en proférant des jurements horribles. »

J'étais tenue par deux hommes qui m'avaient lié un mouchoir sur la bouche, et je me débattais en vain pour leur échapper. Le Bush-ranger mit alors la main sur la batterie de son fusil. J'entendis le cliquetis du chien ; je savais parfaitement ce que cela voulait dire. Je crus que j'allais voir la tête de mon pauvre mari brisée sous le coup de feu. Alors, animée d'une force que je devais au seul désespoir, je dégageai un de mes bras, et, arrachant le mouchoir qui me couvrait la bouche, je m'écriai :

« Parlez donc ! parlez donc ! La vie est préférable à l'argent.

— Oh ! oh ! s'écria celui qui paraissait le chef de la bande, il y a donc de l'argent ici ? Il ne s'agit plus maintenant que d'aviser aux moyens de le trouver. Approche, dit-il alors à un de ses hommes ; mets le bout de ton fusil là... contre le crâne de monsieur. C'est bien... Arme-le maintenant... Mets ton doigt sur la gâchette, et, s'il pousse un cri, fais feu !... A madame, maintenant, dit-il en s'adressant à un autre de ses gens. Qu'on remette le mouchoir qu'elle avait sur la bouche, et qu'on s'arrange, cette fois, pour qu'elle ne puisse pas l'arracher. Une femme ne peut se taire, même quand elle risque, en parlant, de faire sauter la cervelle de son mari. Oserai-je vous prier, madame, ajouta-t-il avec une politesse railleuse, de vouloir bien m'accompagner dans la pièce voisine ? Je serais désolé de causer une impression désagréable à une dame, même à un homme ; mais cette manière de procéder est indispensable dans les perquisitions de ce genre.

— Je n'irai pas, lui dis-je, dans la stupeur que m'avaient causée ses paroles. Je n'irai pas ; je ne quitterai pas mon mari, mes enfants. Tuez-moi, si vous voulez ; mais je ne bouge pas d'ici.

— Nous ne tuons jamais personne, reprit le Bush-ranger d'un ton moqueur, quand nous pouvons faire autrement. Ce n'est pas dans nos intérêts ; mais, si vous ne voulez pas marcher, on va vous porter. »

Au même instant deux des brigands s'emparèrent de moi, me portèrent dans ma chambre à coucher, et me jetèrent sur mon lit.

« Cette dame se trouve-t-elle bien, maintenant ? reprit le chef.

— Aussi bien qu'on peut être avec les membres garrottés, » répondit l'homme qui me tenait.

La chambre dans laquelle on m'avait transportée n'était séparée de la première que par un simple refend en bois; de façon que j'entendais très-distinctement ce qu'on disait.

« Vous voyez où en sont les choses, reprit le chef en s'adressant à mon mari. Croyez-moi, ce que vous avez de mieux à faire, avant que nous ne nous portions à des extrémités plus graves, c'est de parler. »

Paralysée par la frayeur, presque évanouie, j'avais gardé le silence jusque-là; mais, cédant en ce moment à la crainte que m'inspirait le danger qui menaçait les jours de mon mari et de mes enfants, aussi bien qu'à l'horreur de ma propre situation, je fis taire tous les autres sentiments, et je m'écriai :

« Sauvez leur vie, et vous allez tout savoir. Levez la pierre du foyer; vous y trouverez l'argent ! »

Le chef donna aussitôt l'ordre à un de ses hommes, qui était en dehors de la maison, d'apporter un levier pour ébranler la pierre.

« De l'activité, dit-il, nous n'avons pas de temps à perdre, car il faut que le point du jour nous voie demain bien loin d'ici. »

Les brigands se mirent alors à lever la pierre. Puis j'entendis les dollars résonner, quand l'un d'eux jeta le sac d'argent sur le plancher. La vue de ce sac bien garni, et le son du métal si ardemment désiré, mirent, je le présume, la bande de bonne humeur, car les deux hommes qui me tenaient lâchèrent prise. L'un des deux même s'éloigna, en recommandant à l'autre de ne pas me perdre de vue. Le chef dit alors :

« Et la jeune fille, où est-elle? »

Personne ne parut en état de répondre à la question.

« De par tous les diables ! continua-t-il, la drôlesse se sera échappée. Elle est peut-être allée répandre l'alarme. Preste, preste, mes camarades, dépêchons, et ne laissons derrière nos talons rien de ce que nous pouvons emporter : couvertures, chemises, habits, n'oubliez rien; nous aurons besoin de tout cela quand nous serons sur les bords du lac. Il est malheureux que cette jeune fille se soit échappée. Sa première démarche va être de revenir pour délivrer son père, et nous pourrons nous en trouver mal. Attendez... emmenons le père avec nous... c'est le vrai moyen de l'empêcher de nous faire poursuivre.

— Nous aurons plus tôt fait de le fusiller, dit un des brigands.

— Non, il faut le pendre, dit un autre.

— Il faut lui faire boire un coup dans la rivière, dit un troisième : l'eau aura le temps de couler avant qu'on le retrouve.

— Ne perdons pas notre temps en paroles inutiles, reprit un dernier. Le fusiller, cela ferait trop de bruit; le noyer, cela demanderait trop de temps. Donnez-moi un bout de corde et un mouchoir de soie, et je vous réponds qu'il se tiendra tranquille ensuite. »

Je frémis que le monstre n'eût la pensée d'étrangler mon mari; et ma conjecture était juste, car le chef reprit :

« Arrêtez! pas de meurtre, quand on peut faire autrement. Il nous sera toujours facile de nous débarrasser de lui, si sa mort devient nécessaire à notre sûreté. Pour le moment, contentons-nous de l'emmener. Liez-lui les pieds; attachez-lui les mains derrière le dos. Maintenant partons; mais il faut auparavant mettre la dame du logis hors d'état de nuire. »

Je fus alors ramenée dans la première pièce, et les brigands m'attachèrent fortement à la place où vous m'avez trouvée. Mon mari était resté, pendant tout ce temps, dans un profond silence, méditant, sans doute, le projet qu'il mit à exécution aussitôt qu'il fût sorti de la hutte. Quand il se vit dehors, dans un endroit d'où sa voix pouvait être entendue, il cria au secours de toutes ses forces; sa voix résonnait au loin dans les bois. J'entendis d'autres cris qui répondaient aux siens; ils partaient du côté de la rivière. C'était sans doute Lucy qui les poussait. Mon mari n'en proféra plus.

« Bâillonnez-le, dit un des bandits.

— Il faut assommer cette jeune braillarde avant de partir, ajouta un autre brigand, ou bien elle va soulever tout le voisinage, et nous sommes perdus.

— Il est trop tard, répliqua le chef. L'alarme est déjà répandue. Il ne nous servirait à rien de nous débarrasser maintenant de la jeune fille. Nous n'avons pas de temps à perdre. Partons vite, et ne songeons qu'à mettre le plus d'espace possible entre nous et ceux qui vont nous poursuivre. Il nous est facile de prendre une étape d'avance sur eux. Ils ne seront pas en état de reconnaître nos traces avant le point du jour. Marchons toute la nuit, et nous gagnerons les devants. »

En achevant ces mots, les brigands s'éloignèrent, en me menaçant d'une mort immédiate, moi et mes enfants, si je jetais le moindre cri d'alarme. Je crois que je m'évanouis alors, car je ne me rappelle plus rien jusqu'au moment où je fus tirée de ma stupeur par le bruit que vous avez fait en défonçant la porte : les Bush-rangers l'avaient, je le suppose, barricadée en dehors.

« Et combien pensez-vous qu'ils étaient, demandai-je à madame Moss?

— Je ne saurais vous le dire. Je crois en avoir vu sept ou huit en même temps dans la hutte; mais j'ai entendu aussi des voix en dehors. Ceux que j'ai vus avaient des fusils de différentes formes. Leur aspect était effroyable. Le chef portait une casaque en peau de kanguro : il avait l'air moins féroce que les autres; mais tout annonçait en lui un homme de la plus énergique résolution.

— Je vois que ce sont bien les cris de votre mari et de votre fille, lui dis-je, que nous avons entendus de l'autre côté de la rivière. Il est évident, d'après votre récit, que miss Lucy aura cherché à la traverser sur l'arbre, pour vous amener plus tôt du secours, et, qu'effrayée par le mugissement des eaux, par le danger qu'offrait un passage si périlleux, ses forces l'auront abandonnée, et qu'elle se sera évanouie à l'endroit même où nous l'avons trouvée. La voilà sauvée, ajoutai-je : espérons que la Providence nous aidera à vous rendre aussi votre mari !

Madame Moss nous quitta alors pour retourner auprès de sa fille. Ceux de nos amis qui avaient été dépêchés pour remplir différentes missions revinrent après s'en être heureusement acquittés. Nous passâmes le reste de la nuit auprès du feu, devisant sur notre expédition du lendemain. Chacun donnait son avis sur le meilleur plan à suivre, et sur les moyens les plus sûrs de trouver la trace des Bush-rangers.

Dès les premiers rayons du jour, nous eûmes la satisfaction de voir arriver le jeune magistrat que nous avions fait prévenir. Il était à cheval, ainsi qu'un domestique et deux amis qui l'accompagnaient; il avait aussi amené deux constables à pied. Tous étaient armés jusqu'aux dents.

Nous reçûmes ce renfort avec un vif plaisir, surtout quand le magistrat nous eût communiqué l'avis qui lui avait été transmis, dans la nuit, sur le nombre des Bush-rangers et sur l'audace qu'ils déployaient dans leurs attaques. Nous lui déférâmes le commandement. Son activité et son courage, étaient si généralement connus, que tout le monde se trouva heureux de marcher sous ses ordres.

Nous commençâmes par conduire chez moi, avec toutes les précautions que leur position exigeait, madame Moss et sa famille. La faible et lente respiration de la pauvre jeune fille était le seul signe de vie qu'elle eût encore donné. Ce premier devoir rempli, nous nous mîmes en marche.

Le magistrat nous divisa en deux bandes; il resta à la tête de l'une, et plaça l'autre sous la direction du jeune Beresford. Comme les quatre chevaux qui faisaient partie du renfort que nous avions reçu suffisaient pour éclairer notre marche, nous restâmes tous à pied. La bande de Beresford et la mienne se composaient chacune de sept hommes, en nous comptant l'un et l'autre. Ces dispositions arrêtées, nous nous mîmes en devoir de chercher les traces des Bush-rangers. Nous nous développâmes sur une seule ligne pour couvrir plus de terrain. Les traces que nous cherchions furent bientôt trouvées. Il aurait été difficile, en effet, qu'une troupe, chargée du butin et aussi nombreuse que l'était celle des Bush-rangers, ne laissât pas après elle de marques sensibles de son passage.

« Attachez-vous à cette piste, dit notre chef au constable qui nous servait de guide, et que rien ne vous en détourne. Messieurs, ajouta-t-il en s'adressant à nous, j'engage toutes les personnes qui sont à pied à suivre ces traces. Tenez-vous toujours prêts pour une rencontre. Cependant, je vais faire, avec mon ami, une pointe de galop jusque sur la colline que vous voyez là-haut, et qui est couverte de grands arbres. Peut-être les bandits s'y sont-ils réfugiés. Les deux autres cavaliers vont battre le plat pays et éclairer nos flancs. Nous ne sommes que dix-huit, et on m'a dit que les Bush-rangers devaient être trente au moins; mais notre effectif vaut mieux que le leur. Surtout ne vous amusez pas à jeter votre poudre aux moineaux. Pour nous, nous allons marcher en avant et reconnaître les positions. »

En achevant ces mots, il lança son cheval au galop dans la direction indiquée par les vestiges des Bush-rangers.

Nous continuâmes, pendant dix milles (4 lieues) environ, à marcher rapidement, et en nous tenant toujours sur nos gardes, jusqu'au moment où nous rejoignîmes le magistrat et les autres cavaliers qui nous attendaient. Là, les traces prenaient deux directions bien distinctes. A peine avions-nous échangé quelques mots, que nous vîmes le cavalier qui avait tenu la gauche galoper de notre côté en nous faisant des signes pressants de le venir joindre. Il semblait nous recommander d'être prudents, et de bien regarder autour de nous. Je fis signe au cavalier qui était sur notre droite de se replier sur nous.

Nous laissâmes un homme de planton sur la trace que nous étions obligés d'abandonner; nous nous portâmes promptement sur la gauche, et nous atteignîmes bientôt la place vers laquelle le cavalier nous avait fait signe de nous rendre. Là nos yeux furent frappés d'un spectacle qui nous fit instinctivement disposer nos armes pour une décharge, et regarder autour de nous avec la plus vive inquiétude. Le tableau qui s'offrit à nos yeux glaça notre sang dans nos veines. Il était propre, en effet, à porter la consternation et l'horreur dans le cœur le plus intrépide.

CHAPITRE XIII.

Au milieu des ruines d'une hutte de gardiens de troupeaux récemment brûlée nous découvrîmes, je ne sais quelle masse informe, dans laquelle il n'était pourtant pas possible de méconnaître les restes d'une créature humaine. Un des bras était entièrement consumé et l'autre horriblement raccourci par le feu. Quant au corps, il avait été littéralement réduit à l'état de carbonisation. Ce fut en vain, qu'après nous être remis des premières émotions occasionnées par l'effrayant spectacle qui épouvantait nos regards, nous cherchâmes à distinguer quelques traits humains sur la tête mutilée du cadavre; elle n'offrait qu'un assemblage sans forme d'os calcinés. Les habits, qui auraient pu servir à faire reconnaître la victime, avaient été aussi la proie des flammes.

Il ne faut pas croire qu'en procédant à ce pénible examen, nous restâmes oublieux de notre sûreté. Le vigilant magistrat qui nous commandait détacha deux cavaliers pour pousser quelques reconnaissances dans le rayon environnant, pendant qu'assisté d'un des constables, il se livrait lui-même à la plus scrupuleuse investigation des ruines de la hutte. Quant au reste de notre petite troupe, il lui ordonna de disposer ses armes et de se tenir toujours préparée pour une attaque. Notre première pensée fut que la hutte avait été envahie par les Bush-rangers, qui, par méchanceté ou par vengeance, y avaient mis le feu et avaient fait périr dans les flammes le malheureux qui l'habitait; mais la vérité nous fut bientôt dévoilée par un des cavaliers qui nous appela, en nous invitant à le venir joindre à quelque distance.

Nous marchâmes en toute hâte vers le point où il était, et là nous trouvâmes deux autres cadavres. Leur apparence et les habits dont ils étaient revêtus annonçaient que ce devaient être des gardiens de troupeaux. Ils étaient froids et ne donnaient plus le moindre signe de vie. Leurs blessures ne nous permirent pas de douter qu'ils n'eussent été tués par les indigènes. En les dépouillant de leurs vêtements, nous trouvâmes leurs corps criblés d'une multitude de petits trous faits par les javelines longues et aiguës dont se servent les naturels en attaquant. Leurs têtes étaient presque réduites en marmelade, à force d'avoir été broyées sous les coups des petites massues de bois dur que les habitants de l'Australie appellent *waddies;* c'est l'arme dont ils se servent en combattant corps à corps.

L'état effroyable de ces deux cadavres, et celui plus horrible encore des restes que nous avions trouvés dans les ruines, nous révélaient clairement ce qui avait dû arriver. Ces gardiens de troupeaux avaient été probablement attaqués par les indigènes, qui avaient d'abord cerné les deux hommes gisant devant nous, et les avaient tués après un combat acharné, ainsi que l'attestait le nombre de leurs blessures. Quant au troisième, il était, selon toute apparence, parvenu à regagner la hutte, et s'y était défendu quelque temps contre les indigènes; mais les sauvages avaient alors mis le feu au toit de chaume, et avaient brûlé l'homme et la maison. Cette découverte nous fit faire des recherches nouvelles et encore plus minutieuses dans le charbon des ruines. Nous y trouvâmes un canon de fusil à moitié fondu et une batterie presque intacte, ainsi que la pièce de cuivre qui garnissait la crosse. Ces nouvelles circonstances confirmèrent nos conjectures. Le malheureux gardien, assiégé dans la hutte, avait probablement blessé ou tué plusieurs sauvages, et les indigènes irrités l'avaient brûlé vif.

A cette époque, un indigène de l'Australie, nommé Musquito, homme d'une taille gigantesque et d'une force prodigieuse, commettait de nombreuses atrocités dans la terre de Van Diémen. Quelques années auparavant il avait été envoyé, pour ses crimes, de Sidney au gouverneur de Macquarie : il avait, je crois, commis un meurtre. On s'était plaint, dans le principe, de cette mesure; mais peu à peu on n'y avait plus songé, non plus qu'à Musquito, qui, un an ou deux avant le moment dont je parle, s'était fait remarquer par sa bonne conduite, et s'était rendu utile, dans différentes circonstances, en contribuant à faire reprendre des condamnés évadés ou à retrouver des troupeaux volés. On savait qu'il était alors à la tête d'une trentaine d'indigènes; mais on ne le supposait pas dans cette partie de la colonie. Cet horrible méfait avait pourtant le caractère de ses expéditions ordinaires; et ce n'était pas une perspective rassurante pour nous, que d'avoir à la fois affaire à ces perfides indigènes et à des Bush-rangers, dont le désespoir exaltait encore la férocité. C'était un surcroît de difficultés et de périls sur lequel nous n'avions pas compté, et le magistrat crut devoir nous réunir en conseil de guerre pour délibérer sur le parti le plus sage à adopter.

Nous profitâmes de cette halte pour prendre un léger repas, car nous allions vraisemblablement avoir une rude besogne à faire. Nous trouvâmes au milieu des ruines, sur le sol de la hutte, une marmite à trois pieds, dont on se servait généralement alors, et qui est même encore d'usage aujourd'hui pour faire bouillir toute espèce de choses. Elle contenait six à huit pots. Un des constables la nettoya et nous proposa d'y faire du thé. Il y avait, dans le voisinage, une assez grande quantité d'arbustes que l'on nomme ici des arbres à thé. Comme nous désirions économiser notre provision, nous cueillîmes des feuilles de ces arbustes, qui remplacent parfaitement le thé de la Chine, pour faire le nôtre. Ces feuilles ressemblent à celles du troène, si fréquemment employé, pour faire des haies, dans quelques parties de l'Angleterre.

Pendant ces préparatifs, une autre partie de la troupe se mit en devoir d'enterrer les deux gardiens de troupeaux. On examina auparavant leurs habits avec le plus grand soin, pour s'assurer si on ne trouverait pas quelques papiers ou quelques objets qui fussent de nature à établir leur identité. Sur l'un des morts, on trouva une tabatière en étain, qui fut déposée dans les mains d'un des constables; sur l'autre, on recueillit une passe qui portait son nom, et par laquelle on apprit qu'il était venu tout récemment d'Hobart Town.

Cependant nous faisions attentivement le guet, dans la crainte de quelque surprise; car nous ne pouvions pas savoir si nous n'étions pas épiés. Nous n'avions pas grande inquiétude d'être attaqués par les indigènes seuls; mais nous craignions, si Musquito était dans le pays, qu'il ne se réunît, avec sa bande, aux Bush-rangers. Un corps de soixante personnes et plus, composé en partie de Bush-rangers, bien armés et poussés à bout par le désespoir, nous paraissait une force trop considérable pour nous. Ces considérations ne nous laissaient pas sans anxiété, et nous nous hâtâmes d'achever notre repas, sans nous relâcher des mesures de surveillance que nous avions prises.

Je dois avouer que notre festin ne fut pas des plus gais. Nous avions tous la figure un peu longue, et nous ne paraissions pas très-pénétrés de la prudence de notre démarche. Ce n'est pas que le courage nous fît faute, ou que nous ne fussions pas animés du zèle nécessaire pour une pareille expédition. Le cœur ne nous manquait pas, et nous étions de sang-froid; mais plusieurs d'entre nous avaient laissé derrière eux leurs femmes et leurs enfants, et nous ne pouvions pas nous dissimuler que nous avions à combattre des gens qui n'étaient pas dans le même cas. Nous mettions donc en jeu des existences précieuses contre la vie de misérables qui n'avaient rien à perdre.

Ces réflexions, qui étaient loin d'être affaiblies par les derniers devoirs que nous venions de rendre aux restes mutilés des deux gardiens de troupeaux et par l'aspect du tronc carbonisé de leur compagnon, répandaient sur nos esprits une teinte de tristesse accablante. Nos chiens kanguros se mirent alors à flairer autour de nous, en portant la queue basse, et avec cette expression de timidité que cette espèce manifeste habituellement quand elle rencontre un objet inaccoutumé, ou qu'elle voit ou sent un indigène.

Un des chiens se mit à fouiller dans les ruines, et poussa un hurlement si lugubre, qu'il nous glaça d'une sorte de terreur superstitieuse.

« Le jeune Hector a fait quelque rencontre fâcheuse, dit quelqu'un de la troupe.

— Il y a quelque chose qui le contrarie, ajouta une autre personne. Il n'a pas l'habitude de voir des hommes brûlés. Je ne le crois pas très-disposé à donner la chasse à un kanguro. »

Hector trompa promptement cette conjecture. Il s'élança sur une petite éminence qui était auprès des ruines, et y prit l'attitude animée d'un chien en arrêt. Il avait le nez haut, plongeait dans l'épaisseur du bois, des yeux ardents, et se balançait sur ses jarrets, tout prêt à sauter.

« Silence! dis-je alors. Hector a rencontré. Je connais ses allures. Venez; il me regarde pour m'avertir qu'il a pris le vent.

« Allons! Hector, allons! mon bon chien, cherche! »

Aussitôt l'intelligent animal s'élança furtivement dans le fourré, sans aboyer, sans grogner, et nous l'eûmes bientôt perdu de vue.

« C'est un kanguro qu'il rencontre, dit un des constables.

— C'est autre chose qu'un kanguro, répliquai-je. Hector vaut son père, à qui il ne manquait que la parole; mais je comprends parfaitement ses signes. Soyez sûrs que ce n'est pas sans motif qu'il agit. »

A peine avais-je achevé ces mots, que nous vîmes le chien qui rabattait vers nous à petits pas. Il vint droit à moi, en donnant quelques signes tout particuliers de frayeur.

« Je parierais qu'il a vu un indigène! m'écriai-je. Je ne saurais m'y tromper. Ainsi tenons-nous sur nos gardes, quoique je ne puisse pas croire qu'ils aient la témérité de nous attaquer.

— Eh bien! il faut affronter le danger, dit notre jeune chef. Il faut en finir d'une manière ou d'une autre ; car je ne pense pas que personne ait ici l'intention de battre en retraite.

— Jamais, jamais ! s'écria-t-on de tous côtés.

— Alors, prenez vos rangs, messieurs, et marchons.

— Suivons le chien, dis-je, et avançons prudemment derrière lui. Les indigènes, vous le savez, ont pour habitude de se cacher derrière les arbres, et c'est en recevant un de leurs traits dans le corps que l'on est averti qu'ils sont là. Retenez les autres chiens derrière, et laissez-moi ouvrir la marche avec Hector. « Allons ! Hector, allons, mon bon chien ! Qui est là ? »

Hector me lécha la main, comme pour me dire : « Prends garde à toi, » et il trotta en avant. Je le suivais de près, en faisant attention de ne pas le devancer. Tout le reste de la troupe, l'œil au guet et les fusils armés, marchait après nous. Hector continua d'aller toujours trottant, pendant deux cents pas environ ; puis il s'arrêta court et prit de nouveau l'attitude d'un chien en arrêt. J'essayai de pénétrer des yeux au fond du fourré, mais je n'aperçus rien. Je regardai derrière moi ; tout le monde me suivait, attentif au moindre signal.

« Pille, pille ! dis-je au chien. »

Mais l'animal s'arrêta, laissa retomber sa queue, renifla, fit le chien couchant et posa sur moi ses deux pattes de devant.

« Qu'y a-t-il donc, Hector ? » lui dis-je en le repoussant doucement ; mais ce fut en vain, la peur semblait le dominer, et mes excitations ne purent le décider à avancer. Ses yeux étaient constamment fixés à la même place, dans l'épaisseur du bois, et il poussait des grognements concentrés, indices d'une frayeur qui ne lui était pas habituelle.

Le magistrat se détacha alors du reste de la troupe et nous rejoignit.

« Qu'a donc votre chien ? me dit-il.

— Je n'en sais rien, lui répondis-je ; mais il y a quelque chose là-dessous. Si c'étaient des Bush-rangers, il aboierait ou hurlerait.

— Il faut en avoir le cœur net, me répliqua le magistrat. Observez-le bien. Il a les yeux constamment fixés sur un objet qui n'est pas loin d'ici. Restez là, tenez mon cheval et je vais marcher dans la direction qu'indiquent les regards du chien. »

Aussitôt il mit pied à terre et marcha en avant, en ayant soin de remarquer, derrière moi, un objet, à partir duquel il pût diriger une ligne droite jusqu'au point que le chien couvait des yeux. En même temps, le reste de la bande s'avança jusqu'à l'endroit où j'étais arrêté. Nous nous tenions tous prêts à répondre au premier signal d'alarme. Le magistrat n'eut pas plutôt fait quelques pas, qu'il s'arrêta. Il regardait avec précaution autour de lui, et tenait son fusil prêt à faire feu. Il nous fit signe du bras d'avancer ; mais sans tourner la tête vers nous.

Nous l'eûmes bientôt atteint. Alors, sans proférer un mot, il nous montra du doigt un arbre creux et noirci par l'incendie, mais qui avait encore ses branches garnies de feuilles, que l'automne avait respectées. Dans l'intérieur de ce tronc d'arbre, nous aperçûmes un indigène debout. Sa peau noire était à peu près du même ton que l'écorce carbonisée de l'arbre, de manière que nous n'avions distingué l'un de l'autre qu'au moment où nous en avions été tout près ; mais la finesse des organes olfactoires du chien lui avait fait découvrir l'indigène à une distance considérable. La vue de ce nègre, ainsi blotti au fond d'un tronc d'arbre, nous fit craindre qu'il n'y eût une troupe de ses compatriotes embusqués aux environs, et nous nous attendions à recevoir à chaque instant une grêle de javelines; mais personne ne parut, et tout demeura plongé dans un profond silence. Cependant les chiens donnaient des marques d'inquiétude qui redoublèrent notre défiance.

« Faut-il tirer, dit un des constables? Voilà un coup sûr, j'espère !

— Arrêtez, interrompit le magistrat; il faut tâcher de le prendre vif. Il ne saurait nous échapper : il n'y a pas de porte de derrière à l'arbre, et de ce côté-ci nous le tenons au bout de nos fusils. Il est étonnant qu'il ne remue pas. »

Nous étions à peu près à quarante pas de l'arbre; mais, comme l'indigène était posté dans l'intérieur du tronc, nous n'avions pu entrevoir que son corps dans le demi-jour de la forêt. Les arbres étaient très-tassés aux environs, et leurs troncs rapprochés présentaient une masse difficile à pénétrer. C'était un champ de bataille favorable pour les indigènes, qui sont si prompts et si agiles à se cacher, qu'ils sont quelquefois répandus par centaines autour de vous, avant que vous en ayez aperçu un seul.

« Il faut en finir, dit le magistrat. Attention, messieurs, ne le laissons pas échapper ! »

En disant ces mots, il s'élança vers l'arbre en couchant l'indigène en joue.

« En voilà bien un autre! s'écria-t-il presqu'au même instant. Ce redoutable ennemi... c'est un mort!... Cet arbre est un tombeau d'indigène! J'avais entendu parler de ce genre de sépulture; mais, jusqu'ici, je n'avais jamais eu l'occasion d'en voir. C'est, à n'en pas douter, un des naturels que le gardien de bestiaux aura tués avant d'avoir été brûlé vif. »

En effet, en examinant le corps, nous trouvâmes la marque d'une balle qui avait traversé le cœur, et qui était sortie par le dos. Cet homme était probablement tout près de la hutte quand il avait été frappé, et il devait avoir été tué instantanément.

Nous étions tous réunis autour de l'arbre, occupés à le regarder sans défiance, quand nous entendîmes un sifflement au-dessus de nos têtes, et que nous vîmes un dard long et mince qui, après les avoir effleurées, alla s'enfoncer dans l'écorce de l'arbre. Cette politesse imprévue nous rendit à la prudence. Nous regardâmes attentivement autour de nous; mais nous ne découvrîmes rien. Au même instant nous entendîmes le bruit des pas d'un cheval, et, dans le fourré, celui de branches agitées et brisées. C'était le cavalier que nous avions laissé en sentinelle, qui revenait vers nous. Il avait un dard enfoncé dans le dos. Son cheval en avait deux à moitié brisés dans les flancs, et paraissait éperdu de frayeur et de souffrance. C'était avec beaucoup de difficultés que le cavalier dirigeait sa monture de notre côté, car l'animal semblait ingouvernable.

« Garde à vous ! s'écria-t-il, les indigènes sont à nos trousses! Ils m'ont blessé, ainsi que mon cheval. Il faut qu'ils soient réunis aux Bush-rangers; autrement ils n'auraient pas osé attaquer un homme à cheval et armé. Musquito est certainement à leur tête. C'est lui qui leur a appris qu'ils n'ont plus rien à craindre une fois que nos armes à feu sont déchargées. J'ai laissé tomber mon fusil quand cette javeline m'a atteint. Je l'ai reçue au moment où je m'y attendais le moins. C'est en cherchant à prendre la bride de mon cheval, qui est parti sur le coup, que mon fusil m'est échappé. Je ne suis pas blessé dangereusement; mais ce dard ne laisse pas que de me piquer.

— Ne prenez pas souci de votre blessure, dit le jeune magistrat. Nous avons un chirurgien parmi nous; vous pouvez compter sur ses soins. »

Pendant que le magistrat parlait ainsi, nous nous étions rendus maîtres du cheval, et nous avions aidé notre ami à mettre pied à terre. Le trait avait pénétré les chairs au-dessous du bras droit, et il ressortait de deux ou trois pouces de l'autre côté de la blessure. C'était une javeline mince et longue de dix pieds environ. L'extrémité en avait été aiguisée et durcie au feu, selon la coutume des sauvages. Cela formait une arme grossière, mais assez désagréable à recevoir dans le corps. Les deux constables s'empressèrent de retirer les débris des javelines qui avaient pénétré dans les flancs du cheval. Son corps était couvert d'une douzaine de trous faits avec des armes de la même espèce; ils saignaient abondamment; les deux premières blessures étaient les seules qui eussent quelque profondeur. Tout cela se passa en moins d'une minute. Nous nous attendions à être attaqués à chaque instant; mais nous ne pouvions préjuger de quel côté nous le serions. Nous restâmes quelques instants dans cette expectative, promenant inutilement nos regards de tous côtés pour découvrir nos ennemis, quand notre jeune chef, qui était resté à cheval, s'écria tout à coup :

« Holà ! à moi ! »

Nous nous retournâmes pour le regarder. Une javeline avait renversé son chapeau, qui avait été traversé de part en part; il ne nous fut pas possible de voir de quelle main elle était partie.

« Voilà un fameux coup, dit un de nous. Le suivant sera peut-être meilleur encore. Prenons-y garde. »

Une grêle de traits fut dirigée sur nous du même point. Un des constables et une autre personne de la troupe furent atteints. Cependant, comme la distance était grande, ils n'eurent guère que la peau de percée : ce qui fit rire un peu aux dépens des nouveaux blessés, qui ne paraissaient pas très-satisfaits du motif de la plaisanterie.

« Il est inutile, dit l'un des deux, de rester là pour servir de but à une pareille engeance. Il faut faire une charge dans le bois, et les serrer d'un peu plus près.

— Ils ne vous laisseront pas faire, dit notre chef, et ce n'est pas là le moyen d'en venir à bout. Il faut pourtant agir. Si vous m'en croyez, nous commencerons par les pousser vers ce bouquet de bois; de là nous les jetterons dans la plaine, où nous pourrons voir à qui nous avons affaire. Mais il faut du sang-froid et de la prudence. Prenez trois hommes, me dit-il, et dirigez-vous vers la gauche; et vous, Beresford, dirigez-vous vers la droite avec trois autres, de manière à prendre cette canaille noire en flanc, et à la déloger de derrière les arbres. Ayez soin de ne pas nous perdre de vue, et ne vous portez pas trop en avant; le reste de la troupe marchera tout droit devant elle. Quant à moi et aux deux autres cavaliers qui m'accompagnent, nous nous tiendrons prêts à venir en aide à ceux qui en auraient besoin. »

Nous exécutâmes cette manœuvre sans perdre de temps, et nous pénétrâmes dans le bois au pas accéléré. Le détachement de Beresford essuya la première attaque; puis les indigènes se jetèrent de l'autre côté des arbres. Ils se trouvèrent alors sous notre feu, et ils avaient en face le gros de notre troupe. Ils ne pouvaient tenir longtemps dans cette position. Ils nous lancèrent quelques traits qui ne nous atteignirent pas, et prirent la fuite. Ils devaient être trente à quarante, autant que nous en pûmes juger. Nous les poursuivîmes jusqu'à ce qu'ils fussent parvenus au sommet d'une banque, derrière laquelle ils disparurent.

Nous nous précipitions après eux, quand nous vîmes tout à coup surgir de derrière la banque trente à quarante hommes armés, qui firent une décharge sur nous, laquelle nous contraignit à nous arrêter. Nous marchions sur une seule ligne, isolés, quoiqu'à peu de distance les uns des autres. Nous avions rompu nos rangs en donnant la chasse aux indigènes. Je regardai nos hommes quand la décharge fut finie, et ce fut avec le plus vif chagrin que je vis mon jeune ami Beresford renversé par terre.

Il était évident que les indigènes étaient réunis aux Bush-rangers. Notre petite troupe se trouvait donc en présence d'une force redoutable et infiniment supérieure, avec trois de ses hommes hors de combat; mais l'action était engagée, et nous n'avions rien autre chose à faire qu'à nous reposer sur notre courage, sur notre discipline, et sur cet ascendant moral que la justice donne toujours sur le crime. Les Bush-rangers, après leur première décharge, s'étaient cachés derrière la banque de terre. Notre chef s'écria aussitôt :

« Gardez votre feu, serrez vos rangs, et suivez-moi ! »

CHAPITRE XIV.

Nous tournâmes à droite, et nous nous dirigeâmes sur un massif d'arbres distant de soixante pas environ, qui se détachait du gros de la forêt. Par cette manœuvre, la position des Bush-rangers, qui leur était favorable quand nous étions en face, changeait à notre avantage, et nous pouvions les prendre en flanc. Ils se hâtèrent d'en chercher une autre; mais, pendant ce mouvement opéré dans la plaine, ils étaient entièrement découverts, tandis que nous étions, nous, protégés par les arbres.

Pendant notre marche, j'étais passé auprès du pauvre Beresford, que j'avais vu tomber sous la première décharge des Bush-rangers. Je m'empressai de le relever et de le porter à l'ombre des arbres. Nous pouvions, de notre position, observer tous les mouvements de nos adversaires. Ce qui nous convenait, c'était de les combattre uniquement pour harceler et embarrasser leur marche. Aussi fûmes-nous agréablement surpris de les voir battre promptement en retraite, en serrant de près la banque de terre. Pour moi, j'avoue qu'en leur voyant prendre ce parti, je me sentis débarrassé d'une grande inquiétude.

Il aurait été peut-être plus prudent de notre part, vu le nombre et l'attitude déterminée des Bush-rangers, et l'assistance qu'ils recevaient des indigènes, de les laisser se retirer en paix; mais nous étions animés, et j'ai souvent observé, dans d'autres occasions, qu'il semble y avoir, dans la nature humaine, un instinct aggressif, qui fait que deux hommes ou deux troupes d'hommes qui se trouvent amenés en présence l'un de l'autre avec l'intention de combattre, ne peuvent jamais se séparer sans en venir aux mains.

Ces pensées philosophiques me sont venues plus tard; car, pour le moment, j'étais aussi échauffé et aussi ardent à la poursuite qu'aucune autre personne de la bande. Notre animosité fut aussi singulièrement excitée par l'aspect de notre malheureux voisin. M. Moss, que nous aperçûmes, au milieu des brigands, les mains liées et pourchassé par deux ou trois de ces misérables. Dans notre fol empressement, nous allions nous précipiter pêle-mêle après eux, quand la voix de notre chef, qui avait conservé son sang-froid, se fit entendre.

« Arrêtez, messieurs! s'écria-t-il, n'allons pas trop vite. Souvenez-vous qu'il n'y en a aucun de vous dont la vie ne soit précieuse, et qu'il est de mon devoir de vous empêcher de l'exposer sans nécessité. Nos forces sont trop inférieures à celles de nos adversaires. Vous voyez que les indigènes eux-mêmes semblent se reposer sur la supériorité de leur nombre. Nous ne sommes que dix-huit, et nos ennemis sont au moins soixante ou soixante-dix. Je sais que le gouvernement a dû diriger un détachement de soldats sur les bords de la Clyde. Je ne fais pas de doute qu'ils ne cherchent à nous rejoindre et qu'ils ne trouvent facilement nos traces. Mon avis est donc de les attendre ici; nous serons pour eux d'utiles auxiliaires.

— Non pas! s'écria de son côté un jeune homme de bonne mine et plein d'audace, qui se trouvait dans nos rangs : marchons pendant que nous sommes en train; cette canaille-là ne tient jamais pied quand on la serre de près. Chargeons-les, et que cela finisse!

— Si vous voulez me permettre de donner mon avis, interrompis-je, je vous dirai que je partage tout à fait celui du commandant. Il faut tâcher de cerner ces bandits et de les prendre vifs; nous achèterions notre victoire trop cher s'il fallait la payer au prix de la vie de quelques-uns de nous. — N'importe, il faut attaquer, dirent plusieurs voix en même temps. A mesure que ces coquins-là pénètreront dans le pays ils seront rejoints par d'autres condamnés. Il faut donc les écraser avant qu'ils soient assez forts pour que nous ne puissions plus songer à les combattre.

— Eh bien! leur répondit le magistrat, si vous y êtes déterminés, soit, je ne m'oppose pas davantage à votre résolution; mais je vous engage à user un peu de stratagème. Il est quatre heures; dans quelques heures il fera nuit. Vous savez que les indigènes n'osent bouger, pendant la nuit, à cause de la peur qu'ils ont du malin esprit, qu'ils craignent de rencontrer dans les ténèbres. Je vous propose donc de faire une halte de deux heures, de manière à faire croire aux Bush-rangers, s'ils nous surveillent, que nous avons renoncé à les poursuivre. Alors nous marcherons, à la nuit close, dans l'ombre, et nous les surprendrons pendant leur sommeil, au moment où ils s'y attendront le moins. C'est le moyen le plus sûr de nous en emparer vivants et de tirer notre voisin sain et sauf de leurs mains. Ce plan vous convient-il?

— Adopté! s'écria-t-on unanimement.

— Eh bien! maintenant, occupons-nous du jeune Beresford. »

En examinant sa blessure, nous fûmes heureux de reconnaître qu'il avait été seulement étourdi par une balle qui lui avait effleuré la tête. La plaie n'avait pas saigné beaucoup, mais comme le sang avait coulé sur sa figure, qui était d'une pâleur mortelle, cela lui donnait le plus effrayant aspect. Au bout d'une demi-heure, il avait assez recouvré ses sens pour se remettre sur pied; mais il se plaignait d'un violent mal de tête et d'une grande faiblesse dans tous les membres.

« Pensez-vous que vous pouvez être des nôtres? lui dit le magistrat.

— J'essayerai, répondit-il; mais il ne faut pas que je sois un obstacle à vos projets; j'aimerais mieux rester derrière.

— Pour être percé de traits par les indigènes, ajoutai-je, comme cela ne manquerait pas d'arriver. Non, non. Si nous marchons en avant, nous vous prendrons avec nous, dussions-nous vous porter. Nous ne sommes pas assez nombreux pour faire deux bandes.

— Maintenant, messieurs, reprit notre chef, il s'agit d'utiliser notre temps; vous ne pouvez mieux l'employer qu'à prendre du repos : il faut aussi, puisque vous en avez l'occasion, mettre vos armes en bon état. Je vous engage à renouveler les pierres de vos fusils. Une bataille est à moitié gagnée quand les armes sont en bon ordre. Nous aurons, sous ce rapport, un grand avantage sur les Bush-rangers, car leurs fusils sont rouillés et disloqués pour la plupart. »

Nous nous mîmes au travail, en ayant toujours l'œil au guet, de peur de quelque attaque imprévue. Au bout de deux heures, un des cavaliers fut détaché pour observer de loin la marche de l'ennemi. Un peu après on détacha le second, avec ordre de ne pas perdre de vue le premier, et de rester en communication avec nous. Pensant que le troisième cheval, qui avait été blessé, ne nous serait pas d'une grande utilité, nous le mîmes en liberté dans le bois. On prit soin de suspendre la selle et la bride sur une branche d'arbre, et on les couvrit d'écorce pour les défendre contre l'humidité. La blessure du cavalier le rendait seulement un peu roide dans ses mouvements; mais il nous dit qu'il serait bientôt guéri si on en venait aux prises, et qu'il ne tarderait pas à s'échauffer à l'ouvrage.

Nous nous formâmes en deux pelotons comme la première fois : je conduisais six hommes, et Beresford six autres avec le cavalier démonté en plus. Notre chef, dont le cheval était excellent, devait éclairer notre marche des deux côtés.

Tel était l'ordre dans lequel nous suivîmes de loin les mouvements des Bush-rangers jusqu'à la chute du jour, où nous fîmes une nouvelle halte. Nous restâmes en position jusqu'à minuit, sous la garde de quelques sentinelles que nous avions placées aux environs, et que nous relevions régulièrement. A minuit, nous nous remîmes en marche à la file les uns des autres, à la manière des sauvages. D'après notre calcul, nous devions arriver vers trois à quatre heures du matin à l'endroit où les Bush-rangers s'étaient campés pour la nuit. C'est en général le moment où le sommeil est le plus profond.

Mais l'événement nous prouva que nous avions trop compté sur notre habileté à suivre les traces de l'ennemi. Nous n'avions pas fait un demi-mille que nous fûmes contraints de nous arrêter; nous avions perdu la piste, et il nous fut impossible de la retrouver au milieu de l'obscurité. Nous fûmes donc obligés de rester là où nous étions, sans oser faire du feu, dans la crainte de révéler notre position. Nous poussâmes avec précaution quelques patrouilles à droite et à gauche dans l'espoir de découvrir les feux de l'ennemi; mais nous n'aperçûmes rien, et nous fûmes réduits à passer le reste de la nuit dans le plus désagréable bivouac où je me sois jamais trouvé. Nous soupâmes aussi bien que les ténèbres nous le permirent, et ceux d'entre nous qui en eurent le sang-froid s'abandonnèrent au sommeil.

Dès les premières lueurs du jour, nous étions debout et prêts à partir. Il nous fallut plus d'une bonne demi-heure pour retrouver la trace que nous avions perdue. La matinée était brumeuse et froide, et nous sentions que ce n'était pas du tout une partie de plaisir que l'expédition dans laquelle nous étions engagés. J'ai souvent remarqué la métamorphose que le repos d'une bonne nuit et la présence d'un bon souper opèrent dans les facultés d'un homme; c'est en vain que l'enthousiasme nous soutient dans les entreprises difficiles. Chez l'espèce humaine le moral est toujours subordonné au physique, et j'ai eu fréquemment l'occasion de reconnaître l'exactitude de ce proverbe des vieux soldats anglais, que c'est après un bon dîner qu'il faut livrer bataille.

Nous marchions la face allongée et le nez violet. Au bout de trois milles (1 lieue 1/4) environ, nous arrivâmes sur le bord d'un torrent de vingt pieds de large et de moyenne profondeur. La trace nous y avait conduits. La marche, ou plutôt la course que nous venions de faire nous avait échauffés, et nous nous jetâmes tous dans l'eau sans hésiter; nous en avions à peu près jusqu'au milieu du corps; mais malgré la rapidité du courant nous traversâmes gaiement. Nous continuâmes notre marche, et la trace nous conduisit jusqu'au sommet d'une verte colline, où les Bush-rangers semblaient avoir changé soudainement de résolution, car la trace tournait court à angle droit. Nous la suivîmes pendant à peu près deux milles (3/4 de lieue environ), et nous nous trouvâmes sur les bords de la rivière de Shannon.

Là nous fûmes en défaut : la rivière était trop large et trop rapide pour que nous puissions la passer à gué, et nous n'étions pas assez industrieux pour improviser un canot en écorce d'arbre, comme en font habituellement les naturels de la Nouvelle-Galles du Sud. De l'autre côté de la rivière, large d'environ cent quatre-vingts pieds, il y avait une hutte de gardien de bestiaux qui nous parut abandonnée, tant son aspect était misérable et délabré.

Les traces, sur les bords de la rivière où nous nous trouvions étaient toutes fraîches, et il était évident qu'il n'y avait que peu d'instants qu'une troupe d'hommes l'avait traversée. Notre chef envoya les deux constables à la découverte, l'un à droite et l'autre à gauche; mais ils revinrent, au bout d'une heure, en nous disant qu'ils n'avaient découvert aucun moyen de passer la rivière, ni vu aucune trace.

Après avoir fait encore quelques explorations semblables, il ne nous fut plus permis de douter que c'était bien au point où nous étions que les Bush-rangers avaient passé le Shannon; mais comment s'y étaient-ils pris? C'était là l'embarras. Il n'y avait pas indice de créature humaine sur l'autre rive. La hutte n'avait plus de toit, et son extérieur annonçait qu'elle était depuis longtemps abandonnée. Ce fut en vain que nous tînmes conseil, personne ne put indiquer le moyen de vaincre cette difficulté. Une rivière large et profonde nous séparait de nos ennemis. C'était nous exposer à une halte sans fin que d'attendre que les eaux de la rivière fussent retirées.

« Passons plus haut, dit quelqu'un; il faudra bien finir par arriver à un endroit guéable.

— Que Dieu vous bénisse, dit un des constables, si vous trouvez un gué dans tout le cours du Shannon; c'est la rivière la plus rapide de toute la colonie : elle court le pays, gonflée et mugissante, comme si elle voulait tout engloutir. Ce n'est pas même une entreprise facile que de la passer à cheval; pour oser le tenter il faut que les eaux soient basses et avoir un cheval bien sûr. Mais qu'aperçois-je là-bas? regardez ! ne voyez-vous pas une espèce de radeau, là, derrière ces roseaux ; c'est bien un radeau, ma foi ! il est à parier qu'il a servi aux Bush-rangers pour passer. »

Nous regardâmes tous avec empressement et nous vîmes quelque chose qui pouvait avoir six pieds de long, et dont nous ne pouvions pas bien distinguer la largeur. Cela avait l'apparence d'une espèce de grand baquet à lessive qu'on aurait mis tremper. Il fallait une imagination aussi vive que complaisante pour voir un radeau dans un objet d'une forme aussi étrange.

« Il ne sera pas dit, s'écria le magistrat, que nous serons empêchés par le Shannon ou par quoi que ce soit au monde de mener à bien notre entreprise. Mon cheval est capable de faire tout ce qu'on peut exiger d'un animal de son espèce, je m'en vais tenter le passage avec lui ; préparez-vous, messieurs, à protéger ma traversée, dans le cas où il y aurait quelques ennemis sur l'autre bord, et nous allons voir ce que Diamant sait faire ! »

Il se disposait déjà à lancer son cheval dans l'eau, quand le constable le retint en disant :

« Arrêtez, monsieur, arrêtez ; vous ne connaissez pas la force du courant ; vous ne gagnerez jamais l'autre bord en ligne droite ; il faut remonter cent cinquante pas, au moins, si vous voulez prendre terre en face. Remontez deux cents pas, ce n'en sera que mieux ; ayez soin surtout de tenir la tête de votre cheval hors de l'eau, ou vous ne tarderiez pas à en voir le fond.

— Je vous remercie, lui répondit le magistrat, je me conforme toujours volontiers aux avis des hommes qui ont l'expérience des choses. »

Au même instant il remonta la rivière sur la droite, jusqu'à la distance indiquée, et faisant faire un saut à son cheval, il le lança dans l'eau. Il enfonça à peu près jusqu'à la ceinture ; mais ce ne fut que pour un moment. Il avait tourné son cheval du côté opposé au fil de l'eau, de façon que les mouvements de l'animal, combinés avec la force du courant, le maintenaient dans un équilibre parfait. Il avait eu la précaution de tenir son fusil au-dessus de sa tête, en sorte qu'il n'avait contracté aucune humidité.

C'était un spectacle plein d'intérêt que celui des énergiques efforts de ce cheval guidé par une main expérimentée. Les flots se brisaient contre ses flancs avec une sorte de fureur et ils se précipitaient sur son poitrail comme s'ils eussent voulu dévorer leur proie ; le jeune cavalier, aussi calme que s'il eût été sur une grande route, tenant son fusil en l'air, hors de l'atteinte de l'eau, tendait à son but, sans se laisser effrayer par le mugissement des eaux.

La traversée n'était pas longue, mais elle était dangereuse. Le noble et généreux coursier luttait de toute sa force contre le courant impétueux de la rivière. On pouvait craindre que ses efforts ne fussent impuissants ; enfin il aborda. Nous respirions à peine pendant cette audacieuse tentative, dont le succès excita d'autant plus notre joie que nous l'avions regardé comme impossible.

Lorsqu'il eut pris terre, notre jeune chef brandit son fusil, en se tournant de notre côté, et nous lui répondîmes par une salve d'applaudissements. L'enthousiasme nous faisait oublier notre prudence habituelle et rompre le silence, qui est si indispensable dans une expédition au milieu des bois. Nous le vîmes alors gravir les bords escarpés de la rivière et se diriger vers la hutte en ruines. Presqu'au même moment, à notre grande surprise, nous en vîmes sortir un homme, dans l'accoutrement ordinaire des habitants des bois, c'est-à-dire en casaque de peau de kanguro ; il est probable qu'il en avait reçu une invitation irrésistible.

L'étranger marchait à grands pas, soit qu'il y fût excité par le désir de venir nous aider à passer la rivière, soit, comme je le soupçonnai, qu'il cédât simplement aux gestes persuasifs du magistrat, qui tint obstinément son fusil dirigé sur la tête de l'habitant des rives du Shannon jusqu'à ce que celui-ci eût gagné la place où le radeau était échoué. Quelques mots que le magistrat prononça parurent encore redoubler son zèle.

Il se plaça sur le radeau et côtoya la rive, tantôt faisant avancer sa frêle embarcation à l'aide d'une rame, tantôt se cramponnant aux arbrisseaux et aux inégalités de terrain qui se trouvaient le long des bords.

Quand il eut remonté la rivière à une distance assez grande pour risquer la traversée, il fit usage de ses rames avec une agilité remarquable. Peut-être était-il stimulé par la vue d'un nombre très-respectable de canons de fusil prêts à punir instantanément la moindre hésitation ou la moindre velléité de trahison ; il vint prendre terre un peu au-dessus de la place où nous avions fait halte. Quand nous vîmes cette indéfinissable espèce d'embarcation, nous nous demandâmes avec étonnement comment on osait se confier à un essai de construction navale aussi imparfait. Nous regardâmes le radeau, puis nous nous regardâmes les uns les autres, sans que personne s'offrît pour prendre place sur ce bâtiment de transport d'un nouveau genre.

« Allons, Worrall, dit un des constables à son compagnon, c'est à vous de nous donner l'exemple ! N'avez-vous pas traversé le Derwent dans une barque d'écorce, lorsque vous étiez...

— Taisez-vous, répondit Worrall, si j'ai fait une sottise une fois dans ma vie, ce n'est pas une raison pour recommencer aujourd'hui. Risquez vous-même votre graisse là dedans, et peut-être y aura-t-il bientôt un mauvais plaisant de moins dans ce monde.

— Vous ne vous souciez pas de traverser la rivière sur mon radeau ? dit le Colomb de la terre de Van Diémen, il n'y a pourtant pas le plus petit danger. Il y a eu, la semaine dernière, un gardien de bestiaux *qui a*, ou pour mieux dire, *qui aurait* très-bien passé, s'il n'avait pas été si obstiné. Il a voulu lever la tête pendant qu'il était couché au fond du radeau, et nous avons chaviré. J'ai pris un bain et j'ai failli perdre mon radeau. Pour lui, c'est sa faute s'il s'est noyé... Eh bien ! messieurs, qui est-ce qui vient le premier ? »

Personne ne semblait très-empressé de venir le premier ; l'un parlait de sa femme, un autre de ses enfants ; celui-ci des devoirs que la prudence lui imposait, chacun avait quelque bonne raison à donner. Cependant le magistat nous faisait, de l'autre bord, des signes pressants pour nous engager à le rejoindre. Je sentis qu'il était absolument indispensable que quelqu'un se décidât, et je me présentai pour faire la première épreuve ; mais le jeune et brave Beresford me devança, et sans proférer une parole il se plaça sur le radeau. Le batelier eut recours à la même manœuvre que la première fois ; il remonta la rivière, le long du bord, et alla ensuite déposer notre compagnon sain et sauf sur l'autre rive. Cet exemple enflamma notre émulation ; il n'était plus question de se dérober au danger, c'était au contraire à qui le braverait le premier. J'ai réfléchi plus d'une fois depuis au péril d'une pareille traversée, et je me demande encore comment nous y avons échappé; mais enfin il en fut ainsi. Nous traversâmes tous en sûreté, puis nous entrâmes dans la hutte après avoir placé deux sentinelles en dehors.

Nous étions mouillés, transis et fatigués. La vue d'un monceau de braise embrasée, qui était à terre, nous causa une vive satisfaction. Il y avait une marmite sur le feu, dans laquelle nous fîmes immédiatement du thé, car le thé est réputé la boisson la plus efficace pour dissiper la fatigue causée par une excursion dans les bois. Les spiritueux brûlent le sang et diminuent les forces, tandis que le thé rafraîchit et fortifie. Il n'y a personne, dans la terre de Van Diémen, qui n'ait pu vérifier, par sa propre expérience, l'exactitude de cette assertion. Je ne sais si le porter ou l'ale ne feraient pas aussi bien, ou peut-être même s'ils ne feraient pas mieux, mais on ne peut se procurer ni l'un ni l'autre dans les forêts. Ce sont aussi des provisions trop encombrantes pour qu'on puisse les porter avec soi; tandis que le thé est un objet de consommation universelle. Le grossier gardien de troupeaux, que l'on peut classer, en le jugeant sur sa casaque de peau, entre l'ours et le blaireau, parle de son thé avec autant de délices qu'une vieille femme d'Ecosse en parle à un repas de baptême. Nous fîmes donc notre déjeuner dans les bois avec du thé. Nous étions tous très-satisfaits du courage que nous avions montré au passage de la rivière, de façon que la gaieté et la bonne humeur présidaient à notre festin.

Nous essayâmes de tirer quelque lumière de l'habitant de la hutte, au sujet de la route que les Bush-rangers avaient dû tenir, et de la situation dans laquelle ils se trouvaient; mais il ne nous fit que des réponses ambiguës. Il nous protesta, avec serment, qu'il ne les avait pas vus; et quand nous lui montrâmes les marques encore toutes récentes de leurs pas, il nous répondit qu'il ne pouvait s'expliquer qui les avait faites.

Il était évident que c'était un mensonge, et plusieurs d'entre nous étaient tentés de fusiller le traître sur la place. Le magistrat parvint à nous faire ajourner ce mode de justice expéditive jusqu'à notre retour.

« Le fusiller, ajouta-t-il, ce serait lui infliger une mort trop honorable. Il sera certainement pendu, sans que vous vous donniez la peine de prêter la main à une exécution si désirable. »

Après nous être bien restaurés, après avoir séché nos habits et avoir passé une inspection sévère de nos armes et de nos munitions, nous reprîmes gaiement la poursuite de nos ennemis.

CHAPITRE XV.

Il nous fut facile de reprendre la trace des Bush-rangers; mais nous ne pûmes les rejoindre. Nous fîmes route pendant vingt milles (8 lieues environ), à travers un pays rude et difficile, passant à gué une grosse rivière, jusqu'à ce qu'enfin nous arrivâmes au pied d'une chaîne de collines d'un accès trop difficile pour des hommes fatigués par une pénible journée. Nous résolûmes de faire halte dans cet endroit, et d'y passer la nuit. Le lendemain matin nous continuâmes notre marche. Quand nous eûmes atteint le sommet de la chaîne de collines, nous vîmes devant nous, dans la vallée qui s'étendait à nos pieds, un grand et beau lac que l'on appelait alors le lac Arthur.

La beauté de la perspective était au-dessus de toute description. La matinée était claire et brillante. L'air vif et pur des montagnes disposait au bien-être et à la gaieté. Derrière nous se déployait un paysage romantique, agréablement ondulé de collines et de vallées, et en face nous avions les eaux calmes du grand lac. Nous fûmes tous frappés du caractère imposant de ce magnifique tableau. Pendant quelques minutes, le silence fut le seul langage de notre admiration.

« Que ce lac est majestueux et paisible! dit notre chef. Quels flots brillants de lumière le soleil naissant verse sur ses eaux! Quel dommage de troubler, par des bruits de guerre et par des actes de carnage, la paix d'un pareil séjour! Mais j'ai un pressentiment que nous parviendrons à cerner les Bush-rangers sur les bords de ce lac, et quand nous les aurons réduits à nous montrer les dents, il faut nous attendre à une lutte acharnée. Allons, messieurs, si vous avez satisfait votre goût pour les sites pittoresques, il faut nous porter en avant. »

Autant que nous en pouvions juger, nous devions être à quatre milles (1 lieue 1/2) des bords du lac. Nous nous mîmes en marche d'un bon pas, en suivant la trace des Bush-rangers, jusqu'à ce que nous eussions atteint la rive. Il nous parut là qu'ils avaient fait une halte, et qu'ils avaient été indécis sur le chemin qu'ils devaient suivre, car le rivage était empreint d'une multitude de pas, qui tendaient dans toutes sortes de directions. Néanmoins, nous ne nous arrêtâmes pas longtemps, car nous eûmes bientôt reconnu que la trace principale tendait vers la gauche. Nous la suivîmes. Il était aisé de s'apercevoir que les Bush-rangers n'avaient pas de but déterminé. On voyait à leurs pas qu'ils avaient longé assez longtemps les sinuosités du rivage, qu'ensuite ils les avaient quittées tout à coup pour se diriger vers une petite langue de terre plantée de quelques cèdres, et qui s'avançait environ d'un quart de mille dans les eaux du lac.

En approchant de cette pointe de terre, nous aperçûmes de la fumée qui s'élevait à son extrémité. C'étaient, sans aucun doute, les feux des Bush-rangers. Après une poursuite si longue et si fatigante, nous saluâmes avec joie ce signe indicateur du séjour de nos adversaires; mais en même temps une voix secrète nous avertissait que cette rencontre ne se terminerait pas sans un engagement vif et désespéré. Nous fîmes halte à l'entrée de cette petite péninsule, et notre chef, avec l'expression de physionomie d'un homme pénétré de la grave responsabilité qui allait peser sur lui, insista auprès de nous sur l'importance de la discipline et sur la nécessité d'obéir strictement à ses ordres dans le combat que nous allions livrer.

« Mes amis, nous dit-il, nous allons en venir aux mains avec des hommes qui sont réduits au désespoir. Si ces feux, comme je le crois, indiquent la présence des Bush-rangers, vous remarquerez, qu'en avançant, nous allons les cerner complètement; et, qu'ils n'auront d'autre moyen d'échapper qu'en nous passant sur le corps. Etes-vous prêts et résolus ?

— Tout à fait résolus ! s'écria Beresford, qui avait recouvré toute son énergie, quoiqu'il fût encore un peu pâle des suites de sa blessure. Pensez-vous que nous soyons venus si loin pour battre en retraite au moment décisif? Quels sentiments chacun de nous éprouverait-il s'il était entre les mains des Bush-rangers, et qu'il vît ses amis et ses voisins lâcher honteusement pied au moment du combat, et abandonner ignominieusement sa défense? Pour moi, je suis préparé à tout. J'ai déjà été blessé; mais cela ne me dispose pas davantage à céder.

— Nous sommes prêts à marcher! nous écriâmes-nous tous ensemble. Commandez, et vous pouvez compter sur nous comme sur de vieux drilles.

— Eh bien! reprit notre chef, ne perdons pas de temps, et essayons de surprendre nos adversaires. Je pense qu'ils ne se croient pas suivis, car ils n'auraient pas commis la faute de choisir une position qui ne leur laisse aucun moyen de battre en retraite.

— Oh! peut-être, dit l'un d'entre nous, se fient-ils sur leur nombre.

— Peut-être? et c'est précisément ce qui nous impose le devoir d'user de la plus grande circonspection et même d'un peu de ruse pour les approcher. Allons, marchons. »

Nous avançâmes donc, agités par ce léger frémissement qui est l'effet naturel, non pas de la crainte, mais de l'émotion qui s'empare de l'homme le plus brave au moment d'exécuter un acte périlleux. L'espérance que nous avions conçue de surprendre nos adversaires fut bientôt évanouie, car nous avions à peine fait trois ou quatre cents pas, qu'un coup de fusil, parti de derrière un arbre, nous apprit que nous étions découverts.

Cette circonstance n'arrêta pas notre marche. Nous franchîmes, au pas de course, un petit monticule qui se trouvait devant nous, et nous nous trouvâmes en présence des Bush-rangers, qui nous attendaient rangés en bataille. Nous les couchâmes en joue, mais la voix de notre chef comprima notre impétuosité.

« Arrêtez! dit-il. Sont-ce là vos promesses? Vous vous êtes engagés à ne pas faire feu sans ordre.

— C'est fort bien, répliqua un d'entre nous; mais les Bush-rangers ne vont pas attendre, eux. »

Effectivement, ils firent une décharge à l'instant même. Le pauvre Beresford eut le malheur d'être atteint pour la seconde fois : il tomba. Je quittai mon rang et courus à lui. Il saignait abondamment. Plusieurs chevrotines avaient pénétré dans le côté droit. Il souffrait cruellement. Il était presque évanoui, à cause de la perte de son sang. Les morceaux de plomb mâché qu'il avait reçus l'avaient cruellement déchiré. Je ne m'amusai pas à perdre le temps en questions inutiles, et je me hâtai de le placer derrière un tronc d'arbre mort qui se trouvait près de nous. Notre chef mit aussi les instants à profit; il nous fit faire un petit mouvement sur la droite, qui améliora notre position.

Nos ennemis n'avaient pas eu le temps de recharger leurs fusils. Ils étaient en train de le faire, et ils nous présentaient le flanc, quand nous tirâmes six coups de feu bien ajustés, qui ne jetèrent pas peu de confusion dans leurs rangs. La charge de plus d'un de leurs fusils s'en trouva interrompue, et avant qu'ils eussent eu le temps de se remettre, mon peloton, qui se composait de sept hommes, leur envoya son feu. Nous avions tous l'habitude de la chasse, et nos coups portèrent. Nous vîmes trois hommes tomber; deux se relevèrent; le dernier resta immobile sur le sol : il était mort. Pendant ce temps-là, le peloton de Beresford avait rechargé ses armes; mais nous essuyâmes au même instant une douzaine de coups de feu des Bush-rangers. Personne de nous ne fut atteint ; seulement, une balle frappa le tronc de l'arbre derrière lequel Beresford était couché, et vint mourir sur son corps.

Les Bush-rangers s'étaient développés sur une seule ligne, vis-à-vis de nous. Nous en comptâmes trente et un : trois avaient été mis hors de combat. Cependant, plusieurs de ceux qui étaient dans les rangs étaient blessés. Un ou deux n'agissaient qu'avec peine, et nous en distinguâmes très-bien un troisième qui tenait un fusil de chasse de sa main gauche, tandis que son bras droit atteint d'un coup de feu pendait à son côté. Il y avait parmi les Bush-rangers un homme que nous ne pouvions nous empêcher de remarquer et d'admirer. C'était un des plus beaux hommes que j'aie jamais vus : grand, les épaules larges, musculeux, tout dans sa personne annonçait une force supérieure et une infatigable activité. Il se tenait de quelques pas en avant de la bande. Doué d'un prodigieux sang-froid, il ne paraissait pas tenir le moindre compte des balles qui sifflaient à ses oreilles. Comme nous étions à moins de cent pas les uns des autres, nous l'entendions de temps en temps encourager son monde.

« Feu ! mes braves, criait-il en rechargeant son fusil en toute hâte. Feu ! il vaut mieux mourir d'une balle que le cou serré par une corde ! »

Je le vis alors examiner tranquillement le bassinet de son fusil. Il parut contrarié de l'état dans lequel il était, et se mit à chercher quelque chose, toujours avec le même calme. Puis il se baissa, ramassa par terre, soit un petit éclat de bois, soit un brin de paille sèche, dont il se servit pour nettoyer la lumière de son fusil. Il prit ensuite sa poire à poudre, et l'amorça avec promptitude, mais sans agitation. Enfin, portant son arme à l'épaule, il ajusta à plusieurs reprises de notre côté, comme pour choisir sa victime. Il ne tarda pas à se décider. Le magistrat, qui était à cheval, était le personnage le plus remarquable d'entre nous. Les deux autres cavaliers étaient en arrière à faire le guet pour empêcher une surprise de la part des indigènes. Je vis le Bush-ranger ajuster d'un œil sûr et d'une main ferme, et j'entendis au même instant un cri de notre chef, qui me prouva que le brigand n'avait pas manqué son coup. Il avait en effet admirablement tiré : la balle avait porté dans le chapeau du magistrat et l'avait jeté par terre.

« Il paraît que tout le monde en veut à mon chapeau, dit-il gaiement. L'autre jour les indigènes l'ont percé d'un de leurs traits ; aujourd'hui ces misérables-là y logent une balle. Encore une plaisanterie pareille, et ce sera fini de mon plus beau feutre. A votre tour de faire feu, me dit-il, ainsi qu'à mon peloton. Cette escarmouche n'est pas une bagatelle, messieurs. Agissez de sang-froid, et que chacun de vous ajuste son homme. Ils sont deux fois plus nombreux que nous ; mais nous avons l'avantage de la position. Quel peut être cet homme qui est à la tête de leur troupe ? Il se dispose à tirer encore. S'il fait feu, il y en aura un de vous par terre. Eh bien ! vous avez eu une mauvaise chance, dit-il à celui d'entre nous qui était blessé. Que voulez-vous, on ne peut rien à cela... Mais qu'aperçois-je derrière nous ? les indigènes, vraiment ! Par saint Georges ! les voilà sur nos talons. Prenons garde à leurs javelines, et ne lâchons pas pied, messieurs, au nom du ciel ! Maintenant, c'est pour notre vie que nous combattons. Tenez ferme, et activez votre feu. Allons, courage ; faites bonne contenance, pendant que les deux cavaliers et moi nous allons faire une charge sur ces moricauds. »

Au même instant nous entendîmes les indigènes qui poussaient, derrière nous, des cris et des hurlements pour s'exciter les uns les autres à nous attaquer. Pour moi j'avais assez que de m'occuper de mes propres affaires, car nous étions fatigués de nourrir un feu aussi soutenu. Les Bush-rangers nous envoyèrent une nouvelle décharge, qui déchira le bras gauche d'un de nos hommes.

Les hurlements des indigènes devinrent alors plus forts et plus sauvages, et le feu des Bush-rangers plus vif. Je crus voir dans leurs mouvements l'intention de combiner une attaque contre nous avec celle des naturels.

Une grêle de traits pleuvait sur nos têtes ; un moment je pensai que les choses en étaient arrivées à un point où le combat allait se terminer promptement. Mais notre chef et les deux autres cavaliers se précipitèrent avec impétuosité au milieu des indigènes et se mirent à les sabrer impitoyablement. Ils avaient servi tous trois dans la cavalerie des comtés, en Angleterre, et ils connaissaient parfaitement le maniement du sabre, en sorte que chaque coup laissait une cruelle trace sur les corps nus des indigènes. Leurs waddies ne pouvaient rien contre les lames bien trempées des larges sabres de nos cavaliers, et leurs javelines étaient trop légères pour pouvoir leur servir de lances, en sorte qu'ils étaient taillés en pièces sans merci.

Si l'on eût combattu sur un terrain parsemé d'arbres, la chance n'eût pas été en faveur de nos trois cavaliers : obligés de combattre un corps si nombreux d'indigènes, ils auraient été criblés de traits sans pouvoir faire une seule entaille ; mais en rase campagne l'avantage était pour eux, car les indigènes avaient pour le moins autant de peur des chevaux que des cavaliers. En se voyant ainsi attaqués à l'improviste, ils restèrent quelques instants comme paralysés par une terreur panique et incapables de la moindre résistance. Ils finirent pourtant par retrouver l'usage de leurs jambes et ils s'enfuirent comme des daims, à travers la petite plaine qui s'étendait à l'entrée de la péninsule. Les cavaliers se contentèrent de les suivre à quelque distance et rabattirent ensuite sur nous. Pendant que ces choses se passaient, la fusillade avait été chaude entre nous et les Bush-rangers.

De notre côté il y avait sept hommes hors de combat et treize du côté des Bush-rangers ; cette différence n'améliorait pourtant pas nos affaires, car nous restions seulement six hommes à pied et trois cavaliers, en tout neuf contre vingt et un. Nous avions toujours l'avantage de la position, et nous étions, il est vrai, débarrassés des indigènes ; mais l'issue de la lutte n'en paraissait pas moins devoir tourner tout à fait contre nous.

Je vis alors le magistrat et ses deux compagnons se porter sur la gauche des Bush-rangers. Ils avaient remis leurs sabres dans le fourreau et détaché les fusils à deux coups qu'ils portaient en bandoulière. Tout cela fut fait en moins de temps que je n'en mets à le raconter ; ils firent feu sur les Bush-rangers et en blessèrent deux. Ce mouvement surprit nos adversaires ; mais leur chef se fut bientôt mis en mesure d'y répondre. Une partie de ses hommes fit demi-tour du côté des cavaliers et leur envoya une décharge ; un des chevaux fut atteint, je le vis faire une courbette.

Le résultat de cette attaque nous avait été très-favorable ; il nous avait débarrassé du feu de l'ennemi, tandis que nous redoublions le nôtre ; aussi les Bush-rangers commencèrent-ils à s'ébranler et à fléchir. Il était évident que leurs armes n'étaient pas en aussi bon état que les nôtres. Ils en avaient de toute espèce ; leur feu était mou et mal nourri, tandis que nous, nous n'avions pas un fusil qui ne se fît entendre. Nous avions aussi l'avantage d'être tous accoutumés au maniement des armes à feu, et plusieurs des Bush-rangers n'y entendaient rien. Je suis aussi porté à penser qu'ils avaient peur d'épuiser leurs munitions, à cause de la difficulté qu'ils auraient eue à les remplacer.

Tous ces motifs réunis faisaient baisser leur feu ; leurs fusils, soit à cause du défaut de propreté, soit à cause de l'humidité qu'ils avaient contractée dans les bois, devenaient aussi à chaque instant d'un usage plus difficile ; ajoutez à cela que pendant tout le temps que nous continuâmes la fusillade, nous fûmes toujours protégés par les arbres au milieu desquels nous avions pris position.

Ils eurent aussi un instant l'intention de nous charger : c'était le genre d'attaque que nous devions le plus redouter. Ils se réunirent en un peloton bien compact et s'élancèrent au pas de course contre nous, sous la conduite de leur chef ; nous les arrêtâmes à cinquante pas par une décharge meurtrière. Nous tirâmes en plein au milieu d'eux, pendant que nos cavaliers firent feu de toutes leurs armes sur leur flanc gauche.

Ils se tinrent alors pour satisfaits ; cinq de leurs hommes tombèrent, deux se relevèrent, trois restèrent sur le carreau. A cette vue ils se débandèrent et s'enfuirent vers la petite plaine. Leur chef fut le dernier à se retirer ; il regarda avec une calme intrépidité autour de lui, ajusta, et nous lança son coup d'adieu. Ce fut à ma connaissance le seul qui ait failli m'atteindre pendant cette lutte sanglante. La balle frappa le côté gauche d'un arbre derrière lequel je chargeais mon fusil ; elle frappa l'extrémité de la baguette avec laquelle je le bourrais dans le moment et la lança à quelque distance. C'était un coup bien tiré, mais j'étais trop satisfait de n'avoir pas été atteint pour m'amuser à en faire la remarque.

Je m'imaginais que nos cavaliers allaient poursuivre les Bush-rangers dans leur fuite ; contrairement à mes conjectures, ils se replièrent sur nous.

« Ne bougez pas de là, messieurs, nous dit notre chef, ne laissons pas soupçonner aux Bush-rangers à quel petit nombre nous sommes réduits. Dans la plaine, ils nous donneraient trop de tablature, et s'ils faisaient volte-face nous serions perdus. Tenons-nous pour satisfaits de ce que nous avons fait jusqu'à présent... c'est de nos blessés qu'il faut nous occuper maintenant... Où est le chirurgien ?

— Il a été mis hors de combat un des premiers. Il est étendu sous un mimosa.

— C'est fâcheux ; mais enfin nous ferons de notre mieux. Voyons... combien reste-t-il d'hommes pour le service de l'ambulance ?

Il n'en restait que six!

« En voilà six, ce qui, avec mes acolytes et moi, forme un effectif de neuf hommes sur dix-huit. Voilà un triste appel! réduits à un si petit nombre, il y aurait de la folie à s'engager dans une nouvelle lutte avec des hommes poussés à bout. Nous aurons à nous consulter sur ce qu'il y aura de mieux à faire. En attendant, faisons bonne contenance ; je ne me serais pas attendu, je l'avoue, à ce que des Bush-rangers se fussent si bien battus ; mais le désespoir les anime, et ils savent bien qu'ils n'ont que la corde pour alternative.

En réfléchissant à la situation où nous nous trouvions placés entre les Bush-rangers qui nous étaient fort supérieurs en nombre, et les indigènes qui pouvaient encore nous harceler, nous devions nous regarder comme perdus. Nous ne pouvions nous dissimuler que nous finirions par succomber, mais nous étions résolus à ne pas périr sans combattre. Il était aussi dangereux pour nous de garder notre position que de battre en retraite. Nous ne pouvions non plus songer à abandonner nos compagnons blessés. Nous nous déterminâmes donc à vendre notre vie aussi cher que possible. Nous nous séparâmes en trois bandes, mais réduites à deux hommes chacune, et nous allâmes nous poster derrière les arbres.

Nous restâmes dans cette position à peu près une demi-heure, sans que les Bush-rangers manifestassent la moindre intention de renouveler leurs attaques. Ils avaient cessé leur feu, et nous aussi. Nous les vîmes alors se retirer derrière une éminence de verdure qui se trouvait à cent cinquante pas derrière eux, sur les bords du lac.

Pendant le combat, nous n'avions pas vu notre voisin des rives de la Clyde, que les Bush-rangers avaient emmené avec eux. A dire vrai, la pressante nécessité où nous étions de les culbuter et de défendre notre vie, nous avait fait oublier que sa délivrance était le principal motif de notre expédition.

Les cavaliers nous furent d'une grande utilité dans cette occurrence. Ils firent des patrouilles sur notre droite et sur notre gauche, pour défendre notre petite troupe de toute surprise. Ils en firent aussi sur nos derrières pour s'assurer des intentions des indigènes; mais il paraît que ceux-ci ne demandaient pas mieux que de rester en repos.

Rassurés sur les craintes que nous pouvions avoir d'une attaque immédiate, nous concentrâmes toute notre sollicitude sur nos blessés. Ils étaient parvenus à s'abriter eux-mêmes derrière le gros tronc d'arbre creux près duquel j'avais placé le pauvre Beresford. Nous nous estimâmes heureux de les trouver tous vivants.

Emportés par l'ardeur de la lutte, au milieu de l'excitation et au bruit de la fusillade, nous n'avions pas eu le loisir de songer à nos malheureux blessés. C'était assez pour nous de nous défendre contre un ennemi supérieur en nombre, et d'empêcher que nous ne fussions massacrés. Aussi ce fut avec une agréable surprise que nous vîmes le chirurgien, bien qu'il eût la tête enveloppée d'un mouchoir ensanglanté, donner ses soins à nos blessés. Pendant son séjour dans la colonie, et même pendant tout le cours de sa vie, il n'avait jamais eu, nous dit-il, une occasion aussi favorable d'acquérir de l'expérience en fait de blessures d'armes à feu.

Malgré ce que notre situation avait de pénible et de dangereux, je ne pus m'empêcher de remarquer l'espèce de satisfaction scientifique que notre docteur semblait éprouver à la vue d'une telle variété de plaies. Cela opérait comme un charme sur sa propre blessure.

Nous avions le bonheur d'avoir de l'eau à notre portée. Nous en fûmes chercher pour rafraîchir nos malades. Une chose pourtant contrariait notre chirurgien, c'était la perspective de passer la nuit en plein air; car nous avions deux ou trois hommes dans une position assez grave. Il craignait qu'ils ne pussent supporter le froid et le brouillard humide et pénétrant du lac. D'un autre côté, il ne paraissait pas prudent d'allumer du feu. Nous ne songions qu'à consacrer le reste de la journée aux soins de nos malades, quand nous vîmes arriver nos quatre chiens. Je fus bien aise de les revoir; car j'avoue que, tant que le combat et la fusillade avaient duré, j'avais eu toute autre chose en tête, et que je ne m'en étais guère occupé. Hector s'approcha de moi d'un air à exciter mon attention. Je visitai sa mâchoire; elle annonçait, par des marques certaines, qu'il venait de tuer un kanguro. Les autres chiens semblaient aussi nous inviter à les suivre; mais ils se tenaient à une distance respectueuse d'Hector, à la sagacité et à la supériorité intellectuelle duquel ils paraissaient rendre hommage. Je fus frappé de l'idée qu'une étuvée de kanguro, si nous osions faire du feu pour la cuire, serait un mets fort utile dans les circonstances où nous nous trouvions. Il fut donc convenu que je me lancerais à la recherche de la pièce de gibier qui venait d'être tuée, pourvu que cela ne me conduisît pas trop loin.

« Prenez mon cheval, me dit le magistrat. Si vous tombez au milieu des indigènes, Diamant volera plus vite que leurs traits. Je resterai pendant ce temps à aider le docteur. Il a besoin d'éclisses pour le bras de Tucker ; mais il n'y a pas, que je sache, de magasin d'instruments de chirurgie dans le voisinage.

— J'en vais avoir des éclisses, dit le chirurgien, j'en vais avoir. Où est votre hache, dit-il à l'autre constable? Allons, Worrall, enlevez-moi un beau morceau d'écorce de dessus cet arbre. C'est bien ; en voilà une superbe tranche. Maintenant, coupez-moi cela sur la longueur. Voilà, j'espère, un berceau parfait pour coucher un bras malade : c'est une nouvelle leçon pour moi. Je n'aurais jamais cru, quand je faisais mes études médicales à Berdeen, que j'en serais réduit un jour à faire des éclisses avec l'écorce d'un arbre à gomme, dans la terre de Van Diémen. Convenez, maintenant, mon ami, que c'est presque un plaisir d'avoir le bras cassé, quand on vous l'arrange si bien que cela... C'est cela... laissez-vous faire, mon camarade. A présent, qu'on me donne un mouchoir ; le vôtre ou autre chose, pour vous faire une écharpe bien douce. Maintenant, un peu d'eau vous ferait-il plaisir?

— Ne pourriez-vous pas mettre un peu d'eau-de-vie dedans?

— Non, pas d'eau-de-vie. Il faut éviter l'inflammation et tout ce qui peut la développer... Allons, à un autre. Vous me donnez de la besogne, mes gaillards. Voyons, où avez-vous été atteint, monsieur Nichols?

— Ici, dans le côté droit. Je me sens très-faible.

— Oui, je vois. Il faut extraire la balle : elle n'est pas très-avant. Mais comment l'attraperons-nous? c'est là la question, car je n'ai pas un seul de mes instruments sur moi.

— J'ai un tire-bouchon, moi! s'écria Worrall.

— Un tire-bouchon! parbleu, voici la première fois que j'entends parler d'un tire-bouchon pour extraire une balle! C'est égal... »

Et il se mit en devoir d'opérer sur Nichols, qui ne paraissait pas très-jaloux de tenter l'aventure.

Il n'y avait rien à faire là pour moi. Je pensai qu'un bon repas nous serait d'une grande assistance ; je jetai donc mon fusil sur mes épaules, et, passant la bride du cheval à mon bras, je partis à la recherche du kanguro. Avant, j'avais eu soin de faire tout ce qui m'était possible pour mon jeune ami Beresford. Son bras gauche avait été déchiré par une balle, et il éprouvait de cruelles souffrances. Le chirurgien lui était fort attaché ; mais, dans ces pénibles circonstances, il n'avait fait acception de personne, et il avait commencé par ceux dont l'état réclamait les premiers secours ; enfin, son tour vint, et le docteur, assisté du magistrat, lui prodigua tous les soins qui étaient en son pouvoir.

CHAPITRE XVI.

Le jour commençait à baisser; je jugeai qu'il pourrait y avoir encore une heure et demie de crépuscule. Il y avait quelque chose d'extraordinaire dans les allures d'Hector; je l'attribuai à l'ardeur que lui avaient inspirée et notre récente escarmouche avec les indigènes et le bruit de la fusillade. « Apporte, apporte, lui dis-je ! » Il partit trottant, et au bout d'un demi mille, il m'eut amené devant le kanguro qu'il avait tué et qui gisait tout près du lac. Je n'avais pas le temps de le dépecer; je le jetai en travers sur ma selle et je me disposai à rejoindre mes amis; mais Hector manifesta une grande répugnance à revenir sur ses pas, et il se mit au contraire à courir dans la direction que nous avions suivie en venant des bords de la Clyde.

Accoutumé comme je l'étais à ses allures et connaissant son prodigieux instinct, je conçus quelques inquiétudes; je m'imaginai d'abord que les indigènes étaient dans les environs; mais il ne se gouvernait pas comme lorsqu'il les rencontrait : il fallait donc qu'il fût préoccupé de quelque autre objet. Je savais que les Bush-rangers étaient derrière moi et qu'ils ne pouvaient pas approcher sans que mes amis les aperçussent et ne répandissent l'alarme. « Cependant, me dis-je, il y a là-dessous quelque chose que le chien juge dans mon intérêt de connaître. Il faut, à quelque prix que ce soit, que je le suive au moins quelque temps. » Alors je jetai le kanguro par terre, et je montai à cheval.

Hector parut très-satisfait du parti que je prenais. Voyant que je pourrais aisément le suivre à cheval, il se mit à aller d'un bon train devant moi, sans s'écarter de la trace que notre bande avait laissée après elle quand elle s'était dirigée vers le lac. Au bout d'un mille je m'arrêtai; mais Hector ne fit que redoubler les signes empressés par lesquels il semblait m'engager à le suivre. « C'est bien, Hector, me dis-je à moi-même, je veux bien me fier à vous; mais si vous vous êtes mis en tête de retourner au logis, ce n'est pas mon compte. » Les trois autres chiens étaient restés à garder le kanguro, en sorte que j'étais seul avec Hector.

Nous continuâmes ainsi pendant trois milles (plus d'une lieue). Je commençai à craindre d'avoir été trop loin, quand Hector s'arrêta tout à coup et prit l'attitude d'un chien en arrêt. « Qu'a-t-il éventé? dis-je en moi-même; c'est quelque nouveau coup qu'il me ménage. Il vaudra toujours bien la graisse de la bête; mais soyons prudent. » Je descendis de mon cheval, que j'attachai à un arbre, et j'avançai à bas bruit dans la direction que m'indiquait Hector. Je n'avais pas fait vingt pas, quand j'entendis avec surprise, et, je dois l'avouer, avec quelque frayeur, une voix brève et forte crier : « Qui vive? » Encore un parti de Bush-rangers, me dis-je, et j'y ai donné en plein !

« Qui vive? répéta la même voix. » Et au même instant je distinguai très-clairement le bruit d'une batterie de fusil que l'on armait. Ce bruit partait d'un bouquet de bois voisin. Je regardai et j'aperçus le canon d'un fusil qui passait à travers les feuilles : j'avais une terrible peur

— Ami ! répondis-je d'une voix émue.

— Eh bien ! halte-là, l'ami, répliqua-t-on, ou si tu bouges, tu es mort !

— C'en est fait, dis-je tout bas ! je suis perdu. Ces misérables vont me fusiller et ils ont là, à deux pas, le lac pour me servir de tombeau. »

Pendant que ces effrayantes pensées me traversaient le cerveau, j'entendis le bruit de ce mouvement précis et simultané que font des soldats bien exercés, quand ils se mettent au port d'armes, et immédiatement après j'aperçus un sergent qui déployait son peloton sur la gauche du bouquet de bois.

« Hourra ! m'écriai-je en sautant de joie ; voilà une excellente rencontre, Hector !

— Quel est le diable incarné qui crie hourra ? dit le sergent. J'ai le pressentiment, l'ami, que le premier entrechat que tu battras sera exécuté au bout d'une corde bien serrée à ton cou. Qu'on s'assure de sa personne. Avance à l'ordre ; toute résistance, tu le vois, serait inutile. Le misérable, il a un superbe fusil de chasse ! Qu'on s'en empare. Il l'aura volé, sans aucun doute, à quelque malheureux colon.

— Où diable avez-vous l'esprit ! dis-je aux soldats, vous ne voyez pas que vous vous trompez ?

— Nous ne nous trompons pas du tout, reprit le sergent. Liez-lui les mains derrière le dos... un peu plus ferme. Deux hommes pour le garder, maintenant... A présent, l'ami, il faut nous conduire là où le reste de la canaille a fait son nid, ou bien je fais loger dans ta peau les deux plus belles balles qui aient jamais été fondues par l'ordre des munitionnaires de la couronne. Marchons, te dis-je : tu ne veux pas ?... En avant les baïonnettes, et chatouillez-lui un peu les reins. Ah !... voyez-vous, cela le guérit de la paralysie.

— C'en est trop, m'écriai-je, ne poussons pas plus loin la plaisanterie. Je ne suis pas un Bush-ranger, vous dis-je. Je les poursuis au contraire, et je suis un gentleman ! »

Un éclat de rire, échappé aux soldats, accueillit mes prétentions à cette honorable qualification et fit retentir au loin les bois.

— Oui, vraiment, tu es un beau gentleman ! C'est dommage que tu n'aies pas une glace pour voir la figure d'un gentleman, quand il lui prend fantaisie de se déguiser en Bush-ranger. »

Je fus frappé pour la première fois de la pensée que mon extérieur devait être en effet de nature à ne pas donner aux soldats l'idée de la position que j'occupais réellement dans la colonie. J'avais ma veste de chasse, qui avait été salie et souillée pendant le voyage. Mes mains, ma figure, mes vêtements étaient tachés du sang de ceux de mes compagnons blessés que j'avais secourus. Enfin pour dernier indice accusateur, ma barbe était longue de plusieurs jours ; de sorte que je devais offrir aux yeux des soldats l'image complète d'un Bush-ranger, à qui on donnait la chasse. J'aurais ri moi-même de ma singulière situation si elle n'avait pas été si dangereuse. Les deux soldats qui étaient derrière moi avaient leurs fusils armés ; de plus ils avaient mis au bout des baïonnettes, qui semblaient avoir été tout nouvellement aiguisées à mon intention. Je remarquai en frémissant qu'ils avaient le doigt sur la gâchette, prêts à tirer au moindre signe de leur chef.

Je savais, du reste, que les soldats ne se faisaient pas grand scrupule de fusiller les Bush-rangers qu'ils rencontraient dans les bois, quand ils les surprenaient, comme disent les juristes, *flagrante delicto*. Une sueur froide baignait mon front, et mon trouble ne pouvait échapper aux soldats.

« Voyez-vous comme il fait le chien couchant, dit le sergent! Ces mauvaises bêtes-là sont toujours lâches quand elles se sentent sur le point d'être fusillées. Mais n'y touchez pas, si vous pouvez faire autrement, camarades... Allons, l'amour, remuons les gigots.

— Je vais vous mener, lui répondis-je avec empressement, là où vous en trouverez des Bush-rangers, et.....

— Ah! tu te décides. Tu es un fameux poltron pour un Bush-ranger. Comment, tu n'as pas honte de trahir ainsi tes camarades?

— Je ne trahis personne, je.....

— Assez causé, repartit le sergent; marchons, ou je vais te faire donner un petit coup d'éperon par derrière; et prends garde de ne pas nous trahir nous-mêmes, ou tu le regretterais pendant le reste de tes jours... qui ne seraient pas longs, je t'en préviens. Assez causé, te dis-je, répéta-t-il brusquement, en voyant que j'ouvrais la bouche pour parler. Tâche de nous introduire auprès de tes camarades dans le plus profond silence. Nous n'avons pas besoin de ton bavardage pour les prévenir de notre arrivée. »

Il fallut donc marcher sans répliquer et les bras liés derrière le dos. Si j'avais eu quelque propension à philosopher, j'aurais pu faire une belle tirade sur l'insensibilité des choses humaines; mais je fus bientôt distrait des réflexions auxquelles je commençais à me livrer par la vue de mon cheval dont j'avais accroché la bride à un arbre.

« Oh! oh! s'écria mon persécuteur, les Bush-rangers vont à cheval maintenant! Dieu me pardonne! c'est le cheval du magistrat du district de la Clyde. Infernal scélérat, tu as assassiné ce digne magistrat, c'est évident, et tu lui as volé son fusil... Silence!... ne cherche pas à te justifier. Nous ne voulons pas de tes mensonges. William, prenez ce cheval. Ah! coquin, t'attaquer à un magistrat! Un *Bush-ranger* tuer un MAGISTRAT!... Tu mérites d'être pendu deux fois; ne t'avise pas de parler, scélérat, ou je te fais mettre un bâillon. S'il souffle un mot, lardez-le par derrière, vous autres. Il ne sera pas dit qu'un Bush-ranger, un assassin haussera le ton devant nous. »

Voilà, me dis-je en moi-même, une jolie situation pour un ancien fermier du comté de Surrey, pour un homme que son âge devrait faire respecter! Il semble que je n'aie échappé aux balles des Bush-rangers que pour être exécuté, sans autre forme de procès, par le détachement de ce maudit sergent! C'est bien certainement la dernière fois que l'on me prendra à poursuivre des Bush-rangers!

Mais, de tout cela, je n'en proférais pas un mot, car le terrible sergent ne me perdait pas de vue, et si j'avais ouvert la bouche, il m'aurait fait passer une paire de balles au travers le corps, ou du moins j'aurais senti la pointe des baïonnettes, dont l'approche trop immédiate n'avait rien d'agréable.

Nous continuâmes à marcher dans nos positions respectives. Je cherchai Hector des yeux; il avait disparu. Au bout de trois milles (une lieu un quart), nous arrivâmes auprès du kanguro, que j'avais eu la funeste idée d'abandonner : les trois autres chiens n'étaient plus là.

« Voilà le dîner de mes coquins, dit le sergent; une superbe pièce de venaison, ma foi! Voilà la preuve que nous sommes bien sur leur trace. Nous devons approcher d'eux, je suppose. Que dit leur honnête camarade, maintenant ? Il secoue la tête. C'est le plus sage. »

Je saisis le moment où je me trouvais près d'un arbre pour me frotter à l'endroit où j'avais senti la pointe des baïonnettes. « Oh ! oh ! il n'a pas besoin de ses mains pour se tirer d'affaire, continua le sergent, mais occupons-nous du kanguro. Johnson, vous vous entendez supérieurement à dépecer un pareil morceau : séparez-le à la hauteur des reins.

— Comment l'emporterons-nous, dit un des soldats ?

— Sur le cheval, dit le sergent. Mais non, nous salirions la selle du magistrat. Eh ! je ne me trompe pas, elle est déjà tachée ! Il y a du sang !... C'est le sang du pauvre homme ! Ah ! maudits assassins, vous ne le porterez pas en paradis !... Approche ; attachez-lui le kanguro sur les épaules, c'est lui qui le portera... Silence !... Steadman, faites-lui sentir la pointe de votre baïonnette, vous savez où. Bien, comme cela. Voyez, cela le fait danser avec le kanguro sur le dos. Allons ; en avant, marche ! de la prudence, mes amis. Voici le moment décisif, si j'en juge d'après les regards inquiets de ce scélérat. »

Effectivement, je promenais avec anxiété mes regards autour de moi, pour voir si je ne découvrirais pas quelqu'un de mes amis pour venir me tirer de ma pénible situation. C'est ce qui avait éveillé l'attention du vigilant sous-officier ; mais il commençait à faire sombre, et je ne pouvais plus distinguer que l'épais et noir feuillage des cèdres et la large et blanche nappe d'eau du lac silencieux. Le sergent s'engagea sur la trace que mes amis et moi nous avions battue le matin, en poursuivant les Bush-rangers jusqu'à leur retraite ; et nous ne tardâmes pas à nous trouver à l'entrée de la péninsule dans aquelle nous les avions cernés.

« Voilà une place tout à fait convenable pour un nid de vipères, comme celles-là, dit là voix basse le sergent, qui se montrait toujours prêt à user de la faculté qu'il refusait impitoyablement aux autres. Mais, que vois-je ?... Halte !... Steadman, prenez deux hommes, et allez reconnaître ce tas de je ne sais quoi, qui est là, devant nous. »

Steadman se détacha de la troupe et revint bientôt après faire son rapport.

« C'est le corps d'un indigène qui a été taillé en pièces à coups de sabre. Il est encore chaud ; il est probable qu'il n'y a pas longtemps qu'il est mort.

— Un indigène tué à coups de sabre ! ah ! les atroces bandits ! Ils auront tué quelques-uns de ces pauvres diables pour les faire cuire et en avoir la graisse, afin de se faire de la chandelle : C'est leur usage. Quelle horrible engeance !... Silence ! assez causé !... que personne ne parle plus. Nous devons approcher de nos coquins, car cette langue de terre ne m'a pas l'air de s'avancer dans le lac de plus d'un quart de mille. Allons, camarades, de la prudence ; on ne va pas tarder à se brosser. Maintenant, l'homme au kanguro, nous allons prendre la liberté de te bâillonner. Il ne faut pas que la vie de braves gens comme nous soit à la merci des velléités de trahison qui pourraient passer par la tête d'un scélérat comme toi. Ouvre la bouche, misérable, ou je vais l'ouvrir avec le canon de mon fusil. Voilà qui est bien !... En avant, maintenant. »

Nous reprîmes notre marche après avoir silencieusement attaché le cheval à un arbre. Nous avancions à la file l'un de l'autre. Le sergent, en soldat expérimenté, employait toutes les ruses du métier pour surprendre et pour n'être pas surpris. Il faisait presque noir, de façon que nous avançâmes jusque sur le cavalier, qui faisait sentinelle, sans qu'il nous aperçût, tant notre marche avait été circonspecte et silencieuse. Aussitôt que nous le vîmes, nous nous arrêtâmes ; nous n'en étions qu'à quelques pas. Le cheval de la sentinelle découvrit notre approche avant que les sens moins pénétrants de son maître ne l'en eussent averti. Le cheval renacla et révéla ainsi la marche des soldats. Le cavalier nous lâcha un coup de pistolet et se replia au galop sur le gros de sa troupe.

L'arrière train du kanguro, que je portais sur mes épaules, était, au milieu de l'obscurité, l'objet le plus saillant dans notre détachement, il avait attiré, je le présume, l'attention du cavalier, car la balle de son pistolet vint frapper contre l'os d'une des cuisses de l'animal : ses jambes étaient fortement liées contre moi, de sorte que le choc me renversa par terre ainsi que mon fardeau.

« Voilà un coup qui fait tort au bourreau, dit le sergent. Ne vous pressez pas, mes amis ; du sang-froid. »

Ils avaient à peine fait quelques pas, qu'ils se trouvèrent en face du magistrat et de sa petite troupe, rangée en bon ordre et prête à agir.

De la place où je gisais, il me fut facile de distinguer les deux partis, prêts à en venir aux mains. Heureusement les règles sévères de la discipline et le sang-froid, que les militaires ont l'habitude de déployer dans le danger, épargna des deux côtés, les regrets qu'une décharge réciproque et meurtrière aurait causés.

« Vous avez devant vous, dit le sergent, un détachement de troupes régulières qui est plus fort que vous. Ce que vous avez de mieux à faire, c'est de vous rendre et de vous mettre à la merci du gouverneur.

Hourra! répliquèrent les prétendus Bush-rangers.

— Hourra! répondit l'impassible sergent, tout prêt à s'offenser de ce qu'il regardait comme une insulte à sa dignité. Hourra! Il paraît, mes gaillards, que vous ne connaissez pas d'autre cri ; c'est aussi celui qu'a fait entendre un drôle que votre sentinelle vient de jeter bas ; mais je pense...

— Allons, tout est pour le mieux, s'écria une voix que je fus ravi d'entendre. Eh bien... Ami!... si vous le préférez.

— C'est le magistrat du district de la Clyde!... exclama le sergent. Bravo! je suis enchanté de vous retrouver sain et sauf ; mais j'aurais cru que vous étiez des Bush-rangers. Dieu me pardonne!... pourvu que je n'aie pas fait de méprise au sujet de l'autre homme.

— De quel homme parlez-vous?

— D'un gueux que nous avons arrêté tout à l'heure, et qui a bien la plus épouvantable figure que l'on puisse voir. C'est un des plus atroces Bush-rangers que j'aie jamais rencontrés. Il était avec nous quand votre sentinelle a fait feu, et il est tombé sur le coup. J'aime à croire, cependant, qu'il n'y a pas grand mal.

— C'est Thornley, je gage, dit le magistrat. Où est-il?

— Oh! il n'est pas loin. »

Mes amis s'empressèrent alors de se mettre tous à ma recherche. Ils furent quelque temps néanmoins avant de découvrir la place où j'étais étendu. Comme j'étais bâillonné, il m'était impossible de répondre à leur appel. A la fin ils me trouvèrent, et, dans un état qui, à cause de l'obscurité, leur parut des plus pitoyables; baigné du sang du kanguro attaché sur mes épaules, les mains liées derrière le dos, la bouche bâillonnée, les seuls signes de vie que je pusse donner se bornaient à quelques sourds et plaintifs gémissements.

« Le pauvre diable, il est presque mort, dirent mes amis! Voyons, il faut d'abord briser ses liens. »

Ils délièrent mes bras, me débarrassèrent du kanguro, et tâtant ma figure, ils s'aperçurent que j'étais bâillonné. Je fus promptement délivré de cette dernière entrave, et les premiers mots que je dis, je m'en souviens encore, furent : « Prenez garde au kanguro, c'est une des plus belles pièces que j'aie jamais vues. Nous en aurons besoin pour souper.

« Ah! dit le magistrat, il faut qu'il ne soit pas bien malade, puisqu'il pense à souper? Allons, relevez-vous, et venez nous raconter votre histoire. »

Je cédai à ces instances, et je leur dis comment j'avais été pris pour un Bush-ranger. Je n'oubliai pas les arguments *à posteriori* dont les soldats s'étaient servis pour m'empêcher de parler et d'expliquer la méprise dont j'étais l'objet. Il est probable que je mis dans cette partie de ma relation une expression si piteuse, que mes amis ne purent garder leur sérieux, au tableau, mêlé de danger et de ridicule, que je leur fis de ma mésaventure. De bruyants éclats de rire accueillirent mes paroles, et si les Bush-rangers les entendirent, ils durent en être aussi surpris que déconcertés.

Confiants dans notre force, qui se trouvait considérablement accrue par l'arrivée du détachement de soldats, nous n'avions plus aucune considération qui pût nous empêcher de faire du feu, et nous fîmes cuire le kanguro, à la mode des chasseurs de bois.

« Thornley, me dit le magistrat...

— Thornley! s'écria le sergent, plus attentif cette fois à mon nom! je suis porteur d'une lettre pour ce gentleman. Désolé de vous apporter de mauvaises nouvelles; mais je suis chargé de vous apprendre que votre maison et votre ferme ont été brûlées. Cette lettre vous donnera les détails. J'en ai encore une autre pour un monsieur... Beresford. Est-il des vôtres?... Ah! désolé de vous trouver blessé, mon cher monsieur; c'est peu de chose, il ne s'agit que d'en prendre l'habitude. Attendez, je m'en vais vous tenir ce morceau de bois enflammé pour que vous puissiez lire votre lettre.

Je profitai de l'occasion, et je lus moi-même avec un sentiment de douleur que j'aurais peine à exprimer ici, la lettre suivante :

« Mon cher mari,

« L'adversité s'est appesantie sur nous. La frayeur et le froid que j'ai éprouvés cette nuit m'ont causé un tel saisissement, que je puis à peine vous écrire, et les soldats disent qu'ils ne peuvent attendre longtemps après ma lettre. Ils sont impatients de se mettre aux trousses des Bush-rangers. Grâce à Dieu, nous n'avons la mort de personne à déplorer; mais la maison est brûlée de fond en comble, et presque tout ce que nous avions dedans. On m'apprend à l'instant que le feu vient de prendre à la grande meule de blé. On ne sait comment le feu a pris. Dick a eu la présence d'esprit de faire sortir les chevaux de l'écurie, ils sont sauvés; mais les selles et tous les harnais sont abîmés ou brûlés.

» Le bétail a pu sortir à temps de l'étable; mais le troupeau de mérinos est entièrement dispersé dans le fourré. Le vent soufflait avec violence. Le feu s'est d'abord manifesté à un des pignons de la maison, de façon que tous les bâtiments ont été embrasés en un instant, à l'exception de la grange neuve. Le tas de planches sciées et la provision de bois de sapin ont contribué à augmenter le désastre : ils se sont enflammés d'abord, et ont communiqué le feu à la maison. On a trouvé qu'il ne servirait à rien de chercher à éteindre le feu avec l'eau qu'on aurait pu prendre dans l'étang. Nous aurions bien voulu avoir là les pompes à incendie de Londres. C'est la pauvre Lucy Moss qui nous a, la première, avertis du feu; elle avait été réveillée par le pétillement que faisait en brûlant la provision de bois. Quelques instants après toute la maison était en flammes. Nos gens ne se souciaient pas trop d'en approcher. Ils étaient effrayés par la crainte de l'explosion du petit baril de poudre que vous avez apporté, il y a quinze jours. Nous nous sommes tous réfugiés dans l'ancienne hutte, qui est auprès de la petite baie. Tous nos voisins nous donnent des marques du plus vif intérêt.

» Il est sept heures du matin. Le détachement de soldats, par lequel je vous fais passer cette lettre, avait été envoyé par le gouverneur à la poursuite des Bush-rangers. Ils ont aperçu le feu, cette nuit, et ils ont cru que c'étaient les Bush-rangers qui nous attaquaient. Ils étaient bivouaqués sur Den Hill, à cinq milles (deux lieues) environ de nous. Ils sont accourus aussitôt sur le lieu du sinistre, et nous ont donné toute l'assistance qu'ils ont pu. Mais il n'y avait pas de secours humain capable de maîtriser un tel feu. Cependant ils sont parvenus à sauver une partie de notre mobilier. Je suis dans une cruelle inquiétude à votre égard, depuis que vous nous avez quittés pour marcher à la délivrance de M. Moss. Je suis enchantée que les soldats aillent vous rejoindre. Le sergent, qui les commande, paraît être un fort brave militaire, mais il est d'une humeur un peu revêche. Je voudrais que vous fussiez déjà au milieu d'eux. Ils disent que s'il leur tombe quelque Bush-ranger sous la main, son affaire ne sera pas longue. Il y a eu un soldat de tué par ces brigands, à Pitt-Water, et tous ses camarades en veulent tirer vengeance.

» J'espère que, grâce au ciel, vous sortirez heureusement de cette expédition. Laissez les soldats la terminer, c'est leur métier de donner la chasse aux Bush-rangers. Tout ce que je souhaite, c'est qu'ils vous rencontrent le plus tôt possible et qu'ils vous trouvent sain et sauf. William voulait partir avec les soldats pour vous rejoindre, je n'ai pu le retenir qu'en lui disant qu'il serait plus utile ici.

» Le vieux sergent me signifie qu'il va partir. Adieu, puisse le ciel veiller sur vous! De grâce, revenez de suite. Quand les soldats vous auront rejoint, il y aura assez de monde sans vous, pour venir à bout des Bush-rangers. Adieu, encore une fois. Croyez que mon affection ne peut être égalée que par mon anxiété.

» MARY THORNLEY. »

Pendant qu'à la lueur de la branche de cèdre enflammée que le sergent tenait pour éclairer Beresford, je lisais les désastreuses nouvelles que me transmettait cette lettre, le magistrat prenait toutes les dispositions nécessaires pour diriger une attaque nocturne contre les Bush-rangers. Il voulait les surprendre avant qu'ils fussent instruits de l'arrivée des soldats.

Que contenait la lettre adressée à Beresford? c'est ce que je n'eus pas l'occasion de savoir, au moins dans ce moment-là. Tu' ce que je remarquais, c'est que, bien que la lettre fût courte, il la lut deux ou trois fois avec le plus grand empressement, et qu'il la serra ensuite avec le plus grand soin. Je restai quelque temps anéanti par la révélation des malheurs que la lettre de ma femme renfermait, et je ne savais à quel parti m'arrêter. Mon premier mouvement fut de retourner immédiatement chez moi; mais cela était plus facile à dire qu'à faire, car je n'étais pas à moins de trente milles (douze lieues) de mon habitation. Le pays était si sauvage, si désert, qu'il n'était pas aisé d'y voyager. Ajoutez à cela qu'il y avait plus d'une raison de penser que les indigènes étaient entre nous et les établissements des rives de la Clyde. il était trop dangereux pour un homme seul de s'exposer à les rencontrer. Pendant que je roulais toutes ces pensées dans ma tête, on avertit les volontaires de se tenir prêts pour une attaque de nuit.

« Nous n'avons pas besoin de volontaires pour cette expédition, dit le sergent. Laissez-nous-en les risques, et restez à garder vos blessés. Nous serons assez nombreux sans vous, et je vous certifie que, si nous pouvons rejoindre ces misérables, nous vous en rendrons bon compte.

— Ah! sergent, dit le magistrat, vous voulez avoir tout le plaisir pour vous. Je pense au reste que vous avez raison. Je crois, messieurs, que ce que vous avez de mieux à faire, c'est de rester ici et de soigner nos amis. J'irai seul avec les soldats, parce que la présence d'un magistrat peut être utile en pareille circonstance. Quant à vous, Worrall, vous m'accompagnerez; nous pourrons vous dépêcher comme courrier, si cela nous est nécessaire. »

Le détachement partit, et nous, nous restâmes auprès de notre feu, en nous gardant scrupuleusement. Nous étions pleins de la plus vive inquiétude sur l'issue de cette tentative. Nous demeurâmes dans cet état d'anxiété, pendant deux heures, au bout desquelles Worrall revint, en nous annonçant qu'on n'avait pas rencontré la moindre trace des Bush-rangers. Les soldats le suivirent peu après. Le sergent posa des sentinelles à l'entrée de la presqu'île pour que les Bush-rangers ne s'échappassent pas pendant la nuit.

» Nous n'avions pas besoin de nous donner tant de mal, dit le sergent. Du reste, nous saurons bien les trouver, quand le jour viendra, et nous les prendrons comme des rats dans une souricière.

— Un rat dans une souricière est quelquefois un dangereux animal, dit Beresford. »

Nous attendîmes patiemment le point du jour. On laissa deux cavaliers pour protéger notre ambulance, et nous marchâmes tous du côté où nous espérions rencontrer les Bush-rangers; mais nous fûmes trompés dans notre attente; nous n'en trouvâmes pas trace. En continuant nos recherches, nous découvrîmes des marques de pas sur le bord du rivage, ainsi que des sillons qui paraissaient avoir été faits par des pièces de bois mort, que l'on avait traînées de terre jusque sur l'eau. Il y avait aussi, çà et là, quelques petits morceaux de corde en cuir, qui semblaient avoir été coupés tout récemment.

« Je parierais, dit Worrall, qui avait une longue expérience en pareille matière, qu'ils nous ont épiés et qu'ils ont eu connaissance de l'arrivée des soldats. Pour dernier expédient, ils se seront imaginé de faire un radeau de bois mort, à l'aide duquel ils auront gagné l'île des serpents, que voilà devant nous. Ils en auront pu venir à bout, car elle n'est qu'à un quart de mille d'ici. On fait tout pour éviter d'être pendu.

— Et comment diable irons-nous les dénicher de là, dit le sergent? si nous nous avisons d'employer le même moyen qu'eux, ils nous feront dégringoler de dessus notre radeau comme des catacouas de dessus leur perchoir. Il faut les prendre par famine. Tout ce que nous avons à faire c'est de les surveiller de près et nous verrons ensuite ce que les circonstances exigeront. Si nous avions un bateau nous pourrions peut-être tenter l'abordage, et encore serait-ce une affaire délicate.

— Un bateau, m'écriai-je, mais il doit y en avoir un dans les environs. L'année dernière quelques personnes sont venues se promener sur le lac, et je me rappelle qu'elles m'ont dit avoir caché leur bateau à la pointe d'une petite langue de terre pareille à celle-ci, qui se trouvait sur le côté gauche du lac.

— En ce cas, dit le magistrat, il est probable que nous devons le trouver sur les bords de cette petite péninsule, qui est à peu près à trois milles d'ici. Il faut absolument y aller voir. Quant à vous, Thornley, vous devez avoir besoin de retourner à votre établissement. Nous pouvons maintenant nous passer de vous ici. Prenez mon cheval, si cela vous est agréable, et si vous pensez que vous puissiez risquer l'aventure. Elle a ses dangers, à mon avis : mais vous devez être impatient de revoir votre habitation.

— Il n'y a plus d'habitation à revoir pour moi, lui répondis-je! mais je serais bien aise de rejoindre ma famille le plus tôt possible; puisque vous n'avez plus besoin de moi ici, je courrai les risques du voyage et j'accepterai le cheval que vous voulez bien m'offrir.

— Vous pouvez comptez sur lui; il va à l'eau comme un canard. Ayez soin seulement de lui rendre les rênes; vous pouvez tirer de dessus son dos, comme si vous étiez dans un fauteuil, il ne bougera pas plus qu'un roc.

— Eh bien! lui répondis-je, je vais partir. » Et aussitôt je pris congé de mon jeune ami Beresford; je dis adieu à tous mes compagnons qui restaient pour continuer à donner la chasse aux Bush-rangers, et je me mis en route pour retourner auprès de ma famille. Il eût mieux valu cent fois pour moi rester avec mes amis; mais je ne pouvais pas prévoir les malheurs et les dangers qui devaient m'assiéger dans ce voyage, entrepris au milieu d'un pays difficile et désert. Le récit des six jours pendant lesquels je fus perdu au milieu des bois et les aventures qui m'y arrivèrent formeront le sujet d'un autre chapitre.

CHAPITRE XVII.

C'était à la fin de mai, c'est-à-dire au commencement de la saison d'hiver, dans la terre de Van Diémen, que je laissai mes compagnons sur les bords du grand lac pour retourner dans ma famille. Mille pensées inquiétantes et tristes m'agitaient. Je pris soin, avant de me mettre en marche, d'examiner attentivement si le fusil à deux coups que je portais était en bon état, ainsi que les pistolets, que je plaçai dans les fontes de ma selle. Avec quatre coups à tirer et mon sabre de cavalerie, je me regardais comme à l'abri d'une attaque individuelle. Je n'en pouvais pas redouter d'autres, mon intention étant de me rendre directement chez moi, et d'éviter toute rencontre soit avec les Bushrangers, soit avec les indigènes. D'ailleurs, je n'étais pas à beaucoup plus de trente milles (12 lieues) des bords de la Clyde, et j'avais un bon cheval. Bien que le pays fût montueux et difficile, et que j'eusse perdu en préparatifs de voyage quelques heures de la matinée, je devais, selon toute probabilité, gagner mon établissement avant la chute du jour.

Hector, qui ne m'avait pas quitté de toute la matinée et qui avait suivi tous mes mouvements avec une attentive anxiété m'accompagnait : Fly suivait Hector ; tel était l'équipage dans lequel je me mis en route. Tout triste et solitaire qu'était mon voyage, j'espérais arriver à son terme avec la dose de fatigue que l'on a à essuyer en pareille circonstance ; j'étais loin de prévoir ce qui m'était réservé.

J'avais parcouru tout au plus trois ou quatre milles (1 lieue 1/2), que je me trouvai au pied d'une chaîne de collines, qui s'étend du lac au sud-est. Uniquement préoccupé de la poursuite des Bush-rangers, je ne m'étais pas aperçu de l'escarpement de ces collines, quand je les avais descendues avec mes compagnons ; mais, maintenant que j'étais au pied et qu'elles me dominaient, j'aurais bien voulu éviter de les franchir à pic, et je cherchai des yeux si je n'apercevrais pas quelque gorge qui m'offrirait un accès plus doux.

Je remarquai en effet, sur ma droite, une espèce de défilé qui semblait promettre un passage plus facile. Il y avait longtemps que j'étais imbu de cette pensée qu'on ne met pas plus de temps à tourner une montée qu'à la franchir en ligne droite. Je n'hésitai donc pas à tourner la tête de mon cheval de ce côté, mais j'avais été dupe de la perspective. Je ne fus pas plus tôt engagé dans cette gorge, que je trouvai qu'elle formait une sorte de baie, environnée, de tous côtés, par des collines peu élevées il est vrai ; mais très-escarpées. Toujours animé du désir de ne pas commencer mon voyage en gravissant une montée, et peu soucieux de mettre pied à terre, je continuai ma route en appuyant encore sur la droite, toujours avec l'espoir de trouver la déclivité que je cherchais.

Je me laissai entraîner ainsi par les trompeuses apparences que me présentèrent successivement plusieurs vallons, qui tous avaient la même forme que le premier. Contrarié, et d'avoir fait tant de chemin en pure perte, et d'avoir si mal employé tant de temps, je résolus de ne pas me laisser séduire plus longtemps, et mettant pied à terre au bas d'une des collines les plus abruptes, je pris mon cheval par la bride et me mis à la franchir. Quand je fus arrivé au sommet, je me flattai d'être récompensé de mes peines par la découverte que je fis d'une vallée de quelque étendue qui se déployait devant moi. J'espérais, en la suivant, que j'éviterais la fatigue occasionnée par la continuelle succession des montées et des descentes, qui s'étaient offertes à nous dans notre excursion sur la gauche. En définitive je ne faisais aucun doute que je saurais toujours bien, d'une manière ou d'une autre, me frayer une route vers la Clyde. Jamais je n'aurais eu la pensée que je pouvais me perdre au milieu des bois, et surtout à cheval.

Bercé par ces agréables conjectures, je descendis en galopant jusqu'au fond de la vallée. En mettant en ligne de compte quelques sinuosités et une ou deux ondulations assez douces, je fis bien cinq milles (2 lieues) environ, jusqu'au moment où je me trouvai arrêté court par un obstacle absolument semblable à ceux que j'avais déjà rencontrés. Cette vallée, comme les précédentes, aboutissait à une profonde impasse qu'entouraient des collines à pic. « Allons, me dis-je à moi-même, je ne suis pas venu jusqu'ici pour être arrêté par une colline de plus, quoique celle-ci ne soit pas des plus douces à franchir; mais après tout, j'ai fait cinq milles fort agréablement. »

Sans m'arrêter à réfléchir davantage, je sautai à bas de mon cheval, et, le prenant par la bride, je me mis à gravir la nouvelle montée. Ce n'était pas une besogne facile. Quand je fus arrivé au sommet, la perspective la plus décourageante se déroula à mes regards. J'avais devant moi une suite non interrompue de collines, semblables aux vagues d'une mer en fureur, qui se seraient tout à coup pétrifiées. Chaque colline figurait une de ces vagues gigantesques. « Côtes ou plaines, me dis-je, il faut que je vous franchisse. Il n'est pas possible que je m'oriente mal dans ce pays, et en ne m'écartant pas de la ligne droite, je ne saurais manquer d'atteindre le but de mon voyage. » Je poursuivis donc ma route, partie à cheval, partie à pied, mais en m'enfonçant toujours davantage dans ce labyrinthe de collines.

A la fin je me lassai de cette marche sans résultat; mon cheval était encore plus fatigué que moi, de façon qu'arrivé au fond d'un de ces petits bassins que je comparais à des bols de punch, je m'assis pour me reposer. Hector et Fly se couchèrent à mes côtés, et mon pauvre cheval, la tête basse, semblait dans un piteux état. A ce moment de la journée l'atmosphère se chargea d'un brouillard qui me dérobait la vue du soleil et qui répandait le plus sombre voile sur la vallée dans laquelle je m'étais arrêté. « Voilà qui ne me plaît pas trop! m'écriai-je; mais il n'en faut pas moins faire un nouvel effort. »

J'ôtai la selle de mon cheval, je le bouchonnai vigoureusement, je séchai sa sueur et je me mis à réfléchir sur la direction dans laquelle pouvait être la Clyde. J'éprouvai le plus grand embarras à m'en rendre un compte exact, et je commençai à me trouver dans cette situation pénible où l'on est quand on a perdu son chemin. Cependant mon sang-froid était toujours le même; je me rappelai le plus exactement qu'il me fut possible les détours et les sinuosités que j'avais suivis jusqu'au point où je me trouvais, et je conclus qu'il fallait continuer ma route en ligne droite, à travers la chaîne que j'avais alors sur ma gauche. Je caressai mon cheval de la main, je dis quelques paroles encourageantes à Hector et à Fly, et je me mis intrépidement à monter la colline.

Je rencontrai dans ma marche plus de difficultés que je n'en avais eues à vaincre jusque-là. Quand j'eus achevé cette rude ascension, fatigué comme je l'étais, je me sentis glacé de découragement en reconnaissant que je n'étais pas plus avancé qu'auparavant. Aussi loin que mon œil pouvait pénétrer dans cette brumeuse atmosphère, il ne rencontrait que collines sur collines. Cet aspect me désola et je commençai à me sentir en proie à un trouble étrange; mais je n'étais pas homme à rester en chemin et à me laisser abattre. Je recueillis toute mon énergie et je descendis la colline. Au bas, même vallée que la précédente, avec cette différence qu'elle était parsemée d'une multitude de pierres et de quartiers de rocher qui ralentirent ma marche. « De mal en pis! m'écriai-je; mais rochers ou non, je regagnerai ma demeure! » Je suivis cette voie difficile, pendant un mille environ, en continuant d'appuyer sur la droite.

J'arrivai dans un lieu qui me présentait une ouverture favorable. Je tenais ou plutôt je croyais toujours tenir la ligne droite. Je poursuivis ma route, en conduisant mon cheval par la bride et en passant de mon mieux par-dessus les quartiers de rocher que je rencontrais çà et là. Je trouvai alors une nouvelle colline à gravir; mais celle-là, à ma grande satisfaction, n'était point obstruée de pierres. J'en profitai pour monter à cheval, car j'étais excessivement fatigué. Le tourment moral ajoutait encore à ma lassitude.

A peine avais-je fait quelques pas que je m'aperçus que mon cheval feignait d'une jambe. Au même instant son pied heurta contre la saillie d'une pierre; sa jambe fléchit entièrement sous lui, il broncha et manqua de tomber. Je mis pied à terre en toute hâte et j'examinai son pied. Mon malheur était complet; il avait perdu un fer! Je me souviens encore aujourd'hui du sentiment d'angoisse dont je me sentis saisi à cette découverte. mon voyage était assez difficile à exécuter avec l'aide d'un cheval, mais sans ce secours il devenait impossible : que dis-je, il aurait mieux valu que je n'en eusse pas, car j'allais me trouver actuellement avec l'embarras de conduire un cheval boiteux par monts et par vaux. Je tins son pied dans mes mains pendant une ou deux minutes, le regardant en tous sens, comme si je pouvais par là remédier à quelque chose : enfin je le laissai retomber, et appuyant la main sur l'épaule du pauvre animal, je demeurai quelques instants comme anéanti par cette mésaventure : il était complètement boiteux. J'essayai de continuer ma route, mais c'était avec la plus grande peine que je le traînais après moi. Il me vint alors dans la pensée qu'en cherchant bien je pourrais peut-être retrouver son fer, sauf à aviser ensuite à quelque moyen de le rattacher, au moins momentanément. Je laissai donc mon cheval sur la place avec la jambe de devant, du côté du montoir, nonchalamment repliée sur elle-même, et je tâchai de reconnaître la route que j'avais suivie; mais ce n'était pas chose facile, et je perdis beaucoup de temps. Je finis cependant par retrouver le fer qui s'était détaché, en heurtant contre un des quartiers de rocher sur lesquels nous avions récemment passé.

Cette trouvaille m'épanouit le cœur, je regagnai à grands pas l'endroit où j'avais laissé mon cheval : j'étais tout joyeux de mon trésor; mais ce fut en vain que j'essayai de tous les moyens possibles de reposer ce fer malencontreux. Je voulus tenter de le faire tenir, en le liant avec mon mouchoir, je n'y réussis pas; en sorte que je restai avec un cheval définitivement boiteux sur les bras.

Cependant les ombres de la nuit commençaient à se répandre autour de moi; je n'étais pas moins affamé que fatigué. Dans l'état où se trouvait mon cheval je n'avais pas à craindre qu'il s'écartât, je le débarrassai donc de sa selle et de sa bride. Je vis avec plaisir qu'il se mettait à manger. Je fixai mes pistolets d'arçon à ma ceinture à l'aide de mon mouchoir, et je me demandai ensuite ce que j'allais faire. Traîner après moi un cheval boiteux était une chose impossible; d'un autre côté, je ne pouvais me décider à l'abandonner. « Il faut, me dis-je, essayer d'une nuit de repos. Cela, peut-être, suffira-t-il pour le mettre en état de me conduire jusque chez moi. »

Je pris donc mes dispositions pour passer la nuit là où je me trouvais. J'avais l'habitude des excursions dans les bois, en sorte que je ne tardai pas à être établi d'une manière assez confortable. Je pris la peau du kanguro pour m'en faire un lit et une couverture, et, ce qui était un vrai luxe en pareille circonstance, je me fis un oreiller avec ma selle. J'aurais bien voulu donner la chasse à un kanguro, mais j'étais trop fatigué et il ne faisait plus assez jour pour entreprendre cette expédition.

Le besoin d'eau était plus pressant pour moi. J'eus le bonheur de trouver à peu de distance un petit ruisseau qui courait sur un lit de rocailles. Je commençai par m'y désaltérer, et ensuite j'essayai d'y amener mon cheval pour l'y abreuver. Je reconnus bientôt que cela me demanderait trop de temps; je m'imaginai alors de le faire boire en lui portant de l'eau dans mon chapeau. Ensuite j'allumai du feu, en faisant brûler une amorce dans le bassinet d'un de mes pistolets, avec laquelle je fis prendre une matière inflammable que l'on trouve dans ce pays et qui est d'un aussi bon usage que les allumettes chimiques importées par quelques colons. Je m'assis auprès de mon feu et je me mis à souper en grande cérémonie avec la peau de kanguro pour tapis et la selle pour accoudoir.

Mon feu était vif et brillant; je dévorai avec délices, à sa douce chaleur, un énorme morceau de damper. Comme j'espérais bien ne pas passer une seconde nuit dans les bois, je fus prodigue de mes provisions. Hector et Fly eurent leur bonne part de mon souper. J'avoue que j'aurais bien souhaité quelque chose encore et que j'étais très-contrarié de passer ainsi une nuit sans nécessité au milieu des bois; mais comme il n'y avait pas de remède, je pris mes dispositions pour bien dormir.

Je raffermis mes pistolets dans ma ceinture, je plaçai mon fusil à mes côtés et je m'enveloppai dans la peau de kanguro. J'avais les pieds au feu et la tête sur ma selle. Hector vint se coucher tout près de mon chevet, en sorte que, rassuré contre toute surprise par la présence de mon fidèle gardien, je cédai à la fatigue et tombai bientôt enseveli dans un profond sommeil.

Je dormis pendant quelques heures jusqu'à ce que je me sentisse réveillé par l'air glacial du matin. Le moment de toute la journée où la température est la plus froide dans la terre de Van Diémen est toujours celui qui précède le lever du soleil. Comme on était alors au commencement de l'hiver, la gelée me piquait d'une manière assez peu agréable. Quand je m'éveillai, il faisait encore nuit. Mon feu était éteint; je ne me souciais pas de risquer à me blesser, en cherchant du bois à tâtons, au milieu des ténèbres. Espérant d'ailleurs que le jour ne serait pas beaucoup plus d'une heure à paraître, je me débarrassai de ma peau de kanguro, et je tâchai de m'échauffer en me promenant en long et en large dans un espace assez étroit, à la manière des marins. Le temps me sembla bien long jusqu'au retour de la lumière; mais enfin comme il n'y a pas de nuit qui ne finisse, je vis le terme de celle-ci. Ce fut avec une joie extrême que j'aperçus poindre les premières lueurs du jour.

Malheureusement la matinée était très-brumeuse; le brouillard épais qui remplissait l'atmosphère me porta à penser que j'étais probablement dans le voisinage de quelque lac. Il n'était pas supposable que j'eusse retourné sur mes pas vers le grand lac, et si cela était, je ne savais comment en acquérir la certitude. Le ciel gris et sombre qui couvrait ma tête était un grand inconvénient pour moi. Il me dérobait la vue du soleil et m'empêchait de régler ma marche d'après la sienne.

Quand le jour fut assez grand, je regardai avec empressement autour de moi pour découvrir mon cheval. Je le vis tout près de la place où je l'avais laissé la veille. J'y allai et je me mis à examiner le pauvre animal. Il était dans la plus triste situation, son pied était horriblement enflé. Il n'y avait pas lieu d'espérer qu'il pût me reconduire jusque chez moi, car il avait grand peine à faire seulement quelques pas sur les trois jambes qui lui restaient.

C'était un grave contre-temps; après tout, j'avais mes jambes pour me porter, et jusque-là elles ne m'avaient jamais fait défaut. Il me fallait certainement plus de temps pour retourner chez moi à pied qu'à cheval, mais je n'avais pas le plus petit doute de finir par arriver. Enfin, comme il n'y avait aucun remède possible à ma situation, je fus obligé d'abandonner le pauvre cheval à sa destinée. Je plaçai la selle et la bride à l'abri d'un rocher, et je pris quelques indications pour bien graver dans ma mémoire la place où je les laissais, afin de les retrouver plus tard. Cela fait, je flattai mon cheval de la main en signe d'adieu. La pauvre bête semblait me regarder d'un œil suppliant comme pour me prier de ne pas l'abandonner; puis je me mis à réfléchir sur la direction que j'avais à prendre.

Je sentais un violent appétit. Le damper de la veille était déjà loin. Je n'avais rien à manger. Je mis donc en pratique le dicton des enfants. Je fis comme le roi de Prusse, quand il n'a pas de pain; je m'en passai.

Ma tête était parfaitement saine, et après m'être arrêté à la direction que je crus devoir prendre, je me mis résolûment en chemin, montant et descendant tour à tour, pendant dix milles (4 lieues) environ. Cette marche pénible n'eut d'autre résultat que de me fatiguer beaucoup, et, à mon chagrin, je me trouvai plus engagé que jamais dans un interminable dédale de collines. Je commençai alors à sentir tout ce que ma situation avait de cruel; ma tête se troubla. Je me surpris à me défier tout à la fois, et de moi-même et de ma raison. Bientôt j'en perdis l'usage avec une effrayante rapidité, et je me trouvai complètement impuissant à décider quelle direction je devais suivre de préférence.

Ma tête n'était pas cependant tout à fait égarée, et j'étais encore assez maître de moi-même pour avoir le sentiment du danger qu'il y avait dans une situation comme la mienne, au milieu des bois, à abandonner mon esprit à une terreur panique ou à une incertitude non moins funeste. Je pensais que si je pouvais me procurer quelque nourriture je rendrais de l'énergie à mon âme, en donnant de nouvelles forces à mon corps. Je regardai donc autour de moi s'il n'y aurait pas lieu de tirer quelque coup de fusil; mais dans cette partie déserte du pays, je n'aperçus pas même le moindre oiseau.

Je voulus voir alors ce que les chiens sauraient faire. J'explorai avec attention le sol qui m'environnait, sans pouvoir y découvrir une seule piste de kanguro. Je n'en essayai pas moins de faire une tentative. Recueillant donc tout mon courage, et prenant un ton joyeux, je dis aux chiens : « Allons, allons, cherche! » Ce fut avec autant de plaisir que de surprise que je les vis quêter, en décrivant un cercle autour de moi. Je les eus bientôt perdus de vue. Je me flattai, en ne les voyant pas revenir qu'ils avaient rencontré, et je demeurai pendant plus de deux heures dans la plus vive inquiétude, à l'endroit où ils m'avaient quitté.

Pendant cette longue attente je fus assailli de la crainte que les chiens ne m'abandonnassent. C'eût été pour moi une privation nouvelle que d'avoir à me passer du secours de leur vigilance et de leur instinct merveilleux dans les bois. Je faisais injure à leur fidélité, car à la fin ils revinrent, l'air fatigué, mais portant à leur gueule la marque certaine qu'ils avaient forcé une pièce de gibier.

Ces deux heures de repos avaient réparé mes forces, et ce fut avec un accent joyeux et empressé que je dis aux chiens : « Pille, pille ! » Il y avait dans ma voix cette vivacité d'expression qu'inspire un bon appétit et cette satisfaction que le succès fait éprouver au chasseur. Les chiens partirent en trottant, et je les suivis. Ils me firent faire un rude chemin. Ils me menèrent, sans s'arrêter une seule fois et sans s'écarter un moment de leur route, par les collines les plus abruptes et par des précipices presque à pic. Je parcourus ainsi sept à huit milles (3 lieues) dans la plus triste contrée où j'aie jamais voyagé. Plusieurs fois je fus sur le point de laisser aller les chiens ; mais la faim est un puissant aiguillon. Je savais qu'il y aurait, au bout de ma course, une pièce de venaison, et à la fin je l'atteignis.

Les chiens n'étaient guère moins fatigués que moi. Je m'assis quelques instants, car je n'en pouvais plus, et je me sentais défaillir. La vue du kanguro eut un effet réparateur sur ma personne. Je me hâtai de le dépecer, et je donnai la curée aux chiens. J'allumai ensuite du feu. Je n'étais pas très-habile cuisinier. Je me contentai d'enlever quelques tranches sur les reins : c'est la partie la plus tendre de l'animal et le morceau de prédilection des Bush-rangers. Je jetai les morceaux sur la braise ardente, et je les mangeai tout chauds, sans sauce et sans sel.

Je ne suspendis mon repas que quand il ne me fut plus possible de manger davantage, et je me mis à réfléchir sur ce que j'avais à faire. Ma chasse m'avait entraîné dans une partie de pays toujours hérissée de collines. J'y avais perdu toute espèce d'idées de la route que j'avais suivie jusque-là, aussi bien que de celle que je devais suivre. Ajoutez, à cette circonstance, que j'étais excédé de fatigue, et que mes pieds commençaient à s'attendrir à force de marcher sur un sol pierreux et de franchir des rochers et des précipices.

J'étais trop fatigué pour songer à marcher davantage ; d'ailleurs la nuit approchait. Je m'arrangeai donc pour le mieux. Je n'avais plus ma peau de kanguro pour couverture ni ma selle pour oreiller ; mais j'allumai un bon feu. Tour à tour je me couchais devant mon foyer, ou je marchais pour empêcher que l'air glacial de la nuit n'engourdît mes membres. De temps en temps je levais une tranche sur mon kanguro pour en faire une grillade : c'est ainsi que je parvins à passer la nuit sans laisser trop abattre mon courage.

Quand le jour fut revenu, je coupai sur mon kanguro autant de viande que je pus en porter, et, avisant la colline la plus élevée des environs, j'en entrepris l'ascension, afin de voir si je ne pourrais deviner où j'étais et quelle route j'avais à suivre. Mais, arrivé au sommet, je ne vis encore que de nouvelles collines semblables aux vagues nombreuses et agitées d'une mer orageuse. L'atmosphère était toujours chargée de brouillards, de façon que je ne pouvais tirer aucun parti de la position du soleil pour déterminer ma marche. J'eus recours alors à l'instinct des chiens, et je dis d'un ton vif à Hector : « Allons, Hector, à la maison ! »

Le chien rampa sur le ventre, et parut n'obéir qu'avec répugnance. Quand il eut fait une cinquantaine de pas environ, je l'appelai, et, après avoir signalé quelques points de reconnaissance, je continuai à marcher dans la direction qu'Hector avait prise ; j'espérais que c'était celle de la maison ou de quelque endroit habité vers lequel l'animal s'était senti entraîné par son instinct. Caressant cette idée, je poursuivis ma route pendant plusieurs milles, mais toujours à travers un pays horriblement fatigant et sans pouvoir parvenir à sortir du labyrinthe inextricable de collines uniformes et confuses dans lequel j'étais engagé.

Il était midi. Je m'assis pour me reposer, après avoir eu soin d'allumer un grand feu. Je dînai gaiement à même la viande de kanguro que je portais avec moi. J'en donnai une bonne part aux chiens, dans la crainte que la faim ne les excitât à s'éloigner de moi. Après avoir ainsi réparé mes forces, je réunis toutes mes facultés pour tâcher de découvrir où je pouvais être, et le meilleur chemin que j'avais à suivre. Dans mon embarras et dans mon anxiété, je pensai que le plus sage parti était d'essayer à retourner sur mes pas. J'espérai que les pieds du cheval auraient laissé des traces sensibles et qu'ainsi je pourrais revenir au point d'où j'étais parti, quand, après avoir quitté le grand lac, j'avais eu pour la première fois, la funeste idée de chercher un passage plus facile pour franchir la chaîne des collines, au milieu desquelles je me trouvais perdu.

Je ne me dissimulais pas que ce serait une marche fort ennuyeuse, mais je ne me voyais pas d'autre ressource. Je me mis donc à l'œuvre avec tout le sang-froid et tout le zèle dont j'étais capable, et je m'engageai dans la direction que je crus la plus propre à me faire retrouver mes traces. Tous mes efforts furent vains. A chaque mille je semblais m'enfoncer davantage dans le mystérieux et profond dédale des bois.

A la chute du jour, quand la lumière commença à me manquer, je me trouvai au pied d'une montagne formée de rochers absolument nus. A sa base s'étendait un étang dont les eaux étaient immobiles et sombres. Mon approche fit lever un aigle qui prit un lent et majestueux essor des bords de l'eau jusqu'au sommet de la montagne. Il n'y avait pas un arbre dans les environs, on n'y voyait que quelques buissons chétifs et rabougris. C'était le plus désolant tableau du désert qui pût s'offrir aux regards. Ce triste et effroyable aspect glaça mon sang dans mes veines, et les ténèbres qui s'épaississaient à chaque instant remplirent bientôt mon esprit affaibli de mille craintes superstitieuses.

Dominé par je ne sais quel vague sentiment d'un danger que je ne pouvais définir, je gardai pendant longtemps mon fusil dans mes mains. A la fin je repris assez d'empire sur moi-même pour allumer du feu. Ce n'était pas chose facile à cause de la rareté des matières combustibles dans un endroit si stérile et si nu. Je réussis cependant : mais les lueurs pâles et vacillantes de cette flamme mal alimentée, contribuèrent encore à augmenter ma terreur et à aggraver ce profond découragement que m'inspirait la solitude dont j'étais entouré.

Je sentis alors, et non sans effroi, que je tombais avec rapidité dans cette situation d'esprit funeste et spéciale qui s'empare de tout homme perdu dans les bois, au moment où il en acquiert la conviction intime. J'avais entendu parler de cet affreux vertige, qui consiste dans une horrible perturbation de l'intelligence, jointe à l'impuissance de formuler le moindre jugement, mais je n'en avais jamais ressenti les déplorables effets.

J'étais donc perdu, complètement perdu dans les bois! Ce malheur, tout effroyable qu'il était, l'épuisement de mes forces, l'égarement de ma raison, tout cela n'était pas encore ce qui devait m'arriver de pire. Mais j'ai besoin de respirer au milieu de ces cruels souvenirs et de recueillir mes esprits avant de poursuivre le récit de l'horrible péril auquel je fus exposé dans cette affreuse et sauvage solitude.

CHAPITRE XVIII.

Je n'oublierai jamais les souffrances de cette horrible nuit. Le froid était glacial, comme cela arrive toujours dans la terre de Van Diémen, pendant les nuits de juin. Ce ne fut qu'avec une extrême difficulté et grâce à un mouvement incessant, que je parvins à préserver mes membres des atteintes de la gelée.

Je sentais mon esprit égaré jusqu'à la folie par la pensée de ma famille, de ma ferme incendiée, de tous les désastres qui semblaient s'être accumulés sur moi, ainsi que par l'effroyable état d'isolement et d'abandon où je me trouvais. Vers le matin je m'assis auprès du feu et je m'endormis; mais le froid ne tarda pas à me réveiller. Bien que mon sommeil eût été court, il avait néanmoins ramené un peu de calme dans mes sens, et je pus réfléchir avec plus de sang-froid à ma position. « Je ne saurais me dissimuler, me dis-je à moi-même, que je ne sois tout à fait perdu. Mais n'y a-t-il aucun moyen de sortir d'embarras? En marchant en ligne droite, n'importe dans quelle direction je dois inévitablement rencontrer quelque ruisseau, ou quelque hutte de gardien de troupeaux, ou un point quelconque de territoire qui me sera connu, et qui me permettra de retrouver ma route. Le danger que je dois éviter, c'est de me diriger à l'ouest. Il n'y a de ce côté ni établissements ni étables de bestiaux. Il ne se trouve entre moi et la mer que des bois et des landes qu'aucune créature humaine n'a jamais foulés. Si je puis me maintenir dans la direction de l'est, j'arriverai nécessairement à quelque vaste clairière et je croiserai la grande route qui traverse l'île. »

Après avoir ainsi pensé tout haut avec moi-même, je ne songeai plus qu'à observer attentivement le lever du soleil; mais le ciel était trop brumeux pour que je pusse remarquer autre chose que le point d'où semblait partir la lumière. C'était déjà beaucoup. Je recueillis donc toute mon énergie, et m'efforçant de conserver la présence d'esprit nécessaire pour ne pas dévier de la ligne droite, je me mis en marche.

A peine avais-je fait quelques milles que je me sentis saisi d'un accès de vertige, de trouble et de perplexité, pareil à celui que j'avais eu la veille. Dès que j'en éprouvai les premières atteintes, je m'arrêtai et je fis du feu. Pendant que je l'allumais, je vis sauter un kanguro devant moi. Les chiens l'atteignirent au bout de cent cinquante pas et l'eurent terrassé en moins de deux minutes. J'acceptai cette rencontre comme un bon augure et je repris quelque assurance.

Je fis à même ma pièce de gibier un bon repas qui rétablit mes forces.

Il était un peu plus de midi. Je me mis de nouveau à prendre mes dispositions pour continuer à marcher en ligne directe. J'aperçus à ma droite une colline nue et escarpée, au sommet de laquelle il n'y avait aucun arbre qui pût obstruer la vue. Je résolus de la gravir, afin d'embrasser de cette élévation et d'un seul coup d'œil, l'ensemble du pays environnant. Pour mettre mon projet à exécution, je cherchai à me procurer un bâton, afin de m'en aider dans ma marche. Je trouvai un jeune jet tout à fait propre à remplir mes vues. Je m'en saisis et j'attachai mon fusil sur mes épaules, afin de conserver la libre disposition de mes mains. J'entrepris dans cet état l'ascension de la colline, au sommet de laquelle je n'atteignis pas sans avoir plus d'une fois rampé sur les genoux et sur les mains.

Arrivé là, je procédai à un examen attentif du pays environnant. J'espérais découvrir quelque montagne, quelque arbre de forme particulière, un point quelconque enfin qui me révélerait la position dans laquelle je me trouvais.

J'étais livré à cette occupation et entièrement absorbé par l'inquiète attention que j'y donnais, quand je m'aperçus que la lumière s'obscurcissait au-dessus de ma tête. Je levai les yeux pour reconnaître quelle en était la cause, lorsqu'à ma grande terreur je vis un aigle d'une envergure prodigieuse, qui planait à soixante pieds au-dessus de ma tête et qui semblait prêt à fondre sur moi.

J'avais vu plus d'une fois des aigles attaquer des moutons. Ils enfoncent leurs serres dans le dos du pauvre animal, lui crèvent les yeux avec leur bec et s'en emparent après comme d'une proie facile. La crainte d'un semblable destin me fit instinctivement porter la main devant mes yeux. En effet, le danger n'était pas moins imminent que ma frayeur n'était grande. Je croyais déjà entendre le battement des ailes du redoutable oiseau de proie. Dans mon désespoir, je me mis à faire le moulinet au-dessus de ma tête avec le bâton que j'avais à la main, afin de repousser l'attaque qui me menaçait.

Au moment où je lançais un regard à la dérobée sur mon ennemi, j'aperçus un second aigle qui s'était réuni au premier, et qui dans son vol décrivait des cercles rapides autour de moi. Je ne doutai pas alors que je ne me fusse approché de la place où ces oiseaux avaient l'habitude de faire leur nid, et qu'ils ne fussent irrités de ma visite. Je fis glisser doucement mon fusil de dessus mes épaules, et, après m'en être saisi, je tirai alternativement mes deux coups sur chacun de mes deux adversaires. Ils poussèrent un horrible cri, mais ils n'en continuèrent pas moins leur poursuite.

Ce n'était pas le cas de les attendre ; aussi me mis-je à descendre la colline en courant et je fis plus d'une culbute avant d'arriver au bas. Heureusement mon fusil n'éprouva aucune avarie dans mes chutes. Malgré les contusions que j'avais reçues, je me hâtai de le recharger, et, quand j'eus fini, je me sentis plus en sûreté. Le péril auquel je venais d'échapper m'avait vivement ému. Je m'assis au pied de la colline, en proie au plus cruel abattement d'esprit. Dans d'autres circonstances, j'aurais été ravi de l'occasion qui venait de m'être offerte de tirer sur des aigles et de visiter leur aire ; mais l'indifférence où j'étais me prouva à quel point d'apathie m'avait réduit la terreur que j'éprouvais de me voir égaré dans les bois.

Cette réflexion redoubla ma tristesse ; je n'avais cependant pas perdu toute espèce de courage, et mes forces physiques étaient loin d'être abattues. J'étais bien armé, mes fidèles chiens m'accompagnaient ; encore un effort, et j'allais vraisemblablement trouver quelques vestiges qui me seraient connus. Je repris donc ma pénible tâche avec intrépidité, et choisissant une direction qui, d'après mes conjectures devait tendre à l'est, je résolus de faire encore une vigoureuse tentative.

Tous mes efforts cependant furent inutiles et vains, et la quatrième nuit ensevelit dans ses ombres le malheureux voyageur égaré sans retour.

Je consumai le cinquième jour en efforts non moins impuissants. Mes forces commençaient à s'affaiblir, moins encore, je le crois, à cause des fatigues que j'avais à supporter, qu'à cause de l'état d'abattement et d'angoisse dans lequel mon esprit était plongé. Vers la fin de cette journée, j'arrivai à la nuit close au pied d'une colline de rochers. Les chiens paraissaient inquiets et craintifs; j'attribuai cette disposition à l'apparence chagrine et abattue que j'avais moi-même.

J'eus à peine la force d'allumer du feu et de faire griller quelques tranches de viande de kanguro que j'avais avec moi. Je n'avais pas d'eau, et, dans les ténèbres, il n'était pas possible de songer à en chercher. J'étais dans une sorte de stupeur intellectuelle et je me laissais aller au sentiment d'un froid désespoir. Dans mon délire, je m'imaginais que j'avais suivi la direction de l'ouest. Je ne pouvais m'expliquer autrement l'impuissance où j'étais de découvrir quelque trace ou quelque partie du pays qui me fût connue.

Accablé par ces réflexions, je me couchai devant le feu, dans un état complet de prostration physique et morale. Mes chiens se tassèrent près de moi, et je m'endormis. Je me réveillai au milieu de la nuit sous l'impression du froid; je rallumai mon feu et je me laissai aller de nouveau au sommeil.

Je dormis profondément, car, malgré le froid qui était vif et la soif qui me dévorait, il faisait déjà grand jour quand je me réveillai. La matinée était magnifique, l'air piquant, et le ciel, d'une admirable sérénité, étincelait de lumière.

J'essayai de me lever; mes membres étaient tellement engourdis que je ne pus remuer. Je parvins tout couché que j'étais, à pousser, avec mes pieds, quelques morceaux de bois mort, épars autour de mon feu presque éteint. Il s'en éleva bientôt une flamme vivifiante, dont la chaleur fit renaître mes forces. Je continuai à jeter du bois dans le brasier jusqu'à ce qu'il fût devenu des plus vifs. Le mouvement que cet exercice me causa, et la chaleur bienfaisante qui émanait du foyer eurent promptement achevé de ranimer mes forces. Cette fois je me levai, résolu à entreprendre une nouvelle excursion dans les bois : c'était le matin du sixième jour.

En promenant mes regards autour de moi, je vis, tout près, une espèce de bassin naturel creusé dans le roc. Il avait à peu près un pied de profondeur; l'eau en était aussi transparente que le cristal. Une soif ardente me dévorait, je bus abondamment; mais l'eau me parut glaciale. Je m'assis près du bassin et me mis à délibérer sur ce que j'avais à faire.

En courant du haut en bas de la colline où j'avais vu les aigles, j'avais déchiré le sous-pied d'une de mes guêtres en cuir, ce qui m'incommodait singulièrement dans ma marche. Comme je m'étais muni d'une ménagère pour faire mon expédition dans les bois, je pensai que je serais bien dédommagé du peu de temps que j'emploierais à raccommoder ma guêtre; j'ouvris ma trousse et je la plaçai sur les bords du bassin, où je m'étais désaltéré. J'en tirai une aiguille, et les bras appuyés sur le rocher, je me disposais à l'enfiler, quand elle glissa entre mes doigts et tomba dans l'eau; au lieu de couler au fond, elle surnagea à la surface.

Je fus frappé de cette circonstance, et je m'étonnais que mon aiguille fût demeurée sur l'eau, lorsque j'observai qu'elle faisait lentement un demi-tour sur elle-même et qu'elle restait ensuite tout à fait immobile. Il me vint aussitôt dans la pensée que cette aiguille devait être aimantée. Je me rappelai en effet que, quelques semaines auparavant, la plus jeune de mes filles s'était amusée à attirer, avec un morceau d'aimant, les aiguilles de cette ménagère. Je renouvelai l'expérience. Je tirai l'aiguille de l'eau, je la frottai, jusqu'à ce qu'elle fût bien sèche et bien claire, et, après l'avoir placée dans une position parallèle au niveau de l'eau, je l'y laissai tomber; elle surnagea, tourna sur elle-même et s'arrêta dans la même direction que la première fois.

Cette découverte me transporta de joie, elle me donnait les moyens de déterminer les points cardinaux. Je me préparai donc en toute hâte à partir. Je déjeunai avec quelques tranches de kanguro qui me restaient; j'encourageai les chiens de la voix et je me mis en route. Je n'avais pas encore fait beaucoup de chemin, quand je m'aperçus, aux allures d'Hector, qu'il avait pris vent. Ce n'était certainement pas d'un kanguro, mais je me flattai que nous n'étions peut-être pas loin d'une habitation humaine et que la sagacité d'Hector lui en avait révélé l'approche. Je lui adressai quelques mots encourageants pour l'exciter à quêter; mais le chien manifesta une extrême répugnance à s'éloigner de moi et me donna à croire par tous ses mouvements que c'étaient les indigènes qu'il avait flairés.

Brisé comme je l'étais par l'excès de la fatigue et de l'inquiétude, j'avoue que je me sentis accablé par la crainte d'une pareille rencontre. Un tremblement involontaire s'empara de toute ma personne, mes membres se refusèrent quelque temps à exécuter le moindre mouvement, mes yeux s'obscurcirent et une sueur froide baigna mon front. C'était mon sixième jour de marche et de privations dans les bois : j'ignorais complètement où je me trouvais et à quelle distance j'étais de chez moi. Je m'assis sur le tronc d'un arbre et je m'efforçai de recueillir mes esprits incertains. Je pensai à ma femme, à mes enfants, à ma maison, ou plutôt à la place qu'elle occupait naguère, et je fis un effort surnaturel pour recouvrer mon sang-froid et relever mon courage abattu. « Après tout, me dis-je, il n'est pas bien sûr que ce soient les indigènes. Le chien peut s'être trompé et les sauvages n'ont fait peut-être que passer par là. »

Je cherchai à m'affermir dans ces rassurantes espérances; mais un regard que je laissai tomber sur mon chien ne me permit plus de douter que les indigènes ne fussent tout près. Hector était agité, il tournait avec inquiétude autour de moi, me léchait la figure; il n'y avait pas à se méprendre à tous ces signes.

Je ne pouvais plus me dérober à cette horrible conviction que j'allais avoir bientôt à combattre pour ma vie. L'excès du danger et la frayeur causèrent une réaction dans tout mon être. Le désespoir sembla donner une force nouvelle à tous mes muscles. Je regardai attentivement autour de moi, et je ne découvris encore aucun signe de la présence de mes redoutables ennemis.

Je sondai les deux canons de mon fusil de chasse. Je m'assurai qu'ils étaient bien chargés, ainsi que mes pistolets. J'examinai soigneusement le bassinet et la lumière des batteries; je visitai toutes les pierres pour voir si elles tenaient bien et si la touche en était propre et sèche; je regardai ma poire à poudre, afin d'apprécier combien j'aurais de coups à tirer; enfin j'avais un petit sac de balles, que je plaçai tout ouvert dans une poche où je pouvais facilement puiser. Pendant ce temps-là je plongeais mes regards de tous côtés dans l'épaisseur du bois. Rien ne m'y révélait la présence des indigènes. Je commençai à concevoir l'espérance que je m'étais peut-être laissé aller à une fausse alarme, et je repris mon chemin à pas lents et avec précaution. J'avais à peine fait deux milles (un peu moins d'une lieue), quand j'arrivai à un endroit qui ne m'était pas inconnu. Je l'explorai plus attentivement et je reconnus la place, où je m'étais arrêté cinq nuits auparavant avec mon cheval boiteux. Le cheval n'y était plus, il s'était probablement égaré; mais j'y retrouvai mon vieux sabre que j'avais abandonné comme un obstacle à ma marche.

Toujours préoccupé de la crainte de rencontrer les indigènes, je recueillis cette arme comme un ancien ami, et je m'en saisis avec empressement.

Il me sembla que ce nouveau moyen de défense ajoutait à ma sécurité. Je tirai la lame du fourreau, que je jetai à l'écart, et je marchai le sabre à la main. J'avais à peine repris ma route qu'Hector se mit à gronder et à s'agiter d'une façon, qui m'avertissait de me tenir sur mes gardes.

Comme mon but est de retracer fidèlement toutes les émotions qui se succédèrent dans mon esprit pendant tout le temps où je fus perdu dans les bois et exposé au péril qui me menaçait dans ce moment même, je ne dois pas omettre de dire que la trouvaille inattendue de mon vieux sabre opéra chez moi une révolution complète. Je sortis tout à coup de cet excès d'abattement apathique sous lequel j'avais été accablé jusque-là et qui avait étouffé à la fois l'espoir et le courage dans mon cœur. Je commençai à croire que je pourrais donner de la tablature aux indigènes et parvenir à les tenir à distance.

Il est possible aussi que la confiance qui m'avait été inspirée par l'aventure de l'aiguille aimantée, que la certitude qu'elle m'avait donnée de pouvoir suivre à l'avenir une bonne direction, m'eussent déjà prédisposé à recouvrer mon sang-froid et mon énergie. Je ne pousserai pas plus loin mon analyse phylosophique à cet égard, et je passe au récit de ma rencontre avec les indigènes.

Qu'il y eût à combattre ou non, le seul parti que j'eusse à prendre c'était de marcher droit à l'est et aussi rapidement que mes forces me le permettraient. Je me dirigeai donc vers une petite montée, au delà de laquelle il me sembla que je devais rencontrer une clairière, à en juger du moins par la vivacité de la lumière, qui éclatait sur ce point de l'horizon.

Je me trouvai dans une vallée large d'un quart de mille environ, sans arbres, mais flanquée de chaque côté de deux coteaux couverts d'un bois épais. Je franchis la montée et je fus ravi de trouver un pays ouvert et une perspective, qui ne m'était pas inconnue.

Je me retournai pour regarder le terrain que j'avais parcouru et prendre quelques points de repère, afin de continuer ma route en ligne droite. Au même instant j'entrevis, sur ma gauche, à travers les arbres, une faible lumière qui ne brilla qu'un moment. J'étais parfaitement calme et préparé à une rencontre; mais, comme on peut le croire, il était loin de ma pensée de la provoquer. Pénétré cependant de l'importance qu'il y avait pour moi à ne pas me laisser surprendre, je m'arrêtai quelques minutes; la lumière ne reparut plus.

Cette lumière, j'en suis convaincu, avait été produite par les deux branches de bois enflammé que les indigènes portent toujours avec eux pour allumer du feu quand ils en ont besoin. Ils ont remarqué que deux morceaux de bois ou de charbon allumés, croisés l'un sur l'autre et mis en contact, continuent de brûler, tandis qu'un morceau isolé s'éteint bientôt. Les colons ont emprunté aux indigènes cette manière de conserver du feu constamment allumé.

Je m'étais détourné pour continuer ma route, lorsque je fus arrêté par une javeline, qui passa à ma droite et vint s'enfoncer en terre.

« Oh! oh! dis-je en moi-même, voilà la danse qui va commencer. Allons, mes amis, j'ai quatre coups à votre service : deux à vous envoyer à distance et deux à vous offrir d'un peu plus près. Enfin, mon sabre me restera pour le bouquet. »

Quand je réfléchis sur le passé, je ne reviens pas de mon prodigieux sang-froid; je n'en avais jamais eu davantage. Je me gardai bien de faire feu, je ne voulais pas risquer de perdre inutilement un coup. Je me contentai de passer la dragonne de mon sabre à mon poignet gauche, afin d'être tout prêt à tirer. J'occupai une position assez favorable au sommet d'un monticule de gazon, d'où je pouvais voir tout ce qui se passait autour de moi. Je jetai de tous côtés un coup d'œil rapide; il me fut possible de découvrir d'où l'on avait dirigé l'attaque.

Je me retournai d'un autre côté et j'avançai de quelques pas; un nouveau trait vint aussitôt siffler à mes oreilles. Je ne m'inquiétais pas beaucoup de ces provocations faites à distance, car les javelines des sauvages n'atteignent d'une manière un peu dangereuse que lorsqu'elles sont lancées d'une cinquantaine de pas; mais ce second trait annonçait une intention arrêtée de m'attaquer. Il me prouvait que j'étais surveillé et que les indigènes épiaient l'occasion favorable de fondre sur moi.

Quel était le nombre de mes adversaires? Je n'avais aucun moyen de m'en assurer; je conjecturai que j'étais en présence d'une de ces bandes errantes qui se composent habituellement d'une vingtaine de personnes, hommes, femmes et enfants. Je regardai dans la direction qu'avait suivi le trait, je ne découvris rien. Les arbres les plus proches étaient à cent ou cent vingt pas de moi environ.

Pendant que j'étais ainsi en observation, un indigène se montra, s'approcha, en courant, de la place où j'étais et me lança un *womera*. C'était la première fois que je voyais manier d'une manière hostile cette arme spéciale et remarquable des indigènes. C'en fut assez pour satisfaire ma curiosité, et je ne souhaitai pas du tout d'en voir renouveler l'expérience; le womera m'aurait inévitablement atteint, si je n'avais pas fait à temps un saut de côté, et encore ne l'évitai-je que de l'épaisseur d'un cheveu.

Avant que j'eusse pu ajuster l'indigène, le womera était retourné, en fendant l'air, au point d'où il avait été lancé. J'étais résolu à ne pas faire feu sans une nécessité absolue, je m'abstins donc de tirer la gâchette de mon fusil; mais je continuai à coucher en joue mon agresseur, qui ramassa aussitôt son arme et la lança de nouveau sur moi. Je vis le redoutable engin tournoyer dans ma direction, et un instant après, je me sentis frappé à la jambe gauche avec une telle violence que je la crus cassée. La douleur me fit tomber à terre sur le genou. L'indigène poussa un cri de joie, et au même instant je fis feu sur lui. La détonation de ce coup de feu fut le signal d'une charge générale de la part de toute la bande. Une douzaine de sauvages s'élança à la fois de derrière les arbres, en poussant d'horribles cris et se précipita sur moi.

Persuadés qu'après mon premier coup de fusil il ne me restait plus aucun moyen de défense, ils se ruèrent rapidement de mon côté, en brandissant en l'air leurs waddies, avec l'intention bien déterminée de m'assommer sous leurs coups. Ma présence d'esprit était entière. Je restai le genou en terre, je lâchai mon second coup de fusil et j'atteignis le chef de la troupe. Cette seconde décharge frappa les indigènes de stupeur ; ils firent halte, ne sachant que penser d'un fusil qui faisait feu deux fois de suite sans qu'on le rechargeât. Voyant qu'ils hésitaient, je pris un de mes pistolets et je le tirai sur eux. Cette attitude de ma part acheva de les mettre à la débandade. Ils se sauvèrent aussi vite qu'ils étaient venus, en cherchant un abri derrière les arbres. Je ne perdis pas de temps pour recharger mes trois coups, et je me mis de nouveau sur la défensive. Hector et Fly ne pouvaient me servir à rien : ces sauvages tout nus les effrayaient. Je restai pendant quelques minutes dans la position que j'occupais ; mais enfin je pensai qu'après avoir montré à mes adversaires ce que je savais faire, je pouvais m'aventurer à battre en retraite. J'essayai donc à marcher ; mais le womera m'avait porté un coup si violent, que j'étais presque entièrement hors d'état de pouvoir faire usage de ma jambe. Je me traînai dessus cependant le moins mal que je pus, persuadé que chaque pas qui me rapprocherait de ma demeure était un bien inappréciable.

Je ramassai le womera et je l'emportai avec moi. Cette arme était faite en demi-cercle ; sa forme est toute particulière, et pour en comprendre la description, il faudrait l'avoir sous les yeux. Quant à sa puissance, je venais d'apprendre à mes dépens à la connaître.

Les indigènes, voyant que j'emportais le womera, qui est une arme assez rare parmi eux, et jugeant à ma démarche que j'étais blessé, poussèrent à la fois un cri de colère et de victoire, qui retentit très-désagréablement à mon oreille. C'était la preuve d'une intention bien arrêtée de leur part de continuer le combat.

J'aurais préféré l'éviter, quoique je n'eusse pas d'inquiétude sur le résultat, si je pouvais parvenir à tenir mes adversaires à une distance respectueuse.

Si j'avais pu prévoir que le cruel et vindicatif nègre de Sidney, qu'on désignait sous le nom de Musquito, fût parmi mes agresseurs, j'aurais eu beaucoup moins de confiance dans l'issue de cette lutte ; mais je n'en étais pas encore au pire de l'affaire. Le combat ne tarda pas cependant à prendre un caractère plus sérieux que je ne l'avais prévu.

La terrible extrémité à laquelle je fus réduit dans cette occurrence est d'une nature si horrible et si effroyable, que je n'ai pas le courage d'en entreprendre aujourd'hui le tableau. Mon esprit se trouble et s'émeut encore au seul souvenir de pareilles horreurs. Le récit de cet épouvantable épisode de ma vie, si féconde en aventures, doit former le sujet d'un chapitre particulier.

CHAPITRE XIX.

Le ciel était pur et radieux, et quoique l'on fût alors aux premiers jours de juin, qui, dans la terre de Van Diémen, coïncident avec le commencement de l'hiver, les rayons du soleil de midi, brillant du plus vif éclat, répandaient sur les plaines si pittoresques de ce pays une véritable chaleur d'été. Je n'oublierai jamais ce jour mémorable de mon combat avec les indigènes. Seul, enseveli dans la solitude de ces forêts profondes, fatigué par six jours de marche, au milieu des bois où j'étais perdu, épuisé par l'insomnie, affaibli par le défaut d'une nourriture convenable, je me trouvais réduit à livrer un combat à mort contre une bande d'indigènes irrités, que guidait le féroce et rusé Musquito. Quand je réfléchis aux catastrophes de cette déplorable journée, je me demande comment je n'y ai pas succombé, et je m'étonne d'être encore vivant pour en écrire la relation. Mais je poursuis.

Je continuai ma route en toute hâte dans la direction de l'est. J'espérais, en la suivant, finir par rencontrer quelque établissement, quelque hutte de gardien de troupeaux, où je pourrais me réfugier et me défendre. Je me flattais au moins que je trouverais la trace de quelques colons ou de quelques bestiaux, qui aboutirait à une habitation.

Les indigènes me laissèrent faire plusieurs milles sans me harceler. Je ne pus même reconnaître à aucun signe s'ils me poursuivaient; mais la suite montrera qu'ils ne m'avaient pas perdu de vue.

La blessure que j'avais reçue du womera ne laissait pas que d'être douloureuse. Dans les premiers moments je boitais beaucoup. Peu à peu la marche m'échauffa, je sentis moins la douleur et je finis même par n'en plus éprouver aucune.

Je fis quelques milles encore, quand enfin j'eus la joie d'apercevoir une hutte de gardien de troupeaux sur laquelle je dirigeai mes pas avec empressement. Lorsque j'en fus tout près, je promenai mes regards autour de moi, et je n'aperçus rien qui trahît la présence des indigènes. Je m'approchai de la porte, en m'écriant:

« Hola! quelqu'un? »

On ne me fit pas de réponse.

« Y a-t-il quelqu'un au logis? poursuivis-je; je me suis perdu dans les bois; les indigènes viennent de m'y attaquer. N'ayez pas peur: je suis William Thornley, du district de la Clyde. »

Même silence.

Alors je frappai vigoureusement à la porte, pensant qu'il y avait peut-être quelqu'un endormi à l'intérieur. Je ne me souciais pas d'entrer trop précipitamment, et sans prévenir, dans la crainte d'être pris pour un Bush-ranger et d'être accueilli par quelque coup de fusil. Je me rappelais la méprise dont j'avais été l'objet, huit jours auparavant de la part des soldats. Les six jours que je venais de passer à rôder dans les bois ne devaient certes pas avoir amélioré mon extérieur. Enfin ne recevant aucune réponse, malgré les coups réitérés que je portais, j'en conclus qu'il n'y avait personne dans la hutte.

J'essayai à lever le loquet de la partie supérieure de la porte, il céda, je l'ouvris sans peine; je jetai un regard furtif à l'intérieur et presque au même instant j'en lançai un autre derrière moi, dans la crainte de quelque surprise. Je ne vis personne. J'ouvris alors la partie inférieure de la porte et j'entrai. Il ne me fallut pas une longue inspection pour acquérir la certitude que la hutte était inhabitée depuis quelque temps. J'en fus désolé; car j'avais espéré y trouver quelqu'un pour m'enseigner mon chemin, et au besoin pour m'aider à me défendre contre les indigènes. En somme, je m'estimai heureux de la découverte de cette demeure toute inhabitée qu'elle était, car elle me présentait temporairement au moins un refuge assuré.

J'examinai les moyens de défense qu'elle pouvait offrir. Je trouvai que cette hutte se composait, comme tous les bâtiments du même genre, de deux pièces, sur le derrière desquelles il y avait une fenêtre avec un contrevent, tandis que sur la façade, à côté de la porte, se trouvait une autre fenêtre semblable, garnie aussi d'un contrevent pareil. Par le mot fenêtre, dont je me sers, il ne faut entendre qu'une ouverture sans aucun ouvrage de menuiserie ni vitrage. Quand la porte et les contrevents étaient fermés, l'obscurité de ces pièces n'était diminuée que par les rayons lumineux qui pénétraient à travers les interstices, séparant quelques-uns des pieux grossiers dont les murs de la hutte étaient formés.

Je me mis immédiatement à l'œuvre, pour rendre cet asile aussi sûr que possible contre les attaques des indigènes, dans le cas où il leur prendrait fantaisie de me poursuivre jusque-là. Les pieux des murs paraissaient assez forts et assez serrés pour pouvoir résister à une attaque ordinaire. La fenêtre du fond pouvait me devenir funeste parce qu'elle offrait un moyen d'entrer par-derrière, pendant que je serais occupé à combattre sur la façade.

Pour n'avoir rien à redouter de ce côté, je jetai bas le mur de séparation qui divisait les deux pièces et qui était formé de pieux de moyenne grosseur. Je m'en servis pour barricader la croisée de derrière, afin de me mettre à l'abri d'une attaque imprévue. Je barricadai la croisée de la façade de la même manière. Je plaçai un pieu en arc-boutant derrière la partie inférieure de la porte; d'un bout il portait contre le bois, de l'autre il était fixé dans le sol. Je me contentai de barrer la partie supérieure avec un verrou, me réservant la faculté de l'ouvrir à ma convenance, pour faire feu, quand je le voudrais.

Ces préparatifs m'occupèrent pendant près d'une heure. Quand ils furent terminés, je commençai à ressentir les atteintes de la faim, et qui pis est, à souffrir de la soif. Je trouvai par terre une marmite de fer, qui est la pièce principale de la batterie de cuisine d'un gardien de troupeaux. Son volume et son poids avaient probablement empêché de l'enlever. Enfin, je fis une réflexion toute naturelle, c'est qu'il n'était pas probable qu'on eût bâti une hutte dans un endroit où il n'y avait pas d'eau.

Comme j'éprouvais un pressant besoin de m'en procurer, je résolus de faire des recherches pour trouver à boire quelque part. Je sautai par-dessus la moitié inférieure de la porte. Hector et Fly me suivirent et nous nous mîmes de compagnie en quête d'une source. Les chiens étaient altérés, je crus donc pouvoir les abandonner à leur instinct. En effet Fly, après avoir flairé quelques instants, marcha droit vers un petit étang qu'alimentait une source. Il était derrière la maison à vingt-cinq pas tout au plus.

Je commençai par étancher largement ma soif et par bien me rafraîchir; mais je songeai aussitôt après aux moyens de me procurer une provision d'eau dans l'intérieur de la hutte. La marmite était trop grande et trop lourde pour que je pusse la porter jusqu'à l'étang. J'escaladai donc de nouveau la porte coupée et je traînai la marmite tout près de l'entrée. Après quoi je retournai à l'étang, j'y remplis mon chapeau d'eau que je me hâtai d'apporter et de jeter par-dessus la porte dans la marmite.

Pendant que j'étais occupé à répéter cette manœuvre, je fus mis sur le qui-vive par Hector, qui s'élança comme l'éclair vers le fourré. Je ne doutai pas que ce ne fussent les indigènes qui étaient à mes trousses. Je vidai mon chapeau, je sautai par-dessus la porte et je m'enfermai dans la hutte. Mais ce n'était qu'une fausse alerte, car quelques secondes après, Hector revint à la porte, agitant sa queue et portant à sa gueule un rat-kanguro qu'il avait tué. C'était à la poursuite de cette pièce de gibier qu'il s'était élancé dans le bois.

Je ne fus pas médiocrement satisfait en voyant arriver un renfort de comestibles si inattendu, car je ne savais où donner de la tête pour me procurer des vivres. J'eus promptement allumé du feu et dépouillé mon gibier. Mon rat-kanguro était un des beaux individus de l'espèce, qui est habituellement de la grosseur d'un lapin ; c'est un excellent manger. Je fis griller ma bête et j'en fis un repas délicieux.

Ce festin ranima mes esprits et je me demandai si je ne perdais pas un temps précieux dans cette hutte. Autant que j'en pouvais juger, il devait être à peu près deux heures de l'après-midi. J'avais encore assez de jour devant moi pour faire une partie considérable de ma route avant la nuit. Je recourus de nouveau à mon aiguille aimantée, je la laissai tomber à la surface de l'eau qui était dans la marmite, mais elle alla droit au fond, attirée qu'elle était par le fer. Je fus obligé de remplir mon chapeau d'eau pour renouveler l'expérience. Je le portai à quelque distance de la marmite, et j'eus la satisfaction de déterminer exactement les quatre points cardinaux.

Je fis donc mes préparatifs pour quitter la hutte. Déjà même j'avais une jambe passée par-dessus la moitié de la porte coupée, quand je fus arrêté par un grognement d'Hector, qui courut aussitôt vers un petit massif d'arbres, éloigné d'un peu plus de cent pas de la façade de la hutte. Il revint immédiatement ; et, à ses allures inquiètes et caressantes, je ne pus douter qu'il n'eût rencontré les indigènes. Mes conjectures n'étaient que trop réelles. Une minute après, je vis s'avancer rapidement vers la hutte une bande d'une vingtaine d'indigènes environ, hommes et femmes, à la tête desquels se trouvait le redoutable Musquito.

Mes forces avaient été réparées et par le repas que je venais de faire et par le repos que je venais de prendre ; j'avais la plus grande confiance dans la puissance de mes armes, en sorte que je n'éprouvai dans le moment aucune espèce de crainte. Je m'en étonne encore aujourd'hui, quand je réfléchis à ce que cette attaque avait d'épouvantable. J'éprouvais un sentiment de sécurité si complet dans ma petite forteresse, qu'un moment même je sentis une sorte de répugnance à tirer sur cette tourbe de sauvages nus, avec la certitude d'en tuer quelques-uns. Mais ma philanthropie ne tarda pas à s'évanouir quand je les vis s'approcher rapidement sous les ordres du farouche Musquito, que je reconnus à leur tête. Le sentiment de la conservation reprit aussitôt chez moi son ascendant naturel.

Le canon gauche de mon fusil était chargé à balle ; je fis feu : un indigène tomba, mais le reste de la bande n'en continua pas moins d'avancer, et lança une grêle de traits par la partie supérieure de la porte, qui était restée ouverte. Un de ces traits pénétra dans ma main gauche ; les autres entrèrent dans la hutte, en me rasant de près, et allèrent pour la plupart s'enfoncer dans les murs.

Je fis feu de mon second coup, qui était chargé à plomb, et au même instant je poussai le haut de la porte, que je fermai au verrou. Cette seconde décharge, autant que j'en pus juger, calma l'impétuosité de mes ennemis, et fort heureusement pour moi, car, déterminés comme ils étaient, je ne doute pas, quand j'y réfléchis aujourd'hui, qu'ils n'eussent réussi à enfoncer la porte.

Ils commencèrent alors à pousser des hurlements furieux autour de la hutte; quelques-uns essayèrent de se frayer un passage par la croisée de derrière, mais ils la trouvèrent solidement barricadée. Cependant, je rechargeai en toute hâte mon fusil de chasse; je mis deux balles dans chaque canon. Les indigènes étaient irrités, et je ne pouvais me dissimuler que j'aurais à faire les efforts les plus énergiques pour ne pas succomber sous leurs coups. J'étais debout derrière la porte, incertain sur ce que je devais faire, quand un trait fut tout à coup lancé à travers un trou qui se trouvait entre la partie supérieure et la partie inférieure de la porte; par bonheur, il porta contre le ceinturon qui renfermait mes munitions; il le perça, mais j'eus le temps de sauter en arrière. Il est probable que mes mouvements étaient épiés du dehors, à travers quelques-uns des interstices qui se trouvaient entre les pieux, car je ne me fus pas plus tôt éloigné de la porte que toute la bande se rua contre avec fureur. Si ces sauvages eussent dirigé leur attaque contre la partie supérieure de la porte, il n'est pas douteux qu'ils n'eussent pénétré dans la hutte; mais la partie inférieure, à laquelle ils s'attaquèrent, était soutenue par une forte pièce de bois, et elle résista à leurs efforts. Je plaçai le canon de mon fusil devant le même trou par lequel mes adversaires m'avaient lancé leur trait, et je fis feu sur eux, d'abord d'un coup, puis d'un second; un horrible hurlement, répété par l'écho des forêts, m'apprit que mon feu avait été meurtrier, et bientôt je pus distinguer, au bruit des pas de mes assaillants, qu'ils se retiraient à quelque distance de la hutte.

Il y eut ensuite un moment de trêve et d'effrayant silence; j'en profitai pour charger mon fusil, et je me mis sur mes gardes. Je n'osais regarder à travers les crevasses des murs, dans la crainte d'être épié du dehors et de recevoir quelque trait dans les yeux. Je restai dans cet état d'incertitude, pendant quelques minutes, qui me semblèrent de longues heures. Je m'épuisais en conjectures sur ce qui allait advenir, quand mes oreilles furent de nouveau frappées par les cris furieux et les hurlements horribles des indigènes. Leur rage avait probablement redoublé à l'aspect de ceux de leurs compagnons qui avaient été tués.

Je craignais que la partie supérieure de la porte ne fût pas de force à résister contre une attaque de mes adversaires. Je m'emparai donc d'une lourde pièce de bois, qui servait de poteau à la porte du refend que j'avais abattue, et je la plaçai en arc-boutant derrière la porte, contre laquelle je l'assujétis de mon mieux, en pesant dessus de tout mon poids.

Cette précaution était tout à fait inutile. Les diables incarnés qui m'assiégeaient avaient eu recours à un moyen plus certain et moins dangereux pour eux de rendre ma perte inévitable. Je ne tardai pas à pénétrer leur horrible dessein. En effet, je fus bientôt suffoqué par une odeur de fumée qui, à mon grand désespoir, alla toujours croissant. Les barbares avaient mis le feu à la couverture en chaume de la hutte. La fumée épaississait à chaque instant, et je pouvais déjà voir la clarté que projetait la flamme. Il ne me fut plus permis de douter que le feu avait été mis de tous les côtés à la fois à la couverture. La fumée et la flamme faisaient de rapides progrès. Les indigènes y applaudissaient par leurs joyeux hurlements et par les cris d'un délire insensé.

Ma présence d'esprit fut sur le point de m'abandonner dans cette extrémité. Il semblait impossible d'échapper au péril, et je me crus condamné sans retour à subir le plus cruel des supplices, celui d'être brûlé vif.

L'éclat des flammes allait toujours croissant, et la fumée, qui s'accumulait à l'intérieur de la hutte devenait tout à fait insupportable. Voyant que la mort était inévitable là où j'étais, je résolus de faire un effort surnaturel pour m'échapper. Il régnait un vent léger, qui poussait toute la fumée sur le derrière de la hutte ; les indigènes, à en juger par leurs cris, étaient rassemblés du côté de la façade. Je me décidai à essayer de m'échapper par la fenêtre de derrière. J'espérais que la fumée, qui était poussée de ce côté, protégerait ma sortie, au moment où je sauterais et où je me trouverais par conséquent sans défense. J'arrachai précipitamment les pièces de bois avec lesquelles je l'avais barricadée et je m'élançai au milieu des tourbillons de fumée. Je fus presque suffoqué, mais enfin je parvins à franchir tous les obstacles en emportant mon fusil dans mes mains.

Ma fuite resta inaperçue pendant quelques instants, mais les indigènes ne tardèrent pas à me découvrir, et une nuée de traits qui m'enveloppa, m'eut bientôt révélé leur poursuite. Un de ces traits m'atteignit dans le dos et alla ensuite tomber plus loin. Je me trouvai alors dans une petite plaine, au milieu de laquelle s'élevait un arbre entièrement isolé. J'y courus, bien résolu à en faire une forteresse pour ma défense. J'espérais m'y appuyer le dos et me mettre ainsi à l'abri de toute surprise par derrière.

Les flèches volaient autour de moi. Je pus néanmoins gagner le pied de l'arbre, et, me retournant tout à coup, je tirai un coup de fusil au milieu des indigènes. Ils s'arrêtèrent, car ils commençaient à avoir peur de mes redoutables armes. Voyant que je les attendais de pied ferme et que j'étais bien préparé à les recevoir, ils se retirèrent à quelque distance en continuant toujours à me lancer des traits qui pour la plupart n'atteignaient pas jusqu'à moi. Ils se remirent à crier et à hurler d'une manière effroyable, dansant et cabriolant avec une sorte de frénésie. Leur instinct féroce les excitait à avancer contre moi, mais mon redoutable fusil les tenait à distance.

Mon sang était en feu. La joie que j'avais éprouvée à m'échapper de la hutte enflammée, m'excitait au plus haut point. Cette surexcitation développait chez moi un courage, qui m'aurait porté à me précipiter au milieu de mes ennemis et à livrer l'issue de cette affaire aux chances d'un combat corps à corps et au sabre. Heureusement la prudence l'emporta et je plaçai toutes mes espérances de salut dans l'excellent fusil, qui m'avait déjà rendu tant de services.

Voyant les indigènes dans une inaction momentanée, j'en voulus profiter pour recharger le coup de fusil que je venais de tirer. Je portai machinalement la main à la place où se trouvait habituellement ma poire à poudre, mais à mon inexprimable désappointement, je ne l'y sentis pas. On peut concevoir de quelle horreur je fus saisi. Je cherchai dans toutes mes poches ; je n'y trouvai rien ! J'avais oublié ma poudre sur la table de la hutte ! La hutte était en feu, il était impossible d'aller l'y rechercher. Pendant que je regardais l'incendie avec une sorte de stupeur, j'entendis une forte détonation et je vis s'élever du milieu des flammes un tourbillon d'étincelles qui m'annonça que mes précieuses munitions venaient de prendre feu et qu'elles étaient à jamais perdues pour moi.

Cette découverte me plongea dans le désespoir. Mes cheveux se dressèrent sur ma tête, une sueur froide coulait de mon front, ma vue s'obscurcit. Je compris que je ne pouvais plus être sauvé que par un miracle. L'amour de la vie s'accrut alors chez moi en proportion du danger que je courais de la perdre. Je recueillis tout ce qui me restait d'énergie pour tenter un suprême effort. J'avais encore trois coups à tirer ; un dans mon fusil et deux dans mes pistolets. J'avais aussi mon sabre, mais il ne pouvait me défendre contre les traits des sauvages.

Je me flattais, si je pouvais tenir jusqu'à la nuit, de finir par échapper à mes cruels ennemis, car les indigènes n'osent faire aucun mouvement pendant l'obscurité. Ils s'imaginent qu'ils sont alors sous la puissance du malin esprit, qui rôde au sein des ténèbres pour les faire tomber dans ses pièges. En jetant les yeux sur les branches de l'arbre, au pied duquel j'étais, je remarquai qu'il me serait facile d'y monter. Je crus observer aussi qu'il se trouvait dans le corps de l'arbre, à la hauteur des premières branches, un trou dans lequel je pourrais chercher un refuge jusqu'à ce que les ombres de la nuit me permissent d'échapper à mes persécuteurs.

J'arrêtai mon plan à l'instant même, et, sans perdre une minute, j'attachai mon fusil derrière moi, je saisis la branche qui était le plus à ma portée et je grimpai à l'arbre. Les indigènes, qui observaient tous mes mouvements, poussèrent, en me voyant agir ainsi, de nouveaux cris et de nouveaux hurlements, et se précipitèrent tous ensemble au pied de l'arbre.

J'en gagnai la fourchette le plus vite qu'il me fut possible, et je trouvai à mon extrême satisfaction que mes conjectures étaient justes. Il y avait effectivement un trou assez grand pour que je pusse m'y loger tout entier et y demeurer à l'abri des traits des sauvages. Mais en posant mes pieds au fond du trou, ils portèrent sur un corps mou que je reconnus bientôt pour être celui d'un opossum. C'était l'habitation de l'animal, qui me signifia ses droits de propriété, en les imprimant vigoureusement sur mes mollets avec ses griffes et ses dents. Je n'étais pas d'humeur à entamer une longue discussion avec ce nouvel adversaire. Je le broyai sous mes épais souliers de chasse ; mais ce ne fut pas sans porter sur mes jambes déchirées plus d'une trace douloureuse de notre lutte.

Les indigènes avaient cessé leurs cris. Un silence de mort régnait autour de l'arbre ; il était si profond que je pouvais entendre, dans mon trou, le bruit précipité de ma propre respiration. « Que peuvent-ils faire, me dis-je en moi-même ? Pendant que je formulais tout bas cette pensée, je sentis l'arbre vivement agité. Je supposai que cet ébranlement provenait de ce que quelqu'audacieux sauvage montait à l'arbre pour m'attaquer dans ma retraite. Je me hasardai à regarder ce qui en était ; mais à l'apparition de mon chapeau en dehors du trou, on me décocha une demi douzaine de traits ; trois traversèrent mon chapeau, et il y en eut même un qui m'effleura l'épiderme. « Ce plan là ne réussira pas, mes amis, dis-je aussitôt ; je saurai bien me tenir à l'abri de vos coups. » Et je rentrai dans mon gîte. J'y étais à peine blotti que j'entendis au-dessus de moi le bruit intermittent d'une respiration agitée. Je regardai en l'air et j'aperçus l'affreux visage d'un indigène dont la physionomie respirait une joie féroce et dont les yeux empruntaient une expression plus farouche encore à l'immobilité et éclatante blancheur de leurs orbites. Il avait un waddy dans les mains. Déjà il l'avait levé lentement pour m'en appliquer un coup sur la tête. Il pensait me surprendre et m'assommer comme un opossum dans son trou. « Tu as compté sans ton hôte, mon ami, me dis-je aussitôt : ce ne sera pas là mon sort. »

Au même instant, malgré la difficulté de ma position, je tirai un de mes pistolets de ma poche et je fis feu.

La balle entra par la face, traversa le crâne, et j'entendis le corps mort tomber lourdement sur la terre.

A cette vue les noirs compagnons de la victime poussèrent un hurlement qui exprimait à la fois la rage et l'effroi. J'en pris occasion de me lever et de regarder autour de moi, mais leurs traits menaçants me firent bientôt rentrer dans ma retraite. Il y eut alors un nouveau temps d'arrêt et un nouvel instant de mortel silence. Je me flattai un moment de l'espoir que les sauvages dont les attaques avaient été si souvent repoussées avec de cruelles pertes, allaient enfin se décider à battre en retraite ; mais il paraît que la mort et les blessures de leurs camarades n'avaient fait que redoubler leur rage et les exciter à de nouveaux efforts. Les conseils perfides de l'infernal Musquito leur suggérèrent contre moi un dernier moyen de destruction plus fatal et plus sûr que tous ceux auxquels j'avais échappé jusque-là.

Pendant que je me tenais coi dans mon gîte, j'entendis un bruit sourd produit par des objets d'un certain poids que l'on déposait au pied de l'arbre. Je me hasardai à lancer un regard à la dérobée et j'aperçus les sauvages activement occupés à entasser du bois mort autour de l'arbre. Je ne doutai pas un instant que ce ne fût avec l'intention d'y mettre le feu et de me brûler dans mon trou.

La justesse de mes conjectures ne tarda pas à se confirmer. Je vis en effet sortir du bois une femme indigène, qui portait les tisons enflammés sans lesquels les sauvages ne voyagent jamais. Je regardais ces agréables préparatifs, non pas avec indifférence, mais d'un air assez résolu. Quant aux sauvages ils ne paraissaient plus s'inquiéter de ma présence à l'entrée de mon trou. Ils attendaient avec une sorte de patience féroce l'inévitable effet du moyen de destruction auquel ils avaient eu recours.

La femme qui portait le feu, approcha de l'arbre. Les indigènes se rangèrent en rond et préludèrent à mon sacrifice, en se livrant à leur danse de mort. J'eus la tentation de tirer sur eux ; mais j'y résistai. Je me réservais à faire usage de mes deux derniers coups pour une extrémité plus grande encore que celle où je me trouvais.

Cependant les indigènes continuaient leur danse. Ils semblaient savourer l'intervalle qui devait s'écouler encore jusqu'à ma mort, avec le même plaisir que goûte l'épicurien, placé devant un morceau délicat, quand il en retarde l'attaque pour prolonger les douceurs d'une attente appétissante. Ils commencèrent cependant bientôt à entonner avec une horrible fureur, leur chant de mort. Ils mirent le feu aux fagots, et à la vue de la flamme, ils dansèrent et hurlèrent autour de l'arbre dans le plus extravagant délire que la rage et la joie puissent inspirer.

Le feu pétillait et la fumée montait. Je ressentais déjà, au milieu de l'atmosphère chargée de fumée, qui m'environnait, en attendant que la flamme me gagnât, les premières et horribles atteintes de l'asphyxie. Dans cette extrémité je me déterminai à lancer sur mes sauvages agresseurs les derniers coups de ma vengeance.

Je sortis de la place, où je m'étais tenu caché jusque-là, et montant aussi haut que je le pus, j'atteignis une branche où j'étais moins suffoqué par la chaleur et la fumée. De cette nouvelle position je tirai contre eux mon dernier coup de fusil, que je lançai ensuite de toute ma force sur la tête des misérables. Je fis la même chose avec mon second pistolet, lorsqu'à ma grande surprise, je crus entendre la détonation de plusieurs coups de feu; mais était-ce l'écho des coups que j'avais tirés moi-même, ou bien était-ce une erreur de mes sens? je ne pouvais en avoir la certitude au milieu de la fumée et des flammes qui m'enveloppaient. Tout ce dont je me souviens, c'est que je tombai du haut de l'arbre, qui n'était heureusement pas très-élevé. J'étais suffoqué, couvert de brûlures; je perdis l'usage de mes sens.

Je fus arraché aux épouvantables transes d'une mort si imminente par des torrents d'eau que l'on versait sur moi et je distinguai une voix, dont les accents ne m'étaient pas inconnus, qui s'écriait : « Eh bien! en voilà-t-il assez pour inspirer à un honnête homme le dégoût de cet horrible pays? Lui faudra-t-il quelque chose de plus encore? Je lui ai pourtant prédit assez souvent qu'il n'y avait rien de bon à espérer dans cette caverne de brigands et de sauvages; mais j'espère que voilà le mal arrivé à son comble. »

J'ouvris les yeux à ces mots et je reconnus Crab que le ciel avait conduit de ce côté avec quelques-uns de mes amis pour me sauver de ma perte. Je ne pus supporter la vivacité de ces diverses émotions; et abîmé de souffrances, accablé de la joie d'avoir échappé à une mort certaine, je poussai un cri perçant que m'arrachaient tout ensemble et l'excès de la joie et les angoisses de la douleur; et je m'évanouis!

CHAPITRE XX.

Je fus quelque temps avant de revenir de mon évanouissement, ou, comme disait le chirurgien, de la syncope, dans laquelle m'avaient plongé la prostration de mes forces et les émotions de mon âme. Quand je commençai à reprendre ma connaissance, j'entendis autour de moi le murmure comprimé de plusieurs voix humaines. Dans le premier moment, je me crus au pouvoir des sauvages. Il me semblait qu'ils se disposaient à me faire rôtir au feu de l'arbre, du haut duquel j'étais tombé, tout suffoqué et à moitié brûlé. Je restai les yeux fermés pendant quelques instants. Je crus reconnaître au milieu de mon recueillement la voix du magistrat de la Clyde.

« Le pauvre diable! disait-il; il paraît assez mal. N'y a-t-il eu aucun des organes de la vie atteint par les traits de ces enragés d'indigènes?

— Non, répondit une autre voix, qui me semblait être celle de mon vieux ami, le chirurgien. Il n'a reçu aucune blessure mortelle, autant que je puis voir; mais il a, à la jambe gauche, un terrible coup, qui semble avoir été fait par un instrument tout à la fois tranchant et contondant : il y a coupure et meurtrissure, du reste, il n'y a pas de fracture.

— Je crois qu'il n'aura plus à craindre de fractures à l'avenir... Jamais!... jamais!... Telle est du moins mon opinion, interrompit une troisième voix, qui me semblait avoir un étrange rapport avec celle de Crab, quoiqu'il me fût impossible de comprendre comment ce pouvait être la sienne. Mon pauvre maître perdu dans les bois pendant une semaine, sans avoir eu, je le parierais, rien à manger et pas une goutte d'eau à boire!... Dans ce pays-ci d'ailleurs vous ne trouvez jamais d'eau quand vous en avez besoin, surtout en été. Dieu sait pourtant si j'ai fait tous mes efforts depuis le temps que je suis avec lui, pour le décider à quitter cette épouvantable contrée. Je lui disais toujours qu'il finirait par lui arriver quelque malheur; mais je n'aurais jamais cru que les choses iraient jusque-là. Le pauvre brave homme, il me répétait souvent, de son vivant, que je le faisais rôtir à petit feu avec toutes mes observations; il était loin de penser qu'il viendrait un jour où on le ferait rôtir réellement. Et ce nouveau blé du Cap, dont nous devions faire un essai pour la récolte prochaine, voilà tout à vau l'eau... Mais aussi, qui diable a pu le déterminer à grimper à cet arbre?... Je n'y conçois rien.

— La chute qu'il a faite du haut en bas n'a pas dû être fort agréable, dit le magistrat.

— Non; mais heureusement pour lui, la branche n'était pas très-élevée et il est tombé sur du gazon assez épais. Il a eu bien du bonheur de n'avoir reçu aucun des coups de feu que nous tirions sur les indigènes.

— Il est bien longtemps à reprendre connaissance.

— Pas trop : tout va bien. Il y a plus d'épuisement que d'autre chose dans son évanouissement. Voilà son pouls qui revient peu à peu. Mais, voyez-vous, rester huit jours perdu dans les bois, être en proie aux angoisses d'une pareille situation, il y en a plus qu'il n'en faut pour abattre l'homme le plus énergique. Le voilà qui revient tout à fait à lui.

— Le saignerez-vous?

— Oh! non. Dans sa situation, un verre d'eau-de-vie lui vaudrait mieux qu'une saignée. »

A la proposition qui avait été faite de me saigner, j'avais ouvert les yeux, car je ne me souciais pas de donner au digne chirurgien la peine de me faire subir cette opération.

« Par saint Georges, dit le constable Worrall, avez-vous vu quels yeux le gaillard a ouverts quand il vous entendu parler d'eau-de-vie? Je pense que si nous en buvions tous un verre, cela ne nous ferait pas de mal non plus.

— Eh bien! mon ami, me dit le magistrat, comment vous trouvez-vous de votre culbute?

— Oui, mon cher maître, ajouta le bon Crab d'une voix un peu grondeuse et en même temps émue, comment vous trouvez-vous à présent que vous voilà revenu à la vie? Je vous ai prédit assez souvent qu'il vous arriverait quelque malheur, mais vous ne vouliez jamais me croire. Eh bien! nous voilà avec la ferme brûlée, le troupeau de mérinos parti, Dieu sait où! Miss Betsy malade, mistress Thornley qui ne vaut pas beaucoup mieux; il n'y a aucun de nous qui n'ait quelque sujet d'inquiétude ou de tourment. Le poulain est mort, les bestiaux, que nous étions parvenus à apprivoiser, ont repris le chemin des bois; enfin, je ne sais plus que vous dire pour vous rattacher à la vie, si ce n'est que la petite vérole fait d'aff.eux ravages dans nos environs, que la misère et la désolation règnent partout, et que...

— Vous tairez-vous, vilain oiseau de mauvais augure, dit le magistrat? Vous en avez assez dit pour faire perdre la tête à l'homme le mieux portant. Laissez-le donc tranquille. »

Cependant mes idées étaient toujours confuses, et j'étais hors d'état de me rendre compte de ce que j'entendais et de ce que je voyais autour de moi. Mes souvenirs actuels s'arrêtaient au jour où nous avions eu notre escarmouche avec les Bush-rangers, sur les bords du lac. Il me sembla, pendant quelques instants, que je me réveillais d'un long sommeil et que j'avais été sous la pénible influence d'un horrible cauchemar; mais la vue de l'arbre encore tout en feu, rappela bientôt à ma mémoire les terribles scènes dont il avait été le théâtre, je me sentis de nouveau défaillir. Mes yeux se refermèrent.

« Donnez-moi votre gourde d'eau-de-vie, dit le chirurgien : Allons, Thornley, prenez-en quelques gouttes. En disant ces mots, il approcha la bouteille de mes lèvres, et j'en bus la valeur de quelques cuillerées à thé.

— Est-ce que l'eau-de-vie est un bon spécifique contre les évanouissements, docteur? dit Worrall.

— Il n'y a rien de plus efficace. C'est un remède souverain, quand on sait l'employer à propos.

— Je me sens tout près de tomber en syncope, répliqua Worrall. La situation critique de ce pauvre M. Thornley m'a ému à un point tel... que... Seriez-vous assez bon pour me passer la gourde, docteur? Je crois que je saurai en faire un excellent usage.

— J'oserais dire que ce n'est pas l'habitude qui vous manquera.

— Mêlez-vous de vos affaires, Worrall, dit le magistrat. On ne vous refusera pas d'eau-de-vie quand nous serons retournés chez nous. Vous vous êtes assez bien conduit pour mériter d'en boire, en portant plus d'un toast à vos exploits; mais, maintenant il faut nous occuper de partir, si toutefois le docteur pense que l'on puisse transporter notre ami sans danger.

— Voyez, Worrall, dit le docteur, si vous ne pourriez pas trouver une fontaine dans les environs, nous essayerions à rafraîchir notre malade.

On m'apporta presqu'aussitôt une écuelle pleine d'une eau vive et pure, dans laquelle le brave docteur versa une quantité convenable d'eau-de-vie.

« Il faut que nous le portions chez lui d'une façon ou d'une autre, dit-il. Nous ne pouvons pas l'abandonner avant de l'avoir remis sur pied. On ne saurait le traiter ici selon toutes les règles de l'art, comme on ferait, s'il était confortablement installé dans un bon lit. »

Je bus avec avidité ce que l'on me présentait, et en levant les yeux, mes regards rencontrèrent la figure de mon digne voisin, M. Moss, que les brigands avaient enlevé.

« Comment êtes-vous sorti des mains des Bush-rangers, m'écriai-je en l'apercevant?

— Oh! dit M. Moss, je vous conterai cela en détail. Je dois de grands remercîments à mes amis pour ma délivrance, sans vous oublier, non plus que le jeune Beresford; mais c'est une histoire qui serait un peu longue; je me réserve à vous la dire en temps et lieu. »

Je m'aperçus alors que Beresford était tout près de moi; il se trouvait un peu en arrière et avait un bras en écharpe. Je lui tendis la main. Il donna son fusil à tenir à M. Moss et me présenta son bras droit, sur lequel je m'appuyai pour me lever.

« Voilà qui est très-bien, dit Worrall, en s'approchant de nous; il ne faut jamais se désespérer avant d'être mort. Nous sommes à vos ordres, continua-t-il, en s'adressant au magistrat, et en portant la main à son chapeau. Nous pouvons regagner nos habitations respectives d'ici à demain matin. La nuit sera belle et nous avons encore assez de jour pour passer le Big. De ses bords, nous n'aurons plus qu'environ vingt milles (8 lieues) de distance jusqu'aux rives du Shannon.

— Je suis prêt, répondis-je; et j'essayai à faire quelques pas. — Mais je ne puis pas marcher, dis-je au même instant. Je me sens aussi raide que si j'avais été tout à fait rôti par le feu que j'avais sous les pieds.

— En vérité, dit le chirurgien, je pense qu'il était grand temps que nous arrivassions, car, on était en train de faire une vilaine cuisine de votre peau. Soyez sans inquiétude, il y a là un cheval pour vous, et nous trouverons le moyen de vous emmener avec nous.

— Et que sont devenus les indigènes, m'écriai-je?

— Il y en a une partie de morts, là près de nous, dit le magistrat. Le reste, en nous voyant en pareil nombre, n'a pas eu la tentation de tenir pied. Ils se sont enfoncés dans les bois, on ne sait où. Autant vaudrait vouloir trouver une aiguille dans une botte de foin que de les y chercher. Ajoutez que, pour cette fois, nous avons assez de combats comme cela et les indigènes aussi. Mais ne perdons pas notre temps à causer. Nous avons le Big à traverser avant la nuit, partons.

On me mit sur un cheval, et nous nous acheminâmes le plus promptement possible vers le Big. Nous arrivâmes avant la nuit sur ses rives, où il nous fut impossible de découvrir un gué. Nous employâmes inutilement le reste du jour à en trouver. On se résigna alors à bivouaquer sur les bords de la rivière et à ne continuer les recherches que le lendemain au point du jour. On alluma plusieurs feux, et à l'aide de branches mortes et de larges morceaux d'écorces d'arbres, on me forma un abri, derrière lequel je ne tardai pas à me trouver très-confortablement. Quelques grillades de kanguro, arrosées d'eau mêlée d'un peu d'eau-de-vie, achevèrent de ranimer mes forces. Je profitai du loisir que chacun goûtait tranquillement auprès du feu pour demander des nouvelles des Bush-rangers, qui s'étaient sauvés avant mon départ dans une petite île, située dans les eaux du lac, à peu de distance de la terre-ferme. J'étais curieux de savoir ce qu'ils étaient devenus depuis que j'avais quitté mes compagnons.

« Vous allez le fatiguer, dit le magistrat, en l'empêchant de dormir avec votre histoire.

— Oh! non, dit le chirurgien, il est encore de bonne heure. Qu'on se dépêche; plus tôt on commencera plus tôt ce sera fini.

— Eh bien! Moss, racontez-lui cela, dit le magistrat. Vous avez été témoin oculaire de nos exploits, vous pouvez en faire l'éloge. Car s'il fallait le faire nous-mêmes, cela ne laisserait pas que d'être embarrassant pour notre modestie.

— Volontiers, répliqua M. Moss. Comme mon rôle s'est borné à être simple spectateur du combat, j'en puis donner une description fidèle et impartiale.

— Mais comment Crab se trouve-t-il parmi vous? interrompis-je.

— Oh! c'est facile à comprendre, répondit Crab. Le sergent et sa troupe nous avaient à peine quittés que mistress Thornley s'est imaginée qu'il ne parviendrait jamais à vous rejoindre. J'étais tout à fait de son avis. Voyant donc qu'elle prenait beaucoup d'inquiétude à ce sujet, je lui offris de me mettre en quête après vous et de vous ramener, si toutefois les indigènes en laissaient échapper un seul de vous autres, car je ne pouvais pas laisser ignorer à cette pauvre dame que c'étaient de terribles gens, d'abominables anthropophages. Mais il paraît que les soldats vous ont rencontré ou plutôt que c'est vous qui avez rencontré les soldats. D'après ce qu'on m'a dit, vous n'avez pas eu lieu d'être satisfait de leurs procédés?

— Ne parlons pas de cela, interrompis-je, en me frottant encore à la place que le détachement avait le moins respecté. Il y a eu méprise.

— Vraiment! Il est donc exact qu'ils vous ont un peu chatouillé et qu'ils vous ont fait danser sans votre agrément? Ah! mon Dieu, riaient-ils quand ils m'ont raconté cela! Ils disaient...

— Je n'ai pas besoin, Crab, que vous me répétiez ce qu'ils ont pu vous dire, interrompis-je, je le sais de reste.

— Soit. Je continue ce qui me regarde. Le lendemain du départ du sergent, il arriva donc du Camp un nouveau détachement sous la conduite d'un caporal. Ce caporal avait ordre d'établir un poste d'observation sur les bords de la Clyde, de façon que je laissai mistress Thornley tout à fait en sûreté et parfaitement contente, si ce n'est que la maison était brûlée, comme vous savez, qu'on manquait de tout sur la ferme et que le désordre et la confusion étaient à leur comble. Je ne pus dissimuler à votre pauvre femme que je ne doutais pas que vous fussiez tué par les Bush-rangers. Il vaut toujours mieux, lui dis-je, prévoir les plus mauvaises chances; mais je lui promis, le cas échéant, de lui rapporter vos restes pour qu'elle eût au moins la consolation de vous ensevelir de ses propres mains. Là dessus, Bob et moi, nous nous sommes mis en route pour suivre vos traces, et nous arrivâmes sur les bords du lac, dans la matinée même du jour où vous les aviez quittés pour regagner les bords de la Clyde. Je suis encore à comprendre comment nous ne nous sommes pas rencontrés. Il est vrai que, dans ce misérable pays, une fois qu'un homme a perdu son chemin, il est bien sûr de ne pas le retrouver.

— Ce malheur est venu, lui dis-je, de ce que j'ai eu la funeste idée de quitter le chemin frayé pour en prendre un plus court.

— Comment voulez-vous qu'il en soit autrement dans ce maudit pays? Il n'y est rien arrivé et il n'y arrivera jamais rien d'heureux. Je me fais vieux, et si j'ai un reproche à me faire, c'est d'y être resté si longtemps; mais je vous réponds que j'en serai hors avant peu. Cette dernière affaire est une leçon pour moi.

— Vous ressemblez beaucoup aux amis de Job, mon cher Crab, lui répondis-je; mais, je vous en supplie, laissez M. Moss nous raconter son histoire.

CAPTURE DES BUSH-RANGERS.

— Quand le combat auquel vous avez pris part, fut terminé, me dit M. Moss, les Bush-rangers se retirèrent derrière la banquette de gazon qui longeait les bords du lac. Ils restèrent sous cet abri pendant toute la nuit. Ils avaient eu soin de placer deux sentinelles avancées pour vous observer. Une de ces sentinelles vint leur donner avis de l'arrivée des soldats. Cette nouvelle les jeta dans une grande consternation, et ils se trouvèrent fort embarrassés sur ce qu'ils avaient à faire. Il y en avait quelques-uns qui voulaient vous attaquer à l'improviste : ce parti fut trouvé trop audacieux. Un ou deux blessés dirent qu'il serait plus prudent de se rendre. Mais le Bohémien, comme on appelait celui qui leur servait de chef, menaça de brûler la cervelle à quiconque parlerait de capituler. Il vaut mieux mourir fusillés, comme des braves, leur dit-il, que d'être pendus comme des chiens.

— Deux des Bush-rangers avaient été marins, ils proposèrent de passer à la nage dans la petite île, qui ne se trouvait qu'à quelques centaines de pas du rivage.

— Fort bien ; mais que ferons-nous de nos armes et de nos blessés, dit le Bohémien?

— Eh bien! répondirent-ils, construisons un petit radeau, nous mettrons dessus nos armes, nos habits, et nous le pousserons devant nous en nageant. Nous n'avons pas de marée à craindre, ce lac est uni comme une glace.

— Voilà un plan parfait, dit le Bohémien, exécutons-le, et nous pourrons braver les cruels assassins qui nous poursuivent. S'il leur prend fantaisie de nous relancer, nous aurons l'avantage d'être à couvert pendant qu'ils essuieront notre feu. »

Les Bush-rangers ne tardèrent pas à exécuter leur projet; néanmoins ils ne cessèrent de vous faire surveiller par leurs sentinelles. Ils virent avec satisfaction que vous ne songiez qu'à réparer vos forces et que vous étiez paisiblement installés autour de votre feu. Il n'était pas de leur intérêt d'éveiller votre attention. Les bandits travaillaient cependant avec activité. Ils commencèrent par lancer sur le lac quelques pièces de bois sec qu'ils assujétirent ensemble avec de la corde de cuir. En peu de temps leur radeau fut en état de répondre à leurs vues.

— Etes-vous prêts, maintenant? dit le Bohémien. A propos j'ai oublié de vous demander si vous savez tous nager? »

Trois des bandits, qui avaient été ouvriers dans je ne sais quelles fabriques, répondirent qu'ils n'étaient pas en état de faire une brasse à la nage.

« Voilà de fameuses gens!... Eh bien! mes amis, vous aurez soin de faire ce que je vais vous dire. Vous vous tiendrez vigoureusement accrochés au bord du radeau, cela suffira pour vous empêcher de couler. Et notre prisonnier, qu'allons-nous en faire?

— Il faut le laisser aller; il ne peut que nous gêner.

— Non pas. Il peut encore nous être bon à quelque chose... Savez-vous nager, Monsieur.

— Non, répondis-je; car il m'était venu dans ce moment l'idée d'un stratagème dont je voulais user pour m'échapper. J'espère que vous ne voudrez pas m'exposer au malheur d'être noyé?

— Il faut pourtant en courir la chance. Il n'est pas plus malheureux d'être noyé que d'être pendu. Allons, déshabillez-vous et jetez-vous à l'eau. »

Je défis mes habits; on releva les sentinelles, on réunit toute la troupe et nous nous approchâmes des bords du lac.

« Un moment, dit un des marins; quelle longueur de cordage pouvons-nous faire, en mettant bout à bout tout ce que nous avons? »

Il résulta d'une contribution générale de cravates, de jarretières, de corde de chanvre et de corde de cuir, que l'on forma un ensemble de trois cents pieds environ.

« Que voulez-vous faire de cela? dit le Bohémien.

— Vous le verrez bientôt, commandant, répondit le marin. Voilà tout bien disposé : à l'eau, maintenant!

— Où est le prisonnier? dit le Bohémien.

— A côté de moi, répliqua l'autre matelot; tout va bien. »

Ceux de la bande qui savaient nager se mirent en devoir de pousser le radeau avec des efforts extrêmes. La marche était lente. Ceux qui ne savaient pas nager et moi-même, qui avais prétendu être de ce nombre, nous nous tenions suspendus à l'entour. Nous avions fait un peu plus de la moitié du trajet, lorsque le marin, qui était à droite, dit à celui à côté de qui je me trouvais :

« Camarade, prenez le cordage et portez-le à la nage dans l'île. Je crois qu'il est assez long pour atteindre jusque-là. Ensuite vous nous hâlerez doucement. Cette manœuvre doit alléger et abréger notre besogne, car en vérité, nous en avons là plus que nous n'en pouvons faire. Dépêchez-vous, la corvée est trop rude pour que cela dure longtemps. »

Mon voisin me quitta aussitôt. Il me parut fort satisfait d'être délivré de la peine de pousser la grossière et pesante charpente, qui formait notre radeau. Au bout de quelques instants, je sentis qu'on nous hâlait du rivage.

Cette circonstance favorable détournait de dessus moi l'attention des Bush-rangers; je la saisis et je me laissai couler entre deux eaux. J'avais appris à nager dès mon enfance : cet exercice avait fait partie de mon éducation, et j'avais autant de confiance dans l'eau que sur terre. Je ne redoutais qu'une chose, c'était d'être trahi par mes forces. J'eus besoin, en effet, de toute mon habileté dans cette occasion. Mes membres étaient raides et glacés, tant à cause de l'inaction dans laquelle j'étais resté pendant que j'avais été accroché au radeau, que par le froid saisissant de la nuit, qui avait frappé sur mes mains et sur mes bras. Tous les Bush-rangers s'étaient plaint de la température glaciale des eaux du lac; et, au moment où je me séparai d'eux, les dents claquaient terriblement à ceux qui étaient suspendus à la machine flottante.

Je plongeai donc doucement, en ayant soin de ne pas laisser passer ma tête au-dessus de l'eau et en me tenant dans la direction que je crus celle de la terre-ferme. Bien que mes membres fussent paralysés par le froid, je fis un tel effort que je parvins à rester plus d'une demi-minute sous l'eau. Il est difficile de déterminer où s'arrête la force de l'homme, quand sa vie est en jeu. Lorsque je reparus à la surface du lac, je vis avec satisfaction que j'étais à une distance très-respectable du radeau.

Je me mis à nager avec vigueur, mais dans ma précipitation et probablement aussi dans l'anxiété et le trouble qui m'agitaient, au lieu de tendre vers la terre-ferme, je me dirigeai vers une autre île que je pris dans l'obscurité pour les bords du lac. Cette île était à peu près à un mille de la place que j'avais quittée. Trompé par les apparences, j'en calculai mal l'éloignement. Je crus la gagner sans beaucoup d'efforts, mais j'avais nagé avec tant de rapidité que j'étais presque épuisé de fatigue avant d'être à moitié route.

Heureusement l'air n'était agité d'aucun souffle. L'eau était parfaitement unie; mais horriblement froide. Je me reposai sur l'eau pendant quelques secondes : elle était si glaciale que je craignis un instant d'être pris de la crampe. Je renouvelai mes efforts et je nageai de plus belle. Enfin j'abordai dans l'île, mais tellement exténué, que ce fut à grand'peine que je parvins à me mettre debout. Le point du jour commençait à paraître et je m'aperçus que j'étais à peu près à un demi-mille de la portion la plus saillante de la langue de terre, qui s'avance du rivage dans les eaux du lac.

J'étais trop fatigué pour risquer de me mettre à l'eau de nouveau. Ma situation était réellement critique. Je me mis à courir en long et en large pour rappeler un peu de chaleur dans mes membres engourdis. A la fin je me dis qu'il valait autant risquer de se noyer que de mourir de froid là où j'étais. Je me jetai donc résolûment à l'eau et je fis une nouvelle tentative pour gagner la rive opposée.

J'avais franchi à peu près la moitié de la distance qui m'en séparait, quand je sentis mes forces m'abandonner. J'enfonçai dans l'eau; je me crus perdu. Déjà mes lèvres adressaient à l'Eternel quelques mots que je croyais être ma dernière prière, lorsque je sentis mon pied heurter un fond solide. Je me dressai, je n'avais plus d'eau que jusqu'au menton; j'étais sauvé! Je marchai avec précaution, craignant à chaque instant de rencontrer quelque trou; mais je trouvai que l'eau diminuait de profondeur à chaque pas. J'avais sous les pieds un sable dur et uni; je fus bientôt en terre-ferme.

Sans perdre un moment, je me dirigeai vers le point où j'espérais trouver mes amis. Je les rencontrai s'acheminant vers l'endroit où était caché le bateau. Je n'ai pas besoin de vous dire quel fut leur étonnement à la vue d'une créature vivante, qui n'était pas un kanguro, mais qui n'était pas moins dépourvue que cet animal de toute espèce de vêtement. Je leur eus bientôt expliqué le fait, ils en rirent de bon cœur; enfin, je leur racontai comment j'étais parvenu à m'échapper. On pourvut, par souscription, à mon habillement, et l'on n'oublia pas de mettre à contribution les Bush-rangers, qui avaient été tués.

« Très-bien, interrompis-je, et avez-vous trouvé le tableau?

— Nous le trouvâmes en assez bon état. Il y avait dedans une paire d'avirons. Nous le mîmes à l'eau et on agita alors la question de savoir comment on attaquerait l'ennemi. Le sergent, qui est un vieux troupier intrépide, voulait qu'on l'attaquât de trois côtés à la fois et il demandait que l'on construisît deux radeaux pour cette expédition.

— Si nous allons tous en masse dans ce petit bateau, disait-il, les brigands feront feu sur nous en bloc et nous n'aurons pas de chances de succès, à moins d'une perte considérable. Or, c'est ce que nous devons éviter; au lieu qu'en ouvrant notre feu sur trois points à la fois, nous détournerons leur attention; et ceux qui seront dans le bateau pourront pousser leur pointe et les charger vigoureusement. C'est notre affaire à nous autres soldats d'aller dans le bateau. Il ne peut pas d'ailleurs contenir d'autres personnes que nous.

— Je ne veux pas que vous exposiez ainsi votre vie, dit le magistrat; le plan le plus sage est de prendre nos adversaires par famine. Il n'y a rien à gagner pour nous à risquer notre vie sans nécessité dans un combat avec de déterminés scélérats, avec de pareils assassins. Ils ne peuvent pas faire de mal là où ils sont, et il faudra bien que la faim les réduise. Nous n'avons donc rien autre chose à faire qu'à les surveiller de près avec notre bateau. Je serais même bien surpris s'il n'y en avait pas quelques-uns d'entre eux qui ne se lassent bientôt de jeûner et qui ne trahissent toute la bande.

— Comme il vous plaira, magistrat, répondit le sergent; cela nous est tout à fait égal. J'aurais pourtant assez aimé à faire une charge sur ces lâches brigands. Assassiner un soldat de sang-froid! lui tirer un coup de fusil dans le dos! mais, si ces misérables-là, allaient encore nous jouer un autre tour; s'ils parvenaient à s'échapper pendant que nous croyons les tenir bloqués? Je vous laisse à penser si on se moquerait de nous, quand nous retournerions au Camp. Ne vaut-il pas mieux, camarades, tenter seuls l'aventure, que de ne rien faire du tout? Qu'en dites-vous?... j'ai fort envie d'essayer le bateau.

— Oui, oui, s'écrièrent tous les soldats! nous pouvons nous approcher tout près d'eux, pour tirer, et ils ne sont pas de taille à nous résister. D'ailleurs, nous tirerons trois coups contre eux un. Ils sont obligés de charger leurs armes avec de la poudre, tandis que nous, nous chargeons avec nos cartouches. Il faut en finir d'une fois et tomber dessus pendant que nous le pouvons.

— Soit, dit le magistrat, quoique j'aie ma manière de voir, je conviens qu'il n'est certainement pas sans importance de mettre la main sur de pareils scélérats; je comprends qu'il ne serait pas agréable pour vous de vous voir railler, s'ils vous échappaient. Allons, mettons-nous en besogne, sans perdre de temps. »

Nous étions tous à l'ouvrage, activement occupés à construire notre radeau, quand Crab et celui de vos gens, qui l'accompagnait, parurent à cheval.

— Oui, interrompit Crab; nous avions d'abord marché sur vos traces jusqu'à l'endroit, où vous aviez livré le premier combat, ensuite nous les avions suivis jusqu'au bord du lac, où était caché le bateau. Je ne crois pas avoir vu de ma vie une troupe de pareils extravagants. Vous aviez tous l'air de gens venus bien plutôt pour faire quelque partie folle, que pour livrer un combat à mort à des brigands poussés au désespoir. Ce n'est pas étonnant; un des inévitables effets produits par l'air de cet horrible pays, est de rendre fou tous ceux qui le respirent! car s'il faut être fou pour y venir, il faut être bien plus fou encore pour y rester; telle est du moins mon opinion. »

« Maître Crab, reprit M. Moss, a une manière de voir et une manière de s'exprimer qui n'appartiennent qu'à lui; mais je reprends le fil de mon histoire, si toutefois vous ne la trouvez pas trop longue.

— Non, vraiment, répondis-je, rien ne saurait nous être plus agréable que de vous entendre. Et, comme j'étais au commencement de l'affaire, je serai charmé d'en connaître le dénouement. « Je continue donc, dit M. Moss : Nous travaillâmes courageusement toute la journée sans parvenir toutefois à construire un radeau, qui convînt pour faire avec sécurité l'attaque que nous projetions. La moitié des soldats fut envoyée pour établir un poste sur le point du rivage que nous avions quitté et qui était le plus voisin de l'île. Nous passâmes la nuit, en nous gardant avec la précaution ordinaire, mais en présence de feux ardents que nous avions allumés pour chasser le froid. Le lendemain nous terminâmes notre radeau, et nous le mîmes à l'eau; nous le remorquâmes avec le bateau jusqu'aux abords de l'île. Nous n'en étions plus qu'à une portée de fusil, quand on tira sur nous du rivage; la balle passa très-près de notre embarcation et alla se perdre dans l'eau; cependant nous ne pûmes découvrir personne sur la rive.

— Nous n'en viendrons jamais à notre honneur, dit le magistrat, et nous courons grand risque d'être atteints ainsi de coups de feu les uns après les autres. » Il donna ordre en même temps au sergent de battre en retraite, ce qu'il fit; et nous retournâmes à terre aborder à l'endroit même où les Bush-rangers s'étaient embarqués la veille au matin. Nous nous réunîmes sur le rivage et nous y tînmes conseil sur ce que nous avions à faire. Nous étions entièrement absorbés dans cette délibération, quand nous fûmes agréablement surpris par l'arrivée d'un caporal, que suivait un nouveau détachement de soldats ; ils escortaient un chariot traîné par quatre bœufs, sur lequel se trouvait un second bateau que l'on avait eu le soin de nous envoyer d'Hobart Town, dans la prévision que nous pourrions en avoir besoin. Ce bateau était plus grand et plus solide que celui que nous avions trouvé ; ce nouveau moyen de transport et cet accroissement de forces nous déterminèrent à relancer immédiatement les Bush-rangers dans leur retraite, en les attaquant sur plusieurs points à la fois. Le sergent prit le commandement de l'un des bateaux et le magistrat le commandement de l'autre.

CHAPITRE XXI.

Au moment où nos bateaux quittaient le rivage, nous vîmes arriver un courrier à cheval. Il venait d'Hobart Town et était porteur d'une dépêche que le gouverneur adressait au magistrat. Comme la suscription portait ces mots : *importante et pressée*, nous suspendîmes notre départ pour qu'il en prît connaissance. Quand il eut achevé de la parcourir, il nous dit que ce message nous concernait tous, et il nous en donna lecture à haute voix. Il était conçu dans les termes suivants :

« N.*** Esq. lieutenant-gouverneur de Sa Majesté, dans les établissements de la terre de Van Diémen, etc., etc.

» Attendu que les condamnés, dont le signalement est en marge de la présente, qui avaient été envoyés au nouvel établissement du port de Macquarie, sont parvenus à s'évader en pénétrant dans les montagnes et qu'ils sont actuellement en liberté ; attendu, ainsi que cela nous a été déclaré par *** Esq. dans l'habitation duquel ils ont pénétré, le 9 du mois courant, que tous ou plusieurs desdits condamnés ont manifesté l'intention de se rendre à discrétion au gouvernement, nous avons arrêté que tout ou partie desdits condamnés, dont le signalement est en marge, ou tous autres qui se seraient évadés du port de Macquarie, en même temps que les dénommés, jouiront du bénéfice d'une amnistie pleine et entière pour tous les crimes et délits qu'ils auront pu commettre, le meurtre seul excepté, sous la condition qu'ils se rendront avec leurs armes d'ici au 21 courant inclus, aux magistrats ci-après nommés ou à tout officier ou sous-officier commandant un détachement des troupes de Sa Majesté.

» En conséquence, nous requérons et autorisons *** Esq. de la Clyde ; *** Esq. de Jéricho ; tous magistrats dûment nommés, de recevoir la soumission volontaire de tout ou partie desdits condamnés, de leur donner assurance en notre nom qu'il ne sera exercé contre eux aucune poursuite pour les crimes ou délits qu'ils ont pu commettre dans la dite île, le meurtre seul excepté, à condition qu'ils se rendent à discrétion avec leurs armes d'ici au 21 courant inclus.

» En même temps, nous avons arrêté que dans le cas où lesdits condamnés n'accepteraient pas l'amnistie qui leur est offerte par la présente, et où ils continueraient à demeurer en état de rébellion contre les lois, après le délai ci-dessus spécifié, nous ferions marcher contre eux toutes les troupes du roi et tous les habitants de l'île, autorisés à prendre les armes à cet effet; qu'enfin nous mettrions à prix la tête desdits condamnés et autoriserions tous les sujets de Sa Majesté à s'emparer d'eux, morts ou vifs.

» Nous déclarons en conséquence vous conférer, par le présent, signé de notre main et scellé du sceau de la colonie, plein pouvoir de prendre, pour nous et en notre nom, tous les engagements résultant du présent arrêté, en faveur des divers condamnés qui feront leur soumission, comme aussi de recevoir ladite soumission.

*** Lieutenant-gouverneur.

Donné à l'hôtel du gouvernement, à Hobart Town.

A M. *** Esq.

Rivière de Clyde. »

« Maintenant, mes amis, dit le digne détenteur du pouvoir judiciaire, on ne saurait qu'applaudir au zèle et au courage que vous montrez pour attaquer les Bush-rangers; mais il ne faut rien précipiter. Ne perdez pas de vue que notre but doit être de nous rendre maîtres de ces hommes dangereux, sans exposer inutilement notre vie ou celle des braves soldats qui brûlent de punir les assassins de leur camarade. En outre, les ordres du gouverneur m'enjoignant de leur offrir la vie sauve, ceux qui se sont rendus coupables de meurtre seuls exceptés, mon devoir m'impose l'obligation de leur faire connaître les intentions bienveillantes du gouverneur, et de les mettre à portée de sauver leurs jours. »

Ces observations soulevèrent quelques murmures. On prétendit qu'il n'y avait point de quartier pour des hommes qui avaient commis des crimes et des atrocités aussi horribles que ces brigands; mais le magistrat persista avec fermeté dans l'accomplissement de son devoir, et déclara qu'il était résolu à les faire jouir de l'amnistie qui leur était offerte par le gouverneur.

« Et comment voulez-vous qu'on la leur fasse connaître? dit le sergent. Ils nous recevront à coups de fusil si nous nous approchons d'eux en corps. D'un autre côté, je suppose qu'il n'y a personne d'entre nous qui soit désireux de se hasarder seul dans cette tanière de bêtes sauvages.

— Je ne demanderai à personne de remplir mon devoir à ma place, répondit le magistrat. Je prendrai un des constables avec moi pour conduire le bateau, et je me présenterai devant les Bush-rangers, seul et sans arme. Ma mission est une mission de paix et de clémence; je ne crains pas d'en subir les conséquences. Venez, Worrall, ajouta-t-il, descendez dans le bateau et lancez-nous au large.

— J'entends très-mal la manœuvre, dit Worrall; ajoutez à cela que les Bush-rangers ont une vieille rancune contre moi. Ils m'écorcheraient tout vif s'ils le pouvaient. Ce n'est pas que j'en aie grand peur; mais, néanmoins, j'aimerais mieux qu'un autre fît la besogne cette fois-ci.

— Si vous ne savez pas allonger les bras sur une rame, il faut convenir au moins que vous savez bien allonger la figure, dit le sergent; mais un de nous vous remplacera si Son Honneur le permet.

— Non pas, dit le magistrat. Cela rentre dans les attributions officielles de Worrall. C'est son devoir de m'assister en pareille circonstance. »

Ce fut avec la répugnance la plus comique que Worrall se résigna, dans cette désagréable occasion, à remplir les fonctions que sa charge lui imposait. Il se retourna de notre côté en s'asseyant dans le bateau; mais la physionomie de ce personnage, ordinairement si facétieux, présentait une si piteuse expression qu'elle fit naître un éclat de rire général.

« Je sais, dit Worrall, du ton le plus lugubre, que mon heure est arrivée. Je serai troué comme un crible. Vous avez beau rire, il n'y en a pas un de vous qui voudrait être à ma place. Et ces maudits Bush-rangers, qui mettent toujours des balles mâchées dans leurs fusils, comme si les balles ordinaires ne suffisaient pas!

— Donnez-moi un bâton et attachez au bout quelque chose de blanc, un mouchoir, ce que vous voudrez. Avec une pareille égide nous ne courrons aucun risque. Voilà qui est bien... Maintenant mettez-nous à flot, Worrall, et... Qu'avez-vous donc?... Allons, obéissez. Plus tôt nous partirons, plus tôt nous serons revenus.

— Au fait, dit Crab, si vous ne voulez pas mourir d'un coup de fusil, Worrall, il ne faut pas en dégoûter les autres. Qui est-ce qui vous a contraint de venir dans cet infernal pays, où il n'y a que d'atroces Bush-rangers et de féroces indigènes? Vous ne devez vous en prendre qu'à vous-même : telle est mon opinion.

— Oh! murmura Worrall, tout y sera bientôt fini pour moi! »

A ces mots le bateau s'éloigna lentement du rivage. Worrall n'imprimait aux rames qu'un faible et languissant mouvement de propulsion. Nous les voyions s'élever perpendiculairement en l'air et retomber à plomb à la même place, de manière à ce que la nacelle avançât le moins vite possible vers le lieu fatal, où le malheureux constable redoutait de voir accomplir sa destinée. De temps en temps il lançait par-dessus son épaule un regard furtif vers la place d'où il attendait une mort certaine. A chaque coup d'aviron il baissait la tête avec un mouvement rapide et convulsif dans l'espoir d'éviter les coups de fusil qu'il croyait dirigés contre lui. Le magistrat était debout dans le bateau avec son drapeau blanc à la main. A la fin, fatigué de la lenteur de son guide, il le contraignit à sortir de sa léthargie et à ramer plus vigoureusement. Il suffit de quelques coups d'aviron bien appliqués pour lancer le bateau jusqu'à moitié route.

Nous vîmes alors les Bush-rangers se mettre sous les armes, et se ranger en bataille sur les bords de l'île. De son côté, le magistrat, à mesure qu'il approchait du rivage, agitait d'une main son drapeau et montrait de l'autre la lettre ouverte, qu'il avait reçue du gouverneur. Enfin le bateau aborda et s'arrêta; mais nous ne pouvions entendre ce qui se dit alors.

« Je puis suppléer à cette lacune, reprit le magistrat. J'avoue que je n'étais pas sans quelque émotion en approchant de la place où les Bush-rangers étaient assemblés. Je sentais très-bien que ma vie était entre leurs mains; aussi m'empressai-je de leur annoncer l'amnistie qui leur était offerte par le gouverneur. Worrall s'était couché, pendant ce temps-là au fond du bateau. Je m'aperçus que cette attitude excitait les soupçons des Bush-rangers. Je le fis lever, mais aussitôt qu'on l'eût reconnu, il se manifesta dans toute la troupe un murmure de mécontentement et il fut couché en joue de tous les côtés. Je me hâtai de faire un signe de paix à ses redoutables adversaires.

J'en appelai à leur honneur, je leur dis que si je m'étais aventuré au milieu d'eux, c'était dans le seul but de leur sauver la vie, que j'étais dans l'obligation de faire mon devoir ; que je ne pouvais pas du reste leur donner une preuve plus convaincante du désir que j'avais de les arracher aux conséquences d'une résistance plus opiniâtre, qu'en venant me confier à leur bonne foi. J'ajoutai que je ne m'étais pas flatté que mon éloquence me soustrairait à leurs habitudes sanguinaires, mais que j'avais compté sur l'influence de leur chef, que sa bravoure m'avait inspiré le désir de sauver. A ces mots, plusieurs des brigands crièrent à la trahison et dirigèrent leurs fusils sur moi ; mais leur chef (le Bohémien) les arrêta, et nous eûmes ensemble un pourparler. Il me fut alors facile de voir à plusieurs signes non équivoques qu'il y avait plusieurs hommes dans sa troupe qui ne demandaient pas mieux que de faire leur soumission.

— Si nous nous rendons, dit le Bohémien, aurons-nous tous la vie sauve ?

— Non pas tous, répliquai-je ; mais il n'y a d'exceptés de l'amnistie que ceux qui ont commis les meurtres dont votre bande est accusée.

— Nous sommes tous solidaires, repartit le Bohémien. Il nous faut donc vaincre ou mourir ensemble. Nous ne pouvons pas admettre qu'on choisira parmi nous ceux que l'on voudra pour les envoyer pendre au Camp.

— Mes pouvoirs ne permettent pas de vous promettre que vous aurez tous la vie sauve ; mais cependant une soumission complète et immédiate serait un argument d'un grand poids en votre faveur.

— Eh bien ! voyons, dit le Bohémien, lisez-nous la lettre du gouverneur d'un bout à l'autre. »

Je m'empressai de satisfaire à ce désir, mais les Bush-rangers remuèrent plus d'une fois la tête, en signe de désapprobation, pendant cette lecture.

« Cela ne nous va pas, dit le Bohémien. Autant vaut périr d'un coup de feu que d'être pendu... Vous le voyez, nous sommes bien armés et tous prêts à vous recevoir. Nous ne voulons vous faire aucun mal ; je veux bien croire que vous n'avez pas non plus de mauvaises intentions à notre égard ; mais si vous nous attaquez, il faudra vous en prendre à vous-même des conséquences : ce sera un combat à mort. N'est-ce pas, camarades, il faut vaincre ou mourir ?

— Oui ! oui ! s'écrièrent tous les brigands. Pas de soumission, pas d'amnistie. »

Ma position devenait délicate. La fureur des Bush-rangers s'exaltait à chaque instant davantage. Je pensai qu'il était prudent de battre en retraite.

« Je vous accorde une heure pour réfléchir aux propositions du gouverneur, leur dis-je. Si d'ici là vous consentez à vous soumettre, vous planterez sur le bord de l'eau une branche d'arbre, que nous puissions voir de l'autre rive. Je vous laisse à vous-mêmes. J'espère que vous apprécierez l'offre généreuse qui vous est faite par le gouverneur et que vous en profiterez pour sauver vos jours. »

Aussitôt et sans attendre de réponse, je saisis les avirons, et je poussai au large, m'estimant, je vous l'assure, fort heureux de m'en être aussi bien tiré. « Maintenant, Moss, vous pouvez continuer votre récit. »

« Nous attendîmes que l'heure fut expirée, reprit M. Moss. Cependant, les Bush-rangers paraissaient très-activement occupés à réunir du bois mort et à cueillir des branches d'arbres qu'ils coupaient et traînaient vers le rivage. Ils semblaient en former une sorte de rempart propre à protéger des combattants. Au bout d'une heure, nous vîmes l'un d'eux qui éleva une branche d'arbre dans sa main et se mit à l'agiter.

— Ils se sont résignés à faire leur soumission, dit le magistrat. Les voilà qui nous font le signal convenu.

— Ne vous y fiez pas trop, dit le vieux sergent. Ils n'ont pas élevé cette barricade pour rien. Ce sont des diables bien traîtres. Je parierais que leur signe de paix n'est qu'une ruse. C'est à nous de nous tenir sur nos gardes. Si vous m'en croyez, nous ferons tourner contre eux leur propre stratagème. Ils croient nous tromper. Eh bien! il faut que ce soit nous qui les trompions. Voulez-vous me permettre, dit-il au magistrat, de prendre le commandement pour cette fois? Je suis un vieux troupier, qui ai fait la guerre de la Péninsule et qui ai acquis aussi quelque expérience dans la guerre contre les Yankees. Je connais toutes ces manœuvres-là.

— Je me mets de tout mon cœur à vos ordres, dit le magistrat. Voyons, que voulez-vous faire?

— Voici ce que je propose : D'abord vous allez vous remettre dans le bateau avec Worrall, comme si vous aviez compris leur signal et comme si vous étiez convaincu qu'ils veulent faire leur soumission de bonne foi. Maintenant, voyons de quel côté vient le vent? Il souffle d'ici vers la rive sur laquelle les Bush-rangers sont campés : bien. Il faut à présent que chacun de nous prenne à la main une branche de feuillage ou un drapeau blanc. Ils vont nous voir de l'autre rive, et ils ne vont pas manquer de penser que nous sommes convaincus qu'ils ont l'intention de se rendre paisiblement. S'ils méditent quelque trahison, ce seront eux qui seront attrapés et nous pourrons les envelopper. Le vent, ainsi que je vous l'ai fait remarquer, souffle de leur côté. Allumons un grand feu comme si nous voulions faire la cuisine. Il faut leur donner à croire que nous n'avons pas la moindre intention de recommencer le combat.

— Et à quoi tout cela nous servira-t-il? dit le magistrat.

— Le voici. En faisant un bon feu, nous nous arrangerons pour faire en même temps beaucoup de fumée. La fumée nous dérobera à leurs yeux.

— Et ensuite quel est votre plan?

— Un des bateaux se dirigera droit sur eux en faisant le plus de bruit possible, de manière à attirer leur attention, tandis que le second bateau côtoyera l'autre côté de l'île. Ce seront mes soldats et moi qui le monteront. Nous pourrons alors les prendre en flanc, et il nous sera facile d'en venir à bout. Pendant que nous commencerons l'engagement avec eux, vous pourrez pousser votre embarcation en avant et alors ils seront pris entre deux feux.

— Fort bien. Voilà un plan de campagne admirable, dit le magistrat, pourvu toutefois que vous parveniez à faire assez de fumée.

— Oh! reposez-vous de cela sur moi, dit le sergent. C'est une ruse dont je me suis servi en Amérique, il y a déjà bien longtemps. Je vous garantis de faire une fumée au milieu de laquelle un homme ne distinguerait pas un pot de bière. »

Le plan du sergent fut mis immédiatement à exécution. Nous ramassâmes une grande quantité de feuilles mortes, qui, à cette époque de l'année, sont humides et difficiles à enflammer. Nous commençâmes par faire des feux ordinaires et ensuite nous en allumâmes d'autres, tout près du rivage, sur lesquels nous jetâmes des feuilles mortes, qui occasionnaient beaucoup de fumée. Le vent poussait cette fumée presque à fleur d'eau, du côté de l'île. Nous en profitâmes pour appareiller nos barques, et, conformément au plan du sergent, en faisant le plus de bruit possible pendant que nous poussions en avant le premier bateau. En même temps le sergent se plaça avec son monde dans le second, et, protégé par la sombre épaisseur de la fumée, il se dirigea sur un des flancs de l'île.

Quand nous fûmes parvenus à la portée de la parole, une voix nous cria :

« Que diable avez-vous donc à nous envoyer tant de fumée?

— Le bois est très-humide sur notre rive et brûle mal. Nous avons vu votre signal et nous sommes venus pour recevoir votre soumission.

— Nous rendre, nous autres!... Nous croyez-vous assez fous pour venir tendre nous-mêmes notre cou à la corde, comme des moutons qui se laissent conduire à la boucherie? Vous avez donc perdu le sens? »

En achevant ces mots, les Bush-rangers nous lâchèrent une décharge. Nous nous y attendions, et nous y échappâmes en nous jetant tous à plat-ventre dans le bateau. L'obscurité causée par la fumée nous favorisait aussi; les balles passèrent par-dessus nos têtes. Nous gardâmes notre feu et continuâmes à avancer. Aussitôt que nous fûmes arrivés à une distance convenable, nous tirâmes afin de détourner l'attention de nos adversaires de dessus l'autre bateau. Nous continuâmes à tirailler ainsi pendant quelques minutes. La fumée se dissipa et nous eûmes la satisfaction de voir que le bateau, qui portait les soldats, avait réussi à aborder sur une langue de terre, qui les dérobait aux regards des Bush-rangers.

— Les lâches coquins, murmura Worrall, ils méritent d'être punis de leur indigne trahison! Heureusement nous leur échapperons. Le maudit Bohémien s'était imaginé que nous tomberions tous dans le piège.

— Les soldats doivent avoir débarqué maintenant, dit le magistrat. Il faut nous approcher du rivage et nous tenir près à les seconder. Tirez le plus de coups que vous pourrez jusqu'à ce que nous soyions près d'eux, et qu'ensuite la moitié d'entre vous réserve son feu. Voici les soldats qui s'approchent à la dérobée. Les Bush-rangers ne les voient pas encore; ils sont loin de s'attendre à être attaqués de ce côté là. Allons, mes amis, feu! Nourrissez-le bien... Voici les soldats!... courage!... avançons... avançons. Réservez votre feu, maintenant. Les soldats approchent. Les brigands ne savent plus de quel côté donner de la tête. Avançons... avançons toujours. »

Nous ne tardâmes pas à gagner le rivage. Les brigands surpris par l'attaque imprévue des soldats étaient saisis d'une terreur panique. Ils tiraient, mais mollement et sans ajuster. Nous ouvrîmes en même temps le feu de notre côté, tandis que les soldats firent contre eux une charge à la baïonnette.

Ils voulurent fuir, mais nous coupâmes leur retraite. Ils avaient été tellement surpris par l'attaque imprévue et soudaine des soldats qu'ils firent peu de résistance. Le Bohémien et un autre homme, voyant la partie perdue, se sauvèrent dans le bois. Persuadés que nous les retrouverions toujours bien dans l'île, nous nous occupâmes d'abord de nous assurer de ceux qui étaient à notre portée. On eut le temps de leur lier les pieds et les mains avant qu'ils fussent revenus de leur frayeur.

Trois des brigands avaient été tués; plusieurs étaient légèrement blessés.

« Où est le chef? s'écria le magistrat.

— Il s'est échappé; mais nous ne tarderons pas à le rattraper.

— Et notre bateau! dit le sergent. Ayez les yeux sur notre bateau! »

La recommandation arrivait trop tard. Le Bohémien avait été plus vigilant que nous. Il était déjà à plus de deux milles du rivage, quand nous l'aperçûmes faisant force de rames avec son compagnon vers la terre-ferme.

— Les voilà sauvés! dit Crab, tout ce que nous avons fait ne sert à rien. J'y ai seulement gagné un coup de fusil dans le bras. Suis-je assez insensé d'être venu me jeter dans cette bagarre? Qu'avais-je besoin, moi, de poursuivre les Bush-rangers, et encore pour voir échapper les deux plus scélérats de la bande? C'étaient les chefs et les instigateurs de tous les forfaits des autres. C'est de la besogne à recommencer. Je parierais que la nuit ne se passera pas sans qu'ils ne commettent au moins une douzaine d'assassinats. Voilà vraiment un joli résultat!... Telle est mon opinion.

— Caporal, dit le sergent, il n'y a pas de temps à perdre, mettez-vous à leurs trousses. Votre détachement et vous suffirez bien pour deux hommes. Pour moi je me charge de la garde des prisonniers.

— Conduisez le détachement du caporal, dit le magistrat, à l'endroit où les fugitifs ont abandonné l'autre bateau; prenez aussi les deux constables. Ensuite vous reviendrez avec les deux bateaux. »

Worrall et l'autre constable descendirent dans le bateau, ensuite le caporal et ses hommes les suivirent, mais avant de se mettre à la poursuite du terrible Bohémien, ils nous firent leurs adieux selon le cérémonial ordinaire aux soldats. Quand les bateaux furent revenus, nous repassâmes tous en terre-ferme, à la grande satisfaction de notre ami Beresford et du courrier du gouvernement. Nous ne songions plus qu'à faire nos dispositions pour retourner sur les bords de la Clyde, quand nous apprîmes avec surprise que vous n'y étiez pas encore arrivé. Nous craignions que vous n'eussiez été tué par les indigènes. Crab insista pour que nous nous missions immédiatement à votre recherche; car, disait-il, vous pouviez vous être perdu dans les bois, ou vous pouviez y être resté hors d'état de marcher.

Nous avions reçu l'avis que le cheval du magistrat, sur lequel vous aviez quitté les bords du lac, était retourné au logis, boiteux, sans selle ni bride. Cette circonstance augmentait nos inquiétudes sur votre sort et nous n'hésitâmes pas à nous réunir en nombre suffisant pour vous porter secours en cas de besoin. Grâce au ciel nous vous avons arraché au péril que vous savez.

« Il était grand temps, répondis-je!

— Oui, vraiment. Mais tout est heureusement terminé, et quand vous allez vous retrouver au sein de votre famille, vous ne tarderez pas à vous rétablir tout à fait. »

Ce récit achevé, chacun se mit en devoir de dormir. Je goûtai pour ma part les douceurs du plus profond sommeil. Les premiers rayons du jour me trouvèrent frais et dispos. J'engageai tout notre monde à se hâter de passer la rivière. Nous découvrîmes un gué à quelque distance, et nous le traversâmes sans accident. Beresford vint se placer à mes côtés et nous cheminâmes gaiement.

Après une marche soutenue de quelques milles, nous passâmes le Shannon. A sa vue, je commençai à revenir tout à fait à moi.

— Avez-vous des nouvelles de cette pauvre Lucy Moss? dis-je à Beresford. C'est vous qui lui avez sauvé la vie dans cette nuit de désastres. Elle n'avait pas encore recouvré sa connaissance, quand nous sommes partis pour notre expédition du grand lac. Elle se porte bien, maintenant, je le suppose?

— C'est à votre excellente femme que miss Lucy doit la vie, dit Beresford, bien plus qu'à moi. Puis rompant la conversation, il s'écria : Tenez, regardez ; avez-vous jamais vu un plus beau coup de fusil que cela?... Voyez-vous ce catakoa, qui est là, sur le bout d'une branche?

— J'ai vraiment bien l'esprit aux catakoas! lui répondis-je. Nous avons assez chassé depuis quelque temps. Laissons les catakoas tranquilles. Eh bien!... cette pauvre jeune fille... j'espère qu'elle n'ignore pas qu'elle vous doit la vie et qu'elle vous en conserve toute sa reconnaissance? Vous souvenez-vous, quand nous l'avons trouvée étendue sur l'arbre de la Clyde, dans cette nuit de terrible mémoire? Si vous ne l'aviez pas tirée de là, elle était perdue! Il n'y a pas beaucoup de gens qui auraient risqué leur vie comme vous l'avez fait, en vous cramponnant le long de l'arbre. Un opossum n'aurait pas été plus agile. Et comme vous étiez empressé! Quand nous vous avons proposé de vous aider, vous nous avez répondu que votre fardeau ne vous pesait pas plus qu'une plume!... Mais qu'avez-vous donc? On dirait que vous allez vous trouver mal? Eh bien! qu'est-ce qui vous fait donc rougir ainsi?

— C'est mon bras qui me donne de temps en temps de cruels élancements... Ah! voici enfin la Clyde!... ajouta Beresford, qui parut bien aise de trouver un prétexte pour détourner mon attention. Tenez, regardez entre les branches de cet arbre à gomme. On voit l'eau. Nous ne devons pas en être à plus de quatre milles (1 lieue 1/2).

— Vous semblez bien impatient d'arriver ; vous n'avez pas reçu de mauvaises nouvelles de chez vous, je le suppose?

— Non, grâce au ciel! mais la vérité est que je voudrais... que je serais bien aise... d'être déjà arrivé... je ne suis pas sans inquiétude de...

— Et de quoi?

— De voir si vos gens... c'est-à-dire si les miens ont avancé une haie et un fossé qu'ils étaient en train de faire à mon départ.

— Vraiment! lui répliquai-je; et je fus obligé de briser là mes observations, attendu que mon jeune ami s'éloigna de moi sous je ne sais quel prétexte. Mais cette retraite précipitée me donna encore plus à penser. »

J'ai vu beaucoup de choses extraordinaires dans ma vie, me dis-je tout bas, mais je n'ai jamais vu, dans de pareilles circonstances, un jeune homme aussi impatient de revoir une haie et un fossé.

Chaque pas me rapprochait de ma demeure, et l'impression que me causait mon retour ne laissait place dans mon esprit pour aucune autre pensée. Les joyeuses et bruyantes acclamations de notre troupe annoncèrent de loin notre arrivée et l'heureux succès de notre expédition. Quelques instants après nous traversions la rivière sur l'arbre mémorable qui réunissait ses bords, et je me trouvai encore une fois dans les bras de ma femme et de mes enfants!

CHAPITRE XXII.

Il y a aujourd'hui quatorze ans que les événements que je raconte sont passés ; mais ils sont aussi présents à ma mémoire que s'ils étaient arrivés hier. Je pris ma femme d'une main, ma fille aînée de l'autre et je m'acheminai en silence vers l'humble hutte, qui nous restait pour unique demeure. Je regardais autour de moi dans l'espoir d'apercevoir mon fils William ; ma femme devina ma pensée.

« William, dit-elle, est allé à votre recherche sur les collines qui avoisinent le lac Sorrel. »

J'arrêtai mes regards attendris sur mes autres enfants, et je les embrassai l'un après l'autre.

« Laissez-moi seul pendant quelques instants, leur dis-je, je sens le vertige qui me tourne la tête. »

Je m'assis sur un banc de bois et là je cherchai à me recueillir. La réaction avait été trop violente pour mes forces. Les cruelles émotions que j'avais éprouvées, m'avaient occasionné une secousse plus forte que je ne pouvais supporter ; des événements qui auraient suffi pour remplir une existence tout entière, semblaient s'être accumulés sur ma tête durant les dix jours qui s'étaient écoulés depuis que j'avais laissé ma famille dans un état si prospère.

Combien n'avais-je pas souffert dans ce court espace de temps ! J'avais pris part à des combats meurtriers ! J'avais été perdu pendant six jours, dans des bois affreux et déserts ! J'avais failli succomber dans ma lutte sanglante avec les indigènes ! Je retrouvais la désolation là où j'avais laissé l'abondance, et je n'avais plus devant moi que les ruines noircies de ma chaumière, naguère si joyeuse.

Assailli à la fois par tant de pensées diverses, accablé par le bonheur même de me retrouver au milieu d'êtres si chers que j'avais cru ne revoir jamais, je fus saisi de cette espèce de suffocation qui s'empare des personnes livrées à des émotions de nature contradictoire. Chez moi c'étaient la tristesse et la joie qui se combattaient. Je crois que ma poitrine se serait brisée, si les larmes n'étaient venues à mon secours. J'essayai de les retenir. Il me semblait qu'elles étaient indignes d'un homme et inconvenantes dans la circonstance où je me trouvais ; mais ce fut en vain, il fallut les laisser couler, et avec abondance. Dans la plénitude, dans l'ivresse de ma joie, je finis par éclater en sanglots.

Ma chère femme prit mes mains dans les siennes et les pressa avec tendresse. Un mouvement spontané nous précipita tous deux à genoux, et j'élevai du fond de mon cœur mes vives actions de grâces vers l'Être dont la main puissante et tutélaire m'avait soutenu au milieu de tant de dangers. Je rappelai mes enfants et je leur prodiguai de nouvelles caresses. Mon cher William arriva sur ces entrefaites et célébra mon heureux retour avec la joie expansive et bruyante de son âge.

Toute la soirée fut consacrée au bonheur et à la reconnaissance. Nous ne songions plus à ce que nous avions perdu ; nous ne pensions qu'à ce que nous avions sauvé. Une espèce de transport au cerveau fut la conséquence de la surexcitation que j'avais éprouvée. Je fus obligé de garder le lit plusieurs jours. Lorsque je fus assez rétabli pour m'occuper de mes affaires, je trouvai qu'il me fallait presque entièrement recommencer la tâche que les colons ont à remplir en arrivant dans ce pays. Mais l'industrie et la persévérance surmontent tous les obstacles; j'entrepris donc, avec une ardeur nouvelle, de réparer mes désastres. Nous étions tous animés de l'amour du travail; nous nous mîmes gaiement à l'ouvrage, nous nous sentions surtout stimulés par cette pensée que c'était pour nous-mêmes que nous travaillions et que si nous faisions quelque amélioration, si nous posions quelques pierres, si nous ajoutions quelques pieux à nos palissades, c'était sur notre propre terre et au profit de nos enfants et de nous-mêmes que tout cela se faisait.

Mon premier soin fut de m'occuper de mon troupeau. C'était la portion la plus importante des richesses de ma ferme et celle sur laquelle je comptais le plus. Je vis avec chagrin que le troupeau de mérinos que l'on gardait à la maison, s'était dispersé dans les bois. Les trois autres troupeaux, qui étaient disséminés sur mes terres et qui se composaient d'environ trois mille têtes, étaient en bon ordre; il me fallut assez de temps pour retrouver et réunir mes mérinos, ils s'en étaient allés de divers côtés. Un assez grand nombre s'était même mêlé aux troupeaux de mes voisins; à la fin je parvins à les recueillir tous : quant aux bêtes à cornes, on les reprit les unes après les autres. Il en coûta de terribles courses à mes chevaux pour les aller rechercher au milieu des troupeaux sauvages parmi lesquels elles étaient confondues.

Le plus fâcheux de nos affaires était la perte que nous avions faite, dans l'incendie, de notre mobilier, de nos lits, de la bibliothèque, en un mot, de presque tout ce que renfermait notre chaumière et les bâtiments contigus. Heureusement personne n'avait perdu la vie et c'était une grande consolation.

Mon ami Moss s'était réinstallé dans sa hutte de bois de l'autre côté de la rivière. J'appris que le jeune Beresford l'aidait de tout son pouvoir à mettre sa petite ferme en bon état. Ma fille Betsy, qui avait alors seize ans, et qui, à l'occasion, était assez railleuse, me dit avec beaucoup de flegme : « Que M. Beresford était un jeune homme très-complaisant! qu'il ne passait pas un jour sans enseigner à miss Lucy, comment elle devait s'y prendre pour cultiver les fleurs de son petit jardin! Il faut, ajouta-t-elle, que la culture des fleurs soit une chose bien difficile de l'autre côté de la rivière, car le jardin de miss Lucy ne fait pas grands progrès, malgré toute la patience que déploie son professeur, en lui expliquant les éléments du jardinage du matin au soir. »

Miss Betsy me faisait part de ces observations d'un petit air si sournois que je ne pus m'empêcher d'arrêter sur elle des regards un peu surpris. Cela me rappela qu'il y avait déjà huit ans que j'étais établi sur les bords de la Clyde, que ma fille aînée était dans sa seizième année et qu'il n'était pas étonnant qu'elle commençât à se donner les airs d'une jeune fille de quelque expérience.

Mon fils William, qui avait atteint sa dix-huitième année, avait manifesté récemment l'intention de faire un voyage à Hobart Town, pour acheter des rasoirs. Quelque temps auparavant j'avais réprimé ses velléités à cet égard, en lui offrant un des chariots avec un attelage de quatre bœufs, pour apporter ce premier rasoir avec plus de solennité. Malgré cette plaisanterie, je sentais bien qu'a peu de temps de là ses prétentions prendraient un caractère qui ne permettrait plus de les traiter si légèrement et que je devais déjà songer à y faire droit. Toutes ces pensées étaient autant de nouveaux aiguillons pour moi.

Un des matins de ce même mois de juin 1824, par une belle gelée, je convoquai Crab à un conseil de cabinet, où il s'agissait de délibérer sur la nouvelle maison que je me proposais de bâtir. J'avais quelque propension à essayer d'un nouveau mode de construction que l'on avait récemment introduit dans la colonie. On désignait sous le nom de *pisé*, ce nouveau genre de maçonnerie. Il paraissait d'un emploi très-convenable pour les endroits où l'on ne pouvait se procurer ni briques, ni pierres, et il les remplaçait avec avantage; voici comment on s'y prend pour construire une maison en pisé :

L'épaisseur et les dimensions des murs, que nous supposerons pour une maison ordinaire de quarante pieds de long sur vingt de large, étant déterminées, on dresse deux perches bien droites aux extrémités de chaque mur et on les enfonce solidement en terre. Ces perches doivent être arrasées à la hauteur que l'on a déterminée pour les murs; on laisse entre elles un espace de deux pieds, plus ou moins, suivant l'épaisseur qu'on veut donner aux murs. On plante d'autres perches semblables de distance en distance, sur le reste de la ligne, suivant que son étendue le requiert; ensuite on attache des planches de champ, d'un pied de large sur un pouce et demi à deux pouces d'épaisseur, dans toute la longueur du mur, soit quarante pieds pour la maison que nous avons citée comme exemple, et l'on forme ainsi un bâtis, une espèce de moule pour la muraille qu'il s'agit de construire.

On emploie pour faire ces murs de l'argile ordinaire dans l'état où elle se trouve, mais il faut la faire sécher pour qu'elle puisse passer à travers un crible; car la solidité et la durée de ce genre de murailles dépendent surtout de l'absence de toute pierre ou de tout autre corps étranger, plus gros que ceux qui peuvent passer dans un crible assez fin. On jette l'argile ainsi pulvérisée et criblée dans l'espèce de coffre en planches destiné à lui servir de moule; on donne à chaque couche de quatre à six pouces d'épaisseur qui se trouvent réduits à deux. J'ai omis de dire que les fondations de ces maisons doivent être faites en pierres ou en madriers épais et élevés assez haut au-dessus du sol pour que les murs n'aient rien à craindre de l'humidité. Enfin, le sol doit être lui-même convenablement nivelé, le défaut de ces précautions rend la maison moins durable.

L'opération qui suit, consiste dans le tassement de l'argile. La solidité de la muraille, dépend surtout de l'instrument avec lequel on l'opère; on le nomme *demoiselle* et il est formé d'un pieu grossier de dix pieds de long environ, et de deux à trois pouces de diamètre; l'extrémité de ce pieu doit se terminer en pointe. Si l'amincissement de cette pointe commence trop près de l'extrémité du pieu, cette extrémité est trop grosse et déplace l'argile sur une trop grande surface; alors les particules pulvérisées, qui la composent, ne se trouvent pas suffisamment placées en contact les unes avec les autres, et la muraille n'est pas solide. Si au contraire, la pointe part de trop haut, l'instrument fait des trous dans l'argile au lieu de la tasser. Il y a un certain juste milieu à saisir, on y arrive après quelques essais : l'expérience a bientôt enseigné à quelle forme on doit donner la préférence.

Deux hommes ou plus, suivant l'étendue de la muraille, se tiennent en dedans des planches, occupés sans relâche à tasser légèrement avec leurs pieux pointus, l'argile que d'autres ouvriers jettent du dehors sous leurs pieds ; il faut prendre soin de ne pas faire un tassement trop dur et de ne pas l'opérer trop vite. Par ce procédé on se procure en peu de temps et avec des moyens bien simples, une excellente maison ; les matériaux n'en sont pas chers et se trouvent partout. On n'a besoin de recourir ni à l'habileté d'un maçon ni à celle d'un tailleur de pierres. Ces murs deviennent en peu de temps aussi durs que la pierre et d'une solidité aussi grande en apparence. La pioche n'y laisse pas de traces beaucoup plus profondes que sur une muraille en pierre. Tel était le genre de construction que je me proposais d'adopter pour ma nouvelle demeure.

« Eh bien ! mon cher Crab, lui dis-je, pour entrer en matière, nous voici dans une fâcheuse position, mais enfin elle aurait pu être pire. Personne heureusement n'a péri dans cet effroyable incendie, c'est au moins une grande consolation. Nous ne pouvons pas vivre sans maison ; et la question qu'il s'agit de résoudre, c'est celle de savoir quel genre de construction nous adopterons pour la demeure que nous avons à bâtir. Vous avez vu beaucoup de maisons en pisé du côté de Pitt-Water, qu'en pensez-vous ? »

C'est le moment de dire ici que maître Crab était devenu un personnage important dans le district de la Clyde. Au commencement de 1817, sept années auparavant, j'avais eu assez d'ascendant sur lui pour le déterminer à acheter, avec son petit capital, une centaine de brebis pleines, pour en exploiter le produit *par tiers;* arrangement qu'il conclut avec un honnête colon de l'autre côté de l'île, dans le district de Launceston.

Le colon avait un tiers du produit du troupeau pour le payer de ses soins et de ses dépenses, de façon que les deux autres tiers revertissaient au propriétaire.

Or, comme Crab ne consommait aucun de ses moutons et qu'il ne vendait qu'un bien petit nombre de ses élèves, si ce n'est pour remplacer les moutons par des brebis portières, il en résulta qu'en sept ans les cent brebis, qui formaient son troupeau primitif, s'étaient multipliées, nonobstant les vols et les autres pertes accidentelles, au point de former deux troupeaux de plus de mille têtes chacun. Il les avait établis dans des parcours différents, vers l'est, dans les plaines du Salt-Pan. Il avait continué à vivre chez moi, où nous le considérions et où il se considérait lui-même comme un membre de la famille : il y exerçait un pouvoir d'autocrate sur tout ce qui concernait le labourage et la culture des blés.

Je dois ajouter que, parvenu à l'âge de soixante-huit ans, il était devenu plus entêté que jamais de ses opinions. Les malheurs qui venaient de m'accabler, malheurs qu'il prétendait avoir tous prévus et prédits, le confirmaient dans la conviction intime qu'il avait de sa haute pénétration et de sa profonde sagacité.

« Eh bien ! Crab, que pensez-vous d'une maison en pisé ? c'est d'une construction facile, et nous pourrions la bâtir avec les hommes que nous avons ici. » Crab se leva lentement de dessus un tronc d'arbre sur lequel il était assis et appuyant ses deux mains brunes et calleuses, sur une table grossière faite avec des planches d'arbres à gomme, il pencha un peu la tête de mon côté et me répliqua du ton le plus solennel.

« Comment est-il possible, monsieur Thornley, que vous pensiez à construire une nouvelle maison dans cet abominable pays ? Les Bush-rangers, les indigènes et le feu ne vous ont donc pas donné assez de leçons ? Que faut-il de plus pour vous démontrer toute la folie de votre entreprise ? Vous ne vous souvenez donc pas qu'il y a huit ans, à cette même place, je vous ai prédit tout ce qui vous arriverait ? Et cela vous est arrivé.

Et vous songez encore à recommencer comme si de rien n'était! En vérité, c'est une tentation de la Providence.

— Oh! oui, papa, s'écria Betsy, retournons en Angleterre. Depuis toutes ces affaires des Bush-rangers et d'indigènes, je vous avoue que je vis dans des transes mortelles. Ajoutez à cela qu'il n'y a pas dans les environs un seul magasin de quoi que ce soit. Il faut envoyer à Hobart Town pour la moindre chose. Si nous avons besoin d'un ruban neuf pour un chapeau, il faut expédier un chariot et faire cinquante milles (20 lieues)! Peut-on s'accoutumer à l'idée d'apporter un chapeau neuf dans un chariot tiré par quatre bœufs!

— Enfantillage que tout cela, Betsy, reprit William! qu'avez-vous besoin de chapeau neuf ici, où vous n'avez pour les admirer que des vaches et des moutons?

— Il n'y a pas que des vaches et des moutons, murmura, je crois, Betsy.

— C'est une grande incommodité, continua William, de n'avoir pas un bottier, dans le voisinage, j'en conviens; mais si vous avez quelques bagatelles à faire faire à vos robes, vous pouvez bien les porter à la ville.

— Miss Betsy est une jeune personne pleine de sens et de raison, reprit Crab. Ce qu'il y a de mieux à faire, c'est de nous en retourner en Angleterre et de nous y établir sur une jolie petite ferme. J'en connais dans le Shropshire qu'on louerait à bon marché.

— Louer! ce seul mot déciderait la question, mon cher Crab, quand il n'y aurait pas beaucoup d'autres raisons. Grâce au ciel il ne doit plus être question pour nous de loyer ni de fermage. La terre que nous cultivons est la nôtre, nous sommes nos maîtres. Notre prospérité et notre fortune sont dans nos propres mains.

— Une jolie prospérité, dit l'indomptable Crab! Vous osez vous dire heureux; mais vous oubliez donc qu'il s'en est fallu de rien que vous ne fussiez fusillé par les Bush-rangers; que vous avez failli périr, perdu au milieu des bois; que les indigènes vous ont pourchassé comme une bête fauve et qu'à l'heure où je vous parle vous devriez être rôti!... le nierez-vous?

— Comment rôti, s'écria ma femme! quelles extravagantes idées avez-vous donc là, maître Crab?

— Mais je ne le suis pas encore, répliquai-je. Et sauf ce coup de womera que les indigènes m'ont donné à la jambe, je ne m'en porte pas plus mal. Voyons, Crab, soyons justes. Comment avez-vous acquis le troupeau que vous avez dans les plaines de Salt-Pan? Vous aurez bientôt un si grand nombre de moutons que vous ne saurez plus qu'en faire; ce serait bien autre chose en Angleterre: il ne vous faudrait pas une petite ferme pour nourrir deux mille moutons! Et le fermage? il n'y en a point à payer ici.

— C'est fort bien, dit Crab; mais j'aime mieux payer un fermage et jouir en paix de ce que j'ai. Croyez-vous ne point payer ici de tribut aux Bush-rangers, aux voleurs de moutons et au feu?

— J'avoue que c'est une prime, une sorte de drawback que nous avons à acquitter; mais enfin, mon cher Crab, malgré cette contribution et malgré tous les inconvénients et tous les désagréments de ce maudit pays, comme vous le qualifiez, vous n'en avez pas moins trouvé le moyen, en sept ans, avec cent moutons, de devenir propriétaire de deux mille. Je pense que jamais, dans cet espace de temps ou dans tout autre espace de temps donné, vous ne seriez devenu propriétaire de deux mille moutons en Angleterre.

— Je ne le prétends pas, répondit Crab, je ne le prétends pas ; mais en Angleterre vous dormez tranquillement dans votre lit, et vous n'avez pas l'inquiétude de vous réveiller le lendemain matin avec la gorge coupée ou au bruit de l'incendie de votre maison.

Enfin un homme voué au malheur ne peut pas fuir sa destinée. Il faudra que vous essuyiez un désastre pire encore que le premier avant de vous rendre à la raison. Quand vous serez au bout vous regretterez de n'avoir pas suivi mes conseils.

— Eh bien! revenons à l'objet de notre délibération et donnez-nous votre avis sur la construction d'une maison en pisé. Vous en avez vu plusieurs, et moi je n'en ai jamais vu. En bâtirons-nous une?

— Dieu vous en garde! peut-on songer à faire un pâté avec de la boue et à appeler cela une maison? qui est-ce qui peut avoir eu l'idée de tapoter un tas de terre et de mettre un toit dessus. Comment voulez-vous que cela ne s'en aille pas en miettes ou ne soit pas réduit en bouillie aux premières pluies? Pourquoi d'ailleurs songer à faire une maison d'argile, quand vous avez de la pierre en abondance sur vos terres?

— Il est vrai ; mais la main d'œuvre est si chère dans ce pays, et il faudrait tant de temps pour bâtir une maison en pierres!

— Je n'en disconviens pas, tout est horriblement cher dans ce maudit pays ; mais vous auriez dû penser à cela avant d'y venir. Du reste, une maison en pierres, telle que je la conçois, serait construite de la même manière que la cheminée en pierres de notre ancienne chaumière, seulement on pourrait faire les murs plus légers. Vous pourriez bâtir une maison de cent pieds de long pour quelques centaines de livres sterling. Ce serait une habitation tout à fait digne d'un gentleman, et si vous aviez le bonheur de rencontrer quelque tête folle qui eût l'intention de s'établir dans ce pays et qui à cette bonne intention joignît quelque argent, vous pourriez vendre une maison de ce genre avec avantage, quand nous retournerons en Angleterre. Je vous dirai même ce que je veux faire, continua Crab, dans son enthousiasme. J'ai beaucoup plus de moutons qu'il ne m'en faut, je vendrai un de mes troupeaux, et avec le prix, nous bâtirons la maison. Je partirai demain pour les plaines de Salt-Pan.

— J'espère bien vraiment que vous n'en ferez rien, lui dis-je.

— Et pourquoi, s'il vous plaît! ne puis-je pas disposer de mon troupeau comme je l'entends?

— Sans aucun doute, lui répondis-je ; mais je ne souffrirai pas que vous vendiez votre troupeau pour construire ma maison. Il m'est dû quinze cents livres sterling (37,500 fr.) qui me seront payées le mois prochain ; je ne les replacerai pas et j'aurai de l'argent autant qu'il m'en faudra pour la maison, l'ameublement et tous les accessoires.

— Soit, dit Crab, en se recueillant un peu. Peut-être cet arrangement vaut-il mieux. Après tout, cela reviendra au même, car vous finiriez par perdre votre argent en le plaçant, tandis que le troupeau, en le laissant faire, ira toujours en augmentant. Il s'agit donc maintenant de trouver une bonne carrière de pierres?

— Il faut s'occuper d'en faire la recherche, dit ma femme ; la journée est superbe, je désire faire une visite à madame Moss, nous passerons sur le pont de Lucy et vous nous laisserez chez elle.

— Eh bien! partons, lui dis-je. Où est mon fusil de chasse? prenez aussi le vôtre, William.

— Qu'avez-vous besoin de vos fusils, dit Crab, nous n'irons pas à plus d'un mille d'ici!

— Probablement, mais il n'y a pas d'inconvénient à les prendre.

— Mon fusil de chasse n'est pas nettoyé, dit William, mais voici une carabine, garnie de sa baïonnette, qui est en état. Il ne faut pas non plus que j'oublie un paquet de cartouches.

— Quel charmant séjour à habiter, dit Crab, qu'un pays où l'on ne saurait aller à la recherche d'une carrière de pierres sans carabine ni baïonnette!

— Il est toujours plus sage de se tenir sur ses gardes, répondis-je. La prudence n'exclut pas le courage, au contraire elle prouve qu'on prévoit le danger et qu'on a l'intention de l'affronter. »

On verra un peu plus loin que ce n'était pas de notre part une précaution inutile que de prendre nos armes avec nous, même dans cette circonstance.

CHAPITRE XXIII.

La terre de Van Diémen abonde en pierres de toute espèce et surtout en une espèce de pierre qui se divise facilement en plaques ou lames avec lesquelles on bâtit généralement les cheminées des maisons de bois, lorsqu'on est dans l'impossibilité de se procurer de la brique et de la chaux. Ce genre de construction n'est pas aussi agréable à l'œil que la brique; mais il répond bien au but qu'on se propose. Il offre aussi l'avantage de permettre de substituer au mortier de l'argile ou même de la boue. Il y avait sur mes terres une grande quantité de cette sorte de pierre. Il n'y en avait que trop, car on en eût trouvé assez pour bâtir une ville. Ces larges morceaux de pierre plate étaient même accumulés en si grande quantité, à la surface du sol, sur certains points, qu'il fallut bien du temps pour pouvoir les employer.

L'objet de notre recherche était de trouver une carrière de pierres, faciles à travailler et voisines de l'emplacement où devait s'élever la maison. Nous voulions éviter par là les frais et les peines du transport. Nous commençâmes par nous diriger tous ensemble sur le bord opposé de la rivière que nous passâmes, à la file l'un de l'autre, sur le pont que nous avions nommé : *Pont de Lucy*. Crab fermait la marche, portant une pince de fer sur l'épaule. Il avait voulu s'en munir pour pouvoir lever au besoin quelques échantillons de pierre.

Nous trouvâmes nos amis activement occupés autour de leur chaumière. M. Moss, d'après le désir que lui en avait manifesté sa femme, faisait une véritable forteresse de sa maison. L'intérieur en était à peine assez grand pour nous contenir tous. Nous nous dirigeâmes vers le nouveau jardin que miss Lucy venait de créer sur les bords de la rivière.

« En vérité, s'écria Betsy, je crois que miss Lucy a deux jardiniers pour la seconder! Voici d'abord M. Beresford, assis sur un tronc d'arbre, et qui paraît très-sérieusement occupé à expliquer quelque chose. Quand au second, qui a un fusil sur l'épaule, il est trop loin pour se mêler à la conversation. C'est un jeune homme que nous n'avons pas encore vu. Je voudrais bien savoir qui il est? »

Notre approche interrompit la dissertation horticole de M. Beresford, qui vint nous saluer en rougissant jusqu'au blanc des yeux ; tandis que miss Lucy se mit à ratisser la terre avec une vivacité sans pareille.

« Il vaut mieux travailler quand il fait froid que de ne rien faire, lui dis-je. Le mois de juin n'est pas un mois pendant lequel on puisse demeurer immobile en plein air. On est mieux dans l'intérieur de la maison auprès d'un bon feu.

— Je pense comme vous ; cela est fort agréable, me répondit Beresford.

— C'est ce que je vois, lui répliquai-je, en souriant.

— Je ne puis m'arrêter à causer bien longtemps avec vous, ajoutai-je, car nous allons à la recherche d'une carrière de pierres, dont j'ai besoin pour me bâtir une nouvelle maison. Pourriez-vous me dire quel est ce jeune étranger? Il a quelques traits de ressemblance avec vous, monsieur Beresford.

— C'est mon frère. Je l'attendais depuis plusieurs mois, ainsi que je vous l'ai dit. Il est arrivé de la semaine dernière.

— Quel âge a-t-il? Il paraît plus jeune que vous.

— Il a dix-neuf ans : quatre ans de moins que moi. Il est arrivé ici avec de si terribles idées sur les indigènes et sur les Bush-rangers, qu'il ne fait point un pas sans son fusil. Il faut qu'il l'ait à ses côtés pour manger, pour boire et pour dormir. »

Pendant que Beresford parlait, le jeune étranger s'avança vers nous et nous salua de fort bonne grâce. Son air tout à la fois aisé et modeste prévenait singulièrement en sa faveur. Je crus remarquer que je n'étais pas le seul de la compagnie à le regarder d'un œil favorable ; mais j'aurai à revenir sur cette observation dans un moment plus convenable.

« Qui est-ce qui vient se promener avec nous? dis-je en me tournant vers Beresford. Est-ce que vous-vous proposez de rester toute la journée assis sur ce tronc d'arbre? Une bonne promenade vous ferait du bien.

— J'irais avec vous avec le plus grand plaisir, me répondit-il ; mais j'ai promis à miss Moss de lui montrer comment il faut tracer les sillons pour semer du maïs.

— Comment, vous préparez de la terre pour semer du maïs en juin? En vérité, voilà une idée nouvelle. Vous êtes le premier à qui j'aie entendu parler de semer du maïs au cœur de l'hiver.

— Il ne s'agit pas de semer, répliqua Beresford, mais de préparer la terre ; il n'est rien de tel que de la préparer à l'avance.

— A la bonne heure ; mais puisque vous aimez à disposer les choses d'avance, vous feriez bien, je crois, de venir avec nous à la recherche d'une carrière, car je serais bien surpris si vous n'aviez pas bientôt besoin de pierres pour bâtir une maison plus grande que celle que vous occupez à présent. »

Cette observation sembla redoubler encore l'activité avec laquelle miss Lucy faisait jouer son rateau. Elle eut pourtant le courage de dire :

« Vous savez, monsieur Beresford, que le chirurgien vous a défendu de vous servir de votre bras, et qu'il vous a prévenu que vous ne pouviez pas le remuer sans danger. Mais, je vous en prie, que ce ne soit pas moi qui vous empêche d'aller avec nos amis. Je ne manque pas d'ouvrage à faire dans la maison. »

En achevant ces mots, elle nous dit vivement adieu, et nous continuâmes notre promenade. Beresford s'excusa de venir avec nous sous le prétexte qu'il avait à parler à M. Moss au sujet de son troupeau.

« Mais, mon frère, ajouta-t-il, s'estimera très-heureux de vous accompagner et de voir le pays.

— Très-bien, répondis-je ; à propos, Betsy, vous pourriez rester ici avec votre mère, pendant que nous allons nous occuper de notre recherche.

— J'aime mieux aller avec vous, repartit Betsy ; le temps est superbe et je serai enchantée de voir des carrières de pierres.

— Enchantée de voir des carrières de pierres ! me dis-je à moi-même ; voilà un goût qui est venu bien subitement à miss Betsy, je ne le lui connaissais pas encore. Eh bien ! venez, ajoutai-je tout haut ; mais vous ne vous plaindrez pas de la fatigue, car je vous préviens que nous serons peut-être obligés de faire une longue promenade. »

Nous repassâmes la rivière et nous nous enfonçâmes dans le bois. William marchait en avant, je le suivais de près avec Crab : Betsy et le jeune étranger marchaient derrière nous.

« J'ai vu une grande quantité de pierres de l'autre côté de cette petite colline verte, dit Crab, qui feraient admirablement notre affaire, s'il n'y avait pas si loin à les charrier. Cependant, comme elles sont à la surface du sol, la facilité que l'on aurait à les ramasser compenserait la difficulté du transport.

— Il n'y a pas d'inconvénient à les voir, répondis-je. Poussons jusque-là. Betsy !... où diable est-elle donc ? Allons, ne restez donc pas à traîner ainsi derrière nous, ou bien vous risquerez de vous perdre dans le bois ; et ce n'est pas, Monsieur, qui ne connaît pas le pays, qui pourra vous tirer d'embarras.

— Oh ! papa, je n'ai pas d'inquiétude de me perdre dans le bois, si près de la maison. J'ai bien plus de peur de rencontrer les bœufs sauvages que l'on doit vous amener aujourd'hui.

— Des bœufs sauvages ! dit Georges Beresford. Est-ce que vous en avez ici ? Mais ils ne sont dangereux, je le suppose, que quand on les maltraite ?

— Sauvages ! Les pauvres bêtes ! elles ne sont pas plus sauvages que moi, s'écria Crab ; mais elles sont quelquefois de mauvaise humeur. Et je crois que vous le seriez comme elles, si vous aviez une demi-douzaine d'hommes à cheval, à vous pourchasser pendant plusieurs heures et à faire claquer leurs fouets après vous, au point de rendre sourd un arbre à gomme. Elles peuvent bien paraître un peu sauvages, par-ci par-là, quand elles sont en troupe et à folâtrer librement ensemble. Il faut alors avoir soin de ne pas se tenir sur leur route, voilà tout.

— Un peu plus sur la gauche, notre maître, s'il vous plaît. Il est inutile de gravir une colline que nous pouvons tourner. Et il y en a sans fin des collines dans ce pays-ci. »

Nous marchâmes jusqu'à deux milles de ma demeure environ, et là nous trouvâmes un magnifique tas de pierres de toutes dimensions et de toutes grandeurs.

Crab commença, dans son enthousiasme, à faire usage de sa pince de fer pour soulever çà et là quelques morceaux et pour voir dessous. Notre nouvelle connaissance, pour nous manifester son désir de nous aider dans notre recherche, prit à son tour la pince de fer et se mit à fouiller avec vigueur au milieu d'un amas informe de pierres qui semblaient de la meilleure qualité ; mais à peine était-il en besogne qu'il poussa un cri perçant et fit un bond terrible.

« Qu'y a-t-il ? dit William. Vous êtes-vous laissé tomber la pince sur le pied ?

— Ce n'est pas cela, répliqua-t-il. Je viens d'être mordu par un serpent.

— Mordu par un serpent ! Il est étonnant que nous ne l'ayions pas vu... Mais, non. Ce n'est pas un serpent, je vois ce que c'est. Vous avez été mordu par une fourmi rouge. Vous l'avez troublée dans sa retraite et elle vous a pincé. Attendez, je vais vous en faire voir d'autres. »

En effet, il prit la barre de fer, et, après avoir regardé aux environs, il frappa doucement à plusieurs reprises à l'entrée de la fourmilière. Aussitôt nous vîmes paraître un essaim de ces énormes fourmis ; elles élevaient leurs pinces, en donnant d'autres signes encore de colère et d'irritation. Ces fourmis rouges ont environ un pouce et demi de long : elles sont audacieuses et vindicatives et n'hésitent jamais à attaquer l'intrus qui se permet de pénétrer dans leurs domaines. Quatre ans avant cette époque un de mes hommes qui était occupé à ramasser des pierres à un demi-mille de chez moi, avait été obligé d'abandonner la carrière à cause des attaques d'une multitude de ces courageux et redoutables insectes.

Nous, qui savions à quoi nous en tenir, nous nous tenions à l'écart ; mais notre jeune ami voulut, avec la curiosité naturelle à un nouveau venu, examiner la fourmilière, ainsi que la forme et les mouvements de ses intéressants habitants. Il fut bientôt interrompu dans ses observations, car les fourmis furieuses l'attaquèrent au moment même, lui mordirent les jambes, s'attachèrent à ses habits et le firent danser d'une manière qui faisait honneur à son agilité. Les rires bruyants, dont nous accompagnions ses entrechats, étaient loin d'ajouter du charme à ce que cette nouvelle sensation avait de piquant pour lui. Ma fille Betsy était la seule qui ne partageât pas la gaieté générale.

La politesse et les égards dus à un étranger tempéraient probablement sa tendance naturelle à la raillerie.

« Au nom du ciel, William, s'écria-t-elle, venez donc en aide à M. Beresford, ou ces horribles fourmis vont le mordre à mort.

— Je tirerais bien dessus, répondit William, si elles consentaient à se tenir un moment en place, et à se laisser ajuster l'une après l'autre. Du reste, rassurez-vous, si elles mordent, elles ne sont pas venimeuses, au moins que je sache. Je n'ai jamais entendu dire que leurs morsures eussent des conséquences dangereuses. Bob en a été horriblement mordu autrefois, il dit qu'à présent il y est accoutumé. Et vraiment je serais porté à croire que les fourmis commencent à le connaître, car, après la première morsure, elles le laissent parfaitement tranquille.

— Cela fera notre affaire, dis-je à Crab, voilà d'excellente pierre et en abondance.

Elle est au pied de la colline et à une distance convenable de la maison. Eh bien! tenons-nous-en à cette carrière et retournons au logis.

— Oh! pas encore, mon père, dit Betsy. M. Georges désire voir les cascades de la Clyde.

— En ce cas, allez-y avec lui et avec William, et montrez-lui les cascades; mais ce n'est pas en juin qu'elles méritent d'être vues, c'est au printemps, après les pluies, en septembre et en octobre; alors elles sont belles et valent la peine qu'on les visite. »

Nous laissâmes alors les jeunes gens continuer leur promenade, tandis que Crab et moi nous nous dirigeâmes du côté de la ferme, où j'attendais un troupeau de bétail sauvage que l'on devait amener le jour même dans les enclos de ma ferme. En rentrant chez moi, je trouvai ma femme de retour. Elle me blâma d'avoir laissé aller Betsy si loin de la maison dans des moments de désordre, comme ceux où nous vivions, ainsi qu'elle avait coutume de le dire. Mais je lui fis observer qu'en plein jour, et si près d'une habitation, il n'y avait rien à craindre des indigènes ni des Bush-rangers. Puis, nous nous remîmes chacun à nos affaires. Cependant l'heure à laquelle Betsy aurait dû être rentrée au logis était passée et elle n'était pas revenue. Ma femme commença à concevoir de l'inquiétude et m'engagea à aller à sa recherche.

« Elle se sera arrêtée sur la route chez quelqu'un de nos voisins, lui dis-je; il n'y a pas là de quoi se tourmenter, William est avec elle, et il y a une habitation à un quart de mille des cascades. »

Mais tout ce que je pouvais dire ne calmait pas l'inquiétude de ma femme. Depuis les derniers troubles elle était facile à effrayer et avait les nerfs excessivement irritables. Je finis moi-même par partager ses craintes. Je pris mon fusil à deux coups et accompagné de deux de mes gens sur lesquels je pouvais compter, je m'acheminai vers les cascades.

Nous n'avions pas fait cent pas que je crus entendre dans le lointain les mugissements des bœufs. Bientôt après le claquement des fouets des hommes, qui les chassaient, m'annonça que le troupeau, que j'avais attendu toute la journée, approchait des enclos. Pensant qu'un cavalier de plus ne serait pas inutile pour les aider, je retournai à la hutte, auprès de laquelle nous avions établi des écuries provisoires. Je jetai une selle sur un cheval qui s'y trouvait, les deux autres avaient été pris pour la chasse du bétail, et je fus bientôt au milieu de la mêlée.

Ce qu'il y a de plus difficile dans cette opération, c'est de faire entrer le bétail dans les enclos. Lorsque les bœufs voient les clôtures, il leur arrive souvent de les briser; alors le troupeau se sépare en plusieurs groupes et on a une peine extrême à le rassembler de nouveau. Les bêtes fuient dans toutes les directions; et leur fureur, excitée par les cris et les fouets des chasseurs, ajoute encore à leur sauvagerie naturelle.

Quand on veut réunir un troupeau épars dans les bois, trois cavaliers au moins, et quelquefois cinq ou six s'assemblent, dès le point du jour, dans un lieu convenu. Ces cavaliers sont armés d'un fouet grossièrement fait et formé d'une courroie en cuir, qui porte à son extrémité une mèche d'une espèce toute particulière. On se sert pour la composer de vieux mouchoirs de soie. Rien ne produit un bruit aussi éclatant.

Pour faire cette mèche on prend deux bandes d'un vieux mouchoir de soie, de six pouces de long, on les mouille et on tord chaque bande séparément et bien ferme : ensuite on les retord toutes deux ensemble. Quand on n'a jamais entendu claquer un pareil fouet, on est étonné du bruit prodigieux qu'il produit. C'est le claquement éclatant de ces fouets qui effraie le bétail et le pousse dans la direction que l'on veut lu faire prendre. Sans le secours de ces fouets on essaierait inutilement de les diriger.

Munis de ce puissant auxiliaire, les chasseurs se portent sur les points où ils supposent que le bétail a passé la nuit, c'est habituellement sur la crête des collines qui sont à l'abri du vent. Quand ils aperçoivent une réunion d'une douzaine de bêtes, plus ou moins, ils remarquent la place et passent outre, en ayant grand soin de ne pas les alarmer; puis ils continuent leurs recherches.

Ils opèrent de la même manière sur différents points de la contrée et poussent quelquefois leurs perquisitions jusqu'à vingt milles (8 lieues) de l'habitation sur laquelle on veut rabattre un troupeau. Ils prennent note de tous les petits groupes qu'ils trouvent disséminés sur leur passage. Ensuite ils commencent par pousser le groupe le plus éloigné de la maison vers le groupe qui l'est le moins après celui-là; puis ils fondent les deux groupes ensemble et continuent à les agglomérer de proche en proche.

Au bout de quelque temps le bétail commence à s'inquiéter de ce manège; c'est le moment où s'engagent de terribles courses.

Moins il y a de bêtes, plus il est difficile de les conduire. Un cavalier se place sur chacun des flancs du troupeau, et les autres surveillent le derrière. De temps en temps il y a quelques bêtes qui cherchent à se jeter à droite ou à gauche; c'est alors que les cavaliers des flancs, poussant de grands cris et faisant claquer leurs fouets, les poursuivent jusqu'à ce qu'ils les aient ramenées vers le gros du troupeau. Quelquefois le troupeau tout entier fait un élan vigoureux pour s'échapper. Dans ces occasions, il ne faut rien moins que les efforts réunis de tous les chasseurs pour l'empêcher de se disperser.

On peut s'imaginer de quelle nature doivent être ces courses à cheval dans un pays qui est encore dans l'état primitif et couvert en grande partie de bois mort : il faut traverser de grands taillis, sauter à chaque instant par-dessus des troncs d'arbres morts; car il faut suivre le troupeau et le maintenir en ligne droite, quelques difficultés que les hommes ou les chevaux aient à surmonter. Quelque soit le pays, il faut donc marcher en avant par monts et par vaux, en gravissant les précipices ou en descendant au fond des abîmes.

Quelquefois le bétail vient à tourner le sommet de quelque montagne escarpée et vous vous trouvez placé entre un mur de gazon, qui s'élève perpendiculairement d'un côté, tandis que vous voyez ouvert de l'autre un précipice d'un ou deux cents pieds de profondeur. N'importe; il faut avancer. On crie, on hurle, on fait claquer sans relâche les infatigables fouets et on ne songe au danger que quand il est passé.

On parle de la chasse au renard; mais ce n'est rien en comparaison de la chasse du bétail sauvage. Quand à l'excitation que ces deux chasses procurent, la chasse au bétail sauvage vous anime dix fois plus; il faut ajouter qu'elle est incomparablement plus dangereuse. Dans cette chasse, vous avez sans cesse votre gibier sous les yeux. Cette multitude d'animaux, animés jusqu'à la fureur par la poursuite dont ils sont l'objet, présentent réellement un grand et imposant spectacle. Je ne parle pas du plaisir tout spécial que l'on a quelquefois à être poursuivi au lieu d'être poursuivant. Il ne faut que le caprice de quelque bœuf, indigné de l'atteinte que vous cherchez à porter à son indépendance, pour opérer ce changement de rôle. Dans ce cas la chasse prend un caractère tout différent; et il faut que le cavalier soit bien de sang-froid et bien ferme sur ses étriers pour pouvoir échapper à un bœuf sauvage d'une humeur vicieuse et déterminé à se venger.

Je me souviens qu'un de mes gens fut poursuivi pendant plus de dix milles (4 lieues) entre le Shannon et la Clyde, par un bœuf furieux, qui l'obligea à tenir son cheval au galop pendant toute la route. Il arriva enfin sur les bords de la Clyde, à un endroit où la rivière était très-profonde, et il se trouva heureux de s'y précipiter pour échapper à la rage de son ennemi.

Quand on a réussi à réunir un grand nombre de bêtes ensemble, elles sont plus faciles à conduire, parce qu'elles se barrent le chemin l'une à l'autre et qu'elles entravent réciproquement leurs mouvements; mais alors on a plus de dangers à redouter des efforts simultanés auxquels elles se livrent. La seule chose à faire dans ce cas est de courir de toute la vitesse de son cheval sur les flancs du troupeau à droite ou à gauche, en tenant toujours la parallèle de la ligne que les bêtes suivent, jusqu'à ce qu'elles aient épuisé leurs forces. Après quoi il faut recommencer à les réunir.

Dans la circonstance dont je parle ici, mes hommes avaient rassemblé un troupeau de plus de cent bêtes. Il y en avait plusieurs qui appartenaient à d'autres propriétaires. Nous étions en hiver, c'est un temps favorable pour cette chasse. Le bétail n'est pas épuisé par la chaleur comme en été. J'ai vu dans cette dernière saison un bœuf gras tomber d'épuisement, sans qu'on pût le faire relever, même sous les coups de fouet. Les bêtes que l'on amenait étaient dans un excellent état, et je ne tardai pas à prévoir que ce ne serait pas une tâche facile que de les faire entrer dans l'enclos, qui se trouvait environ à un quart de mille de la demeure que nous occupions temporairement.

Nous étions cinq hommes à cheval en tout : Trois étaient montés sur des chevaux, qui m'appartenaient. Deux de mes voisins s'étaient joints à nous par pur amour pour cette chasse. Nous étions parvenus à amener nos bêtes jusqu'à l'entrée de la cour; mais là elles s'arrêtèrent avec obstination et elles hésitaient à entrer, quand un jeune bœuf, des plus beaux de la bande, poussa un mugissement sauvage et se précipita entre moi et un autre cavalier. Il partit au galop dans la plaine; le reste du troupeau le suivit.

Mon compagnon et moi l'échappâmes belle. Nous eûmes à peine le temps de nous soustraire au choc de cette bande d'animaux en furie. Nous connaissions trop bien du reste ce que nous avions à faire pour nous laisser culbuter. En peu de temps nous redevînmes les maîtres du troupeau; mais il ne fallut épargner ni cris ni coups de fouet pour les ramener de nouveau à l'entrée de l'enclos. Encore je crois que nous y aurions perdu nos peines sans deux vaches du troupeau apprivoisé, qui, dans ce moment là, se trouvèrent heureusement en tête. Elles avaient l'habitude de venir dans la cour. Pour éviter d'être pressées par le troupeau, qui les suivait en arrière, elles y entrèrent en galopant et tout le reste des bœufs sauvages les y suivit. Cependant nous secondions ce mouvement par derrière, à grand renfort de cris et de coups de fouet. Enfin nous contraignîmes toutes les bêtes à entrer et nous fermâmes les barrières, convaincus que tout était fini; mais le jeune bœuf n'approuvait pas cette mesure générale. Il se mit à beugler et à galoper à l'intérieur de l'enclos dans un véritable état de fureur. Sa queue fouettait l'air et il enfonçait avec rage ses cornes dans la terre. Dans son transport il se rua contre les pieux, qui environnaient la cour, et ébranla d'un violent coup de tête toute la palissade : elle était trop forte pour qu'il pût la briser. Irrité par la résistance, il recommença à mugir et à battre la terre de ses cornes ; enfin, s'élançant vers les pieux, il fit un bond énorme et les franchit, quoi qu'ils eussent près de huit pieds de haut ; puis il disparut dans les bois.

J'admirais la vigueur et la résolution de ce bel animal, et, pensant d'ailleurs que nous n'en avions pas besoin, je le laissais aller à sa fantaisie, quand je fus tout à coup frappé de l'idée que la route qu'il avait prise, était précisément celle par laquelle ma fille devait revenir à la maison. Je fis part de mon inquiétude aux deux hommes qui étaient avec moi ; effrayés par l'imminence du danger, ils remontèrent à cheval et nous courûmes après la bête avec l'intention de la devancer et de la détourner de la route où elle pouvait causer un si grand malheur.

Quoiqu'il se fût écoulé bien peu de temps entre le moment où le bœuf s'était enfui et celui où j'avais pensé au danger que pouvait courir ma fille, cependant il y en avait eu assez pour que le bœuf gagnât beaucoup d'avance sur nous. Je pris sur la droite : j'étais le mieux monté, mon cheval était frais, je le mis à fond de train, et, dans l'excès de mon anxiété, je franchis tout ce que je rencontrai sur ma route.

Je mis peut-être moins de temps à parcourir deux milles qu'il ne m'en faut ici pour raconter cette portion de mon histoire, quand j'eus la douleur de voir que toutes mes craintes étaient réalisées. J'aperçus l'animal irrité, devenu plus furieux encore par notre poursuite et nos cris, rasant la terre du front et tout près de se précipiter sur ma fille. William et le jeune étranger semblaient pétrifiés de terreur par l'imminence d'un danger si soudain.

Ce malheureux chapeau qui avait inspiré, peu de jours auparavant, tant de plaisanteries à la pauvre Betsy, à propos du chariot à quatre bœufs qui l'avait si solennellement rapporté d'Hobart Town, ce malheureux chapeau avait des rubans rouges ; ils flottaient au gré du vent. Je ne sais s'il est exact ou non que les bœufs aient cette couleur en antipathie. Ce qu'il y a de certain, c'est que le bœuf en fureur ne semblait pas faire la moindre attention aux deux compagnons de Betsy. Préoccupé d'elle seule, poussant des mugissements horribles, que répétait l'écho des bois et qui portaient dans mon cœur une inexprimable épouvante, l'animal se précipitait vers la place où ma pauvre fille, glacée de terreur, les yeux égarés et les mains suppliantes, était tombée à genoux devant lui.

Le bœuf furieux allait l'atteindre, et je croyais déjà ma pauvre enfant à jamais perdue pour moi, quand je vis le jeune étranger sauter d'un bond entre elle et la bête, mettre un genou en terre, ajuster avec autant de sang-froid que de rapidité et faire feu. La balle frappa l'animal entre les deux cornes, et il roula sur le gazon ; mais en tombant son dernier mouvement de fureur fut dirigé contre le courageux sauveur de ma fille, dont nous retrouvâmes après le fusil en pièces.

J'arrivai presqu'au même instant sur la place. Au bruit du coup de feu et de la chute du bœuf, mon cheval, aussi intelligent que bien dressé, s'était arrêté de lui-même, les naseaux ouverts et l'oreille dressée. Il se passa quelques secondes sans que personne remuât : le bœuf était étendu par terre ; ma fille, les mains jointes, était encore à genoux dans l'attitude de la stupeur et Georges Beresford gisait sans mouvement à ses côtés.

CHAPITRE XXIV.

Les deux hommes à cheval, qui étaient partis avec moi de la cour où était le bétail, mirent pied à terre, et leur approche me tira de l'état d'incertitude et d'effroi, qui avait pour un moment paralysé toutes mes facultés. Je me jetai en bas de mon cheval et je serrai ma fille dans mes bras. Saisissant ma main avec un mouvement convulsif, elle se leva et marcha droit à la place où notre jeune ami était étendu immobile et pâle. Alors sans proférer un mot, elle tomba à genoux à côté du jeune homme, joignit les mains et nous regarda avec l'expression du désespoir.

« Vite au galop, chez le chirurgien, ce n'est qu'à un demi mille d'ici, dit William à un des hommes. Vous lui donnerez votre cheval pour venir. »

Au bout de cinq minutes le chirurgien était auprès de nous; mais le pauvre Georges était toujours sans connaissance.

« Il faut le saigner tout de suite, dit le chirurgien. Soulevez-le. Présentez son bras... avancez-le... bien. Coupez la manche de son habit; nous n'avons pas le temps d'y faire tant de façons... Voilà qui est fait! Le voilà bien... Le voyez-vous revenir? J'espère qu'il n'y a pas de fracture.

— Juste ciel! s'écria Betsy; mais vous le saignez jusqu'à extinction.

— N'ayez pas peur. Cela lui fait bien. Quel beau sang!... C'est ainsi du reste qu'il doit être à son âge... Le corps est intact... Le voilà qui revient à nous... C'est à ravir. Maintenant il faut fermer la saignée. Qui est-ce qui a quelque chose pour la bander... Ah! ces rubans rouges feront parfaitement l'affaire. Cela va un peu déshonorer votre joli chapeau. Allons, c'est bien!... Ah! William, vous avez apporté à notre blessé une écuelle d'eau fraîche! C'est une attention délicate, mon garçon, qu'il ne manquera pas de vous rendre en pareille circonstance.

— Je vous remercie, dit William. J'espère bien ne pas le mettre dans ce cas là. Je suis bien fâché qu'il m'ait enlevé le mérite de tirer sur le bœuf; mais Betsy était précisément devant moi, et j'ai craint de l'atteindre en tirant.

— Oh! vous n'avez pas besoin de regretter si fort de ne pas l'avoir tué, monsieur William, dit un des hommes, car maître Crab en sera furieusement mécontent. C'était son favori. Une bête superbe, bien faite. Il n'y avait rien de mieux dans le troupeau.

— Eh bien! Monsieur?... Comment s'appelle-t-il ce jeune homme? dit le chirurgien.

— M. Georges Beresford, dit Betsy, frère de M. Beresford, que vous connaissez.

— Ah! oui, de M. Beresford, qui doit épouser miss Lucy Moss.

— Eh bien! monsieur Beresford, comment vous trouvez-vous? Sentez-vous de la douleur quelque part?

— Je sens un peu de défaillance... Et... où est le bœuf?

— Il est là. A propos, j'espère qu'il n'est pas seulement étourdi. S'il allait se relever et nous appliquer quelque coup de tête! Voyons, que je l'examine un peu... Il est bien mort... Vous l'avez frappé entre les cornes! C'est un joli coup de fusil, morbleu! Vous l'avez échappé belle et d'autres avec vous.

— Certes, c'est un beau coup! reprit un des hommes; mais il ne fera pas rire maître Crab. Je ne sais vraiment pas ce qu'il va dire. C'était son caprice que ce bœuf-là. Il avait empêché qu'on ne le tuât, précisément dans une circonstance semblable, il y a quatre ou cinq ans. Je vous assure que pour moi je serai bien aise de n'avoir pas à lui en parler.

— Un joli animal pour s'en coiffer, repartit le chirurgien, mais chacun a son goût! Maintenant, mon jeune ami, tout ce que je puis vous ordonner, c'est de retourner chez vous, de vous mettre au lit et d'y rester pendant un jour ou deux. Il n'y a point de fracture; mais vous pouvez avoir reçu quelque lésion intérieure : le mieux est donc de se tenir sur ses gardes et d'éviter la fièvre et tout ce qui s'en suit. Eh bien! qu'est-ce qu'a donc miss Betsy? Oh! je vois ce que c'est, un peu de frayeur. C'est bien pardonnable aux jeunes filles. Voyons, que je tâte votre pouls. Donnez une poignée de main à ce jeune homme, à votre sauveur, comme vous le dites très-bien. La reconnaissance est un sentiment honorable. Eh! eh!... Le pouls n'est pas tout à fait régulier. Il est un peu agité... Voilà qui est bien, jeune homme. On ne se donne pas une poignée de main pendant toute la journée. Allez chez vous et surtout du calme. »

En achevant ces mots, notre bon et sensible chirurgien prit congé de nous, et je retournai à mon habitation avec Betsy et William. A mon arrivée, je trouvai une lettre qui m'avait été envoyée d'Hobart Town par un exprès. J'étais assigné à comparaître, comme témoin, dans le procès des Bush-rangers, qui avaient été pris à la suite de notre expédition. Comme l'affaire n'admettait pas de délai, je me préparai à partir immédiatement. J'allais à cheval, je me proposais de faire dix-huit milles avant la nuit et de coucher en route. Je donnai tous les ordres dont on avait besoin pendant mon absence. Je mis mon fusil en bandoulière sur mes épaules et je partis.

CHAPITRE XXV.

Je passai la nuit aux Etangs-Verts. Il ne m'y arriva rien de remarquable. Le lendemain j'étais à Hobart Town, vers quatre heures de l'après-midi. J'y acquis l'assurance que le procès des Bush-rangers aurait lieu sous peu de jours.

Comme je n'avais à m'occuper d'aucune affaire spéciale, je passai le temps à flâner par la ville. J'allai visiter le terrain que j'avais acheté, un ou deux mois auparavant. J'aurais bien voulu avoir les cent guinées que j'en avais donné alors; mais je ne trouvai personne qui voulût reprendre mon marché. Je n'aurais pas manqué d'acheteurs à crédit, ceux-là m'offraient même de mon terrain le double de sa valeur primitive : je ne me souciais nullement de faire une vente de cette nature; de façon que je quittai la place très-mécontent, et que je rentrai à mon hôtel d'assez mauvaise humeur. J'y étais attendu par un de mes amis, schériff de la ville, qui était lui-même fort contrarié d'avoir à présider le lendemain matin à l'exécution de quatre condamnés. Un de ces malheureux s'était rendu coupable d'un vol de bestiaux ; deux autres étaient des Bushrangers. Quant au dernier, ses crimes étaient d'une férocité toute particulière. Je les retrouve mentionnés sur mon journal. Si je rapporte ici le fragment qui les concerne, c'est comme spécimen du caractère d'atrocité dont les mœurs et les coutumes de la colonie étaient alors empreintes.

Le schériff m'avait invité à dîner pour ce jour-là, en même temps qu'un M. Kasay, l'avocat qui avait défendu le coupable dont je parlais tout à l'heure. L'histoire de son client semblait le mettre tout à fait en gaieté. Plus le pauvre schériff paraissait abattu, plus le facétieux avocat cherchait par la belle humeur dont il assaisonnait le récit d'une foule d'assassinats, de suicides et d'autres anecdotes semblables à relever le courage de son amphytrion.

Je tâcherai de reproduire les paroles de l'homme de loi, qui s'efforçait par leur originalité drôlatique d'atténuer ce que le sujet avait de révoltant. Je me pris quelquefois à sourire, malgré moi, à la bouffonnerie des formes dont l'attorney semblait prendre plaisir à revêtir toutes ces horreurs ; car l'habitude endurcit le cœur des gens de justice à l'encontre des crimes et de toutes les atrocités qui les accompagnent, comme celui des chirurgiens qu'elle rend sourds aux cris des patients qu'ils opèrent.

« La première fois que je vis mon client, nous dit l'homme de loi, je l'avais prévenu que son cas était des plus pendables ; mais enfin ma robe m'imposait le devoir de faire tout ce que je pourrais pour lui. Il était charcutier de son état. S'étant un jour pris de querelle avec un de ses camarades, qui était boulanger, il avait saisi le couteau dont il se servait habituellement pour occire ses cochons ; il en avait frappé son ami, *more suo et secundum artem*, et lui avait fait au ventre une énorme boutonnière.

» Il fallait que ce fût un gaillard d'une habileté transcendante dans son métier, car le premier coup avait été si bien appliqué qu'il n'y en eût pas besoin d'un second. Le pauvre boulanger tomba roide mort. Mon gentleman fut mis en lieu de sûreté ; on instruisit son affaire. Bref, le voilà devant le jury. Là j'ai fait tous mes efforts pour réduire l'accusation aux proportions d'un simple homicide (man'slaughter), j'appuyai mon argumentation sur ce que le coup fatal avait été porté sans préméditation. Je fis observer que l'accusé, au moment de la dispute, avait son couteau à la main, que ce couteau était un instrument nécessaire à l'exercice de sa profession, qu'entraîné par une habitude instinctive, car quel est l'homme qui n'est pas bête d'habitude, il avait enfoncé son couteau dans le premier objet que le hasard avait placé devant lui.

» Malheureusement ce système de défense tomba tout à plat. Le juge aurait, je crois, digéré plus facilement un souper de côtelettes de porc. Le jury, fatigué, avait hâte d'aller dîner. La délibération ne fut pas longue, et nous fûmes déclarés coupables d'emblée. De façon que mon pauvre diable fut conduit à la cellule des condamnés pour attendre jusqu'à ce qu'il plût à messieurs de la justice de le faire pendre, expectative peu agréable surtout quand on n'y est pas accoutumé.

» C'est une chose réellement curieuse que la révolution qui s'opère chez un homme, après qu'il a été déclaré coupable. Il m'est passé par les mains plusieurs de ces audacieux scélérats qui, jusqu'à ce moment suprême, affichent la plus rare effronterie que l'on puisse concevoir et qui ont l'impudence de se poser en victimes innocentes et persécutées ; mais quand une fois le chef du jury, montrant le blanc des yeux, et on sait du reste ce que veulent dire ces regards béats, a prononcé ces simples mots : *Oui, l'accusé est coupable!* Oh! alors, Dieu sait quel changement s'opère, au fond du cachot, chez ces gens si intrépides! Mais ce n'est pas cela dont il s'agit, je reviens à mon histoire.

» Connaissez-vous le chapelain Jorawaigh? C'est un homme sans pareil pour émouvoir ces gaillards-là. Pour peu qu'il ait quelques jours devant lui, il leur met l'âme à l'envers, ou, comme disent les Ecossais, il leur purifie l'haleine. Si bien donc que mon client, le charcutier, devint entre ses mains l'homme le plus religieux du monde, après sa condamnation. J'ai vu plus d'une conversion semblable chez des gens qui allaient être pendus, car vous connaissez la devise des condamnés : Il ne faut jamais laisser échapper une occasion de se sauver.

» Le chapelain s'attacha à mon homme avec une telle opiniâtreté, et il le serrait de si près, à ce que m'a raconté le geôlier, que le pauvre diable lui avait dit confidentiellement qu'il préférait être pendu, dix fois pendu, plutôt que de rester plus longtemps dans les serres du chapelain; mais celui-ci n'était pas homme à lâcher prise et à manquer à son devoir. Chaque jour il revenait à la charge auprès du prisonnier récalcitrant jusqu'à ce qu'enfin il détermina son pénitent, ainsi qu'il le qualifiait, à se confesser. Or, voici la jolie confession qu'il en obtint.

» Mon honorable client en était à son quatrième meurtre!... Oui, Messieurs, à son quatrième, de compte fait!... Or, je vous laisse à penser quelles étaient les victimes de cet être, doué à un point si phénoménal de l'organe de la destruction, de ce moderne Barbe-Bleue, dont le crâne n'était que bosses, comme on dit de nos jours. Vous ne devinez pas?... C'étaient trois femmes... qu'il avait successivement épousées!... C'est à dire qu'il confessa le meurtre de trois; mais de savoir combien il en avait réellement tué, c'est ce qui est impossible. Le bon chapelain se tint pour satisfait de trois, et ne lui en demanda pas davantage.

» Mais la partie la plus curieuse de l'histoire, c'est la manière dont mon honorable client se débarrassait de ses femmes. Je ne sais, d'honneur, s'il est bien prudent de révéler le secret de sa confession, car il est à craindre qu'il n'y ait beaucoup de maris qui ne se laissent aller à la contagion de l'exemple. Après tout nous sommes entre amis, et je puis vous conter cela, à condition pourtant que vous ne le répéterez qu'à des célibataires. Son procédé était aussi ingénieux qu'original. Il n'est rien de tel que de vivre pour apprendre : Il y aurait là de quoi faire la fortune d'un écrivain dramatique de Londres. Il pourrait, à son choix, y puiser le sujet d'une tragédie à la mode, ou celui d'une farce de petit théâtre : l'horreur n'y nuirait pas...

« Or, voici, Messieurs, comment procédait mon client. Sa femme s'enivrait, *proprio motu*, ou bien il y prêtait un peu la main, cela revenait absolument au même. Quand elle était dans cet état fortuné, rien n'était plus naturel que la dame se jetât sur son lit, la face tournée vers le matelas. Si elle ne prenait pas d'elle-même cette posture, le mari la lui communiquait au moyen d'un léger mouvement de conversion. Mon honorable client lui jetait alors un oreiller sur la tête, puis s'asseyait sur l'oreiller et y restait aussi longtemps que la nécessité lui en faisait la loi. Je me sers de ses expressions.

— N'est-il pas horrible de penser, Messieurs, que les hommes peuvent se débarrasser de cette manière-là de leurs femmes? Mais ce n'est pas tout. Le misérable scélérat confessa, que pendant qu'il restait ainsi assis sur l'oreiller, il avait coutume de fumer sa pipe pour se désennuyer. Je me sers encore de ses expressions. Toute épouvantable que soit cette idée, on ne saurait nier que cet homme qui fume n'offre à l'esprit une image… je n'achève pas, car n'allez pas croire que parce que les victimes étaient femmes de mon honorable client, je ne sois pas pénétré de l'horreur qu'une pareille atrocité est faite pour inspirer. C'était un crime prémédité avec froideur, avec une froideur capable de vous glacer de la tête aux pieds.

» Quand le tour était fait, ce sont les termes de la confession de mon scélérat, il allait dans quelque cabaret des environs et se mettait à fumer et à boire jusqu'à ce qu'on vînt lui annoncer la triste nouvelle que sa pauvre femme avait été trouvée morte. C'était le dernier trait qui couronnait l'œuvre. La femme s'était enivrée, il n'y avait là rien que de très-naturel. Elle s'était jetée sur son lit, la face tournée du côté de l'oreiller; elle avait été étouffée dans cette situation; ce n'était pas moins vraisemblable. Le mari ne montrait pas un chagrin très-vif de la triste aventure, c'était encore tout simple. Tout était donc dans l'ordre. Enfin, il y avait quelques bonnes âmes qui s'appitoyaient sur le fatal événement, tandis que d'autres félicitaient le mari d'être débarrassé d'une femme ivrogne.

» Peu de temps après que sa première femme eût été ainsi dépêchée vers l'autre monde, mon honorable client en épousa une seconde qu'il y achemina par la même voie. C'était un homme qui avait de la suite dans les idées; il épousa donc une troisième femme. La troisième suivit la seconde. Cette dernière catastrophe fit bien un peu jaser dans le voisinage, comme il le disait. Mais il mit un terme à ces méchants propos, en achetant un habillement de deuil complet et en mettant un énorme crêpe à son chapeau. Il prit soin en outre d'assister à l'office, dans le temple le plus voisin, et il fut bientôt regardé comme le modèle et surtout comme le plus malheureux des époux.

» S'il n'eût pas été arrêté au milieu de sa carrière par son dernier accident, il est impossible de conjecturer combien il eût ainsi expédié de femmes de ce monde-ci dans l'autre. Le chapelain Jorawaigh m'a dit que c'est la brebis la plus repentante qu'il ait jamais eu le bonheur de ramener au bercail : J'avoue que pour ma part je ne fais pas grand état des actes de contrition de ces gueux que l'on va pendre.

» Si le brave chapelain n'a pas su mieux tirer d'affaire cette âme damnée que je n'ai su moi-même sauver son cou de la corde, il est bien à craindre que notre commun client ne soit dans une situation encore plus critique, après qu'il aura été pendu, qu'il n'était auparavant.

» Demain matin, il aura l'honneur d'avoir un déjeuner servi par les soins du schériff. Ainsi, mon vieux ami, pas tant de mélancolie; recommandez seulement qu'on ne l'étrangle pas à moitié; qu'on lui fasse faire promptement le saut, et vous aurez contribué à débarrasser le monde d'un grand coquin. Etouffer sa femme, c'est certainement très-mal; néanmoins c'est un cas assez souvent susceptible de circonstances atténuantes; mais tuer un boulanger! C'est impardonnable, surtout dans un pays où l'on en manque. »

Le schériff, qui était un homme de mœurs douces et distinguées, et qui, à la bienveillance de son caractère, joignait un tempérament nerveux, paraissait goûter fort peu le ton jovial de l'avocat. Je serais cependant fâché de présenter ce facétieux personnage sous un jour défavorable. Ce serait contraire à mes intentions et même à l'équité, car c'était au fond une des meilleures créatures de sa caste. On lui doit même cette justice que, dans plus d'une circonstance embarrassante, il avait tiré ses clients d'affaire en escomptant leurs billets, bien et dûment garantis, au taux de soixante pour cent; mais alors, il leur faisait remise du droit de six à huit pences (soixante à quatre-vingts centimes) qui lui revenaient légalement pour son intervention dans la transaction : sur ce j'en prends congé.

Le lendemain matin, je me rendis à la prière de mon ami, le schériff, sur la place de l'exécution. Je n'avais jamais assisté à ce cruel spectacle, et je jurai bien de ne plus en être témoin une seconde fois. Je n'aurais probablement pas fait mention de cette lugubre circonstance sur mon journal, sans le prodigieux sang-froid dont un des patients fit preuve. C'était un homme superbe, et je ne pus m'empêcher d'éprouver le plus vif sentiment de pitié, en songeant à tout ce qu'il y avait de cruel à priver un homme de la vie pour un vol de bestiaux. Mais ce crime s'était tellement multiplié dans la colonie, et il y causait un préjudice si grand, que le gouvernement s'était cru dans l'impérieuse nécessité de faire quelques exemples.

L'ombre de ce malheureux me poursuivit pendant plusieurs mois. Je me trouvais au pied de l'échelle, par laquelle les condamnés devaient monter sur l'échafaud, et je restai pendant plus d'une minute côte à côte avec ce pauvre homme, qui était le dernier des quatre et qui dut attendre que l'on eût réparé quelque dérangement survenu dans la disposition des cordes et mis la plate-forme en bon état. J'échangeai pendant ce temps-là avec lui quelques mots, qui me prévinrent tout à fait en sa faveur. Il me parla avec tout le sang-froid d'un homme qui n'est préoccupé que de ses affaires habituelles, et non pas du tout comme un homme que l'on va pendre.

Le sous-schériff dut rappeler son attention sur ce point, tant il causait tranquillement avec moi. Il lui cria de dessus la plate-forme :

« Eh bien! mon brave homme, nous attendons après vous.

— Je vous demande bien pardon, répondit-il, je causais avec Monsieur... Je suis à vous dans l'instant. »

Aussitôt il monta légèrement l'échelle et rejoignit ses camarades. Un instant après la chute de la plate-forme nous avertit que tout était fini.

Je rentrai à mon hôtel le cœur navré et la tête malade. Je me jetai sur un sofa et j'y restai presque tout le jour. Le lendemain matin, mécontent de moi-même, sans trop savoir pourquoi, rassasié du séjour de la ville, je partis pour retourner chez moi sans attendre l'issue du procès des Bush-rangers. On m'avait fait prévenir qu'il y avait assez de témoignages sans le mien. Je fus ravi d'être débarrassé de cette désagréable corvée.

J'avais quelques affaires d'intérêt à régler avec un colon de New-Norfolk; j'en pris la route dans l'intention de revenir vers la Clyde, en traversant le fourré. J'allai donc coucher à New-Norfolk, et le lendemain matin, je me mis en route de bonne heure, à travers champs. Quoique le pays soit montueux, comme mon cheval était en bon état, rien ne pouvait m'empêcher d'arriver chez moi avant la nuit. Je n'avais rien à craindre des Bush-rangers ni des indigènes. A l'exception de deux, tous les Bush-rangers avaient été pris. Quant aux indigènes, ils ne m'avaient jamais inspiré aucune crainte toutes les fois que j'étais armé et à cheval.

Il ne m'advint rien qui méritât d'être noté jusqu'à ce que je fusse arrivé à huit milles (3 lieues) environ de chez moi. Là, je fis la rencontre d'un groupe de moutons qui portaient ma marque. C'était une partie du troupeau de mérinos, qui étaient nourris sur ma ferme et que l'incendie avait dispersés. Poussé par cette sorte d'instinct, qui porte le colon à suivre ses troupeaux égarés, n'importe où ils le conduisent, je m'attachai à la poursuite de mes moutons, qui me firent faire une terrible course sur les collines.

Il n'y en avait guère qu'une vingtaine, mais ils se sauvaient comme des daims. La rapidité avec laquelle les troupeaux perdus deviennent sauvages, est prodigieuse dans la terre de Van-Diémen. Ceux qui ne sont pas familiarisés avec leurs habitudes, sont surpris de voir combien ils vont vite et combien ils vont loin : c'est une vraie chasse. Seul et sans chien, je n'avais aucune chance de rattraper mes moutons. La chasse que je leur avais donnée m'avait conduit jusqu'à l'une des collines escarpées, qui dominent la Clyde. Mon cheval était fatigué d'avoir parcouru un pays si montueux; je pensai qu'il était nécessaire de lui donner un peu de repos et de le faire boire. Je mis pied à terre, et suivant un sentier sinueux, je descendis vers la rivière dans un endroit près duquel se trouvait une petite pièce de gazon, où je l'attachai pour paître. Puis je remontai la colline pour jeter un coup d'œil sur le pays environnant. Il me semblait avoir aperçu un certain espace de terre, où il devait y avoir de la pâture pour cinq ou six cents moutons, et dont personne n'avait encore pris possession.

J'examinai le pays d'un œil attentif. Pour mieux saisir l'ensemble de la perspective, je m'étais avancé sur le bord d'un précipice qui dominait la rivière et qui avait à peu près cent pieds d'élévation, lorsque je vis un homme sortir de l'épaisseur du fourré, un fusil à la main. Il avait l'extérieur d'un gardien de troupeaux. J'étais bien loin de songer aux Bush-rangers, de sorte que je supposai que c'était quelqu'un qui m'avait devancé dans la recherche d'un bon parcours pour son troupeau.

La vue de cet étranger contrariait mes projets, car j'avais déjà assigné dans mon esprit la place où je devais bâtir une hutte de gardien, et j'avais calculé combien je pourrais nourrir de moutons sur ce pâturage. Cependant le prétendu gardien de troupeaux continuait toujours à s'avancer vers moi. Mon fusil de chasse était par terre sur le gazon. Je m'en étais débarrassé pour pouvoir examiner le pays plus à l'aise; en réalité je ne pensais pas avoir le moins du monde besoin de m'en servir, étant si près de la Clyde et n'ayant rien à appréhender des Bush-rangers.

L'étranger continuait néanmoins à s'approcher de plus en plus de moi. La manière particulière, dont il tenait son fusil, éveilla mes soupçons. Je le regardai avec plus d'attention, et, à ma grande surprise, j'oserais même dire à mon excessive consternation, je reconnus les traits du Bohémien, qui commandait les Bush-rangers que j'avais poursuivis. Je n'eus que le temps de ramasser mon fusil de dessus le gazon. Mais déjà le Bush-ranger m'avait couché en joue : il était à cinquante pas de moi environ, et il me somma de mettre bas les armes. J'avais prévenu sa demande, en l'ajustant moi-même, et je ne répondis à son injonction qu'en armant mon fusil et en plaçant mon doigt sur la gâchette, tout prêt à faire feu.

CHAPITRE XXVI.

Nous restâmes tous deux pendant une minute environ dans notre position respective. Fatigué de tenir si longtemps mon fusil dans l'attitude d'un homme qui ajuste et sentant mon bras engourdi, je baissai un peu mon arme, en en laissant cependant le canon dirigé vers le Bush-ranger et sans retirer mon doigt de dessus la gâchette. A ce mouvement de ma part j'aperçus chez le Bohémien un contre mouvement d'hésitation : il baissa son fusil, comme j'avais fait moi-même.

Je me perdais en conjectures sur cette aventure extraordinaire. Je ne me souciais pas de faire feu le premier, dans la crainte qu'il n'eût quelques camarades aux environs. D'un autre côté je supposais qu'il devait y regarder lui-même à deux fois avant de tirer sur moi ; car s'il me manquait, il restait à ma discrétion.

En examinant mon adversaire plus attentivement, il me sembla qu'il avait l'air épuisé et abattu. Le désordre de ses habits et sa barbe hérissée, lui donnaient un aspect effrayant. Cependant il y avait dans son regard une expression qui semblait dire qu'il ne demandait pas mieux que d'éviter le combat, s'il pouvait s'en dispenser. Je cédai instinctivement à cette idée et je jetai mon fusil sur mon épaule : il en fit autant.

« Qui êtes-vous ? lui dis-je ; et que me voulez-vous ?

— Qui êtes-vous, vous-même ?

— Je suis un homme qui ne vous veux aucun mal, quand même vous seriez ce que je suppose.

— Et que supposez-vous ?

— Mais je présume que vous êtes un homme réduit à vivre caché dans les bois. Du reste, je n'ai aucun désir de me mêler de vos affaires, pourvu que vous ne manifestiez aucune intention de vous mêler des miennes. »

A ces mots il s'avança vers moi et s'arrêta à une douzaine de pas environ.

« Je vois, dit-il, que vous n'êtes pas soldat... et je crois que je puis me fier à vous.

— N'approchez pas si près, lui répondis-je. Nous vivons dans des temps peu sûrs. Libre à vous de vous fier à moi ; mais vous ne devez pas vous attendre à ce que cette confiance soit réciproque.

— Soit : mais fiez-vous sans crainte à moi, répliqua-t-il. »

Il promena alors ses regards autour de lui, hésita quelques instants, et, fixant sur moi un œil pénétrant, il ajouta :

« Vous êtes un colon déjà anciennement établi ?

— Oui ; ma ferme est sur les bords de cette rivière, à douze milles d'ici (5 lieues) environ, et mon nom est William Thornley. Vous savez maintenant tout ce que vous avez besoin de connaître sur mon compte, c'est à votre tour de m'apprendre qui vous êtes ? »

Je le savais de reste ; mais je pensais qu'il était prudent de ne pas le lui laisser soupçonner. J'abandonnai donc la conversation à son cours naturel.

« Vous me demandez qui je suis? dit le Bush-ranger. C'est une question à laquelle il est assez délicat pour moi de répondre; mais cependant je veux vous prouver que vous pouvez vous fier à moi. Donnez-moi votre parole que vous n'abuserez pas de ma confiance pour me perdre. Ce n'est pas que je le craigne beaucoup.

— Je vous jure sur l'honneur de ne rien faire qui puisse être de nature à vous porter quelque préjudice que ce soit... Mais enfin quel est votre but? Que voulez-vous de moi? »

Il garda le silence; mais il déposa doucement son fusil sur le gazon, passa, en décrivant un assez large circuit du côté opposé à celui où il était d'abord, et vint s'asseoir à quelques pas de moi, de façon que je me trouvai entre lui et son arme.

— Eh bien! monsieur Thornley, me dit-il alors, êtes-vous tranquille maintenant? Vous le voyez, me voilà sans armes! Je ne vous demande pas d'en faire autant. Je n'ai pas le droit d'exiger de vous une pareille confiance; mais j'ai besoin d'avoir un moment d'entretien avec vous... J'ai sur le cœur un secret qui me pèse et dont je ne sais à qui parler.

« Je connais votre caractère. Je sais que vous n'avez jamais été dur aux hommes du gouvernement que vous avez employés, comme le sont beaucoup de colons.

« Il faut à quelque prix que ce soit que je m'ouvre à quelqu'un!... Voulez-vous m'entendre? »

Un appel de cette nature, fait dans un pareil moment et dans un pareil lieu, m'émut au plus haut point. Pas un son, pas un être vivant, excepté mon interlocuteur et moi, ne troublaient la vaste solitude du désert. Devant nous la Clyde roulait ses eaux au pied d'un précipice escarpé. Des collines onduleuses et presqu'entièrement dépouillées d'arbres nous environnaient de toutes parts, enfin le paysage était limité par des montagnes qui, semblables à des tours altières, élevaient à l'horizon leurs fronts couronnés de neige.

Je jetai sur le Bush-ranger un regard scrutateur. J'avais entendu citer tant d'exemples de la trahison de ses semblables, que je craignis un instant que ce ne fut un piége qu'il m'eût tendu pour m'empêcher de me tenir sur mes gardes. Je ne pouvais oublier non plus que c'était bien le redoutable chef que j'avais vu à la tête du parti de Bush-rangers pris dans l'île du grand lac.

Il s'aperçut des sentiments d'incertitude et d'hésitation qui perçaient dans mes regards et me montrant du doigt son fusil, qui était du côté opposé à celui où il se trouvait lui-même :

« Que puis-je faire de plus, me dit-il, pour vous convaincre que je ne médite contre vous ni violence, ni trahison? Quand vous saurez ce que j'attends de vous, vous verrez que de semblables idées seraient diamétralement opposées à mes projets.

— Quelles sont donc vos intentions? Dites-les-moi en deux mots. N'avez-vous pas appartenu à ce parti de Bush-rangers, qui, dans ces derniers temps, a répandu la désolation dans la colonie?

— Oui; et il y a plus, je suis... ou plutôt j'étais le chef de ce parti. C'est moi qui avais ourdi le complot d'évasion de mes compagnons du port de Macquarie, c'est moi qui les ai empêchés de se disperser; c'est moi qui leur ai donné le sentiment de leurs forces et qui leur ai enseigné à en faire usage. Mais il ne s'agit plus de tout cela. C'est autre chose dont j'ai à vous parler. Je vous dirai qui je suis, tout ce que je suis. Je n'aurai rien de caché pour vous, car j'ai une grande grâce à vous demander, une très-grande grâce. Si je n'avais d'autre moyen pour l'obtenir que de vous dire : « Je me rends votre prisonnier, menez-moi au Camp, » je n'hésiterais pas à vous donner l'honneur de la capture du Bohémien !... Je sais la terreur que mon nom a inspiré et qu'il inspire encore aux hommes impitoyables qui me poursuivent. Malgré cela je ne balancerais pas à vous dire : « Je me livre à vous ; prenez ma vie. Ne faut-il pas que je la perde, un peu plus tôt ou un peu plus tard ?... Mais au nom du ciel, qu'elle soit le prix de la faveur que je réclame !

— Parlez, lui dis-je, parlez. Vous avez commis des actes bien coupables, mais ce n'est pas le moment de vous les reprocher. Que désirez-vous de moi ? Si c'est une chose qu'un honnête homme puisse faire, je vous promets d'avance qu'elle sera faite.

— Vous me le promettez ? Puissiez-vous me tenir parole quand vous saurez ce que c'est ! Ecoutez-moi donc. »

CHAPITRE XXVII.

« Vous ignorez sans doute quelle a été depuis dix ans ma déplorable existence dans cette colonie. J'étais condamné à vie. C'est un sort affreux. Il vaut mieux pendre un homme une bonne fois que de le condamner à une peine perpétuelle. Il faut que l'homme ait devant les yeux un terme à ses souffrances. Il peut alors regarder devant lui, l'espérance est du moins à l'horizon. Mais ce sont des idées sur lesquelles je ne veux pas m'appesantir. Je n'en parle que pour vous faire comprendre comment le sentiment du désespoir, qui m'avait porté d'abord au mal, m'a poussé de mal en pis. Peu de temps après mon arrivée à la colonie, je tombai dans les mains d'un excellent maître. Il y avait alors fort peu de colons et l'on ne connaissait pas une étendue de pays aussi considérable qu'aujourd'hui. Comme j'étais apte à plusieurs choses et en état de gagner de l'argent, j'obtins ma liberté aux conditions que l'on y mettait autrefois, c'est-à-dire en payant chaque semaine à mon maître une somme convenue. C'est un trafic que l'on ne tolère plus aujourd'hui, mais alors beaucoup de gens, et même des plus considérables, se le permettaient. Pour moi tout ce que je voulais, c'était ma liberté et je m'estimais fort heureux de ne la payer que sept schellings (8 fr. 75) la semaine. Mais je n'en étais pas moins prisonnier du gouvernement, et cette idée me torturait, car je savais que j'étais exposé à perdre ma licence au premier caprice de mon maître et à rentrer au service du gouvernement. Ajoutez à cela que j'avais fait la connaissance d'une jeune femme à laquelle je m'étais marié. Cette circonstance me fit sentir plus vivement encore la rigueur de mon esclavage. Plein de la plus vive tendresse pour ma femme, je ne pouvais supporter l'idée d'en être séparé. Je vivais depuis trois ans dans cet état continuel d'alarmes, quand je fis avec elle une tentative d'évasion sur un vaisseau qui partait pour l'Angleterre. C'était une extravagance, je le reconnais aujourd'hui ; mais de quoi l'homme n'est-il pas capable pour recouvrer sa liberté ?

— Quelle idée pouvait vous porter à retourner en Angleterre, et pourquoi en aviez-vous été banni?

— Si je vous dis pourquoi, vous ne voudrez peut-être pas me croire. Il n'y a pas de prisonnier qui ne réponde à une pareille question, qu'il était innocent. Et en vérité ce n'est pas une question à faire, car on ne saurait exiger d'un homme qu'il se condamne lui-même.

— Aussi ne vous l'aurais-je pas adressée, si vous n'aviez commencé de vous-même à me raconter votre histoire. Mais s'il ne vous convient pas de me répondre, je vous en laisse le maître.

— Je n'ai aucune raison de vous cacher la vérité. Je faisais partie d'une bande de braconniers dans l'Herefordshire. Une nuit, nous fûmes surpris par les gardes. Comment en vint-on aux coups? je l'ignore; mais ce qu'il y a de certain, c'est qu'il y eut un garde de tué.

— Et vous fûtes mis en jugement pour meurtre?

— Moi et deux autres. Un des deux fut pendu; mon autre camarade et moi nous fûmes condamnés à être transportés pour la vie.

— Il suffit : moins vous en direz là-dessus, mieux ce sera. Maintenant achevez votre histoire et faites-moi connaître ce que vous voulez de moi.

— J'en viens là dans un instant; mais il faut que j'entre avant dans quelques détails; autrement vous ne me comprendriez pas. On me découvrit à bord du vaisseau, caché au milieu des caisses de la cargaison. On me rejeta sur le rivage ainsi que ma femme. Vous savez qu'on punit ce genre d'évasion de la peine de mort. Le colonel Davey, qui était alors gouverneur, me fit grâce de la vie; mais je fus condamné à travailler dans les fers pour le compte du gouvernement. C'est une horrible existence, et je résolus de m'y soustraire. Il y avait un ou deux condamnés parmi ceux qui faisaient partie de ma chaîne, qui étaient tout prêts à s'enfuir dans les bois, si quelqu'un leur fournissait un moyen d'évasion. J'étais toujours un ouvrier habile à toute sorte de besogne, aussi ne tardai-je pas, pendant une nuit à me débarrasser de mes fers et à briser ceux de mes compagnons. Il y avait trois hommes dans le complot, sans me compter. Nous arrivâmes assez lestement sur la crête du mur d'enceinte de la prison. Un des évadés se laissa tomber en bas. Il faisait aussi noir que dans un four, il nous fut impossible de voir ce qu'il advenait de lui. Le second se laissa choir de même, puis le troisième : personne ne dit un mot. J'étais le dernier, et je ne saurais vous peindre quelle joie j'éprouvai, quand je me sentis glisser le long d'une corde en dehors de la cour de la prison; mais ma figure ne tarda pas à prendre une toute autre expression quand je fus au pied du mur. Un des complices auxquels je m'étais confié, m'avait trahi et je fus reçu dans les bras de deux constables, qui me saisirent d'un bras vigoureux. Je donnai une bourrade à l'un de mes adversaires, et je me serais aisément débarrassé de l'autre s'il n'eût répandu l'alarme. Aussitôt il parut d'autres bandes de constables, des torches et des soldats. Je ne pouvais résister à tant de monde; on me lia les bras. Je fus mis en jugement sous la double prévention de tentative d'évasion et d'outrage envers la personne d'un constable, et on me condamna aux travaux du port de Macquarie, à perpétuité.

— Je suis fâché de vous interrompre au milieu de votre histoire, lui dis-je; mais je ne vois pas quel rapport tout cela peut avoir avec ce que vous avez à me demander. Le soleil descend déjà derrière cette colline et...

— Attendez un instant et vous verrez. Je ne vous ai pas dit encore que ma femme avait donné le jour à un enfant, à une petite fille qui a maintenant sept ans. J'aimais cette petite fille, monsieur Thornley, plus qu'un père n'aime ordinairement ses enfants. Elle était tout pour moi dans ce monde. C'était l'unique symbole d'espérance sur lequel je pusse arrêter mes regards ici-bas. Quand je fus condamné à perpétuité aux travaux du port de Macquarie, c'eût été un acte de charité que de me mettre à mort : je me serais moi-même ôté la vie, si je n'avais été retenu par la pensée de cette enfant. Mais je n'ajouterai rien sur ce sujet. Quand un homme se résigne au métier de Bush-ranger, quand il a fait ce que j'ai fait, on suppose que c'est un monstre incapable du moindre sentiment affectueux. Le vulgaire nous juge mal, monsieur Thornley. Il n'y a pas d'homme, croyez-m'en, quelque pervers qu'il soit, qui ne recèle quelque bon instinct au fond de son cœur. J'en ai l'expérience. J'ai vu ce qu'il y a de pire, ce qu'il y a de plus dégradé parmi nous, et je l'ai vu dans la plus misérable de toutes les conditions, car le port de Macquarie est un véritable enfer sur la terre. Ce n'est pas ici le lieu de vous dire toutes les tortures, toutes les souffrances que les prisonniers ont à endurer dans cet horrible séjour ; ils ne les supportent pas longtemps. Pour moi, le plus grand de tous mes maux était d'être privé de ma fille, du bonheur, du charme de ma vie.

« Un mois environ après que j'étais au port de Macquarie, je reçus la nouvelle de la mort de ma femme. Dois-je vous confesser toute la vérité, Monsieur? Eh bien! malgré le profond attachement que je lui portais, cette nouvelle me causa plus de joie que de peine. L'idée d'une séparation absolue, éternelle ici-bas, m'était insupportable, et je me révoltais à l'idée que ma femme, libre par ma condamnation, pût former d'autres liens. Oui, la vérité est que sa mort me causa plus de joie que de peine. Mais ma pauvre petite fille! Je pensais à elle nuit et jour. Qu'allait-elle devenir? Cette inquiétude m'obsédait sans cesse. Je ne pouvais songer à rien autre chose. Cette idée me conduisit à réfléchir sur la possibilité de m'échapper du port de Macquarie, toute désespérée que pût être une pareille résolution. Car il semblait impossible de s'aventurer dans les bois sans armes, sans provisions, en butte aux attaques des indigènes. Mais de quoi la patience et la résolution ne peuvent-elles pas venir à bout? Je me mis donc à épier le moment opportun ; c'est un art que l'expérience m'avait enseigné. »

Ce récit avait captivé tout mon intérêt. Pensant d'ailleurs que je pourrais tirer quelques renseignements utiles de l'histoire du Bohémien, je m'écriai avec une curieuse anxiété :

« Et parvîntes-vous à vous échapper? A quel moyen eûtes-vous recours?

— C'est une des circonstances les plus critiques de ma vie; mais j'ai besoin de votre appui, je ne vous cacherai rien.

— Aviez-vous beaucoup de compagnons dans votre évasion?

— Nous étions quatorze en tout. Vous savez sans doute que le régime du port de Macquarie est de la plus excessive sévérité. Les privations qu'on y supporte sont extrêmes. Il y aurait chaque jour des révoltes sans l'active et incessante surveillance qu'on y exerce. Chaque prisonnier est suivi et gardé de si près, les chaînes, sous le poids desquelles il travaille, sont si souvent examinées qu'une évasion est une chose presqu'impossible. Quand par hasard une tentative réussit, on n'est pas dans une situation beaucoup moins dangereuse, au milieu du fourré, sans armes et sans provisions. Mais cette perspective n'était point un obstacle pour nous. Nous étions résolus à nous échapper, à quelque prix que ce fût, et à abandonner le reste au hasard.

» La plus grande difficulté était de communiquer les uns avec les autres et de s'entendre sur un plan quelconque d'évasion. Trahi une première fois, j'étais devenu plus réservé. Je ne voulais livrer mon secret qu'à des complices sur lesquels je pusse complètement compter. Vous savez que les condamnés, qui travaillent dans les chaînes, sont surveillés par des inspecteurs qui ont sans cesse les yeux sur eux. Ils sont en outre gardés par des sentinelles armées de fusils chargés. Il arrive cependant quelquefois que certaines bandes sont détachées du gros des travailleurs et envoyées à quelque distance pour exécuter des travaux spéciaux. Ce fut une de ces occasions exceptionnelles que je dus attendre. Nous étions en tout quatorze condamnés à notre chaîne. On nous envoya à l'ouvrage, qui consistait à abattre du bois et à le traîner aux scieries. Nous travaillâmes comme à l'ordinaire, en nous gardant bien de donner prise au moindre soupçon. A la brune, nous reprîmes le chemin du quartier; nous étions isolés et loin des autres chaînes. Deux sentinelles, sur le corps desquelles il fallait passer, ouvraient la marche, deux inspecteurs nous suivaient par derrière. A un signal donné, un des conjurés se précipita sur la sentinelle la plus avancée, tandis que je saisis à bras le corps celle qui était près de moi, de manière à ne pas lui laisser l'usage de ses mains. De cette façon nos gardiens se trouvèrent dans l'impossibilité de faire feu et de répandre l'alarme. Pendant que ceci se passait à la tête de la chaîne, à la queue on liait et bâillonnait les deux inspecteurs. Nous restâmes donc maîtres du champ de bataille. Ce fut l'affaire d'un moment, c'est-à-dire que ce coup de main demanda moins de temps que je n'en mets à vous le raconter. Nous nous emparâmes des fusils des soldats et de leurs gibernes dans chacune desquelles nous trouvâmes vingt cartouches à balle. En même temps nous nous mîmes en devoir de garrotter et de bâillonner les sentinelles, comme nous avions fait des inspecteurs, ce qui nous permit de consommer notre évasion sans meurtre. Ce n'est pas que nous eussions hésité à sacrifier sentinelles et inspecteurs, si cela eût été nécessaire; mais rien ne nous en faisait la loi, et, à mon sens, il est toujours d'une mauvaise politique de commettre un meurtre inutile. Il y a folie et cruauté à le faire. Il en résulte un préjugé défavorable quand on a le malheur d'être mis en jugement. Le premier soin dont nous eussions à nous occuper était de nous débarrasser de nos chaînes. Il n'y avait pas de temps à perdre, car nous savions très-bien, que quand l'officier du quartier ne nous entendrait pas répondre à l'appel, il enverrait immédiatement à notre recherche. »

CHAPITRE XXVIII.

« Nous nous éloignâmes, partie en marchant et partie en sautant, du mieux qu'il nous fût possible, jusqu'à ce que nous nous jugeâmes à une distance suffisante pour n'être pas entendus. Ensuite, nous nous assîmes quelque temps pour nous débarrasser de nos fers. Nous en vînmes à bout, sauf trois d'entre nous, dont les fers étaient trop solidement rivés pour qu'il nous fût possible de les briser tout à coup, sans le secours de quelques outils. Il nous fallut donc emmener avec nous nos camarades tout enchaînés qu'ils étaient, car il ne pouvait pas entrer dans notre pensée de les abandonner. Chacun de ceux qui étaient libres les aidait tour à tour à marcher. Au retour de la lumière, nous trouvant moins pressés, il nous fut possible de les délivrer de leurs entraves. Nous avions marché en toute hâte pendant la nuit, car j'ai oublié de vous dire que nous avions entendu sonner la cloche et donner le signal d'alarme; mais nous avions dû gagner une bonne heure d'avance sur ceux qui nous poursuivaient. Il avait encore fallu quelque temps pour débarrasser les sentinelles et les inspecteurs de leurs liens et de leurs bâillons et pour recueillir leur déposition. Ajoutez à cela qu'il n'est pas facile de suivre une trace dans l'obscurité de la nuit; et comme on savait que nous étions quatorze évadés, armés de deux fusils, on ne pouvait pas nous poursuivre avec la même rapidité que si nous eussions été moins nombreux; et il eût été imprudent à ceux qui nous donnaient la chasse de se disséminer. Nous étions sans provisions, mais nous ne nous en inquiétions pas beaucoup; d'un autre côté, comme nous n'avions pas l'habitude de marcher, nous ne tardâmes pas à être épuisés de fatigue. Le désir de la liberté nous remit bientôt sur pied et nous nous dirigeâmes du mieux qu'il nous fût possible, en ligne droite, à travers le pays. Nous éprouvâmes le second jour du malaise et de la défaillance. La nuit précédente avait été froide, nos membres étaient engourdis, nous ne nous sentions guère en train de marcher. Nous passâmes la seconde nuit au fond d'une grotte où nous avions pénétré en rampant. Le sol était sablonneux à l'intérieur, nous y étions à l'abri du froid; mais nous étions affamés jusqu'à l'excès. Nous avions eu plus d'une fois l'occasion de tuer un kanguro pendant la journée; la crainte que la détonation de nos fusils ne révélât notre retraite à nos persécuteurs, nous avait empêché d'en profiter. Pendant que nous étions tous couchés pêle-mêle, nous entendîmes des opossums crier dans les arbres. Deux d'entre nous, qui étaient moins fatigués que les autres, tâchèrent d'en prendre quelques-uns. Ils montèrent aux arbres, mais les opossums grimpaient comme des écureuils et nous n'en pûmes atteindre aucun. D'ailleurs, il était nuit et nous ne les distinguions qu'imparfaitement dans l'obscurité. Nous réussîmes bien à en tuer à coups de pierres quelques-uns, qui étaient sur une longue branche d'arbre pendante; mais ils y restèrent suspendus par la queue et nous ne pûmes nous en emparer quoiqu'ils fussent morts. Un opossum n'est pas un morceau à dédaigner pour des gens affamés. Il y eut donc un homme de notre bande qui grimpa jusqu'à l'endroit où étaient ceux que nous avions tués et qui les fit tomber. Nous allumâmes du feu, tout au fond de la grotte, de peur qu'on aperçût la flamme à l'extérieur, et nous fîmes rôtir notre gibier à la façon des indigènes. C'était un mets horriblement dégoûtant à manger; aussi, malgré la voracité de notre appétit fûmes-nous malades presque tous. Nous dévorâmes notre gibier jusqu'au dernier brin de poil. Le lendemain nous tuâmes un kanguro, mais nous n'osâmes allumer de feu et nous le mangeâmes cru. Je n'abuserai pas de votre temps, Monsieur, en vous racontant tous les petits événements de cette nature qui nous arrivèrent pendant notre séjour dans les bois. Nous parvînmes enfin...

— Avez-vous vu quelque bonne terre dans votre excursion, interrompis-je? La partie de l'île que vous avez traversée entre les établissements des colons et le port Macquarie n'a jamais été explorée. Y avez-vous remarqué des pâturages?

— Fort peu. La plus grande partie du pays, que nous avons parcourue, est hérissée de broussailles. Il s'y trouve aussi beaucoup de collines pierreuses. Nous n'y avons vu que fort peu de kanguros; leur piste y est rare. En somme, c'est un triste pays, sauf quelques bons morceaux assez clair semés.

— Y trouve-t-on de l'eau?

— L'eau n'y manque pas; mais le pays ne convient pas au parcours, si c'est là ce que vous voulez savoir. La meilleure partie de la terre de Van Diémen est la partie orientale. La partie occidentale est fort inférieure à la précédente. Vous pourriez peut-être trouver quelques terres convenables pour le pâturage vers l'est, sur la côte.

— Je vous remercie, lui répondis-je. Mais je vous ai écarté de votre sujet!

— J'allais vous dire, continua-t-il, que nous nous trouvâmes jetés d'abord sur les confins du district de New-Norfolk. Là, nous délibérâmes sur ce que nous devions faire. Plusieurs d'entre nous voulaient attaquer le chef-lieu du district et y prendre des armes. Je leur persuadai qu'il valait mieux chercher à nous emparer d'un petit vaisseau et nous sauver à jamais de la colonie. Dans ce dessein, je les engageai à se tenir cachés et à se donner bien de garde de causer la moindre alarme. Mes compagnons se rangèrent à mon avis, et nous nous dirigeâmes en conséquence vers les plaines de Brighton et de là vers Pitt-Water, où nous espérions trouver quelque gros bateau ou peut-être même quelque petit navire, au moyen desquels nous pourrions nous sauver.

— Et pourquoi n'avez-vous pas mis ce projet à exécution?

— Notre intention était bien de l'exécuter; nous allâmes en effet jusqu'aux environs de Pitt-Water et nous y restâmes cachés pendant quelque temps; mais nous fûmes obligés de voler des vivres chez un colon. L'alarme se répandit aussitôt, nous cherchâmes à nous emparer d'un bateau; il était trop tard, les précautions étaient prises, les soldats étaient déjà à nos trousses. Forcés de nous éloigner de Pitt-Water, nous cherchâmes à nous rapprocher des lacs et à nous diriger vers l'ouest, afin de battre en retraite vers la côte. Nous espérions que là nous serions assez loin pour qu'on nous laissât en repos.

— Si toutes les histoires que l'on raconte sont vraies, vous avez fait un horrible ravage dans le district de Pitt-Water, avant de l'abandonner?

— J'en dois convenir, monsieur Thornley; mais mes compagnons étaient résolus à se procurer des armes. Les colons voulurent résister; il y eut quelques hommes blessés, et le reste ne connut plus de bornes à sa fureur.

— C'est après cela que vous avez attaqué l'habitation de ce pauvre Moss?

— On avait dit à mes camarades qu'il avait une somme considérable en dollars, cachée dans sa hutte. Je ne pouvais pas croire que des colons fussent assez fous pour garder de l'argent chez eux, au milieu des bois. Son trésor était tout ce que nous voulions de lui.

— Mais pourquoi alors l'avez-vous emmené avec vous?

— J'y fus contraint pour lui sauver la vie. Quelques-uns de mes hommes l'auraient assommé sur la place, si je ne les en avais empêché. La vérité est, monsieur Thornley, qu M. Moss me doit la vie.

— C'est une action qui parle en votre faveur. Mais voici le soleil à son déclin. La nuit va bientôt venir, hâtez-vous de me faire connaître ce que je puis faire pour vous.

— Monsieur Thornley, reprit le Bush-ranger, je vous ai parlé de ma fille. Je l'ai vue depuis ma fuite des bords du grand lac. Vous savez que je me suis échappé avec un de mes compagnons. J'ai osé depuis pénétrer sous un déguisement jusque dans Hobart Town. Là j'ai vu mon enfant. Sa vue, ses embrassements ont produit une étrange révolution dans mes sentiments. Je donnerais volontiers ma vie pour assurer son bonheur. Je ne puis me dissimuler que toutes les chances sont contre moi. Je serai pris un peu plus tôt ou un peu plus tard. Si je ne succombe pas misérablement au milieu des bois, je serai trahi, et il faudra périr fusillé ou pendu.

— Mais que puis-je faire pour détourner le sort qui vous menace?

— Rien pour moi. Je sais que je suis trop coupable pour être gracié. Quand je me rendrais, le gouvernement serait obligé de me faire pendre pour l'exemple. Non, non; je ne me berce pas d'un vain espoir. Je connais le sort qui m'est réservé. Aussi n'est-ce pas de moi dont il s'agit. Mais c'est de mon enfant... C'est de ma fille!... Monsieur Thornley, vous ferez ce que je vais vous demander?... Promettez-le-moi...... Ayez cette pitié... Accordez cette grâce à un malheureux qui n'a de sollicitude, qui n'a d'affection que pour un seul être au monde! Je vais peut-être exiger trop, je m'attends à vos refus. Mais non... Vous laisserez tomber un regard de compassion sur ma pauvre fille, n'est-ce pas? Vous la protégerez!... Je ne puis vous demander de pourvoir à ses besoins; mais soyez son ange tutélaire. Quand je ne serai plus là, que ce pauvre jeune cœur, dont rien n'a terni l'innocence, sache du moins qu'il y a quelqu'un au monde prêt à lui donner conseil, assistance au milieu des dangers qui peut-être entoureront sa jeunesse! Que je ne meure pas sans être sûr qu'elle puisse à tout événement compter sur la bienveillance, sur la sympathie de quelqu'un!... Voilà ce que j'avais à vous demander! prenez en pitié le pauvre Bush-ranger sans ressources, sans asile, pourchassé comme une bête fauve. Ah! promettez d'accomplir cet acte de bonté suprême! »

Mes regards s'étaient arrêtés avec stupeur sur le Bohémien; et je dois ajouter que je n'avais pas écouté sans trouble, sans un intérêt visible, l'éloquent appel que le désespoir inspirait à cet infortuné, en faveur de sa pauvre enfant. Je vis qu'il était sincère, car il n'y a pas à se tromper sur les sentiments d'un homme en pareille circonstance. Néanmoins tous les inconvénients qui pouvaient résulter pour moi d'une semblable tutelle se présentèrent à la fois à mon imagination, mais pendant que ces réflexions assiégeaient mon esprit, au moment même où je me représentais tout ce qu'il y avait de repoussant à me charger de l'enfant orphelin d'un chef de brigand, destiné à mourir du dernier supplice, mes yeux rencontrèrent ceux de ce malheureux père. Ils exprimaient un tel oubli de toutes choses humaines, hors le salut de son enfant; ils semblaient tellement faire dépendre son sort de ma réponse que je me sentis vaincu. J'accueillis sa demande.

« Oui, m'écriai-je, je la protégerai... mais plus de sang à vos mains!... Il faut que vous m'en donniez l'assurance. Ma sollicitude lui est acquise. Je vous le promets : ma parole est sacrée!

— Ah! s'écria-t-il, assez! assez!... c'est plus que je n'aurais osé espérer. Je vous remercie, monsieur Thornley. Je vous remercie, à genoux! »

Et il tomba à mes pieds.

« Juste ciel, s'écria-t-il au même instant, que vois-je? Un homme à cheval, d'autres à pied. C'est à moi qu'on en veut! »

Pendant qu'il achevait ces mots, le cavalier s'avança au galop vers nous, tandis que les hommes à pied marchaient en bon ordre : c'étaient des soldats. Le Bohémien jeta sur eux un regard enflammé et courut à son fusil ; mais il glissa et tomba. Le cavalier, qui était un constable d'Hobart Town, fut plus leste que lui ; il l'avait atteint avant qu'il eût le temps de se relever et de prendre son fusil.

« Rends-toi, infâme brigand, ou je te brûle la cervelle, lui cria le constable. »

Le Bohémien s'accrocha à la bride du cheval, qui se mâta, fit une courbette et désarçonna le constable. C'était un homme robuste et agile, il saisit le Bohémien en tombant de cheval, le prit à bras le corps et chercha à lui lier les mains, mais il n'y réussit pas. Il s'engagea alors entre eux une effroyable lutte.

« A moi, soldats, s'écria le constable, il faut le prendre vivant. »

Les soldats accoururent. Cependant le constable avait terrassé le Bohémien, et les soldats allaient s'en emparer, quand se dégageant par un effort convulsif, il enlaça dans ses bras le corps de son adversaire. Dans cette lutte désespérée, les deux combattants, également étreints, roulèrent plusieurs fois l'un sur l'autre, et, en roulant ainsi, parvinrent jusqu'au bord du précipice qui était à pic.

« Au nom du ciel, s'écria le constable avec un cri d'agonisant : Au secours! au secours!... nous tombons!... »

Il était trop tard. En vain les soldats essayèrent d'arrêter le malheureux constable par ses habits, le Bush-ranger fit un dernier effort et entraîna avec lui le corps de son antagoniste dans l'abîme. Nos regards stupéfaits sondaient les profondeurs du précipice. Les deux corps, étroitement liés, tournèrent et retournèrent dans les airs, jusqu'à ce que parvenus au fond, ils y tombèrent, avec un choc horrible, broyés et sans vie. Le précipice était tout près des bords de la rivière ; les deux corps roulèrent jusqu'à ses eaux, puis nous ne vîmes plus rien.

CHAPITRE XXIX.

Nous restâmes tous quelque temps dans un profond silence, les yeux fixés sur le précipice.

« Quel intrépide brigand que ce Bohémien! dit le caporal, qui s'imagina que sa dignité lui imposait l'obligation de parler le premier. Qui se serait jamais attendu à un pareil coup de jarnac de sa part!

— C'est un coup dont le pauvre constable n'est pas moins dupe que lui, dit un des soldats.

— Cela aurait pu finir plus mal, reprit le caporal; car si ce diable de constable n'avait pas été si pressé de faire sa capture, c'est peut-être un de nous qui aurait roulé à sa place. Après tout, ce n'est qu'un constable de moins, ce n'est pas une si grande perte. Et vous, ajouta-t-il en se tournant de mon côté, pourriez-vous me faire le plaisir de me dire qui diable vous êtes? Vous étiez en conversation réglée avec ce brigand-là, quand nous sommes arrivés. Vous sembliez amis, comme deux larrons en foire. Steadman, assurez-vous de cet homme-là. On va vous conduire au Camp. Nous avons l'ordre formel d'arrêter le Bohémien et un de ses camarades, qui doit l'accompagner. »

En voilà bien d'une autre, pensai-je en moi-même. Me voilà encore une fois tombé dans les griffes de ces maudits soldats ; je n'y ai pas de chance.

« Mes amis, leur dis-je ; c'est le hasard qui m'a fait rencontrer ce Bohémien. Vous voyez mon cheval qui est à paître là-bas ; je retournais chez moi quand je me suis trouvé face à face avec lui.

— C'est possible, reprit le caporal, mais ce n'est pas prouvé. J'ai mes ordres ; il faut que j'y obéisse. Bowman, allez vous emparer du cheval de Monsieur.

— Je pourrai monter dessus, j'espère.

— Je n'y vois pas d'inconvénient, seulement vous ne trouverez pas mauvais que nous tenions la bride. Je vous demande bien pardon, Monsieur ; mais vous savez, la consigne avant tout. Les ordres sont positifs. Excusez-moi : il est d'usage de ne pas laisser en liberté les bras des gens que l'on arrête ; on craint qu'ils n'en abusent. Permettez, ne remuez pas, s'il vous plaît. Steadman, vos armes sont-elles chargées ? »

Steadman fit un signe affirmatif.

Voilà encore une aventure bien agréable, me dis-je à moi-même. Après tout ce caporal est de meilleure composition que le vieux sergent. Puis j'ajoutai à haute voix : « Vous ne refuserez pas sans doute de me conduire devant le magistrat le plus voisin?

— Où demeure-t-il?

— Sur les bords de la Clyde, à onze ou douze milles d'ici (4 ou 5 lieues).

— C'est précisément sur la route que nous devons suivre pour faire notre jonction avec le détachement du sergent.

— Eh bien! lui dis-je, marchons le plus vite que nous pourrons, car il commence à se faire tard. En allant d'un bon pas, il ne nous faudra pas plus de deux heures pour arriver.

— C'est fort bien, répliqua le caporal ; mais il faut avant tout que nous constations la mort du Bohémien et celle du constable.

— Ah! s'écria Bowman, je vous les garantis bien morts! Quand un homme fait une pareille culbute, il est déjà tué en l'air ; de plus il y a le soufflet qu'il reçoit en arrivant en bas.

— C'est fort bien, dit le caporal ; mais on ne sait jamais de quoi ces diables de Bushrangers sont capables. Mes ordres portent que je dois m'emparer de celui-là, le suivre partout, quoique, à vrai dire, et ici le caporal regarda le précipice d'un air de plaisanterie très-marqué, je ne me soucierais pas de le suivre par cette route-là. Qu'en dites-vous, Steadman?

— Pour ce qui est de cela, ce serait outre-passer les ordres, comme dit le major. Mais si nous voulons faire l'examen des deux cadavres, il faut nous dépêcher avant que le courant ne les entraîne trop loin. »

Nous descendîmes par un sentier sinueux. La terre était foulée et tachée de sang à l'endroit où les deux corps étaient tombés. Nous suivîmes le cours de la rivière jusqu'à ce que la trouvant obstruée par du bois mort, nous vîmes les deux corps séparés l'un de l'autre, mutilés et sans vie. Les soldats les tirèrent sur le rivage. Pour moi, j'étais spectateur passif de cette horrible scène. L'apparence de ces restes défigurés ne permettait pas de douter que la vie des deux victimes n'eût été complètement éteinte au moment de leur chute. Le caporal se mit alors en devoir de faire une scrupuleuse perquisition dans les poches des morts, en notant à mesure, avec un crayon, tout ce qu'il y trouvait.

« Occupons-nous d'abord du constable, dit-il. Qu'est-ce que c'est que cela? une paire de menottes! voilà qui vient fort à propos. Le Bush-ranger n'en a plus besoin, mais elles iront très-bien à son camarade.

— J'espère, mon ami, interrompis-je, que vous ne me mettrez pas ces menottes. Je vous ai dit qui j'étais et vous allez pouvoir juger bientôt de la vérité de ma déclaration.

— Tout ce que vous dites peut être très-vrai, mon cher Monsieur, mais nous avons ordre de nous assurer de tous les compagnons du Bohémien, quels qu'ils soient, et vous ne pouvez nier que vous étiez assis côte à côte avec lui, quand nous vous avons surpris. Attendez un peu, Steadman, peut-être Monsieur ne veut-il pas mettre ces manchettes parce qu'elles sont mouillées... Qu'est-ce que vous trouvez après cela? oh! oh! c'est un objet brisé en mille morceaux. Cela sent le rhum! quel dommage que le constable ne nous ait pas donné sa gourde à sucer avant d'avoir fait la cabriole! Je ne saurais supporter qu'on gaspille les bonnes choses.

— Vous souvenez-vous de ce bon diable de curé qui lui recommandait à New-Norfolk de mettre de l'eau dans son rhum ; il devait être satisfait maintenant, il y en a de l'eau dedans! ah! ah!

— Ah! ah! la plaisanterie est bonne. Mais qu'est-ce que c'est que cela? un agenda et des papiers : tout est mouillé.

— N'est-ce point un rêve?

— Non, vraiment, c'est bien cela! une, deux, trois... neuf bank-notes d'une demi-couronne (3 fr. 12 c.). Regardez dans les autres poches, Steadman.

— Je n'y trouve qu'un mouchoir.

— C'est bien ; enveloppez tout dans le mouchoir et nous emporterons le paquet avec nous.

— Que ferons-nous de ses habits? ils ne sont pas mauvais. Il est fâcheux qu'ils aient été salis et déchirés dans la chute.

— Il faut au moins prendre les souliers. Quant au Bush-ranger, je suppose que l'inventaire sera bientôt fait. Fouillez-le, Steadman.

— Si j'y vois clair, voilà une trouvaille! un paquet de bank-notes d'une livre sterling (25 fr.)

— Des bank-notes d'une livre sterling! où ce diable-là les a-t-il pêchées? De quelle maison sont-elles?

— De Kemp et compagnie.

— C'est de l'or en barre! Qu'a-t-il dans ses autres poches?

— Une paire de petits pistolets. Il y en a un de brisé, il l'aura été probablement dans la chute; trois pierres à feu, un briquet et un morceau de punk; je ne connais rien de pareil pour allumer du feu. Voici une poire à poudre aplatie comme une punaise, un petit sac rempli de balles et un couteau-poignard; c'est une terrible arme à enfoncer dans le corps d'un homme. Voilà quelque chose dans un sac, c'est du thé. Nous allons probablement trouver la théière. Voici une jolie provision de tabac et une pipe en bois presque neuve. Tu ne la fumeras plus, mon vieux... Voilà tout ce que je puis trouver.

— Tournez-le sens dessus dessous. J'entends sonner quelque chose; tâtez-le partout, dit le caporal.

— Il est dans un état trop dégoûtant, il est tout en marmelade, attendez un peu que je le débarbouille avec de l'eau. Voyons, maintenant : Par Saint-Georges, il a une montre en or, une chaîne, des breloques! Ce n'est pas tout, voilà sur sa poitrine quelque chose de cousu dans la doublure de son habit. Il faut voir ce que c'est. Donnez-moi son couteau que je découse cela. Qu'est-ce que cela peut être? Quelque chose de curieux, je suppose, pour avoir été si soigneusement caché. Autant que le tact permet d'en juger, ce sont des papiers. »

Cette découverte reporta ma pensée vers la fille du Bush-ranger. Je me figurai que ce paquet de papiers si soigneusement enveloppé, si secrètement cousu, devait renfermer des renseignements propres à jeter du jour sur l'origine et la vie de cet homme. Je savais que c'était un usage assez généralement adopté par les accusés en Angleterre de se faire juger sous des noms supposés, afin de dérober leur honte à leur famille et à leurs amis.

« Je vous supplie, Messieurs, m'écriai-je, de respecter ces papiers et de les remettre aux mains de l'autorité, sans en prendre connaissance. Songez que vous compromettriez votre responsabilité, s'il y avait quelque chose de perdu ou d'altéré. »

Cette remarque me valut, de la part du caporal, un regard où se peignaient tous les soupçons que je lui inspirais; il supposa que j'avais quelques motifs particuliers pour que le contenu de ces papiers ne transpirât pas. Heureusement ces conjectures contribuèrent à les lui faire recueillir avec plus de précaution encore et à les conserver intacts, sauf à en prendre connaissance dans un moment plus opportun.

« Donnez-moi le paquet, dit-il à Steadman, nous l'examinerons plus tard. Il n'est pas nécessaire que tout le monde sache ce qu'il renferme, ajouta-t-il en me lançant un regard pénétrant. Maintenant, qu'allons-nous faire de ces deux corps-là? Nos ordres portent que nous devons nous emparer du Bush-ranger, mort ou vif.

— Ce que vous auriez de mieux à faire, interrompis-je, ce serait de consulter le magistrat du district. L'identité du Bohémien est, je le pense, suffisamment constatée; dans ce cas, la décence veut que vous enterriez les deux victimes à l'endroit même où elles sont.

— Oh! pour ce qui est de l'identité, personne n'est plus en état de la constater que vous, monsieur le Bush-ranger, et ce ne sera pas une des moindres preuves contre vous en justice. Après tout, il n'y a pas loin d'ici chez le magistrat, rendons-nous auprès de lui et conduisons notre prisonnier devant lui, le plus vite que nous pourrons. Si le magistrat le juge convenable, nous reviendrons ici chercher les corps. »

Nous partîmes donc; moi, en grand cérémonial, monté à cheval, les bras attachés derrière le dos et précédé de deux soldats, qui tenaient la bride à droite et à gauche. Le caporal suivait derrière. Avant de se mettre en marche, il avait eu soin de placer avec poids et mesure une cartouche à balle dans le canon de son fusil; ensuite il l'avait bourré avec une lenteur et une ostentation affectées. Il voulait sans doute que le bruit de la baguette, qu'il fit plus d'une fois retentir sur la balle, me servît d'avertissement indirect pour me bien conduire.

Nous fûmes en moins d'une couple d'heures à la maison du magistrat, à qui j'expliquai mon aventure. Le caporal consentit, sur son témoignage, à me relâcher, ou plutôt à me remettre à la disposition du pouvoir judiciaire. Tous les papiers et autres objets, saisis sur la personne du Bush-ranger, furent déposés comme pièces de conviction aux mains du magistrat. J'attirai plus particulièrement son attention sur le paquet de papiers, qui avait été trouvé cousu dans la doublure de son habit. Ensuite je me hâtai de me rendre à mon habitation, où le bruit s'était déjà répandu que j'avais été arrêté par un détachement de soldats qui m'avaient surpris dans la compagnie des Bush-rangers, d'où Crab avait conclu que j'avais été probablement fusillé sans autre forme de procès. Je trouvai ma femme et ma famille en proie à la plus vive inquiétude; je les eus bientôt rassurées sur mon sort, en demandant que l'on me servît au plus vite un plat de côtelettes, ce qui fut fait immédiatement. Aussitôt que j'eus calmé mon appétit, je racontai mon aventure avec le Bohémien. Lorsque j'en vins à la partie de mon histoire, qui concernait la fille du brigand, ma femme témoigna par un mouvement de tête qu'elle était peu satisfaite de la responsabilité que j'avais prise. Quant à Crab, assis dans un coin, il avait l'air morose. On m'avait prévenu qu'il avait eu un terrible accès de mauvaise humeur, lorsqu'il avait appris la mort de son bœuf favori; aussi, fit-il la plus horrible grimace, quand je parlai de la promesse que j'avais faite.

« Sur ma parole, s'écria-t-il, voilà un joli pays à habiter! S'il n'y pousse pas grand'chose, au moins les Bush-rangers y pullulent; et c'est sur les honnêtes gens que retombe le soin d'élever leurs enfants. Il est heureux pour vous, notre maître, qu'il n'ait pas pris à votre ami, le Bush-ranger, la fantaisie de vous embrasser aussi tendrement que le constable. Sur ma vie, c'est drôle, tout à fait drôle! Qui voudrait jamais croire qu'un vieux fermier de Surrey, comme vous, qu'on supposerait avoir dû suivre tout paisiblement sa carrière, comme les braves gens de son espèce, ait eu plus d'aventures qu'on n'en pourrait entasser dans un livre! Ah! mon Dieu, mon Dieu, on apprend en vieillissant. Si quelque chose pouvait affermir encore ma résolution d'abandonner ce misérable pays, c'est à coup sûr cette dernière affaire. Se charger de la tutelle de la fille d'un Bush-ranger! miséricorde! qui croirait jamais cela? Mais il y a des gens..... d'honneur, c'est incroyable; du reste, il n'y a plus à y revenir. Et puis voilà, d'un autre côté, un nouveau venu qui s'avise de fusiller mon pauvre bœuf! comme s'il avait jamais fait de mal à personne; il ne faisait pas partie de la bande des Bush-rangers, je suppose.

— Comment! monsieur Crab, il n'a fait de mal à personne? reprit Betsy avec vivacité. Il a cruellement maltraité ce pauvre M. Beresford; il m'aurait foulée aux pieds, s'il n'eût pas été tué si à propos; j'ai reçu jusque dans les yeux la poussière qu'il faisait voler avec ses cornes, en fondant sur moi.

Et pourquoi ne vous êtes-vous pas sauvée? Est-ce que vous ne pouviez pas faire un saut de côté, et le prendre par la queue? Il ne vous aurait fait aucun mal, comme cela! il ne vous aurait pas renversée d'un coup de queue, probablement?

— Juste ciel! vous vous imaginez, monsieur Crab, que je puis arrêter un bœuf par la queue! C'eût été un joli spectacle, vraiment, que de voir votre vilain bœuf courir le pays, et me traîner après lui, cramponnée à sa queue. Il eût été curieux de voir ce qui s'en serait suivi!

— En vérité, dit Crab, je ne reviens pas de la manière dont certaines gens se conduisent; mais allons nous coucher. »

En s'en allant, il fronça le sourcil et lança sur la pauvre Betsy un regard aussi courroucé que celui du terrible animal dont il regrettait la mort; puis il ajouta :

— Traiter de la sorte un animal si doux, si gentil, d'une si bonne nature, quand on ne le provoquait pas! Y avait-il l'ombre de raison de la part de cette jeune fille de porter des rubans rouges à son chapeau, tandis qu'elle aurait très-bien pu se faire une coiffure avec un morceau de peau de bœuf ou de kanguro. Faites-moi le plaisir de me dire aussi pourquoi le jeune drôle, qui a tué ce pauvre bœuf, se promène partout, avec ces maudits rubans rouges à sa boutonnière, comme s'il voulait narguer tous les bœufs du district? »

Cette dernière observation du vieux grondeur, toute innocente qu'elle était, fit rougir Betsy d'une façon que je ne pouvais pas attribuer aux boutades de Crab sur la mort de son bœuf.

« — Oh! oh! me dis-je en moi-même, il paraît que le jeune libérateur de miss Betsy n'a pas perdu son temps en mon absence. C'est une affaire que j'examinerai avec quelque attention avant qu'elle n'aille plus loin. Les jeunes filles sont précoces dans la terre de Van Diémen. Je ferai demain mon enquête sur les rubans rouges!... » Et j'allai me mettre au lit.

CHAPITRE XXX.

C'était au mois de juillet, par une belle matinée d'hiver; je m'étais levé de bonne heure, pour surveiller la construction de ma nouvelle maison en pierre. Le froid était si vif que j'avais dû boutonner hermétiquement mes habits, et qu'il me fallait, pour m'échauffer, marcher à grands pas, à côté des ouvriers qui jetaient les fondations de ma maison. Il y avait de la glace dans un bas-fond, qui se trouvait près d'un ruisseau dont les eaux se jetaient dans la Clyde. La gelée blanche répandait ses teintes matinales et argentées sur les longues touffes de gazon sauvage, qu'elle crispait; on les entendait, en marchant, craquer sous les pieds. Le soleil était brillant et radieux; la nuance foncée des arbres verts et des buissons formait, avec celle de la gelée, un contraste qui me frappait singulièrement, quoique j'en eusse déjà plus d'une fois admiré les effets.

J'avais beaucoup à faire pour réparer les désastres de l'incendie; mais je me sentais du cœur à l'ouvrage, et au fond je n'éprouvais plus grand chagrin de mes pertes. Le feu n'avait endommagé ni mes terres, ni mes moutons, ni mes bestiaux, et je sentais bien que tant que tout cela serait intact, le besoin ne nous atteindrait jamais. En outre, comme j'aimais à créer et à exécuter de nouveaux plans, je ne me trouvais nullement contrarié d'être obligé d'avoir tout à reconstruire à neuf. L'exercice que j'avais été obligé de prendre m'avait mis en bonne disposition ; en sorte que j'étais de l'humeur la plus gaie quand on m'appela pour déjeuner.

Au moment où j'arrivais devant la porte de notre habitation provisoire, un chariot traîné par des bœufs s'y arrêta. Il renfermait une dame, deux enfants une femme de service, un ou deux hommes du gouvernement, et enfin le chef de la famille, dans lequel il me fut aisé de reconnaître un nouveau colon.

Le bruit d'un fouet qui se faisait entendre à quelque distance, et qu'accompagnaient les cris ordinaires d'un conducteur de bœufs, m'avertit que le chariot des bagages n'était pas loin. Je donnai ordre à mes gens d'aller à sa rencontre, et de prêter toute l'assistance dont on pourrait avoir besoin.

Un fermier de Surrey qui recevrait une visite aussi imprévue en serait tout bouleversé, aussi bien que sa femme ; mais, dans la terre de Van Diémen, un étranger est toujours le bienvenu. Aussi fis-je un rapprochement entre la position dont je jouissais ici et celle qui eût été mon partage en Angleterre. Un mouton de plus ou de moins n'était pas une affaire. J'avais en abondance du pain de ménage, au levain sûr, d'une apparence un peu rustique, mais d'une excellente qualité ; car il n'y a pas moyen de se procurer du levain de bière, et, d'un autre côté il y avait longtemps que nous dédaignions de manger des dampers.

Nous accueillîmes les étrangers avec la cordialité en usage dans la colonie. Ils paraissaient fatigués de leur voyage ; c'était une raison de plus pour leur prodiguer nos soins et nos encouragements. Ils étaient partis avant le point du jour de Cross-Marsh ; ils se rendaient sur les bords du Shanon, et se montraient très-impatients d'arriver sur leurs terres. Je n'eus cependant pas de peine à leur persuader de s'arrêter un ou deux jours chez moi, pendant qu'ils enverraient en avant leurs gens pour construire la hutte grossière qui sert de premier asile à tout colon nouvellement débarqué.

Cette adjonction forma une table nombreuse. Nous étions neuf de notre côté : ma femme, nos six enfants, Crab et moi ; nos hôtes étaient quatre. C'était donc treize en tout.

Je remarquai que Crab jetait sur les nouveaux venus des regards pleins de la plus sombre tristesse ; il variait à l'infini l'expression de sa physionomie chagrine. J'étais accoutumé à interpréter ces marques de commisération et de sympathie que lui inspirait toujours l'aspect d'étrangers, dans lesquels il ne voyait que de nouvelles victimes prêtes à être sacrifiées. Il était facile de s'apercevoir qu'il épiait l'occasion de faire à nos convives quelque horrible tableau du pays qu'ils venaient habiter. Une fois ou deux il avait essayé de commencer une de ses habituelles et lamentables harangues ; mais Betsy qui prenait un malin plaisir à le taquiner, l'avait surveillé de si près, qu'elle avait toujours coupé court à ses doléances. Toutes les fois qu'il avait voulu ouvrir la bouche, elle l'avait interrompu par quelque nouvelle invitation de boire ou de manger. Nous regardions ces agaceries de Betsy comme un des motifs de l'affection toute particulière que le vieux grondeur lui portait. C'était, ainsi que l'observait très-bien Betsy, une des conséquences de son esprit de contradiction.

« Monsieur Crab, vous prendrez probablement un peu de cette soupe à la queue de kanguro? Je l'ai faite réchauffer à votre intention.

— Non, c'est un mets à garder pour les jours de fête. Il faut de la modération dans le boire et le manger, miss Betsy : prodigalité engendre misère. »

Je dois dire ici, par parenthèse, que M° Crab avait pris un goût très-prononcé pour les proverbes.

« Mais vous ne pouvez pas dire que vous ayez déjeuné. C'est tout au plus si vous avez mangé une demi-douzaine de côtelettes. Vous êtes donc indisposé, ce matin?

— Pardonnez-moi, j'ai mangé quelques œufs, et j'ai encore pris ma part de ce canard froid.

— De quel canard? Je n'en vois pas trace. (Ceci fut dit, *sotto voce*, selon l'expression de nos écrivains de *Revues*.) Il n'y a pas de quoi vivre avec si peu de chose!

— Je ne suis pas un grand mangeur, reprit M° Crab. Je crois que c'est le chocolat qui me rassasie si promptement. Je ne conçois pas, mistress Thornley, la prédilection que vous avez pour le chocolat. Du chocolat au milieu du désert et des bois! Il est vrai qu'il faut bien boire quelque chose, et qu'il n'y a pas moyen de se procurer de bière dans ce maudit pays. Ah! continua-t-il en poussant un profond soupir, qui parut décharger sa poitrine d'un grand poids, je voudrais, du plus profond de mon cœur, en être bien loin, de ce pays de malédiction! Si j'y reste, c'est pour ne pas vous y laisser seuls.

— Ma foi, dit l'étranger, qui s'appelait Marsh, je ne vois pas qu'il y ait tant à se plaindre de l'ordinaire de ce pays. On y prend du thé, du café, du chocolat; voici du pain, des toasts, du beurre, des œufs en quantité, des côtelettes de mouton plus qu'on n'en voit dans aucun pays du monde; ajoutez-y encore du canard froid, un attelet de mouton, de la langue fourrée et de la soupe à la queue de kanguro, qui ressemble beaucoup, il faut en convenir, à un plat de colle.

— Ah! dit William, il faut une certaine habitude pour manger de la soupe à la queue de kanguro, autrement c'est un mets dangereux.

— Comment, dangereux?

— Oui; l'autre jour, un colon nouvellement débarqué...

— Taisez-vous, William, interrompit ma femme; ne répétez pas de pareilles folies.

— Un colon nouvellement débarqué prit une cuillerée de ce potage, et la mit sans défiance dans sa bouche.

— Et il s'est brûlé? dit Crab.

— Pas du tout; mais comme le potage était un peu plus épais que de raison, et très-gluant, il colla si bien les lèvres de notre homme, qu'il fallut les humecter pendant un quart d'heure, avec de l'eau chaude, avant qu'il pût parvenir à les ouvrir, et à exprimer la vive satisfaction qu'il éprouvait d'avoir fait connaissance avec un potage si confortable... Eh! qu'est-ce qui nous arrive donc? Ah! c'est le chirurgien, avec le monsieur aux rubans rouges. »

A cette désignation, ma femme me lança un coup d'œil d'intelligence, et je remarquai en même temps que la couleur des rubans passait subitement sur les joues de miss Betsy. Je témoignai à ma femme, par un signe de tête, que je l'avais comprise. La jeune fille, quoique nous fussions en juillet, dans une des matinées les plus froides de l'hiver, se plaignit de la chaleur de l'appartement, et dit qu'elle avait une inspection à faire dans les étables. Je ne parus pas y faire attention. Quant au jeune Beresford, usant d'un de ces manéges ordinaires à ceux qui se trouvent dans une situation semblable à la sienne, il trouva moyen de disparaître de son côté, sans que je m'aperçusse ni où, ni comment. Du reste, comme le jeune homme me plaisait, je ne voyais pas de motif pour empêcher son affection pour Betsy de se développer, et je résolus de laisser les choses suivre leur cours, me réservant, bien entendu, d'en surveiller la marche avec la vigilance et l'attention que des parents doivent avoir en pareil cas.

« Qu'est-ce qui vous amène donc, mon cher ami, dis-je au chirurgien? Vous avez un air mélancolique qui n'est pas en harmonie avec l'éclat de cette belle matinée. Il n'est plus question, j'espère, de Bush-rangers, ni d'indigènes?

— Non; c'est maintenant le moindre de mes soucis, ce qui m'inquiète, c'est la nécessité où je me vois réduit d'abandonner mes amis de la Clyde; mais il le faut, ou mes affaires ne tarderont pas à se déranger. Il n'y a rien à faire pour moi dans un pays comme celui-ci. »

Les étrangers prêtèrent l'oreille à ces paroles avec la curiosité naturelle à de nouveaux venus, et M. Marsh s'écria :

« En vérité, Monsieur; je suis désolé de vous entendre parler ainsi. Je ne fais que d'arriver dans ce pays, et il m'est pénible d'apprendre qu'un honnête homme n'y puisse pas gagner sa vie. »

Crab avait déjà pris son chapeau pour retourner à sa charrue bien-aimée; mais à ce plaintif langage, qui chatouillait agréablement son oreille, il s'arrêta, son chapeau dans une main, et l'autre nonchalamment posée sur la clanche de la porte.

« Oui, monsieur Thornley, il faut que je vous quitte; ce n'est que trop vrai! Mon parti est pris; et je ne sais de quel côté m'établir pour être mieux.

— Pour être mieux! s'écria Crab dans un véritable transport de joie; pour être mieux! Mais vous ne serez jamais mieux, tant que vous resterez dans ce pays-ci! Qui est-ce qui a jamais pu trouver moyen d'y être bien? Et aussitôt qu'on l'a connu, qui est-ce qui a jamais voulu y rester? Si j'y ai prolongé mon séjour de jour en jour, d'année en année, c'est parce qu'il y a eu toujours quelque ouvrage à faire pour mes amis. Aujourd'hui, c'était un morceau de terrain à défricher, et qui ne pouvait l'être sans moi; un autre jour, c'était un bout de palissade à faire ou un bâtiment à construire; une autre fois, il fallait surveiller la tonte des troupeaux, faire la récolte; enfin, c'était tantôt une chose, tantôt une autre, si bien que je n'ai pas encore pu trouver le moment de partir.

— Juste ciel! dit M. Marsh à sa femme, voilà de tristes pronostics. On nous avait dit que cette colonie était florissante, je vois que nous avons été trompés!

— On peut dire qu'elle est florissante pour les colons ordinaires, reprit le chirurgien; mais elle ne l'est pas pour moi. Voici trois ans que j'habite sur les bords de la Clyde, et je ne crois pas vraiment que ma clientèle m'ait rapporté une livre sterling.

— Cela ne m'étonne pas, dit Crab, en se frottant les mains avec une extrême satisfaction, et, dans l'excès de sa préoccupation, en posant son chapeau dans le plat où se trouvait la soupe à la queue de kanguro, cela ne m'étonne pas. Qui est-ce qui a jamais gagné et qui est-ce qui gagnera jamais une guinée dans ce misérable et horrible pays? Il est facile de les y dépenser les guinées, dit-il, en regardant les nouveaux venus d'un air protecteur, mais on ne les revoit jamais. Une guinée est un objet qui ne réjouit jamais les yeux dans ce pays-ci. Pour ma part je ne saurais dire combien il y a de temps que je n'en ai vu.

— Je ne le sais que trop bien, reprit le chirurgien. Et pourtant si je ne parviens pas à en gagner quelques-unes, il n'y aura plus pour moi ni côtelettes ni dampers, et alors que deviendront ma femme et mes enfants? je tremble d'y penser.

— Puis-je vous demander, Monsieur, qui est-ce qui vous a empêché de réussir? Car votre exemple peut m'être utile.

— Je vais vous le dire, mon cher Monsieur, répliqua le chirurgien. Je crois que j'aurais réussi tout aussi bien qu'un autre, si j'avais eu l'occasion de faire quelque chose; mais, dans ce pays-ci, il n'y a rien à faire pour les gens de ma profession.

— Comment cela?

— Parce qu'il n'y a pas de maladies.

— Comment! il n'y a pas de maladies, s'écria M. Marsh; ce n'est pas possible.

— Rien n'est plus vrai, cependant, Monsieur; depuis que je suis dans ce pays, c'est-à-dire, depuis trois ans, reprit le chirurgien, en appuyant avec tristesse sur chaque mot, il... n'y... a... pas... eu... de... maladies... dans le district de la Clyde.

— Quoi! interrompit mistress Marsh; il n'y en a pas même parmi les enfants? Pas de rougeoles? Pas de coqueluches? pas de fièvres scarlatines?

— Non, Madame, il n'y a rien de tout cela dans ce pays-ci. Les maladies de fonds, comme on peut les appeler, sont à l'état imaginaire. La seule chance que l'on ait de travailler un peu, c'est lorsque quelque gardien de troupeaux fait une chute de cheval ou lorsqu'il y a quelque escarmouche avec les Bush-rangers ou les indigènes; mais les blessures se guérissent si vite ici que les malades sont sur pied avant qu'on ait eu le temps d'en tirer quelque profit. Oui, Monsieur, des blessures et des accidents qui, dans notre vieux continent, permettraient à un chirurgien de vivre et de laisser quelque chose après lui à sa petite famille, ne produisent pas de quoi boire de l'eau. On n'en fait pas pour les frais d'emplâtres. Un médecin n'a pas d'autre ressource ici que de mourir de faim.

— C'est épouvantable, s'écria Crab, dans l'aveuglement de ses préventions, c'est épouvantable! Mais tout est de même dans cette maudite colonie.

— En effet, dit en riant le nouveau venu, c'est un étrange pays. J'avais bien entendu dire, avant d'y venir, que c'était un vrai monde renversé : mais je ne m'attendais pas à entendre les habitants se plaindre, comme le font ces Messieurs, qu'il n'y eût pas de maladies.

— Entendons-nous, dit le chirurgien : je ne me plains pas, comme vous semblez le croire, de ce qu'il n'y a pas de maladies dans le pays. Dieu m'en garde. Ce n'est pas là ma pensée. Je dis seulement que je n'y peux pas trouver à vivre. C'est M° Crab qui se plaint de cela; mais lui il trouve tout mal. »

Crab cependant se livrait *in petto* à l'examen de la question. Il parut illuminé d'un trait soudain de lumière. J'examinais la lutte que se livraient chez lui le bon sens et les préjugés. Se plaindre d'un pays par ce qu'il était exempt de maladies, lui semblait un peu trop fort. Ses sombres hallucinations ne pouvaient pas aller jusque-là. L'opiniâtreté de ses préjugés finit néanmoins par l'emporter. Pour donner plus d'emphase à l'expression de ses sentiments, il frappa sur la table de sa main dure et osseuse, et il s'écria :

« Je vais vous faire comprendre la chose : si les habitants de ce pays-ci ne sont pas malades, comme ceux de notre vieux continent, je prétends que cela vient de ce qu'ils ne se portent jamais tout à fait bien ; ajoutez à cela qu'il n'y a pas moyen pour eux de gagner un seul dollar pour se faire soigner. Je dis donc que s'ils ne vivaient pas dans un état de langueur perpétuel, ils seraient malades quelquefois. Dans ce cas, le docteur pourrait les ramener à la santé, alors ils vivraient mieux et feraient vivre les autres ; telle est mon opinion. »

En achevant cette belle tirade, il enfonça son chapeau sur sa tête d'un air triomphant, en se disposant à sortir de la maison : mais comme il n'était pas très-convaincu au fond d'avoir employé des raisonnements bien concluants en faveur de l'opinion qu'il voulait faire prévaloir, il chercha un prétexte pour remettre la question sur le tapis et pour l'appuyer d'une argumentation plus puissante. Continuant donc à jouer d'une main avec le loquet de la porte et formant avec l'autre l'angle d'inclinaison, qu'il supposait le plus favorable aux mouvements de son éloquence, il adressa aux étrangers, avec une gravité tout à fait magistrale, l'allocution suivante :

« Au nom du ciel, Monsieur et Madame, ne vous laissez pas leurrer au point de semer votre argent dans ce pays. Vous n'y trouverez rien de bon, absolument rien. Il y a à peine quelques jours que M. Thornley a failli être fusillé par les Bush-rangers et brûlé vif par les indigènes. Vous ne savez probablement pas qu'il n'y a pas un arbre derrière lequel on ne trouve ici ou un Bush-ranger pour vous dépouiller, ou un indigène pour vous dévorer. Les condamnés foisonnent sur toute la surface de ce maudit pays. Il n'y a pas d'habitant qui puisse répondre qu'il sera vivant demain ou qu'il aura encore en sa possession la moindre parcelle de ses propriétés. Chaque soir, quand vous allez vous coucher, il y a dix à parier contre un que vous aurez la gorge coupée avant le lendemain matin, ou que, pour le moins on vous aura volé votre troupeau. Une nuit, mon troupeau...

— Vous avez donc des moutons, monsieur Crab? dit M. Marsh. En avez-vous beaucoup?

— Je puis en avoir deux mille à peu près. Vous n'avez pas d'idée quel embarras cela donne ! Il y a, je vous l'assure, des moments où je voudrais en être débarrassé.

— Comment vous êtes-vous décidé à les acheter, puisque vous avez une si mauvaise opinion de la colonie?

— Dieu le sait. Les plus sages font quelquefois des folies. C'est M. Thornley qui m'a persuadé, je ne sais trop comment, d'acheter cent moutons, il y a sept ans environ. Ils se sont multipliés, et maintenant j'en ai deux mille pour mon malheur. Ils me causent de mortels tourments. J'ai en magasin, dans un autre district que celui-ci, un lot de laine, dont je ne sais que faire. Les moyens de transport manquent, et d'ailleurs, où l'envoyer? Personne ne veut m'en donner plus de six pences (60 c.) par livre, en la prenant sur la place. Voilà ce beau pays! sans foires, sans marchés, sans routes. Il faut que la laine qu'on y récolte soit embarquée pour l'Angleterre. Ce n'est que là qu'on peut la vendre. Encore faut-il que le vaisseau ne fasse pas naufrage, ce qui arrive quelquefois, ou que la cargaison ne mette pas le feu au bâtiment, ce qui a lieu, surtout quand la laine se trouve en contact avec de l'huile. Or, comme on se sert souvent, m'a-t-on dit, pour le transport des laines, des mêmes navires que l'on emploie pour pêcher la baleine, à l'embouchure de la rivière, l'intérieur en est souvent imprégné d'huile.

— Je vous demande pardon, monsieur Crab, interrompit M. Marsh; mais il me semble que vous vous écartez un peu de la question. Vous disiez tout à l'heure que vous aviez acheté cent moutons, il y a sept ans, et que vous en aviez aujourd'hui deux mille. Ce résultat me paraît assez encourageant. C'est certainement un beau bénéfice en échange d'une avance bien modique.

— Du bénéfice! mais il n'y en a pas, repartit Crab. Mon troupeau m'a fait perdre quarante livres sterling cette année.

— Et comment cela?

— Le voici. J'avais vendu à un boucher trente-deux moutons, à raison de vingt-cinq schellings (37 fr. 50 c.) par tête. Ils avaient deux ans; c'étaient les plus beaux moutons qu'on puisse voir. J'ai accepté en paiement un billet à deux mois; et, à l'échéance, mon débiteur m'a déclaré qu'il ne pouvait pas payer. Le fait est qu'il ne le peut pas, de façon qu'il m'a souscrit un nouveau billet, toujours à deux mois, à raison de dix pour cent d'intérêt. Ce sera une nouvelle perte; et voilà comme on se trouve ruiné dans ce pays de malheur.

— D'honneur, reprit M. Marsh, je n'y comprends rien. Vous me dites que cent moutons vous en ont donné deux mille en sept ans, que vous vendez vos moutons à raison de vingt-cinq schellings par tête, que vous placez vos fonds à dix pour cent; eh bien! en m'en tenant à vos propres paroles, ce pays ne me paraît pas si mauvais pour gagner de l'argent.

— Vous ne me comprenez pas, dit Crab, qui n'avait pas entendu sans impatience et sans indignation les conséquences que l'étranger avait tirées de ses observations; vous ne me comprenez pas. Et je ne m'en étonne pas, car je ne comprends rien moi-même à tout ce qui se passe dans ce pays-ci. Mais ce que je puis vous prédire, Monsieur, c'est que si vous ne retournez pas promptement d'où vous venez, vous ne tarderez pas à ne plus savoir comment vous en aller. Alors, vous vous trouverez dans cette singulière position de ne plus pouvoir rester et de ne pas pouvoir partir, ce qui vous semblera la chose la plus difficile de toutes à comprendre, bien que tel ait été le cas de plus d'un pauvre colon dans ce pays. Ah! ah! ah! »

Après cette réplique, que M° Crab regardait comme victorieuse, il s'abandonna aux bruyants éclats du rire sardonique, auquel il se livrait surtout lorsqu'il avait quelque motif extraordinaire d'être content de lui.

Ensuite ce singulier personnage battit en retraite, en général habile, et ne tarda pas à oublier, dans la compagnie de Bob et des bœufs qui l'attendaient à la charrue, le mécontentement passager que lui avaient fait éprouver les objections malsonnantes à ses oreilles que l'étranger lui avait soumises.

« Si j'ose dire toute ma pensée, s'écria mistress Marsh, voilà un original réellement bien extraordinaire. Il ne semble pas avoir une opinion très-favorable de ce pays-ci; puisqu'il le trouve si désagréable, pourquoi donc y est-il resté si longtemps?

— M° Crab, répondit ma femme, est un homme qui a une manière de voir qui n'appartient qu'à lui. Vous n'y êtes pas accoutumée comme nous. Je puis vous assurer que vous trouverez le pays fort agréable, si vous ne vous en faites pas dans le principe une idée trop séduisante.

— Un point, auquel je ne comprends rien, dit M. Marsh, c'est de savoir comment vous pouvez vivre au milieu d'une population de condamnés. Cela doit faire, je le suppose, de singuliers domestiques. Comment régler leurs gages, leur nourriture? Je me perds à tout cela.

— Il en résulte des rapports sociaux fort curieux, lui répondis-je. Si mon expérience à cet égard peut vous être de quelque utilité, je vous en ferai avec plaisir partager les fruits. »

Je commençai alors avec mon hôte un long entretien dans lequel il me prouva qu'il avait autant d'instruction que d'intelligence. Mais comme l'explication du système général du travail des condamnés dans la colonie me força d'entrer dans des détails de quelque étendue, et que le sujet est en lui-même de la plus haute importance, je renvoie ce que j'ai à dire à cet égard au chapitre suivant.

CHAPITRE XXXI.

« Si je ne craignais d'abuser de votre complaisance, me dit M. Marsh, je vous prierais de commencer par le commencement, c'est-à-dire de vouloir bien me montrer le condamné depuis le jour de son jugement, en Angleterre, jusqu'au moment où il est attaché comme domestique à la personne de tel ou tel colon et de m'expliquer ce qu'il devient.

— Je ferai de mon mieux pour vous être agréable; mais je vois quelqu'un qui est bien plus en état que moi de vous donner les renseignements que vous pouvez désirer sur ce sujet. »

A peine avais-je achevé ces mots, que le magistrat dont j'ai parlé précédemment, et qui avait été chef de l'expédition contre les Bush-rangers, arriva à cheval devant la maison. Il mit pied à terre, ouvrit la porte et entra, sans autre formalité, selon l'usage de la colonie.

— Eh bien! me dit-il, j'ai des nouvelles à vous donner de la fille du Bohémien. Le paquet de papiers, que l'on a trouvé si soigneusement caché sur lui, renferme une histoire des plus intéressantes. Je pense y avoir trouvé des renseignements qui pourront être de la plus haute importance pour l'enfant. Mais où la trouverons-nous?

— Je ne m'en suis pas encore enquis, lui répondis-je; vous pouvez être certain cependant que je n'entends pas l'abandonner, après la promesse que j'ai faite. Nous étions en train, lorsque vous êtes arrivé, de parler sur l'organisation du travail des condamnés dans la colonie. Monsieur désirerait connaître le système suivi à cet égard. Vous avez une longue expérience de la matière, et je disais à M. Marsh que vous seriez bien plus en état que moi de lui donner des informations sur beaucoup de points.

— Que désirez-vous connaître, Monsieur, dit le magistrat, en s'adressant à l'étranger? Quel est le point spécial sur lequel vous désirez des renseignements?

— Mais j'en désire sur tous les points. Il est si difficile de connaître la vérité sur ce sujet en Angleterre; ce que j'y ai entendu dire est si différent de ce qu'on dit ici que je ne sais ce que je dois croire.

— Eh bien! reprit le magistrat, en se tournant vers moi, faites mettre mon cheval à l'écurie et nous pourrons causer à notre aise. Avez-vous de la place?

— Oh! ne vous inquiétez pas de cela. Je vais mettre un de mes chevaux dehors; il aura le plaisir de paître.

— Comment? dit l'étranger, vous laissez vos chevaux en liberté sur des terres qui ne sont pas encloses.

— Il y a quelques chevaux avec lesquels on ne peut pas en user ainsi; pour moi je laisse tous les miens paître où ils veulent et je suis toujours sûr de les voir revenir le soir pour manger l'avoine.

— Voilà une chose que je suis bien aise d'apprendre en passant, dit M. Marsh; mais ce que je souhaiterais pour le moment que vous eussiez la complaisance de m'expliquer, c'est le système qui régit les condamnés. Quelle espèce de domestiques font-ils?

— Ce sont pour la plupart d'assez bons domestiques, dit le magistrat, quand on les traite convenablement. C'est du reste un point dont je vous parlerai tout à l'heure; je dois d'abord vous prévenir qu'on n'emploie jamais dans ce pays-ci le mot de CONDAMNÉS pour les désigner. On les appelle *Hommes du Gouvernement* et dans quelques circonstances *Prisonniers*. Quant au mot de CONDAMNÉS il est proscrit. Ils le regardent eux-mêmes comme une injure, et toutes les personnes sensées évitent avec le plus grand soin de s'en servir.

— Vous me surprenez beaucoup quand vous me dites que les condamnés sont des domestiques supportables, reprit M. Marsh. On m'avait donné à entendre qu'ils faisaient de si mauvais domestiques, que c'était l'objet d'une plainte unanime.

— Sans aucun doute, répliqua le magistrat, il y en a quelques-uns qui font de mauvais serviteurs; mais je parle de l'ensemble et non des exceptions individuelles. Quand on réfléchit que ces malheureux sont dans un état de captivité, qui est de toutes les conditions la plus défavorable au développement des qualités physiques et intellectuelles; que, dans la plupart des circonstances, ils sont employés à des ouvrages dont ils ne se sont jamais occupés auparavant; que l'on métamorphose des filous, des voleurs avec effraction, des escrocs de toute espèce en valets de charrue, en bergers, en conducteurs de bœufs, et quand on voit qu'avec l'assistance de domestiques d'une origine si peu spéciale et si mêlée, l'agriculture va progressant dans la colonie, on est, selon moi, en droit de dire que les condamnés font des serviteurs tolérables. Mais je veux vous les faire suivre pas à pas depuis le commencement. Quand les prisonniers arrivent dans la colonie, on commence à les placer dans les casernes destinées aux hommes du gouvernement. L'autorité fait choix alors de ceux qui savent quelque métier ou que l'on juge propres à être employés aux travaux de l'État, le reste est mis à la disposition des colons, c'est-à-dire de tous les habitants libres de la colonie, soit qu'ils s'adonnent aux travaux de l'agriculture, soit qu'ils se livrent à toute autre profession.

— Et quelle marche suit-on, alors?

— La voici : Un fermier ou un colon quelconque a-t-il besoin d'un valet de charrue, d'un berger ou de tout autre homme de peine, il doit, dans quelque cas que ce soit, adresser par lettre au gouverneur une requête tendant à obtenir qu'on lui assigne un des hommes du gouvernement. On répond à cette demande au bout d'un ou deux jours. On donne avis au pétitionnaire qu'il peut inspecter les hommes qui sont disponibles et faire son choix parmi eux.

— Et cette faculté est-elle accordée au premier venu sur sa simple demande?

— Non, on ne l'accorde pas indistinctement à tout le monde. Si un colon est connu pour maltraiter les hommes qui lui sont assignés ou s'il n'a pas les moyens de les employer convenablement ou de fournir à leurs besoins, la demande est rejetée. Un ancien prisonnier ne peut pas non plus obtenir qu'on lui assigne un condamné. Au jour fixé, le pétitionnaire se rend aux casernes des hommes du gouvernement qu'il trouve rangés sur une ou plusieurs lignes, suivant leur nombre. Ils ont tous l'uniforme des condamnés : veste jaune, gilet et pantalon jaune.

— La description que vous me faites de leur uniforme, interrompit M. Marsh, m'explique une plaisanterie que j'avais entendue, sans pouvoir la comprendre. En venant ici, nous avons rencontré un prisonnier qui était conduit à la ville par un constable ; il semblait fort triste et fort abattu. « Eh bien ! lui dit en passant mon conducteur de bœufs, on va donc te mettre en cage, *serin?* tu t'es laissé piper ! »

— C'est précisément cela. Je continue à vous expliquer les choses de point en point : le pétitionnaire, que nous supposerons cultivateur, parcourt les rangs et examine la contenance et l'extérieur des divers prisonniers.

— L'informe-t-on du genre de crime pour lequel le prisonnier a été transporté? c'est un point qui doit influer singulièrement sur son choix.

— A cet égard il en est réduit à deviner du mieux qu'il peut. Car c'est une règle inviolablement observée par le gouvernement de ne jamais faire connaître le crime pour lequel le condamné a été transporté. On se fonde sur ce principe que le condamné, dans sa nouvelle patrie, ne doit pas être flétri par le souvenir de son crime, mais qu'on doit au contraire lui fournir loyalement l'occasion de reconquérir un rang honorable dans la société et de devenir un homme nouveau. Si le crime est d'une nature grave, son auteur n'est pas admis au nombre des hommes susceptibles d'être assignés aux colons, et on l'emploie aux travaux de l'Etat.

— Je suppose que le pétitionnaire choisit de préférence l'espèce d'homme dont il a besoin, un charpentier, un valet de charrue par exemple?

— Il les choisit, s'il y en a ; mais il est rare de trouver des charpentiers ou des laboureurs parmi les hommes laissés à la disposition des colons. Ce sont habituellement des journaliers, sans profession déterminée, ou de simples voleurs qu'on leur donne. Le colon est donc réduit à faire son choix du mieux qu'il peut, et quand il a trouvé un homme qu'il croit devoir lui convenir, il le questionne; il lui demande ce qu'il sait faire, ou bien encore il lui dit : « Si je vous choisis, promettez-vous de me servir avec fidélité? » Question à laquelle le prisonnier ne manque jamais de répondre promptement et affirmativement. Car un condamné préfère à tous égards être employé chez un colon que d'être employé par le gouvernement. Aussi le magistrat inflige-t-il comme punition, lorsqu'un condamné est amené devant lui, et reconnu coupable de quelque offense, qu'il sera employé dans les travaux publics.

— Quelle est la différence des deux situations? demanda M. Marsh.

— La différence, continua son interlocuteur, consiste en ce que les prisonniers, employés par le gouvernement, sont moins bien nourris, en ce qu'ils portent l'odieux uniforme jaune et qu'ils sont complètement privés de leur liberté. Ils travaillent en bandes, sous la surveillance d'inspecteurs, et leurs moindres fautes sont immédiatement et rigoureusement punies.

— Ils travaillent enchaînés? m'a-t-on dit.

— Pas du tout; c'est une des idées erronées que l'on se forme, en Angleterre, sur le sort des condamnés dans ce pays. Rien n'est plus inexact. Ils ne travaillent jamais à la chaîne, excepté dans quelques occasions fort rares, quand des actes constants et répétés d'insubordination contraignent de recourir à cette mesure. Ils travaillent sans chaînes par bandes de vingt, trente ou quarante hommes : on les emploie surtout à faire des routes. Comme les demandes des colons sont plus considérables que le nombre des sujets que l'on peut mettre à leur disposition, il en résulte que les bandes que vous voyez travailler çà et là dans le pays, sont presque entièrement composées de prisonniers, qui ont commis quelque crime ou quelque délit dans la colonie et qui subissent en conséquence cette punition. Après qu'on les a mis ainsi à l'épreuve, pendant quelque temps, on leur fait reprendre rang parmi les prisonniers qui peuvent être assignés aux colons. Cette mesure a pour but de les exciter à se corriger et de leur laisser l'espérance, sans laquelle l'homme est capable de se porter aux dernières extrémités. Ainsi vous pouvez remarquer que tout le système du travail des prisonniers dans la colonie a pour but leur réforme et leur amélioration. La pratique est parfaitement d'accord avec la théorie; il n'y a pas un condamné qui ne sache très-bien qu'une mauvaise conduite entraîne inévitablement sa punition après elle, de même qu'une bonne conduite reçoit non moins certainement sa récompense.

— Quelle est la récompense de leur bonne conduite?

— On peut dire qu'en général le condamné trouve la récompense de sa bonne conduite dans l'estime de son maître, dans un traitement plus doux, dans l'élévation de ses gages, dans la confiance et dans la liberté plus étendue qu'on lui accorde. Une autre récompense dont l'effet est aussi fort puissant, consiste dans l'habitude où est le gouvernement d'accorder au prisonnier, sur la demande de son maître, et après un certain nombre d'années de service, un billet de congé (*a ticket of leave*).

— Un billet de congé! qu'est-ce que c'est que cela?

— Un billet de congé est une permission par écrit, accordée au prisonnier, et qui l'autorise à chercher du travail en quelque lieu de la colonie où il lui plaît d'aller. Cette permission lui confère tous les avantages et toutes les prérogatives d'un homme libre. Sur une plainte et sur une preuve de mauvaise conduite, on retire le billet de congé. Cette faveur est donc pour celui qui l'obtient un encouragement très-puissant à se bien comporter, et les faits justifient complètement l'excellence de ce système, car il est très-rare que les condamnés qui sont parvenus, par leur conduite régulière, à obtenir une permission, tombent en récidive. Je sais que l'on a abusé de ce moyen, mais cet abus ne prouve rien contre le système en lui-même; il prouve seulement contre le mauvais usage qu'on en a fait.

— Avant de quitter l'Angleterre, dit M. Marsh, j'ai entendu élever des plaintes bien graves contre la paresse et la nullité des services des condamnés employés comme domestiques. J'ai lu même avec un vif intérêt, un grand nombre d'arguments très-spécieux contre la prolongation du système de la transportation aux colonies; mais je vous avoue que, pour ma part, je ne vois pas trop comment la colonie de Van Diémen pourrait se maintenir sans transportation.

— Et vous avez raison; la question de la transportation, celle de sa pratique et de ses résultats, sont des questions très-mal comprises en Angleterre. Il y a une chose certaine, c'est que sans les avantages résultant du travail forcé des condamnés, sans les dépenses que le gouvernement a été contraint de faire pour leur transportation dans ces colonies et pour y assurer leur existence, la terre de Van Diémen et la colonie de Sidney, si l'on considère leur grand éloignement de la mère-patrie, si l'on a égard aux dépenses considérables qu'entraîne l'émigration des particuliers sur des terres si lointaines, ne seraient jamais parvenues, dans un espace de temps aussi court, au degré de prospérité qu'elles ont atteint. Mais ceci c'est la question considérée à son point de vue le plus élevé. Bornons-nous pour le moment aux détails de la pratique. Nous résumerons ensuite les leçons de l'expérience et nous en tirerons les conséquences générales. J'ai à vous parler maintenant de la nourriture du condamné chez le colon auprès duquel il a été placé en service. Pour que vous puissiez juger que ce qui lui est alloué à cet égard est complètement suffisant, je vous citerai le texte même des ordonnances du gouvernement.

« Tout domestique assigné à un colon devra recevoir par semaine : 10 livres 1/2 (5 kilog.) de viande; 10 livres 1/2 (5 kilog.) de farine; 7 onces (2 hecto.) de sucre; 2 onces (60 grammes) de sel.

« Ces quantités ne seront augmentées, et il ne sera fourni de thé et de tabac qu'à la volonté du maître, dans les cas où il le jugera convenable ou nécessaire, comme un encouragement au travail, et dans des circonstances spéciales. »

— Ces allocations, remarqua M. Marsh, paraissent fort convenables, et si tel est le sort d'un prisonnier en état de domesticité, la condition du travailleur libre doit être digne d'envie.

— Ecoutez jusqu'au bout, dit le magistrat. Je vous ai fait connaître les rations allouées pour la nourriture, il me reste à vous parler du vêtement. Je cite toujours les règlements :

« Le maître devra aussi fournir tous les ans, à chacun de ses domestiques deux habillements de travail complets, en étoffe de laine (*woollen slop-clothing*), trois paires de bottes, quatre chemises, un bonnet ou un chapeau, l'un ou l'autre alternativement. La literie à fournir consiste en un matelas de laine, deux couvertures et un tapis de pied. Ces derniers objets sont la propriété du maître et il les garde lorsqu'il renvoie son domestique. La qualité doit être la même que celle des objets similaires, qui font partie des fournitures du gouvernement. »

— Et outre cela, le domestique reçoit-il des gages?

— Non; voici ce que les règlements portent à cet égard :

« La nourriture et le vêtement ci-dessus spécifiés, un logement convenable et l'administration des remèdes nécessaires, en cas de maladie, étant regardés comme un juste équivalent des services du domestique, il ne sera alloué à l'avenir aux condamnés aucune rétribution à titre de gages, et il est expressément recommandé aux maîtres de n'en accorder aucune. »

« Pendant que nous sommes sur ce sujet, il faut que je vous fasse l'énumération des rations d'une femme condamnée.

» Les rations des femmes consistent pour chaque semaine, en 8 livres 1/2 (4 kilog.) de farine; 8 livres 1/2 (4 kilog.) de viande; 2 onces (60 grammes) de thé; 1/2 livre (2 hecto 50) de sucre; 2 onces (60 grammes) de savon; et 1 once 1/2 (45 grammes) de sel.

» Les vêtements consistent, pour chaque année, en une robe de coton, deux chemises de nuit ou sarreaux, trois chemises, deux jupons de flanelle, deux de stuff, trois paires de souliers, trois bonnets en calicot, trois paires de bas, deux mouchoirs de cou, trois tabliers et un chapeau.

» Les divers objets énumérés ci-dessus devront être simples et de bonne qualité. La valeur n'en devra pas excéder sept livres sterling (175 fr.) par an.

» Chaque femme assignée comme domestique a aussi droit au coucher : le lit doit consister en un matelas de laine, deux couvertures et un tapis de pied. La literie est la propriété du maître et reste entre ses mains au départ de la domestique. »

« Vous voyez, continua le magistrat, qu'en supposant même que les rations et les gages, ou les objets qui représentent les gages en argent, ne dépassent pas les quantités prescrites par les règlements de la colonie, le condamné est dans une situation très-satisfaisante et qu'il est à l'abri de toutes les privations, qui sont si souvent, dans la mère-patrie, la cause déterminante des crimes. Je dois ajouter que la plupart des colons ne limitent pas strictement les rations et le vêtement aux quantités prescrites par l'ordonnance. On donne du thé à tous les domestiques mâles, et on accorde aux femmes beaucoup d'autres petites douceurs. Il n'est même pas rare de gratifier de quelques gages en argent les domestiques qui, par leur habileté et leur bonne conduite, se rendent utiles à leurs maîtres.

— Il me semble, en vérité, interrompit M. Marsh, que la condition d'un coupable transporté dans cette colonie, est préférable à celle de l'honnête ouvrier en Angleterre; et que la transportation, au lieu d'être une punition, est plutôt un encouragement au crime, une sorte de prime offerte à la perversité.

— Je dois convenir, poursuivit le magistrat, que c'est une objection qui est faite généralement; mais, à mon sens, elle porte plus sur la théorie que sur la pratique. Je vous avoue que je ne saurais croire que de pareilles considérations aient la moindre influence sur l'esprit des classes laborieuses en Angleterre. Je ne saurais supposer que, quand un homme y commet un crime, il ait le sang-froid de s'asseoir paisiblement auparavant pour peser avec calme toutes les conséquences de son action. On commet un crime, ou sous l'aiguillon pressant du besoin, ou par une impulsion accidentelle, ou pour satisfaire une passion, ou pour atteindre un but quelconque. L'homme qui le médite a, pour le détourner de sa funeste résolution, la perspective du déshonneur, sa chute de l'état d'homme libre à celui de condamné, la perte de ses amis, les rigueurs de la prison, les souffrances qu'on endure dans les fers, les privations, les horreurs, les dangers de la traversée sur les bâtiments qui transportent les condamnés et la cruelle incertitude de sa destinée sur une terre étrangère. Selon moi, la crainte de tous ces maux doit être bien plus puissante pour détourner du crime que le vague espoir de la condition confortable, dont un condamné peut jouir dans une colonie pénitentiaire, ne doit être encourageant à le faire commettre. Les maux que l'on a à redouter sont positifs et réels; l'espérance n'est que possible et hypothétique. Je n'irai pas jusqu'à prétendre qu'il ne s'est pas rencontré quelques circonstances où un coupable a commis un crime dans l'attente et dans le but d'être transporté; mais ces cas fort rares forment l'exception et non pas la règle. Ils ne constituent pas, pour moi du moins, une preuve solide que le système de la transportation soit, comme on le suppose, un encouragement au crime dans la mère-patrie. Je pense que c'est aller beaucoup trop loin que de conclure que des esprits ignorants, vulgaires, dépravés, s'écartent dans cette circonstance unique de leur manière habituelle de penser et d'agir, et qu'il y a exagération à soutenir qu'ils supportent avec un courage moral et une résignation héroïque, des peines, des privations et des souffrances présentes, dans l'espoir d'arriver à un futur contingent fort incertain et à un bien-être aussi vague qu'éventuel.

— Je suis d'accord avec vous à cet égard, dit M. Marsh; mais il y a une autre objection très-grave que j'ai vu souvent produite contre le système de la transportation : on demande quel résultat on peut attendre d'une colonie et d'une société qui ont pour élément et pour base une population de condamnés? Il y a, dit-on, quelque chose de coupable à propager ainsi les germes pernicieux de la contagion morale et à inoculer, dans un pays neuf, les maux épidémiques qu'ils engendrent. C'est un triste commencement pour un Etat naissant.

— Cela peut être vrai; mais tout bien examiné, il y a des compensations à ces inconvénients. La vraie question me paraît être celle-ci : Le système de la transportation contribue-t-il ou non à l'amélioration des condamnés? tant que l'espèce humaine ne se composera pas d'individus d'une nature autre que ceux qui la composent aujourd'hui, les mauvaises passions, les faiblesses inhérentes à l'humanité pousseront les hommes au crime. Il n'est pas possible que, dans la plupart des cas, les criminels ne soient pas rendus à la liberté après un emprisonnement de quelques années. Or, que voulez-vous faire de ces hommes à l'expiration de leur peine? Pensez-vous qu'ils trouveront du travail en Angleterre, où la concurrence des travailleurs est déjà si grande? D'ailleurs n'est-ce pas la concurrence qui a déjà poussé au crime la plupart d'entre eux, et, après une condamnation, n'auront-ils pas plus de difficulté encore à trouver du travail? Vous ne pouvez pas les tenir enfermés à perpétuité dans les prisons? Il faut bien les rendre à la liberté dans un temps donné. Vous êtes donc placés dans cette alternative : ou de laisser en liberté, sur le sol de l'Angleterre, la masse de condamnés actuellement agglomérée dans les colonies, sans pouvoir les assujétir à une surveillance aussi efficace que dans les colonies pénitentiaires; et cette multitude d'hommes dangereux, réduite à l'impuissance d'obtenir du travail, sera inévitablement poussée à commettre de nouveaux crimes pour ne pas mourir de faim; ou bien il faut répandre vos condamnés sur la surface d'un pays nouveau et inhabité, loin de leurs anciens compagnons, loin de leurs pernicieuses associations et les placer dans des conditions où il leur soit permis de reconquérir l'estime. C'est à vous de juger de quel côté il y a le moins d'inconvénients.

— Mais, reprit M. Marsh, qu'y a-t-il de positif en fait de réforme? Le système a-t-il réellement pour résultat de relever les condamnés de leur dégradation et de contribuer à leur amélioration morale? Ne fait-on pas trop pour eux et ne vaudrait-il pas mieux les tenir dans un état de privation, je dirai même de souffrances plus grandes, qui aurait le caractère d'un véritable châtiment. En outre est-il juste, est-il équitable, par le système de la transportation, de faire subir à des colons libres tous les inconvénients qui résultent pour un pays de la démoralisation qu'entraîne la présence des condamnés?

— Vos questions sont graves, répliqua le magistrat, et m'obligent, pour y répondre, à entrer dans des considérations d'un certain ordre ; mais je ne demande pas mieux que de vous faire connaître toute ma pensée et le résultat de mes observations. »

CHAPITRE XXXII.

« Avant d'essayer de répondre aux diverses questions que vous m'avez posées, reprit le magistrat, je dois vous prévenir qu'une opinion arrêtée depuis bien longtemps chez moi, c'est que l'homme a, généralement parlant, des tendances honnêtes et qu'il ne s'en écarterait pas, si trop souvent l'organisation de la société ne l'y contraignait. Il est de règle que ce ne sont pas les riches qui commettent des crimes ; ce sont les gens que la nécessité presse. Je parle des crimes qui sont du ressort des lois. J'ai reconnu par ma propre expérience, dans un nombre de cas considérable, que le premier de tous les agents provocateurs, en fait de crimes, c'est le défaut ou l'incertitude des moyens d'existence. Faites disparaître la misère, et la provocation cesse ; enlevez la cause, et vous détruisez l'effet. Imbu, comme je le suis, de cette opinion, je ne puis admettre que la société ait le droit de punir celui qui enfreint ses lois dans un autre but que de détourner du crime les hommes qui seraient tentés de l'imiter, et de réformer le coupable. Or, si on est bien pénétré de cette pensée que la société inflige des châtiments, non en haine du crime, mais en vue de réformer le criminel, on doit de préférence opérer cette réforme par le moyen d'une punition douce plutôt que par le moyen d'une punition sévère ; et chaque allégement apporté à la peine doit être considéré conséquemment comme un avantage, en ce sens qu'il diminue la dose des souffrances de l'humanité.

» Pour appliquer ce raisonnement à l'état des condamnés dans cette colonie ; si le but auquel tend la société peut être atteint, sans soumettre le coupable à des mesures plus rigoureuses et à des tourments moraux plus grands que ceux qu'il endure aujourd'hui, je ne vois pas que ce soit un argument bien concluant à produire que de prétendre que la nourriture et la condition générale du condamné doivent être rendues pires parce qu'il n'est pas possible de nourrir le travailleur, en Angleterre, aussi bien qu'on nourrit le condamné dans la Nouvelle-Galles du Sud. Encore une fois le condamné ne doit pas être puni en vue de la punition, mais en vue de son amélioration. La plus légère aggravation de la peine, qui dépasse ce but, est, selon ma manière d'envisager cette question, un acte injuste par rapport à la morale et un acte de mauvaise politique par rapport à la société.

« Si je ne suis pas dans l'erreur, on ne devrait pas se plaindre de ce que le condamné jouisse dans la colonie où il est transporté d'un état de bien-être plus grand que le travailleur d'Angleterre; mais on devrait au contraire se féliciter de ce qu'on peut lui procurer ce bien-être dans un pays qui n'est point encore surchargé de population. On doit même observer à cet égard qu'il est naturel et juste que le condamné participe, dans une certaine proportion, aux avantages qu'il doit à sa transportation, avantages dont tous ceux qui viennent chercher un asile sur cette extrémité du globe, ont leur large part. Dans un pays où la terre est abondante et où les travailleurs sont rares, le labeur du condamné a nécessairement plus de valeur et il en peut tirer un salaire plus considérable que dans notre vieux continent. Le travailleur libre, qui consent à quitter l'Angleterre, jouit du même privilége dans les colonies et à un bien plus haut degré.

» Ce bien-être du condamné est, dans mon opinion, un avantage dont on devrait bien plutôt se réjouir que de le critiquer. Si cette condition enviée, qui résulte d'une bonne nourriture, d'un habillement décent, et, eu égard à la douceur et à la salubrité du climat, d'un logement confortable dont le foyer est abondamment pourvu, ne contribuait en rien à améliorer le caractère moral et les habitudes du condamné, je conviendrais alors que le système est mauvais; mais que prouve à cet égard l'expérience générale?

» Je crois pouvoir dire, sans crainte d'être démenti, qu'en considérant l'ensemble, la population des condamnés, dans ce pays, est en voie bien prononcée d'amélioration et de progrès. Si l'on a égard à l'agglomération d'hommes vicieux, concentrés dans la colonie au défaut de toute émulation vers le bien, qui provient pour eux de la rareté des occasions qui leur sont offertes de comparer leur situation avec la position plus morale et plus digne du travailleur libre, on conviendra que leur conduite est aussi satisfaisante qu'on peut l'espérer dans l'état où ils se trouvent. Toute proportion gardée, je n'hésite pas à affirmer que les crimes, dans la terre de Van Diémen, ne sont pas plus nombreux qu'en Angleterre et en Irlande. J'avoue que, pour ma part, si quelque chose me surprend, ce n'est pas qu'il y ait tant de crimes commis dans la colonie, mais au contraire c'est qu'il y en ait si peu. Un fait non moins frappant, c'est qu'il suffit d'une force militaire de cent soldats et d'un nombre encore moindre de constables, pour maintenir dans la subordination toute cette population de condamnés. Ce fait est pour moi la démonstration la plus convaincante que le système, invariablement appliqué, d'accorder à la bonne conduite une récompense certaine, tout en éloignant de l'esprit des condamnés les tourments qui naissent du défaut ou de l'incertitude des moyens d'existence, exerce une influence efficace sur leurs habitudes pacifiques et sur leur amélioration progressive.

— Je vous remercie de vos observations, dit M. Marsh, et je conviens que vos raisonnements me semblent justes. Mais en admettant les conclusions que vous en tirez, en faveur de l'amélioration morale des condamnés, comment expliquerez-vous les plaintes qu'une partie de la population libre de la Nouvelle-Galles du Sud, élève contre le débordement de condamnés que l'Angleterre envoie dans ces régions florissantes et prospères?

— Je n'oserais pas prétendre, répliqua le magistrat, qu'il ne viendra pas un temps où la transportation des condamnés, dans ces colonies, n'y causera pas plus de mal qu'il ne résultera de bien de leur amélioration même ; mais je doute que ce temps soit venu. Pour dégager la question de tout ce qui peut l'obscurcir et pour arriver à une conclusion juste sur ce point, il convient de jeter un coup d'œil sur l'origine première des colonies pénitentiaires et d'examiner les causes de leurs rapides progrès, aussi bien que le développement prodigieux qu'a pris l'émigration dans la Nouvelle-Galles du Sud. »

CHAPITRE XXXIII.

« Il faut d'abord ne pas perdre de vue, poursuivit le magistrat, que l'établissement formé en 1788, au Port-Jackson, n'eut pas pour objet la fondation d'une nouvelle colonie, mais uniquement la création d'un établissement destiné à recevoir les condamnés dont le nombre embarrassait le gouvernement anglais. Ce n'est qu'en 1803 que l'Angleterre a pris possession de l'île appelée Terre de Van Diémen. On y forma un établissement destiné exclusivement à servir de succursale à la colonie pénitentiaire qui avait été instituée au Port-Jackson.

» Ainsi vous voyez qu'en ce qui touche les plaintes que les colons élèvent contre le fléau qu'on aurait imposé à ces colonies, la question se réduit à ceci : C'est que ce sont les colons qui sont venus de leur propre mouvement s'établir dans un pays destiné aux condamnés et que ce ne sont pas les condamnés, que l'on a implantés dans une colonie ordinaire. En d'autres termes, ce sont les colons qui sont venus trouver le fléau, et non le fléau que l'on a déchaîné sur les colons.

» Je bornerai mes remarques à la Terre de Van Diémen, puisque nous ne nous occupons que de cette seule colonie ; mais les observations générales que je fais peuvent également s'appliquer à cette île plus vaste ou plutôt à ce continent, dont Sidney est la capitale. Ce n'est que depuis 1813 que la Terre de Van Diémen a commencé à attirer l'attention comme pays susceptible de devenir une brillante colonie, et je crois que ce n'est qu'en 1816 que les colons y vinrent pour la première fois d'Angleterre. Ainsi vous pouvez juger par l'aspect général du pays quels progrès rapides la colonie a fait dans l'espace de huit ans, en population, en agriculture, en moutons, en bestiaux et en constructions tant publiques que particulières!

» A quelle cause peut-on attribuer ce prodigieux développpemeent? si ce n'est à la facilité que le travail forcé des condamnés donne pour cultiver la terre et pour se livrer aux entreprises nombreuses et variées qu'exige la colonisation. Sous ce rapport on peut dire que le gouvernement s'est trouvé engagé, sans le savoir, dans l'épreuve d'un grand système de colonisation. On peut aussi inférer de là que si ce système de colonisation nationale a eu un si heureux résultat avec des condamnés pour agents, on en obtiendrait un bien plus étonnant encore d'un système où l'on prendrait pour élément une population de travailleurs honnêtes et irréprochables.

» Et ici qu'il me soit permis de faire observer qu'en jetant de haut un coup d'œil sur le jeu du système social qui nous régit et qu'en regardant comme établi, ce que personne ne conteste, je crois, qu'une grande partie des crimes, commis dans la mère-patrie, a pour cause l'extrême misère du pauvre ; il est certainement coupable de la part du gouvernement d'abandonner le pauvre aux tentations presque invincibles auxquelles l'excès de son dénuement l'expose, au lieu de recourir au remède qu'il est en son pouvoir d'appliquer.

» Il serait incontestablement bien plus sage d'user des moyens de répression avant que le crime ne soit commis et de les employer, dès le principe, lorsque celui, qui va devenir coupable, est encore honnête et en balance sur le bord de l'abîme, que d'y recourir lorsqu'il a succombé, lorsqu'il est devenu criminel. Il me semble que si l'on mettait le pauvre, honnête homme, en état d'émigrer avant qu'il en soit réduit à commettre un crime, avant qu'il ait subi la dégradation qui en est la conséquence, au lieu d'attendre qu'il soit devenu coupable pour en faire un colon, on épargnerait beaucoup de crimes à la société, et à l'humanité beaucoup de misères et de maux.

» Mais la question envisagée de ce point de vue nous entraînerait beaucoup trop loin, et d'ailleurs elle ne servirait pas à répondre à l'objection que font les colons libres, ainsi que vous l'avez rappelé, à propos des inconvénients qu'il y a pour la colonie à servir d'égout au rebut de la population de la mère-patrie. Je vous ai déjà exposé en peu de mots la réponse que l'on fait à leurs plaintes. Les colons ne peuvent pas méconnaître, qu'un des motifs qui les ont déterminés à choisir cette colonie de préférence à une autre, pour y fixer leur résidence, ne soit l'état de prospérité prodigieuse auquel elle est parvenue, grâce aux dépenses anormales que le gouvernement était obligé de faire pour l'entretien de ces condamnés dont ils repoussent aujourd'hui la présence. Car c'est à ces dépenses anormales, faites avec l'argent de la mère-patrie pour l'entretien des condamnés, pour les honoraires des employés du gouvernement colonial, pour la solde des troupes et celle des agents de police, qu'il faut attribuer le développement si rapide des richesses de la colonie. J'appelle ces dépenses anormales ou artificielles, parce qu'elles ne forment pas une partie intégrante des dépenses naturelles et ordinaires qui sont faites dans une colonie naissante. C'est un secours accidentel et extraordinaire, ajouté au développement habituel et régulier de ses ressources. Le nombre des consommateurs improductifs, qui est fourni par un établissement pénitentiaire, ouvre à la consommation, au sein de la colonie, un marché précieux pour les produits des colons. En sorte que l'on peut dire que la terre de Van Diémen est une colonie développée en serre-chaude.

— J'ai entendu, interrompit M. Marsh, employer cette expression, mais pour dire que la colonie était une serre-chaude de vice et d'immoralité.

— L'imputation n'est pas généreuse, répliqua le magistrat; il est incontestable que l'on doit trouver une grande agglomération de vices dans un pays où l'on concentre tant d'hommes avilis par la dégradation qu'infligent une condamnation et le séjour dans les prisons, tant d'êtres chez qui le sentiment moral est émoussé par l'influence du mauvais exemple et des associations perverses ; mais la grande, mais l'unique question à mes yeux est celle-ci : Les condamnés s'améliorent-ils par le régime de la transportation ? Il n'y a personne, je le suppose, qui ne soit prêt à répondre affirmativement à cette question. Le sort des colons est-il empiré par l'importation des condamnés? C'est une autre question ; et je suis tout prêt à reconnaître qu'un temps viendra où la colonie sera établie sur des bases si solides, où le nombre de sa population libre sera si considérable, qu'il sera impossible au gouvernement de résister à la demande que lui feront les colons, de ne plus leur envoyer de condamnés. Mais cette conversation a duré plus longtemps que je ne pensais. Si vous désirez la pousser plus loin, vous viendrez jusque chez moi, où nous dînerons ensemble. J'engage le docteur à être des nôtres. J'ai une ou deux visites à faire de l'autre côté de la rivière ; je vous rejoindrai au lieu du rendez-vous. »

À ces mots, nous nous séparâmes, et, quelques instants après, M. Marsh et moi, nous nous dirigions à pied vers la maison du magistrat. À peine y étions-nous arrivés que notre attention fut attirée par une réunion de personnes qui paraissaient dans un état extrême d'agitation. Au milieu de ce groupe se trouvait un homme, mieux vêtu que les autres, que je reconnus pour un colon qui résidait à peu près à douze milles de chez moi ; il s'agitait et vociférait au milieu des personnes qui l'entouraient.

« — Si je ne me trompe pas, dis-je à M. Marsh vous allez avoir l'occasion de voir comment on maintient les condamnés dans le devoir. Voilà qui m'a l'air d'un recours en justice. »

Pendant que je parlais encore, le magistrat arriva, et le colon, qui se plaignait avec tant d'éclat, réclama son intervention.

« Il faut que cet homme soit puni, s'écria-t-il. C'est un misérable ! Il y a longtemps que j'aurais dû l'amener devant vous. Mais je vais enfin lui apprendre qu'il n'a pas la permission de faire tout ce que bon lui semble. Je viens de douze milles (5 lieues) d'ici, pour lui faire infliger un châtiment. J'ai interrompu tous mes travaux... Il faut absolument qu'il soit puni ; il faut...

— Allons, allons, dit le magistrat, calmez-vous ; ne vous exaltez pas ainsi. On vous rendra justice ; mais il faut qu'on vous la rende dans les formes. J'ignore encore ce qu'a fait l'homme dont vous vous plaignez ; je ne puis pas même savoir s'il a commis une faute qui mérite châtiment.

— Vous ne savez s'il doit être puni ! s'écria le maître, dont le courroux allait toujours croissant. Est-ce que vous croiriez à sa parole plutôt qu'à la mienne ? Est-ce que je ne vous ai pas dit ?...

— Assez, reprit le magistrat ; n'allons pas si vite. Entrez et asseyez-vous. Reprenez d'abord vos sens ; ensuite nous verrons de quoi il s'agit ; il faut procéder avec ordre en toutes choses. »

Nous entrâmes tous dans la maison du magistrat, qui se mit immédiatement en devoir d'écouter la plainte qu'on lui adressait. Comme je pense que ce qui se passa alors peut servir à faire connaître les mœurs et les usages de cette époque, j'en ferai entrer le récit dans le tableau général que je trace ici.

CHAPITRE XXXIV.

« — Maintenant, dit le magistrat, exposez votre plainte.

Le plaignant. — Je demande que cet homme soit puni ; c'est le plus grand...

Le magistrat. — Avant d'aller plus loin, il faut d'abord que je reçoive votre plainte par écrit. Vous n'avez pas besoin de vous presser outre mesure. Je resterai ici tout le temps nécessaire. Je vous supplie de ne vous laisser influencer par aucun sentiment haineux. Exposez les motifs de plainte que vous avez à faire valoir avec calme et tranquillité ; j'écrirai sous votre dictée. Commencez. »

PLAINTE DE M. THOMAS CLOVER,

Contre James Colman, domestique, à lui assigné par le gouvernement, pour avoir manqué à son devoir en quittant, il y a quelques mois, sa hutte, la nuit, sans permission, et pour négligence générale dans l'accomplissement de ses devoirs.

Le magistrat. — « James Colman, que répondez-vous à cette accusation ?

Le prisonnier. — J'avoue que j'ai quitté la hutte ; mais je n'ai pas cru faire mal en cela. Je ne crains pas qu'on puisse me reprocher d'avoir négligé mon service, dans quelque circonstance que ce soit ; j'ai toujours travaillé autant que je l'ai pu.

Le magistrat. — Je vais prendre note de votre défense.

SOUTIENS DU PRISONNIER.

« L'accusé se reconnaît coupable d'avoir quitté sa hutte ; mais il nie avoir jamais négligé ses devoirs. »

— Maintenant, monsieur Clover, veuillez continuer. Faites bien attention, je vous prie, à ce que vous allez dire ; songez que je vais l'écrire exactement, et que votre déposition sera conservée. »

M. Thomas Clover, après avoir préalablement prêté serment, dans la forme voulue par la loi, a dit : « Mon régisseur, en faisant sa tournée pour inspecter mon troupeau, l'a plusieurs fois trouvé seul et abandonné pendant le jour. Le 9 mai dernier, j'ai fait réunir moi-même mon troupeau dans son parc, pour pouvoir l'examiner avec plus de détail, et j'y ai trouvé du déficit. Le nombre des moutons qui me manquait était remplacé par un nombre égal de moutons étrangers. Le 13 juin suivant ou environ, j'ai fait une nouvelle inspection de mon troupeau, et j'ai remarqué un déficit plus grand que la première fois. On a retrouvé une partie des moutons qui manquaient en la possession d'un domestique assigné au docteur Bornley. D'après l'intimité qui existe entre le prisonnier Colman et cet individu, dont le nom est Robert Bell, j'ai de fortes raisons de croire que les moutons manquants ont été détournés du troupeau avec intention par ledit Colman. J'ai fait alors une perquisition dans sa hutte, et j'y ai saisi plusieurs objets qui m'appartenaient, et qui n'auraient pas dû s'y trouver. J'ai en outre à me plaindre de ce que, hier, de grand matin, le prisonnier a quitté ma ferme sans permission et sans passe, et de ce qu'il n'est revenu qu'à la nuit, bien qu'il eût été très-fréquemment averti de ne pas agir ainsi. Le prisonnier m'a été assigné en janvier 1822. Je l'ai d'abord employé comme garçon de ferme, pour toutes sortes de travaux ; ensuite, comme berger, et, depuis juin dernier, je l'ai fait redescendre au rang de garçon de ferme. »

Le magistrat. — « Avez-vous encore quelque autre plainte à faire ?

Le plaignant. — Oui ; ce matin, quand je l'ai menacé de l'amener devant votre tribunal, il m'a répondu avec une extrême insolence.

Le magistrat. — En général, quelle est sa conduite ? Il paraît que vous l'avez gardé à votre service pendant un assez long espace de temps ; c'est une présomption que vous n'avez pas eu de fautes graves à lui reprocher.

Le plaignant. — Il n'a jamais été un très-bon domestique ; je l'ai trouvé fréquemment en faute ; mais je n'aime pas le changement. Néanmoins, la dernière circonstance que je viens de rapporter m'a obligé de l'amener devant la justice. En général, j'ai à me plaindre de la négligence qu'il met à remplir ses devoirs. Mes soupçons ont été éveillés surtout par le déficit que j'ai trouvé dans mon troupeau ; c'est une supercherie qui avait été combinée de manière que ceux de mes moutons qui manquaient étaient remplacés par des moutons étrangers, confiés aux soins d'un autre domestique assigné par le gouvernement ; en sorte que le déficit n'aurait pas été aperçu, si on se fût borné à compter le troupeau, sans reconnaître l'identité des bêtes qui le composaient. Les absences de nuit sont aussi fort suspectes. C'est une conduite qui ne peut me convenir ; si elle était tolérée, tout deviendrait bientôt désordre et confusion.

Le magistrat. — Vous affirmez que vous l'avez plusieurs fois prévenu de ne pas s'absenter la nuit. Pouvez-vous dire combien de fois ?

Le plaignant. — Une douzaine de fois, au moins, et il a toujours répondu avec insolence aux injonctions qui lui étaient faites à cet égard. Je l'aurais déjà amené plusieurs fois devant vous, si la distance n'était pas si grande d'ici chez moi, et si le voyage n'entraînait pas une suspension de travail pendant un jour entier. J'ai fini par penser qu'il s'imaginait que j'avais peur de le traduire devant la justice.

Le magistrat. — Prisonnier, vous venez d'entendre ce que votre maître a dit contre vous. Je vais d'abord relire sa plainte, et ensuite vous pourrez lui adresser toutes les questions que vous croirez de nature à vous justifier. La plainte est grave, et je dois vous prévenir de faire attention à ce que je vais lire. »

Le magistrat lut lentement la plainte, et ensuite il demanda au prisonnier s'il avait quelques questions à adresser à son maître.

Le prisonnier. — « Je n'ai aucune question à faire. »

Après un instant de silence, le magistrat reprit :

« — Maintenant que vous avez entendu l'accusation qui est faite contre vous, et que vous avez déclaré n'avoir aucune question à adresser, quelle défense ou quelle excuse présentez-vous ?

Le prisonnier. — Je n'ai jamais abandonné mon troupeau de ma vie.

Le magistrat. — Pouvez-vous produire quelques témoins qui confirment la vérité de ce que vous avancez ?

Le prisonnier. — Non, je n'ai pas de témoin ; mais je n'ai jamais abandonné mon troupeau de ma vie. Voilà tout ce que je puis dire. »

Il y eut un autre moment de silence pendant lequel le magistrat relut pour lui-même tout ce qu'il avait écrit jusque-là et dont ce qui précède est une exacte et fidèle copie ; puis il reprit la parole en ces termes :

« Prisonnier, je suis fâché d'être obligé de vous dire que je vous trouve coupable d'avoir abandonné la garde du troupeau de votre maître, d'avoir quitté sa ferme sans permission et sans passe. Si vous n'aviez été accusé que d'avoir mis de la négligence dans l'accomplissement de votre devoir en général, c'est une faute sur laquelle j'aurais pu transiger, à la charge pour vous de faire vos excuses à votre maître et de prendre l'engagement de tenir une meilleure conduite à l'avenir; mais l'imputation qui vous est faite d'avoir quitté l'habitation de votre maître, sans permission et sans passe, constitue une infraction aux ordonnances du gouvernement, à l'égard de laquelle je ne puis, comme magistrat de cette colonie, montrer aucune indulgence. Mon devoir m'oblige de mettre un frein à des infractions aussi dangereuses. Il paraît constant que vous avez été fréquemment averti par votre maître, qui, à la fin, a été obligé de se résigner au désagrément, je dirai même au chagrin de porter plainte contre vous. Je souhaiterais qu'il me fût possible de vous appliquer une autre peine que celle du fouet, contre laquelle j'ai la plus vive antipathie; mais je suis contraint d'obéir aux ordres du gouvernement et de remplir mon devoir de magistrat, quelque pénible que cela puisse être pour moi comme particulier. Il faut, dans l'intérêt même de vos semblables, assurer le maintien de cette discipline rigoureuse, sans laquelle il ne serait pas possible d'accorder aux prisonniers de la Couronne l'avantage d'être placés en service chez les colons, et sans laquelle on ne pourrait les employer qu'aux travaux du gouvernement.

En conséquence, je vous condamne à recevoir cinquante coups de fouet.

A. B., J. de P., 1824. »

Il s'éleva dans l'auditoire un léger murmure, ainsi que j'avais remarqué que cela arrivait invariablement toutes les fois qu'une sentence infligeait la peine du fouet, tant ce genre de châtiment blesse l'opinion publique; mais à cette époque c'était la punition ordinaire des fautes de cette espèce.

« J'ai encore une plainte à faire, dit M. Clover.

— J'en suis fâché, répondit le magistrat. De quoi s'agit-il? je suis prêt à vous entendre.

— C'est un autre de mes gens qui a la mauvaise habitude de quitter ma ferme.

— Comment s'appelle-t-il?

— James Rose.

— Est-il ici?

— Oui, il y est.

— Approchez-vous, James Rose, et écoutez. Votre maître fait contre vous la plainte que voici :

PLAINTE DE M. THOMAS CLOVER,

Contre James Rose, domestique à lui assigné par le gouvernement, pour avoir quitté sa ferme sans permission hier matin.

« Eh bien ! qu'avez-vous à répondre?

James Rose. — Rien. Je me suis absenté sans permission, c'est la vérité.

Le magistrat. — Quelle est la conduite habituelle de l'accusé, monsieur Clover?

M. Clover. — Je dois à la vérité de déclarer qu'il se conduit généralement bien, et que c'est un assez bon serviteur.

Le magistrat. — Entendez-vous donner suite à votre plainte contre lui?

James Rose. — Allons, not'maître, vous ne pouvez pas me reprocher de vous avoir jamais fait tort; ne me soyez pas dur.

M. Clover. — J'abandonne cette affaire à la sagesse du magistrat. Je veux bien ne pas donner de suite à ma plainte; mais il faut que tout ce désordre ait un terme.

Le magistrat. — Eh bien! James Rose, si votre maître vous pardonne cette première faute, promettez-vous de n'y pas retomber, et de chercher à l'effacer par votre bonne conduite à l'avenir et par un redoublement de zèle dans l'accomplissement de vos devoirs?

James Rose. — Oui, votre seigneurie; je vous promets que mon maître n'aura plus à l'avenir aucun sujet de se plaindre de moi. Je ne négligerai rien pour cela.

Le magistrat. — Je pense que, pour cette fois, il suffit aux exigences de la justice que je me borne à vous réprimander; mais ne vous exposez pas à être amené de nouveau devant moi. Vous avez entendu la sentence que j'ai prononcée contre le prisonnier qui vient de vous précéder; que ce soit un avis pour vous. »

L'audience, qui se tenait dans une vaste pièce de la maison du magistrat, était sur le point d'être levée, quand on entendit une voix s'écrier du sein de la foule.

« Un moment, s'il vous plaît, votre seigneurie; j'ai une plainte à faire contre mon maître. Voudriez-vous la recevoir?

Le magistrat. — Qui êtes-vous et quel est votre maître?

— Mon nom est John Buttress, et mon maître est M. Clover. »

A ces mots, il s'éleva dans l'auditoire un murmure de surprise, et je remarquai qu'une expression de satisfaction se manifestait sur la figure des prisonniers présents; leurs yeux étaient fixés avec une inquiète curiosité sur la personne du magistrat; ils étaient impatients de voir comment le magistrat accueillerait la plainte d'un domestique contre son maître. De son côté, M. Clover paraissait fort mécontent de voir la partie tourner contre lui; et, lançant un regard courroucé contre le plaignant, il lui dit :

« Insolent coquin que vous êtes, comment osez-vous porter une plainte contre moi? C'est à moi au contraire à demander que vous soyez puni pour le fait dont vous voulez parler.

— N'allons pas si vite, dit le magistrat. Je dois rendre justice de mon mieux à tout le monde, M. Clover. Un prisonnier a le droit d'être entendu aussi bien que son maître; et il est de mon devoir d'écouter l'un aussi bien que l'autre. Voyons, John Buttress, je suis prêt à vous entendre : parlez.

Les prisonniers accueillirent cette déclaration avec une joie manifeste. Ils parurent se relever de l'abattement où les avait plongés la sentence qui venait d'être rendue contre un de leurs compagnons. John Buttress, rassuré par la protection du magistrat, s'avança d'un pas ferme, et chacun prêta la plus vive attention au débat qui va suivre.

CHAPITRE XXXV.

« Je suis curieux de voir notre ami le magistrat conduire cette nouvelle affaire, me dit M. Marsh, pendant le moment de silence qui en précéda l'ouverture. Il est assez délicat d'avoir à prononcer sur une plainte dirigée contre un maître, au moment même où l'on vient de prononcer en sa faveur au sujet d'une plainte portée par lui.

— Vous allez voir comment il va s'en tirer, lui dis-je. Je n'hésite pas à attribuer la bonne conduite que les prisonniers tiennent généralement, dans ce district, et leur attitude calme à la certitude qu'ils ont d'obtenir toujours justice. Vous pouvez être sûr que notre ami va remplir son devoir à l'égard du pauvre, comme il vient de le remplir à l'égard du riche.

— Mais ne s'expose-t-il pas au mécontentement des colons en n'épargnant pas à un maître le désagrément de voir accueillir la plainte portée contre lui par son domestique?

— Il ne s'inquiète pas de cela, lui dis-je; il fera ce qui est juste ou du moins ce qu'il croira l'être, sans s'embarrasser qui est maître ou valet. Je suis enchanté, continuai-je, que vous ayiez l'occasion d'assister aux débats de quelques affaires de ce genre. Cela vous donnera une idée plus juste de l'état social de la colonie ou, comme dit notre ami le magistrat, du jeu de notre système pénitentiaire que ne le feraient plusieurs jours d'entretien. Mais silence! On va commencer.

« Sauf votre permission, votre seigneurie, dit John Buttres, mon maître m'a maltraité, il m'a frappé.

Le magistrat. — Quand?

Buttress. — Samedi dernier, dans la soirée.

M. Clover. — Permettez-moi de prendre la parole; je vais vous dire comment les choses se sont passées.

Le magistrat. — Un moment. Il faut d'abord que je reçoive la plainte en bonne forme.

« District de Murray.'

L'an mil huit cent vingt-quatre, le 8 juillet, John Buttress, du district précité, domestique chez M. Clover, à She-Oak Hills, est comparu devant nous, un des juges de paix de Sa Majesté pour ledit district, et il nous a déclaré sous serment:

Qu'il est domestique assigné par le gouvernement audit M. Clover;

Que ledit Buttress s'est acquitté de son service, sans interruption, qu'il s'en acquitte encore et est prêt à continuer de s'en acquitter de même;

Que ledit M. Clover, antérieurement à la présente déclaration, a maltraité ledit John Buttress, et qu'entre autres il l'a frappé et maltraité, dans la soirée du samedi 1er juillet:

En conséquence desquels faits ledit John Buttress vient réclamer justice devant le magistrat précité, en son prétoire, le priant de faire dans cette circonstance l'application des lois qui régissent la colonie.

JOHN BUTTRESS.

Affirmé devant moi sous serment.

A. B. J. DE P. 1824. »

Le magistrat. — Maintenant, monsieur Clover, je suis prêt à entendre ce que vous pouvez avoir à dire.

(Ce qui suit est une copie fidèle des minutes du magistrat.)

« District de Murray, 8 juillet 1824.

Est comparu M. Thomas Clover, lequel, en réponse à la plainte faite ce jour relativement aux mauvais traitements dont il aurait usé à l'égard de John Buttress, domestique à lui assigné par le gouvernement, a déclaré ce qui suit : « Je reconnais avoir, samedi dernier, dans la soirée, mis ledit John Buttress à la porte de ma cuisine et lui avoir jeté un bâton, qui ne l'a point atteint; mais je nie l'avoir frappé. J'admets que j'ai frappé le plaignant antérieurement au jour désigné parce qu'il n'était pas rentré à l'heure qui lui avait été assignée, parce qu'il avait négligé son service, et enfin parce qu'il avait répondu avec une excessive insolence aux reproches qui lui étaient adressés. Il avait mis ses mains sur ses hanches et m'avait menacé. Samedi soir, comme je passais devant la porte de mes gens, John Buttress vint à ma rencontre, et me demanda s'il n'y avait pas une bouilloire préparée pour eux. Je répondis que mistress Clover avait désigné une casserole pour leur usage. John Buttress rentra dans la hutte en murmurant. Je l'y suivis et lui demandai pourquoi il murmurait. Comme j'allais sortir et me trouvais déjà sur la porte, Buttress m'adressa une expression grossière et insultante. Je revins sur lui et lui dis que je ne souffrirais pas une telle insolence. Je le mis de force à la porte de la hutte, et il était déjà à quelque distance, quand je pris un bâton que je lui jetai. »

Joseph Best prête serment et dit :

« Je suis homme libre, marin. Je suis employé chez M. Clover. Je connais John Buttress. Je me trouvais samedi dernier, dans la soirée, à She-Oak Hills, où demeure M. Clover. J'étais dans la hutte des gens. J'y étais entré de six à sept heures du soir, et j'y suis resté jusqu'à ce qu'on m'ait envoyé chercher le constable. J'ai vu tout ce qui s'est passé entre M. Clover et John Buttress. La discussion est venue à propos d'une bouilloire pour le thé. M. Clover entra dans la hutte, celle des gens; il demanda qui est-ce qui murmurait? John Buttress répondit par un gros mot. M. Clover lui ordonna de sortir de la hutte. Buttress dit qu'il ne sortirait pas. M. Clover le prit alors au collet et le poussa hors de la hutte. Quand John Buttress fut dehors, M. Clover lui jeta une pierre et ensuite un bâton. John Buttress s'éloigna en ricanant. Le régisseur James Lorson me dit d'aller chercher M. Dixon, le constable, et de le prier de venir de suite; ce que je fis. »

CONTRE-INTERROGATOIRE FAIT PAR LE PLAIGNANT.

John Buttress. — M. Clover ne m'a-t-il pas menacé de me passer une balle au travers du corps, si je faisais un pas?
Réponse du témoin. — Oui.
John Buttress. — Mistress Clover n'a-t-elle pas pris son mari au collet pour l'empêcher de me frapper davantage?
Réponse du témoin. — Mistress Clover alla auprès de son mari et lui dit : Mon ami, laissez-le; laissez-le. Cela fut dit après que Buttres eût été mis dehors de la hutte et que M. Clover lui eût jeté le bâton et la pierre, comme je l'ai déclaré.

James Lorson prête serment et dit :

« Je suis régisseur de M. Clover. Je suis chez lui depuis deux ans. Je suis venu dans la colonie avec lui. J'étais samedi dernier, dans la soirée à She-Oak Hills, où mon maître réside. Je ne m'en suis pas éloigné de quatre heures de l'après-midi à la nuit. J'ai vu une partie de ce qui s'est passé entre M. Clover et John Buttress. J'étais dans la maison de maître. Le fait dont il s'agit s'est passé dans la hutte des gens. La maison est à trente ou quarante pas de la hutte. J'entendis une discussion s'élever entre M. Clover et John Buttress. Je regardai et je vis M. Clover qui rentrait dans la hutte. Il dit à John Buttress :

« Qu'est-ce que vous dites?

« Je n'entendis pas la réponse de John Buttress. Je vis, quelques minutes après, M. Clover qui mettait Buttress à la porte de la hutte. Je me mis sur la porte et cinq minutes après environ, je vis John Buttress qui s'éloignait de la hutte. En s'en allant, il se retourna plusieurs fois, et fit un mouvement avec sa main qu'il porta à sa cravate. Il semblait vouloir être vu de M. Clover. Aussitôt que la scène fut finie, je prévins Buttress que s'il quittait la ferme sans passe, avant l'arrivée de M. Dixon, ce serait à ses risques et périls. Il voulait s'en aller, malgré mes observations ; j'essayai de l'arrêter, il me dit qu'il s'éloignait seulement pour aller chercher quelque chose. Il fit quelques pas d'un train ordinaire, et puis il prit sa course dans la direction de Spring-Hill. Dans la soirée, entre six et sept heures, j'envoyai John Best chez M. Dixon, le constable, pour le prier de vouloir bien venir immédiatement arrêter John Buttress. Buttress était encore dans la hutte quand je donnai cet ordre, et il l'entendit. Ce n'était pas ce qui venait de se passer qui m'avait décidé à envoyer chercher M. Dixon, j'étais déterminé par un autre motif. »

CONTRE-INTERROGATOIRE FAIT PAR LE PLAIGNANT.

John Buttress. — James, êtes-vous venu dans la hutte avant que tout fût fini?
Réponse du témoin. — J'y suis venu immédiatement après la fin de la querelle. »

Joseph Best est rappelé et déclare que le morceau de bois lancé à John Buttress par M. Clover avait trois à quatre pied de long sur trois pouces de diamètre. M. Clover était environ à six pieds de distance de John Buttress quand il lui a jeté le morceau de bois;

le morceau de bois a atteint Buttress au cô'é gauche. Il n'a pas paru en être blessé.

Le magistrat. — M. Clover, avez-vous quelque chose à ajouter?

M. Clover. — Non; je n'ai rien à dire de plus. Il me semble seulement bien extraordinaire que les prisonniers puissent injurier leurs maîtres à leur fantaisie, et qu'il n'y ait aucun moyen de répression contre de pareils abus.

Le magistrat. — Pardonnez-moi, monsieur Clover, et permettez-moi de vous faire observer qu'il n'y a pas de faute commise par un prisonnier qui n'ait sa punition; mais les mêmes lois, qui protègent le maître contre la mauvaise conduite et l'insolence de son domestique, protègent également le domestique contre la violence et les mauvais traitements de son maître. Il me paraît que dans le cas présent, la plainte portée contre M. Clover est suffisamment établie. Il y a une infraction manifeste des ordonnances du gouvernement. En conséquence, ma décision est que John Buttress quittera le service de M. Clover et sera mis à la disposition du gouvernement; mais sous cette réserve, qu'il n'y a aucune objection a ce que ledit John Buttress soit immédiatement assigné à un autre maître. »

Cette sentence causa une vive satisfaction à la majorité de l'auditoire. Mais M. Clover parut fort peu satisfait de ce que le magistrat avait, ainsi qu'il le disait, pris parti pour un prisonnier contre son maître. Il salua froidement le juge, refusa le rafraîchissement qui lui fut offert et partit de fort mauvaise humeur.

On appela encore ce jour-là, devant le magistrat, deux causes faites pour donner une juste idée des coutumes et des usages de la colonie. Comme elles se rattachaient spécialement à l'application des règles de la discipline, établie par le système qui régit les condamnés, ceux qui liront ces Mémoires seront peut-être bien aises de les trouver rapportées ici.

CHAPITRE XXXVI.

J'ai littéralement copié sur les minutes mêmes du magistrat toutes ces procédures, afin qu'on ne puisse pas en révoquer en doute l'exactitude et la vérité. Par la suite, lorsqu'on ne transportera plus de condamnés dans la colonie et qu'on n'en assignera plus comme domestiques aux colons, il sera intéressant et peut-être utile pour ceux qui seront jaloux alors de comprendre le jeu et les effets du système de la transportation, de parcourir cet exposé des moyens auxquels on avait recours pour maintenir la discipline parmi les prisonniers. Quoiqu'il y ait incontestablement dans le nombre quelques hommes dangereux, l'ensemble du système est également avantageux aux employeurs et aux employés, et je ne sais vraiment pas comment la colonie pourrait se passer des condamnés. Il serait certainement bien préférable d'avoir des agriculteurs accoutumés aux travaux des fermes, mais comme il n'y a pas moyen de s'en procurer, rien ne prouve d'une manière plus évidente les ressources fécondes du pays pour la culture du blé, pour l'éducation des moutons et des bestiaux, que le succès qu'on y obtient avec les travailleurs imparfaits auxquels on est réduit à avoir recours.

Pour ce qui me concerne, mes deux bergers étaient, l'un un coupeur de bourses de

Londres, l'autre un tisserand. L'homme qui avait la haute main sur mes bestiaux, n'avait exercé aucune espèce de profession en Angleterre; le cuisinier de mes gens était un ouvrier ferblantier; mon tailleur de pierres avait été terrassier, occupé à faire des fossés et des haies, et mon conducteur de bœufs, cordonnier ou plutôt savetier. La plupart des domestiques, qui m'étaient assignés, n'avaient pas pratiqué davantage dans la mère-patrie, les nouvelles professions qu'ils exerçaient chez moi; mais malgré cela, partie en criant, partie en me résignant à quelques bévues, je faisais faire l'ensemble de la besogne.

Avec ma tournure d'esprit philosophique, je n'avais jamais pu croire que la culture de la terre, ce travail naturel de l'homme, celui qui fournit à sa subsistance, pût être un travail difficile et exigeant les raffinements de la science; en effet, il ne réclame pas plus de science qu'il n'offre de difficultés. L'agriculture ne mérite vraiment pas le nom d'art dans cette colonie. Il est aisé de l'y pratiquer. Je suppose que cette facilité est une sorte d'invitation que l'auteur de la nature a voulu offrir à l'homme, pour l'engager à peupler la terre. Aussi les mots : *surabondance de population*, sont-ils des mots qui résonnent étrangement à mes oreilles, depuis que je suis venu dans cette colonie, lorsque je les rencontre dans les journaux anglais, dans des traités et dans des livres également savants. Pour moi, qui ai vu le magnifique territoire que la Grande-Bretagne possède dans la seule terre de Van Diémen, je ne puis m'empêcher de rire, en lisant les lamentables doléances des écrivains anglais, touchant la surabondance de la population.

Notre globe sera-t-il jamais en proie à ce fléau? C'est ce que je n'oserais prétendre de décider, quoiqu'il me semble que le souverain Etre, qui a prodigué dans ses créations tant de miraculeuses ressources, ne doit pas avoir négligé cette partie si importante de son ouvrage; mais quant à présent il me semble que les hommes n'ont pas le moindre droit de se plaindre de la surabondance de la population, jusqu'à ce que la terre soit complètement habitée. Je n'hésite pas à dire que, dans ma conviction, il est ridiculement absurde à l'espèce humaine, en face de contrées si vastes, si fertiles et si saines, qui sont encore inhabitées, de faire entendre des plaintes sur les inconvénients de la surabondance de la population.

J'écris ces pensées comme elles me viennent à l'esprit, sans avoir la prétention d'être plus habile qu'un autre. Je dois cependant faire ici une observation sur la métamorphose que le séjour dans une colonie exerce sur les opinions de ceux qui y résident. En Angleterre, on a l'esprit sans cesse préoccupé de l'horrible fléau de la concurrence; on voit dans chaque homme un rival tout prêt à vous arracher le pain de la bouche. Ici, on ne connaît point de semblables alarmes; on sent qu'il y a de la place et de l'air pour tout le monde; on sent qu'il y en a plus qu'il n'en faut. Aussi, se regarde-t-on les uns les autres comme des frères, engagés à un travail commun et non comme des concurrents envieux et jaloux. L'idée de la surabondance de population est une idée qui révolte l'esprit d'un colon. Quel dommage que le gouvernement de la métropole n'envoie pas ici quelques-uns des pauvres qu'il entasse dans les maisons de travail de la mère-patrie! Qu'on n'exile pas les pauvres dans les colonies pénitentiaires, l'humanité l'ordonne; mais ne pourrait-on leur créer des établissements spéciaux sur divers points des côtes?... Pendant que je m'abandonne à mes rêveries philosophiques, selon la qualification que ma femme donne à mes méditations, j'oublie de rendre compte de ce qui continua à se passer à l'audience du juge de paix; tableau fidèle des mœurs de la population, à cette époque, c'est-à-dire vers la fin de l'année 1824.

Voici la première cause qui fut appelée :

Plainte de M. Philippe Meadows,

Contre John Jackson, domestique à lui assigné par le gouvernement, pour insolence et menace de vengeance contre son maître.

Soutiens du prisonnier.

« L'accusé ne se reconnaît pas coupable. »

M. Philippe Meadows après avoir prêté serment, dépose :

« Dimanche de la semaine dernière, le prisonnier John Jackson, après s'être absenté toute la matinée, sans permission, pour ses affaires particulières, revint vers midi ou même après-midi. Il demanda son déjeuner à mistress Meadows. Je ne sais pas bien ce qui se passa entre eux; mais en quittant mistress Meadows le prisonnier paraissait fort agité. Il vint ensuite de mon côté et me demanda s'il aurait bientôt son déjeuner. Je lui répondis que je pensais qu'il l'aurait aussitôt qu'il serait prêt, et je rentrai dans l'intérieur de ma hutte. De là j'entendis que mistress Meadows et le prisonnier parlaient ensemble. Mistress Meadows lui dit que si elle l'entendait encore se plaindre et murmurer, elle le mettrait à la ration légale. Il répliqua aussitôt qu'il voulait y être mis, et il énuméra les divers articles auxquels il s'imaginait avoir droit. Il demandait une livre et demie de viande, une livre et demie de farine, du thé, du sucre, etc. Je sortis alors de la hutte, et, après lui avoir fait observer qu'il était bien traité chez moi, je lui dis que si on le mettait à la ration, ce serait à la ration prescrite par les ordonnances du gouvernement. Il me répondit que je n'avais pas ce droit-là, et qu'il voudrait bien savoir si je l'avais ou non. A la fin, voyant que je me disposais effectivement à le mettre à la ration, il me dit qu'il me rejoindrait et que j'eusse à songer à moi, si je le faisais. Il ajouta que je m'attendais peut-être à trouver quelque besogne de faite, mais qu'il ne bougerait pas de toute la journée.

» Mistress Meadows m'engagea à lui pardonner pour cette fois, sous la condition qu'il se conduirait mieux à l'avenir. Je ne parlai donc plus de rien. Mercredi ou jeudi dernier, je l'appelai le matin, comme à l'ordinaire pour se lever. Il me répondit que le soleil n'était pas encore levé. Le soleil était déjà haut; mais le temps était nébuleux : il y avait une demi-heure que j'étais moi-même hors du lit; il se décida à se lever.

» Samedi matin, je l'appelai encore. La matinée était sombre, il ne se leva pas. Je l'appelai de nouveau, une demi-heure après environ. Je lui demandai s'il était dans l'intention d'aller au travail, il me répondit que le soleil n'était pas encore levé. Je pensai qu'il n'était pas nécessaire d'entrer en discussion avec lui; il ajouta alors qu'il savait bien à quelle heure il devait se lever, et qu'il se lèverait quand cela lui ferait plaisir. »

Le prisonnier. — Samedi de la semaine dernière, vers midi, ne vous ai-je pas dit : Voudriez-vous me donner un morceau de pain et de viande, car j'ai grand faim?

Réponse du plaignant. — Je vous ai dit, si je ne me trompe, que vous auriez votre déjeuner aussitôt qu'il serait prêt.

Le prisonnier. — N'êtes-vous pas entré ensuite dans la maison, et n'avez-vous pas demandé à mistress Meadows, si mon déjeuner était prêt?

Réponse. — Il est possible que j'aie fait cela; mais je ne m'en souviens pas.

Le prisonnier. — Et ne m'avez-vous pas dit encore : Vous allez avoir votre déjeuner de suite?

Réponse. — La réponse que je vous ai faite, c'est que vous auriez votre déjeuner aussitôt qu'il serait prêt. »

Le prisonnier déclare n'avoir pas d'autres questions à faire.

DÉFENSE DE L'ACCUSÉ.

Il ne me servirait à rien de me défendre. Mon maître a fait sa plainte sous serment; tout ce que je pourrais dire serait inutile.

L'accusé est convaincu d'insolence envers son maître et de l'avoir menacé de se venger; en conséquence, il est condamné à recevoir vingt-cinq coups de fouet, après quoi il sera remis à la disposition de son maître.

CHAPITRE XXXVII.

Notre attention fut ensuite éveillée par un terrible charivari. Au ton véhément d'une des deux parties adverses, il n'était pas difficile de deviner qu'il y avait un Irlandais engagé dans l'affaire. Comme le tribunal était en séance, les deux antagonistes s'avancèrent devant le magistrat sans attendre qu'on les y invitât; et celui qui se croyait lésé commença, sans autre cérémonie, à exposer sa plainte.

« Sauf le respect que je vous dois, cet homme a manqué de me tuer, votre seigneurie. Il a juré qu'il me tuerait, et je ne sais pas comment je suis encore en vie pour vous exposer ma plainte.

— Il n'aurait que ce qu'il mériterait, le vilain scélérat, répondit l'accusé.

— Je n'aurais que ce que je mérite!

— Taisez-vous tous les deux, dit le magistrat. Voyons quel est le plaignant?

— C'est moi qui suis le plaignant, sauf le respect que je vous dois, votre seigneurie. Tenez, voyez plutôt, j'ai la tête en marmelade.

— Non, ce n'est pas toi, c'est moi qui suis le plaignant. J'ai bien plus sujet de me plaindre que toi.

— Parviendrez-vous au moins à vous mettre d'accord sur ce point? dit le magistrat. Vous me paraissez également déraisonnables tous les deux.

— Nous mettre d'accord! s'écrièrent à la fois les deux plaideurs : non, non, il n'y a pas moyen de nous mettre d'accord; et quand même cela se pourrait, nous ne le voudrions pas.

— En ce cas, interrompit le magistrat, je vais conduire l'affaire comme je l'entendrai. Voyons; les apparences commandent d'écouter d'abord celui qui a la tête en marmelade.

District de Muray.

DÉPOSITION ET PLAINTE DE CHARLES KIRK, *domestique de la Couronne, porteur d'un billet de congé.*

Contre ARTHUR O'NEALE, *domestique assigné à M. Kale, pour coups et voies de fait dont ledit Arthur O'Neale se serait rendu coupable, samedi dernier, à l'heure du dîner.*

SOUTIENS DU PRISONNIER.

L'accusé ne se reconnaît pas coupable.

Charles Kirk, après avoir prêté serment conformément à la loi, a déposé ce qui suit :

« Samedi dernier, le prisonnier Arthur O'Neale m'a saisi au collet et il m'a jeté dans le feu; dans la chute, j'ai eu la tête et le bras meurtris, mon bonnet a été brûlé. Shaughnessy m'a relevé. Le tailleur de pierres m'a prévenu qu'O'Neale avait dit qu'il me jetterait encore au feu et qu'il me chercherait encore querelle. Ces faits se sont passés samedi dernier, dans l'après-midi, à l'heure du dîner, dans la hutte des gens de M. Kale. O'Neale m'a encore menacé de me jeter dans la crique. »

William Pryor, après avoir prêté serment conformément à la loi, a déposé ce qui suit :

« Je suis domestique de la Couronne, je suis assigné à M. Kale, je connais Charles Kirk et Arthur O'Neale. J'ai passé toute la journée de samedi dans la hutte de M. Kale, je faisais la cuisine. Arthur O'Neale y était, ainsi que Michel Shaughnessy et le maçon de la maison. Charles Kirk vint aussitôt que le dîner fut achevé, il entra dans la hutte, il fit cuire ses provisions et se mit à les manger; ensuite il s'en alla parler au maçon, qui était occupé à travailler à la maison de notre maître. Charles Kirk revint alors dans la hutte et rapporta à Arthur O'Neale ce que le maître lui avait dit : il s'agissait d'un morceau de cuir.

» Après que Charles Kirk eut parlé à Arthur O'Neale, celui-ci lui dit qu'il lui mettrait le dos sur le feu et qu'il le brûlerait tout vivant. Charles Kirk lui répondit qu'il pouvait faire ce qu'il voudrait. Cette réponse fit entrer Arthur O'Neale dans un violent accès de colère; il renversa Charles Kirk, tout près du feu, sur la pierre du foyer; la tête de celui-ci porta contre la muraille, son bonnet et sa cravate tombèrent dans le feu. Là-dessus Kirk le menaça de le traduire devant le magistrat. Arthur O'Neale s'écria :

« Toi, échappé de l'enfer, mauvais gueux! tu peux m'y mener devant ton magistrat! » Je ne me soucie guère de tous les magistrats de la Clyde! je les envoie tous à tous les » diables. » Charles Kirk lui dit qu'il ne manquerait certainement pas de le citer devant le magistrat. Là-dessus Arthur O'Neale lui répliqua qu'il souhaiterait que tout le monde pensât comme lui; qu'il ne tarderait pas à affranchir la colonie, comme on allait bientôt le faire en Irlande. Que si le roi et la famille royale, que Dieu damne, ajouta-t-il, n'envoyaient pas de troupes en Irlande, ce serait bientôt une terre de liberté. Arthur O'Neale est dans l'habitude d'employer des expressions irrévérencieuses, en parlant du roi et de la famille royale. Je lui ai demandé plusieurs fois quels motifs il avait pour en agir ainsi? Il m'a répondu qu'il en avait de bons. J'ai insisté pour les savoir; il m'a répondu que c'était parce qu'il avait eu une distillerie en Irlande. J'ai été soldat dans les gardes. Je suis entré au service de M. Kale, le 23 janvier de cette année, le jour même où j'ai débarqué. J'ai eu plusieurs disputes avec le prisonnier; la dernière a eu lieu il y a à peu près quinze jours : c'était à propos de quelques provisions qu'il y avait à cuire. Je n'ai jamais entendu dire que le briquetier Charles Kirk ait cherché querelle à Arthur O'Neale, ni à aucun des autres hommes de M. Kale. »

Défense du prisonnier.

Pryor a juré d'avoir ma vie. Je n'ai jamais rien dit contre la famille royale. Charles Kirk a prétendu que j'avais volé un morceau de cuir appartenant à M. Kale. Je n'ai jamais eu l'intention de lui faire de mal; je ne lui en ai pas fait. Je suis d'un caractère vif.

Michel Shaughnessy, après avoir prêté serment conformément à la loi, a déposé ce qui suit :

« Je suis domestique assigné à M. Kale; je suis entré à son service en juillet dernier; j'étais chez M. Kale samedi dernier, j'y ai dîné avec le reste des gens; il y avait à dîner Arthur O'Neale, Pryor et le maçon. J'ai été témoin de la querelle qui s'est élevée entre Charles Kirk et O'Neale. Cette querelle est venue à propos de cuir et de souliers. Kirk dit qu'il avait vu O'Neale prendre les trois quarts d'un cuir, et O'Neale répondit que Kirk avait pris dans la hutte de M. Kale, un soulier ou une paire de souliers, je ne sais pas bien lequel des deux, appartenant à Thomas Ross. Alors O'Neale ajouta qu'il avait une grande tentation de lui faire prendre un bain dans la crique ou de le jeter dans le feu. Là-dessus il saisit Kirk et le renversa sur le foyer. Kirk s'écria qu'il citerait O'Neale devant le magistrat. Je n'ai pas entendu O'Neale envoyer les magistrats au diable; je ne lui ai entendu proférer non plus aucune expression injurieuse contre le roi ni contre la famille royale. »

Charles Kirk est rappelé, et dit : « J'ai entendu O'Neale envoyer au diable tous les magistrats de la rivière de Clyde. Il a dit qu'il n'y en avait pas un seul d'entre eux dont il se souciât le moins du monde. Je ne lui ai entendu rien dire contre la famille royale; je ne lui ai pas entendu dire non plus qu'il voudrait que tout le monde pensât comme lui, et qu'il ferait bientôt de la colonie une terre de liberté. »

M. Kale, après avoir prêté serment conformément à la loi, a déposé ce qui suit :

« Mon domestique, Arthur O'Neale, est un homme d'un caractère violent; il ne boit jamais, je ne l'ai pas vu ivre une seule fois depuis qu'il est à mon service. J'ai toujours trouvé en lui un bon serviteur, empressé à exécuter mes ordres et plein de bon vouloir.

O'Neale et Pryor ont eu de fréquentes disputes ; je pense que William Pryor a quelque rancune contre O'Neale, je suis porté à le croire à cause de leurs querelles perpétuelles. J'ai plusieurs fois surpris William Pryor en état flagrant de mensonge. Je n'ai aucune confiance dans ce qu'il peut dire. L'ensemble de sa conduite, depuis qu'il est chez moi, m'a convaincu qu'on ne peut pas s'en rapporter à ce qu'il dit. Charles Kirk est un homme tranquille et paisible; à ma connaissance, il n'a jamais eu aucune querelle avec O'Neale avant celle-ci, ni avec aucun autre de mes gens. »

AFFAIRE CONCILIÉE.

Le prisonnier fait amende honorable à Charles qui l'accepte.

A. B., juge de paix.

Le plaignant et l'accusé quittèrent la maison du magistrat dans les meilleurs termes; chacun se félicitant, à part soi, d'avoir eu raison. Kirk avança sa petite pipe de bois pour aider O'Neale à allumer la sienne. Cet acte de courtoisie en fit deux amis, à la vie et à la mort, et tous deux proclamèrent que le magistrat était un digne homme.

« Je ne sais trop que dire sur la manière dont on rend la justice dans ce pays, dit M. Marsh. Les magistrats semblent agir avec une sorte d'arbitraire.

— Ils s'affranchissent souvent des formes dans leurs procédures, lui répondis-je; mais, en général, leurs jugements produisent les plus heureux résultats.

— Il y a pourtant une chose, dit le nouveau débarqué, qui sonne fort désagréablement à mes oreilles dans leurs jugements, c'est la peine du fouet. Je ne saurais m'accoutumer à entendre condamner un homme à ce genre de châtiment ; mais je suppose que dans une colonie pénitentiaire on ne saurait faire autrement. Néanmoins, je crois qu'il est fort douteux que le résultat de cette punition soit efficace ; je crois qu'elle peut rendre méchant l'homme qui est né bon, et qu'elle doit rendre pire celui qui est déjà méchant.

— Messieurs, dit le magistrat, qui était descendu de son siége, trêve de philosophie et allons dîner.

CHAPITRE XXXVIII.

« — Voilà une journée bien fatigante pour vous, dit M. Marsh au magistrat, en se mettant à table. Avez-vous à prononcer souvent sur de semblables plaintes ?

— J'ai bien rarement autant d'affaires à décider en un jour. La plupart du temps c'est sur place, en faisant ma tournée, et au domicile même des parties, que je prononce sur toutes ces plaintes et sur tous les petits différends qui s'élèvent entre les maîtres et les domestiques ; mais ce que je trouve le plus pénible dans mes fonctions, c'est d'être obligé de condamner souvent les hommes à la peine du fouet. J'avoue que, dans l'état actuel de la colonie, j'en suis à me demander quel autre mode de châtiment pourrait être aussi rapide et aussi efficace que celui-ci? Il est incontestable que c'est un moyen puissant de mettre un frein à l'insubordination; aussi, mon objection porte-t-elle plutôt sur le principe du châtiment que sur le châtiment même. Un homme qui a été fouetté perd l'estime de lui-même. Le sentiment de sa dignité personnelle s'anéantit chez lui. L'effet produit par les verges ne se borne pas aux traces qu'elles laissent sur les épaules, il pénètre jusqu'à l'âme, et il y a beaucoup de flagellés qui n'ont jamais pu se relever de l'état d'avilissement où cette indignité les avait plongés.

— Mais quel autre châtiment voulez-vous substituer à celui-ci? dit le chirurgien. Il ne faut pas perdre de vue que nous vivons au milieu d'une population de condamnés, qu'il est absolument nécessaire de maintenir dans le devoir; or, on ne peut y parvenir qu'au moyen d'un châtiment rapide et de nature à inspirer une terreur salutaire. On peut dire aussi en faveur de la flagellation..... remarquez bien, pourtant, que je ne parle pas comme partisan du système, mais que je me borne à reproduire les arguments que l'on met en avant dans la discussion de cette question... on peut faire valoir, dis-je, en faveur de ce genre de châtiment, qu'il offre sur l'emprisonnement l'avantage de ne pas priver la colonie du travail du coupable, ce qui aurait lieu avec l'emprisonnement. Un homme est fouetté, et tout est dit.

— Si tout était dit, comme vous le prétendez, quand un homme a été fouetté, reprit le magistrat, une partie des objections que je fais, au moins quant à la pratique, tomberaient d'elles-mêmes; mais, dans beaucoup de cas, tout n'est pas fini, car il n'y a que trop d'exemples qui prouvent qu'un homme, dont le fonds était encore bon, est devenu tout à fait incorrigible sous la funeste influence de ce châtiment dégradant.

« Ceci me rappelle une anecdote, qui m'est arrivée il y a environ deux ans. Il s'était manifesté à cette époque, je ne sais trop comment ni pourquoi, un esprit d'insubordination marqué parmi les prisonniers de ce district. Il était indispensable de recourir à quelque mesure énergique pour l'arrêter. Je me consultai avec un de mes collègues sur la marche que nous devions suivre. Nous convînmes que la première fois que nous aurions à prononcer dans l'affaire de quelque mauvais sujet, nous le ferions de manière à ôter aux autres la tentation de courir la même chance; car, en pareil cas, une prompte sévérité est de l'indulgence bien entendue.

» Il faut que M. Marsh sache qu'un magistrat, quand il juge seul, n'a pas le droit de condamner un homme à plus de cinquante coups de fouet à la fois. Les condamnations ordinaires sont de vingt-cinq. On ne condamne jamais à un nombre intermédiaire, sans doute à cause de l'habitude où l'on est de négliger les fractions dans une colonie aussi florissante. Il fallait donc que nous nous réunissions, mon collègue et moi, pour mettre notre projet à exécution. Je ne tardai pas à trouver l'occasion de le prier de venir siéger avec moi.

» Comme le plus ancien, c'était à moi de présider et de diriger les débats. Nous avions à juger un grand et beau garçon, accusé d'insolence et d'insubordination; nous nous étions arrangés pour avoir un nombreux auditoire, afin de donner le plus de publicité possible au résultat de notre affaire. La culpabilité était évidente et ne pouvait faire aucun doute. L'accusé n'avait à alléguer aucun moyen de défense; il était en même temps trop fier pour demander grâce.

» Je présentai l'affaire sur toutes ses faces; mais je ne pus trouver aucun biais qui permît à l'accusé d'échapper avec une légère punition, de façon que je fus obligé d'en accepter toutes les conséquences. Je fis, comme bien vous le pensez, un discours approprié à la circonstance, dans lequel j'insistai sur la nécessité de maintenir la discipline et la subordination parmi les prisonniers. Je terminai en exprimant tous mes regrets d'avoir à appliquer une punition aussi dégradante pour l'homme que le fouet; et j'étais sincère en parlant ainsi, car tout le monde connaissait mon antipathie pour ce genre de châtiment.

» Mes paroles produisirent l'effet que je désirais, tant sur l'accusé que sur le public; mais quand j'en vins au prononcé du jugement, et qu'au nom de mon collègue et au mien, je déclarai que l'accusé était condamné à recevoir CENT COUPS DE FOUET, le pauvre diable sembla se demander s'il devait en croire ses oreilles. J'étais moi-même tellement ému qu'il n'y eut personne qui ne pût s'en apercevoir. Mon attitude abattue et ma préoccupation bien visible répandirent une sombre tristesse dans l'esprit de toutes les personnes présentes à l'audience. Cependant je demeurai inébranlable dans l'accomplissement de mon devoir. Je répétai la sentence d'un ton ferme et positif; et quand j'ajoutai qu'aucune considération ne l'empêcherait de sortir son plein et entier effet, et que nous étions déterminés à déployer la même rigueur dans tous les cas semblables, qui seraient portés devant nous, je pus m'apercevoir que nous avions atteint le but que nous nous étions proposé.

— Et qu'advint-il ensuite du condamné? dit M. Marsh. La punition a-t-elle eu un bon ou un mauvais resultat?

— Vous allez le savoir. La contrariété et le trouble que j'avais éprouvés en ayant à prononcer une condamnation pareille contre un homme dont l'extérieur me plaisait, m'avait tellement ému que, dans mon agitation, je fis une erreur dans le dispositif du jugement. Nous n'avions pas ici, et nous n'avons même pas encore de place convenable pour l'exécution des jugements de ce genre; de façon que je dus envoyer le condamné à Jéricho.

— Vous l'avez envoyé à Jéricho? dit l'étranger d'un ton d'interrogation très-marqué. Vous ne plaisantez pas?

— Je ne plaisante pas du tout. L'endroit le plus voisin où je pusse le faire fouetter, se nomme Jéricho. Il y a une espèce de prison, et il s'y trouve en garnison un détachement de soldats, sous les ordres d'un sergent. C'est à peu près à seize milles (6 lieues) d'ici. Je vous ai dit que j'avais fait une erreur dans le dispositif du jugement; j'avais oublié d'y transcrire le nombre des coups de fouet que le condamné devait recevoir; je l'avais laissé en blanc. Le constable avait pris l'expédition du jugement et l'avait mise dans son portefeuille, sans la lire; et on s'était mis en route. Un constable, armé d'un fusil bien chargé, ouvrait la marche; un autre constable, armé de même, la fermait; et le condamné, les mains prises dans des menottes, s'avançait entre deux.

» Je dois vous dire encore que ceci se passait en février, au beau milieu de l'été, quand le soleil a assez de force ici pour déranger le cerveau d'un homme. C'était dans ce pitoyable équipage que le malheureux prisonnier avait à faire un voyage de seize milles, sous les feux d'un soleil brûlant et avec la triste perspective, pour soutenir son courage dans la route, d'être fouetté à son arrivée; mais quand on gagna Jéricho, il était trop tard pour que l'exécution eût lieu et le condamné dut passer la nuit en prison.

» Vous concevrez sans peine que le malheureux n'avait guère envie de dormir. Il m'a dit depuis que c'était la plus horrible nuit qu'il eût jamais passée de sa vie ; et je le crois sans peine. Enfin le matin arriva, trop tôt encore pour lui. On se mit en devoir de faire tous les préparatifs nécessaires pour la flagellation.

» Les constables m'ont dit que quand ils lièrent ce pauvre diable pour qu'on lui appliquât sa peine, il était plus mort que vif, et cela devait être ; car c'est un horrible supplice que cent coups de fouet. Les soldats étaient en rang, les autorités réunies, le bourreau s'occupait déjà de démêler les nœuds du redoutable chat à neuf queues (*cat-o'-nine-tails*); un sombre silence régnait dans l'assemblée quand on procéda à la lecture de la sentence. Mais, ô surprise!... lorsqu'on arriva au nombre des coups de fouet, on ne l'y trouva pas spécifié! En vain le constable affirme qu'il est sûr que le prisonnier doit recevoir cent coups de fouet, qu'il était présent quand le magistrat a prononcé la sentence. Une affirmation verbale n'est point regardée comme suffisante en pareille matière. Il est évident que le jugement est sans force à cause de la lacune qu'il renferme, et on signifie aux constables qu'ils aient à reconduire leur prisonnier sur les bords de la Clyde pour y faire rectifier la sentence.

» Les voilà donc en route pour revenir ; le pauvre prisonnier toujours avec la certitude de finir par être fouetté. S'il est vrai que l'attente d'un plaisir est plus grande que le plaisir lui-même, on peut dire avec non moins de vérité que la crainte d'un mal est aussi plus grande que le mal lui-même ; car le malheureux patient a déclaré à ses camarades qu'il avait autant souffert de la crainte d'être fouetté une seule fois, que si on l'eût fouetté réellement cent fois.

» J'étais assis dans cette même salle, l'après-midi, quand j'aperçus le piteux trio qui revenait le long de cette route. Ils avaient tous l'air si consterné que je crus qu'ils avaient été fouettés ensemble depuis leur départ ; un des constables vint me faire part de l'omission que j'avais faite dans le jugement. Jamais je ne me suis senti délivré d'un plus grand poids dans ma vie ! Je donnai ordre de faire entrer la bande et de placer le prisonnier en face de moi. Ensuite je dis aux constables de se retirer, parce que je voulais avoir une conversation sérieuse et particulière avec lui.

» Dans ce tête-à-tête, je lui dis qu'il me semblait que les tribulations qu'il avait éprouvées jusque-là, étaient une punition suffisante de sa faute ; que je supposais que l'effet que nous voulions obtenir du châtiment était atteint, et que s'il voulait me donner l'assurance positive qu'il reconnaîtrait d'une manière convenable la faveur que je lui ferais, je prendrais sur moi la responsabilité de lui pardonner la faute qu'il avait commise. Le prisonnier me répondit comme je pouvais le désirer, et l'événement a prouvé qu'il était sincère dans ses promesses. Je déchirai alors le jugement, et je lui dis de retourner chez son maître et de faire la paix avec lui.

» Vous pouvez vous rappeler, Thornley, que cet homme est devenu le modèle des domestiques de ce district. La sévérité du jugement et l'indulgence dont j'usai dans l'application, portèrent des fruits également heureux. Les prisonniers furent convaincus que si, d'un côté, on était dans la ferme résolution de maintenir la discipline par une application rigoureuse de la loi, de l'autre on était enclin à la douceur et à l'indulgence, toutes les fois que les circonstances le permettaient.

» Les prisonniers comprennent et aiment en général cette manière d'agir. On obtient surtout un grand empire sur eux, en faisant appel à leurs bons sentiments. Ils sont flattés de se voir traiter avec les égards dus à des hommes, et que l'on paraisse oublier l'état de dégradation où les réduit leur qualité de condamnés. J'ai constamment suivi cette marche dans tous mes rapports avec eux, et il m'est arrivé bien rarement d'avoir eu à regretter de m'être fié aux bons sentiments que je découvrais en eux. Aussi, suis-je convaincu qu'il y a bien peu de natures perverses qui résistent à l'action ferme et soutenue d'une bienveillance judicieuse.

— Je vous remercie de votre anecdote, dit M. Marsh, et je crois que je me serais conduit exactement comme vous l'avez fait vous-même. Mais lorsque vous dites que vous n'avez pas d'autre mode de châtiment que la flagellation, vous semblez oublier qu'il y a dans la colonie un certain endroit que vous appelez le Port de Macquarie, où j'ai entendu dire que l'on envoyait les condamnés réfractaires et incorrigibles. Pourriez-vous me donner quelques détails sur cet établissement?

— C'est un horrible séjour, dit le chirurgien! c'est un véritable enfer sur terre! Il vaut mieux mourir que de vivre dans un pareil lieu. Aussi, y a-t-il plus d'un exemple qu'un prisonnier de Macquarie ait commis un meurtre pour sortir de cette affreuse prison, afin d'être pendu. Si l'on savait, en Angleterre, en quel lieu on court le risque d'être envoyé en arrivant ici, je vous certifie que personne ne s'aviserait de prétendre qu'il y a des gens qui commettent des crimes dans le seul but de se faire transporter dans la Nouvelle-Galles du Sud, dans ce prétendu paradis des voleurs. Les prisonniers n'y vivent pas longtemps, et je pense vraiment qu'il y aurait de l'humanité à les pendre plutôt que de les y envoyer.

— Je crois avoir en ma possession, dit le magistrat, une lettre écrite par un condamné qui a été transporté dans cet enfer, comme l'appelle le chirurgien. Si je puis mettre la main dessus, vous y trouverez une description émanée d'une source dont on ne saurait contester l'autorité..... Précisément la voici. Il faut que vous sachiez que celui qui l'a écrite était, dans le principe, une espèce de jockey, qui est devenu d'abord coupeur de bourses, et ensuite voleur dans les courses d'Angleterre. C'était un mauvais drôle, qui avait montré une profonde ingratitude envers un excellent maître. Voici la lettre :

« Port de Macquarie, Terre de Van Diémen, 28 août 1822.

» Monsieur,

» J'espère que vous aurez la bonté de me pardonner la liberté que je prends de vous importuner en vous adressant cette lettre. Permettez-moi de vous exposer qu'il est impossible à ma plume de peindre la misérable condition à laquelle je suis réduit, et tous les maux que j'ai endurés depuis que j'ai été renfermé ici. Croyez qu'il n'est pas possible à un homme d'avoir plus de regret que je n'en éprouve de vous avoir mis dans la nécessité de me faire infliger la punition que je subis maintenant. Vous n'en douteriez pas si je pouvais vous faire connaître l'excès de mes souffrances. Votre cœur, naturellement si bon, serait ému de la plus vive compassion en faveur de l'infortuné qui ose s'adresser à vous. Mais je n'ai que trop de raisons de craindre qu'en lisant cette lettre et en voyant de qui elle vient, vous ne la rejetiez avec l'indignation que ma conduite envers un si bon maître n'a que trop méritée. Si le repentir que ma plume vous exprime bien imparfaitement ici, pouvait vous déterminer à jeter un regard de pitié sur mon malheureux sort et à me tirer de l'affreuse situation dans laquelle je me trouve, je serais heureux de vous consacrer le reste de mes jours et vous arracheriez un pauvre paria à la mort. Dans l'espoir que vous voudrez bien faire quelque chose en ma faveur, permettez-moi, Monsieur, de me dire

» Votre très-humble et très-obéissant serviteur. »

※※※

— Il serait bon, dit M. Marsh, qu'une pareille lettre fût publiée dans les journaux anglais. Elle servirait à rectifier les idées de beaucoup de gens sur l'état réel des condamnés dans la Terre de Van Diémen.

— On ne comprend guère en Angleterre, reprit le magistrat, le jeu du système des colonies pénitentiaires, et il est fort difficile de l'expliquer dans un livre. Il ne peut être décrit que par des personnes qui aient une expérience pratique des choses. Le fait est que les condamnés, dans ce pays, sont tout à la fois et beaucoup mieux, et beaucoup plus mal qu'on ne le suppose dans la mère-patrie; beaucoup mieux, lorsqu'ils se conduisent bien; beaucoup plus mal, lorsque leur conduite est répréhensible. »

Après cet intéressant entretien, nous prîmes congé de notre hôte et nous retournâmes chez moi. M. Marsh avait résolu de continuer sa route, le lendemain matin, jusque sur ses terres, et de laisser dans ma famille sa femme et ses enfants jusqu'à ce qu'il eût bâti la maison de bois où il devait les installer d'abord.

Nous fûmes réveillés le lendemain matin, de très-bonne heure, par l'arrivée d'ingénieurs de la colonie, qui venaient mesurer des terres dans notre district. Nous ne fûmes pas médiocrement surpris de recevoir en même temps une lettre d'une dimension officielle, portant un énorme cachet et adressée à M. Samuel Crab, *sur la rivière de la Clyde*. Aussitôt que ce digne et plaisant original se fut arraché aux douceurs du sommeil, je lui remis la lettre en mains propres. J'étais curieux de savoir à quelle occasion il avait pu s'établir une correspondance entre lui et le gouverneur de la colonie. J'insistai donc pour qu'il brisât le sceau. Cependant le bruit produit par la nouvelle de l'arrivée d'une missive aussi extraordinaire, avait fait sortir chacun de sa chambre; en sorte que toute la famille se trouva réunie pour assister à l'ouverture solennelle du message.

CHAPITRE XXXIX.

J'ai souvent regretté qu'il ne se soit pas trouvé un peintre parmi nous pour faire un croquis du tableau que présentait notre réunion dans cette circonstance intéressante. Il était de bonne heure : les contrevents, qu'on avait poussés à la hâte, n'étaient qu'à moitié ouverts. Le ciel nébuleux répandait, à travers les fenêtres, une lumière grisâtre, tandis qu'une flamme pétillante, nourrie par un bois sec, jaillissait de notre large foyer, et projetait sur les murs grossiers de la salle de magiques effets de clair et d'ombre. Les dames avaient suspendu leurs travaux ordinaires et étaient groupées autour de Crab, à qui elles exprimaient naïvement leur impatiente curiosité. Quant à ce personnage, c'était sur lui que se concentrait tout l'intérêt. Il occupait le milieu de la scène. D'une main il tenait le chapeau du colon primitif, simple coiffure faite avec une peau de kanguro, dont on met le poil en dehors; dans son autre main était le mystérieux message, à travers les plis duquel il plongeait un regard investigateur. La singulière expression de sa physionomie semblait indiquer tout à la fois, et qu'il soupçonnait ce que devait contenir la lettre, et qu'il n'osait croire à ce qu'il allait y lire.

« A Monsieur Samuel Crab, dit-il en jetant les yeux sur l'adresse!... C'est bien pour moi! J'en suis vraiment à savoir ce que le gouverneur peut avoir à me dire. A Monsieur Samuel Crab! répéta-t-il; ce ne peut être que pour moi. Mais à quel propos cette lettre? C'est là l'énigme.

— Si vous vous donniez la peine de l'ouvrir, s'écria Betsy d'un ton un peu impatient, peut-être le contenu vous apprendrait-il de quoi il est question?

— L'ouvrir! vous pouvez l'ouvrir vous-même, miss Betsy, si vous êtes si curieuse; mais tâchez de sauver le cachet, il y a là assez d'ocre rouge pour faire la marque d'un mouton. Coupez doucement le papier tout autour... Bien... comme cela. Eh bien! qu'est-ce qu'elle dit cette lettre?

— Juste ciel, maître Crab, c'est une concession de terres pour vous?

— Une concession de terres pour moi? Ce n'est pas possible. Qu'est-ce que j'ai besoin de terres, moi? Je quitterai la colonie la semaine prochaine peut-être, à moins que mes maudits moutons ne m'en empêchent; car on n'a que des contrariétés dans ce pays-ci..... Allons, ça ne peut pas être pour moi; il y a quelque méprise.

— Il n'y en a pas du tout, repris-je. L'ordre est positif. Quatre cents acres de terre!... Eh bien! mon vieux camarade, voilà donc enfin votre vœu accompli. Vous allez pouvoir cultiver une terre qui vous appartiendra en toute propriété. Voyons, que vous proposez-vous d'en faire?

— Des terres qui sont à moi en toute propriété! Ce que je me propose d'en faire?... Que diable voulez-vous que j'en fasse? A quoi cela peut-il me servir, à moi, des terres? Est-ce que je ne quitte pas la colonie au premier jour? et où voulez-vous que l'on trouve ici quatre cents acres de terre, qui vaillent la peine qu'on s'en occupe. C'est tout au plus s'il y a une acre de bonne terre dans le pays; c'est un fait certain, ou bien, s'il y en a, elle est tellement couverte d'arbres qu'il n'est pas possible d'y pénétrer. »

Pendant que le bon Crab s'exprimait ainsi, je crus remarquer dans sa manière d'être une émotion et un embarras qui semblaient trahir une satisfaction secrète de se voir propriétaire de quatre cents acres de terre. Certains faits relatifs à cette concession, qui étaient parvenus à ma connaissance et que Crab croyait que j'ignorais complètement, ne me permettaient pas d'en douter.

« Vous avez été au Camp, lui dis-je, il y a environ deux mois, Crab; n'est-il pas vrai?
— Oui, certainement.
— N'y avez-vous vu personne au sujet de vos affaires?
— Ah! j'y ai vu une bande de courtiers qui mangeraient les yeux de la tête d'un

homme, si on ne faisait pas attention à soi. J'étais à causer sur la jetée avec un de ces gaillards-là. Je regardais s'il n'y avait pas quelque bâtiment en partance pour l'Angleterre; c'était précisément celui à qui j'achète les habillements et les autres objets dont j'ai besoin pour mes gardiens de troupeaux, sur lesquels, soit dit en passant, il m'attrape le plus qu'il peut. « Vous devriez, me dit-il, faire une demande au gouvernement; je ne
» doute pas que vous n'en obteniez une concession de terres. Vous possédez deux mille
» moutons! Le gouvernement aime à encourager les hommes qui sont réellement
» agriculteurs, de préférence à ces freluquets qui ne savent seulement pas par quel bout
» il faut commencer pour tondre un mouton. »

— Et vous avez adressé une demande au gouverneur?

— Non, pas moi, mais le courtier. C'est lui qui a écrit la lettre dans laquelle la demande était faite. Il est vrai que je l'ai signée par plaisanterie; j'étais loin de penser qu'on y répondrait. Le gouverneur sera dans une belle colère s'il vient à savoir qu'au moment où je lui faisais la demande d'une concession, je cherchais un bâtiment pour quitter la colonie.

— Mais, mon cher Crab, voilà sept ans que vous devez quitter la colonie, tous les jours, et vous n'êtes pas encore parti. Je ne serais pas surpris quand vous y resteriez sept ans encore; pendant ce temps-là, vos terres pourront vous être de quelque utilité. D'ailleurs, à votre âge.....

— Comment, à mon âge? Et quel âge croyez-vous donc que j'ai? je n'ai que soixante-dix-huit ans, et je n'ai pas été malade un jour depuis sept ans, excepté cependant à la suite du baptême de votre petit dernier, où nous avons bu tant de punch et de rhum. C'est la seule fois où le climat ait eu quelque influence sur moi. J'ai eu des étourdissements; mais le temps est si variable dans ce maudit pays.

— Cela ne m'étonne pas, lui répondis-je. Il y a des tempéraments sur lesquels la variation de l'atmosphère exerce une influence extraordinaire; et surtout lorsqu'il y a un baptême dans une famille, il peut en résulter des étourdissements ou d'autres indispositions semblables; mais tout cela n'a rien de commun avec votre concession à laquelle je reviens. Si vous voulez m'en croire, je vous indiquerai un joli morceau de terre, avec un excellent parcours pour un petit troupeau, qui n'est pas à plus d'une demi-douzaine de milles d'ici.

— Dans le Val-des-Cerisiers, peut-être? oui, il y a là un beau morceau de terre. Il me semble qu'on en dit quelque chose dans la lettre. Regardez-y, vous verrez qu'il en est question; malheureusement il n'y a pas moyen d'y aller par eau.

— Et qu'avez-vous besoin d'une voie d'eau pour vos moutons? Est-ce qu'ils n'ont pas assez d'un chemin de terre pour porter leur queue derrière eux?

— C'est vrai; et le Val-des-Cerisiers est certes un des plus agréables morceaux de terre qu'on puisse trouver dans ce pays; mais, en vérité, c'est le perdre que de me le donner, car je ne resterai pas dans la colonie assez de temps pour le mettre en valeur.

— Vous ne le détériorerez pas, je suppose, et vous n'avez pas la prétention de l'emporter avec vous quand vous vous en irez?

— Non, assurément, il n'y a pas de danger. Il faut convenir que c'est un joli morceau de terre. Ne pensez-vous pas que du houblon viendrait bien dans ce vallon-là? J'y ai enfoncé un jour ma bêche; et aussi loin que j'ai pu aller, je n'ai trouvé que de la terre végétale, noire comme votre chapeau. On ne peut pas savoir quelle est la profondeur de la couche.

— Je vois, lui répliquai-je, que vous avez du faible pour cette terre-là ; ce que vous pouvez faire de mieux, c'est donc de la faire arpenter pendant que les ingénieurs sont dans le district.

— Comme vous voudrez. Arpentez-là si cela vous fait plaisir ; mais si vous vous imaginez qu'on me ferait rester ici, quand même on me donnerait toute la colonie, vous vous trompez étrangement ; c'est tout ce que je puis vous dire.

— Eh bien ! si cette terre ne vous convient pas, lui répondis-je, vous pourrez la vendre. Je vous l'achèterai, moi.

— Vous auriez cette bonté-là, dit Crab. C'est bien aimable de votre part ; mais ça ne vaut absolument rien.

— Enfin cette terre vaut bien un dollar (5 fr.) l'acre, au plus bas mot ; mais enfin, quelle que soit sa valeur, je prends l'engagement de vous l'acheter. Je pense qu'actuellement elle ne vaut pas moins de deux cents livres sterling (5,000 fr.).

— Au reste, il est inutile de parler d'achat, maintenant. Je ne puis pas songer à vendre cette terre d'ici à trois ans ; il faut que je la mette en culture. Voilà un jeune drôle, continua-t-il en regardant à travers la croisée, à qui ma terre conviendrait bien. Je sais qu'il en a besoin ; mais il a tué mon bœuf et il ne l'aura pas. J'aimerais mieux être pendu que de la lui céder. D'abord c'est ma propriété ; je suis le premier occupant et je la garderai. J'ai mes raisons. »

Et ce fut un point résolu. Le plaisir d'empêcher le jeune Beresford de devenir propriétaire de cette portion de terre eut plus de poids dans l'esprit de Crab que tous les raisonnements que nous avions pu lui faire, tant était vive la rancune qu'il avait conservée contre celui qui avait tué son bœuf favori. Je ferai connaître plus tard comment Crab échoua dans ses projets de vengeance.

Le sous-inspecteur, chargé de l'arpentage, était plein de complaisance ; les personnes sous ses ordres avaient tout ce qui leur fallait pour opérer ; en sorte qu'après le déjeuner, nous partîmes pour le Val-des-Cerisiers. Je pris avec moi deux de mes gens, armés de haches, pour marquer les arbres.

Quand nous fûmes arrivés sur la place : « Voyez-vous bien, dit Crab, voilà le morceau que je veux avoir, à partir de cet arbre à gomme, en allant gagner le sommet de cette hauteur et en traversant ce petit ruisseau.

— Je vais voir, dit le sous-inspecteur, si cela peut s'accommoder avec mes lignes.

— Je ne m'embarrasse pas de vos lignes, dit Crab. Voilà ce que je veux. Que vos lignes se dirigent où elles voudront, ça m'est fort égal. Voilà le morceau de terre dont j'ai besoin, et c'est celui-là qu'il faut mesurer.

— Il faut que les lignes latérales de votre propriété soient tracées conformément aux règlements de la colonie, dit le sous-inspecteur ; autrement ce serait entre toutes les propriétés un dédale sans fin d'angles sortants et rentrants. Tenez, voyez, voici la direction de votre ligne latérale ! Où voulez-vous qu'elle soit assise ?

— Il n'y a pas de ligne à tracer pour moi, dit Crab d'un ton de mauvaise humeur, si je ne puis pas avoir le val. Il n'y a que cela de bon, tout le reste n'est que broussailles.

— Voyons, lui dis-je, s'il n'y aurait pas moyen de vous satisfaire. Si nous partions de ce mimosa qui est là à gauche, la ligne qui vous servirait de base se dirigerait vers ce petit coteau émaillé de verdure ; vous auriez ainsi la meilleure part du cours du ruisseau et tout le vallon.

— Eh bien ! mesurez, dit Crab. Après tout, que m'importe ; je ne tarderai pas à en avoir assez, de vos angles et de vos lignes ! Elles ne sont bonnes que pour ceux qui veulent pêcher en eau trouble, vos lignes ! Allons, mesurez, et que cela finisse, car ce serait vraiment un crime de perdre une si belle journée, quand on peut si bien l'employer à labourer. »

Le sous-inspecteur ajusta donc ses instruments, et ses deux acolytes nous précédèrent avec leur chaîne ; nous les suivions, et nous marquions les arbres qui étaient désignés pour servir de limites, en leur enlevant à droite et à gauche un grand morceau d'écorce.

L'arpentage fut bientôt terminé. Crab jeta alors un regard de complaisance sur sa propriété et dit au sous-inspecteur : « Mon cher monsieur, ayez l'obligeance de ne pas parler au gouverneur de l'intention où je suis de retourner en Angleterre par un des premiers bâtiments qui feront voile. Il l'apprendra en son temps ; il est inutile de mécontenter les gens à l'avance ; et les gouverneurs n'aiment pas plus que les autres qu'on s'amuse à leurs dépens.

— Soyez sans inquiétude, dit le sous-inspecteur, je garderai votre secret, vous y pouvez compter ; et si vous voulez même que je vous dise toute ma pensée, je crois que je vous retrouverai encore sur votre ferme dans sept ans.

— Si vous m'y trouvez, lui répondit Crab, je vous permets de me manger tout vivant.

— Vous manger tout vivant ! dit l'inspecteur en toisant du regard la personne et l'accoutrement de maître Crab. Vous pouvez être parfaitement tranquille à cet égard ; c'est assez pour moi de l'inspection, je n'élève pas mes intentions jusqu'à la propriété, surtout jusqu'à une propriété si absolue. Je vous présente mes adieux, car la besogne m'appelle d'un autre côté. »

A ces mots il nous quitta, et nous reprîmes le chemin de la maison.

Crab parla peu pendant la route ; il semblait absorbé par les soucis que lui imposait sa nouvelle position de propriétaire. A la fin, cependant, se retournant vers ses terres et les montrant de la main, il s'écria : « Quatre cents acres !... Cela ferait une jolie ferme en Angleterre ; mais il n'en est pas de même ici. Ce n'est pour ce pays-ci qu'un malheureux morceau de terre qui vaut à peine qu'on en parle ; et, s'il n'y avait pas le parcours aux environs, je ne sais pas qui est-ce qui voudrait l'occuper. Ah ! si j'avais quatre cents acres à moi en Angleterre ! je serais Esquire pour le moins. M. Marsh nous a parlé d'un projet d'émigration que l'on a formé pour le Cap de Bonne-Espérance ; j'ai grand peur que les pauvres colons qu'on y enverra ne soient réduits à y vivre d'espérance avec les cinquante acres de terre qu'on leur promet. C'est vraiment une pitié ! Que veut-on qu'un homme fasse avec cinquante acres de terre dans des pays incultes comme ceux-là ! La terre n'y a pas la même valeur que chez nous, elle n'y est pas en plein rapport, entourée de haies et de fossés, avec un marché sous la main.

— On ne comprend guère en Angleterre, lui dis-je, ce que c'est que la colonisation dans un pays entièrement neuf. On y évalue la terre comme on le ferait dans la mère-patrie, où quatre acres de terre sont regardées comme suffisantes pour l'entretien d'un homme. On estime que c'est tout ce qu'il peut cultiver et l'on croit lui faire une magnifique donation en lui concédant cinquante acres!

— Voilà comme on raisonne, dit Crab; mais en vérité on ne s'y entend pas plus que mon chapeau. Tous ces beaux parleurs du parlement vous font des discours à perte de vue sur l'émigration ; et ils ne savent pas le premier mot de ce qui se passe dans les colonies. Je voudrais bien qu'on en envoyât un ici, avec une concession de quatre acres, qu'on lui mît une hache à la main et qu'on lui dît d'abattre son bois.

— Il y a des choses, lui répondis-je, qu'on ne peut apprendre que par la pratique. L'imagination, quelque féconde qu'elle soit, ne peut suppléer à l'expérience; il n'y a que la connaissance des faits qui la donne. Nous qui avons vécu pendant plusieurs années, dans cette colonie, nous savons qu'il serait absurde pour un colon d'essayer à établir une ferme, à moins d'avoir une quantité de terre suffisante pour la nourriture de tout ce qui lui appartient; mais en Angleterre on n'a pas l'idée des détails d'un premier établissement. On s'imagine qu'on a tout fait quand on a installé un émigrant sur un petit morceau de terre. On raisonne d'après ce calcul qu'une acre de terre produit la quantité de blé nécessaire à la consommation d'un homme pendant une année, et on suppose qu'il n'a à travailler que pour lui. On ne fait pas entrer en ligne de compte toutes les difficultés accessoires d'un premier établissement, parce qu'on ne les a jamais éprouvées et que l'imagination seule, au moins pour le plus grand nombre, ne suffit pas pour effacer des esprits l'impression des choses que l'on a sans cesse sous les yeux et pour se transporter par la pensée dans un pays aussi sauvage que celui-ci.

— J'ai entendu M. Marsh nous dire, reprit Crab, qu'un membre du Parlement en Angleterre, j'ai oublié son nom, avait parlé, parlé, pendant des heures et des heures sur les colons, sur les colonies et sur tout ce qui en dépend, et qu'il avait démontré combien un homme devait y être heureux au milieu d'un petit troupeau bêlant autour de lui. Un pauvre colon serait bien loti, vraiment, avec un petit troupeau ; il n'aurait pas seulement de quoi en payer le berger.

— Non, répliquai-je, et c'est là un exemple des erreurs dans lesquelles on tombe en Angleterre, quand on y parle de la partie pratique de l'émigration. On ne peut pas savoir comme nous, que dans ce pays où il n'y a pas de clôture, il faut un berger pour prendre soin d'un troupeau, et qu'il faut qu'un troupeau soit déjà assez nombreux pour qu'il suffise à couvrir les frais du berger.

— A cela, ils répondent que c'est à l'émigrant à enclore sa terre, et qu'alors il pourra se passer de berger.

— Mais ils ne savent pas qu'il en coûterait à un colon dix fois, vingt fois plus pour enclore sa terre que pour payer un berger. Dans ce pays-ci il faut compter en moyenne six acres pour la nourriture de chaque mouton.

— Six acres ne suffisent pas, dit Crab. Dans l'hiver, il faut un parcours considérable pour qu'un troupeau puisse garder un peu de chair sur les os; dites : huit acres.

— Admettons six seulement. Pour nourrir cinquante moutons, il faut donc trois cents acres.

— Enclore trois cents acres! Cette besogne ne demanderait pas moins de vingt ans de la vie d'un colon.

— Eh bien! ajoutai-je, j'ai vu de très-longs discours émanés de personnages fort graves, qui reposaient sur des erreurs non moins palpables que celle-là. Une chose encore qui m'a singulièrement amusé, c'est tout ce que j'ai lu dans les journaux anglais sur les avantages de la concentration.

— La concentration! s'écria Crab; qu'est-ce que c'est que cela?

— Concentrer des colons, c'est les parquer le plus près possible les uns des autres, en leur donnant cinquante acres de terre à chacun ou même moins. Et nos législateurs se flattent que la concentration ainsi appliquée possède une vertu miraculeuse qui répandra le bonheur et la prospérité sur les colonies.

— Et comment pourraient-ils seulement nourrir leurs bœufs avec leur concentration? s'écria Crab.

— C'est précisément ce à quoi on ne songe pas.

— Pour qu'un homme puisse défricher une terre vierge, il faut quatre bœufs de travail; c'est même le moins, car s'il en a un de boiteux, il se trouve arrêté dans ses opérations; en outre il faut qu'il charrie le bois mort, c'est-à-dire le bois qu'il est obligé d'abattre sur ses terres. Or, comment veut-on qu'il nourrisse quatre bœufs avec les cinquante acres qu'on lui propose? Que fera-t-il de ses vaches et de ses moutons, s'il en a?

— Mon cher Crab, les gens qui écrivent des livres et qui font des plans de colonisation, ne s'arrêtent pas à toutes ces bagatelles.

— Alors vous avouerez qu'il est fâcheux qu'ils ne viennent pas ici, répondit Crab; nous ne serions pas condamnés à entendre tant d'absurdités. Dans un pays neuf, où les troupeaux forment la base de l'établissement d'un cultivateur, les choses se passent comme dans les anciens temps. Je lisais précisément, dimanche dernier, un chapitre relatif à cela dans la Bible. C'est un livre dans lequel il y a par-ci par-là de bonnes choses sur l'agriculture et sur l'aménagement des troupeaux. J'y lisais donc qu'un pasteur en ayant rencontré un autre, lui dit : « De quel côté vous proposez-vous de » conduire votre troupeau? » A quoi l'autre répond : « Je me propose d'aller par ici. — » En ce cas, réplique son camarade, moi j'irai par là. » Et l'affaire s'arrange sans plus de bruit. Eh bien! voilà la manière dont les choses devraient se passer dans un pays où il y a une énorme étendue de terres dont personne ne fait rien : telle est mon opinion. »

Cet exposé des opinions de Crab nous conduisit jusqu'au logis, où je trouvai mon ami le magistrat qui venait me communiquer quelques renseignements sur la fille du Bush-ranger dont j'ai rapporté la fin tragique.

Je résolus de partir immédiatement pour Hobart Town, afin de prendre quelques informations et de faire quelques démarches, qui me missent en possession de mes fonctions de tuteur et qui ne permissent pas de discuter plus tard mes droits à cette qualité. On verra dans ce qui va suivre que j'intervins à propos pour déjouer un complot qui avait pour but d'enlever la pauvre enfant et de la faire sortir de l'île. J'aime à croire que l'histoire tout à fait curieuse de la fille du Bohémien ne formera pas la partie la moins intéressante des Mémoires de ma vie si aventureuse.

CHAPITRE XL.

C'était par une belle matinée d'hiver, au mois de juillet, que je sellai mon cheval pour me rendre à Hobart Town, afin d'y prendre des instructions sur la fille du Bushranger. Il était tombé un peu de neige pendant la nuit ; il y en avait à peu près un pouce d'épaisseur sur la terre ; son éclatante blancheur formait un contraste frappant avec la teinte des arbres et des buissons au feuillage toujours vert qui couvrent le pays. L'air était piquant sans être dur ni désagréable ; il avait même cette pureté et cette fraîcheur qui dispose à la gaîté et qui est un caractère spécial de la température de l'île. Crab, une main appuyée sur une des fontes de mes pistolets, avait l'air pensif ; sa nouvelle qualité de propriétaire semblait lui imposer une certaine contrainte. Il était aisé de voir qu'il s'était établi en lui une lutte secrète entre le désir qu'il éprouvait de faire usage de sa terre, et l'obligation qui en résultait de mettre des bornes à ses diatribes contre la colonie. « Je me trouve, me dit-il, dans la nécessité de bâtir une espèce de hutte sur ma terre, quand ce ne serait que pour faire acte de propriété ; quoiqu'il ne signifie pas grand chose qu'elle soit à moi ou à d'autres pour le peu de temps que j'ai à passer ici. Mais enfin il faut à tout événement que je me procure quelque argent pour faire face à cette dépense, si tant est que l'on puisse ramasser un dollar dans toute la colonie, ce que je ne crois pas. Vos pistolets sont-ils chargés ? ajouta-t-il, en soulevant le dessus d'une de mes fontes et en découvrant la crosse d'un des énormes pistolets de cavalerie que j'avais toujours soin de prendre pour compagnons dans mes voyages à la ville.

— Certainement, Crab. Il faut toujours être sur ses gardes ; je porte des pistolets pour en faire usage au besoin et non par une vaine parade. A quoi me servirait, je vous prie, un canon vide à l'heure du danger ?

— Vous avez raison ; mais vous conviendrez qu'il est épouvantable de penser à l'horrible nécessité, où l'on est dans ce pays-ci, de ne pouvoir faire un pas hors de chez soi sans pistolets et sans espingoles. Il faut pourtant que je me résigne à aller dans l'autre district, pour voir si je ne trouverai pas à vendre deux cents moutons au moins, afin d'avoir un peu d'argent pour être en état de bien faire les choses dans le petit val. Il est trop tard maintenant pour songer à abattre les bois ; mais je pense que nous pourrions y établir un excellent jardin ; dans deux ou trois ans j'aurais le plaisir de cueillir des pommes sur des arbres de mon crû. Quand je dis moi, c'est une façon de parler ; car ce sera probablement un autre que moi qui les cueillera, ces pommes ; je ne serai certainement pas ici quand elles seront mûres. On pourrait aussi y récolter de vraies cerises, au lieu de ces vilains petits fruits, qui ressemblent à des baies d'épine blanche et dont le noyau est en dehors. Je veux voir encore si le houblon n'y pourrait pas venir ; je vous réponds qu'il y en viendra, ou je saurai pourquoi. Outre le plaisir que j'aurais à faire ma bière avec du houblon venu sur mon fonds, ce serait vraiment un acte de charité que d'enseigner la manière d'embrasser à tous les pauvres diables qui sont exilés dans ce pays. »

Je ne pouvais m'empêcher de remarquer les mouvements contradictoires qui se succédaient dans l'esprit du vieux compagnon de mes travaux; mais je me donnai bien de garde de contrecarrer ses projets. Je l'engageai au contraire à aller visiter les troupeaux qu'il avait en parcours et de disposer de quelques bêtes pour faire face aux dépenses indispensables. J'aurai à rendre compte dans un autre endroit des circonstances amusantes de ce voyage de Crab à Launceston. C'est un sujet que j'abandonne pour le moment.

J'avais déjà en main la bride de mon cheval et j'allais partir, quand je fus arrêté par ma femme, qui me remit une note de divers articles, dont elle avait, disait-elle, un pressant besoin pour la famille. J'y jetai un regard à la hâte, et je ne saurais dire quelle fut ma surprise en lisant : Un chapeau pour Betsy, un chapeau pour Mary, un chapeau pour Lucy : Trois chapeaux!... Du stuff pour robes d'été, des gants, des souliers de peau de chèvres! « Mais, ma chère amie, m'écriai-je, voilà un luxe à nous ruiner! Est-ce que ces jeunes filles ne peuvent pas bien porter des chapeaux en peau de kanguro, comme elles le faisaient quand nous sommes arrivés ici? C'est une vraie révolution que tout cela.

— Certainement, mon ami, c'est une révolution ; mais quand nous sommes arrivés ici, le pays était sauvage et il n'y avait que nous d'êtres humains, tandis qu'aujourd'hui nous sommes entourés de nouveaux colons, et vous ne voudriez pas que vos filles fussent ridicules? William, vous n'oublierez pas, non plus, que j'ai moi-même besoin d'un chapeau. J'ai vu dans les annonces de la gazette d'Hobart Town, qu'une célèbre marchande de modes de Paris venait d'y envoyer en consignation une cargaison d'articles du meilleur goût. Il faut acheter de suite tout ce dont nous avons besoin pendant que vous serez en ville.

— Que le diable emporte les journaux! m'écriai-je, pour venir mettre dans la tête des femmes des idées qu'elles n'auraient pas sans cela. Il est vraiment bien utile d'annoncer des modes françaises dans un pays comme la Terre de Van Diémen! Je m'étonne que vous ne demandiez pas aussi des ombrelles pour conserver le teint de vos filles?

— Je suis enchantée que vous m'y fassiez penser, mon ami ; je savais bien que j'avais oublié quelque chose; ce sont précisément des ombrelles. Vous en achèterez quatre; il nous en faut une par tête.

— D'honneur, c'est trop fort, repartis-je! des ombrelles pour se promener dans les bois de Van Diémen; mais les kanguros se moqueront de vous!

— Les kanguros se moqueront de nous si cela les amuse; mais vous ne voudriez pas que nous eussions le teint brûlé du soleil. Betsy est maintenant une grande personne, et il faut qu'elle commence à soigner sa toilette.

— J'entends : l'affaire du bœuf est encore pour quelque chose là-dessous; mais l'heure avance! Vous n'avez plus besoin de rien, j'espère?

— Il nous faut une caisse de thé; la dernière est presque finie. Vous demanderez cette fois qu'on mêle un peu de thé vert avec le noir; il faudra aussi deux sacs de sucre et un sac de riz.

— Allons, est-ce tout? Si cela continue je n'arriverai pas de bonne heure à la ville.

— Attendez un instant, je vous prie, cria Beresford, qui arrivait hors d'haleine. J'ai une commission à vous donner; j'espère que vous serez assez bon pour vous en charger.

— Avec plaisir, lui dis-je. De quoi s'agit-il?

— Je suppose que ma commission ne vous dérangera pas beaucoup, autrement je ne vous la donnerais pas.

— Ne vous inquiétez pas du dérangement. Qu'est-ce que c'est? Je la ferai, si je peux.

— Il m'est impossible, voyez-vous, d'aller dans ce moment-ci à la ville. Je ne me soucie pas non plus d'écrire. A proprement parler, il n'y a rien à faire; ce sont seulement quelques informations à prendre.

— Mais sur qui ces informations doivent-elles porter?

— Eh! mon Dieu! sur personne en particulier... Ne trouvez-vous pas, monsieur Thornley, que c'est une grande incommodité de n'avoir pas un pasteur résidant dans le district de la Clyde?

— Est-ce que vous voulez entrer dans le clergé?

— Moi! quelle mauvaise plaisanterie! Ce n'est pas cela dont il est question. Comment, vous ne comprenez pas ce que je veux dire?

— Voulez-vous donc que je le devine, puisque vous ne me dites rien? Je ne puis savoir ce qui vous a enflammé tout à coup d'un si beau zèle pour la religion.

— Il ne s'agit pas du tout de zèle pour la religion... Il est vraiment inconcevable que vous ne me compreniez pas. Vous ne vous rappelez donc pas ce qui s'est passé quand ce pauvre M. Moss a été emmené par les Bush-rangers, et que miss Lucy...

— Oh! c'est différent...

— Vous comprenez ce que je veux dire à présent?

— Mais vous n'en avez pas encore soufflé un mot.

— Je ne vous en ai pas dit un mot! Mais voilà un quart d'heure que je ne vous parle pas d'autre chose... Comment, vous ne comprenez pas que nous ne pouvons pas nous marier sans prêtre? Nous nous tirerons bien d'affaire pour le reste; mais pour ce qui est du sacrement, vous nous obligeriez beaucoup de vous informer de ce que nous devons faire. J'ai grand peur que nous ne soyions obligés d'aller à la ville. Miss Lucy tient absolument à être mariée à l'église. Si vous pouvez voir le doyen, je vous prie de lui dire que nous nous proposons d'être en ville le 24 de ce mois... le 24, entendez-vous?... N'oubliez pas!... C'est tout.

— C'est bien assez, lui répondis-je. Savez-vous, malheureux jeune homme, ajoutai-je, après avoir jeté un regard autour de moi et m'être assuré que ma femme ne pouvait m'entendre, savez-vous quelle démarche scabreuse vous allez faire? Il y a à peine quelques jours que ce même ecclésiastique, dont vous réclamez l'assistance, pour un motif un peu différent, je l'avoue, accompagnait à ses derniers moments un honnête gentleman, condamné pour avoir tué une de ses femmes, quoiqu'il en eût déjà essayé de trois; or, ceci vous prouve évidemment jusqu'à quel point il est difficile d'en trouver une bonne. Et, dans ce cas là, je ne sais vraiment si je dois concourir en quoi que ce soit à l'accomplissement de vos projets. Je ne vois pas quel mal vous m'avez fait pour que je contribue à vous marier... » Et je piquai des deux sans attendre sa réponse.

Je cheminai paisiblement jusqu'à la ville, après avoir fait une halte de deux heures aux Marais-Verts. Aussitôt que je me fus assuré que mon cheval était pansé, je m'occupai de l'objet principal de mon voyage, et je dirigeai mes pas vers le quartier de la ville où demeurait la personne chargée de la fille du Bush-ranger. Je frappai à la porte, mais, à ma grande surprise, je ne reçus pas de réponse. Je levai la clanche; la porte s'ouvrit : l'aspect de la maison n'offrait rien de particulier, seulement il n'y avait personne, et il me sembla très-extraordinaire qu'on laissât ainsi une maison à l'abandon.

Pendant que j'étais devant la porte à réfléchir sur le parti que je devais prendre, et attendant qu'il se présentât quelqu'un de qui je pusse tirer quelques renseignements sur les personnes qui habitaient la maison, je jetai par hasard les yeux du côté de la rivière de Derwent. La maison, devant laquelle j'étais, se trouvait dans la partie haute de la ville, sur l'éminence qui s'élève au nord. De là je dominais entièrement la rivière et le port; il me sembla remarquer du tumulte sur la jetée et je distinguai dans la foule un détachement de soldats, commandé par un caporal, qui monta sur une chaloupe qu'on paraissait vouloir diriger vers un vaisseau stationné à un quart de mille environ du bout de la jetée. Le vaisseau avait toutes les voiles dehors et semblait prêt à partir.

Comme personne ne se présentait, j'en conclus que les habitants de la maison, qui était située à quelque distance des autres habitations, étaient sortis pour affaire. Je fermai donc la porte, et, poussé par la curiosité qui s'empare naturellement des gens qui n'ont rien à faire, je descendis vers la jetée, où je vis une réunion assez nombreuse de personnes dont l'intérêt semblait vivement excité. La chaloupe qui portait les soldats était déjà loin du rivage et se dirigeait vers le vaisseau.

Je ne tardai pas à être sur la place, et je me trouvai lancé au milieu d'une foule fort mêlée et composée de gens de toute espèce, comme cela arrive toujours en pareil cas dans la Terre de Van Diémen. Les prisonniers étaient en majorité dans les groupes; on distinguait ceux qui travaillaient pour le compte du gouvernement à leurs vestes jaunes. Quant aux autres on les reconnaissait à cette expression de physionomie particulière, qui est comme le sceau du châtiment, expression humble d'hommes qui semblent chercher à se soustraire aux regards investigateurs dont ils sont habituellement l'objet. Les remarques que j'entendis faire autour de moi m'eurent bientôt mis au courant de l'affaire dont on s'occupait.

— L'ont-ils trouvé? dit quelqu'un.

— Non, ils ne l'ont pas trouvé. Vous voyez bien que voilà les soldats qui vont le chercher.

— Ils ne le trouveront jamais, interrompit un troisième.

— Les constables ont fureté dans tous les coins du bâtiment, jusque dans des trous où il ne passerait pas une souris, et ils n'ont rien trouvé.

— Oui, mais on dit qu'on va enfumer le vaisseau.

— Ça va joliment le surprendre. Il n'y a rien de tel que d'enfumer un vaisseau pour faire déguerpir un évadé.

— Sait-on qui est-ce qui s'est sauvé? dit un autre. C'est sans doute quelque mauvais drôle ennuyé d'être pensionnaire du gouvernement?

— C'est Jack Lenoir, répondit un individu en jaquette jaune dont la physionomie annonçait un mauvais garnement. On dit qu'ils l'ont emballé dans un tonneau; il avait sans doute quelqu'un de l'équipage dans sa manche.

— Jack a de l'argent, reprit celui qui avait parlé le premier; mais, comment l'a-t-il gagné? c'est ce dont je n'ai jamais pu me rendre compte.

— Je m'en rends encore bien moins compte que vous, répliqua l'interlocuteur à la veste jaune; c'est un homme qui faisait toujours force projets, mais on ne pouvait jamais les deviner.

— Est-ce un prisonnier du gouvernement? demanda un homme en redingote de velours, dont l'extérieur annonçait un fermier, et qui avait un brin de paille à la bouche.

— Oui, c'est un condamné à vie; mais il avait obtenu un billet de congé, personne ne sait comment. Ce n'était pas pour ses beaux yeux, bien sûr! Mais avec de l'argent on vient à bout de tout. On dit qu'il était employé dans le cabinet d'un avocat avant de venir ici; c'était lui qui était chargé des témoignages, de délivrer les assignations et de faire toutes les diableries dont on avait besoin. C'est un homme capable de jurer qu'il a vu quelque chose à travers une planche de deux pouces d'épaisseur. Son affaire sera bientôt finie, si on le trouve.

— Que lui fera-t-on, si on l'attrape? dit le fermier.

— On l'allongera, répondit l'homme à la jaquette jaune : vous ne savez donc pas que quand un prisonnier essaie de s'évader, il a affaire au schériff?

— Oh! on ne le pendra pas, interrompit un homme d'un extérieur décent, qui avait entendu tout ce colloque, on se contentera de l'envoyer au Port de Macquarie.

— Seulement que cela! continua le porteur de la veste jaune. Il paraît que vous regardez comme une bagatelle d'être envoyé au Port de Macquarie. Il vaut mieux battre un entrechat sur les hustings du chapelain que d'aller à ce maudit port, où l'on vous tue en détail... Ah! voici les soldats qui abordent. Les voilà qui se mettent en rang sur le pont; ça va devenir amusant, maintenant. »

Je m'étais pris d'intérêt, sans m'en douter, à cette tentative d'évasion, bien que je n'eusse jamais vu l'homme que j'avais entendu désigner sous le nom de Jack Lenoir. Je m'avançai à travers la foule jusqu'à l'extrémité de la jetée, où je rencontrai deux ou trois personnes de ma connaissance. Nous restâmes les yeux attachés sur le vaisseau pendant environ un quart d'heure, au bout duquel nous vîmes un peu de fumée sortir de l'avant; après quoi on fit à bord du bâtiment un signal auquel on répondit de dessus le rivage. Nous remarquâmes ensuite un peu de mouvement sur le pont, tandis qu'un détachement de soldats qui se trouvait au pied de la jetée, s'avança vers le rivage pour empêcher la foule d'approcher de l'endroit où l'on supposait que le débarquement allait s'opérer. Une ou deux minutes après, un individu tout empaqueté fut jeté dans la chaloupe que des rameurs poussèrent rapidement vers la jetée.

— C'est bien Jack Lenoir, s'écria une voix, que je reconnus aussitôt pour être celle de l'homme à la veste jaune! ils l'ont enfumé dans son trou. Ils le tiennent; il a mordu à l'hameçon! il n'y a pas de méprise. »

En achevant ces mots, il s'avança tout près de la place où la chaloupe allait aborder, comme s'il eût été poussé par un sentiment irrésistible de curiosité.

« Arrière! dit le sergent qui commandait le détachement de soldats chargé de protéger le débarquement. A quoi cela vous sert-il de nous pousser ainsi? N'y a-t-il pas assez de place sur la jetée, sans nous pousser de la sorte?

— Je ne pousse pas, dit le porteur de la jaquette jaune ; seulement je voudrais voir quelle mine fait un homme qui a été enfumé ; il n'a pas l'air d'avoir envie de parler. Ah ! c'est bien Jack Lenoir, il n'y a pas à en douter. »

Deux constables s'emparèrent du pauvre prisonnier et le prirent chacun sous un bras. Il semblait réduit au dernier degré d'épuisement, et son état paraissait si désespéré qu'on n'avait pas même pris la précaution de lui mettre des menottes. Cependant, au moment où il passait, en trébuchant, devant la place où se trouvait l'homme à la veste jaune, il lui lança un regard d'intelligence. Aussitôt après il se laissa choir et échappa des mains des constables. L'homme jaune s'avança officieusement et lui donna la main pour l'aider à se relever, service auquel Jack Lenoir répondit par un nouveau coup d'œil non moins significatif que le premier. Cette double circonstance me frappa, et j'en conclus que le prisonnier jouait le premier rôle dans quelque complot dont l'autre homme était le complice.

Ma curiosité avait été excitée au plus haut point par ce manége ; j'attachai mes regards sur l'homme à la veste jaune ; mais il ne parut plus faire la moindre attention au prisonnier, et il s'échappa le plus vite qu'il put en traversant la foule. Je ne sais quel pressentiment avait fait naître en moi l'idée vague qu'il y avait quelque connivence entre ces deux hommes. La moindre apparence de conspiration entre des condamnés suffit pour éveiller les soupçons d'un colon, et je me sentis instinctivement poussé à surveiller celui-ci. Il parvint à se faire jour à travers la foule avec rapidité et sans esclandre. Je suivis de près ses traces ; il marcha droit vers la ville haute, sans tourner une seule fois la tête et d'un air tout à fait insouciant. Arrivé au coin d'une rue il le tourna, s'arrêta, regarda un papier qu'il avait dans la main et le lut très-attentivement. Il se mettait en devoir de reprendre précipitamment sa marche quand il m'aperçut ; il parut à la fois surpris et contrarié de me voir si près de lui ; il sembla hésiter un moment, puis, comme un homme qui aurait tout à coup changé d'avis, il revint sur ses pas, ôta son chapeau en passant à côté de moi, et s'éloigna dans une autre direction.

Je restai une minute ou deux déconcerté et contrarié de n'avoir pas eu la présence d'esprit de questionner cet homme. Je le cherchai des yeux ; il avait disparu.

Le jour tirait à sa fin ; je pensai qu'avant de retourner à mon hôtel, il serait convenable de me présenter une seconde fois dans la maison où j'avais tout lieu de croire que demeurait la fille du Bush-ranger. Je continuai donc de monter la colline, et je frappai à la porte avec mon bâton ; je n'obtins pas plus de réponse que la première fois. J'ouvris la porte ; il n'y avait personne et il ne paraissait pas qu'on fût entré dans la maison depuis ma première visite ; cette circonstance redoubla ma surprise.

J'étais fatigué de la course que j'avais faite pour aller dans la basse ville et en revenir, de sorte que je m'assis devant la croisée.

Comme j'étais là à regarder une route qui se dirigeait dans un sens diamétralement opposé à celle par laquelle j'étais venu, j'aperçus à quelque distance mon homme à la veste jaune, qui semblait s'avancer vers la maison où j'étais. Cette nouvelle apparition me surprit et réveilla dans mon esprit les vagues soupçons qui l'avaient déjà traversé, que cet homme devait avoir quelques rapports avec les personnes à qui je voulais parler. Il était seul dans la rue ; il jeta autour de lui un regard scrutateur, et, après avoir acquis la certitude qu'il n'était épié par personne, il vint droit à la maison où je me trouvais. Il posa la main sur la clanche ; puis il s'arrêta tout à coup et je l'entendis qui faisait, à pas de loup, le tour de la maison.

Il me vint de suite à la pensée que son intention était de s'assurer qu'il n'y avait personne ni derrière ni autour de la maison, et au même instant je formai le projet de contrecarrer son plan.

Sur le derrière de la maison, qui consistait en une seule pièce avec une cuisine à côté, il y avait une croisée fermée par un contrevent : il commençait à faire sombre ; je pensai que si je pouvais ouvrir la porte sans être entendu, rien ne me serait plus facile que d'en faire le tour d'un côté pendant que l'homme que je voulais épier le ferait lui-même de l'autre, et qu'ainsi je ne serais pas aperçu. J'ouvris la porte avec précaution, elle ne fit aucun bruit ; je me glissai silencieusement sur la gauche et je regardai autour de moi, quand j'eus gagné l'angle de la croisée. Je ne vis personne, je continuai à marcher le long du pignon de gauche, et, quelques secondes après, j'entendis l'homme qui levait la clanche. Il entra.

Sans perdre un instant, j'allai m'établir derrière la maison, auprès de la croisée, guettant ce qui allait advenir. Je demeurai dans cette position à peu près une demi-heure ; je commençais à m'ennuyer d'attendre et je ne savais plus ce que je devais faire, lorsque j'entendis du côté des bois, car la maison était la dernière de la ville, l'agréable chant d'une pie du pays ou plutôt quelque chose qui me semblait en être une imitation, mais une imitation parfaite : je ne doutai pas que ce ne fût quelque signal, et, comme je me trouvais entre la maison et le fourré, je me reportai vers le pignon. Il était temps, sans cela j'aurais été probablement découvert ; car à peine avais-je fait ce mouvement qu'une lumière parut à la fenêtre de derrière et aussitôt le premier signal fut répété.

Il faisait alors presque nuit ; je restai collé contre le mur ; ma curiosité était excitée au dernier point. J'avais un pressentiment secret que tout ce qui se passait autour de moi, se rattachait d'une manière quelconque à l'absence de l'enfant que j'étais venu chercher à la ville. Une ou deux minutes après, j'entendis les pas de quelqu'un qui s'approchait avec précaution ; j'éprouvai la plus grande inquiétude d'être découvert dans ma retraite.

Heureusement pour moi, la personne qui s'approchait crut devoir, par excès de précaution, sauter dans la maison par la fenêtre ou plutôt par l'ouverture de derrière ; car il n'y avait point de vitrage et la baie n'était fermée, comme je l'ai dit, que par un simple contrevent. Poussé par le désir d'intercepter, si je le pouvais, la conversation de ces deux personnages, je me traînai sur les mains et sur les genoux autour de l'encoignure du bâtiment, et je vins me blottir sous la fenêtre par laquelle le nouveau venu s'était introduit lui-même. Je n'aperçus pas de lumière, ce qui me fit supposer qu'on avait éteint la chandelle.

Les premiers mots que je pus saisir furent ceux-ci :

« Eh bien ! Jack Lenoir est pris ! c'était pourtant bien imaginé de se faire mettre en futaille, dans un tonneau à double fond, avec de l'eau en dessus et en dessous.

— Oui, répliqua l'homme à la jaquette jaune, mais la fumée l'a fait déloger. Il a perdu connaissance dans l'obscurité. Il commençait à gigoter avant son tour ; ils l'ont traqué. Maintenant tout est dit pour lui.

— Penses-tu qu'il soit allongé?

— Qu'il le soit ou qu'il ne le soit pas, c'est tout un. Il ne peut plus nous être bon à rien; mais occupons-nous de notre besogne : Quel parti prendre?

— Je veux être pendu si je sais auquel m'arrêter. A quoi sert de tenir l'enfant en lieu de sûreté, à présent que Jack n'y est plus?

— Oh! Jack n'est pas tout seul dans cette affaire, dit l'homme à la jaquette jaune. Il n'est que le second violon. Il y a une autre anguille sous roche; et on n'épargne pas l'argent, tu sais.

— Mais quel gibier chassons-nous? Je n'aime pas à travailler ainsi en aveugle. Ils veulent éloigner l'enfant : dans quel but, à quelle fin?

— Il y a quelque chose comme cela sous jeu, dit l'homme à la jaquette jaune. Vois-tu, la jeune fille forme un obstacle, du moins c'est ce que disait Jack. Il paraît qu'il y a des biens en Angleterre sur lesquels elle a des droits; mais Jack ne m'a pas révélé tout le secret. Nous serons bien payés, voilà tout ce que nous avons besoin de savoir; nous n'avons que le tour à jouer.

— Oui, mais ce n'est pas un jeu pour moi, répondit l'autre. Je sais que je suis noté pour être envoyé au Port de Macquarie, si je suis pris. Laissons-là cette affaire. D'ailleurs le Bohémien a été un bon camarade pour les prisonniers; il est mort en brave, et je ne me sens pas le courage de porter préjudice à sa fille. La tenir quelque temps en lieu de sûreté, ça n'est rien; mais encore je veux savoir pourquoi. Il faut que je sache aussi pourquoi Jack Lenoir a essayé de s'échapper au moment où il était si nécessaire ici.

— C'est plus que je ne puis t'en dire; mais Jack m'a remis un billet et une lettre.

— Ah! ah! où est-il ce billet? que dit-il?

— Il est là; mais il ne dit pas grand'chose.

— Il nous faudrait une chandelle pour le lire. »

Je redoublai d'attention, et grâce à la lumière qui s'échappait à travers les fentes du contrevent, je pus entrevoir qu'ils parcouraient la lettre.

« Eh bien! interrompit l'homme à la jaquette jaune, qu'en penses-tu?

— Cela ne signifie pas grand'chose! Si je suis pris, portez cette lettre à la Maison-Rouge; Emu-Street, le porteur, recevra une bonne récompense.

— Tu n'as pas envie de l'aller chercher, je suppose?

— Non, le pavé de la ville est trop glissant pour moi. Tu iras toi-même. Quant à la récompense, je m'en rapporte à toi pour la part qui doit me revenir.

— N'aie pas d'inquiétude, je ne te ferai pas de tort, dit l'homme à la jaquette jaune; mais il faut que je m'en aille, voilà sept heures; il faut que je réponde à l'appel.

— En ce cas je m'en vais aussi. Quand nous reverrons-nous?

— Demain, ici, à la même heure; je ferai le même signal.

— J'y serai. »

J'entendis alors ouvrir le contrevent. Je me hâtai de tourner l'encoignure et de me cacher contre le pignon de la maison. L'étranger ne s'amusa point à regarder derrière lui; d'ailleurs il faisait si sombre qu'il n'aurait pu rien distinguer, et il battit promptement en retraite dans la direction du fourré. Aussitôt que je présumai qu'il était à une distance suffisante, je repris mon poste au pied du contrevent, qui était presque fermé, autant que j'en pus juger par les rayons lumineux qui le traversaient. Stimulé par un indicible sentiment de curiosité, je me levai avec la plus grande précaution, et je regardai par l'intervalle qui se trouvait entre le mur et le contrevent. Je vis alors l'homme à la veste jaune soulever une pierre du pavage, sous laquelle il déposa une lettre que je supposai être celle dont il avait été question dans la conversation. Ensuite il replaça la pierre et marcha dessus pour qu'on ne s'aperçût pas qu'elle avait été levée; puis il sortit de la maison, prit sur la droite et rentra en ville.

J'attendis quelque temps pour m'assurer qu'il ne lui prendrait pas fantaisie de revenir tout à coup sur ses pas, et j'entrai dans la maison. Il faisait nuit ; mais j'avais si bien remarqué la place de la pierre qu'il ne me fut pas difficile de la retrouver. Je la soulevai avec mes doigts, et, à ma grande satisfaction, je m'emparai de la lettre; puis je pris la route à gauche et en rentrant en ville je me mis à réfléchir sur le parti que j'avais à prendre. Mon premier mouvement fut de tout découvrir aux autorités compétentes; mais je pensai ensuite qu'il valait mieux essayer l'effet que produirait la lettre sur le mystérieux habitant de la Maison-Rouge, avant qu'il ait eu le temps de se mettre sur ses gardes. J'examinai la lettre, elle n'avait pas d'adresse ; elle était scellée avec un pain à cacheter. Par dessus on avait mis de la cire, sur laquelle on voyait grossièrement empreintes les initiales I. S.

Je me demandai si je poursuivrais ma démarche ou si j'ouvrirais la lettre pour prendre connaissance de son contenu; mais je réfléchis qu'elle était probablement conçue en termes intelligibles seulement pour la personne à laquelle elle était destinée; qu'en brisant le cachet j'éveillerais les soupçons, et que je ne parviendrais pas à la connaissance des faits qui me seraient probablement communiqués, si on me prenait pour un des affiliés du complot. Je pensai donc qu'il valait mieux remettre la lettre sans l'ouvrir, sauf à agir suivant les circonstances. Ce qui pouvait m'arriver de pis, c'était de reprendre la lettre avant de sortir de la maison, et alors j'en connaîtrais toujours le contenu.

Mon plan ainsi arrêté, je me rendis chez un ami auquel je dis que je me trouvais engagé dans une affaire qui m'obligeait à venir lui demander des vêtements pour me déguiser. Je ne saurais dire quelle fut sa surprise à une pareille ouverture. Cependant il était trop poli pour donner une expression désobligeante à sa pensée, et il se contenta de fredonner l'air si connu de M. Lobski. Je le laissai plaisanter, car j'étais trop entêté de mon projet pour me préoccuper de ses railleries. Il me procura un habillement de matelot, qui, avec un chapeau rond, très-bas et sentant horriblement la marée, eut bientôt métamorphosé le grave et respectable colon en une espèce de marin d'eau douce.

Mon ami insistait pour que je me barbouillasse les mains dans un baril de goudron; c'était, selon lui, un trait de caractère indispensable. Il voulait même que, pour pousser l'imitation jusqu'à la dernière perfection, je me fisse sur la figure et sur les favoris une légère application de la même substance; mais je ne crus pas à propos de suivre ses avis. Tout ce que je pus faire, ce fut d'accepter une énorme chique qu'il me mit dans la bouche, pour me donner, me dit-il, la langue du métier. Je cédai sans défiance à sa proposition; mais l'odeur dégoûtante et capiteuse de son tabac ne tarda pas à me porter à la tête.

Devenu plus entreprenant sous mes habits d'emprunt, je me rendis en toute hâte à la Maison-Rouge. C'était une habitation d'une dimension assez étendue, et dont la porte était garnie d'une sonnette et du marteau aristocratique. Voulant me présenter sans prétention, je ne touchai pas au marteau et j'usai de la sonnette que je tirai vigoureusement, en vrai marin. Après quoi j'attendis avec anxiété que l'on vînt répondre à mon appel.

CHAPITRE XLI.

Il était environ neuf heures du soir. La nuit était froide. Quelques flocons de neige avaient déjà répandu sur la terre une légère teinte blanche; mais l'épaisseur des nuages, qui entouraient le mont Wellington, annonçait que la neige allait bientôt tomber avec plus d'abondance.

En attendant que l'on m'ouvrît, je m'exerçais à prendre les airs et l'attitude de mon nouveau personnage. Debout, les mains dans mes poches, l'abominable chique de tabac dans la bouche, tantôt je me balançais à la manière des marins qui sont à terre, et qui ressemblent encore à des gens à qui le roulis fait perdre l'équilibre; tantôt les jambes écartées et les pieds tournés en dedans, je m'étudiais à reprendre comme eux mon aplomb. Cependant je passais en revue la multitude d'aventures qui m'étaient successivement arrivées. Leur ensemble formait une vie assez étrange et assez agitée pour un ancien fermier du comté de Surrey. La nouvelle affaire dans laquelle je me trouvais engagé, à propos d'une petite fille que je n'avais jamais vue, paraissait, selon toutes les apparences et d'après son début, devoir tourner encore assez désagréablement pour moi.

Toutes ces pensées, tous ces souvenirs me traversèrent le cerveau, pendant le court espace de temps que j'eus à attendre jusqu'à ce qu'on m'ouvrît la porte. Je trouvai encore celui de m'étonner, comme je l'ai fait souvent depuis, de cette faculté qu'a notre imagination d'évoquer, en si peu d'instants, un si grand nombre de scènes diverses et de retracer quelquefois en un moment les événements de toute une vie. Mais ces considérations sont trop profondes pour un homme comme moi, qui n'a pas eu l'avantage d'étudier dans sa jeunesse, bien que je croie que l'expérience de la vie réelle vaut tous les livres du monde; au reste, ce sont matières philosophiques que je laisse à d'autres le soin d'expliquer s'ils le peuvent.

Une autre pensée succéda à celle-ci, et ma présence d'esprit en reçut un choc aussi violent que celui qu'éprouve un laboureur dont le soc heurte une vieille souche d'arbre, qu'il ne s'attendait pas à rencontrer sous le sol. J'avais négligé de m'informer du nom du propriétaire de la Maison-Rouge. Que répondre quand on me demanderait à qui je voulais parler? Il ne me restait même plus le temps de réfléchir sur les moyens à l'aide desquels je pourrais tourner la difficulté, car j'entendis au même instant le bruit de la clef dans la serrure; et la porte s'ouvrit! Une vieille femme d'un aspect repoussant, autant que j'en pus juger par un rayon de lumière, qui pénétrait dans le corridor et qui illumina sa face, se présenta devant moi et m'adressa la fatale question que je redoutais :

« Qui demandez-vous ? »

Je sentis que j'échouais, dès le premier pas, si je ne trouvais point quelque biais pour me tirer d'affaire. Heureusement je me rappelai la tactique d'un avocat de ma connaissance, à qui j'avais entendu dire que, quand on ne pouvait pas répondre à une question, le seul moyen de sortir d'embarras, c'était de riposter par une autre. Je dis donc à mi-voix à la vieille :

« Est-il au logis?

— Qui, lui? répliqua l'horrible mégère. Vous ne savez donc pas à qui vous avez affaire ? »

Je cherchai à couvrir le vague de ma réponse par quelques phrases de matelot ; mais quand il se serait agi de ma tête, je ne crois pas qu'il m'eût été possible de me rappeler autre chose que cette phrase assez peu applicable à la circonstance : « Que le diable me me fasse sombrer!... » En sorte que je me contentai de dire :

« J'ai une lettre pour lui !

— Une lettre ! donnez.

— Un moment, répliquai-je ; au large, ma chère dame. Je ne puis accepter sous aucun prétexte votre offre obligeante (je me flattais d'avoir saisi le langage qui convenait à mon habit). J'ai ordre de la remettre en main propre, si le particulier n'est pas manchot toutefois ; de façon que j'ai tourné le gouvernail à tribord (je n'étais pas sûr que l'expression fût très-juste, mais je crus toujours devoir la hasarder), et enfin me voilà dans le port. »

La vieille femme parut toute stupéfaite de ma phraséologie nautique. Pour fortifier une impression si favorable et ne pas démentir mon caractère, je mis en jeu la chique que j'avais tenue pendant ce colloque, artistiquement logée dans un coin de ma joue, de façon qu'il en résultait une protubérance qui donnait une nouvelle expression de vérité à mes traits. Je me mis à la mâcher, à pleines dents, au risque d'en vomir ; puis je crachai avec une abondance qui eût fait honneur à un Américain, et, relevant mes pantalons sur mes hanches, avec toutes les grâces du métier, j'attendis de pied ferme une réponse.

« Dégoûtant animal que vous êtes, me dit la vieille femme d'un ton aigre et en battant en retraite dans le corridor ; comment osez-vous salir ainsi la maison des honnêtes gens avec votre horrible jus de tabac? Croyez-vous que je n'aie rien autre chose à faire que de nettoyer les ordures que font des malotrus de votre espèce, monstre marin !

— Qu'y a-t-il donc? s'écria une voix qui sortit du fond de la salle voisine, dont la porte s'ouvrit. Qu'est-ce qui fait un pareil tapage à cette heure-ci?

— C'est un vilain matelot qui crache dans la maison des gens comme sur son bord, et qui dit qu'il a une lettre à vous remettre.

— Oui, Monsieur, ajoutai-je ; on m'a chargé d'une lettre pour vous, c'est-à-dire, si c'est vous qui êtes le particulier à qui elle est adressée. Et si c'est vous, vous devez savoir que j'ai des raisons pour ne vous la remettre qu'à bonne enseigne.

— Fermez la porte, dit vivement la voix à la vieille femme. Donnez un tour de clef et tirez les verroux. » Puis la voix ajouta en s'adressant à moi : « Entrez, entrez. »

Je fus alors introduit dans une petite pièce proprement meublée, mais qui ne présentait rien de particulier dans ses dispositions. Il y avait une autre porte en face de celle par laquelle j'étais entré ; mais comme cette porte n'avait rien d'extraordinaire, ni de nature à éveiller mes soupçons, je n'y fis aucune attention.

« Eh bien ! dit le maître de la maison d'un ton assez brusque, où est cette lettre ? »

Je le toisai des yeux pour voir à quelle espèce d'homme j'avais affaire. Je dois dire que son extérieur ne prévenait pas du tout en sa faveur : c'était un homme d'environ quarante ans.

Il portait une redingote et un gilet noirs assez sales. Un mouchoir rouge lui servait de cravate.

Je remarquai qu'il avait des pantalons en gros drap de couleur écrue, avec des guêtres noires par dessus. L'ensemble de son habillement me frappa au point qu'il me vint à la pensée que ce devait être un déguisement. Il y avait en effet un défaut absolu d'harmonie entre la personne de mon interlocuteur et ses habits ; il n'était pas difficile de s'apercevoir que ce n'étaient pas ceux qu'il avait coutume de porter. La rudesse de son ton était aussi visiblement simulée ; enfin j'observai que la main qu'il avança pour recevoir la lettre que j'avais à lui remettre était délicate et blanche. Ses manières n'étaient point celles d'un homme ordinaire, et ses traits réveillèrent en moi le souvenir confus d'une physionomie qui ne m'était point inconnue ; mais je ne me rappelais ni où ni quand je l'avais vue.

La figure de cet homme eût paru belle si l'expression n'en eût pas été gâtée par un caractère d'inquiétude et de duplicité tout à fait particulier. Je ne saurais le peindre autrement qu'en disant qu'il avait la physionomie d'un homme constamment préoccupé d'ourdir quelque intrigue et de la crainte d'être découvert.

« Donnez-moi donc la lettre, reprit-il d'un ton bref.

— Pardonnez, lui dis-je, ce que ma demande peut avoir de désobligeant ; mais j'ai besoin d'acquérir l'assurance que vous êtes bien la personne à qui la lettre est destinée. Voudriez-vous bien me dire votre nom (à ces mots il me lança un regard scrutateur), que je sache, ajoutai-je effrontément, si c'est bien celui qui se trouve sur l'adresse ? »

Pendant que je prononçais ces mots, il tourna les yeux sur la porte qui faisait face à celle par laquelle j'étais entré, les y attacha pendant une seconde ou deux, comme un homme qui est sur le point de prendre un parti ; puis il parut changer tout à coup de résolution, et se tournant vers moi, il me dit : « Vous me demandez mon nom ? mais il n'y a pas de raison pour que je ne vous le dise pas, mon nom ! D'ailleurs, vous devez le connaître.

— Vous pensez bien, lui répondis-je, qu'on ne m'aurait pas remis cette lettre si je n'avais pas été dans le secret ; mais vous devez savoir aussi, ajoutai-je en le regardant avec résolution, que le risque est trop grand pour qu'aucun de nous se hasarde à commettre la moindre imprudence. Ainsi, continuai-je d'un ton toujours plus ferme, si vous voulez avoir la lettre, il faut me prouver que vous êtes bien celui à qui elle s'adresse.

— Mais vous-même, reprit-il, quel est votre nom ? »

La demande était étourdissante; j'étais pris par l'arrière, comme disent les marins. Je ne savais quel nom me donner; néanmoins, comme je sentais qu'il en fallait prononcer un quelconque et que la moindre hésitation éveillerait les soupçons, je ne trouvai rien de mieux à dire que mon véritable nom.

« William Thornley, lui répondis-je.

— Est-ce un nom de guerre ou votre vrai nom?

— C'est mon vrai nom, lui dis-je, et si je vous le livre c'est pour vous prouver que, dans une affaire de la nature de celle où nous sommes engagés, ce qu'il y a de plus sûr c'est d'avoir confiance les uns aux autres.

— Vous avez raison, répondit-il, il faut toujours en venir là. D'ailleurs... nous sommes tous liés; nous avons besoin d'une confiance réciproque; mais nous n'allons pas passer toute la nuit à discuter là-dessus. Je m'appelle John Wolsey. Cela vous suffit-il?

— Il le faut bien, me dis-je en moi-même, car je n'en obtiendrai pas davantage. » Et je lui remis la lettre.

Il regarda précipitamment à l'endroit où aurait dû être l'adresse; il n'y en avait pas.

« Comment, s'écria-t-il, en faisant un pas vers moi, il n'y a pas de nom sur l'adresse et vous avez exigé que je vous dise le mien?

— Regardez le cachet, lui répondis-je, ne sachant comment me tirer de ce mauvais pas. »

Il l'approcha de la chandelle.

— C'est bien, dit-il; cependant nous aurons tout à l'heure quelque chose à éclaircir ensemble. Asseyez-vous jusqu'à ce que j'aie lu la lettre. »

Il l'ouvrit, la lut et parut satisfait du contenu; mais une expression de doute et d'anxiété eut bientôt fait place à ce premier mouvement.

« Vous savez ce que renferme cette lettre? me dit-il.

— Sans doute.

— Vous connaissez bien l'intérieur du pays, à ce qu'elle m'apprend?

— Parfaitement, répliquai-je, sans comprendre la portée de la question.

— Et vous êtes sûr de pouvoir me mener cette nuit à l'endroit où ELLE est?

— Rien n'est plus facile, répliquai-je au hasard; et je frissonnai d'impatience d'entendre la fin de cette révélation, car je ne doutai pas qu'elle allait me dévoiler le sort de la fille du Bohémien.

— A la hutte ruinée, qui est sur la plage de Seven-Mile. »

Puis il ajouta négligemment : « Vous savez monter à cheval?

— Je n'ai fait que cela toute ma vie, lui répliquai-je, sans me méfier de la portée d'une pareille question. »

Ma réponse m'avait à peine échappé que j'en sentis toutes les conséquences; mais il était trop tard.

« Vous n'avez fait qu'aller à cheval, toute votre vie! s'écria mon interlocuteur. Comment cela, s'il vous plaît?... Montrez-moi vos mains? Ah!... vous n'êtes pas matelot! vous m'avez trompé. Il y a une trahison là-dessous. Qui êtes-vous?... D'où venez-vous?... Parlez... J'ai les moyens de vous contraindre à confesser la vérité. Quel est votre but?... Pourquoi êtes-vous venu ici?... Qui est-ce qui vous a remis cette lettre?...

Pendant qu'il multipliait ainsi ses apostrophes, il ouvrit la porte qui était derrière lui et appela. Je sentis que le moment décisif était arrivé, et que tout ce qui me restait à faire c'était de m'emparer de la lettre qui était restée ouverte sur la table. Je m'élançai dessus et je parvins à la saisir avant que M. Wolsey pût m'en empêcher; mais au même instant on répondit à l'appel qu'il avait fait, et deux hommes parurent. Je me précipitai sur la porte qui conduisait au corridor, je l'ouvris et je gagnai la porte de la rue. Malheureusement il n'y avait aucune lumière et il me fut impossible de tirer les verroux qui la barraient. Au même instant les deux hommes se jetèrent sur moi. Je me cramponnai à la chaîne de sûreté de la porte et je résistai vigoureusement, en frappant des pieds contre la porte même et en appelant au secours de toute la force de mes poumons.

« Frappez sur la tête, dit une voix que je reconnus pour être celle du maître de la Maison-Rouge. Dans cette extrémité je tirai un des pistolets que j'avais sur moi ; mais avant que j'en pusse faire usage, je sentis un coup violent qui m'atteignit à la tête et qui me fut porté avec un instrument élastique et contondant du genre de cette arme meurtrière et redoutable que l'on appelle un *conservateur de la vie*. Je tombai étourdi sur la place.

Quand je repris connaissance, j'étais dans les ténèbres ; mais dans quel lieu ? c'est ce que j'ignorais. J'éprouvais un violent mal de tête ; j'étais souffrant et glacé. Je voulus me dresser sur les pieds ; en me levant, je donnai de la tête contre une maçonnerie en briques, et je retombai en perdant de nouveau l'usage de mes sens. Quand je revins à moi je tâtai autour de moi sans chercher à me lever. Je ne rencontrai de tous côtés que des briques humides et froides, qui formaient un cintre sur ma tête ; j'en conclus que je devais être dans une cave ou sous une voûte.

J'avoue que j'étais en proie à un sentiment de profonde terreur ; je pouvais tout craindre, car il n'était que trop certain que ceux au pouvoir desquels j'étais ne se feraient pas le moindre scrupule de sacrifier ma vie s'ils le jugeaient nécessaire à leur sûreté. Cette effroyable appréhension me fit regretter de m'être si témérairement engagé, de nuit, dans une aventure qui se présentait sous un aspect si funeste.

L'énergie de mon caractère ne m'abandonna cependant pas au milieu d'une position si critique ; et aussitôt que je pus réunir ensemble deux idées, j'avisai aux moyens de m'échapper de ma prison. Ma première pensée fut que l'ami qui m'avait prêté mes habits de matelot et qui avait fait tant de plaisanteries, en m'aidant à me déguiser, serait poussé par un sentiment de curiosité ou par un motif quelconque à s'informer de moi, s'il ne me voyait pas revenir en temps convenable. Mais si cela était possible, ce n'était pas très-vraisemblable. D'ailleurs je ne devais pas supposer qu'il concevrait la moindre inquiétude avant le lendemain matin, moment où il viendrait peut-être me demander à mon hôtel. Que deviendrais-je jusque-là ? Je calculai que mon évanouissement avait duré une demi-heure au plus. Il devait donc s'écouler encore cinq à six heures jusqu'au matin, et quand le matin viendrait, je ne pouvais espérer qu'il ramènerait le jour dans l'horrible caveau où j'étais enseveli.

Ces réflexions répandirent une sombre tristesse dans mon esprit, sans cependant me faire perdre courage. Je souffrais cruellement d'une énorme contusion que j'avais sur la tête ; mais mon sang n'avait point coulé et mes mains étaient libres. « Tant qu'il y a de la vie, il y a de l'espoir, me dis-je à moi-même. » Et je me mis à tâter tout autour de moi. J'acquis la certitude que j'étais enfermé, comme je l'avais d'abord soupçonné, dans une cave ou sous une espèce de voûte, qui, d'après l'appréciation que j'en fis, en la parcourant à quatre pattes, devait avoir quatre pieds de haut, dix à douze de long et cinq à six de large. Je tâtai avec mes mains le fond, les côtés, et le dessus de ma prison sans parvenir à découvrir la moindre issue, ce qui me surprit au plus haut point. Je me livrai à un nouvel examen plus minutieux encore que le premier ; mais, autant que j'en pus juger, je ne sentis de tous côtés que des murs en briques assez grossiers. Je ne revenais pas de mon étonnement, et je ne pouvais concevoir comment je m'étais trouvé jeté dans un semblable lieu.

L'inspection de ma prison m'avait considérablement fatigué ; je me sentis plus souffrant et plus faible ; j'attribuai surtout ce malaise à l'humidité glaciale du caveau ; je ne savais à quel parti m'arrêter, et je craignais de finir par étouffer si je restais plus longtemps dans cet épouvantable cachot. On conçoit que, dans une pareille situation, les minutes semblent des heures. Mon imagination était si excitée que j'éprouvai une sorte d'attaque de nerfs.

A la fin cependant, puisant des forces dans mon désespoir même, je me décidai à me livrer encore à un nouvel examen des lieux ; je promenai lentement mes mains sur toute l'étendue des murs en briques, et, à la fin, je crus remarquer qu'il y avait, au sommet de la voûte, une place où le mortier était plus mou qu'ailleurs. Cette circonstance me confirma dans l'horrible conviction que mes assassins avaient muré l'entrée de ma prison et que j'étais enterré tout vivant !

CHAPITRE XLII.

Je restai quelque temps accablé par la pensée d'une situation si désespérée ; je souffrais toujours de la tête ; mais après tout, comme il n'était que trop vraisemblable qu'aucun secours n'arriverait à temps du dehors pour me sauver, je sentis que c'était en moi-même qu'il fallait chercher des moyens de salut. Je recueillis toutes mes facultés, et à force de réfléchir et de passer en revue dans ma mémoire tous les moyens d'évasion dont j'avais entendu parler, je finis par m'arrêter à un plan. « Si les misérables au pouvoir desquels je suis, me dis-je, ont muré tout récemment le trou par lequel ils m'ont précipité dans cet abîme, le mortier doit en être encore frais, et, avec un peu de travail, il me sera facile de dégarnir les joints et de faire tomber les briques. » Préoccupé de cette pensée je fouillai dans ma poche et j'y sentis mon couteau de voyage. En atteignant ce couteau, ma main rencontra la lettre fatale qui était l'occasion de ma mésaventure.

Cette découverte me causa la plus vive satisfaction ; bien que cette lettre ne pût me servir à rien, dans les ténèbres profondes au milieu desquelles j'étais plongé, bien qu'il fût très-douteux que je vécusse assez longtemps pour en tirer aucun parti, néanmoins j'aurais donné tout au monde pour en être possesseur. Dans l'excès de ma joie, j'oubliai, pour un moment, l'affreux cul de basse-fosse dans lequel j'étais relégué, et je mis soigneusement la lettre en sûreté, comme si c'eût été une pièce de la plus haute importance pour moi. Il est vrai que je me sentais intéressé à un point que je ne saurais dire au sort de cette jeune fille, occasion innocente du cruel embarras dans lequel je me trouvais. En outre, il y a toujours eu dans mon caractère une sorte d'obstination courageuse qui m'a fait mener à fin tout ce que j'ai entrepris. Je n'ai jamais su me résigner à rien abandonner de mes projets; je sentis donc renaître ma confiance, en songeant que j'avais été assez heureux pour me tirer jusque-là des plus mauvais pas, pour éviter les plus grands dangers, pour échapper même à une mort qui semblait tellement inévitable que je m'étais cru perdu. Je ne désespérai donc pas de me tirer encore du défilé où je me trouvais pris, quelque étroit qu'il fût.

Heureusement, comme je l'ai dit, mon couteau était dans ma poche, et ce qui me sembla plus étonnant encore c'est que j'y retrouvai un de mes pistolets, avec quelques balles et la petite provision de poudre que j'avais prise en partant. La présence de ces divers objets me donna la preuve la plus convaincante que mes ennemis avaient quelque motif puissant et pressant de se débarrasser de moi. Peut-être m'avaient-ils cru mort? Et comme leur but n'était pas de me voler, mais de m'empêcher de me jeter à la traverse de leurs projets, ils ne s'étaient pas donné la peine de me fouiller, ou bien ils n'en avaient pas eu le temps. Il était donc évident qu'en murant mon caveau, leur unique but avait été d'empêcher que je ne fusse découvert. Quoi qu'il en soit, la trouvaille que j'avais faite de mon couteau et surtout de mon pistolet contribua singulièrement à relever mon courage; il me procurait les moyens de me défendre, soit que l'on vînt m'attaquer dans ma retraite, soit que je parvinsse à m'en échapper. Mon couteau était aussi une arme fort redoutable; je commençai par m'assurer si mon pistolet était encore chargé, et si la charge était bien à sa place. Ensuite je tâtai l'amorce avec mon doigt, elle était intacte et sèche. Cela fait, je me mis en devoir de travailler à ma délivrance.

Le caveau était trop bas pour que je pusse m'y tenir debout. Je fus obligé de travailler à genoux dans une position tout à fait gênante. Je parvins bien à dégager le mortier d'entre les joints de quelques briques; mais elles étaient tellement serrées les unes contre les autres, qu'il me fut impossible d'en détacher une seule; d'ailleurs elles étaient dures comme du silex, et c'eût été la plus folle entreprise que d'essayer à en broyer même une avec mon couteau.

Je m'assis pour réfléchir sur ce que j'avais à faire et pour me reposer, car la position dans laquelle j'étais obligé de me tenir, était si fatigante, que je ne pouvais travailler plus d'une ou deux minutes de suite; ma tête était si douloureuse et je sentais un tel engorgement aux tempes, que je songeai un moment à me saigner moi-même pour soulager un peu la congestion sanguine que j'éprouvais au cerveau.

J'étais dans la plus cruelle perplexité sur ce que je devais faire. Je tentai de nouveaux efforts avec mon couteau contre les briques, mais sans aboutir à rien. Tout à coup une réflexion me frappa. Le poids de la voûte exerçait son action de haut en bas; c'était dans la même direction que résidait la solidité du cintre. Il me sembla donc que si je pouvais faire agir une force quelconque dans un sens opposé, je devais venir facilement à bout de soulever les briques nouvellement posées, et dont le mortier n'avait pas encore eu le temps de durcir; mais comment produire cette force répulsive? c'était là la question. Dans l'impossibilité où j'étais de me tenir debout, je ne pouvais pas essayer de soulever cette espèce de clef. Je n'avais pas non plus assez de forces dans les bras pour agir, en étant à genoux, contre une telle résistance.

Pendant que je cherchais de toute la force de mon intelligence quel moyen je pourrais employer, je me rappelai avoir lu l'histoire d'un équipage révolté, qui avait enfermé son capitaine et tous ses officiers dans le premier entrepont. Or, cette histoire signalait comme un fait digne de remarque que le capitaine et les officiers, à l'aide de la seule force de leurs épaules, et en agissant tous simultanément, avaient fait céder le pont et avaient brisé leur prison. Y avait-il quelque chose de vrai dans cette anecdote? Je l'ignorais; mais je ne résolus pas moins d'en tenter l'épreuve. Je me plaçai donc sous le centre de la portion de la voûte nouvellement bouchée, et je fis avec mon dos un effort si énergique que la maçonnerie céda. Cette première secousse une fois donnée, j'eus bientôt enlevé assez de briques pour m'ouvrir un passage suffisant.

L'obscurité était des plus profondes; je n'avais pas la moindre idée de l'endroit où j'étais; mais ce ne pouvait pas être bien loin de la place où j'avais été attaqué. Je sortis du caveau et je pus enfin me tenir debout. Je tâtai autour de moi et je sentis une muraille de briques, grossièrement enduite de plâtre, dont la hauteur excédait le point le plus élevé auquel je pouvais atteindre. Il me sembla que je devais me trouver dans une espèce de magasin ou de pièce assez vaste; car, si j'avais été en plein air, j'aurais vu le ciel.

En continuant mon chemin, le long du mur, à tâtons et avec toute la précaution nécessaire pour ne pas tomber dans quelque trou, j'en gagnai l'extrémité; puis, tournant à angle droit, j'arrivai à une porte large et massive, qui était fermée. J'en eus bientôt trouvé la serrure et reconnu que cette serrure, forte et grossièrement fabriquée, était placée en dedans pour empêcher d'entrer du dehors. Mon couteau n'était pas assez solide pour la forcer; j'aurais pu en briser la lame dans cette opération. Or, elle m'était trop précieuse, comme arme défensive, pour la risquer ainsi; car je ne pouvais pas prévoir quels ennemis j'allais avoir en tête. Je me mis donc à tâter sur le plancher, au milieu duquel se trouvait l'ouverture de la voûte d'où je m'étais échappé, et je cherchai s'il ne me tomberait pas sous la main quelque chose avec quoi je pourrais forcer la serrure.

Je trouvai à l'écart, dans un coin, un monceau de toutes sortes d'objets. Il y avait des morceaux de fer, des pièces de bois, des clous brisés, des débris de futaille, de vieux crochets de fer, qui semblaient annoncer que cette étrange pièce était un magasin de revendeur. Je choisis, au milieu de tous ces débris, ce qui me parut le plus propre à remplir mon but. Je revins à la serrure; j'en eus bientôt forcé le pêne: la porte s'ouvrit! « Voilà le moment du danger, me dis-je; il faut s'y préparer. » Je pris une barre de fer dans ma main droite, je plaçai mon pistolet à portée pour m'en servir au besoin, et je franchis avec précaution la porte que je venais d'ouvrir. Je me sentis en plein air. J'étendis le bras gauche, j'avançai d'un ou deux pas et je rencontrai un mur, que je supposai être un de ceux de la Maison-Rouge. Il faisait aussi noir que dans un four; mais la neige avait tombé avec abondance, et la blancheur de ses teintes me permit de distinguer la forme de la maison qui s'élevait en face de moi.

La fraîcheur de l'air extérieur me ranima d'une manière prodigieuse. Tout était plongé dans le plus profond silence; mes oreilles et mes yeux étaient également impuissants à me rien révéler. Je marchai, en tâtonnant, le long de la maison, et j'y trouvai une porte qui faisait face à celle que j'avais forcée. Je prêtai l'oreille; aucun bruit ne se fit entendre. Je ne me souciais pas du tout de passer par la Maison-Rouge, je continuai donc mes recherches; mais il me fut impossible de trouver d'autre issue que celle que j'avais découverte d'abord.

J'étais bien résolu à ne pas me risquer par-là; en sorte que je rentrai dans le magasin. Je m'assis sur la voûte du caveau et je me mis à réfléchir sur le parti que je devais prendre. Je n'avais pas grande inquiétude d'être surpris ni même d'être attaqué là où je me trouvais, car j'étais armé et j'avais l'avantage de la position. En outre, si j'avais tiré un coup de pistolet, la détonation aurait répandu l'alarme aux environs, et on serait certainement venu à mon secours. Je ne me dissimulais pas cependant que je pourrais bien être accablé par le nombre avant que l'on pénétrât jusqu'à moi. La découverte et la punition des coupables aurait donné, sans aucun doute, une grande satisfaction à la justice après ma mort; mais c'en eût été une assez insignifiante pour moi. Je pensai donc que ce que j'avais de mieux à faire, en pareil cas, c'était de me tenir tranquille jusqu'au point du jour; car quelque longue que soit une nuit, le matin finit toujours par venir. Je ne me rappelle pas néanmoins en avoir jamais vu arriver aucun plus lentement que celui qui suivit cette funeste nuit. Jamais non plus je ne souffris autant du froid et de l'inquiétude, mais surtout du froid; car je n'avais point d'espace pour pouvoir m'échauffer en marchant. Obligé de rester assis, je l'endurais dans une complète immobilité. Je fus tenté une ou deux fois de redescendre dans mon caveau pour y trouver un asile plus chaud; mais cette idée me révolta. J'étais trop content d'en être dehors pour consentir à y rentrer volontairement.

C'est ainsi que je passai la nuit, en soupirant après le retour de la lumière. J'allai sur le seuil de la porte pour voir si je n'apercevrais ou si je n'entendrais rien. Le ciel était devenu pur; la neige, qui couvrait le petit espace séparant ma retraite de la Maison-Rouge, était glacée et étincelait sous les feux de la nuit. Je regardai les étoiles pour tâcher d'apprécier combien de temps devait encore s'écouler jusqu'au point du jour; mais je n'étais pas assez habile astronome pour déterminer, d'après l'aspect d'une zone aussi étroite que celle que j'apercevais de la petite cour où j'étais, quelle était l'heure de la nuit. J'aurais été moins embarrassé si j'avais pu voir l'ensemble du ciel.

Force me fut donc de retourner dans mon magasin, où je tombai dans une sorte d'assoupissement. Je me réveillai bientôt en sursaut, agité par la crainte de céder à un sommeil plus profond et de me laisser surprendre dans une situation si désavantageuse. A la fin, à mon inexprimable joie, je m'aperçus que je distinguais les objets qui m'entouraient, et que les premières lueurs du jour, si longtemps désiré, commençaient à poindre. J'aurais peine à peindre la souffrance que le froid me fit éprouver dans ce moment; elle était si intense, si excessive que je ne puis la comparer qu'aux douleurs de l'agonie. Il avait fallu un froid semblable pour que je puisse lutter contre le sommeil.

Ce n'était pas la première fois que j'éprouvais dans la Terre de Van Diémen, la mordante âpreté du froid, durant les premières heures du matin; mais jamais il n'avait produit sur moi une impression aussi douloureuse. Je fus réduit à en user comme les écoliers et à battre la semelle, des pieds et des mains, pour retrouver l'usage de mes membres et me tenir prêt à l'action.

Quand je me sentis un peu plus dispos, je jetai les yeux sur les objets qui m'entouraient. Je reconnus que le caveau dans lequel j'avais été précipité, occupait bien, comme je l'avais conjecturé dans l'obscurité, le milieu du magasin ou plutôt du galetas, lequel n'avait point de fenêtre et où il ne se trouvait d'autre ouverture que la porte dont j'avais forcé la serrure. Quelle avait pu être primitivement la destination de ce caveau? c'est ce qu'il me fut impossible d'expliquer et ce que je ne m'amusai pas à chercher; j'avais d'autres soucis plus pressants. Une des murailles de ce bâtiment était sur le même alignement qu'une de celles de la maison. Un petit mur d'environ douze pieds de haut les unissait l'une à l'autre. La maison d'habitation n'avait point de fenêtres sur le derrière; la porte que j'avais découverte en tâtant dans les ténèbres, était bien la seule ouverture qui s'y trouvât. Je procédai sans bruit à un nouvel examen et j'acquis la certitude qu'elle était fermée en dedans.

Il n'entrait pas dans mes vues d'essayer de forcer cette porte. Je craignais de me rencontrer avec de nombreux adversaires qui viendraient à bout de moi avant qu'on me portât secours. Je cherchai donc des yeux quelle autre voie je pourrais trouver pour m'échapper de cet enclos. Le mur était trop haut pour que je songeasse à l'escalader; mais il me sembla que si je pouvais arrêter la porte du magasin, qui ouvrait en dehors, il me serait facile de m'en aider pour gagner le toit du bâtiment et me laisser ensuite glisser de l'autre côté dans la rue.

Le jour qui augmentait avec rapidité, me permit bientôt de distinguer les divers objets et tous les vieux débris qui étaient entassés dans un des coins du magasin. J'y pris quelques barils vides et plusieurs pièces de bois, que je plaçai en arc-boutant entre les deux bâtiments et la porte que je parvins ainsi à fixer d'une manière solide.

Il n'était pas très-facile pour moi de gagner le haut de cette porte; elle avait plus de six pieds et il me fallait l'escalader sans faire le moindre bruit. L'insomnie de la nuit, le coup que j'avais reçu sur la tête, le froid qui engourdissait mes membres, tout contribuait à atténuer ma souplesse et mes forces. Mais enfin, à l'aide de la grosse serrure, sur laquelle je parvins à poser mon pied, je gagnai le haut de la porte et je montai de là sur le toit du magasin qui était couvert de fortes planches, dont la pente donnait en dehors. Il y avait au moins trois pouces de neige sur ce toit, ce qui le rendait très-glissant.

De là j'atteignis le mur et je me disposai à me laisser tomber en plein champ; car au delà du bâtiment sur lequel j'étais, il n'y avait que le fourré entièrement couvert de neige. Obligé dans cet instant décisif de faire usage de mes deux mains pour me cramponner au mur, je laissai échapper sur le toit la barre de fer que je tenais; son poids l'entraîna sur les planches inclinées que la neige rendait plus glissantes encore, et elle alla tomber lourdement sur l'échafaudage que j'avais dressé pour arrêter la porte. Dans sa chute, cette malheureuse barre causa un bruit tel qu'il était impossible qu'il ne fût pas entendu des habitants de la maison.

Cet accident me fit précipiter ma retraite; mais comme mes mains étaient froides et qu'il était difficile de tenir pied sur le toit, je ne pus me mettre immédiatement dans la position convenable pour me laisser tomber. J'étais encore sur les mains et sur les genoux, quand la porte de la Maison-Rouge s'ouvrît, et quand l'homme à la veste jaune, celui que j'avais vu sur la jetée, celui dont j'avais surpris la conversation, la veille au soir, parut sur le seuil. Il fit un mouvement comme pour me poursuivre; mais je saisis mon pistolet et je le lui présentai. Fut-ce la vue du pistolet ou la mienne qui l'effraya? j'ignore lequel des deux. Tout ce que je sais, c'est qu'il disparut en toute hâte derrière la porte, qu'il ferma vivement sur lui.

Quelques secondes après, j'étais en bas du mur. Malgré la hauteur de la chute, je m'en tirai sans accident et je me dirigeai vers le centre de la ville, en courant à toutes jambes. Je ne rencontrai personne sur ma route et je me rendis droit à mon hôtel, dont je tirai la sonnette de toute la force de mon bras. Le garçon fut bientôt sur pied, car je sonnai sans interruption; enfin je ne me trouvai pas médiocrement heureux d'être sain et sauf dans une maison sûre.

« Quelle heure est-il? m'écriai-je.

— Cinq heures précises, Monsieur. Nous avons été bien surpris de ne pas vous voir rentrer hier soir. Le magistrat du district de la Clyde vous a demandé; il est arrivé hier vers dix heures; il était très-impatient de vous voir; il vous a attendu fort tard; il ne pouvait s'expliquer pourquoi vous ne rentriez pas.

— Menez-moi à sa chambre, répondis-je, et ne dites à personne que je ne suis pas rentré. Faites bon feu et préparez-moi quelque chose à manger, ainsi qu'une tasse de thé bien chaud. J'ai des affaires qui vont m'obliger de sortir de suite. »

Aussitôt ces ordres donnés, je me rendis dans la chambre de mon ami.

« Oh! oh! me dit-il. Qu'y a-t-il donc? dans quel pitoyable état vous voilà! Où avez-vous donc passé la nuit? »

Je lui expliquai en deux mots ce qui m'était arrivé.

« Et où est cette lettre mystérieuse?

— Ici, sur moi, lui répondis-je. Je ne l'ai pas encore lue. Voulez-vous la lire vous-même, car je n'ai pas la vue bien nette? »

Il prit la lettre et lut ce qui suit :

« L'affaire est faite. La jeune fille est cachée dans la hutte de Jim Burke, sur la plage
» de Seven-Mile. Il sera facile de l'embarquer de là sur le Shooner. Il n'y a pas de
» temps à perdre, car on ne peut se fier à personne dans ce pays-ci. Mike vous conduira
» à la place.

» Votre dévoué, J. S. »

« Cela ne nous apprend pas grand'chose, reprit-il; mais cela nous en dit assez pour le moment. Quel est ce Mike?

— Je l'ignore; à moins que ce ne soit l'homme à la jaquette jaune.

— Ou son camarade, celui qui a regagné le fourré hier au soir.

— Peut-être; mais cependant il avait encore un rendez-vous avec l'homme à la jaquette jaune pour ce soir à sept heures.

— Nous nous occuperons de tous les deux; il faut avant tout nous assurer des habitants de la Maison-Rouge. Procédons avec ordre. Vous sentez-vous assez de force pour porter un billet jusqu'au bureau de police? Dans le cas de l'affirmative, vous me rejoindrez, avec le constable que vous y prendrez, auprès du bureau de la poste aux lettres. J'y serai aussitôt que vous. »

Je pris une tasse de thé et je m'acheminai immédiatement vers le bureau de police, tout en mangeant un morceau de pain. Sur la demande du magistrat, et sans qu'on m'adressât aucune question, on mit à ma disposition quatre constables. Un d'eux m'accompagna au lieu du rendez-vous, tandis que les trois autres, pour n'être pas remarqués, me suivirent isolément et à distance, sans toutefois me perdre de vue. Il était encore de bon matin, en sorte que nous ne rencontrâmes presque personne. Le mont Wellington était revêtu d'un éblouissant manteau de neige. Le ciel était pur et brillant : il gelait. Je trouvai le magistrat au rendez-vous et nous marchâmes de suite vers la Maison-Rouge.

« Cernez la maison par derrière, dit le magistrat à deux des constables. Vous arrêterez tous ceux qui en sortiront; si on fait résistance, vous ferez feu sans hésiter. »

Un des deux autres constables frappa alors à la porte.

« Croyez-vous que nous ayons assez de monde? dis-je au magistrat.

— Oh! bien assez pour une expédition en plein jour. D'ailleurs nous sommes à portée des secours, si nous en avons besoin; et puis nos constables savent leur métier... On ne répond pas. Frappez encore... Voyez si la porte est fermée?

— Elle paraît l'être; mais si votre honneur veut qu'elle soit ouverte, vous n'avez qu'un mot à dire?

— Frappez et sonnez encore une fois..... pas de réponse!... Allons, mes amis, ne perdons pas notre temps; ce serait une folie de rester là. Le plus tôt fait est d'ouvrir nous-mêmes.

— Un moment, dit un des constables à son camarade, qui allait appliquer contre la porte un levier en fer pour l'enfoncer, peut-être se sont-ils barricadés dans l'intérieur et n'y a-t-il que la serrure de fermée; attendez que j'essaye avec cet introducteur des ambassades. »

Au même instant, il tira de sa poche un trousseau de crochets, parmi lesquels il en choisit un qui, grâce à l'extrême habitude du constable, s'adapta de suite à la serrure : elle céda et la porte s'ouvrit.

« C'est comme je le supposais, dit le constable; ils se sont barricadés dans la maison.

— Maintenant faites votre perquisition, dit le magistrat. De la prudence! mais dépêchez-vous.

— Nous allons la faire, reprit l'autre constable; mais nous ne trouverons personne, je vous en réponds. »

En effet, on fouilla la maison de la cave au grenier; on ne passa pas à côté de la plus petite crevasse sans l'examiner; on leva les planchers et on ne trouva personne.

Cette minutieuse opération demanda quelque temps et nous conduisit jusqu'à plus de huit heures. Il y avait un nécessaire à écrire dans la salle où j'avais eu mon entrevue avec la personne qui s'était donnée à moi pour John Wolsey. Ce nécessaire, ouvert et en désordre, semblait indiquer que l'on en avait enlevé à la hâte quelques papiers. Le magistrat y jeta un coup d'œil rapide, y apposa son sceau et le remit à l'un des constables; divers vêtements étaient aussi épars çà et là dans la principale chambre de la maison. Ils paraissaient y avoir été jetés avec précipitation. Je remarquai entre autres les pantalons de gros drap de couleur écrue, et les guêtres noires qui, la veille, avaient attiré mon attention dans le costume du maître du logis. Je les fis remarquer aux constables, et celui qui avait ouvert la porte extérieure, avec un crochet, les examina attentivement.

« Ce n'est pas de l'ouvrage de ville, dit-il; je le parierais, rien qu'à voir la couture. Peut-être le tailleur a-t-il mis sa marque sur les pièces, comme cela se pratique assez souvent en Angleterre dans les campagnes. »

En achevant ces mots, il détourna la ceinture et nous montra un morceau de doublure sur lequel étaient écrit ces mots : « Thomas Sparks, York. »

« Il faut, s'écria le constable, tout fier de sa pénétration, qu'un homme qui est engagé dans des affaires de la nature de celle-ci, ait bien peu de précaution pour porter des culottes marquées de cette manière-là. Il faudra bien maintenant que nous sachions, à quelque prix que ce soit, pour qui ces habits ont été faits. »

— York!... s'écria le magistrat. Cela a un rapport singulier avec les renseignements contenus dans les papiers du Bohémien. Ramassez tous ces habits, les pantalons surtout; faites-en un paquet, que je le mette sous le scellé.

— Eh bien! qu'allons-nous faire à présent? lui dis-je.

— Les misérables ont pris l'avance sur nous, me répondit-il; je ne serais pas surpris quand ils seraient déjà au rendez-vous sur la plage de Seven-Mile. Il faut nous mettre à leurs trousses. Cependant il y a d'abord quelques dispositions à prendre à l'occasion de l'entrevue que l'homme à la veste jaune doit avoir ce soir avec son ami. Nous pourrions bien n'être pas de retour à temps. Allez, dit-il à un des constables, faites disposer le bac; qu'il soit prêt à nous passer à Pitt-Water... le bac, qui sert à passer les chevaux. Nous ferons bien de prendre les nôtres; il est possible que nous en ayons besoin. Deux d'entre vous se tiendront prêts à m'accompagner dans une expédition secrète. »

A la suite de ces dispositions, nous retournâmes à notre hôtel où nous déjeunâmes promptement. Puis nous nous rendîmes sur la jetée; le bac nous y attendait. Nous nous embarquâmes avec nos chevaux et nous eûmes bientôt quitté le rivage.

CHAPITRE XLIII.

Nous engageâmes les bateliers à redoubler d'efforts pour faire promptement la traversée et pour nous déposer le plus vite possible sur la rive de Pitt-Water. Grâce à l'assistance des constables, nous y eûmes bientôt pris terre.

« La neige est bien épaisse, dit le magistrat pendant le passage!

— Elle ne tardera pas à fondre, répondit un des bateliers; le vent a tourné au nord avec une petite tendance vers l'ouest : aussitôt que le soleil va se montrer, la neige disparaîtra. Sentez-vous ce petit vent doux qui vient du haut de la rivière?

— A-t-il passé beaucoup de monde, ce matin? reprit mon ami.

— Pas grand monde : une demi-douzaine de personnes à peu près ; mais il y a eu, un peu avant six heures, quelques passagers qui paraissaient terriblement pressés de faire la traversée ; car ils ont pris une petite embarcation pour se faire conduire à la pointe des Kanguros : ça ne devrait pas être permis, quand il y a un bac légalement autorisé... Déviez un peu, Bill ; faites attention au banc de sable.... Non, je soutiens que ça ne devrait pas être permis. Le gouverneur devrait défendre une pareille contrebande. Du reste, je parierais bien que ce ne doit pas être de trop bonnes gens que ces passagers-là. Il y avait dans la bande un grand homme à figure blême et en redingote noire, qui n'aurait pas eu un autre air quand tous les baillis de la colonie aurait été à ses trousses.

— Et savez-vous quelle route ils ont pris, quand ils ont débarqué ? ajoutai-je.

— Oh! il n'y a pas moyen de voir de dessus la jetée la route qu'ils ont pu prendre ; mais on m'a dit qu'ils s'étaient dirigés sur la ferme de Knopwood ; je ne m'explique pas trop cependant comment ils auraient pris cette route-là, car ce n'est pas celle de Pitt-Water. Encore un coup je suis sûr qu'ils n'avaient pas de bonnes intentions, autrement ils auraient pris le bac, comme tout le monde. »

Tout en achevant ces réflexions, le batelier inclina le gouvernail de manière à amener le flanc du bateau le long de la plage, où notre débarquement devait s'opérer. Nous sautâmes en bas du bac et nos chevaux, qui étaient accoutumés à ce manége, ne sautèrent pas avec moins de prestesse que les bipèdes.

Les renseignements du batelier ne nous permettaient pas d'hésiter sur le parti que nous avions à prendre. Nous nous acheminâmes donc dans la direction de la ferme de Knopwood, et nous ne tardâmes pas à trouver des traces sur la neige ; c'était l'empreinte des pas de deux des personnes qui avaient traversé la rivière le matin. Une des deux empreintes provenait d'un pied long et large ; l'autre d'un pied petit et étroit.

« Voici la piste de notre gibier, dit un des constables ; ils ont arpenté le terrain en toute hâte. Voyez-vous comme la pointe des pieds est profondément enfoncée dans la neige? Quand un homme marche paisiblement, et sans que rien le presse, il pose son pied à plat sur le sol et il le relève presque horizontalement ; mais s'il court, ou seulement même s'il marche vite, il courbe le pied et il appuie davantage sur la pointe. L'empreinte produite dans ce dernier cas est tout à fait différente de la première.

— Votre observation est fort juste, dit le magistrat, et j'avoue que je n'y aurais jamais songé. Vous êtes capable de suivre une trace aussi bien qu'un indigène.

— Un peu mieux, je l'espère, répliqua le constable, quoique ces malicieux moricauds aient quelquefois un merveilleux instinct pour éventer une trace dans le fourré ; mais je me flatte d'avoir encore un peu plus de finesse qu'eux. Voyez vous cela? c'est un soulier que j'ai trouvé dans la Maison-Rouge! Un indigène n'aurait pas pensé à le ramasser. Regardez, comme il s'adapte exactement sur la plus petite des deux empreintes que voilà dans la neige. Nous sommes sur la voie, je vous en réponds ; mais ils ont de l'avance sur nous et il n'y a pas de temps à perdre, si nous voulons déjouer leurs batteries.

— Maintenant que nous voilà sûrs de notre trace, reprit le magistrat, nous pouvons monter à cheval, Thornley ; les empreintes sont si visibles qu'il n'y a pas moyen de les perdre ; les constables vont les suivre.

— Vous êtes sur la voie, ajouta le constable, tâchez de la suivre si vous pouvez; mais si je ne me trompe, je ne crois pas que vous nous devanciez beaucoup. »

Nous partîmes au trot et nous suivîmes facilement les pas jusqu'aux bords de la plage de Seven-Mile, où ils se perdaient dans la mer. Nous attachâmes nos chevaux à un arbre et nous nous mîmes à chercher attentivement sur le rivage, sans pouvoir y découvrir la moindre empreinte. La marée montait; cependant la mer n'était pas encore haute. Nous promenâmes nos regards sur les bords enchanteurs de la plage qui se déploie en croissant; les vagues s'y brisaient avec un imposant murmure, tandis que leur écume blanchissante étincelait sous les rayons du soleil. Ce tableau, plein d'animation, respirait le mouvement et la gaieté; mais on n'y voyait pas la moindre trace d'un être vivant. Seulement un bâtiment, bas mâté, disparaissait à l'horizon.

Nous étions tout à fait en défaut, allant et venant des bords rocailleux de la plage jusqu'au fourré, et du fourré jusqu'à la plage, sans pouvoir trouver d'autres empreintes que celles qui semblaient se perdre dans la mer. Nous cherchions encore, quand les constables arrivèrent à grands pas. Sanders, celui qui avait montré tant d'intelligence à reconnaître les traces dans la neige, s'assit sur une des pierres larges et minces du rivage.

« Pardonnez-moi, Monsieur, dit-il au magistrat, mais voilà une étape qui m'a mis un peu hors d'haleine. Quelle vue magnifique! C'est une chose étonnante que la mer soit toujours agitée sur cette plage. Elle ne s'y brise jamais qu'avec fureur, comme vous le voyez en ce moment, tantôt un peu plus, tantôt un peu moins; mais s'il y a quelque grand vent qui la pousse au rivage, on entend alors ses mugissements à plusieurs milles dans les terres. Eh bien! Messieurs, vous voilà tout déconcertés! L'eau ne garde pas de trace, n'est-ce pas?

— Nous avons cherché dans l'espace d'un mille au moins autour de nous et nous n'avons rien trouvé, dit le magistrat. Il faut qu'ils aient pris quelque embarcation, car les pas sont bien marqués jusqu'au bord de la mer, et puis ils s'y perdent.

— Permettez que je réfléchisse un peu, dit Sanders. La hutte de Jim Burke doit être à moitié route entre l'extrémité de la plage où nous nous trouvons et l'autre bout, à un mille dans les terres à peu près, derrière cette petite éminence couverte de broussailles que vous voyez là-bas. Je ne serais pas surpris que, sachant que la marée allait monter, ils aient pris le long des sables, et qu'arrivés en vue de la hutte, ils aient tourné court. Nous saurons sous peu à quoi nous en tenir. »

Nous nous mîmes en marche tous ensemble, le long des pierres qui bordaient la plage, sauf un des constables qui prit un peu au-dessus dans les terres. Nous continuâmes notre chemin pendant trois ou quatre milles (une lieue et demie) sans rien découvrir; mais à la fin le constable, qui s'était détaché de nous et qui avait gagné quelque avance, nous fit signe de la main.

« Voici la route que nous avons à prendre, dit Sanders; mais ne criez pas. Il ne faut jamais faire le moindre bruit dans le fourré, quelque gibier qu'on chasse, hommes ou bêtes.

— Je crois qu'il a trouvé une trace, lui dis-je.

— Certainement, et nous aussi, ajouta-t-il. Regardez, essayons mon soulier; voyez-vous comme il s'y adapte bien? Allons, nous les tenons encore une fois.

— Suivez-nous le plus vite que vous pourrez, dit le magistrat; nous allons pousser en avant.

— Vous verrez la hutte en face de vous, au détour de cette petite colline, dit Sanders. Si l'on vous montre des intentions hostiles, vous attendrez. Allons, voilà les difficultés qui s'aplanissent. »

Nous nous dirigeâmes au galop vers la petite colline qui se trouvait devant nous; et, au bout de quelques minutes, nous étions en face de la hutte. Elle offrait un véritable tableau de désolation. Les murs étaient construits, comme on dit vulgairement dans la colonie, de boue et de crachats. Ils se composaient de couches de foin placées horizontalement et entremêlées de petits fagots, tressés comme des claies : le tout était grossièrement enduit de boue. Le toit, couvert de gazon indigène jeté au hasard, tombait de toutes parts en lambeaux; quelques planches clouées ensemble formaient la porte, qui était assujétie à un bout d'arbre fendu par le milieu, à l'aide de charnières faites en peau de bœuf. Une peau de kanguro, dont il n'était plus possible de se vêtir et qui semblait avoir appartenu à quelque bête malade, servait à la fois de rideau et de contrevent à une ouverture dont on avait voulu faire une croisée. De grands morceaux de roches plates, ramassés sur la plage et entremêlés avec des plaques de pierre, telles que l'on en voit sur presque tous les points de la Terre de Van Diémen, formaient une espèce de cheminée. Un coup d'œil nous suffit pour voir que ce repaire était vide.

« Voilà une triste maison de campagne pour un gentleman qui vit de ses rentes, dit Sanders! Elle n'a que le mérite de la solitude. Qui diable songerait jamais à une pareille retraite, à moins de savoir où la trouver? Ah! qu'il a dû y avoir de moutons dépecés et de côtelettes taillées dans cette hutte-là, sans qu'on ait dérangé le boucher pour faire les provisions de la *Villa marina*.

— Ne perdons pas de temps en plaisanteries, Sanders, dit le magistrat. Il faut nous remettre en besogne, et vous serez un habile homme, si vous parvenez à découvrir quelque chose qui puisse nous mettre sur la trace des gens que nous poursuivons.

— Permettez que Scroggs y essaye le premier, répondit Sanders. Cela me donnera le temps de me reposer un peu, car je vous avoue que je n'en puis plus. »

L'autre constable se mit en devoir de faire une rigoureuse perquisition; mais il ne trouva rien, ni dans la hutte, ni autour de la hutte, à l'exception pourtant de quelques débris de peaux de moutons qu'on avait brûlées pour empêcher qu'on ne pût les reconnaître.

« Allons, Sanders, dit le magistrat, à votre tour. Regardez attentivement, car voici le soleil qui commence à faire fondre la neige, et les traces ne vont pas tarder à disparaître.

— Oh! je ne pensais pas à cela, dit Sanders, dont la remarque du magistrat éveilla l'attention! Voyons, examinons d'abord la maison d'habitation. Scroggs, poursuivit-il, avez-vous visité la couverture, là, à la place où le chaume est un peu dérangé?

— C'est le vent qui l'a dérangé, répondit son compagnon, qui était loin d'être doué au même degré que lui du talent de l'observation; voyez plutôt, il a détaché du foin tout autour de la couverture.

— Oui, répliqua Sanders; mais ce côté-ci est à l'abri du vent. Comment, vous ne voyez pas à l'inclinaison des arbres que c'est par ici que souffle le vent dominant? Ce chaume a été dérangé tout récemment, et je parierais que ce n'est pas par le vent, ou je n'entends rien à mon métier. »

En achevant ces mots, le pénétrant et expérimenté constable monta sur les épaules de son camarade et enfonça son bras dans l'ouverture qu'il avait remarquée dans le chaume, et qui avait excité ses soupçons.

« Ah! ah! s'écria-t-il, voilà quelque chose? Une boîte à amadou! ce n'est pas une fameuse découverte. De l'amadou, une pierre à feu, un briquet; rien n'y manque. C'est commode pour se procurer de la lumière, mais nous n'en avons pas besoin pour le moment.

— Attendez que je regarde, dit le magistrat; ôtez l'amadou. N'y a-t-il point quelque marque sur la boîte?

— Pas la moindre, Monsieur, répondit Sanders, excepté celle du fabricant. Sam, ne laissez pas l'amadou s'en aller au vent. On ne peut jamais prévoir ce dont on a besoin dans les bois; j'ai vu un temps où l'on aurait payé un morceau d'amadou au poids de l'or, à la baie des huîtres. Remettez-le dans la boîte... Ah! ah! qu'est-ce que c'est que cela? Voici un nom sur un des chiffons qui se trouvent dans la boîte;-c'est le reste d'un vieux bas, sur lequel est écrit : « John Shirley. » Je voudrais bien savoir quel peut être ce John Shirley? »

Le magistrat prit la boîte, sans faire d'autre observation, et, me tirant à l'écart, nous causâmes quelques minutes ensemble.

« Si les papiers trouvés sur le Bohémien sont exacts, me dit-il, il s'appellerait George Shirley. Ne serions-nous pas, sans nous en douter, sur la voie d'un de ses proches parents?

— Je pénètre maintenant tout le mystère, lui dis-je, comme si j'avais été tout à coup éclairé par un trait subit de lumière. Ce prétendu John Wolsey, dont la figure m'a rappelé, cette nuit, des traits qui ne m'étaient pas inconnus, c'est au Bush-ranger qu'il ressemble. Quand il a découvert mon déguisement, il m'a lancé un regard qui a réveillé dans ma pensée l'image d'une physionomie dont je n'ai pas pu instantanément me souvenir; mais je me le rappelle maintenant, c'est le regard du Bush-ranger au moment où il roulait sur les bords du précipice de la Clyde. C'est cela! je vois tout à présent; c'est le frère du Bohémien, son plus proche héritier, si la jeune fille disparaît. Il n'y a pas à en douter, c'est là le mot de l'énigme.

— Je pense comme vous, me répondit le magistrat, mais il y a encore bien des choses à débrouiller dans cette intrigue. D'abord il faut délivrer la pauvre enfant; car si nos conjectures sont justes, l'homme qui a été si loin ne s'arrêtera pas en chemin, il voudra arriver à son but à quelque prix que ce soit. Pourvu que la pauvre petite fille ne soit pas assassinée avant que nous ayons pu la rejoindre. Ce shooner, que nous avons vu à l'horizon, quand nous sommes arrivés sur la plage de Seven-Mile, ne m'annonce rien de bon; nous n'avons pas de temps à perdre, il faut pousser en avant. Notre monde s'est reposé pendant que nous causions; marchons.

— Il devrait y avoir une troisième trace à partir d'ici, dit Sanders; mais je n'en vois pas. Quelque léger que soit le pied d'un enfant, encore laisse-t-il une empreinte sur la neige. Voici les deux pieds que nous connaissons déjà, et un nouveau qui semble se diriger vers la crique où ils auront pris sans doute un bateau; mais je ne vois pas de petit pied. Ah! voici le grand pied, dont les marques sont plus sensibles et plus profondes qu'auparavant. D'où cela peut-il venir?... J'y suis!... Le grand pied aura porté l'enfant pour qu'il n'y ait pas de trace de son enlèvement. Ce n'est pas mal imaginé; mais il n'y a personne dans la colonie fait pour me rendre des points à ce jeu-là... Ils poursuivent leur marche!... Il paraît que le grand pied ne s'accommode pas trop de sa charge. Voyez-vous? le pas n'est plus égal. Il s'est assis là... allons, les voilà repartis! ils continuent leur route..... Par saint Georges! voici la trace du petit pied de l'enfant. Celui qui la portait a fait une chute. Ils ont piétiné autour pour effacer l'empreinte; mais en voici une autre aussi distincte que possible sur cette touffe de gazon saupoudrée de neige aussi fine que du sucre rapé. Vivat, mes amis, nous les tenons! La crique n'est pas à plus de trois milles (une lieue un quart) d'ici; nous allons savoir là ce qu'ils sont devenus. »

Un peu plus d'une demi-heure après, nous étions sur les bords de la crique, qui est profonde et navigable à la marée haute; mais qui est remplie, à la marée basse, d'un grand nombre d'atterrissements, au milieu desquels il est difficile de passer, même avec un petit bateau. L'œil investigateur de Sanders eut bientôt avisé un sillon qui avait été tout récemment tracé contre la rive par la proue d'un bateau qui y avait abordé. Nous acquîmes donc la pénible certitude que ceux à la poursuite desquels nous étions, aidés par ce moyen de transport, étaient pour le moment au moins hors de notre atteinte.

CHAPITRE XLIV.

Notre actif constable examina tous les environs avec le plus grand soin, sans y découvrir aucune trace de pas. La neige disparaissait à chaque instant davantage; il en restait cependant assez pour qu'on eût pu reconnaître encore une empreinte. Le soleil était fondant et brillait avec éclat. Nous restâmes, pendant quelques minutes, auprès de l'endroit où le bateau avait imprimé sa marque, regardant les flots, comme si, par quelque miracle, nous eussions dû y apercevoir le sillage de la nacelle. Le magistrat rompit à la fin le silence.

« Quel est, dit-il, l'endroit le plus voisin où l'on puisse se procurer un bateau?

— Il n'y en a pas de plus voisin que Pitt-Water, répondit Sanders. Encore n'est-il pas bien sûr que nous y en trouverons un. Mais quand même nous aurions un bateau, que voulez-vous que nous en fassions? Comment deviner la route qu'ils ont prise?

— Il est probable, répliqua le magistrat, qu'ils se sont servis d'un bateau pour passer sur la rive opposée, afin qu'on ne pût pas suivre leur trace, et dans ce cas nous devrions la retrouver vis-à-vis.

— Vous avez raison, dit Sanders; comment n'ai-je pas pensé à cela? S'il n'y avait pas tant de sable et tant de vase on traverserait cette anse à cheval; mais il n'y faut pas songer. Il n'y a pas moyen d'en venir à bout sans bateau.

— Alors il ne faut pas perdre de temps. Pouvez-vous me montrer le chemin le plus court d'ici à Pitt-Water?

— Laissez-moi faire cette course-là tout seul, dit Sanders. Il n'y a pas un coin dans la Terre de Van Diémen, où je ne puisse aller par le chemin le plus court.

— Alors venez avec moi. M. Thornley aura peut-être la complaisance de vous prêter son cheval pour que nous fassions la route plus promptement.

— Un mot, s'il vous plaît, avant d'aller plus loin. Je vous avouerai, dis-je au magistrat, en le tirant à part, que toute cette aventure me séduit fort peu. A vous dire vrai, je commence à me fatiguer de rencontrer à chaque pas des embarras nouveaux. A peine suis-je tiré de l'un que je tombe dans l'autre. Ajoutez à cela que nous ne sommes nullement préparés pour une poursuite de quelque durée. J'ai la tête malade : le coup, que j'y ai reçu, m'a laissé une sensation très-douloureuse. Nous n'avons pas même d'armes.

— Vous avez votre fusil à deux coups!

— Mais vous, vous n'en avez pas, et les constables n'ont que leurs bâtons. Sanders, est-ce que vous avez pris des armes sur vous? »

Sanders me répondit en me montrant le bâton noueux dont il s'aidait pour marcher.

« Ce n'est pas cela que j'entends : avez-vous quelque arme à feu?

— Est-ce que vous en voyez quelqu'une sur moi?

— Non. C'est précisément à cause de cela que je vous adresse cette question.

— Comment pouvez-vous vous imaginer, dit Sanders, qu'un vieux renard comme moi, s'engage sans tous ses instruments, dans une affaire de la nature de celle-ci? »

Aussitôt il ouvrit sa redingote et nous montra deux petits pistolets, cachés chacun dans une poche de son gilet.

« Et votre camarade?

— Il n'a que son bâton; mais on n'en vient pas souvent aux dernières extrémités, Monsieur. Si j'ai des pistolets, c'est par excès de précaution, car il m'arrive bien rarement d'avoir besoin de les montrer. Voyez-vous, quand un homme est empoigné par un constable, il se trouve tout décontenancé, parce qu'il sait que la loi donne au constable le droit de l'arrêter. Il est pénétré de l'idée que c'est un agent de l'autorité auquel il lui est défendu de résister. J'ai vu de terribles scélérats céder à l'influence de ce respectable préjugé. En sorte que pendant qu'un homme est dans ce premier moment de paralysie, nous nous en emparons poliment; nous lui serrons les pouces et tout est dit.

— Tout cela est fort bien, continuai-je en m'éloignant de quelques pas, mais je ne vois réellement point ce qui peut m'imposer l'obligation d'exposer ma vie dans une circonstance semblable. Ce qu'il y a de mieux à faire, c'est d'abandonner au chef de la police le soin de déjouer une machination si odieuse : c'est un homme habile et qui a l'habitude de ces sortes d'intrigues. Je ne suis pas du tout pénétré de la nécessité qu'il y a pour nous de nous en mêler. Si cette jeune enfant est bien la fille de George Shirley du Yorkshire, et que le récit du Bohémien soit exact, cette petite fille est un personnage important, et dès lors c'est au gouvernement à prendre en main sa cause.

— Tout ce que vous dites-là, mon cher ami, interrompit le magistrat, est parfaitement sage, mais je ne le crois pas de saison; car, pendant que nous sommes à délibérer froidement ici sur ce qu'il convient de faire ou de ne pas faire, cès misérables consomment probablement l'enlèvement de cette pauvre petite fille et trempent peut-être leurs mains dans son sang.

— Je pense au contraire, répliquai-je, qu'ils ont quelque motif puissant pour ne pas l'assassiner, autrement ce serait déjà chose faite, et ils ne s'en seraient pas embarrassés dans une excursion comme celle-ci. Ils veulent plutôt lui faire contracter quelque mariage; au reste nous n'avons pas le temps de nous perdre en conjectures sur toutes ces probabilités et il ne nous servirait à rien de résoudre ces questions dans ce moment-ci. La seule que nous ayons à examiner, c'est celle de savoir si nous nous obstinerons à courir après cette enfant.

— Pour celle-là, repartit le magistrat, mon parti est pris. J'ai droit d'agir sur tous les points de la colonie; ma commission s'applique à toute l'étendue du territoire de l'île. Il y a des motifs de convenance qui font que l'on nous attribue un district spécial; mais cette restriction ne limite point notre droit. On compte seulement sur notre discrétion pour ne pas nous immiscer sans nécessité dans les affaires des autres districts. Quant à celle-ci, je la considère comme urgente et de première nécessité, et je regarde comme un devoir de ne pas la négliger. Pour être sincère, je dois vous avouer que j'aime assez les émotions qu'elle me procure; et puis je suis dans une position toute différente de la vôtre, je n'ai pas de famille. Après tout, attendez ici jusqu'à ce que nous revenions vous chercher; il est bon de surveiller ce point : et d'ailleurs, si cela ne vous contrarie pas, je prendrai votre cheval pour le constable. Il n'y a que lui qui puisse me servir de guide; il est le seul d'entre nous qui sache la route.

— Fort bien, lui dis-je! agissez comme vous l'entendrez; mais pour moi je suis fatigué de semblables expéditions. J'en ai assez, et tout ce que je souhaite, c'est de retourner au sein de ma famille.

— Je vois, mon cher ami, que vous n'êtes pas du tout romantique.

— Pas le moins du monde. Je suis tout bonnement un ancien fermier du comté de Surrey devenu colon. Pour ce qui est du romantique, je l'abandonne aux jeunes gens comme vous. Je vous avoue que je donnerais volontiers pour une demi-douzaine de côtelettes le plus beau chapitre de roman que vous prendriez la peine d'assaisonner pour moi. »

En achevant ces mots, je m'assis sur le bord de l'eau avec l'autre constable qui resta à me tenir compagnie, pendant que le magistrat et Sanders partirent au galop dans la direction de Sorell-Town, la capitale naissante du district de Pitt-Water.

J'éprouvais une fatigue extrême, malheureusement je ne restai pas longtemps en repos. Un cri, parti de la rive opposée du petit détroit, me remit bientôt sur pied. J'aperçus le magistrat, à cheval, qui avait gagné une éminence; il tenait son chapeau à la main et l'agitait comme pour nous annoncer une bonne nouvelle. De quoi s'agissait-il? c'est ce qu'il était impossible de savoir; il était trop loin de nous pour que nous puissions entendre sa voix. Mon compagnon crut cependant distinguer le mot : Bateau! bateau!... pour moi, je n'avais cru entendre que les sons de cou...ou...ie, dont les colons se servent pour s'appeler à de grandes distances. C'était mon compagnon qui avait raison, car nous vîmes bientôt un bateau, qui s'avançait vers nous malgré la marée basse. Il avait grand'peine à faire sa route au milieu de tous les petits bancs de sable qui remplissaient le bras d'eau et qui n'y laissaient que des passages très-resserrés. Pour éviter la vase dans laquelle nous nous serions enfoncés, afin de gagner le bateau, nous fîmes un long détour pour arriver jusqu'à une rive plus ferme. Pendant que nous traversions, je demandai à l'homme qui conduisait le bateau, car il n'y en avait qu'un, quelles nouvelles il nous apportait.

« Aucune, me répondit-il; j'ai seulement entendu dire que vous étiez à la poursuite de deux hommes et d'une petite fille, qui ont passé par ici ce matin. J'étais à pêcher, quand je les ai vus à la place où je viens de vous prendre. Ils m'ont dit qu'ils avaient besoin de passer à l'autre bord et ils m'ont offert... ou plutôt le gentleman qui paraissait tout ordonner, m'a offert deux dollars pour la traversée. J'ai trouvé assez étrange qu'ils eussent cette petite fille avec eux; mais ce ne sont pas là mes affaires.

— Et comment est-elle, cette petite fille? lui demandai-je avec empressement, car c'était la première personne que je rencontrais, qui eût vu la pupille qui me causait tant d'embarras.

— Oh! elle m'a paru comme toutes les autres petites filles. Je n'ai pourtant pas pu voir sa figure. Elle semblait fatiguée et souffrante, la pauvre petite! Un des hommes la portait dans ses bras. Je crois qu'elle avait pleuré, mais elle n'a pas pleuré dans mon bateau. Elle paraissait avoir une terrible peur de l'homme en redingote noire. C'est une enfant d'environ six à sept ans. Quant à ce qu'ils se proposaient de faire, je l'ignore : cela ne me regarde pas.

— Y a-t-il beaucoup de poisson dans ces environs? lui dis-je, en voyant que je n'avais plus rien autre chose à en attendre.

— Du poisson? ah! je crois bien! il y en a à revendre. Mais la plupart ne vaut pas grand'chose à manger. A mesure que l'on avance dans ce petit détroit, on rencontre à la marée basse des criques et des étangs qui en sont pleins. Il y a tant de requins que c'est à grand'peine s'ils peuvent nager.

— Des requins! mais ce n'est pas un voisinage très-agréable! Sont-ils gros?

— Ils ne le sont pas assez pour être bien redoutables. Ils sont gros à peu près comme de grosses morues, quelquefois un peu plus. Ils pèsent dix, quinze, vingt livres; les indigènes s'en nourrissent; mais c'est à mon gré un assez mauvais manger.

— Comment les indigènes les pêchent-ils?

— Ah! ils ne les pêchent pas du tout, ils les embrochent avec leurs longues javelines, puis ils les mettent un instant sur le feu et les avalent à moitié crus; ils n'en paraissent pas très-friands; ils n'en mangent que quand ils ne trouvent rien autre chose. Maintenant, Messieurs, nous voilà aussi près de terre que je puis vous conduire; il y a un peu de vase, vous n'en aurez pas au-dessus du jarret; le fond est solide une fois qu'on l'a atteint. Cependant, si vous n'avez pas peur de grimper, je puis vous conduire au pied de ce rocher qui est là-bas, et vous gagnerez facilement le bord à pied sec. »

J'acquiesçai à cette dernière proposition. Le batelier dirigea en conséquence sa barque contre le roc que je gravis avec le constable, mais non pas sans difficulté. Nous trouvâmes le magistrat et Sanders sur la place pour nous recevoir. Il y avait avec eux un autre homme à cheval, et par terre, un énorme panier qu'ils avaient apporté. Tout près pétillait un bon feu qu'ils avaient fait avec du bois mort, comme cela se pratique dans le fourré.

La neige était presque entièrement fondue, mais il en restait encore assez pour qu'un œil exercé pût distinguer la trace affaiblie des gens que nous poursuivions.

« Voyez-vous, dit le magistrat, en me montrant du doigt quelques empreintes de pas presque entièrement effacées, nous sommes sur la piste; mais ils ont de l'avance sur nous, car la neige est presque fondue, elle ne reste jamais bien longtemps sur la terre dans ce pays-ci.

— En vérité, lui répondis-je, je suis bien tenté de ne pas vous suivre plus loin. Je me sens faible, fatigué, je ne suis pas du tout dans la disposition convenable pour faire une excursion dans les bois. Et puis, je dois vous avouer que je suis assez matériel pour avoir un grand besoin de manger.

— Nous avons pensé à cela, dit Sanders, voici des provisions; nous n'avons pas voulu les attaquer avant que vous fussiez avec nous.

— Allons, mon garçon, dit le magistrat, montrez-nous ce que vous avez. »

L'étranger, dont l'extérieur annonçait un domestique de bonne maison, déploya immédiatement une nappe blanche sur un tronc d'arbre où nous nous étions assis. Les assiettes, les fourchettes, les couteaux furent distribués en un clin d'œil.

« Je voudrais bien boire, m'écriai-je; mais je crains bien qu'il n'y ait pas d'eau aux environs, à moins que ce ne soit de l'eau saumâtre.

— Boire de l'eau, repartit gaîment le magistrat! y pensez-vous? Nous avons là une bouteille de bière de Barclay, première qualité! Qui est-ce qui a un tire-bouchon !... Allons, personne n'a de tire-bouchon?... Peut-on se mettre en route sans tire-bouchon! c'est une des choses les plus utiles et qu'on ne trouve jamais quand on en a besoin. Ah! vous en avez apporté un, mon garçon, c'est très-bien de votre part. Allons, Thornley, buvons. Il n'est rien de tel qu'un verre de *porter* pour soutenir un homme au milieu des bois; malheureusement on n'en trouve pas partout. Vous voyez, Thornley, que je ne vous ai pas oublié.

— Qu'avez-vous à manger? dis-je au magistrat en me trouvant singulièrement restauré par la bière que je venais de boire; j'ai fait ce matin un assez chétif déjeuner.

— Vous n'en dînerez que mieux. Allons, garçon, servez. Voici une pièce de résistance. L'oie est meilleure chaude peut-être; mais nous nous en accommoderons comme cela. Permettez, ajouta-t-il, en mettant sur mon assiette une cuisse et une aile et en se servant de même, nos amis les constables vont se distraire avec cette épaule de mouton froide.

— Je m'en vais dire deux mots au mouton tout à l'heure, s'écria Sanders; mais je serais bien aise auparavant d'avaler quelques huîtres.

— Des huîtres! l'appétit a probablement creusé le cerveau de ce brave constable. Il se croit près du marché de Bellingsgate. Qui diable vous met les huîtres dans la tête, Sanders?

— Des huîtres, répartit le constable; mais je vais en avoir dans cinq minutes. Vous ne savez pas dans quel pays de cocagne vous êtes. Cette petite baie est pleine d'huîtres; je ne vais pas tarder à vous en donner la preuve. Scroggs, mon garçon, dit-il à son camarade, veux-tu te régaler de quelques indigènes?

— Volontiers, si cela se peut, répondit l'accommodant Scroggs; quelques douzaines d'huîtres ouvrent l'appétit. »

Sans autre discours, les deux constables défirent leurs souliers et leurs bas, retroussèrent leurs pantalons jusqu'au jarret, se munirent du panier et de la nappe dans lesquels on avait apporté notre dîner, et s'avancèrent dans l'eau de quarante à cinquante pas. Puis, tâtant avec leurs mains, ils eurent bientôt rempli la nappe d'huîtres qu'ils nous apportèrent. Ils les jetèrent en tas devant nous, et retournèrent faire une nouvelle pêche.

— Garçon, dit le magistrat, mettez quelques poignées d'huîtres sur le feu, pour les faire cuire, pendant que nous nous amuserons avec les autres. Qui est-ce qui a un couteau à ouvrir les huîtres? Voilà encore un meuble que l'on ne pense jamais à prendre avec soi, et dont on peut avoir besoin, comme vous voyez! Ah! vous en avez apporté un, et un excellent, ma foi! Garçon, faites bien attention à retirer les huîtres du feu aussitôt que vous les entendrez craquer; autrement, elles brûleraient... Il faut convenir, mon cher ami, que nous ne faisons pas trop mauvaise chère pour des gens qui battent le fourré. Une oie et des huîtres!... Voici des couteaux qui me font venir de sinistres pensées!... Je suis toujours poursuivi par la crainte que l'honorable sir John Shirley ne fasse usage de quelques instruments du même genre à l'encontre de cette pauvre petite fille! N'allez-vous pas abandonner pour cela votre fourchette et votre couteau? C'est une idée qui me traverse le cerveau, voilà tout. Prenez encore un peu de cette oie; ce n'est pas grand chose qu'une cuisse et une aile pour un homme qui a bon appétit. Ne vous privez pas d'huîtres, en voilà encore qui nous arrivent. Allons! buvons un second verre de bière!

— De grand cœur! lui dis-je en me sentant tout à fait remis par ce confortable repas. En y réfléchissant, je trouve comme vous qu'il serait coupable de ne pas faire un dernier effort pour délivrer cette pauvre petite fille. Je n'oublierai jamais les angoisses et les prières du Bohémien, quand il me l'a recommandée, quelques instants avant de rouler au fond de cet horrible abîme!

— Je vous vois avec plaisir revenu à de meilleurs sentiments, et prêt à reprendre notre poursuite. Il faut que nos hommes se hâtent, et que nous nous remettions en marche! Nous avons apporté deux carabines avec nous, ainsi qu'un paquet de cartouches. Quelqu'un de ma connaissance, qui habite Sorrell-Town, m'a prêté ce fusil de chasse, avec ce ceinturon garni d'un sac à plomb et d'une poire à poudre; rien n'y manque. Il y avait chez lui une réunion d'amis, qui allaient se mettre à table, et qui avaient de redoutables intentions contre cette oie; mais, aussitôt que je leur ai expliqué de quoi il s'agissait, ils ont mis ce jeune garçon à ma disposition, avec toute la provende. La maîtresse de la maison a pris un intérêt si vif au sort de notre jeune héroïne, que je n'aurais pas eu, je crois, de bien vives instances à lui faire pour la déterminer à se joindre à nous et à poursuivre son persécuteur. Voici Sanders, continua-t-il en élevant la voix, qui revient avec un nouveau panier d'huîtres! Prenez garde de tourner vous-mêmes en huîtres si vous en absorbez une si grande quantité!... Eh bien! qu'y a-t-il donc? Ils ont laissé tomber leur pêche sur la grève! Ils ont l'air de regarder quelque chose avec stupéfaction. Voyez-vous, Thornley? »

Je tournai la tête, et je vis, en effet, les deux constables qui examinaient avec une expression d'effroi et d'anxiété quelque chose qu'ils avaient aperçu sur le rivage. Nous courûmes sur la place, et Sanders, nous montrant de la main l'endroit qui avait attiré son attention, s'écria avec un ton de sensibilité dont je ne l'aurais pas cru capable : « Ah ! Monsieur, j'ai bien peur que c'en soit fait de la malheureuse petite fille ! Voici des indices qui doivent inspirer d'affreuses conjectures ! »

Nous regardâmes, et, dans un endroit obscur, au pied d'un rocher qui semblait suspendu sur le rivage, nous remarquâmes des traces de pas qui indiquaient que l'on avait violemment foulé la place, et nous vîmes sur la neige, éclatante de blancheur, de larges gouttes de sang. La vue de ce sang nous remplit des plus cruelles inquiétudes. Il n'y avait pas jusqu'au flegmatique Scroggs qui ne fût lui-même profondément ému de ce qui semblait annoncer un dénouement si funeste aux aventures de la jeune fille.

« J'ai assommé plus d'un bœuf dans ma vie, nous dit-il ; j'ai coupé la gorge à plus d'un mouton, et jamais la vue du sang ne m'a fait aucune impression ; ce n'est pas étonnant, c'était le sang d'animaux ; mais je veux être pendu si jamais j'ai éprouvé rien de pareil à l'émotion que me cause celui-ci ; c'est à donner une indigestion, surtout après avoir mangé des huîtres ! Je ne voudrais pas avoir coupé la gorge de cette malheureuse petite fille, que je n'ai jamais vue, pour cent dollars, pour mille dollars ! La pauvre petite créature aura-t-elle crié !... »

CHAPITRE XLV.

« Ces taches de sang sont d'un mauvais présage, dit le magistrat, après un moment de silence ; cependant elles peuvent être le résultat de bien des causes. Les nombreuses empreintes qui les entourent m'en font cependant assez mal augurer. Voyez-vous ces traînées qui annoncent une lutte ? Elles sont trop profondes pour avoir été faites par un enfant, même quand il se serait débattu contre la mort ! Non, non ! ce ne sont pas là des traces produites par une si jeune fille ! Voyons ! examinons les choses de plus près. »

En nous livrant à une investigation plus attentive, nous observâmes la marque d'un talon de soulier d'homme qui paraissait avoir été vigoureusement enfoncé dans la terre. On aurait dit qu'elle était le résultat d'un effort fait par quelqu'un, pour se relever, à la suite d'une chute.

Au-delà du cercle que nos propres pas avaient imprimé dans la neige, cercle que nous n'avions point songé jusque-là à franchir dans nos observations, nous aperçûmes une trace qui nous parut produite par un corps pesant qui aurait été traîné de l'endroit où nous nous trouvions jusqu'à quelques rochers isolés au pied desquels il y avait un trou profond. Quelques cailloux que nous jetâmes dans ce trou ne nous laissèrent pas de doute sur son extrême profondeur. En regardant aux abords de cet abime, notre intelligent constable nous fit remarquer qu'on y avait tout récemment levé une pierre d'une dimension considérable. Il était facile de voir qu'à la place où avait reposé cette pierre, la terre était fraîche et tout nouvellement exposée à l'air. A peu de distance, nous trouvâmes deux autres indices du même genre.

« Je parierais qu'il y a un cadavre là au fond, dit Sanders ; mais c'est un secret qu'il n'est pas facile pour le moment d'y aller chercher. Le temps nous dévoilera cela ; car je n'ai pas encore vu d'assassinat, de quelque mystère dont il ait été entouré, qui n'ait fini par être découvert. »

Il nous fut impossible, malgré les plus minutieuses recherches, de trouver d'autres taches de sang que celles qui avaient d'abord attiré l'attention des constables. Il était évident qu'il y avait eu là une lutte désespérée ; mais quelle en était la victime ? y en avait-il plusieurs ? C'est ce qui restait enveloppé du plus profond mystère.

Je me trouvais bien remis des souffrances de la nuit précédente, et je ne m'étais jamais senti en meilleure disposition pour pousser jusqu'au bout l'aventure. La vue de ce sang, l'idée du danger que courait cette pauvre petite fille, si toutefois elle vivait encore, avaient produit sur moi une impression profonde, et me remplissaient d'ardeur pour continuer notre poursuite. Je proposai donc de ne pas perdre davantage de temps à discuter les probabilités de ce qui avait pu arriver à l'endroit où nous nous trouvions, mais de nous contenter de marquer exactement la place pour la retrouver facilement quand nous le voudrions. Mon avis était de voler sans retard au secours de l'enfant, dont le danger m'inspirait un intérêt qui me surprenait moi-même. Ma pensée s'était reportée sur mes propres enfants, et ce rapprochement avait excité chez moi les sentiments de bienveillance les plus vifs en faveur de cette jeune orpheline, confiée à ma tutelle dans des circonstances si tragiques, et contre la vie ou les biens de laquelle il était évident que l'on avait ourdi quelque odieux complot.

Nous renvoyâmes donc à Sorell-Town le domestique qui nous en avait apporté des provisions, après l'avoir libéralement récompensé, et nous nous remîmes à grands pas sur la trace, qui s'affaiblissait à chaque instant. Sanders était à notre tête. Le jour commençait à décliner, et le soleil descendait rapidement à l'horizon. Nous n'avions en ce moment pour chance que la perspective de passer la nuit dans les bois, sous un ciel d'hiver, avec une couche de neige pour lit de plume ; car les nuages annonçaient que la neige allait bientôt tomber. Aussi ce fut avec satisfaction que nous nous vîmes entraînés dans la direction de la rivière du Charbon ; nous savions qu'il y avait de ce côté un assez bon nombre de colons qui commençaient à s'élever au rang d'agriculteurs aisés. Nous longeâmes plusieurs petites fermes qui, au déclin d'un jour d'hiver comme celui-ci, présentaient le plus misérable aspect. Enfin, nous arrivâmes à une palissade dans laquelle on avait fait une brèche. Après l'avoir franchie, nous nous trouvâmes en face d'une maison en briques, bâtie dans un fond, au pied d'une petite colline, et qui devait appartenir à un riche colon. La trace des pas n'était presque plus distincte ; mais, quand nous fûmes au milieu de l'enclos, nous observâmes l'empreinte des pieds d'un cheval.

« Ah ! voici du nouveau, dit Sanders. Nos gens sont dans l'intention de pousser les choses jusqu'au bout. Je parierais qu'ils auront pris une mauvaise rosse chez un colon pour pousser leur pointe.

— Je n'en doute pas, dit le magistrat ; leur intention doit être de sortir de l'île. Je ne m'étonnerais pas qu'après s'être vus contrariés à Hobart Town, ils ne fissent une tentative sur Launceston.

— Dans ce cas, ils vont nous faire joliment valser ! m'écriai-je. C'est une petite promenade de cent vingt milles (48 lieues) au moins. Il faut espérer que nous les rattraperons avant le terme de leur voyage. S'ils gardent leur cheval, ils laisseront une trace bien reconnaissable après eux. Il ne faut pas la perdre. Nous ferions peut-être bien, ajoutai-je, de relever l'empreinte et de mesurer la grandeur des pieds du cheval pendant qu'il fait encore jour. »

Sanders ne se le fit pas dire deux fois. Il remarqua que le cheval avait le pied de devant hors montoir plus large que l'autre; il releva la mesure exacte de chaque pied, et la nota au crayon sur son carnet.

Quelques flocons de neige commencèrent alors à tomber; l'obscurité devenait à chaque instant plus profonde. C'était un double avertissement pour nous de nous décider, si nous avions l'intention de chercher un asile pour la nuit. Cependant, nous persistâmes à continuer notre route tant qu'il nous fut possible de suivre la trace; mais enfin la neige tomba avec une telle abondance et la nuit devint si sombre, que force nous fut de faire une halte, et de délibérer sur le parti que nous avions à prendre.

« Avec votre permission, dit Sanders au magistrat, je vous ferai observer qu'il ne sert à rien de suivre une trace pendant la nuit. On perd plus de temps qu'on n'en gagne. La fatigue de la nuit rend moins dispos pour la poursuite du lendemain. Si la neige continue à tomber, comme tout l'annonce, ceux que nous poursuivons ne pourront pas nous dérober leurs traces. Il faut, de toute nécessité, qu'ils passent entre la rivière et le pied des collines qui la longent, de manière qu'en coupant leur ligne en travers, nous ne pouvons manquer de nous retrouver sur leurs pas. Si j'ose vous donner un avis, je crois, Monsieur, que vous vous trouverez bien d'une nuit de repos. Si nous parvenons surtout à nous procurer une paire de chevaux dans les environs, tout sera pour le mieux, et demain matin nous gagnerons du terrain. »

Nous nous rangeâmes à l'avis du constable, et, nous abandonnant à son expérience, nous tournâmes sur la gauche et suivîmes ses pas. Au bout d'une demi-heure nous étions à la porte de la hutte d'un colon, à qui nous demandâmes l'hospitalité pour la nuit. Il se trouva précisément que c'était l'habitation d'un ancien prisonnier à qui le magistrat avait fait obtenir, deux ans auparavant, un billet de congé en récompense de sa bonne conduite. Depuis, il avait pris à loyer une ferme de trois cents acres, sur lesquelles il y en avait quinze en culture. On la lui avait louée avec la terre, les bœufs et tout le mobilier, comme cela se fait en pareille circonstance. C'était une bonne rencontre pour nous. Notre premier soin fut de prendre des renseignements sur les gens que nous poursuivions; mais nos hôtes ne purent nous en donner aucun.

Nous fûmes reçus aussi bien qu'on pouvait l'espérer dans une habitation aussi modeste que celle où nous nous trouvions. Le fermier et sa femme rivalisaient de zèle pour nous fournir tout ce dont nous avions besoin. Ils mirent du bois au feu, et se hâtèrent de détacher quelques chétives côtelettes de la carcasse d'un mouton dont on aurait très-bien pu faire une lanterne, et qui était suspendu à une branche d'arbre dans le voisinage de la maison; le mari les jeta aussitôt dans la poêle à frire, pendant que la femme s'occupa à nous préparer le thé; car, des côtelettes de mouton pour bonne chère et du thé pour boisson, tel est l'invariable ordinaire des classes peu aisées de la colonie.

Pendant qu'on se livrait, à l'intérieur, à ces préparatifs, nous, nous prenions soin de nos chevaux. Ce ne fut pas sans peine que nous parvînmes à les loger. Enfin, nous trouvâmes une espèce de hangar pour les mettre à l'abri de la neige, et nous leur composâmes un souper assez tolérable avec du son mouillé et de l'orge. A cette époque, le foin et l'avoine étaient dans la Terre de Van Diémen, des produits agricoles d'un luxe transcendant, et auquel il n'était pas donné à tout le monde d'atteindre. On nourrissait les chevaux avec de l'orge et du blé, ou de l'orge en gerbe et du foin, tel que le sol le produit naturellement dans le pays. Notre hôte vint bientôt nous avertir que tout était prêt, et que nous n'avions plus qu'à nous mettre à table.

« Voilà de pitoyable viande pour vous, Messieurs, dit le fermier. Nous avons un mauvais parcours ici pour les moutons, et on a bien du mal à leur conserver un peu de chair sur les os, pendant l'hiver. Nous vous avons pourtant donné ce que nous avons de mieux.

— Il paraît que vous êtes en voie de prospérité, Richard, dit le magistrat, puisque vous avez un troupeau de moutons. Combien avez-vous de bêtes?

— Le troupeau est de trois cents bêtes environ; mais il ne m'appartient pas. Je voudrais bien qu'il fût à moi. Je l'ai en tiers. Il fait partie du mobilier de la ferme. Grâce à vous, Monsieur, dit-il en regardant le magistrat avec reconnaissance, le propriétaire de la ferme a bien voulu me les confier avec le reste du matériel.

— Pouvez-vous nourrir une vache?

— Pas encore, Monsieur. Nous avons quatre bœufs de travail assez bons; mais nous ne pouvons pas avoir encore de vache; nous n'avons pas assez de place pour abriter le fourrage. Si nous pouvions avoir une demi-douzaine de vaches, elles nous vaudraient de l'argent, car ma femme s'entend bien à conduire une laiterie. Nous sommes ici tout près du Camp et nous ne gagnerions pas moins d'une demi-couronne (3 fr. 10 c.) par livre sterling (25 fr.) de marchandise que nous vendrions... Vous ne mangez pas, Messieurs? Je ne puis vous servir rien de beau, mais tout est propre. Voulez-vous prendre une tasse de thé avec vos côtelettes?

— Dick, vous n'avez pas d'autre boisson que du thé pour ces Messieurs? dit Sanders, en faisant une grimace que Scroggs crut devoir reproduire.

Dick répondit à Sanders en lui montrant le magistrat de la main, et en faisant un signe de tête négatif.

Je compris très-bien ce que voulait dire ce signe maçonique, mais comme j'étais bien aise d'être agréable aux constables dont il était important d'entretenir les bonnes dispositions, sans compromettre toutefois le caractère officiel du magistrat, je glissai deux billets de cinq dollars dans la main de Sanders, qui disparut, ainsi que Scroggs, sur un signe que je lui fis.

— Y a-t-il de bonne eau dans vos environs? dit alors le magistrat.

— Il n'y a pas d'eau, dont on puisse faire provision, plus près que la rivière; mais nous avons là, tout à côté, une petite source pour notre usage particulier.

— On ne peut pas bien goûter l'eau dans une écuelle d'étain... Eh! vraiment, on dirait d'eau minérale!... vous n'avez pas un verre ici, Richard?

— Nous en avions un, mais il est cassé. On ne peut pas avoir tout de suite un mobilier complet; je puis vous offrir une tasse à thé, si vous le préférez... Eh bien! est-ce fini, dit-il à sa femme qui nous avait fait cuire un gâteau dans la poêle et qui par la même occasion s'était brûlée les joues pendant que nous engloutissions les côtelettes de monton et les dampers. Voilà ce qui s'appelle, ajouta-t-il en nous le présentant, un vrai gâteau de colon, digne de vous, Messieurs; c'est bon et léger; seulement il y manque des œufs et du lait.

— Un verre de grog, dit mon ami, ne serait pas du tout déplacé dans un moment comme celui-ci. Mais je présume que ce n'est pas chose facile à se procurer. Sommes-nous loin d'un cabaret? à défaut d'autre chose on se contenterait d'une larme de rhum, quoique ce soit en général une bien mauvaise drogue. Le rhum commun du Bengale, quand il est nouveau et dans toute sa force, est une des liqueurs les plus malsaines qu'on puisse boire; mais on peut en user de temps en temps comme de médecine. »

La dissertation du bon magistrat sur les qualités du rhum du Bengale fut interrompue par l'arrivée de Sanders qui revenait en tenant à la main une bouteille de cette liqueur populaire. Elle n'avait été baptisée que de moitié, eu égard à l'honorable compagnie pour laquelle Sanders avait annoncé qu'elle était destinée.

— D'où cela vient-il? dit le magistrat dans un moment de distraction et en versant dans son écuelle une quantité convenable du liquide qu'il avait signalé comme si funeste.

— Cela vient de la bouteille, lui répondis-je.

— J'en prends comme médecine, répliqua-t-il, en saisissant très-bien l'allusion que je faisais. En vérité, c'est comme médecine.

Sanders et Scroggs firent un mouvement de tête qui trahissait leur incrédulité.

— Du rhum comme celui-là, poursuivit-il, ne sert qu'à gâter de bonne eau... mais celle-ci est un peu saumâtre. »

A ces mots mon honorable ami me parut savourer avec délices une dose très-convenable de médecine, puis il frappa sur la table avec le bord de son écuelle qui résonna comme une cloche; on eut dit qu'elle gémissait d'être vide. Le magistrat parut poser machinalement la main sur le col de la bouteille; ensuite, par un autre mouvement de distraction, il en inclina l'orifice vers l'ouverture béante de l'écuelle.

— Vous n'avez pas de sucre, Richard?

— De la cassonade, Monsieur; pas d'autre. Le sucre raffiné est trop cher pour des colons qui commencent leur établissement.

— C'est très-bien, Richard; vous avez raison. Va donc pour de la cassonade. Cela tempère toujours la force des spiritueux. Il faut que j'en essaye avec de l'eau chaude, cette fois-ci. Prenez-en dans la marmite avec une autre écuelle. Quand le temps est froid, il est bon d'entretenir sa chaleur vitale, Richard. »

Mon ami huma son grog avec le calme et la résignation d'un philosophe, accoutumé à s'accommoder aux circonstances et qui eussent fait honneur à un stoïcien. Quand il eut vidé la moitié de l'écuelle, il fit une pause, pendant laquelle il voulut bien reconnaître « qu'après tout le rhum était une liqueur qui n'était pas à dédaigner, quand on la prenait seulement de temps en temps et avec modération. »

Cependant Sanders et Scroggs ne voyaient pas, d'un œil aussi philosophique que leur chef, le déficit toujours croissant de la bouteille, et ce ne fut pas sans témoigner de vives alarmes, qu'ils remarquèrent que le magistrat allongeait pour la troisième fois une main menaçante sur la bouteille qui était à sa portée. Le dernier de ces deux honorables agents de l'autorité, ne voyant que l'imminence du péril, et oubliant dans l'excès de ses appréhensions le profond respect dû à sa seigneurie par un de ses subalternes, ne put entièrement comprimer ses sentiments et laissa échapper une exclamation à faire trembler les vitres. « Oh! oh! s'écria-t-il. »

« Qu'est-ce qu'il y a donc? reprit le magistrat. Avez-vous fini de souper, vous autres? vous ne serez peut-être pas fâchés de prendre un verre de grog? Prenez la bouteille, et voyez un peu ce qu'il y a dedans. Eh bien! Richard, comment allez-vous nous caser?

— N'était ma femme, répondit le fermier, j'aurais pu vous offrir notre petite chambre; mais nous allons vous disposer un bon coucher ici, au coin du feu. Vous serez bien doucement sur de la laine.

— Sur de la laine. Il n'y a pas de boomahs (nom d'une espèce de kanguro dont on se sert dans la colonie pour désigner les puces). Il n'y a pas de boomahs! dit le magistrat, en se grattant d'avance à l'aspect de la laine.

— J'espère qu'il n'y en a pas trop, répondit le fermier. Mais il est inévitable d'en trouver ici, partout où il y a une maison. Ce sont les chiens, je suppose, qui nous les amènent. Heureusement nous n'en avons pas beaucoup; d'ailleurs on s'y accoutume.

— Ah! vous vous y accoutumez, dit Sanders! Eh bien! je vous en fais mon compliment. Il n'y a pas une maison de colon dans ce district, qui ne soit infectée de ces maudits insectes. Dans l'été on les voit descendre par bandes à la rivière du Charbon. Ils s'y baignent en bon ordre et reviennent en sautant, comme pourraient faire de gais bergers. Ce sont de charmantes petites créatures qui aiment la compagnie. C'est une espèce de kanguro en miniature. Je suis sûr que, si on se donnait la peine de les examiner au microscope, on leur trouverait aussi une queue et une poche à l'estomac; rien n'y manque, je le parierais. Tenez... en voici une... et encore une autre. Ce sont de vrais boomahs! Ah! mes gaillardes, vous aiguisiez déjà vos dents avec l'espérance de souper aux dépens de ma peau. Vous serez trompées dans votre attente. »

De petits craquements d'un caractère tout spécial nous annoncèrent que de nombreuses victimes tombaient sous les coups de Sanders, qui, fatigué du carnage, s'écria bientôt : « C'est à n'en pas finir. C'est une vraie colonie! j'y renonce, mordez à votre aise, mes amours. Il n'y a pas moyen de se débarrasser de vous, je le vois. Il faut souffrir ce qu'on ne peut empêcher : je m'immole!

Toute la nuit se passa au milieu de doléances du même genre. Chacun fit une guerre inutile aux bataillons qui l'assiégeaient; seulement les juremen ts et les imprécations variaient suivant le rang ou la qualité des victimes.

Aussitôt que les premiers rayons du jour commencèrent à poindre, nous fûmes sur nos jambes; et, après avoir pris un à-compte de côtelettes de mouton frites, de thé sans lait et de damper sans beurre, nous nous disposâmes à nous remettre en marche.

« Je vous remercie, Richard, dit le magistrat, de l'obligeante hospitalité que vous nous avez donnée; mais nous ne voulons pas vivre à vos dépens, et je vous prie d'offrir ce petit souvenir de ma part à votre femme. Cela l'aidera à faire bouillir la marmite. »

En même temps il lui présenta un billet de banque de quatre dollars (20 fr.).

« Non, répliqua notre hôte. Après toutes les bontés que vous avez eues pour moi, permettez-moi de ne rien accepter. Vous savez que tout ce que j'ai ici est à vous. Souffrez que je n'accepte pas d'argent pour avoir eu le plaisir de recevoir des... il allait ajouter... des amis, mais il se reprit et dit : pour avoir eu le plaisir de vous offrir l'hospitalité.

— Eh bien! Dick, repartit le magistrat, comme vous voudrez. »

Néanmoins, comme j'étais contrarié à l'idée d'avoir consommé les provisions de cette pauvre famille sans lui laisser aucune indemnité, j'insistai auprès de la maîtresse de la maison pour lui faire accepter un billet de banque de deux dollars (10 fr.). De son côté le magistrat trouva moyen de glisser dans les mêmes mains le billet de quatre dollars que Richard avait refusé; de façon que nous nous retirâmes avec la satisfaction de savoir que notre visite n'avait point été à charge à ces braves gens.

Il était tombé de la neige en abondance pendant la nuit. Il y en avait une couche de plusieurs pouces d'épaisseur sur la terre; les nuages gris et lourds en annonçaient encore. Nous recommençâmes donc notre poursuite avec une perspective peu agréable.

« Nous allons voir, Sanders, dit le magistrat, si vous êtes homme à vous tirer d'embarras. Quelle route faut-il que nous suivions? Dans quelle direction allons-nous retrouver la trace des fugitifs? La neige a tout couvert : les pas des hommes et ceux des chevaux.

— N'ayez point d'inquiétude, dit le constable; si la neige nous dérobe quelques traces, elle en rendra d'autres plus visibles; elle est plus nuisible à ceux qui cherchent à se cacher qu'à ceux qui les poursuivent. Ils ne nous échapperont pas. Je veux perdre mon billet de congé si je ne les retrouve pas, aussi sûr que Scroggs sentirait une bouteille de rhum au milieu d'un bois. »

Encouragés par une assurance aussi positive, nous nous mîmes activement en devoir de retrouver la trace perdue.

CHAPITRE XLVI.

Nous étions dans la partie la plus fertile de la Terre de Van Diémen, dans un district agricole où l'on cultive la presque totalité du froment récolté dans la colonie. La fécondité de la terre et la facilité des transports par eau rendent cette contrée singulièrement convenable pour la culture. Le sol y est d'une qualité supérieure à celle de tout le reste de l'île, et on y trouve des terres à blé qui ont donné d'abondantes récoltes pendant quinze ans de suite, sans le secours d'aucun engrais ni de la moindre irrigation; mais ce canton ne convient ni pour les moutons, ni pour le gros bétail; les francs pâturages y sont trop limités. La richesse inépuisable du fonds, les transports par eau qui offrent un si grand avantage pour le commerce des grains dans une colonie naissante, y ont fait établir en peu de temps une quantité considérable de petites fermes; le voisinage immédiat, dans lequel elles se trouvent les unes des autres, rend le pays très-peu favorable à une excursion secrète.

Dans la direction que nous suivions, nous avions ces établissements sur un de nos flancs. Il était encore bon matin, en sorte que nous ne rencontrâmes personne sur notre route. Nous ne pensâmes pas non plus qu'il fût utile de nous éloigner de notre chemin pour aller aux informations. Nous aurions prodigué notre temps, qui était très-précieux, pour un résultat fort incertain. Ajoutez encore qu'il y avait peut-être plus d'inconvénients que d'avantages à mettre des personnes indifférentes dans la confidence de nos démarches. Nous continuâmes donc notre route sans en dévier, pendant cinq à six milles (2 lieues à 2 lieues et demie). Nous avions calculé que c'était sur ce point que nous devions croiser la trace de ceux que nous poursuivions. Nous espérions l'y rencontrer; mais nous fûmes trompés dans notre attente. Ce ne fut que dans les plaines de Brighton, sur notre droite, que nous retrouvâmes leurs pas.

« Vous le voyez, Monsieur, dit Sanders, nous les tenons! Ils ne peuvent plus nous échapper maintenant; mais vous pouvez juger par le peu de profondeur des empreintes, qu'ils ont dû faire un bon emploi de leur temps cette nuit.

— La pauvre petite fille aura dû souffrir cruellement du froid pendant la nuit, dit le magistrat. C'est une atrocité d'exposer un enfant d'un âge si tendre aux intempéries de l'hiver et à toutes les rigueurs de la gelée et de la neige.

— Pauvre petite créature! s'écria Scroggs d'un ton lamentable, pauvre petite créature! Pensez-vous qu'ils ne lui aient pas encore coupé le cou? La vue de ce sang ne me quitte pas. Je me souviens, il y a longtemps de cela, c'était avant que je vinsse dans ce pays-ci, mon maître m'avait dit de tuer un mouton; mais ne voilà-t-il pas qu'il y eut méprise et que je tuai le mouton chéri de la fille de la maison. Elle arriva tout juste comme j'étais à la besogne. Ah! je n'oublierai jamais le regard qu'elle me lança. J'étais debout, avec la tête du pauvre mouton entre mes jambes et mon couteau.....

— Assez, assez, mon ami, m'écriai-je. Je crois vraiment que vous avez juré de me donner une attaque de nerfs avec votre anecdote. Brisons-là. Nous ne pouvons pas être absolument sûrs que l'enfant soit morte ou vivante; cependant la précaution que ses persécuteurs ont eue de prendre un cheval, doit nous porter à croire qu'elle vit encore. Je donnerais tout au monde pour découvrir quelque indice propre à nous tirer d'inquiétude. Ouvrez bien les yeux, Scroggs, et il y aura une bouteille de rhum pour vous, si vous parvenez à découvrir quelque chose qui mène à bien nos recherches.

— Soyez tranquille, répondit-il, je vais avoir l'œil au guet. Ce n'est pas pour le rhum, c'est pour la petite fille; d'honneur. Pauvre petite créature! je la vois toujours avec sa pauvre petite tête pendante et la gorge.....

— Encore!... dis-je vivement en l'interrompant. Allons, en avant, et voyez si vous ne découvrirez rien. Il suffit d'une heure, de quelques minutes peut-être pour la retrouver morte au lieu de la retrouver vivante. »

Mes exhortations imprimèrent au docile Scroggs un mouvement de propulsion lentement accéléré. Stimulé en partie par l'imminence du danger que courait l'enfant, qui lui inspirait, j'en suis convaincu, un sentiment sincère de commisération, et, en partie par la bouteille de rhum qu'il voyait en perspective, il jeta des regards investigateurs autour de lui et ne tarda pas à découvrir une déviation dans la trace, laissée par ceux que nous poursuivions.

« Voici quelque chose de nouveau, dit-il : ici l'homme au petit pied a tourné sur la gauche, et l'autre homme a continué sa route tout droit avec le cheval.

— C'est bien l'empreinte du petit pied, dit Sanders; il n'y a pas à s'y tromper. Il a pris sur la gauche, et il n'y a pas de trace qui indique qu'il soit revenu sur ses pas. Qu'allons-nous faire? Il y a là quelque anguille sous roche, c'est sûr.

— Allez tous trois, dit le magistrat, jusqu'à cette éminence au sommet de laquelle vous voyez ce gros arbre à gomme, et vous m'y attendrez. Je vais suivre cette trace pendant un mille environ, et ensuite, si je reconnais que la séparation des traces soit sérieuse, nous aviserons au parti que nous aurons à prendre. »

Il partit au galop et nous l'eûmes bientôt perdu de vue, derrière une petite colline; mais il rabattit sur nous, à angle droit, avant que nous eussions gagné l'arbre à gomme, et il attendit notre arrivée pour nous communiquer le résultat de son exploration.

Derrière la colline, il y avait une hutte de gardien de bestiaux, que nous n'avions pas pu voir de la place où nous étions. Là, le magistrat avait appris que, dès les premiers rayons du jour, un colon nouvellement arrivé s'était présenté à la porte de cette hutte, en demandant des vivres. Il avait ajouté qu'il avait avec lui un compagnon de voyage qui était resté à quelque distance, et que par conséquent il lui fallait des provisions pour deux.

« Il était facile de voir que c'était un nouveau débarqué, lui avait dit le gardien de troupeaux, parce qu'il portait une redingote et un gilet noirs, ce qui n'est pas un costume pour courir les bois. Il avait aussi l'imprudence de montrer son argent. »

Le gardien de troupeaux avait donné à l'étranger toutes les provisions dont il pouvait disposer : c'étaient quelques côtelettes de mouton froides, un damper presque entier et dix livres de viande crue, pour prix desquels l'étranger lui avait remis un billet de banque de quatre dollars (20 fr.). Mon ami avait demandé à voir ce billet, et, sous le prétexte du besoin qu'il avait de s'en procurer un qui portât les mêmes signatures, il avait prié le gardien de troupeaux de le lui donner en échange de plusieurs autres billets d'une somme moins forte.

« Ce billet de banque, dit le magistrat, pourra nous servir à reconnaître notre homme. »

Mon ami n'avait pas jugé convenable d'avertir l'habitant de la hutte, que nous étions à la poursuite du nouveau colon.

« Il est inutile, nous dit-il, de prendre des confidents sans nécessité. »

Comme la trace du petit pied était parfaitement marquée sur la neige, il n'avait pas eu de peine à la suivre jusqu'au moment où il nous avait rejoint.

Ces renseignements n'étaient pas complètement satisfaisants. Nous étions bien sur les traces de John Wolsey ou de John Shirley, et nous ne devions pas même être très-éloignés de lui; mais nous n'avions pas le moindre indice de la jeune fille. Le soin qu'il avait pris d'aller seul à la hutte pour se procurer des provisions, annonçait qu'il avait laissé l'enfant avec son compagnon de voyage, dans la crainte d'être plus aisément reconnu si on la voyait avec lui. Ces réflexions ranimèrent notre zèle et nous continuâmes notre poursuite avec un redoublement d'ardeur.

Nous commencions nous-mêmes à éprouver le besoin de manger; mais nous ne savions où nous adresser pour obtenir des provisions, sans éprouver un retard considérable. Il était prudent cependant de ne pas négliger de nous procurer des vivres pendant que nous étions encore à peu de distance des habitations, car la direction dans laquelle les traces nous entraînaient, tendait à nous enfoncer à chaque instant davantage dans les bois. Il semblait que les gens que nous poursuivions eussent désiré s'éloigner de la partie habitée du district qu'ils avaient été d'abord obligés de traverser.

Ces considérations ne nous faisaient point ralentir le pas. Nous laissâmes Bagdad sur notre gauche et nous continuâmes notre marche, à travers un pays très-difficile, suivant toujours la trace jusqu'à un endroit que nous estimâmes être voisin des Etangs-Verts. Midi était déjà bien loin; nous avions un appétit dévorant; mais nous ne nous relâchâmes pas pour cela de notre poursuite. Nous nous attendions à chaque minute à joindre les fuyards, lorsque la trace tourna encore tout à coup sur la gauche. Elle présentait une nouvelle séparation; mais, cette fois, c'était l'homme au grand pied, qui avait abandonné la trace principale. Nous n'en prîmes aucun souci et nous ne nous amusâmes pas à suivre ses mouvements, qui nous furent expliqués du reste, trois milles plus loin, car nous observâmes les pas d'un second cheval, en addition à la trace que nous n'avions pas quittée. Il était évident, d'après les pas des deux chevaux, et la nature de l'empreinte sur la neige, que les fugitifs s'étaient procuré un second cheval, et que Wolsey, qui n'était plus ralenti dans sa marche par son compagnon, poussait en avant avec toute la rapidité possible.

Dès que nous eûmes acquis cette certitude, le magistrat prit immédiatement son parti. Il écrivit au crayon, sur une des feuilles de son carnet, une sommation adressée à tous ceux qui savaient lire, par laquelle il requérait chacun, pour les besoins de la justice et sous sa responsabilité personnelle, de louer ou de vendre des chevaux aux constables.

« Maintenant, Sanders, dit-il, il n'y a pas un moment à perdre. Monsieur Thornley et moi nous allons poursuivre les fugitifs, à cheval, sauf à en subir toutes les conséquences. Il faut les rejoindre, à quelque prix que ce soit, ou bien nous aurions à craindre d'arriver trop tard. Ne négligez rien pour vous procurer des chevaux et pour nous suivre en toute hâte, car nous pourrions avoir besoin de votre assistance. Maintenant faites pour le mieux... Vous ne m'abandonnerez pas au dénouement, Thornley, je le suppose? mais s'il ne vous convient pas de rester plus longtemps éloigné de chez vous, je pousserai seul les choses jusqu'au bout.

— Je ne vous abandonnerai certainement pas, lui répondis-je. Si vous êtes animé par le sentiment du devoir, je le suis, moi, par l'affection.

— L'un et l'autre me stimulent également, reprit-il, et nous partîmes au galop. »

Il fallait que John Shirley fût guidé dans sa marche par quelqu'un, qui eût une connaissance parfaite du pays, car la trace traversait l'île en ligne directe, autant du moins que le permettait le soin qu'il semblait prendre d'éviter les divers établissements et les petites fermes disséminées sur sa route. Nous passâmes ainsi, toujours à sa suite, à travers un pays moins montueux que le précédent, longeant la fertile vallée des marais de la Croix, et quelques milles plus loin le beau district de Lovely-Banks. Enfin, nous arrivâmes au pied de la grande chaîne, sur une des collines de laquelle on a construit la route qui conduit à Jéricho, distant environ de quarante milles (16 lieues) d'Hobart Town. Après avoir franchi la chaîne de Spring-Hill, qui fit souffler un peu nos chevaux, nous eûmes une grande tentation de tourner à gauche pour aller dîner à Jéricho; mais des traces toutes fraîches que nous aperçûmes, soutinrent notre ardeur. Nous nous y attachâmes, à travers toute la plaine des Quatorze-Arbres, jusqu'au delà des sources du Lemon, et enfin jusqu'à Oatlands, dont les environs ont été le théâtre des principaux exploits du fameux Bush-ranger Howe.

C'est dans ce pays qu'il a consommé l'audacieuse évasion dont toute la colonie a gardé le souvenir, et qu'on raconte encore aux nouveaux arrivants, le soir, au coin du feu, en mangeant une étuvée de kanguro.

Il avait été pris, et on le conduisait les bras liés derrière le dos. Un soldat, le fusil chargé, marchait devant lui; un autre marchait derrière. Par un moyen que l'on n'a jamais connu, il était parvenu à conserver sur lui, un couteau avec lequel il coupa, sans qu'on s'en aperçût, les liens qui le retenaient. Puis, saisissant l'occasion favorable, au moment où il tournait la saillie d'une haute colline et où le soldat, qui marchait derrière, l'avait un instant perdu de vue, il s'élança sur le soldat qui était en avant, lui porta plusieurs coups de couteau dans le dos et le terrassa. Aussitôt, s'emparant du fusil du mort, il fait feu sur le soldat qui le suivait par derrière et qui se hâtait d'accourir, et l'étend sur la place. A la suite de ce double assassinat, il regagna les bois.

Pour nous, nous ne rencontrâmes pas un être vivant. Nous continuâmes à cheminer sans parvenir à rejoindre l'homme à la redingote noire et sa jeune victime. Nous traversâmes le val d'Albany, la passe de Saint-Pierre, avec des yeux attentifs et un appétit de chacal. Nous trouvâmes jusqu'aux environs des marais des Antilles un beau pays, bien uni et parsemé seulement d'un petit nombre d'arbres. Là, nous commençâmes à nous apercevoir que nos chevaux étaient excédés de fatigue. Mais les traces paraissaient plus récentes et plus fraîches à chaque pas que nous faisions. On eût dit que nous allions atteindre les fugitifs. Nous nous décidâmes à faire encore un effort et nous gagnâmes en peu de temps les plaines de Salt-Pan. Dans une autre circonstance, nous aurions pris notre temps pour admirer la vue magnifique que présentent ces plaines immenses, au milieu desquelles l'œil peut parcourir plusieurs milles sans être arrêté par aucun objet. Dans une île où le bois abonde et où il est même un des plus sérieux obstacles qui s'oppose à la culture des terres, l'aspect d'un pays spacieux et sans arbres ne manque jamais d'inspirer un sentiment agréable. C'est un spectacle plein de charme pour un colon de la Terre de Van Diémen. Nous ne laissâmes pas respirer nos chevaux un seul instant pour admirer le soleil qui se couchait derrière les hautes montagnes que nous avions à gauche : ses derniers feux répandaient sur leurs sommets, couverts de nuages, les teintes brillantes d'une lumière calme et pure.

A l'est de ces plaines sont les vastes marais salins, où les colons des environs viennent, en été, recueillir leur provision de sel, qu'ils obtiennent par des évaporations faites au soleil. En face nous avions la superbe montagne de Ben-Lomond. Malgré l'obscurité qui commençait à nous envelopper, nous pouvions distinguer encore ses formes hardies accusées par la neige dont ses sommets altiers étaient couverts.

« Encore un effort, dit le magistrat, et ils sont à nous! »

Mais nos chevaux étaient, comme nous-mêmes, exténués de fatigue et de faim. Nous mîmes pied à terre, nous ôtâmes leurs selles et nous les bouchonnâmes avec nos mouchoirs de poche.

— Ne laissons pas nos chevaux s'engourdir, me dit mon ami, tant qu'ils seront échauffés, ils iront; mais si le froid les prend, ils ne seront plus en état de mettre un pied devant l'autre. Allons, un dernier effort! »

Malheureusement, nos chevaux, bien que d'une excellente nature et tout accoutumés qu'ils étaient, comme la plupart des chevaux de l'île, à faire des courses d'une longueur prodigieuse presque sans manger, nous donnèrent à la fin des signes évidents d'épuisement. Il fallut donc nous résigner à tourner à gauche du côté du front de Blackman, auprès duquel nous savions que nous trouverions la table et le couvert.

Poussés par cet instinct que j'ai souvent observé chez les animaux, nos chevaux, malgré leur fatigue, dressèrent leurs oreilles, aussitôt que nous eûmes tourné bride dans la direction de l'auberge. Ils manifestèrent leur satisfaction par le bruit de leurs naseaux, leurs forces semblèrent renaître et ils nous portèrent grand train jusqu'à l'endroit où nous devions nous reposer. Notre premier soin fut de les voir bien pansés. Nous leur fîmes donner une bonne ration de criblures, et nous leur laissâmes tirer un peu de paille d'orge dans laquelle il restait du grain, jusqu'à ce qu'ils se fussent remis de l'excitation du voyage. Ensuite nous fîmes mettre de l'orge en épi dans de l'eau bouillante, car il n'était pas possible alors de se procurer d'avoine; nous mêlâmes l'orge avec des criblures et nous eûmes l'attention de ne leur donner ce mélange qu'en petites quantités à la fois. Nous veillâmes aussi à ce qu'ils fussent bien bouchonnés, particulièrement aux jambes et aux jarrets : un bon pansement fait autant de bien que le boire et le manger pour un cheval fatigué.

« Voilà qui est propre à les remettre sur pied, dit l'aubergiste, qui avait été tisserand en Angleterre et qui était devenu éleveur de chevaux dans la Terre de Van Diémen. Ces bêtes paraissent d'une bonne nature, mais leur robe est tachetée par la sueur comme une étoffe de soie brochée quand on en regarde le reflet. Peut-on savoir d'où vous venez, Messieurs?

— Nous venons d'assez loin; mais nous avons été vite. C'est ce qui a mis nos chevaux hors d'haleine. Je ne me souciais pas de dire à notre hôte que nous eussions fait soixante-dix milles (28 lieues) sans débrider, quoique je fusse bien tenté de m'en vanter pour l'honneur des chevaux de la colonie.

Après avoir vu poser un cataplasme rafraîchissant sur les pieds de nos chevaux et nous être mis l'esprit en repos sur tout ce qui les concernait, nous entrâmes dans la salle de l'hôtel commune à tous les voyageurs.

Il est à peu près inutile de dire que pendant que nous nous occupions de nos chevaux, on préparait pour nous, dans la cuisine de l'hôtel, le repas ordinaire de la colonie, les éternelles côtelettes de mouton, auxquelles on joignit une soupe à la queue de kanguro et ce qui était un objet de luxe peu commun, des crêpes dans lesquelles il y avait des œufs! Une bouteille de bière de Barclay, première qualité, ajouta un attrait nouveau à notre souper. Enfin, grâce à d'excellente eau-de-vie, nous nous trouvâmes bientôt dans l'état le plus satisfaisant.

Nous discutions sur les avantages d'un second verre, quand le bruit des pas d'un cheval, qui s'arrêta à la porte de notre auberge, et l'agitation, qui a lieu habituellement à l'arrivée d'un voyageur, nous annoncèrent la présence d'un nouveau venu. L'auberge qui avait été bâtie à l'entreprise, en planches aussi minces que des feuilles de papier, ne renfermait qu'une seule pièce destinée à la réception commune des voyageurs; notre hôte y introduisit le nouvel arrivant, quoique nous y fussions déjà installés. Celui-ci entra sans autre cérémonie et secoua l'épaisse couche de neige qui couvrait son ample redingote en s'écriant : « Garçon !... garçon !... J'espère, Messieurs, que je ne vous gêne pas ?... Garçon !... hôte !... chef !... y a-t-il quelque chose à manger à la maison ? j'en ai grand besoin, le diable m'emporte ! c'est-à-dire Dieu me bénisse ! Je viens de faire une fameuse trotte sur cette vieille frégate démâtée, que le diable emporte ! c'est-à-dire que le bon Dieu bénisse ! La pauvre bête a les quatre membres ankilosés. Elle allait du train d'un bâtiment norwégien chargé de bois jusqu'à fleur d'eau. Il y a je ne sais combien de temps que je suis dessus, et le froid m'a tellement aiguisé l'appétit, que je crois que je mangerais un payeur, quelque durs à cuire que soient ces gaillards-là ! »

L'étranger, que j'avais regardé avec quelque curiosité quand il avait commencé à donner cours à ses exclamations nautiques, était un marin, à en juger du moins par son habit et par son langage ; mais comme j'avais eu moi-même tout récemment la prétention de m'arroger cette qualité, je ne me sentais pas disposé à la reconnaître chez le nouveau venu, sans un examen plus approfondi.

« C'est fort bien, dis-je en moi-même, d'appeler un cheval une vieille frégate démâtée et de parler de tribord et de bâbord ; mais tout cela ne dit pas que cet original-là soit un vrai marin ? »

Je lançai au magistrat un regard qui lui dévoila toute ma pensée. Je vis à un mouvement d'œil, par lequel il me répondit, qu'il avait formé les mêmes conjectures que moi, et de ce moment nous nous entendîmes pour tâter notre nouvelle connaissance.

« Vous ne paraissez pas enchanté de votre voyage, Monsieur ? lui dit mon ami.

— Enchanté !... Il n'y a, parbleu ! rien de bien enchanteur à avoir entre les jambes, par un temps de neige surtout, une vieille brute pareille à celle que je montais !... Je croyais qu'il ne neigeait jamais dans ce pays-ci ?

— Quelquefois, lui répondis-je ; mais c'est rare, et la neige ne reste jamais bien longtemps sur la terre. On dirait, Monsieur, que vous avez un plumage de cygne.

— C'est bien cela, comme vous dites. Mais je vous assure que la neige est un lit de plumes que je n'aime pas trop. J'ai chaviré trois fois, depuis ma dernière relâche aux marais des Antilles, comme je crois qu'on appelle la place, car on a adopté les noms les plus bizarres dans ce pays-ci... Ah ! heureusement, voici mon souper. Des côtelettes de mouton, sans doute ? Je veux que le diable m'emporte, non... que Dieu me bénisse ! si j'ai mangé autre chose que des côtelettes de mouton, depuis que je suis dans ce pays-ci. Il faut que les moutons de la Terre de Van Diémen ne soient faits que de côtelettes, depuis la tête jusqu'à la queue !

— Voici de plus une soupe à la queue de kanguro, ajouta l'hôte.

— Une soupe à la queue de kanguro ? Encore ! Dieu sait si j'ai entendu parler d'autre chose que de soupe à la queue de kanguro depuis que je suis arrivé à Launceston. Ils m'en ont donné soir et matin ; c'était un mets de fondation. Si je les avais laissé faire, je crois que j'aurais fini par dégénérer en kanguro. Je commençais déjà à me sentir pousser une queue et à faire de terribles bonds. Le diable m'em...

— Qu'y a-t-il donc ? dis-je à notre facétieux interlocuteur qui s'était arrêté tout à coup avec le couteau et la fourchette en l'air, comme s'il eût été saisi d'une attaque de catalepsie.

Je courus à son secours, mais m'arrêtant de la main dont il tenait sa fourchette :

— N'ayez pas d'inquiétude, dit-il, je compte jusqu'à vingt.

— Vous comptez jusqu'à vingt ! et à quel propos, je vous prie ?

— C'est, voyez-vous, parce que ma femme m'a fait promettre, quand je serais pour jurer, de m'arrêter tout court et de compter jusqu'à vingt. Ainsi fais-je, excepté quand il y a quelque coup de vent ou quelque chose comme cela. On n'a pas le temps alors... Je poursuis donc : Que Dieu me bénisse! Car, comme le remarque très-bien ma femme, puisque j'éprouve le besoin de dire quelque chose pour me soulager, il vaut mieux dire une bonne parole qu'une mauvaise. Ah! ah! c'est une femme de bon conseil. Il n'est rien de tel, voyez-vous, que d'avoir une compagne dans le voyage de la vie ! Elle a pourtant failli me perdre, il n'y a pas longtemps. J'ai essuyé un terrible coup de vent précisément avant d'arriver ici. J'avais beau me tenir aux rênes, ça ne servait à rien ; j'ai été emporté.

— Vous n'avez pas l'habitude du cheval, à ce que je suppose ? lui dit mon ami.

— L'habitude du cheval ! non, certes, je ne l'ai pas et je ne l'aurai jamais. Il y a dix jours que je me suis mis en route pour voir l'intérieur de ce pays ; cela a bien été tant que je me suis confié à mes jambes, quoiqu'il ne soit pas si agréable de voyager sur terre que sur mer. Il n'y a pas là de mouvement pour vous tenir en équilibre. Enfin j'étais à Jéricho... En voilà un nom de baptême bien choisi pour une ville !... J'étais donc à Jéricho, quand une lettre du capitaine est venue m'enjoindre de virer de bord et de retourner à pleines voiles. C'est pour arriver plutôt que j'ai loué cette malheureuse rosse que quelqu'un avait besoin de renvoyer à Launceston.

— Et cela vous a permis d'aller un peu plus vite ?

— Dites donc plus lentement de quatre nœuds au moins. Je n'ai jamais été pris à pareil piége ! Il n'était pas du tout facile de gouverner, tant la gabarre était lourde et mauvaise voilière. Vous n'auriez pas fait mieux à ma place. L'infernale bête était insensible au gouvernail ; en sorte que, perdu dans les cordages qui étaient à l'arrière au lieu d'être à l'avant, j'ai fini par lui empoigner la queue. L'animal s'est arrêté et a levé l'arrière ; mais j'ai si bien attaché sa queue à mes bras, de tribord et de bâbord, que j'ai fini par le contraindre à aller à droite ou à gauche suivant les besoins de la marche. Je m'efforçais toujours de lui faire tenir le milieu de la route pour profiter de la marée ; mais la malicieuse bête se portait toujours sur la droite, comme si elle eût été entraînée par le remous. C'était, d'honneur, un spectacle curieux à voir. Enfin me voilà au port, sain et sauf.

— Tribord, bâbord, avant, arrière, virer de bord ! tout cela est bel et bon, me dis-je tout bas, mais cela ne prouve rien. Puis élevant la voix : Et quelles circonstances, Monsieur, vous ont déterminé à monter la vieille frégate démâtée qui vous a causé tant d'embarras ?

— Et vous, me dit-il, en me regardant d'un œil scrutateur et en s'interrompant au moment où il allait boire un verre de grog, et vous, camarade, répéta-t-il avec une grimace d'incrédulité non équivoque, pourriez-vous me dire à quel bâtiment vous appartenez ?

— Moi !...

— Oui. Veillez à vos agrès !... Ah! je vois ce que c'est, ajouta-t-il en plaçant son doigt contre son nez ; nous naviguons sous un faux pavillon, nous avons besoin de tromper l'ennemi... Après tout, une veste bleue vaut mieux qu'une veste jaune... Eh !... eh !...

— Pour qui me prenez-vous? lui répondis-je.

— Pour tout ce que vous voudrez, excepté pour un marin. Mais, n'ayez point d'inquiétude, je ne jase jamais. Ce ne sont pas mes affaires! Je souhaite que vous vous tiriez de là, et que vous ayiez une meilleure chance une autre fois! Voilà tout ce que je puis vous dire.

— Voilà les cartes singulièrement tournées contre moi, me dis-je. »

Dans la précipitation de mon départ d'Hobart Town, j'avais gardé, en effet, le costume de marin que j'avais pris pour me déguiser. Seulement, j'avais substitué mon castor noir au petit chapeau goudronné, en sorte que je me voyais exposé moi-même aux soupçons que j'avais conçus trop légèrement sur ma nouvelle connaissance. La situation était piquante, surtout à cause de l'obstination du véritable marin à me prendre pour un prisonnier déguisé qui cherchait à se dérober aux poursuites de la justice.

« Voudriez-vous bien m'apprendre à quels signes vous jugez que je ne suis pas marin?

— A quels signes? Ah! grand Dieu! Vous croyez qu'un marin n'en reconnaît pas de suite un autre, et qu'il ne sait pas distinguer au premier abord un habitant de la terre ferme d'une jaquette bleue? Avez-vous jamais vu un matelot s'appuyer le dos contre sa chaise et croiser les jambes comme vous le faites là? Il ne tarderait pas à n'avoir plus le pied marin. Au reste, ne vous tourmentez pas ; je suis discret comme un poisson. Un enfant du Yorkshire voit à travers une planche d'un pouce d'épaisseur, mais il ne dit jamais ce qu'il y a derrière!

— Vous êtes du Yorkshire? répliquai-je vivement; et de quelle partie?

— De Whitby; c'est-à-dire que j'ai été quelque temps en service à Whitby; mais je suis né sur les terres de sir Shirley, près de Limedale, à côté de l'abbaye du Héron. Tout le monde connaît cela dans le Yorkshire. Mon père était fermier de sir Shirley; mais, moi, je suis allé à la mer presque dès mon enfance.

— Alors, vous connaissez sir Shirley?

— Certainement! Sir William Shirley? C'est-à-dire que je l'ai connu; car il est mort, maintenant.

— Y a-t-il longtemps?

— Deux ans, à peu près.

— Avait-il des enfants?

— Non, il n'avait pas d'enfants; mais il avait deux frères.

— Que sont-ils devenus?

— L'aîné, Georges, a quitté le pays, il y a déjà bien longtemps. Personne n'a jamais su où il était allé. C'était un terrible mauvais sujet dans sa jeunesse. Quant au plus jeune, John, il est encore à l'abbaye. Comme on ne sait ce qu'est devenu Georges, c'est à John que reviennent tous les biens.

— Sont-ils considérables? ajoutai-je.

— Je ne les connais pas bien; mais on dit que c'est un des plus beaux apanages du **comté.**

— Sir Will'am a-t-il laissé un testament? demanda le magistrat.

— On a parlé de testament, mais on n'a jamais su au juste ce qui en était. Les uns disaient que Georges était mort déjà depuis bien des années; les autres prétendent qu'il y avait du mystère dans tout cela. »

En écoutant ces précieux renseignements qui nous arrivaient d'une manière si étrange et si inattendue, j'avais échangé plus d'un regard d'intelligence avec mon ami, le magistrat. Nous ne jugeâmes pas à propos, néanmoins, de faire part à notre nouvelle connaissance du vif intérêt que nous prenions à ses révélations. Nous saisîmes le prétexte d'aller voir si nos chevaux avaient une bonne litière pour la nuit, afin de quitter un instant la salle, et de causer ensemble en gagnant l'écurie.

« Pensez-vous que nous pourrons tirer parti de notre nouvelle connaissance? lui dis-je.

— Je ne vois pas ce que nous en pourrions faire à présent, me répondit-il. Il nous embarrasserait plus qu'il ne nous serait utile. Mais nous verrons quand nous serons arrivés à Launceston, et alors nous agirons suivant les circonstances. »

La neige couvrait la terre; elle avait deux ou trois pouces d'épaisseur; mais le ciel était clair et brillant. Nous regrettions vivement le temps que nous étions obligés de perdre. L'obscurité de la nuit, qui favorise celui qui se sauve, est, au contraire, une barrière insurmontable pour celui qui poursuit, dans un pays où l'on n'a pour se guider, que l'empreinte des pas que les fugitifs laissent derrière eux. Il fallut donc nous résigner à ce retard. D'ailleurs, nos chevaux n'auraient pas été en état de continuer leur route avant le lendemain matin. Nous souhaitâmes une bonne nuit à notre nouvelle connaissance, qui resta à savourer un énorme verre de grog en tête-à-tête avec le maître de l'hôtel, dont il avait réclamé le concours. Pour nous, nous allâmes nous coucher, après avoir pris toutes les dispositions nécessaires pour continuer notre voyage le lendemain matin, aux premières lueurs de l'aube.

Mais des événements que nous n'avions pas prévus ne tardèrent pas à interrompre le repos dont nous avions un si grand besoin. Un peu après minuit, nous fûmes réveillés par de vigoureux coups appliqués contre la porte de l'auberge avec la poignée d'un fouet, et au même instant nous entendîmes au dehors la voix d'un voyageur qui demandait à entrer.

CHAPITRE XLVII.

« Il n'y a pas besoin de défoncer la porte avec votre marteau! s'écria, dans l'intérieur, une voix que nous reconnûmes pour celle du maître de l'hôtel. On donne au moins aux gens le temps de mettre leurs habits. Qui êtes-vous et que demandez-vous à pareille heure?

— Qui je suis et ce que je demande? Il est bon là, avec ses questions! Tu ne reconnais pas la voix de Charley Chaffem?

— Le jockey de la baie des Sables! Par saint Georges! voilà une surprise! Qui est-ce qui t'amène ici, de l'autre côté de l'île, et par un temps de neige comme celui-ci, encore ?

— Parbleu ! c'est mon cheval qui m'amène... ou plutôt ce sont deux chevaux qui me font voyager : un qui me porte, et l'autre qu'on m'emporte. Tu ne comprends pas cette énigme-là, maître Jemm ?

— Enfin, d'où viens-tu ?

— J'ai quitté la rivière du Charbon ce matin. Ce n'est pas mal, n'est-ce pas ? Un gentleman, qui était sans doute pressé, m'a emprunté mon cheval bai sans m'en prévenir. Quand j'ai vu, hier, au soir, que la bête ne revenait pas pour manger son grain, j'ai soupçonné qu'il y avait quelque chose qui n'était pas dans l'ordre ; mais il n'y avait rien à faire avant le point du jour. Je me suis mis alors sur les traces de mon voleur, à travers champs ! Il faut qu'il y en ait deux autres avec lui, car j'ai trouvé les pas de trois chevaux, et ensuite de quatre. Ils sont probablement une troupe ! Quand la nuit est venue, j'ai pris la grande route, et me voilà ! Mais sais-tu bien que cela ne m'amuse pas de rester là à causer ! Ouvre donc la porte et dépêche-toi ! Il me tarde d'être à couvert et de prendre ma part de n'importe quoi ! »

Convaincu que l'arrivée du propriétaire du cheval volé amènerait nécessairement quelques explications, je pensai qu'il valait mieux couler de suite cette affaire à fond. Je me levai donc, et je rentrai dans la salle des voyageurs, sur laquelle donnait ma chambre à coucher. Pendant ce temps-là, le vigilant Charley Chaffem avait déjà visité l'écurie, et examiné, comme je l'avais prévu, le cheval du magistrat et le mien, qui reposaient confortablement sur une épaisse litière.

« Mon voleur ne doit pas être loin, dit-il au maître de l'hôtel en continuant une conversation qui avait dû commencer dans l'écurie, car tu as deux de ses acolytes paisiblement logés dans ta maison. J'ai reconnu cela aux fers de leurs chevaux. Ce sont des fers forgés par Nick-Naylor, rue des Grenouilles, à Hobart Town. Il n'y a pas à se tromper à ces fers-là, quand ils sont neufs. Je les ai suivis toute la route, et je les reconnaîtrais entre cent ! Ce pays-ci est commode pour les voleurs de chevaux. Mais je ferai danser ces gueux-là au bout d'une corde, ou bien il n'y aurait pas de justice dans la colonie !

— Voici un joli compliment pour mon ami et pour moi ! me dis-je tout bas. Mon cher monsieur, repris-je à haute voix, je suis propriétaire d'un des deux chevaux que vous venez de voir, et l'autre est à mon ami. J'ai entendu sans le vouloir ce que vous avez dit en entrant ici ; mais je vous assure que vous vous êtes mépris, et qu'il me serait très-facile de vous détromper, si j'avais la liberté de le faire.

— Vous n'avez qu'à l'écouter ! s'écria notre homme de la veille au soir, qui s'était levé d'un sofa sur lequel il était couché, avec la prestesse habituelle aux marins. Vous n'avez qu'à l'écouter ! Il était marin hier au soir, et maintenant le voilà jouant de la langue comme un avocat ! Allons ! mon ami, ajouta-t-il en s'adressant à moi, ne poussons pas les choses plus loin. Vous voilà battu ! C'est malheureux ! Mais il ne faut pas que les marins se mêlent de chevaux. Ça ne leur porte pas bonheur quand ils veulent singer la cavalerie !

— Le diable s'en mêle ! pensai-je en moi-même. Si je n'y prends garde, je vais tomber encore dans quelque nouvelle mésaventure. En deux mots, lui dis-je en élevant la voix, le fait est que je ne sais pas plus que vous où est votre cheval, et que je l'ai suivi comme vous pendant toute la journée.

— En deux mots, repartit le jockey avec aigreur, vous aurez à répondre de votre conduite devant le magistrat, et je suppose, mon cher, qu'il n'en aura pas pour bien longtemps à régler votre compte. »

En même temps il inclina la tête sur l'oreille gauche d'une manière tout à fait significative.

« Qu'y a-t-il donc? dit le magistrat, qui entra dans le moment avec un foulard autour de la tête et la couverture de son lit, drapée en guise de robe de chambre. Qu'y a-t-il, Charley? Qui vous amène ici?

— Bravo! s'écria Charley. Voilà précisément le magistrat de la Clyde. Vous allez être couché sur son registre; il n'y aura pas de méprise. Vous avez beau rire! Vous n'allez pas tarder à rire jaune. J'accuse ce fripon-là d'avoir volé mon cheval, et je demande qu'il soit arrêté!

— Qui? mon ami Thornley? Ah! ça, Charley, vous avez quelque chose de dérangé dans le cerveau! Oh! je vois ce que c'est! C'est votre cheval que ces scélérats ont volé la nuit dernière. Je dis bien, la nuit dernière; car il doit être deux heures du matin, maintenant. Nous leur avons donné une terrible chasse, hier, toute la journée!

— En vérité! dit le jockey, stupéfait de ce qu'il venait d'entendre. Mais, alors, quel était l'autre escroc?... Excusez-moi, monsieur Thornley!... Il est donc vrai que vous avez poursuivi pendant toute la journée le misérable qui a enlevé mon cheval? Cela explique tout. Mais il vous aurait autant servi de courir après le vent que de courir après Roderick, si le brigand est capable de le conduire, toutefois! Je crois que le magistrat sait qu'il n'y a pas, dans toute la colonie, un cheval aussi vif et qui ait plus de fond!

— Voilà le mot de l'énigme! dit mon ami. Je ne m'étonne plus que nous n'ayons pas pu rejoindre les fugitifs; nous poursuivions le premier cheval de course de la baie des Sables; mais, grâce à votre secours, Charley, j'espère que nous viendrons à bout de le joindre. Connaissez-vous ce côté-ci de l'île?

— Il n'y a pas un pouce carré de tous les lieux où des moutons puissent paître et où des chevaux puissent marcher que je ne connaisse dans la colonie. Je parierais qu'il n'y a pas un défilé, pas un gué dans le pays où puisse tenir un pied d'homme, que je ne connaisse. J'ai mes raisons pour cela! Mais que faut-il faire? Maintenant que me voilà avec vous, je n'ai plus d'inquiétude. Si vous prenez l'affaire en main, je suis sûr de m'en bien tirer.

— Pouvons-nous gagner du terrain cette nuit, Charley? Qu'en pensez-vous?

— Il ne sert absolument à rien d'essayer de suivre une trace pendant la nuit. Il vaut mieux se mettre dessus le matin, quand elle est fraîche.

— Je suis de votre avis. Il est à présent deux heures et demie. A quelle heure pensez-vous qu'il fera assez jour pour commencer à suivre la trace?

— Pas avant six heures, dit le maître de l'hôtel, après déjeuner. Mais, à cette heure-ci, ce n'est vraiment pas la peine de vous remettre au lit. Je vais préparer un petit souper pour tout le monde. J'ai de l'eau-de-vie parfaite, du rhum, une bouteille de Barclay; vous pourrez passer une heure ou deux agréablement avant de partir.

— Eh bien ! soit, dit le magistrat. Cela nous permettra d'ailleurs de causer tranquillement de notre affaire. Il nous faudra une demi-heure d'un bon trot pour regagner l'endroit où nous avons abandonné la trace hier au soir. Ainsi, nous partirons à cinq heures, pour profiter des premiers rayons du jour. »

A ces mots, nous nous assîmes tous ensemble autour de la table, et nous agitâmes la question de savoir si les fugitifs passeraient la rivière de Macquarie sur le pont, ou s'il y avait plus de probabilité à ce qu'ils prissent un gué praticable qui se trouvait à douze milles (cinq lieues) au-dessous de la source de la rivière.

« Comptez, dit le jockey, que Roderick, c'est le nom de mon cheval, ajouta-t-il en s'adressant à moi, traverserait la rivière de Macquarie à la nage avec la même facilité qu'il irait d'ici à l'écurie. Il n'y a pas de lieu dans la nature où il ne puisse conduire celui qu'il porte, ni d'obstacle qu'il ne soit capable de franchir !

— J'ai de bonnes raisons pour croire qu'ils ne seront pas tentés de passer la rivière de Macquarie à la nage, dit le magistrat. Ainsi ce que nous devons faire, c'est de nous diriger sur le gué, si la trace ne nous conduit pas bien évidemment vers le pont. Mais je pense qu'ils ne peuvent pas nous échapper, maintenant, surtout si vous nous aidez, Charley.

— Vous connaissez donc mon voleur ? dit le Jockey.

— Nous croyons le connaître, mais nous n'en sommes pas sûrs. Nous pensons que son but doit être de traverser le pays pour se rendre le plus vite possible à Launceston.

— En ce cas-là c'est qu'il a l'intention, dit le marin, de s'embarquer sur le Jupiter, qui doit faire voile demain matin. Le capitaine me l'a écrit et c'est à cause de cela qu'il m'avertit de revenir en si grande hâte. Si vous vous connaissez si bien en chevaux, l'ami, poursuivit-il, en se tournant vers le jockey, vous devriez bien me dire comment je dois m'y prendre pour faire marcher mon cheval. Car je veux être pendu si je puis en tirer le moindre parti. Il se gouverne on ne peut pas plus mal. Je défie la main la plus habile à la manœuvre de trouver le cordage qui est propre à lui faire tenir le vent. Il vire, tantôt à droite, tantôt à gauche. Si on l'abandonne à lui-même, il reste en place, la tête entre les jambes, toutes les voiles en panne, de façon qu'il s'en va à la dérive. Je ne sais vraiment pas comment je parviendrai jamais à gagner Launceston avec cet animal-là.

— Je vous enseignerai comment il faut le conduire, dit le jockey. Je le connais d'ancienne date. C'est un cheval de Sidney. Il n'a pas moins de vingt ans ; il est rusé comme un renard. Il sort d'une jument que Maccarthy avait élevée à Paramatta. C'est le capitaine Firebrace qui l'a amené à Hobart Town. Parker le lui a acheté. Il est passé ensuite dans les mains de Weston, qui l'a vendu à Bullfield ; mais personne n'a jamais pu rien en faire. Alors Bullfield l'a troqué avec Spring contre trente brebis pleines. Il croyait avoir refait Spring ; mais c'est le chien enragé qui a été mordu. Les brebis étaient hors d'âge, il ne leur restait pas une dent dans la bouche et il n'a pas vu la queue d'un agneau. Alors Spring l'a échangé contre une paire de bœufs de travail. C'étaient de jeunes bêtes qui n'avaient jamais porté le joug avant le jour du troc ; elles se sont sauvées dès le lendemain, dans les bois : on suppose qu'elles sont au-delà des lacs, sur la côte occidentale. Quelles autres mains le vieux Slyboots a-t-il faites depuis ce temps là? C'est ce que j'ignore ; mais je vais vous dire la manière de vous y prendre pour en venir à bout. »

La postérité a été frustrée pour cette fois de la recette que possédait le jockey pour faire marcher un cheval vicieux. Le bruit, occasionné par des pas redoublés de chevaux qui s'approchaient avec rapidité, attira tout à coup son attention. Une demi-minute après deux cavaliers mettaient pied à terre, à la porte de l'auberge. Le jockey reconnut aussitôt en eux le pénétrant Sanders et le flegmatique Scroggs.

— Ah ! c'est vous, Sanders, dit le jockey ! Venez-vous vous mettre de la partie, farceur?... Eh ! c'est Scroggs ! Qu'est-ce qui vous amène de si loin, mon vieux?

— Nous sommes en expédition secrète, dit Sanders, en entrant dans la maison et en prenant tout à coup un air aussi important que le lui permettait sa face enluminée et son nez violet. Je vois avec plaisir, ajouta-t-il en apercevant le magistrat et en ôtant son chapeau, que le hasard nous a bien conduits. Nous avons eu le bonheur de nous procurer des chevaux, comme vous voyez, et d'assez bons, vraiment.

— Oui, ma foi, ils ne sont pas mauvais, s'écria le jockey. Le rouan est le meilleur cheval qui ait jamais mis un pied devant l'autre. M. Fallowfield des Marais-Verts en a donné soixante livres sterling (quinze cents francs), et c'était vraiment bon marché. Le cheval blanc de Scroggs a été un bon cheval de course dans son temps. J'en ai vu offrir, il y a huit ans, cent vingt livres sterling (3,000 fr.) argent comptant : à présent il commence à vieillir. Le jeune Oakley voulait le troquer, l'automne dernier, contre une paire de bœufs et une vache pleine, qui ne valaient pas moins de quarante livres (mille francs). C'est un cheval qui a encore douze ans de service devant lui. Faites leur donner une ration de criblures, cela vaut mieux. Il ne faut pas forcer sur la nourriture en commençant. Pour que le grain profite aux chevaux, il faut qu'ils aient repris leurs sens quand ils le mangent.

— Hâtez-vous de prendre toutes vos dispositions, dit le magistrat, car voilà trois heures et nous partirons à cinq.

— Si vous poussez trop un cheval, dit le jockey, comment voulez-vous qu'il soit en état de vous seconder dans un moment critique? Ah! si j'étais en selle sur Roderick, il n'y aurait pas de cheval devant moi que je n'eusse bientôt laissé derrière. »

Nous partîmes à cinq heures précises. Le jockey ouvrait la marche. Le marin qui devait suivre aussi la grande route, ou comme il le disait, suivre le courant, voulut partir en même temps que nous. Mais nous étions trop pressés pour attendre qu'il eût accompli la tâche difficile de mettre à flot sa vieille frégate.

Nous le laissâmes donc un pied dans l'étrier et sautant de l'autre jambe, en suivant tous les mouvements de son malicieux coursier, qui tournait perpétuellement sur lui-même pour l'empêcher de monter. Aussi les derniers mots que nous entendîmes proférer par le marin furieux furent-ils : « Que le diable... Non, que le bon Dieu... Ah! ma foi non... je ne m'en dédis pas; cette fois, que le diable l'emporte! »

« Ne les avez-vous pas suivis hier, dit le jockey, après que nous eûmes fait environ quatre mille (une lieue et demie) jusqu'à la vallée qui est au pied de ces collines en pain de sucre, entre deux rangées de mimosas? Nous devons être très-près de l'endroit où vous avez tourné. Mettons-nous au pas, s'il vous plaît ; il est inutile de faire plus de route qu'il ne faut. C'était ici près?... vous avez raison, voici vos traces. Tenez voici la trace du cheval de M. Thornley; quand il trotte, il jette la jambe montoir de devant, un peu plus de côté que la jambe hors montoir. Voici la trace de Roderick! voyez quels pas! Vous ne trouverez pas un cheval sur cent qui en ait un pareil. Voyez-vous l'empreinte de ce fer de raccroc que j'ai été obligé de lui mettre à défaut d'un autre. Pauvre bête! J'espère qu'il n'y a pas d'homme au monde assez stupide pour le faire galoper avec un fer de cette espèce. Vous voyez qu'il n'aime pas cette chaussure-là, car c'est à peine s'il pose le pied qui la porte. Un autre ne verrait pas ces choses-là, mais, moi! je la connais si bien, la pauvre bête! Maintenant, Messieurs, si vous êtes d'humeur à marcher, je vous engage à vous mettre sur la trace de Roderick. Voilà un joli pays pour lancer une meute de lévriers! Un cheval peut faire un beau temps de galop dans les plaines de Salt-Pan. On a là vingt milles (huit lieues) devant soi, sans rencontrer le moindre obstacle. »

La trace nous conduisit alors du côté du pont de Blackman.

— Oh! oh! dit le jockey, je vois que mon voleur n'aime pas l'eau. Il préfère passer le pont. Je commence à croire que nous le rejoindrons. »

Mais, contrairement à nos conjectures, la trace tourna sur la gauche et nous conduisit au bout de quelques milles à une hutte en ruines, où les fugitifs devaient avoir passé la nuit. Le sol encore brûlant portait les traces d'un feu récemment allumé.

« Les oiseaux sont envolés, dit Chaffem; mais le nid est encore chaud. Ils ne doivent pas être loin. Nos fripons sont déjà partis et Roderick n'est pas cheval à perdre du terrain. »

Nous abandonnâmes la hutte et nous suivîmes la trace dans la direction du pont de Ross sur la rivière de Macquarie. Les fugitifs s'étaient départis, en cet endroit, de la prudence qu'ils avaient eue jusque-là de ne pas suivre la grande route. Ils l'avaient traversée à un demi-mille du pont à peu près, et avaient fait un détour à droite.

— Ils ne paraissent pas se soucier de passer le pont, dit le constable. Si c'est à Launceston qu'ils veulent aller, il faut qu'ils traversent la rivière à la nage ou qu'ils passent un gué. Il y en a un, un peu au-dessous de la source; mais il y a loin d'ici. Le connaissez-vous, Charley?

— Certainement et je l'ai passé plus d'une fois. Roderick le connaît aussi; mais ils ne feront jamais un semblable détour. Ils passeront l'eau quand ils seront arrivés au coude que fait la rivière. »

Le jockey se trompa dans ses conjectures, car la trace continuait au-delà du coude, jusqu'à un demi-mille du gué, à peu près, dans un endroit où il y avait un bouquet de mimosas, qui s'élevait isolé dans la plaine, et qui était à peu de distance d'une forêt fort épaisse. Il était évident que les fugitifs avaient fait là une halte. La neige était battue dans un espace assez circonscrit, comme s'ils se fussent cachés pendant quelque temps. Nous ne nous amusâmes pas à examiner les choses de plus près, et nous poussâmes directement vers le gué. Arrivés là, nous fîmes une rencontre qui nous expliqua pourquoi les fugitifs avaient fait halte, et ce qui les avait contraints à se cacher. Sauders fut le premier dont l'œil rapide découvrit les traces de nombreux pieds nus.

« Halte-là, cria-t-il. Halte-là, une minute. Voyez-vous, Monsieur? les indigènes ont rôdé dans ces environs. Regardez là, à droite. Ne marchez pas sur les empreintes, que nous puissions compter combien ils sont. »

Nous nous rangeâmes le long des traces des indigènes, qui tendaient vers le gué. Autant que nous en pûmes juger par les marques un peu confuses de leurs pieds, ils devaient être une vingtaine.

— Je parierais une guinée, dit Sanders, que c'est là ce qui a forcé nos gens à se cacher pendant quelque temps dans les mimosas. Ils auront aperçu les indigènes entre eux et le gué, et ils auront craint de les rencontrer.

— En avant, dit le magistrat. La trace nous conduit au gué, et il me semble apercevoir quelque chose sur les bords de la rivière. »

Il ne se trompait pas. Au bout de quelques minutes de trot, nous avions atteint le gué et découvert gisant sur le rivage un homme en habits de froc, dont je crus me rappeler les traits. En le regardant de plus près, je reconnus l'homme à la veste jaune que j'avais rencontré sur la jetée d'Hobart Town et qui était aussi un de ceux qui m'avaient attaqué et terrassé dans la Maison-Rouge.

Je fis part en deux mots de cette circonstance au magistrat.

L'infortuné était encore en vie. Il était facile de deviner le sort qu'il avait subi. Les indigènes lui avaient enfoncé le crâne à coups de waddies, et son corps était criblé de leurs javelines minces et pointues.

« Si nous pouvions seulement en tirer quelques mots, dit le constable, il nous donnerait sans doute de précieux renseignements. Scroggs, où est votre bouteille? »

Le prévoyant Scroggs répondit à cet appel en avançant la bouteille de rhum, remède souverain, selon lui, pour tous les maux.

« A quoi bon lui donner du rhum, s'il est mort, fit judicieusement observer Scroggs? C'est perdre inutilement une excellente chose.

— Il n'est pas encore mort, repartit Sanders, quoique, selon toutes les apparences, cela ne doive pas tarder. Tâchons de le faire parler. Il nous fera probablement quelques révélations importantes sur son compagnon de voyage. Eh!... c'est Bill Simmons, un des plus effrontés coquins de toute la colonie; mais ce n'est pas de cela qu'il s'agit. passez-moi la bouteille. »

Scroggs souleva la tête du malheureux blessé et Sanders lui introduisit un peu de rhum dans la gorge, pendant que le magistrat lui jetait sur la tête et sur la figure de l'eau fraîche qu'il avait puisée à la rivière. Il se passa un temps considérable sans que le patient donnât d'autre signe de vie que celui qu'indiquait une respiration presque insensible. Ce ne fut qu'au bout de deux heures, qui nous parurent des siècles, qu'il put articuler quelques mots.

« Nous perdons le temps de la manière la plus fâcheuse, s'écria le jockey. Et ce pauvre Roderick, où est-il, que devient-il? Embarrassé dans ses rênes, la tête basse, peut-être est-il noyé dans ce moment-ci. C'est horrible à penser!

— Silence! dit le magistrat; le mourant va parler.

En effet, il murmura d'une voix affaiblie : « Ils ont enlevé l'enfant!

— Qui est-ce qui a enlevé l'enfant?

— Les indigènes... Ils m'ont... attaqué... au passage du gué.

— Et votre compagnon, où est-il?

— Il a traversé la rivière... à la nage; mais, en fuyant, il a abandonné l'enfant..... Les indigènes ont pris l'enfant..... La fille du Bohémien... du Bohémien.

— Les indigènes l'ont-ils tuée, lui dis-je, plein d'une horrible anxiété sur le sort trop probable de la pauvre petite fille!

— Non... c'est moi... qu'ils ont attaqué... l'enfant... emporté.

— Combien y a-t-il de temps à peu près que vous les avez rencontrés?

— Je ne sais... au point du jour... je ne voulais pas passer le pont..... je suis venu au gué... les indigènes nous ont... attaqué, et... ils ont enlevé... l'enfant.

— Quelle heure est-il? demanda Sanders.

— Dix heures et demie, répondis-je.

— Alors, les indigènes ont quatre heures et demie d'avance sur nous, continua le constable. S'ils se sont engagés dans les collines, il sera bien difficile de les suivre à cheval.

— Il est bien aisé de les suivre à la trace dans la neige, répliqua le magistrat.

— Oui, tant qu'il y aura de la neige, repartit le constable; mais, à en juger d'après l'apparence du Ben-Lomond, nous allons avoir changement de temps. Le vent est au nord, depuis ce matin, et, si le soleil vient à se montrer, la neige ne tardera pas à être fondue. Ce n'est pas chose facile que de suivre les indigènes dans le fourré. Un blanc n'y a pas beaucoup plus de chance qu'à suivre la trace d'un oiseau.

— Je me mettrai à leurs trousses, dit le magistrat. Qu'en dites-vous, Thornley: Laisserons-nous cette pauvre petite fille à la merci de ces sauvages?

— Je suis prêt à vous suivre, lui répondis-je; mais donnez-nous le temps de faire nos préparatifs. La saison n'est pas favorable pour courir les bois. Ne pourriez-vous pas, Sanders, nous procurer quelques peaux de kanguro et des provisions?

— J'ai votre affaire! me dit Sanders. Le parcours de Mark n'est pas à plus de deux milles du gué. S'il veut nous donner un de ses bergers pour aller avec nous, je lui demanderai Black Tom. C'est un noir, natif de Sydney; nous nous en servirons pour donner la chasse aux indigènes, et nous les rattraperons.

— Allons! venez, dit le magistrat, et ne perdons pas de temps! J'irai avec vous pour aplanir toutes les difficultés. Un instant! notre mourant a l'air de vouloir parler encore. Je crois qu'il a entendu ce que nous disions. Eh bien! mon ami, dit avec douceur le magistrat au malheureux blessé, avez-vous quelque chose à nous dire?

— Mus... qui... to!... dit avec peine l'infortuné, en exhalant son dernier soupir.

— Musquito! dit Sanders. Oh! non, il n'y a pas de temps à perdre! C'est le plus sanguinaire de tous les sauvages qui ont jamais désolé la colonie. Il tue sans motif, pour le plaisir de tuer.

— J'en sais quelque chose, dit le magistrat!

— Et moi aussi! ajoutai-je.

— Allons! il faut nous hâter si nous voulons sauver la pauvre petite fille! »

Le magistrat, guidé par Sanders, partit immédiatement au galop. Au bout de bien moins de temps que nous ne l'avions supposé, il revint chargé de peaux de kanguro et de tout ce qui était nécessaire pour une expédition dans les bois. Il était, en outre, accompagné de Tom, grand et bel indigène de l'Australie, vêtu avec une sorte de recherche. Il avait une veste en drap et des pantalons d'une étoffe très-solide; car c'est une chose remarquable que la prédilection que les indigènes civilisés manifestent pour les draps de belle qualité.

« Et moi, que vais-je devenir ? dit le jockey tout déconcerté. Et Roderick, que va-t-il devenir, de son côté ? Eh ! l'ami ! ne nous avez-vous pas dit que votre maudit camarade avait passé le gué ?... Il est mort... tout à fait mort ! Il n'y a plus rien à en tirer. Du reste, il n'a que ce qu'il mérite pour m'avoir enlevé mon pauvre Roderick. Je n'ai jamais vu un voleur de chevaux faire une bonne fin. Mais il faut que je poursuive l'autre ! Adieu, Messieurs ! Bonne chance ! Ménagez vos chevaux ! Ne les poussez pas trop en montant ces terribles collines ! Pour moi, je cours après Roderick. »

En achevant ces mots, le jockey lança son cheval dans la rivière, et nous, nous dirigeâmes toute notre attention sur l'expédition dans laquelle nous nous engagions.

« L'indigène est à pied ! Ne va-t-il pas nous retarder ? dis-je à Sanders. Il ne pourra jamais suivre nos chevaux !

— N'ayez pas d'inquiétude, dit le constable. Si nos chevaux, au contraire, peuvent lui tenir tête, ce sera très-bien. Allons, Tom, mon garçon, êtes-vous prêt ? »

Tom fit un signe de tête affirmatif.

« Quelle route allez-vous nous faire prendre ? »

Tom regarda les traces, au milieu desquelles on distinguait nettement un très-petit pied, et il nous montra du doigt les collines.

« Voilà une nouvelle aventure pour moi, dit le magistrat. Je n'avais pas encore eu l'occasion de donner la chasse aux indigènes. Il ne fait pas un temps fort agréable pour coucher à la belle étoile ; mais il n'est pas possible de laisser cette petite fille courir le risque d'être assassinée par Musquito. »

Nous nous mîmes à marcher grand train. Tom faisait un excellent usage de ses longues jambes, et laissait nos chevaux à une assez bonne distance derrière lui. En peu de temps, nous fûmes ensevelis dans les profondeurs les plus secrètes des bois.

CHAPITRE XLVIII.

La massive densité des branches, garnies de feuillage toujours vert, qui formaient un dôme élevé au-dessus de nos têtes, n'avait laissé que bien peu de neige descendre jusque sur le sol de la forêt. Néanmoins, les traces des indigènes étaient assez distinctes pour permettre à l'intelligent nègre de Sydney de nous guider sans hésitation au milieu du labyrinthe qu'offraient les tiges hautes et droites des arbres à écorce fibreuse, qu'on eût dit revêtus d'une enveloppe de haillons déchiquetés. A chaque instant, il tournait autour de nous sans que notre marche s'en trouvât ralentie. La grimace de satisfaction qu'il faisait en nous indiquant du doigt la trace, nous découvrait la double et redoutable rangée de dents blanches comme l'ivoire, dont sa bouche était armée. Enfin, ses yeux noirs et mobiles, enfoncés sous les protubérances saillantes de son front laineux semblaient provoquer de notre part une expression de satisfaction en honneur de sa sagacité.

Nous fûmes plus de deux heures à traverser la forêt, à la sortie de laquelle nous nous trouvâmes dans une vaste plaine, parsemée seulement de quelques arbres, qui lui donnaient l'aspect d'un beau parc. Le soleil de midi avait presque entièrement fondu la neige; il n'en restait plus, çà et là, qu'à l'ombre de quelque arbre à gomme d'une taille gigantesque ou de quelque mimosas au feuillage touffu. Nous étions bien aises d'être débarrassés de la neige, d'autant plus que nous n'avions plus à craindre, sous la conduite de notre noir, de perdre la trace des indigènes. Nous continuâmes notre marche sans faire aucune halte pendant vingt milles (huit lieues) environ, dans la direction du sud-est, à travers un pays agréablement coupé de collines et de plaines. Nous ne nous arrêtâmes que quand nous fûmes parvenus au pied d'une chaîne de petites collines sur lesquelles étaient disséminés quelques chênes. Ces arbres présentent à l'œil une assez chétive apparence; mais leur bois est très-estimé comme combustible, tant à cause de la chaleur qu'il donne que de l'agréable odeur qu'il répand en brûlant. Il est assez difficile d'en tirer des planches de plus de six à huit pouces de large; mais, quand ce bois a été poli, on peut l'employer avec succès pour meubles de luxe. Nous fîmes là une halte pour laisser reposer nos chevaux. Nous les attachâmes au bout de longues cordes en cuir, que nous avions apportées avec nous sur le pommeau de nos selles. Ces cordes leur permettaient de paître l'herbe sauvage dans un cercle de quatre-vingts pieds de diamètre environ. Nous les changions de place quand nous voyions le pâturage épuisé. Les constables allumèrent du feu et prirent toutes les dispositions accoutumées pour un repas dans le fourré.

Ils mirent une poignée de thé noir dans une bouilloire dont Scroggs avait eu soin de se munir, et ils la placèrent sur le feu; car le thé est le breuvage de prédilection des colons, de quelque condition qu'ils soient, dans leurs expéditions dans les bois.

Notre noir, qui portait une petite hache à long manche, eut bientôt enlevé plusieurs tranches d'écorce sur un arbre à gomme qui se trouvait dans le voisinage. Il les façonna avec une admirable dextérité en plats et en assiettes. Grâces à quelques tranches de bœuf que nous fîmes griller, et à un des dampers qui se trouvaient dans nos provisions, notre repas fut des plus agréables; l'appétit l'assaisonnait. Les constables firent pour eux une seconde édition du festin. Tom, qui n'était pas demeuré oisif pendant que nous mangions, s'était procuré quelques provisions de plus pour son usage personnel. Il avait donné la chasse à trois rats kanguros et à une poule d'eau, qu'il vida avec beaucoup de délicatesse, et jeta sur les charbons sans les dépouiller. Scroggs, tira d'une poche secrète une bouteille de rhum; mais il fut décidé à l'unanimité que l'on conserverait cette précieuse liqueur pour les grandes occasions, et que, selon l'expression du magistrat, on ne l'emploierait que comme remède. Le bouchon resta donc intact, au grand désappointement de l'inconsolable Scroggs, qui fut réduit à amuser sa soif avec une tasse de thé brûlant. Quand ce repas champêtre fut terminé, nous reprîmes notre marche. Le soleil, en disparaissant derrière les sommets neigeux des montagnes de l'ouest, nous avertit de songer aux moyens de nous mettre à l'abri pour passer la nuit; car, pendant l'hiver, les nuits sont trop froides dans la Terre de Van Diémen, pour que l'on puisse impunément les passer en plein air. Comme nous étions convaincus que nous ne pouvions manquer de rencontrer les indigènes, nous prîmes le sage parti de ménager nos chevaux. Nous savions très-bien que Musquito et sa bande ne marcheraient pas plusieurs jours sans faire une halte dans quelque endroit favorable à la récolte de la gomme et à la chasse des opossums.

Nous n'avions qu'une seule hache à notre disposition, mais il y en avait plus d'un parmi nous qui savait la manier; le plus habile de tous, cependant, était le noir de Sydney. Il nous fallut peu de temps pour élever deux huttes improvisées, couvertes de branches touffues. L'ouverture des huttes donnait sur un bon feu que nous tenions constamment allumé; en sorte qu'à l'abri de nos peaux de kanguros, nous passâmes la nuit assez chaudement.

L'air devint plus froid vers le point du jour, et nous continuâmes notre poursuite sous un ciel pur et sous les rayons d'un brillant soleil. Vers midi, l'air était doux et même chaud. Si nous n'avions pas été tourmentés par l'appréhension du sort funeste qui menaçait la jeune fille au secours de laquelle nous marchions, nous aurions pu jouir des scènes ravissantes qui se déployaient dans le pays presque inexploré que nous parcourions. Ce second jour et la nuit qui le suivit, se passèrent sans que nous pussions parvenir à rejoindre les indigènes. C'était pour nous une cause d'inexprimable angoisse. Nous n'apercevions pas la moindre empreinte du petit pied que nous cherchions, et, malgré la vigilance de nos regards, il nous fut impossible de découvrir la plus légère trace du passage des indigènes; mais, pour notre guide, dont les organes étaient plus énergiques et plus sensibles que les nôtres, ces traces étaient si évidentes qu'il ne paraissait pas du tout inquiet sur le résultat de sa poursuite. Quant au pied de l'enfant, il n'était pas plus habile que nous à en découvrir la trace. Cependant, nous nous en consolions par la pensée que les indigènes portaient peut-être la jeune fille dans leurs bras, quoiqu'il fût impossible de conjecturer quel pouvait être leur but, ou plutôt le but de Musquito, en l'enlevant ainsi. Cette incertitude nous inspirait les plus vives alarmes.

Nous passâmes une nuit fort pénible au milieu de tous ces doutes et de toutes ces craintes. Un autre sujet d'inquiétude pour nous était l'épuisement de nos provisions. Cela nous ôtait le moyen de combattre notre abattement moral par le renouvellement de nos forces physiques. Cette circonstance était tout à fait favorable à l'ouverture de la bouteille de rhum. Aussi Scroggs fit-il plusieurs tentatives indirectes pour provoquer notre assentiment à cette mesure; mais tout le monde resta inébranlable, et son collègue déploya, entre autres, un stoïcisme qui lui fit le plus grand honneur à mes yeux.

« On ne s'échauffe pas à la besogne que nous faisons, dit Scroggs à Sanders; et de l'eau froide est une triste boisson pour ranimer l'ardeur d'un homme! Le feu est bon pour réchauffer l'extérieur; mais c'est dans l'intérieur qu'il faut entretenir le foyer; sa chaleur vivifiante se propage de là partout le corps. C'est étonnant comme une petite quantité de spiritueux, un seul verre, même moins, suffit pour réchauffer un homme depuis la racine des cheveux jusqu'au bout des doigts.

— Vous devriez dire jusqu'au bout du nez, vieux farceur, repartit Sanders. Vous avez si souvent plongé cette partie de votre individu dans le foyer, que vous y avez allumé pour toujours un feu inextinguible.

— Quel jugement téméraire! Mon nez doit sa couleur à l'habitude que j'ai de fumer des pipes trop courtes. Un soir, où ce que j'avais bu ne valait pas la peine qu'on en parlât, je m'endormis si profondément que le bout de mon nez alla se loger précisément dans le bout de ma pipe; et j'ai eu le nez brûlé avant de me réveiller.

— Je suis fâché que vous n'ayez pas apporté deux bouteilles au lieu d'une, dit Sanders. Vous auriez trempé votre nez dans l'une, et vous auriez gardé l'autre en réserve. Mais on ne sait jamais ce qui peut arriver dans les bois ; il suffit d'une gorgée de rhum pour sauver la vie d'un homme. Allons, gardez votre bouteille jusqu'à ce que nous en ayons besoin.

— Mais j'en ai le plus grand besoin ! répliqua l'opiniâtre Scroggs. Je me sens dans une situation tout à fait extraordinaire. Ce morceau d'opossum que j'ai fait la folie de manger est là comme un plomb sur mon estomac. Quel mal, ajouta-t-il d'un ton piteux, quel mal cela peut-il faire, que je prenne une petite goutte? que dis-je! une larme à même cette malheureuse bouteille, ou qu'au moins j'en savoure l'odeur? »

Mais Sanders resta inébranlable, et la présence du magistrat inspirait trop de respect à Scroggs pour qu'il osât s'aventurer à une violation de la discipline aussi flagrante que celle de porter une main coupable sur la bouteille de rhum. Il alla donc se coucher assez tristement. Il s'enveloppa dans sa peau de kanguro, non sans pousser plus d'un soupir douloureux, et les ronflements qui s'échappèrent de son nez empourpré annoncèrent bientôt qu'il était plongé dans un profond sommeil.

Nous nous trouvâmes, le lendemain matin, beaucoup moins dispos que le jour précédent. Chacun était taciturne, et semblait découragé par le mauvais succès de notre expédition. Il ne nous était plus possible de prévoir jusqu'où nous entraînerait notre chasse, et combien de temps nous étions exposés à y perdre. Nous avions bivouaqué au pied d'une chaîne de collines, et ce ne fut pas sans une vive anxiété pour l'avenir que nous nous partageâmes le reste de nos provisions avant de prendre nos dispositions pour gravir la hauteur qui s'élevait devant nous. Mais à peine avions-nous fait quelques pas, que Tom nous indiqua du doigt l'empreinte récente du pied d'un indigène, marquée sur un terrain humide situé au-dessous d'une source qui s'échappait de l'une des collines. Nous conduisions nos chevaux par la bride, et ce fut avec une vive curiosité que nous reconnûmes ce signe probable de l'approche des indigènes.

Nous nous mîmes de suite à inspecter nos armes, nous essuyâmes nos pierres à fusil, nous renouvelâmes nos amorces, et nous sondâmes les canons de nos fusils pour nous assurer si les charges ne s'étaient pas dérangées pendant le voyage. L'approche possible du danger nous mettait tous en éveil ; nous n'étions pas exempts de quelque inquiétude, car nous nous trouvions alors dans une partie du pays, qui n'avait peut-être jamais été foulée par le pied d'un blanc, et qui était éloignée de toute espèce de secours. Nous gravîmes avec précaution jusqu'au sommet de la colline ; là, le magistrat nous engagea à faire halte et donna ordre à notre nègre d'aller reconnaître.

Tom s'avança avec prudence et dans un silence profond, en se traînant sur le ventre. Il rampait comme un serpent entre les touffes de gazon ; sa tête noire se confondait au milieu de quelques bûches de bois carbonisé, qui étaient par terre sur la crête de la colline. Quand il se fut suffisamment avancé, il resta immobile pendant quelques secondes, et ensuite, abandonnant son poste d'observation, il se replia sur nous par d'insensibles mouvements, et nous communiqua le résultat de sa découverte.

« Les noirs, être dans le vallon, nous dit Tom à voix basse, et Musquito avec eux.

— Que font-ils? demanda le constable.

— Eux faire du feu… et manger.

— La Piccaninny est-elle avec eux? lui dis-je.

— Moi, ne pouvoir pas voir. Eux être derrière les arbres, là, continua Tom en dirigeant mes regards sur la droite... Vous de là pouvez tout voir. »

Il y avait sur la droite un massif de bois vers lequel nous dirigeâmes nos pas.

Après avoir confié la garde de nos chevaux aux constables, nous côtoyâmes le pied de la colline au sommet de laquelle nous gravîmes. Arrivés là, nous nous cachâmes dans le fourré, et, de cette position, il nous fut facile d'observer les indigènes qui étaient dans le vallon. Tout annonçait qu'ils étaient parvenus dans un endroit où ils se proposaient de séjourner quelque temps; car ils avaient élevé dans deux ou trois places, et avec plus de soin que de coutume, quelques abris formés de branches d'arbres et entourés d'énormes morceaux d'écorce. Ces refuges informes avaient à peu près quatre pieds de haut. Un d'eux se faisait remarquer par la prétention qu'il avait à une sorte de toiture et par ses dimensions suffisantes à peine pour contenir une personne. De grands feux étaient allumés devant ces espèces de hangars. Quelques indigènes étaient couchés auprès des feux; d'autres se tenaient debout, çà et là, dans une inaction complète, tandis que quelques femmes s'occupaient à bercer leurs enfants. Toute la troupe était nue, à l'exception d'un homme, qu'à son port et à sa stature nous reconnûmes pour Musquito. Il se faisait remarquer par un chapeau noir, une veste et des pantalons. Une ou deux des femmes avaient sur leurs épaules quelque chose que l'on pouvait prendre pour de vieilles et sales couvertures. Nous restâmes quelque temps en observation dans l'endroit où nous étions cachés, mais rien ne nous révéla la présence de l'enfant à la délivrance de laquelle nous étions accourus de si loin. Cette absence nous donnait de vives inquiétudes sur son sort. Après avoir fait toutes les observations qui étaient en notre pouvoir, nous battîmes en retraite sur le front de la colline, et nous nous consultâmes sur le parti qu'il y avait à prendre.

« S'il m'était permis de donner mon avis, Monsieur, dit Sanders au magistrat, j'attendrais jusqu'à la nuit. Les indigènes n'osent faire alors le moindre mouvement; en avançant avec prudence nous pourrions les surprendre. La première chose à faire serait de tuer Musquito d'un coup de feu, ainsi que les hommes de sa bande. S'ils s'enfuient avec l'enfant, dans le cas où ils ne l'auraient pas déjà massacré, ce qui n'est que trop vraisemblable, nous les poursuivrons à cheval. Ils ont, vous le savez, une terrible frayeur du cheval, car ils sont convaincus que le cheval mord et qu'il combat avec ses pieds de devant.

— J'avoue, répondit le magistrat, que je suis très-contrarié de ne pas voir la jeune fille; mais notre but est de la délivrer et non de massacrer de malheureux sauvages qui s'offrent nus à nos coups. Est-il à votre connaissance qu'ils aient jamais mangé un blanc? Faisons-les sonder par Tom. Parlez-lui, Sanders. Il vous connaît; il s'expliquera peut-être plus librement avec vous.

— Tom, dit Sanders, les noirs mangent quelquefois les Piccaninny blancs? »

Tom fixa quelques instants sur le constable ces regards inquiets et scrutateurs, qui caractérisent les noirs de l'Australie, et semblait peu jaloux de répondre. Les noirs de Sydney, aussi bien que le petit nombre de ceux qui ont eu des rapports avec les colons dans la Terre de Van Diémen, savent l'horreur qu'inspire aux blancs l'usage féroce de manger de la chair humaine.

« Tom n'a jamais mangé d'homme, lui dit Sanders d'un ton flatteur pour lui ; mais les méchants noirs mangent quelquefois des hommes et des Piccaninny?

— Les méchants noirs manger quelquefois hommes, répliqua Tom, quand eux être en colère, et quand eux combattre ; mais Tom, jamais, jamais.

— Oh ! non, pas Tom ; mais les méchants noirs quelquefois?

— Oui.

— Et les méchants noirs mangent aussi quelquefois les Piccaninnys blancs?

— Oui, les méchants noirs.

— Les vilains monstres de sauvages, s'écria Scroggs qui avait entendu cette conversation, tout en tenant les chevaux. Et dire que ces monstres d'enfer ont peut-être mangé cette pauvre petite fille, comme ils auraient fait d'un bœuf ou d'un mouton. Venez, Sanders, ajouta-t-il, mettez votre main dans ma poche et tirez-en la bouteille de rhum. Prenez-la, vous dis-je ; et voyez s'il n'y aurait pas moyen d'obtenir des indigènes la petite fille en échange de la bouteille. Je voudrais bien en goûter une pauvre petite larme avant de m'en séparer ; mais j'y renonce de bon cœur pour que la malheureuse petite fille ne soit pas mangée par ces maudits noirs.

— C'est très-bien, Scroggs, dit le magistrat. Vous pouvez compter que je n'oublierai pas ce généreux exemple de dévouement. J'apprécie ce que doit vous coûter un pareil sacrifice ; mais j'espère que nous pourrons réussir dans notre négociation sans mettre votre vertu à une si rude épreuve. Tom, ajouta-t-il en s'adressant à notre guide, voulez-vous aller voir si vous ne trouveriez pas la petite Piccaninny blanche, parmi ces noirs? Une petite Piccaninny, haute comme cela. »

Et il lui indiqua en même temps la taille d'un enfant de six à sept ans.

Tom entendait bien plus facilement ce qu'on lui disait en anglais, qu'il ne trouvait les mots pour exprimer ses réponses. Il comprit très-bien l'invitation que lui faisait le magistrat. Il fixa quelque temps ses yeux sur la terre avec une expression pensive, puis il répondit : « Moi, aller. » Aussitôt, sans autre discours, car les indigènes sont remarquablement taciturnes et laconiques entre eux aussi bien qu'avec les blancs, Tom se dépouilla de ses habits jusqu'aux pantalons et aux souliers, et se montra à nous dans l'état primitif de notre respectable père Adam. Il y a, comme chacun sait, une divergence d'opinion entre les différents peuples de la terre sur la couleur du premier auteur de notre race ; mais c'est une grave question qui n'est pas du ressort de ces Mémoires. Tom, ainsi débarrassé des enveloppes gênantes que la civilisation lui imposait, eut formé son plan en un instant. Il fit un grand détour sur la gauche et bientôt nous le perdîmes de vue. Nous restâmes à l'attendre dans les transes de la plus vive anxiété.

Au bout d'une heure, il revint et nous communiqua, avec ce calme apathique et cette brièveté sentencieuse, qui sont naturels aux sauvages, les renseignements qu'il avait obtenus.

« La petite Piccaninny blanche être avec les noirs, dit-il.

Voilà qui est d'une haute importance, dit le magistrat. La pauvre petite fille est toujours vivante, c'est là le point capital. Comment se trouve-t-elle, Tom? »

Tom ne comprit pas cette question ; mais voyant qu'on attendait une réponse, il répliqua :

« La petite Piccaninny être dans une petite maison. »

Et il nous peignit par ses gestes le petit abri que nous avions remarqué quand nous avions fait nos observations dans le fourré.

— Et que font-ils de la petite Piccaninny? ajoutai-je.

— Je parierais qu'ils vont la manger, dit Scroggs! Quel autre projet voulez-vous qu'ils aient? Ils l'engraissent dans cette petite loge comme nous engraissons un mouton jusqu'à ce que nous le trouvions en bon état. Les vilains monstres! Il faut marcher dessus et les fusiller jusqu'au dernier. Pour moi, je suis tout prêt!

— Il y a quelque chose-là dessous, dit le magistrat, que je ne m'explique pas bien. Il est quelquefois difficile de pénétrer les intentions des sauvages. Ils semblent être en ce moment dans des dispositions pacifiques; je pense donc que ce qu'il y a de mieux à faire, c'est d'envoyer Tom pour parlementer avec eux et pour les assurer que nous n'avons nous-mêmes aucune intention hostile. Nous le suivrons de près, montés sur nos chevaux et nos armes toutes prêtes, dans le cas où il leur prendrait quelque velléité de combattre. Comme ils se trouveront surpris, je crois qu'ils ne tenteront pas la moindre résistance. Vous connaissez le désir bien formel du gouvernement de la colonie? Il est du reste d'accord avec les principes d'une saine politique et de l'humanité. Il consiste à ne commettre jamais aucune agression contre les indigènes sans utilité et sans y être contraint par la plus impérieuse nécessité.

— Permettez-moi, Monsieur, dit Sanders, de vous faire observer que Musquito a commis des meurtres nombreux, et que ce noir de Sydney mérite moins de ménagements. Nous avons ordre de nous en emparer, à la première occasion favorable, et de le conduire au Camp.

— Nous agirons suivant les circonstances, répliqua le magistrat. Notre objet actuel est de chercher à tirer l'enfant des griffes de ces sauvages, et, pour y réussir, nous devons tâcher d'éviter l'effusion du sang. »

Je donnai mon entière approbation à ce plan d'opérations, et quoique j'eusse le pressentiment presque certain que notre rencontre amènerait un conflit, je ne m'inquiétais guère du résultat, à cause de la supériorité que nous donnaient nos armes et nos chevaux.

Nous descendîmes donc la colline, et, nous rangeant en bon ordre, sous la conduite de notre chef, nous en fîmes le tour en prenant sur la droite, afin de pouvoir gagner le terrain plat avant d'être aperçus par les indigènes. Nous avançâmes ensuite à un pas modéré et nous nous trouvâmes bientôt en face de leurs singulières habitations.

CHAPITRE XLIX.

Le noir de Sydney nous précédait d'une vingtaine de pas environ. Aussitôt qu'il fut arrivé à portée de la voix, nous fîmes halte et nous attendîmes avec anxiété l'issue de sa conférence avec les indigènes. Au retour de sa première mission, il avait repris ses habits; mais il ne fut pas difficile aux indigènes de reconnaître à sa couleur et à ses traits qu'il appartenait à leur race.

A notre extrême surprise, quoique les natifs de la Terre de Van Diémen aient une vive antipathie contre les natifs de la grande île continentale de l'Australie, ceux-ci permirent à notre ambassadeur de s'approcher de leurs feux sans manifester la moindre inquiétude ni le moindre mécontentement. Cette apparente indifférence pouvait être produite par la présence de notre bande qu'ils voyaient à cheval si près d'eux. Néanmoins cette apathie, aussi étrange qu'inattendue de la part de Musquito et de ses compagnons, nous fit craindre quelque trahison. Nous regardâmes attentivement autour de nous pour nous assurer qu'ils ne nous avaient tendu aucune embuscade. Aucun indice ne vint confirmer ces soupçons. J'avais eu plus d'une fois l'occasion de remarquer l'apparence apathique, immobile et presque idiote des indigènes de la Terre de Van Diémen, lorsqu'ils n'étaient excités ni par la faim, ni par aucune passion. Dans cet état ils ne diffèrent en rien des bêtes de nos champs; la pensée est alors complètement inactive chez eux et ils ressemblent à des bûches inanimées. Les femmes jasent quelquefois un peu, car la nature, à quelque degré de l'échelle qu'elle ait placé les femmes dans ce monde, semble leur avoir inspiré ce penchant, mais les hommes sont les moins communicatifs et les plus taciturnes sauvages que j'aie jamais vus ou dont j'aie jamais entendu parler. L'étrange contraste que leur silence et leur immobilité formait avec les clameurs et les hurlements au milieu desquels nous nous attendions à être accueillis, nous remplit d'une sorte de crainte superstitieuse qu'augmentait encore le calme glacial de l'immense solitude au sein de laquelle nous étions plongés.

Au même instant notre guide et le chef de la bande noire après avoir échangé le mot: *corrobara*, procédèrent à un nouveau colloque dont Tom vint nous communiquer la substance en ces termes:

« Musquito dit: Vous venir!

— Qu'est-ce que cela signifie? dit le magistrat. Ils ne manifestent aucun signe d'inquiétude; ils n'annoncent aucune intention de combattre! Y aurait-il quelque stratagème là-dessous? Qu'en pensez-vous, Thornley?

— Tout cela me surprend tellement, lui répondis-je, que je ne sais trop qu'en penser. Sanders, vous qui connaissez leurs allures, apercevez-vous les waddies ou les javelines en mouvement?

— Monsieur, répliqua-t-il, on ne peut jamais savoir ce que méditent ces fourbes-là. Ce que je vois de plus clair, c'est que nous voilà arrivés dans un endroit où ils ont établi leur camp, si l'on peut donner ce nom aux chétifs abris qu'ils ont dressés çà et là. Il n'est pas impossible que Musquito soit poli une fois par hasard. Scroggs, vous qui vous êtes rencontré plus d'une fois avec lui, devinez-vous quelles peuvent être ses intentions?

— Comptez qu'il médite toujours quelque diablerie, dit Scroggs! Mais cependant toute la bande m'a l'air en ce moment de préparer un grand festin. Ne voyez-vous pas là-bas cette guirlande d'opossums suspendus à cet arbre à gomme d'une si belle teinte bleue? Il y a quelque chose encore d'accroché là, dans le fourré. Dieu me pardonne! ce doit être l'enfant!... ces diables enragés vont la faire cuire pour leur dîner.

— L'enfant! s'écria le magistrat. C'est impossible. Tom l'a vue bien vivante il n'y a pas un quart d'heure. Allez, Tom, demandez à Musquito s'il a encore la Piccaninny de l'homme blanc. »

Tom, en messager fidèle, porta la demande et rapporta la réponse.

Musquito dit : L'homme blanc avoir voulu tuer la Piccaninny, et Musquito avoir tué l'homme blanc. La Piccaninny être là dans une maison pour elle.

— Voici, dit le magistrat, qui est tout à fait extraordinaire. Je puis dire même n'avoir rien vu de pareil dans le cours des aventures qui me sont arrivées dans la colonie. J'en suis à me demander quel peut être le but de Musquito dans cette circonstance. Au reste, puisqu'il paraît, ainsi que sa troupe, dans des dispositions pacifiques, avançons sur eux et tâchons de tirer la pauvre enfant de leurs mains par la persuasion.

— Il vaut mieux, dit le constable, qu'il en reste deux d'entre nous sur le qui-vive, dans la crainte de quelque attaque. Il est inutile de nous exposer tous à être sacrifiés.

— C'est une très-sage précaution, Sanders. Restez avec Scroggs à garder les chevaux. Si M. Thornley y consent, nous irons ensemble à pied jusqu'au camp des indigènes.

— Très-volontiers, lui répondis-je. En général la meilleure marche à suivre à l'égard des sauvages, comme avec les animaux, c'est de les convaincre qu'on n'a pas peur d'eux.

— Ce qui vaut mieux, dit Scroggs dans un accès de générosité, c'est de prendre ma bouteille de rhum; vous en donnerez une goutte à Musquito, et avec cela il deviendra de l'humeur la plus traitable.

— Non, non, dit le magistrat, gardez le rhum jusqu'au moment où nous en aurons besoin. Il n'est pas impossible de venir à bout d'un sauvage quand il est à jeun; mais quand il a un peu de rhum dans la tête, il devient pire qu'un fou. Maintenant, Thornley, il faut nous avancer courageusement au milieu d'eux. »

Nous marchâmes droit à Musquito, qui était debout auprès d'un feu allumé en face du petit wigwam dans lequel Tom nous avait donné à entendre que se trouvait renfermée la petite fille que nous cherchions. Le farouche sauvage avait l'apparence stupide et indolente que j'avais remarquée en lui dans plusieurs occasions, lorsqu'il n'était animé ni par la chasse ni par l'appât du pillage. En l'examinant avec une scrupuleuse attention, il était néanmoins facile, malgré cette enveloppe impassible, de découvrir au fond de ses yeux à demi-fermés, mais toujours en éveil, une vigilance inquiète qui ne laissait rien échapper. J'avoue que ce ne fut pas sans un certain sentiment d'appréhension et sans quelques légers battements vers la région du cœur que je m'approchai de ce redoutable sauvage, que nous venions relancer dans sa tanière. Il leva les yeux, les promena sur nous et ne laissa échapper aucun signe qui pût donner à penser qu'il nous reconnût ou qu'il éprouvât la moindre émotion en notre présence.

Nous restâmes quelques instants dans la position désagréable où l'on est ordinairement, quand on se permet de s'introduire, sans invitation, dans la retraite intime de quelqu'un. Nous gardions tous le silence. Mon ami éprouvait la même difficulté que moi à trouver un sujet convenable pour entamer la conversation avec le chef de cette bande de sauvages. Il me parut que le début habituel de toute conversation anglaise : « Voilà un bien beau jour! » ne convenait ni à la circonstance ni à l'individu auquel j'avais à m'adresser. Heureusement le magistrat me tira d'embarras en rompant le silence.

« Y a-t-il beaucoup de kanguros dans cette partie du pays, Musquito?

— Un boomah... ici, lui répondit Musquito en lui montrant du doigt un énorme kanguro qui était suspendu dans le bois, et dont la vue avait frappé Scroggs d'épouvante et d'horreur. »

Mon ami convaincu, je le suppose, qu'il n'y avait rien de tel que de boire et de manger ensemble pour faciliter la conversation, et stimulé peut-être aussi par un appétit secret, qui le tourmentait déjà depuis longtemps, demanda sans hésiter à sa nouvelle connaissance une tranche de kanguro.

Musquito dit quelques mots à un de ses aides de camp, et aussitôt on nous apporta quelques tranches de kanguro crues. Nous priâmes les sauvages de les mettre sur le feu. Leur empressement à accueillir notre demande fut tel que nous ne pûmes nous défendre d'un sentiment de confiance dans leur sincérité.

Quand la viande fut cuite, nous nous assîmes par terre. Musquito en fit autant et se plaça vis-à-vis de nous. Quelques hommes de sa bande se tinrent debout à une petite distance en nous regardant avec curiosité, mais sans manifester aucune expression hostile. Nous partageâmes leur repas sans autre cérémonie et dans le silence le plus profond.

Il me parut alors que le moment était venu de chercher à nous rendre notre hôte favorable en lui offrant un verre de rhum. Je demandai à mon ami s'il ne pensait pas que ce serait un excellent moyen d'introduction pour en arriver à parler de l'objet de notre voyage. Le magistrat acquiesça à mes vues, et il demanda paisiblement à Scroggs sa bouteille de rhum et une écuelle.

Je remarquai qu'au moment où le magistrat avait parlé, Musquito avait lancé sur sa personne un regard rapide et qu'il avait ramassé ses jambes sous lui, comme pour se lever, ce qui me fit dire à Scroggs :

« Montrez donc la bouteille de rhum. »

Scroggs leva en l'air sa bouteille chérie.

A cet aspect les yeux de Musquito reprirent leur expression habituelle de calme, et il retomba dans la position de repos et de nonchalance qu'il occupait auparavant. Cependant, à la vue du repas que nous faisions et qu'il ne partageait point, l'eau était venue à la bouche de Scroggs. Ce ne fut qu'à pas lents, avec une répugnance marquée et les yeux humides, que le malheureux constable se résigna à nous livrer un trésor au partage duquel il prévoyait bien qu'il n'allait avoir aucune part.

« Monsieur, dit-il au magistrat d'un ton qu'il cherchait à rendre persuasif, les sauvages sont très-défiants. Si vous le jugiez convenable, je goûterais un peu de rhum devant eux. Musquito verrait par là qu'il peut boire sans crainte et que nous n'avons aucune mauvaise intention à son égard. Voulez-vous que je débouche la bouteille?

— Hâtez-vous de vous retirer, lui dit le magistrat et montez à cheval. Tenez-vous prêt à agir en cas de besoin. Ce rhum peut nous être de la plus grande utilité. Il ne faut pas songer à en boire nous-mêmes la moindre parcelle. Nous en aurons tant que nous en voudrons quand nous serons retournés chez nous. »

A ces mots, mon ami prit en main la bouteille que l'inconsolable Scroggs lui abandonna, en poussant un soupir à fendre les rochers. Il s'était séparé de tout le charme de sa vie, et ce fut dans la plus lugubre attitude qu'il reprit place sur sa selle. Son âme était restée dans la bouteille, son corps inanimé était seul à cheval.

Le magistrat versa dans l'écuelle une certaine quantité de rhum, avec une gravité non moins solennelle que celle qu'il aurait pu déployer en offrant une libation à une divinité infernale. Le dieu daigna accepter l'hommage qui lui était adressé et vida la coupe d'un trait avec une dextérité qui eût fait honneur à un habitant du fameux quartier Saint-Gilles, dans la capitale de la mère-patrie. Il manifesta, en dégustant la liqueur, une vivacité de sensation qui triompha de sa réserve habituelle. Le sourire frénétique, dont il accompagna l'agréable émotion qu'il éprouvait, me fit involontairement serrer mon fusil d'une main plus ferme ; puis il frappa sa poitrine et présenta son écuelle pour provoquer une seconde libation. Nous pensâmes que c'était le moment opportun pour entrer en négociation au sujet de la délivrance de la jeune fille.

« Musquito a tué l'homme blanc ? lui dit le magistrat : Pourquoi Musquito l'a-t-il tué ?

— L'homme blanc être un grand coquin, répliqua Musquito. Lui avoir voulu tuer la Piccaninny ; Musquito l'avoir tué.

— Pourquoi Musquito a-t-il pris la Piccaninny ? poursuivit mon ami. Musquito en veut faire une gin (une femme) pour un noir ? »

Musquito fit un signe de tête négatif. Il me sembla même qu'il aurait souri à cette question s'il avait su comment s'y prendre.

« Les Piccaninny blanches, répondit-il, pas bonnes pour les hommes noirs.

— Alors pourquoi Musquito a-t-il pris celle-ci ? dit le magistrat en insistant. Pourquoi l'a-t-il sauvée des coups du méchant homme blanc ? »

Il sembla que Musquito comprenait tout à coup ce que le magistrat voulait lui dire. Sa physionomie prit une expression presque intelligente, et il lui répliqua :

« La Piccaninny être la Piccaninny du Bohémien. Le Bohémien être mort. Le Bohémien avoir été bon pour Musquito, avoir été frère de Musquito ; Musquito n'avoir pas laissé le méchant homme blanc tuer la Piccaninny du Bohémien. »

A ces mots nous nous regardâmes avec étonnement, mon ami et moi. Nous lisions dans la pensée l'un de l'autre, et nous ne pouvions nous empêcher d'admirer l'enchaînement providentiel d'événements, qui avait sauvé la vie de la fille du Bush-ranger d'un péril si imminent. La qualité de tuteur de l'enfant du Bohémien m'avait été dévolue par lui-même ; il me sembla que si je pouvais parvenir à donner au sauvage quelque idée du caractère légal et social dont j'étais revêtu, ce serait un moyen puissant pour arriver à nous entendre.

« Le Bohémien, lui dis-je, était frère de Musquito ?

— Oui, répéta le noir, le Bohémien avoir été frère de Musquito. »

La famille du Bohémien, me dis-je en moi-même, ne serait peut-être pas très-flattée de la parenté que réclame ce nègre sanguinaire ; mais enfin il a fait une bonne action, qui peut jusqu'à un certain point être admise en compensation de ses crimes ; ainsi il n'y a pas à balancer à mettre en avant les droits que je puis avoir aussi à faire partie de la famille.

« Musquito, lui dis-je, vous me connaissez ? »

Il était venu plus d'une fois chez moi avec sa bande, et il y avait toujours été abondamment régalé de dampers et de thé bien chaud, sucré avec de la cassonade, auquel on joignait de temps en temps un petit verre de rhum.

« Ah! être vous, mossieu Thornley?

— Oui, lui répondis-je; moi le frère du Bohémien! »

Musquito jeta sur moi un de ces regards furtifs et pénétrants, tels qu'il n'appartient qu'aux sauvages d'en lancer. Ce coup d'œil exprimait à la fois la surprise et la défiance que lui inspiraient mes prétentions à la parenté du Bohémien. Je poursuivis néanmoins :

« Le Bohémien était frère de Musquito; le Bohémien était frère de Thornley ; Thornley et Musquito sont frères aussi. »

Je désirais par l'ingénieux emploi de cette ratiocination, comme le disait, en plaisantant, mon ami le magistrat, amener le farouche sauvage à me considérer comme un ami intime, comme un parent; car mon unique but était de m'emparer de l'enfant par son influence et sans effusion de sang.

Musquito, je le remarquai très-bien, resta quelque temps à peser mes paroles et à réfléchir avec la prudente méfiance du sauvage; puis il me demanda :

« Comment, toi être frère du Bohémien?

— Le Bohémien, lui répondis-je, quand un méchant homme blanc l'a tué, m'a dit : « Tu donneras le pain et la viande à ma Piccaninny; » pas plus grande que cela, ajoutai-je en indiquant la taille d'un enfant de six à sept ans. Et moi j'ai dit au Bohémien : « Oui, Thornley est ton frère. »

Aussitôt que j'eus achevé cette allocution, Musquito se leva, parla à un de ses gens, qui disparut un moment et revint bientôt avec une jeune fille, à la peau d'ébène, grande et élancée qui, à en juger par son air et par ses prétentions, devait être la gin favorite du hideux Musquito. Une vieille veste de soldat, sans boutons, qui restait par conséquent ouverte sur le devant, avec un négligé tout à fait gracieux, lui servait, hiver comme été, d'élégant spincer. Un mouchoir de coton rouge ornait en outre son chef noir et laineux. Ces marques splendides de distinction lui donnaient un air de supériorité sur ses compagnes, moins avancées dans les bonnes grâces du maître. Aucun autre vêtement ne mettait obstacle au libre exercice de ses membres souples et bien faits. En historien véridique je dois ajouter que cette beauté était douée d'un nez d'une largeur prodigieuse et horriblement écrasé; mais ses yeux étaient grands et vifs. Plusieurs enjolivements plus ou moins coquets, imprimés sur sa peau, à l'aide d'une mixtion de gomme résineuse et d'ocre rouge, formaient un contraste frappant avec la couleur sombre et monotone de toute sa personne. Enfin une arête de poisson, qui lui traversait le nez, était le dernier ornement destiné à relever ses attraits.

Musquito donna quelques ordres laconiques à cette aimable divinité. La belle disparut quelques instants et revint en menant par la main la fille du Bohémien qu'agitaient à la fois la crainte et la timidité. J'ai pensé bien souvent que si parfois elle ramène son imagination sur les scènes romanesques de ses premières années, le souvenir de cette mémorable journée doit former un contraste bien frappant avec sa situation présente. L'enfant leva ses grands yeux noirs, dans lesquels je reconnus aussitôt la vivacité d'expression qui étincelait dans ceux du Bohémien. Elle semblait chercher parmi nous une figure de connaissance; mais n'en voyant aucune, elle laissa retomber ses regards sur la terre avec une sorte d'inquiétude mélancolique. On eût dit qu'elle ne savait si elle devait voir en nous des amis ou des ennemis.

« Georgiana, lui dis-je d'un ton doux et rassurant! »

En s'entendant appeler de ce nom intime, la pauvre enfant tressaillit, et, joignant ses petites mains, elle fit un pas en avant; puis, toujours tremblante et troublée, elle leva sur moi ses brillants regards, comme si elle eût cherché à reconnaître les traits de quelque ancien ami.

Je ne crois pas avoir rencontré dans ma vie une plus charmante créature; elle offrait l'assemblage des grâces les plus parfaites. Je n'ai jamais vu porter à un plus haut point ce charme ineffable de l'enfance et de l'innocence réunies, ce charme irrésistible qui sait émouvoir le cœur le plus glacé. Frappé par l'idée de l'état d'abandon auquel cette malheureuse enfant se trouvait réduite, pénétré de ce qu'il y avait de sacré dans l'engagement solennel que j'avais pris, je lui tendis les bras et je m'écriai avec un accent qui émut les fibres de son jeune cœur.

« Venez dans mes bras, pauvre petite orpheline, venez prendre place au milieu de mes enfants. Je vous servirai de protecteur et de père. »

L'enfant tressaillit de joie. Elle se précipita toute en larmes dans les bras que je lui tendais, et cacha sa petite tête dans mon sein qui battait sous ses sanglots.

Les sauvages eux-mêmes furent émus de cette scène. Les femmes, pressées autour de nous, nous regardaient avec un étonnement mêlé du plus vif intérêt. Quant aux hommes, leurs traits farouches prirent une expression plus douce; ils cédaient à l'impulsion de ces sentiments naturels et profonds, qui ne font qu'une seule famille de toute la race humaine.

« Tenez-vous sur vos gardes, s'écria Sanders, qui s'était approché de nous avec Scroggs, en voyant que nous nous laissions aller à ce mouvement d'abandon. On ne sait jamais quelle est la pensée secrète d'un sauvage.

— Vous avez renversé la bouteille, murmura Scroggs. La voilà sous vos pieds. Vous allez la briser, et le rhum sera perdu.

— Il faut maintenant, me dit le magistrat, profiter de ce que tout le monde est en bonne disposition pour nous retirer et chercher un refuge chez quelque colon. Il est facile d'emporter l'enfant à cheval avec nous... Au logis!... voilà à présent le mot d'ordre.

— Mais je n'ai pas dîné, dit Scroggs, avec une figure toute décomposée. Il s'est opéré un vide si complet dans mon individu que mes côtes se touchent. J'ai été obligé de nouer mon mouchoir autour de mes reins pour calmer mes souffrances; si je le serre encore je serai coupé en deux.

— Il serait imprudent, dis-je alors, de nous mettre en route sans nous munir de provisions. Nous n'avons pas de chiens avec nous, et il n'y a pas moyen de songer à se procurer un kanguro. Nous avons commis une faute grave; il ne faut jamais s'engager dans les bois sans chiens-kanguro; ils y sont utiles à la fois comme sentinelles avancées et comme pourvoyeurs.

— Eh bien! dit le magistrat, voyons si les indigènes ne consentiront pas à nous céder quelques provisions? Musquito, dit-il au chef noir, ne pourriez-vous pas nous donner un kanguro?

Un kanguro? oui! »

Il dit alors quelques mots à ses compagnons, qui parurent se mettre en devoir d'exécuter ses ordres avec le plus grand empressement. Ils commencèrent immédiatement leurs préparatifs, en aiguisant leurs javelines et en s'armant de waddies.

C'est une chose digne de remarque que les indigènes de la Terre de Van Diémen, de même que les indigènes de l'Australie, n'aient inventé ni l'arc, ni les flèches, quoique leur pays produise plusieurs bois, qui par leur élasticité et leur force sont tout à fait convenables pour faire ces armes. Les longs tendons du kanguro sont essentiellement convenables pour faire des cordes d'arc. Les indigènes de la Terre de Van Diémen sont parvenus à fabriquer, avec les filaments de l'écorce d'un arbre auquel les colons ont donné, à cause de cette propriété, le nom d'arbre à écorce fibreuse, une espèce de filet grossier dans lequel ils placent la gomme qu'ils récoltent dans leurs excursions. Mais ils n'ont pas songé à appliquer les fibres du kanguro aux divers usages pour lesquels elles étaient propres. Leurs seules armes sont la javeline, la *waddie*, et cette espèce de projectile semi-circulaire, qu'ils appellent *womera* et qu'ils lancent contre leurs ennemis dans le combat et contre les kanguros dans leurs chasses.

Quand les femmes eurent appris que nous avions besoin de provisions pour la Piccaninny, une d'elles s'approcha de nous. Elle avait à la main une petite hache faite avec une pierre aiguë. Elle se mit à rire, à minauder, à gesticuler, et à nous engager, avec un flux prodigieux de paroles que nous n'entendions pas, à être témoins de ses exploits. Nous consentîmes à l'accompagner. Les constables, à qui nous avions donné l'excédant de notre dîner, restèrent pour garder nos chevaux que nous nous aventurâmes à attacher dans un endroit où il y avait une assez grande abondance de foin sauvage.

La femme noire nous conduisit sur les bords d'une forêt d'arbres à écorce ligneuse, qui se trouvait à peu de distance. A la voir, on eût dit d'abord d'un de ces spectateurs affamés, qui savourent l'odeur des mets devant l'étalage d'un marchand de comestibles. A la fin, elle s'arrêta devant un arbre sur lequel ses organes olfactifs l'avaient avertie, qu'il y avait un opossum. Comme la liberté de ses mouvements n'étaient contrariée par aucune espèce de vêtement, elle n'avait point de dispositions préliminaires à prendre avant de se livrer à ses dangereux exercices.

Ils consistaient à monter le long de la tige droite et unie d'un très-grand arbre au haut duquel se trouvait l'opossum. La chasseresse commença par faire avec sa hache, dans l'écorce de l'arbre, une entaille suffisante pour placer son orteil. Cette entaille pouvait être à deux ou trois pieds de terre; elle y plaça le bout de son gros doigt du pied et s'enleva, en faisant reposer tout le poids de son corps uniquement sur ce membre. Elle était en même temps cramponnée d'un bras à l'arbre, beaucoup trop gros du reste pour qu'elle pût l'embrasser. Elle fit, avec la main qui lui restait libre, une seconde incision à l'écorce, en usa de même, et répéta la même opération autant de fois que cela lui fut nécessaire. Elle eut ainsi bientôt atteint à une hauteur d'au moins cinquante pieds. C'était là seulement que l'arbre commençait à porter des branches. Au fond du trou qui se trouvait dans une de ses fourchettes, il y avait un opossum, dont elle se saisit en un clin d'œil et qu'elle tua. Puis, tenant l'animal dans une de ses mains, elle descendit de l'arbre avec une agilité qui excita notre admiration, et avec une rapidité et une absence de toute précaution qui nous firent trembler. J'avais souvent entendu parler de ce genre de chasse; mais je n'en avais jamais été témoin. Je me sentis la poitrine dégagée d'un grand poids lorsque la femme noire eut atteint la terre, saine et sauve. Pour elle, il ne semblait pas qu'elle eût fait une chose extraordinaire. Elle vint présenter à ma jeune pupille l'opossum qu'elle tenait par une oreille, et se retira après l'avoir saluée plusieurs fois en souriant.

Je ne savais trop comment reconnaître cet acte spontané de courtoisie, lorsque heureusement je me rappelai que j'avais dans ma poche un mouchoir de soie écarlate. Je me hâtai de l'offrir à l'audacieuse chasseresse. J'eus la satisfaction d'observer, par les marques de déférence dont elle devint l'objet de la part de ses compagnes, moins bien partagées de la fortune, que ce n'était pas pour elle un cadeau d'une médiocre importance que je lui avais fait. Elles s'empressèrent d'examiner un tissu si riche et si brillant à leurs yeux, et je crois qu'il se mêla plus d'un sentiment secret de jalousie aux manifestations éclatantes d'admiration qu'il leur inspira. La négresse ravie se ceignit la taille avec le mouchoir et lança un regard de triomphe sur la sultane favorite qui n'avait qu'un mouchoir de coton rouge; puis avec cet air dédaigneux qu'aurait pu prendre dans la mère-patrie une jeune fille, qui, la tête ornée d'un chapeau du dernier genre, regarde en pitié la rivale humiliée réduite à en porter un à l'ancienne mode, elle alla s'asseoir sur le tronc renversé d'un arbre à gomme. Confiante dans son succès, elle ne paraissait pas quêter les témoignages d'admiration, elle en jouissait comme d'une chose due et légitimement acquise.

Cependant les indigènes avaient terminé leurs préparatifs pour la chasse au kanguro. Musquito fit un dernier appel à toute sa bande, hommes et femmes, jeunes et vieux, et nous quittâmes le camp, en laissant nos chevaux à la garde des constables. Je tenais par la main la petite Georgiana, qui ne voulait plus me quitter. Le magistrat et moi, nous accompagnâmes la troupe, qui se composait de vingt-cinq personnes. Deux ou trois femmes restèrent pour garder une demi-douzaine d'enfants que ces préparatifs avaient fait sortir de quelques retraites écartées où on les avait tenus cachés jusque-là.

Je ne vis pas avec beaucoup de satisfaction distribuer aux hommes plusieurs faisceaux de javelines. Ils avaient déjà en main leurs waddies.

— J'espère, dis-je au magistrat, que tout se passera bien; mais si ces sauvages allaient s'animer un peu trop à la chasse, il pourrait bien leur prendre la fantaisie de nous décocher quelques javelines.

— Surtout, ajouta le magistrat, si Musquito ou quelqu'un des siens venait à vous reconnaître comme le héros qui a fait pleuvoir sur leurs têtes, il y a quelque temps, dans les collines, une grêle de gros plomb, dont ils n'ont pas dû conserver un souvenir très-agréable.

— Par bonheur, lui dis-je, j'avais alors une barbe de dix jours et des habits tout différents de ceux que je porte aujourd'hui.

— J'en conviens; mais les sauvages ont un coup d'œil bien pénétrant, et ils ne laissent jamais percer leurs projets avant que le moment opportun pour l'exécution ne soit arrivé. Ces javelines et ces waddies sont vraiment d'un aspect peu rassurant. Fasse le ciel que cette chasse ne tourne pas aussi désagréablement pour nous que la chasse de Chevy, dans le bon vieux temps. »

Sous l'inquiétante influence de semblables craintes, nous aurions bien voulu ne pas être engagés dans cette dangereuse expédition, mais il était trop tard.

CHAPITRE L.

La torpeur habituelle aux indigènes était remplacée pour le moment par une ardeur sans frein. Les femmes, aussi bien que les enfants, en partageaient les transports. Les hommes se parlaient les uns aux autres, les femmes jasaient ensemble, les enfants se livraient à des ébats sauvages et se lançaient, en folâtrant, de petites javelines. Je fis entendre à notre guide qu'il eût à être bien attentif au moindre indice de trahison ; mais il nous dit qu'il n'entrevoyait aucune intention hostile. « Eux, ne pas penser à combattre, mais à chasser le kanguro. »

Nous observâmes néanmoins qu'il ne se mêlait point avec les indigènes. Poussé par une sorte d'instinct, il paraissait se croire plus en sûreté dans notre voisinage immédiat que dans la compagnie des noirs, ses semblables.

Toute cette troupe de sauvages était nue ; elle se dirigea sur les derrières du camp, et lorsqu'elle eut fait un demi-mille à peu près, Musquito prit la direction de la chasse. Il donna ordre à la moitié de son monde d'avancer jusqu'à quatre milles (une lieue trois quarts) de l'endroit où nous nous trouvions ; il enjoignit à une autre partie de s'étendre à droite, et au reste de faire un circuit semblable sur la gauche. De cette manière, ils devaient opérer une battue circulaire qui avait pour résultat de ramener le gibier au point du centre.

Dans l'été, les indigènes mettent souvent le feu au bois pour en chasser le gibier qu'ils tuent, à mesure que, fuyant les flammes, il vient tomber dans leurs embuscades ; mais, en hiver, comme les herbes brûlent mal, ils sont obligés d'avoir recours à un expédient plus fatigant pour eux.

Musquito s'assit alors sur le gazon ; nous suivîmes son exemple, en nous asseyant nous-mêmes sur un tronc d'arbre. Tom, qui nous avait interprété tout ce qui s'était dit jusque-là, nous avertit que nous devions attendre jusqu'à ce que le premier détachement eût atteint sa destination, pour nous mettre nous-mêmes en marche.

Nous essayâmes, pendant ce temps-là, à engager la conversation avec Musquito ; mais il ne paraissait pas disposé à parler et semblait absorbé dans quelque méditation intime.

— J'espère que tout finira bien, dis-je au magistrat. Cependant, depuis que vous m'avez parlé du risque que je cours d'être reconnu, j'ai fait d'assez désagréables réflexions. Un combat avec les sauvages serait une affaire fâcheuse, surtout à cause de l'embarras que nous donnerait notre jeune orpheline et de l'obstacle qu'elle apporterait à notre défense.

En m'entendant exprimer ces craintes, Georgiana se serra instinctivement contre moi, mais elle ne proféra pas un mot.

« Il n'y a que quelques jours, dit le magistrat, que je lisais un passage très-paradoxal d'un écrivain français, dans lequel il se prononce en faveur de la vie sauvage, qu'il place beaucoup au-dessus de la vie civilisée. Je suis porté à croire que si l'éloquent sophiste avait pratiqué les sauvages, comme nous le faisons nous-mêmes, il eût singulièrement modifié ses opinions sur cet état primitif de la société. Il est probable que le philosophe de Genève eût cessé alors de l'exalter comme l'état le plus parfait auquel l'homme puisse atteindre et comme un modèle qu'il doit chercher à imiter.

— Les indigènes de la Terre de Van Diémen, ajoutai-je, semblent n'occuper dans l'ordre de la création, que le degré qui touche immédiatement aux animaux. Ils forment en quelque sorte le chaînon, qui unit l'homme à la brute. Ils ne l'emportent sur la brute que par l'idée qu'ils ont de la manger. Encore, n'ont-ils qu'un seul animal, le kanguro, sur lequel ils puissent exercer leur voracité.

Selon moi, l'état d'abrutissement dans lequel végètent les habitants primitifs de cette île, doit être attribué, en grande partie, à la nature même du pays. Le sol ne produit, par lui-même, ni fruit, ni herbe, ni racine, qui soit propre à l'alimentation de l'homme. On n'y voit non plus ni bœufs, ni moutons, ni chèvres, en un mot, aucun animal susceptible d'être apprivoisé et de fournir à l'homme une nourriture régulière.

Si on en excepte l'opossum et quelques autres espèces dégoûtantes, le kanguro est le seul animal qu'ils puissent manger. La chasse qu'ils en font continuellement les oblige à changer sans cesse de place et s'oppose à ce qu'ils aient des habitations fixes. Ils se trouvent ainsi empêchés de contracter ces habitudes domestiques, qui semblent être le premier pas à l'aide duquel l'homme entre dans la voie de la civilisation. Quand à l'idée de la divinité, je ne sais si vous avez jamais découvert qu'ils en eussent aucune.

— Toutes les recherches que j'ai faites à cet égard, me répondit mon ami, n'ont abouti qu'à me prouver qu'ils avaient l'idée d'un méchant esprit qui cherche à leur nuire; mais ils n'ont pu s'élever jusqu'à la connaissance d'un être bon et créateur. Cook et Flinders ont décrit, il y a longtemps, les cérémonies religieuses ou plutôt les cérémonies superstitieuses des habitants de Sydney; mais les aborigènes de cette île ont renoncé, depuis ce temps, à ces ridicules momeries, où nous n'avons jamais eu l'occasion d'en être témoins.

— L'ignorance où nous sommes de leur langue, lui dis-je, peut être aussi un obstacle à ce que nous acquérions des notions exactes sur leurs croyances religieuses ou sur leurs coutumes.

— Sans aucun doute. Mais leur langage, autant du moins que nous pouvons le comprendre, ne semble propre qu'à exprimer les idées les plus simples; et, dans le fait, ils n'éprouvent pas le besoin d'exprimer autre chose.

— Ce sont d'excellents mimes, ajoutai-je.

— Tous les sauvages le sont et beaucoup d'animaux le sont comme eux. Les oiseaux imitent les sons, les singes imitent les gestes... Mais voici notre hôte qui se met en mouvement, je suppose que la chasse va commencer. »

Musquito se leva d'un air nonchalant, et donna quelques ordres, à droite et à gauche, à ceux des indigènes qui pouvaient l'entendre. Ces ordres furent répétés de distance en distance jusqu'au fond des bois. Nous nous mîmes en marche, sans que Musquito prît ou parût prendre aucun souci de nous. Son regard était stupide, et il semblait plongé dans son impassibilité habituelle. Mais les cris de ses camarades qui devenaient de plus en plus bruyants et la vue du gibier qui passait de temps en temps devant ses yeux, réveillèrent bientôt en lui les instincts du sauvage. L'animation la plus intense remplaça sa bestiale immobilité et il prit une part passionnée à toutes les vicissitudes de la chasse.

Le caractère du sauvage commença alors à se manifester en lui dans toute son énergie. C'était avec des cris épouvantables et des gestes frénétiques, que j'essaierais vainement de peindre, qu'il cherchait à effrayer le gibier et à le refouler vers le centre du cercle, formé autour de ces animaux éperdus et terrifiés.

Les groupes qui formaient ce cercle, éloignés d'abord les uns des autres, nous parurent, à mesure que nous avancions, tendre graduellement à se rapprocher. Ils arrivèrent enfin à la portée de la voix de ceux qui occupaient les points les plus éloignés de la circonférence.

A mesure que le cercle se rétrécissait, les kanguros effrayés passaient plus fréquemment devant nos yeux. Les cris et les contorsions de Musquito et des autres sauvages que nous pouvions voir, à droite et à gauche, devenaient plus violents et plus furieux. Ces sauvages, noirs et nus, faisant vibrer leurs javelines, brandissant leurs waddies, vociférant et dansant avec une fureur tout à fait extravagante, présentaient réellement l'image d'une troupe de démons, livrés à une infernale orgie.

En ce moment, nous aperçûmes, bondissant à notre gauche, un monstrueux kanguro, de six pieds de haut au moins, qui traînait après lui une énorme queue. Musquito lui lança d'abord une javeline qui alla s'enfoncer dans l'épaule de la bête, laquelle rentra dans le fourré ; mais elle y trouva les indigènes à leur poste, qui la repoussèrent par leurs cris. Musquito s'élança à sa rencontre, et, avant que le kanguro eût pu s'arrêter dans sa course, il lui asséna sur le crâne un coup terrible de waddie. L'animal, étourdi sous le coup, secoua un peu les oreilles et agita sa jolie tête. Aussitôt, Musquito, profitant de ce premier moment de stupeur, et évitant de se laisser saisir dans les griffes redoutables dont les pattes de devant de son adversaire étaient armées, redoubla ses coups jusqu'à ce qu'il l'eût terrassé. Un cri de victoire annonça ce premier succès. Musquito n'était plus cet indigène apathique qui semblait tout à l'heure végéter sous nos yeux ; c'était un sauvage exalté qui déployait toute la férocité de son caractère. Son sang s'était enflammé dans sa lutte avec le kanguro, et les efforts qu'il avait faits l'avaient jeté dans un accès de fureur indomptable. En le voyant dans cet état, nous regrettâmes de nous être engagés dans une chasse si dangereuse ; mais, nous retirer dans un pareil moment, c'eût été éveiller la défiance, et peut-être exciter la colère des indigènes. Nous nous contentâmes de tenir nos armes prêtes à tout événement, et de conserver tout notre sang-froid et toute notre présence d'esprit au milieu de l'exaltation générale.

Le cercle s'était rétréci autant que nous pouvions le désirer. Il y avait cinq kanguros de cernés, et parmi eux il s'en trouvait un énorme que les indigènes saluaient du nom de : Boomah! boomah! Trois des kanguros des bois furent promptement abattus sous les coups des javelines et des waddies; mais le boomah restait debout et intrépide au milieu de ses ennemis, qui se pressaient autour de lui, et dont il semblait braver les attaques. Les sauvages lui eurent bientôt décoché de nombreuses javelines. A chaque trait qui pénétrait sa peau, l'animal faisait un bond; mais il était toujours sur pied, et semblait épier l'occasion de se faire jour à travers les rangs de ses adversaires. Un groupe de trois ou quatre chasseurs se précipita sur lui, du point opposé à celui où nous nous trouvions, en essayant de le frapper à la tête avec les waddies. Le kanguro parut fléchir sur lui-même; mais, faisant un bond terrible du côté où je me trouvais avec le magistrat et l'enfant, il franchit le cercle des chasseurs et s'échappa. Musquito, furieux d'une telle perte, frappait la terre des pieds avec rage. Je ne pus, dans un semblable moment, étouffer l'instinct du chasseur qui surgit en moi. Je couchai l'animal en joue, et, choisissant mon canon de droite, que je chargeais toujours à balle, je fis feu. Je fus assez heureux pour l'atteindre derrière la tête, que la balle traversa. Il ne poussa pas le moindre cri, car le kanguro ne profère aucun son. Il fit en l'air un bond prodigieux, et tomba mort.

Au bruit de la détonation de mon fusil, les cris des indigènes avaient cessé comme par enchantement. Immobiles comme des statues, ils promenèrent rapidement sur mon compagnon et sur moi des regards qu'animaient la défiance et la crainte. Ce silence subit et profond qui succédait aux cris forcenés dont les forêts retentissaient un instant auparavant, fut d'un effet aussi singulier que frappant. Je courus droit sur mon gibier, et, conformément à la coutume des colons qui ont l'habitude du fourré, je me mis à recharger mon fusil. Les indigènes me regardaient dans une muette stupeur. Je fis signe à celui qui était le plus près de moi de s'approcher, et, lui montrant le kanguro, je l'engageai par mes gestes à s'en emparer. Il parut hésiter et consulta des yeux ses camarades. J'appelai alors Tom, et je lui dis d'expliquer aux sauvages que je regardais cette pièce de gibier comme leur propriété. Aussitôt qu'ils eurent compris mes intentions, ils s'avancèrent, mais avec réserve et à pas lents. Quant à Musquito, il se présenta sans autre cérémonie, examina la bête en connaisseur, et témoigna le plaisir le plus vif que je l'eusse tuée. Il ne fallut pas moins de quatre hommes pour porter le kanguro jusqu'au camp, bien que la distance à parcourir ne fût pas très-considérable. Le reste de la troupe se mit en devoir de faire les préparatifs d'un grand festin. Avant d'arriver jusqu'aux feux, nous rencontrâmes les deux constables, qui avaient conçu quelque inquiétude en entendant un coup de fusil. Ils avaient sellé nos chevaux en toute hâte et venaient au-devant de nous.

« Nous craignions que vous ne fussiez dans l'embarras, dit Sanders. Scroggs était déjà prêt à se chamailler; car c'est un garçon qui ne recule pas dans une rencontre. C'est une vieille habitude chez lui.

— A quoi bon, dit Scroggs, rester les bras pendants, sans savoir prendre un parti. La seule chose qu'il y ait à faire, c'est de fusiller tous ces mauricauds-là, et vous n'en aurez rien à craindre après; car on ne peut jamais se fier à un indigène.

— Vous ferez bien de monter à cheval, Messieurs, dit Sanders. Tous ces sauvages ont leurs javelines et leurs waddies à la main; on ne saurait prévoir quel usage ils peuvent en faire. Tenez, en voyez-vous trois qui causent là-bas entre eux, en montrant M. Thornley?

— Ils parlent probablement du beau coup de fusil qu'il vient de tirer, dit le magistrat. C'est une merveille qui passe leur intelligence.

— C'est possible, mais je n'aime pas l'attitude qu'ils ont prise quand ils ont vu que nous les regardions. Il faut nous tenir sur nos gardes, Monsieur. »

Nous n'avions aucune inquiétude de voir les sauvages se livrer à quelque acte de violence; mais enfin nous pensâmes qu'il valait mieux se tenir prêt à tout événement. Nous prîmes donc nos chevaux des mains des constables, et nous les conduisîmes par la bride. Je fis monter la jeune fille sur le mien, en lui recommandant de n'avoir pas peur et de bien se tenir aux crins. Ces dispositions prises, nous continuâmes à nous acheminer vers les feux. Les sauvages étaient divisés en plusieurs groupes, au milieu desquels on déposa les produits de la chasse. Je remarquai, à côté du gibier, deux serpents morts. Je demandai à Tom ce que les sauvages entendaient en faire.

« Manger eux, dit Tom. Le serpent être bon... Nous manger beaucoup de serpents à Sydney. »

Effectivement, pendant qu'il prononçait ces mots, un indigène prit les serpents, et, sans se donner la peine de les dépouiller ou de leur faire subir aucun autre préparatif culinaire, il les jeta sur le feu. Quand il les trouva suffisamment grillés à sa fantaisie, lui et un ou deux de ses camarades qui semblaient avoir droit à partager ce mets délicat, les dévorèrent en donnant les signes de la plus vive satisfaction.

Ils se mirent ensuite en devoir de dépecer le plus gros des kanguros. Les morceaux de pierres aiguës dont ils se servaient en guise de couteaux ne convenaient guère pour une semblable besogne. J'atteignis le couteau que j'avais l'habitude de prendre pour mes excursions dans les bois, et je l'offris à Musquito. Ce couteau se composait d'une lame très-forte, d'une plus petite et d'une scie. J'ouvris la scie, et j'en expliquai l'emploi aux indigènes qui m'environnaient. Ils étaient stupéfaits d'une si ingénieuse invention; mais la grande lame était ce qui leur plaisait le plus. Musquito daigna, dans cette occasion extraordinaire, faire l'essai du nouvel instrument que je venais de lui confier, en dépeçant lui-même le kanguro. Il lui coupa la tête, qu'il jeta de côté, sépara les épaules et le corps du train de derrière, et, avec une politesse dont je ne l'aurais pas cru capable, il poussa de notre côté, en nous invitant à la prendre, cette partie de l'animal, qui en est la meilleure.

Sanders mit pied à terre, et jeta le morceau de gibier sur le pommeau de sa selle; puis, remontant à cheval, il nous engagea, actuellement que nous étions pourvus de provisions, à nous éloigner sans perdre de temps, et à regagner le plus tôt possible quelque hutte de gardien de troupeaux ou la ferme de quelque colon. Nous allions monter à cheval; mais, malheureusement, le magistrat et moi, nous restâmes quelques instants à nous amuser de la curiosité avec laquelle les indigènes examinaient la tête du kanguro que j'avais traversée d'une balle. L'examen du trou qui était dans la tête de l'animal les conduisit à vouloir examiner aussi l'instrument qui l'avait fait. Trois ou quatre d'entre eux se réunirent autour de moi, et se mirent à regarder avec empressement les ornements de la crosse de mon fusil, qui étaient attachés avec des clous d'argent fort brillants; ils entouraient une de ces larges plaques d'argent sur lesquelles on inscrit ordinairement le nom du propriétaire de l'arme. Comme j'avais, jusque-là, porté la crosse de mon fusil sous le bras, les sauvages n'avaient point eu l'occasion de l'examiner; mais, dans ce moment, ils y attachèrent leurs regards avec curiosité et surprise. Ils semblaient retrouver une ancienne connaissance.

« Vous ne remarquez pas, me dit Sanders, que les trois sauvages que nous avons vu causer ensemble, il y a un moment, n'ont pas assez d'yeux pour regarder votre fusil.

— Thornley, me dit vivement le magistrat, je parierais que vous êtes reconnu ! Ces indigènes se rappellent ce fusil que vous leur avez jeté sur la tête du haut de l'arbre où ils vous assiégeaient. Il serait à souhaiter que nous fussions bien loin. Ouvrez la marche avec Georgiana. Les constables et moi, nous formerons l'arrière-garde. Nous marcherons de front. Tom, pouvez-vous faire une course ?

— Il suivra le galop de nos chevaux, dit Sanders.

— En avant donc, et ne perdons pas de temps ! »

Le magistrat et moi, nous montâmes à cheval. Au même instant, un cri effroyable partit du milieu des sauvages; l'écho des montagnes le répéta, si puissant, si vibrant, que nos chevaux s'arrêtèrent en mordant leurs freins. Quand ce n'eût pas été un motif pour hâter notre fuite, nous y aurions été déterminés par une javeline qui me fut lancée avec une intention d'hostilité bien marquée, et qui alla s'enfoncer dans le flanc du cheval de Scroggs. L'animal n'attendit pas, pour partir, un second coup d'éperon du même genre; Scroggs n'eut pas besoin, non plus, d'un second avertissement. En un mot, cette déclaration de guerre bien manifeste eut une influence égale sur nous tous. Nous partîmes ensemble, au galop, en tournant le pied de la colline. Tom, qui nous précédait d'abord, ne tarda pas à se trouver en arrière. Le magistrat s'en aperçut, nous cria de nous arrêter, et, comme le terrain était uni, il ordonna à Sanders de prendre Tom en croupe jusqu'à ce que nous fussions à l'abri de l'atteinte des indigènes. Ce retard leur permit de nous couper au détour de la colline, et nous les trouvâmes à droite, sur le bord de notre route. Nous tînmes nos chevaux à distance de la portée de leurs javelines; mais un womera, lancé par la main vigoureuse d'un indigène, vint frapper le cheval de Scroggs à l'une des jambes de devant, et nous fûmes obligés de faire halte un instant.

« Courage, cria le magistrat; nous avons une plaine devant nous, et pas d'arbres. »

Une grêle de javelines vint interrompre sa harangue. Cependant il reprit :

« Sanders, tirez sur cet indigène qui est là sur votre droite, et qui tient un paquet de javelines dans sa main gauche. »

Le constable fit feu, et l'indigène tomba. A cet échec, le reste de la bande battit en retraite derrière les arbres et dans le fourré.

« Maintenant, Scroggs, mon ami, il faut faire avancer votre cheval à tout prix. La vie d'un homme est plus précieuse que celle d'un cheval. Si le vôtre peut tenir sur pied pendant vingt-quatre heures, nous sommes sauvés. »

Par malheur, nous ne pouvions avancer que bien lentement avec un cheval boiteux, et nous ne voulions pas laisser le cavalier derrière. Nous marchâmes avec lenteur pendant une heure environ, longeant une épaisse forêt qui se trouvait à notre droite, et qui nous conduisit jusqu'au pied d'une colline couverte de broussailles.

« Si les indigènes ont résolu de nous livrer bataille, dit Sanders, c'est ici qu'il faut les attendre. Ils ont découvert que M. Thornley est le même homme blanc avec lequel ils ont eu affaire précédemment, et qui a tué sans aucun doute quelqu'un de leurs parents. Les survivants veulent avoir sang pour sang. C'est la loi des indigènes.

— Comment se fait-il, interrompis-je, que Musquito soit resté si tranquille? Car il m'a certainement reconnu.

— C'est très-explicable, Monsieur. Musquito est natif de Sydney, et il ne tient par les liens du sang à aucune des tribus de cette île. Si vous étiez attaqué à une de ses gins, les choses ne se seraient pas si bien passées, car les indigènes sont aussi susceptibles que les blancs sur cet article. Ils n'aiment pas que les étrangers leur enlèvent leurs gins, et c'est ce qui donne lieu à de nombreuses querelles entre eux et les gardiens de troupeaux. Ceux-ci cherchent à séduire les gins avec quelque mauvais clou ou quelque morceau de bouteille de verre cassée, ou plus souvent encore avec un mouchoir rouge; car il n'y a rien de tel qu'un chiffon rouge pour gagner les bonnes grâces d'une gin, blanche ou noire. Mais c'est ce que les indigènes n'aiment pas, et c'est avec eux une fréquente occasion de combat.

— Il va nous falloir combattre aussi, dit le magistrat, car voici les indigènes qui viennent à nous en corps. J'en suis fâché pour eux; mais il faut défendre notre vie, et le meilleur moyen, c'est d'agir avec vigueur. »

Nous avions atteint en ce moment le sommet de la colline. A nos pieds se déployait une plaine d'une étendue considérable; mais la pente qui y conduisait était rapide et raboteuse. Nous gagnâmes une clairière, et nous attendîmes leur attaque de pied ferme. De leur côté, les indigènes firent halte à cent vingt pas plus loin. Au bout de quelque temps, un des leurs s'approcha de nous avec une waddie dans sa main droite et un paquet de javelines dans sa main gauche. Il nous adressa un discours qu'il prononça d'une voix forte, mais calme. Il accompagnait ses paroles d'une multitude de gestes, sans paraître cependant y mettre ni emportement, ni passion.

« Que dit-il, Tom? s'écria le magistrat.

— Il dit : Tous les hommes blancs être méchants.

— Et que dit-il encore? car son long discours ne peut pas se réduire à si peu de chose.

— Il dit : Vous venir prendre son pays, manger ses kanguros, enlever ses gins. Il dit : Tous les hommes blancs être très-méchants. Il dit : Ce gentleman, mossieu Thornley, être un très-méchant homme blanc et avoir tué son frère, le frère à lui, noir. Et il dit : Mossieu Thornley devoir se tenir debout, là, pour qu'il jette à lui des javelines.

— C'est un cartel qu'il vous envoie, Thornley, dit le magistrat. Comme gentleman, comme homme d'honneur, vous ne pouvez pas refuser, ou bien votre noir antagoniste publierait partout que vous êtes un poltron.

— Il faut, dit Tom, mossieu Thornley se tenir ici debout, et le noir jeter une, deux, trois, beaucoup de javelines à lui : alors plus de bataille. Le noir tuer mossieu Thornley, et après être bons amis.

— Allons, Thornley, dit mon ami en riant, le rôle que vous avez à jouer dans cette circonstance est positif, c'est celui de Quintus Curtius.

— Je ne sais pas, dit Scroggs, ce que ce gentleman là peut avoir à démêler avec les indigènes; mais au lieu de bâiller ici aux corneilles, nous ferions mieux de chercher à ajuster les choses, et nous avons le reste d'une certaine bouteille de rhum qu'on pourrait peut-être offrir à ce beau parleur. »

Tom s'avança donc, prononça un énergique CORROBARA pour annoncer qu'il demandait à parler à l'indigène, qui croyait avoir de graves motifs de plainte. Puis il proposa la demi-bouteille de rhum pour terminer l'affaire à l'amiable; mais son offre fut repoussée avec indignation. Tom vint nous rendre compte du mauvais succès de son ambassade, tandis que l'indigène, recommençant sa harangue, se mit à énumérer toutes les offenses qu'il avait reçues et à déclarer qu'il voulait en tirer vengeance.

« Il faut augmenter nos offres, dit le magistrat; c'est déjà quelque chose que de l'avoir amené à marchander sur le prix de sa vengeance. Je crois maintenant que ce n'est plus qu'une question de quantité qu'il s'agit de débattre. Consultons Tom :

« Tom, que faut-il lui donner?

— Il faut donner, vous, la bouteille de rhum; mossieu Thornley un mouchoir rouge pour sa gin et encore les boutons de votre habit.

— Les boutons de mon habit? dit le magistrat : Soit; il n'est rien que je ne fasse pour sauver la vie d'un ami et conserver la paix... Cependant il me semble que Thornley tient à son duel. Je ne sais vraiment pas si nous devons arranger l'affaire. »

Tom fut dépêché une seconde fois avec ces nouveaux présents; mais ce fut la hache de Tom qui eut les préférences du sauvage. Tom consentit à s'en dessaisir après s'être fait un peu prier. Ce ne fut pas tout encore, l'intraitable négociateur exigeait quelque chose de plus et notre ambassadeur fut obligé de revenir.

« Le noir dit : A cause de la Piccaninny de mossieu Thornley, lui ne lancer qu'une javeline dans cet homme blanc, au lieu de mossieu Thornley.

— Il veut me lancer une javeline, s'écria Scroggs. Je ne veux pas de ses javelines. Dites-lui qu'il aille au diable et que je le ferai pendre.

— Le noir, reprit Tom, dit lui falloir lancer une javeline dans un homme blanc; s'il ne lance pas du tout de javeline, lui sera montré au doigt par ses camarades. Il dit : Lui ne vouloir pas faire de mal à l'homme blanc, mais vouloir seulement enfoncer un petit peu la javeline.

— M'enfoncer une javeline dans le corps! Quelque peu que ce soit, s'écria Scroggs, je ne souffrirai pas cela. Qu'il lance sa javeline dans un arbre à gomme, si cela lui fait plaisir. Je voudrais bien savoir pourquoi il prétend que ce soit moi plutôt qu'un autre qui reçoive sa javeline?

— Mon brave camarade, dit le magistrat, si le sacrifice de votre vie pouvait avoir pour résultat d'empêcher un combat sérieux ou d'arrêter l'effusion du sang, je n'hésiterais pas à vous engager de l'offrir. Mais, dans une affaire de cette nature, je n'ai pas d'ordre à vous donner; tout dépend de votre volonté et de votre courage. C'est à vous de voir si, au prix d'une légère égratignure, vous ne sauverez pas la vie à un bon nombre de ces malheureux sauvages. Voyons, que l'exemple de Quintus Curtius vous touche.

— Je ne connais pas votre quinteux gentleman; mais je parierais bien qu'il ne s'est jamais planté debout devant un sauvage pour en recevoir une javeline.

— Allons, dit le magistrat, si vous vous sacrifiez de bonne grâce, je vous recommanderai au gouverneur pour une gratification et pour de l'avancement.

— C'est bel et bon, murmura Scroggs ; mais le mauvais jeu est toujours de mon côté dans cette partie-là. Ce sont ces maudits noirs, qui ont avalé ma bouteille de rhum, et maintenant qu'ils sont bien restaurés, à mes dépens, il faut encore que ce soit moi qui serve de cible à ce diable incarné, qui est là à agiter sa javeline.

— Je puis vous assurer, mon ami, lui dis-je, que si je croyais qu'il y eût le moindre danger à courir, je ne voudrais pas vous y exposer ; mais si vous voulez vous prêter à la plaisanterie, ce que je ne puis faire à cause de la protection que je dois à cette jeune fille, je vous fais cadeau de cent dollars.

— Eh bien ! me répondit Scroggs, j'irai ; quoique cela ne me plaise guère. Vous donnerez les cent dollars en espèces et non autrement.

— Cent dollars, argent comptant, Scroggs.

— Allons, je me décide pour l'enfant, et non pour l'argent, croyez-le bien ; car, en vérité, il n'y a pas le moindre motif pour que je serve de but aux javelines de ce maudit mauricaud.

— Il ne vous attrapera pas, dit Sanders ; d'ailleurs, selon la coutume des sauvages, vous avez le droit de prendre aussi une javeline pour vous défendre. »

La perspective des cent dollars contrebalançant ses craintes, l'intrépide constable se rendit sur le théâtre de cette monomachie d'un nouveau genre. Il se plaça à cinquante pas environ de l'indigène et attendit là, avec une assez piteuse figure, qu'il procédât à la cérémonie. Le sauvage commença par lui adresser une longue harangue dans laquelle il exposa tous ses griefs. Le pauvre Scroggs l'écoutait à peu près comme un patient écoute les encouragements du bourreau qui va s'emparer de lui. L'indigène se livra alors à plusieurs évolutions mystiques, qui prolongèrent tellement les préparatifs de cette sorte d'expiation, que Scroggs s'écria dans son impatience :

« Que le diable vous emporte ! Si vous voulez me lancer une javeline, finissez-en, et ne me retenez pas là éternellement. »

Les premiers mots de cette apostrophe furent les seuls que le sauvage comprit. Presque tous les indigènes connaissent cette locution, dont les gardiens de troupeaux font un usage très-fréquent dans leurs rapports avec eux. Il savait très-bien que c'était une imprécation, et il la regarda comme un défi héroïque du magnanime Scroggs. Il coupa donc court à toutes ses simagrées fantastiques, et lança au constable une javeline qui lui effleura le bras et alla se perdre à vingt-cinq pas de lui.

« Oh ! oh ! dit Scroggs, c'est un peu trop près pour être amusant. Tu ne te gênes pas, vilain mauricaud ! »

La seconde javeline l'atteignit au côté droit, mais elle rencontra heureusement une tabatière, qui l'arrêta et dans le couvercle de laquelle elle s'enfonça. C'en était trop pour le pauvre Scroggs. Il lança un effroyable anathème contre tous les indigènes, en se comprenant lui-même dans son imprécation pour la folie qu'il avait de servir ainsi de plastron, puis il tourna ignominieusement le dos. Mais au même instant une troisième javeline, lancée par le sauvage, vint s'enfoncer dans la partie protubérante et charnue que le constable venait d'offrir en plein à ses traits. Scroggs poussa un mugissement qui eût fait honneur à un bœuf sauvage, et, sans autre compliment, revint de notre côté en courant à toutes jambes.

« Voilà, mon cher Scroggs, dit Sanders en éclatant de rire, voilà une blessure que vous ne pourrez pas montrer. Vous souvenez-vous de ce sergent du 40° qui avait reçu toutes ses blessures par-devant. Il n'en avait pas une à montrer par derrière. Allons, retournez à votre poste, que votre adversaire vous en fasse une sur la poitrine ; celle-là sera honorable au moins et vous donnera l'air d'un brave.

— J'ai gagné mes cent dollars, dit Scroggs, enchanté d'en être quitte à si bon marché ; cent dollars en argent et non autrement. Je ne voudrais pas recommencer pour le même prix. »

L'indigène, en apercevant son trait enfoncé dans la chair de sa victime, avait poussé un cri de triomphe. Il ramassa ensuite les divers objets qu'il avait exigés en tribut et retourna vers ses compagnons, dont nous n'entendîmes plus parler. Quant à nous, nous continuâmes notre route. Il nous fallut passer la nuit dans les bois ; nous nous y arrangeâmes du mieux qu'il nous fut possible, et, vers le soir du jour suivant, nous atteignîmes une hutte de gardien de troupeaux, située à l'est des plaines de Salt-Pan. Là, nous nous séparâmes de Tom. Le magistrat lui donna un ordre sur un marchand de Launceston, l'autorisant à prendre chez lui tout ce qui lui serait agréable, jusqu'à concurrence de cinq livres sterling (125 fr.). Nous coupâmes à travers terres pour gagner Oatlands, où nous fûmes bien aises de pouvoir nous reposer dans une excellente auberge. Nous y apprîmes que *le Jupiter* avait fait voile deux jours auparavant. Comme j'étais impatient de retourner chez moi avec ma jeune pupille, je priai le magistrat de vouloir bien aller jusqu'à Launceston pour s'informer de ce qu'était devenu l'oncle de Georgiana. Mon ami y acquit la certitude qu'il avait quitté l'île à bord de ce bâtiment.

J'aurai à rendre compte, en lieu convenable, des embarras que me causa plus tard la tutelle de la fille du Bohémien. Sur mon invitation les constables m'accompagnèrent jusqu'aux bords de la Clyde. A partir de Jéricho, nous prîmes un chemin raccourci, à travers le pays. Je les récompensai largement, en reconnaissance de leur activité et de leur bonne conduite. Je donnai en outre à Scroggs un ordre sur la banque d'Hobart Town, pour qu'il y touchât les cent dollars que je lui avais promis.

Ma femme et mes enfants accueillirent la petite étrangère avec une bonté et une sympathie, qui leur eurent bientôt acquis toutes ses affections ; aussi ne tarda-t-elle pas à se regarder comme un des enfants de la maison. Je racontai à ma famille les aventures de mon voyage et ma miraculeuse évasion du caveau de la Maison-Rouge, non sans que ma femme me grondât sévèrement de l'imprudence que j'avais commise, en m'exposant à un pareil danger. Je donnai ensuite mes soins aux affaires de ma ferme, que tous les événements, qui m'avaient accablé, m'avaient fait négliger depuis quelque temps.

J'appris que Crab, dont je demandai des nouvelles, s'était mis en route une heure ou deux après mon départ pour Hobart Town, dans l'intention de visiter le troupeau qu'il avait en parcours, et qu'il n'avait pas encore reparu. Je ne pris pas beaucoup de souci de son absence ; mais une semaine s'étant encore passée sans qu'il revînt, je commençai à concevoir de vives inquiétudes et je pris la résolution d'envoyer à sa recherche.

Comme nous délibérions sur ce point, au déclin du jour, nous aperçûmes notre vieil ami, qui s'acheminait vers la maison, à travers la prairie. Il semblait épuisé de lassitude. Ses habits étaient ternis et souillés par la poussière du voyage. Il avait sur l'épaule un fardeau, dont le poids semblait l'accabler, et, contrairement à la vigueur de ses habitudes, il aidait d'un bâton sa marche chancelante. Je me hâtai de courir à sa rencontre et de lui donner toute l'assistance dont il avait besoin pour gagner la maison. A peine avait-il passé le seuil qu'il laissa tomber par terre la charge qu'il portait, laquelle fit entendre un son argentin dans sa chute. Pour lui, il alla se jeter, en poussant un profond soupir, sur un vaste fauteuil qui lui tendait les bras.

« Grâce au ciel! s'écria-t-il, me voilà arrivé. J'ai bien cru que je ne vous reverrais plus! Quel abominable pays que celui-ci! Pas une diligence, pas le moindre moyen de transport! Au reste, j'ai ce que je mérite. Il y a assez longtemps que j'aurais dû le quitter. Enfin, pour cette fois mon parti est pris, je m'embarque irrévocablement sur le premier vaisseau qui fera voile. Il n'y a que misère et malheur à attendre ici. Vous serez tous ruinés, assassinés ; c'est moi qui vous le prédis.

— Que vous est-il donc arrivé, mon cher Crab, interrompis-je? Avez-vous éprouvé quelque nouvelle mésaventure?

— Ce qui m'est arrivé? Il m'est arrivé une foule de choses qui n'auraient pas dû m'arriver. Je vous conterai tout cela avec le temps, mais donnez-moi d'abord à manger. Avez-vous des côtelettes. Il faut que je reprenne un peu de forces et nous causerons après. »

Je renvoie donc les mémorables aventures du voyage de Crab au commencement du chapitre suivant.

CHAPITRE LI.

« Je dois toutes mes mésaventures à ce mauvais coin de terre, dont j'ai, pour mon malheur, obtenu la concession dans le val des Cerisiers, s'écria Crab, en frappant la table de sa main calleuse pour donner plus d'emphase à sa parole, et en faisant en même temps bondir tous les objets qu'on lui avait servis pour prendre le thé. Oui, je dois toutes les contrariétés que je viens d'éprouver, à la déplorable manie que j'ai eue de devenir propriétaire de terres dont je n'avais pas besoin. Je n'ai que ce que je mérite. C'est une juste punition. Qu'avais-je à faire de terres dans un pays perdu comme celui-ci? Si je ne m'étais pas laissé donner cette terre, je n'aurais pas eu besoin d'y bâtir une maison. Et si je n'avais pas eu besoin de bâtir une maison, je n'aurais pas été obligé de vendre mon troupeau, et alors je n'aurais pas eu tous les tourments que m'ont causé ces maudits dollars. Décidément je veux partir par le premier bâtiment qui quittera la colonie. Betsy, ma chère amie, voulez-vous bien écrire une lettre pour moi? Vous êtes une bonne fille, vous.

— Avec plaisir, lui répondit Betsy, qui était toujours la bien-aimée du vieillard. Et à qui faut-il écrire?

— A mon commissionnaire d'Hobart Town, M. Stikitinem.

— Quel singulier nom!

— C'est, je crois, un Hollandais. C'est lui, ma chère amie, qui me vend tout ce dont j'ai besoin. J'écrirais bien moi-même ; mais mon séjour dans ce maudit pays m'a affaibli la vue, et je ne lis pas bien l'écriture. Je lis les gros caractères imprimés, quand je sais de quoi il s'agit, comme un chapitre de la Bible, ou quelque chose dans le même genre. D'ailleurs, je n'ai jamais beaucoup écrit. Le maniement de la charrue rend les doigts roides. Ça ne me paraît pas naturel d'avoir une plume entre les mains, c'est trop léger.

— Mais, dit ma femme en l'interrompant, que prétendez-vous faire de ce mouchoir plein de dollars?...

— J'espère, maître Crab, que vous n'allez pas nous laisser cela dans la maison ; c'est un objet de tentation trop dangereux quand on habite comme nous au milieu des bois.

— C'est précisément ce que je viens d'apprendre à mes dépens, me répliqua Crab. Ce que vous me dites là, il n'y a personne qui ne me l'ait répété depuis que j'ai ce maudit argent. Je n'ai jamais su que répondre. J'ai eu assez de peine à me le procurer pourtant, car je crois que ce sont les derniers dollars qu'il y ait dans la colonie.

— Vous avez alors vendu quelques moutons? lui dis-je. Combien en avez-vous eu?

— Rien que toutes sortes d'avanies... et ce mouchoir de dollars. J'ai trouvé d'abord un malin, qui voulait me les acheter à trois ans de crédit. Il m'en offrait trente shellings par tête ; il m'en a offert ensuite quarante shellings. « Je ne fais mes affaires qu'argent comptant, lui ai-je dit. C'est ainsi que j'ai acheté mes moutons, c'est ainsi que je veux les vendre. » J'ai ensuite rencontré, à Launceston, un autre gaillard qui voulait les troquer contre du gros bétail. Il m'offrait je ne sais combien de têtes. « C'est probablement du bétail sauvage, lui ai-je dit. Où est-il? — Il est dans les environs de Circular-Head. — Eh bien! lui ai-je répondu, il peut y rester, à Circular-Head, jusqu'à ce qu'il ait la tête là où il a la queue. Je ne veux point de bétail sauvage qui s'en va divaguant par toute l'île et qu'on ne sait jamais où rattraper quand on en a besoin. » Enfin, un nouveau colon, qui avait entendu dire que la laine de mon troupeau était belle, est venu me trouver et m'a offert de m'acheter quatre cents bêtes. « Comment les payez-vous, lui ai-je dit? — En billets de banque de la Terre de Van Diémen, m'a-t-il répondu. » Je ne sais comment cela s'est fait, mais il a fini par me persuader, car c'était un terrible phraseur. Je n'ai jamais rencontré personne qui soit doué à un plus haut point du talent d'enjôler son monde. Nous sommes donc allés à mon parcours à l'extrémité des plaines de Norfolk. C'est alors que le débat du marché a commencé. Il voulait choisir les plus jeunes brebis et les meilleures, quoiqu'à vrai dire, elles soient toutes bonnes. Je lui dis que les choses ne se passaient pas ainsi et qu'il aurait les quatre cents premières bêtes qui sortiraient de l'enclos.

« Il bavarda, au moins pendant une demi-heure pour me démontrer que l'acheteur avait le droit de choisir. Mais je ne suis pas homme à me laisser convaincre par des gens de son espèce. Je lui dis : « C'est à prendre ou à laisser. Vous les payerez une livre sterling (25 fr.) par tête et telles que les bêtes sortiront de l'enclos. » Il me proposa alors d'en choisir alternativement chacun une jusqu'à quatre cents. Cela me parut assez raisonnable, et ce fut le parti que nous prîmes. Lorsque tout fut choisi, il les marqua et il se disposait à les emmener, quand je lui dis : « Et l'argent? — Donnez-moi une plume et de l'encre, répliqua-t-il, sans répondre à ma question ; je vais vous donner mon billet. — Un billet, lui repartis-je! Je n'ai pas besoin de votre billet, c'est de l'argent qu'il me faut. — Alors, venez à Launceston avec moi, me répondit-il, car je ne suis pas assez fou pour porter de l'argent sur moi; et vous aurez des espèces. — A la bonne heure, ajoutai-je, car dans ce pays-ci, il ne faut livrer les moutons que contre espèces; ainsi, vous ne trouverez pas mauvais que les quatre cents moutons restent là jusqu'à ce que vous m'ayiez payé. — Très-volontiers, dit-il. »

— Et il vous a compté votre argent à Launceston, je suppose?

— Vous allez voir, poursuivit maître Crab; mais donnez-moi auparavant une tasse de thé, et laissez-moi vous conter mon histoire, comme je l'entends, autrement cela ne finirait pas. Nous voilà donc partis ensemble pour Launceston. En arrivant à l'auberge, nous nous faisons verser une bouteille de bière, pas mauvaise, ma foi, mais pas aussi bonne que celle que nous buvons dans les tavernes d'Angleterre. Alors, mon homme écrit son billet et dit au maître du logis de le porter chez un négociant de la ville. Au bout de quelque temps, l'hôte revint avec quatre cents livres sterling en billets de banque de quatre dollars chacun. L'écriture des billets était tellement bariolée de paraphes et d'enjolivements qu'il n'y avait pas moyen d'en lire un mot; mais comme l'hôte était témoin de l'affaire je pensai qu'il n'y avait pas de fraude. Il écrivit ensuite un ordre que je signai, par lequel j'autorisais mon berger à lui livrer les moutons. Il me demanda quel était le nom de baptême que j'avais écrit? — Samuel, lui dis-je. — Je ne m'en serais jamais douté, répliqua-t-il; mais je suppose que votre berger le déchiffrera. Et il me laissa là avec les quatre cents morceaux de papier devant moi.

« L'hôte vint alors s'asseoir auprès de moi. Nous nous mîmes à causer des nouvelles du jour. — Avez-vous entendu parler de la grande faillite d'Hobart Town, me dit-il? Voilà une escroquerie du grand genre. Le vent a manqué et les cerfs-volants sont tombés. — De quels cerfs-volants voulez-vous parler? lui répondis-je; je ne connais en cerfs-volants que ceux avec lesquels je m'amusais quand j'étais enfant. — Ah! je vois, me dit-il, que vous ne comprenez pas de quoi il est question. Quand on met du papier comme celui-là en circulation, me dit-il, en montrant du doigt mes billets, et qu'on ne le paie pas, cela s'appelle lancer des cerfs-volants.

« Cette explication de mon hôte fit un effet terrible sur moi. Je fus tout à coup frappé de cette pensée que j'avais livré quatre cents de mes meilleures brebis pour quatre cents chiffons de papier, bons tout au plus pour allumer une pipe. Je sentis une sueur froide me couler sur tout le corps.

— Monsieur, lui dis-je, pouvez-vous me conduire chez le négociant qui vous a donné ces billets? — Certainement, me répondit-il, c'est à deux pas d'ici.

« Arrivé chez le négociant, je lui dis que j'avais des raisons particulières qui m'obligeaient à prendre de l'argent au lieu de papier. — Pourriez-vous, ajoutai-je, me donner des dollars en échange de ces billets? — Volontiers, me répondit-il avec beaucoup de politesse; mais je n'aurais pas cru qu'il eût pu vous convenir d'emporter de l'argent. — Rien ne m'arrange mieux, lui répliquai-je.

« Au même instant, il me compte mon argent, qu'il met dans un vieux sac à poudre. J'enveloppe le vieux sac dans mon mouchoir, pour que cela ait l'air d'un paquet d'habits; je le place au bout de mon bâton, que je mets sur mon épaule, et je m'achemine vers mon auberge.

— Voilà une somme bien considérable, me dit mon hôte, pour la porter avec vous en espèce. C'est une grande tentation pour des domestiques ; j'espère que vous ne la garderez pas dans mon hôtel ?

« Ce fut le début de mes tribulations.

— Non, répondis-je, je me mets en route à l'instant pour retourner chez moi ; moi, les dollars et tout ce qui s'en suit. — Si j'ai un avis à vous donner, me dit l'hôte, c'est de ne pas laisser apercevoir que vous portez une somme de cette importance avec vous. Cela pourra vous attirer quelque mauvaise rencontre. — N'en prenez pas de souci, répartis-je ; je n'ai besoin de personne pour me défendre.

« Je dînai et ensuite je partis ; mais je n'avais pas cru que le poids des dollars était aussi lourd, en sorte que je fus obligé de m'arrêter dans la hutte d'un colon, à dix milles de Launceston environ. Je m'y établis pour passer la nuit.

— Que portez-vous là, me dit le maître de la maison, en cherchant à deviner ce qui pouvait être dans mon paquet, et en manifestant quelque surprise de l'excès de son poids ? Ce ne sont pas des dollars, je suppose, et cependant cela y ressemble ? — Des dollars, s'écria sa femme ! Grand Dieu, il y a là de quoi nous faire assassiner dans nos lits. Au nom du ciel, maître Crab, ne couchez pas ici. Vous aurez été espionné par quelques prisonniers, et ils nous égorgeront tous pour avoir votre argent. Comment avez-vous eu l'idée d'apporter cela ici ? — Si je l'ai apporté, lui répondis-je, un peu mécontent, rien ne m'empêche de l'emporter. J'irai jusque chez le vieux Simon ; il ne me refusera pas asile pour une nuit, lui !

« Le mari ne voulait pas souffrir que je m'en allasse ; il dit que sa femme extravaguait : néanmoins, comme je m'aperçus que la dame ne souhaitait rien tant que de me voir bien loin, je remis mes dollars sur mon épaule et je m'acheminai vers la hutte du vieux Simon, qui demeurait à deux milles environ sur la route.

— Pouvez-vous me donner l'hospitalité pour une nuit ? lui dis-je. — De tout mon cœur, me répondit-il. Jem, mettez cuire quelques côtelettes. Qu'avez-vous donc là ? ajouta-t-il. — Je vous dirai cela, lui répondis-je, parce que je sais que je puis me fier à vous. J'ai vendu quelques moutons, et c'est l'argent qu'on m'en a donné. — Des dollars ! dit-il : Comment ne craignez-vous pas de courir le pays avec une pareille somme d'argent ? Vous serez volé et assassiné avant d'arriver chez vous. Voyons à les cacher quelque part.

« En prononçant ces mots, il renversa dessus une vieille marmite, et bien à propos vraiment, car le prisonnier qui le servait, survint un instant après avec les côtelettes. J'avais à peine achevé d'en manger quelques-unes, qu'il entra trois étrangers dans la maison. L'un était porteur d'un billet de congé, les deux autres étaient des condamnés tout nouvellement débarqués, qui se rendaient à Launceston, chez le maître auquel ils avaient été assignés. Simon me lança un regard comme pour me dire : « Nous voilà dans un joli embarras ! » Mais il n'y avait pas moyen pour lui de s'en tirer. Il était impossible qu'il refusât un asile pour une nuit, et pendant l'hiver encore. Les étrangers se mirent à regarder autour d'eux pour s'asseoir, et l'un d'eux me dit : « Si cela ne vous dérange pas, je vais reculer cette marmite pour pouvoir mettre cette chaise plus près du feu. »

« Simon me lança un autre regard, qui semblait me dire de ne pas consentir à la proposition. Si bien que je me hâtai de me lever en disant à l'étranger : « Prenez ma chaise. J'ai été assis auprès du feu toute la soirée, j'ai assez chaud. Je préfère m'asseoir sur cette marmite. » Ce n'était pas un siége très-agréable : les trois pieds du vase formaient trois saillies assez gênantes. Ajoutez à cela que la marmite était très-basse. Enfin, c'était ce que j'avais de mieux à faire. Je m'assis donc dans une position fort contrainte, mais en affectant de me trouver le mieux du monde.

— Vous ne devez pas être à votre aise? me dit avec prévenance un des prisonniers.
— Au contraire, lui répondis-je, en craignant qu'il n'eût quelque soupçon de la vérité; au contraire, je me trouve très-bien où je suis.

« Les autres me proposèrent également leurs places; mais plus ils mettaient d'instance à me les offrir, plus je mettais d'opiniâtreté à les refuser. Non, me dis-je en moi-même; non, mes gaillards, je prends racine ici, jusqu'à ce que je vous voie hors du logis.

« Le vieux Simon tournait en tous sens dans une inquiétude extrême. Il n'avait qu'un lit d'ami que les prisonniers, par égard pour mon âge et ma position apparente, eurent la politesse de m'offrir; mais je déclarai que je ne quitterais pas ma marmite. Et malgré les angles aigus que formaient ses trois pieds, j'y demeurai toute la nuit, sans oser remuer plus qu'une poule qui couve ses poussins. C'est certes une des plus tristes nuits que j'aie passées de ma vie. »

Il nous fut impossible, à cette partie du récit de maître Crab, de comprimer nos éclats de rire; mais notre gaîté souleva son indignation.

« — C'est fort bien de rire, dit-il; je voudrais bien voir comment vous vous trouveriez, si vous étiez obligés de passer une nuit tout entière assis sur une marmite renversée.

— Eh bien! comment cela a-t-il fini? ajoutai-je.
— J'ai cru que cela ne finirait jamais. Mais comme il n'y a rien au monde qui ne finisse, le matin arriva et les hommes s'en allèrent. Alors, le vieux Simon me dit : « Pour l'amour de Dieu, mon cher Crab, délogez de chez moi le plus tôt que vous pourrez. Je n'ai pas fermé l'œil de toute la nuit. — Croyez bien que je ne veux pas vous donner plus longtemps l'embarras de ma personne, lui répondis-je.

« En même temps, j'essayai de me lever; mais cela me fut impossible. J'avais contracté une telle crampe, en restant assis, que j'avais les membres complètement engourdis. Il semblait qu'il se fût établi une cohésion absolue entre la marmite et moi.

— Je le conçois sans peine, lui dis-je; mais, comment êtes-vous parvenu à vous tirer de là?

— Le vieux Simon était si désireux de se débarrasser de moi et de mes dollars, qu'il mit à ma disposition ses bœufs et son chariot pour me conduire un bout de chemin. En conséquence, nous plaçâmes le sac de dollars dans la marmite; puis nous jetâmes des criblures sur la marmite pour lui donner une apparence naturelle, après quoi il m'aida à la mettre dans le chariot. Son domestique me conduisit environ une douzaine de milles (cinq lieues), au bout desquels il s'arrêta en me regardant et en regardant ses bœufs après moi. Je compris que c'était un avertissement indirect pour mettre pied à terre; mais j'étais terriblement inquiet de savoir ce que j'allais faire de mon argent et de la marmite, qui ne m'embarrassait pas moins. Mon conducteur la prit par un côté et moi par un autre, et nous la déposâmes sur le bord de la route.

« Dieu me pardonne, me dit-il, voilà une vieille marmite qui est devenue bien lourde. Ce ne sont pas les criblures qui lui donnent ce poids-là ! Elle ne serait pas plus pesante, quand elle serait pleine de dollars ! »

« Je frissonnai et je regardai mon conducteur jusque dans le blanc des yeux ; mais il me parut qu'il avait fait cette réflexion le plus innocemment du monde. Il ne parla plus de rien et tourna bride. Je restai là pendant quelque temps à flâner sur le bord du chemin, ne sachant trop ce que j'allais devenir, quand j'entendis dans le lointain des claquements de fouets qui résonnèrent fort agréablement à mon oreille ; puis j'aperçus un troupeau de bœufs, disséminés sur la route, que des gardiens de bestiaux conduisaient à Launceston, pour l'approvisionnement du gouvernement. Il y en avait une trentaine environ. Ils s'avançaient pêle-mêle, pourchassés par les gardiens, qui faisaient retentir leurs fouets, et qui criaient pour les maintenir sur la route. Mon premier mouvement fut de m'asseoir sur ma marmite, pour protéger mes dollars. Ma position ne me permettait de voir qu'à une distance très-rapprochée de moi, et il m'était difficile de juger à qui j'avais affaire. Les hommes poussaient les bœufs par derrière, à grands cris et à grands coups de fouets, de telle sorte que les bœufs de derrière se jetèrent sur les bœufs de devant, et ils furent sur moi avant que je pusse songer à les éviter. Il y eut une des bêtes qui me donna d'abord un coup de museau, puis un coup de tête qui me renversa, et la marmite avec moi, et tout ce que renfermait la marmite. Les conducteurs du troupeau me heurtèrent en passant et m'envoyèrent à tous les diables pour avoir détourné leurs bestiaux de la route. »

Ici, Crab fit une pause dont ma femme profita pour lui dire, avec toute la gravité possible, car nous ne nous serions pas hasardés à rire des mésaventures qu'il racontait avec un si grand sérieux :

« En vérité, maître Crab, il est difficile d'être plus malheureux ; mais, comment avez-vous eu l'idée de promener une pareille somme d'argent dans tout le pays ?

— Comment vouliez-vous que je fisse ? dit Crab avec aigreur. Pareille chose ne me serait pas arrivée en Angleterre ; mais, dans cet exécrable pays, où n'a pas le moyen de transporter quoi que ce soit d'un lieu à un autre.

— Pourquoi n'avez-vous pas pris des billets de banque ? C'eût été plus léger à porter.

— On ne m'y attrapera pas, à accepter de leurs billets de banque. Croyez-vous que je n'en aie jamais vu, de billets de banque ? Mais ceux de ce pays-ci ne ressemblent pas plus à ceux de la banque d'Angleterre, que de la craie ne ressemble à du fromage à la crème. Non, non, je n'ai confiance qu'aux dollars, à l'argent.

— Il paraît pourtant, lui dis-je, que les dollars n'ont pas laissé que de vous causer quelque embarras dans cette circonstance. Je suis curieux de savoir comment vous vous êtes tiré d'affaire.

— J'étais fort embarrassé. Enfin, je me suis décidé à tirer mon argent de la marmite et à le mettre sur mon épaule. Restait la maudite marmite, dont je ne savais plus que faire. Pendant que j'étais là, sur la route, tout pensif, j'aperçois un monsieur et une dame qui venaient dans un tandem à capote, attelé de deux chevaux à la queue l'un de l'autre, comme nous attelons nos charrettes dans le Shropshire. Ils étaient tous deux pimpants, et allaient grand train. Je crie, je les prie d'arrêter. Le monsieur s'arrête tout court, et me demande ce que je veux. — Puisque vous avez deux chevaux à votre voiture, lui dis-je, et qu'il y en a un qui ne fait rien, seriez-vous assez bon pour remettre cette marmite au vieux Simon, qui demeure sur la route, à douze milles (cinq lieues) d'ici environ? — Que le diable vous emporte, avec votre marmite, me répondit-il. Ce sont ses propres termes. Et la dame de rire en me disant : — Où voulez-vous que nous la mettions, votre marmite? mon brave homme. Sur mes genoux, sans doute? Et le monsieur de rire plus fort encore. Après quoi il allonge un coup de fouet à son cheval de devant, qui se met à danser sur les pieds de derrière. La dame crie un peu, et les voilà partis. — Bon voyage, et plus de complaisance! dis-je en ramassant la marmite, que je tenais d'une main, tandis que je portais mon sac d'argent sur l'autre épaule.

« Je me remets en marche; mais ce n'était pas léger, et je n'avais pas fait deux milles que j'étais sur les dents. Je m'assis de nouveau sur le bord du chemin; j'étais si fatigué que j'eus l'idée d'abandonner mes malheureux dollars et de les enterrer dans le fourré. Je cherchais une place convenable pour les mettre, quand j'aperçus une bande assez nombreuse de personnes qui s'avançaient le long de la route. Je ne tardai pas à reconnaître à leurs vestes jaunes que c'était une bande de prisonniers qui venaient travailler à la route. Je vous laisse à penser quel fut mon effroi. Je m'imaginai qu'ils pourraient bien avoir la tentation de me faire un mauvais parti. Je me hâtai donc de jeter de nouveau mon argent dans la marmite et de m'asseoir dessus, jusqu'à ce que les prisonniers fussent passés. Je pris l'air le plus insouciant qu'il me fut possible; mais, au lieu de passer droit, les voilà qui s'arrêtent sur la route, précisément à l'endroit où j'étais, et que leur inspecteur les place à l'ouvrage tout autour de moi. Ils se mirent alors à rire et à me plaisanter sur la drôle d'idée que j'avais de m'asseoir sur une marmite. Je les laissai dire et ne bougeai pas. L'inspecteur s'approcha de moi et me demanda si je n'étais pas indisposé; je n'eus garde de lui dire mon secret. Heureusement, j'aperçus venir un chariot traîné par quatre bœufs. Il y avait dedans une jeune fille de bonne humeur, qui allait se marier à Hobart Town. Le fiancé était dans le même chariot, qui la soutenait de son mieux pour amortir les cahots, car la route était très-inégale. C'était un beau couple tout joyeux. Le père et la mère de la jeune fille étaient dans un autre chariot derrière. Toute la noce s'arrêta pour me regarder, et la jeune fille se mit à rire à se tordre les côtes. Ce n'est pas qu'il n'y eût à rire de ma mésaventure, car j'étais dans la situation la plus critique, ne sachant que faire de mes maudits dollars, et cerné de tous côtés par des condamnés qui se doutaient de quelque chose, j'en suis sûr. Voyant tous les gens de la noce en belle humeur, je me hasardai à leur demander une place. — Volontiers, dit la jeune fille, mais je ne veux pas de votre marmite dans mon chariot. Et elle se prit à rire de plus belle. — Qu'avez-vous donc là-dedans, mon brave homme? s'écria-t-elle. — Je vous dirai cela, lui répondis-je. — Elle est terriblement lourde, votre marmite, dit le conducteur du chariot. — Elle aura pris de l'humidité en restant trop longtemps par terre, repartis-je, à défaut de meilleures raisons. Et eux de recommencer à rire, et le jeune homme de m'appeler vieux farceur. »

— Enfin, comment vous êtes-vous trouvé de cette nouvelle rencontre? dit Betsy en suffoquant de rire dans son mouchoir.

— Je vais vous le dire, mais donnez-moi le temps... Je n'aurais pas voulu que ces braves gens eussent pu croire que je promenais cette marmite avec moi sans motif. Au bout d'une douzaine de milles, je leur confiai donc que j'avais vendu quelques moutons, et que j'en portais la valeur chez moi, en dollars. — Ce sont des dollars que vous avez là? s'écria la jeune fiancée. Dieu du ciel! Mais vous allez nous faire assassiner! Je parierais que cette bande de condamnés que nous avons rencontrés là-bas est à nos trousses pour voler votre argent. Par grâce, dit-elle, ne restez pas dans mon chariot; allez dans l'autre. Mais quand la mère sut de quoi il était question, elle n'eut pas moins de peur que sa fille. De façon qu'on me pria de descendre, et que je me trouvai encore à pied avec mes dollars et ma marmite. Ce ne fut pas sans avoir le cœur gros que je vis les deux chariots s'éloigner. A la fin, je fus donc obligé de me séparer de la marmite du vieux Simon. Je me remis en marche, et je parvins à gagner la maison d'un colon que l'on trouve précisément avant d'arriver à la rivière d'Elisabeth. J'eus beaucoup de peine à déterminer ce colon à donner asile pour une nuit à mes dollars et à moi. La maîtresse du logis était si effrayée, que nous fûmes obligés, son mari et moi, de monter la garde pendant toute la nuit, à côté de mon argent. Elle prétendait entendre à chaque instant le bruit des pas de brigands qui venaient forcer sa maison. Le lendemain, ravis de se débarrasser de ma personne, mes hôtes m'emballèrent dans leur chariot, et me firent conduire à vingt milles (huit lieues) de distance. Je fis le reste du chemin à pied, et j'arrivai à Jéricho à la nuit tombante. Il y a là en garnison un détachement de soldats commandés par un sergent. Je me rendis droit au corps de garde, et je demandai la permission d'y passer la nuit. Je m'y assis avec mon paquet sur mes genoux. Le sommeil me fit plus d'une fois incliner la tête; mais l'inquiétude me réveillait en sursaut, et je veillai encore là toute la nuit, écrasé sous le poids de mon argent. Le lendemain matin, je partis dès le point du jour. Je crus que je n'arriverais jamais au haut de Den-Hill; mais, enfin, me voilà, et les malheureux dollars avec moi! Ils serviront à payer mon passage pour retourner en Angleterre, car je ne resterai certainement pas davantage dans cet abominable pays... Eh bien! Betsy, avez-vous préparé votre plume, ma chère amie?

— J'attends depuis que vous parlez, répliqua Betsy. Que faut-il dire?

— Vous allez écrire ce que je vais vous dicter, s'écria Crab.

« A monsieur Stikitinem.

» Monsieur,

» Je souhaite que la présente vous trouve en bonne santé. Quant à moi, je me porte
» bien. »

— Pas trop bien, dit Betsy; je ne vous ai jamais vu si mauvaise mine de ma vie!

— C'est égal, ma chère amie, répliqua Crab en agitant la main. Il faut bien qu'une lettre commence par quelque chose. Moi, j'ai toujours commencé mes lettres comme ça. C'est comme le coutre qu'on met en avant de la charrue... Voyons, continuons.

« Ce maudit pays me donnerait la mort. Je suis résolu à retourner en Angleterre par
» le premier bâtiment qui fera voile. Retenez-moi une place, je vous prie. Dites au
» capitaine de me la choisir auprès de l'essieu, à l'endroit où on sent le moins de
» secousses. »

— Je me rappelle que j'ai été terriblement malade quand je suis venu ici, ajouta Crab ; mais il n'y a pas besoin de parler de cela dans la lettre.

— Que faut-il dire encore? reprit Betsy.

— Il n'y a pas autre chose à dire; je vous remercie, ma chère amie... Ah! vous pouvez ajouter, cependant, que le dernier sac de cassonade qu'il m'a envoyé était humide au-delà de toute raison, et qu'il y avait plus de sable que de sucre. Dites-lui aussi que je lui prendrai tout ce qui lui reste de graine de foin à raison de quarante shellings (cinquante francs) du boisseau, et qu'il tâche de me procurer quelques plantes de fraisiers à la pépinière de Pitt-Water. Il aura soin, de plus, de s'assurer que le lit qu'il me choisira dans le bâtiment soit assez long ; car je me souviens qu'en venant, la crampe m'a fait raccourcir au moins de deux pouces pendant le temps que j'ai passé à bord... J'allais oublier de lui demander s'il ne pourrait pas me procurer deux briquetiers parmi les hommes du gouvernement ; il m'en faut absolument pour cette méchante petite maison que j'ai à faire construire dans le val. Rien n'est plus agréable à l'œil qu'une jolie maison en briques rouges, avec un petit étang sur le devant, et quelques arbres derrière, dans le jardin. J'ai encore besoin d'un marteau de couvreur et d'un baril de clous à couverture. »

Crab s'interrompit ici quelques instants, en donnant des signes manifestes d'une somnolence qu'il attribua au grog qu'il venait de boire ; puis il reprit :

« Il s'informera également si l'on pourra prendre sur le vaisseau ma laine de l'an passé, et du prix qu'on obtient de la laine d'agneau. J'ai besoin, en outre, de deux scieurs de long et d'un charpentier. Il faut que je fasse scier... (Ici sa tête s'inclina et ses yeux se fermèrent) le vaisseau... Qu'est-ce que je dis donc?... des pieux... Ce voyage m'a tellement fatigué que je ne puis en écrire plus long. Ecrivez le reste comme vous l'entendrez, ma chère amie. Vous savez ce que j'ai à dire. Pour moi, je vide ce verre et je vais me coucher.

— Et ce sac de dollars, qu'en allez-vous faire? dit ma femme.

— Ce sac de dollars, répondit Crab, dont l'intelligence était affaiblie par la fatigue du voyage et un peu troublée par trois verres de grog qu'il avait avalés, sans y penser, dans le feu de la conversation. Eh bien! mettez-le... ma foi! mettez-le dans la marmite. »

Le lendemain, Crab se leva dès le point du jour et tourmenté par l'inquiétude de conserver ses malheureux dollars dans la maison, il alla les enterrer dans le bois en grand mystère; mais le même jour, le prisonnier dont j'ai parlé précédemment, celui qui avait été condamné à cent coups de fouet et gracié, étant venu travailler dans le bois, s'aperçut que la terre avait été nouvellement remuée; il fouilla et trouva le sac à poudre et les dollars. Il alla déposer sa trouvaille entre les mains du magistrat qui fit faire une enquête dans tout le district. Et, un beau jour, nous apprîmes que le sac de dollars avait été rendu à Crab sans qu'il en manquât un seul.

En récompense de cet acte de probité, le magistrat demanda la réhabilitation complète du prisonnier, qui lui fut accordée : c'est maintenant un des plus riches colons de l'île. Mais toutes les inquiétudes de Crab lui étaient revenues avec son sac. On ne parlait dans tout le district que de la somme énorme qu'il possédait en argent, de façon que nous fûmes obligés d'envoyer son trésor à Hobart Town, sous la surveillance et l'escorte de deux constables.

« C'est une belle chose que de l'argent, dit Crab, quand on ne fait que d'en parler et de le souhaiter dans son coffre; mais c'est un cruel embarras quand il faut le déplacer et le garder chez soi. Si on pouvait avoir quelque confiance dans les banques, il n'y aurait rien de tel que les billets. »

Il ne se passa rien d'extraordinaire chez moi pendant quelque temps. Il m'arriva pourtant d'Angleterre une lettre qui m'était adressée par un de mes anciens amis. Il me demandait si je pensais qu'il y eût prudence de sa part à passer avec sa famille dans la Terre de Van Diémen. J'étais fort embarrassé sur la réponse que je devais lui faire. Lui dirais-je de venir ou de rester? La question était fort délicate. C'est effectivement une chose grave que de prendre sur soi la responsabilité du déplacement d'une famille et de la pousser à quitter ses foyers, ses amis pour venir chercher un asile à l'autre bout du monde. J'y réfléchis sérieusement pendant plusieurs jours; cependant, à la fin je m'arrêtai à cette idée que je ne devais pas refuser un service à un ami, parce que ce service entraînait quelque responsabilité. Je résolus donc de lui exposer mon avis, sans réserve, de lui donner une idée de la colonie aussi complète que je le pourrais, et de lui tracer un tableau des avantages de l'émigration aussi étendu que me le permettaient les limites d'une lettre. C'est sous cette inspiration que je lui écrivis ce que l'on va lire.

CHAPITRE LII.

Raisons déterminantes pour émigrer. — Éducation des moutons. — Avis aux émigrants.

« Mon cher ami,

» Je vois avec peine, par votre lettre, que vos affaires n'ont pas pris une tournure favorable en Angleterre, et que vous êtes obligé de songer à trouver quelque nouveau moyen de vous faire un revenu et de sauver, comme vous le dites très-bien, le reste de votre capital. Vous me demandez s'il y a prudence de votre part à émigrer et à venir avec votre famille vous établir dans ce pays? C'est une question à laquelle je répondrai de mon mieux, et vous pourrez avoir au moins la certitude que je ne chercherai pas à vous induire en erreur. Peut-être me laisserai-je aller sans le vouloir, au sentiment qui s'empare de tous ceux qui s'établissent dans ce pays, sentiment que je crois commun du reste aux colons de toutes les parties du monde, je veux parler de l'empressement spontané que chacun d'entre nous met à engager les autres à venir le rejoindre. Ce sentiment, je le présume, naît du désir secret qu'ont tous les colons de voir monter la valeur de leurs terres et de leurs propriétés en général; car plus il y a d'habitants dans un pays, plus les terres et les propriétés mobilières y acquièrent évidemment de valeur. Je ne sais jusqu'à quel point ces réflexions peuvent agir involontairement sur moi, en vous écrivant cette lettre; croyez cependant que je suis mu aussi par des sentiments plus désintéressés, et surtout par le désir bien sincère de vous empêcher de dévorer insensiblement le reste de votre capital en Angleterre et de vous aider, ainsi que votre famille, à vous créer une existence indépendante sur ce point du globe.

« Je ne conseillerai jamais à qui que ce soit de quitter un pays bien organisé, où fleurissent les arts et la civilisation, pour aller dans un pays nouveau, si l'on a le moyen de rester sur le sol où l'on est né et si on y entrevoit en perspective la possibilité d'y établir convenablement ses enfants, car c'est là après tout le but principal de la vie. Consentir volontairement à aller habiter une colonie naissante, c'est, selon moi, se résigner à rétrograder de plusieurs siècles dans la succession des âges et abandonner le point de civilisation et de perfectionnement où est parvenue la vieille société que l'on quitte. L'émigration est une mesure que la nécessité seule doit nous contraindre à adopter. D'après votre lettre, je regarde cette question de nécessité comme décidée dans la situation personnelle où vous êtes, et alors je vous conseillerai de ne perdre ni votre temps ni votre argent dans les délais d'une temporisation inutile. La raison dominante qui vous décide à quitter l'Angleterre pour cette colonie, c'est la certitude que vous croyez avoir d'arriver à une indépendance que vous avez perdu l'espoir d'atteindre dans la mère-patrie.

« Il ne faut pas plus se flatter, dans cette colonie-ci que dans une autre, de jouir d'un bien-être complet. Si vous aimez la vie de campagne, on peut en goûter tous les charmes et la société devient de jour en jour plus agréable. Vous concevrez facilement cependant qu'il n'est pas possible d'avoir une société très-nombreuse dans un pays où les colons sont obligés de résider à une grande distance les uns des autres, afin d'avoir un parcours suffisant pour leurs moutons et leur gros bétail. Mais les colons appartiennent en général ici aux classes bien élevées. Ils ont tous de l'activité dans les habitudes, et, dans le caractère, une certaine tendance aventureuse, dont leur présence dans un pays si éloigné est déjà une preuve. Les rapports avec eux sont agréables. Ils sont pleins d'imagination et doués à un degré fort éminent d'un esprit d'invention que leur position met perpétuellement en jeu.

» Un point bien important à examiner, quand on choisit une colonie pour y émigrer, c'est le climat. Je suis convaincu que ceux qui ont pu comparer les choses, ne balanceront pas à donner à cet égard la préférence à l'Australie sur les États-Unis et sur les Deux-Canadas. Les Canadas ont un avantage marqué sur les colonies éloignées, à cause de leur proximité de la mère-patrie. Pour moi, je regarde la question du climat comme une chose si importante qu'elle fait plus que de contrebalancer à mes yeux, en faveur de celle-ci, la position plus rapprochée des Deux-Canadas. Le climat de toutes les parties de l'Australie, autant du moins que l'expérience l'a démontré jusqu'à présent, est essentiellement sain ; mais je crois que le climat de la Terre de Van Diémen est supérieur à celui de tous les autres points de l'Australie, la Nouvelle-Zélande seule exceptée. Si vous consultez la carte, vous verrez que la Terre de Van Diémen est située au midi de la grande île continentale de la Nouvelle-Galles du Sud, que le climat y est par conséquent un peu moins chaud et plus en rapport avec le tempérament anglais. Il y est très-variable pendant huit mois de l'année, le matin et le soir ; par le matin, j'entends de quatre à huit heures. La température est alors assez froide pour faire trouver le feu agréable. Mais cette variation du climat ne le rend pas malsain. Et dans le milieu de l'été, quoiqu'il fasse chaud, je n'ai jamais hésité à me livrer en plein air aux mêmes travaux que j'aurais faits en Angleterre.

« Quant aux maladies, on peut dire qu'elles sont tout à fait inconnues dans la colonie.

Depuis sept ans que j'y réside, il n'y a pas un membre de ma famille qui ait été indisposé un seul jour. Je ne sais si c'est imagination ou réalité, mais il me semble qu'il y a dans l'air pur de ce pays quelque chose qui inspire une gaîté active toute particulière. Cet état de l'atmosphère peut être déterminé par la position de l'île, qui est assise de manière à recevoir les vents et les brises du Sud. La petite étendue de l'île leur permet de la balayer d'un bout à l'autre et son atmosphère se trouve ainsi constamment purifiée de tout miasme vicieux. Voilà pour le climat. Voyons, maintenant ce qui concerne le sol.

» Un observateur, qui aurait l'esprit enclin à la critique, pourrait dire que le sol de la colonie est loin en général d'être de première qualité. Il y en a une assez grande quantité qui est de pauvre terre. Mais, quelque soit la qualité du sol, tout ce qu'on y sème y pousse bien. C'est une incontestable vérité que les récoltes de toute nature, blé, orge, avoine, pommes de terre, légumes de toute espèce, arbres et fruits de toute sorte réussissent constamment ici. Ces inquiétudes, ces contrariétés, ces mécomptes agricoles et horticoles, qui se résument en pertes désolantes pour le cultivateur et le jardinier anglais, sont inconnus ici. Je n'oserais pas vous affirmer que quand on fiche en terre, le soir, une barre de fer, on la retrouve le lendemain matin couverte des clous qui ont poussé pendant la nuit; mais on peut dire sans exagération que la végétation est prodigieuse. Quoi que vous confiiez au sol de la Terre de Van Diémen, vous pouvez être certain que cela y poussera et même sans égard pour la saison. Car si vous mettez en terre votre semence ou votre bouture dans un moment qui ne soit pas convenable, si elles ne viennent pas à bien, elles feront au moins des efforts désespérés pour pousser.

» En arrivant, j'avais demandé quelle était la saison convenable pour semer le blé. On me répondit que c'était en avril, mais je me rappelle que j'essayai d'en semer un peu vers la mi-novembre. Au milieu du mois de janvier suivant, mon blé était en épi. Le sol dans lequel je l'avais semé, n'avait jamais été labouré auparavant. Le labour que j'avais donné était assez imparfait, et l'herbe poussa avec le blé sur les grosses mottes de terre qui hérissaient encore le champ. Je n'en récoltai pas moins de quinze boisseaux (cinq hectolitres et demi), à l'acre (quatre dixièmes d'hectare). L'année suivante, je récoltai quarante boisseaux (quatorze hectolitres et demi), tant est grande la fertilité de ce sol vierge, tant il est enclin à la production sous ce climat favorable!

» Dans les jardins, vous pouvez faire venir tout ce que vous voulez. Les framboisiers y sont les plus beaux que j'aie jamais vus. Les groseilliers à épines et sans épines, surtout les derniers, atteignent un développement prodigieux. Il n'y a pas grand soin à prendre pour transplanter ou pour greffer. Coupez une branche, enfoncez-la dans la terre et vous êtes sûr qu'elle poussera. On n'a point encore essayé la culture de la vigne. Nous n'avons pas la patience d'attendre pendant le temps dont elle a besoin pour rapporter. Nous sommes gâtés par la rapidité avec laquelle croissent nos fleurs et nos fruits; je ne vois pas pourquoi la vigne ne viendrait pas très-bien ici, surtout les espèces les plus communes.

» Mais de tous les légumes que nous voyons croître avec une si merveilleuse rapidité, les plus prodigieux sont certainement les citrouilles et les racines. On peut dire sans exagération qu'elles poussent à vue d'œil et on a aucun soin à en prendre.

» Je ne dois pas vous laisser ignorer que nous exportons une grande quantité de blé à Sydney. Cette partie de l'Australie, soit par une cause, soit par une autre, est sujette à de grandes sécheresses, et le blé qu'on y récolte n'est pas de si bonne qualité que celui qui pousse sur la Terre Van de Diémen. Du moins, les acheteurs et les meuniers préfèrent notre blé et en donnent un prix plus élevé que du blé de Sydney. En sorte qu'on peut regarder le port de Sydney comme un marché assuré pour une grande partie des blés de la Terre de Van Diémen. Je dois ajouter que la température très-élevée du climat de Sydney empêche d'y récolter de bonnes pommes de terre, et qu'on est fort heureux d'acheter les nôtres. Enfin, nous avons un excellent débouché pour nos jambons, à Calcutta, qui n'est pas à une bien grande distance. Je n'ai pas besoin de faire observer à un cultivateur, aussi expérimenté que vous, que le grain et les autres produits, que l'on récolte sur une ferme, peuvent souvent être convertis avec avantage en lard et en jambon, et trouver sous ces nouvelles formes un écoulement facile.

« Quant au prix du blé, le taux moyen, depuis que je suis dans la colonie, a été de huit shellings (10 fr.) le boisseau (36 litres). Au moment où je vous écris, le prix est de sept shellings (8 fr. 75 c.). Il était de dix shellings (12 fr. 50 c.), il y a un an ou deux. Les prix varient chaque année, comme dans la mère-patrie, suivant les saisons. On est toujours sûr de six shellings (7 fr. 50 c.) le boisseau (36 litres); mais, si on peut conserver la récolte un an ou deux, il y a toute probabilité qu'on en obtiendra huit à dix shellings. Le prix de l'orge varie de cinq à six shellings (6 fr. 25 c.) à (7 fr. 50 c.) le boisseau. L'avoine est un peu plus chère. Du reste, je ne crois pas qu'une ferme à terres labourables soit l'entreprise la plus avantageuse dans ce pays, quand on a un capital suffisant pour acheter des troupeaux. Les moutons et le gros bétail se multiplient ici à peu de frais et sans donner la moindre peine. Comme la terre, sur laquelle ils se nourrissent, ne coûte rien, les bénéfices sont naturellement très-considérables. Je fais plus de blé qu'il ne m'en faut pour l'usage de ma maison, et je vends l'excédant dans mon voisinage, soit à de nouveaux colons, soit à d'anciens, qui n'en récoltent pas du tout ou qui n'en ont pas assez pour leur usage personnel; mais l'emploi le plus avantageux que vous puissiez faire de votre argent, c'est de le convertir en gros bétail et en moutons. Ces deux placements sont également profitables; je crois néanmoins celui des moutons le plus avantageux des deux, parce qu'ils donnent moins d'embarras. La laine est un produit d'une valeur incontestable et d'une vente assurée, dans le cas même où l'accroissement des troupeaux de bœufs et de moutons prendrait un tel développement dans l'île que le prix de la viande y tomberait au point de ne plus permettre de faire des élèves pour la boucherie.

» J'ai fait le calcul de l'accroissement que peut prendre un troupeau de cinq cents brebis. Ce travail peut vous être utile et le serait à tous ceux qui auraient l'intention, comme vous, d'émigrer dans ce pays. Je dois vous faire observer que mon calcul est établi dans la supposition où l'on abandonne le troupeau à son développement naturel, car si le propriétaire est obligé de manger une partie du produit de ses brebis pour se nourrir, il est évident que le résultat n'est plus le même. Pour arriver au développement le plus étendu possible, il est nécessaire que l'émigrant ait un capital suffisant pour faire face à ses besoins, pendant que ce développement s'opère. S'il mange son troupeau, il se trouvera dans le cas d'un fermier qui serait obligé de manger sa semence;

il n'aurait pas de récolte. Chaque brebis portière et même chaque mouton, que le propriétaire d'un troupeau mange pour sa consommation, affaiblit proportionnellement ses bénéfices de l'intérêt composé que la propagation de ces animaux lui eût donné ; car le mouton qu'il mange, il peut l'échanger contre une brebis portière et profiter de la proportion géométrique que donne la propagation de l'animal, quand on le laisse se multiplier. Il faut qu'un propriétaire de troupeaux soit, pendant quelques années, un vrai stoïcien. Il doit se contenter de vivre dans une modeste chaumière au lieu de vivre dans une bonne maison. Il faut que sa vie soit frugale. Il faut qu'il fuie les dépenses séduisantes de la ville et qu'il résiste à toutes les tentations qui peuvent le détourner de son but. Je dois avouer que je n'ai encore vu personne exécuter dans toute sa rigueur un pareil plan ; mais le calcul que j'ai établi du développement possible d'un troupeau ne saurait être mis en question. Il n'est personne qui ne puisse le réaliser avec une volonté ferme.

» Quant aux maladies des moutons, nous ne savons pas ici ce que c'est. Si, par hasard, on a négligé de tondre quelques moutons dans la saison convenable, leurs toisons pendent en lambeaux autour d'eux, ce qui leur donne une assez triste apparence, car ils ressemblent alors à des bêtes malades ; mais avec une infusion de tabac on les a bientôt remis en bon état. En ne donnant à un troupeau que les soins les plus ordinaires, on n'a pas à craindre, en douze ans, de perdre un seul mouton par maladie. On peut regarder cette absence de toute maladie comme une des causes des grands avantages qu'il y a à élever ici des troupeaux. Ils n'ont jamais le vertige ni de maux de pied ; la clavée, qui est si commune en Angleterre, ne les atteint jamais, à moins qu'on ne les néglige à l'excès. Il n'y a aucun soin extraordinaire à en prendre dans la saison de la tonte. On peut être certain de tirer, en deux ans, trois agneaux de chaque brebis portière. Enfin, leur laine est un article dont la vente est toujours sûre, soit ici, soit en Angleterre. »

CALCUL MONTRANT L'ACCROISSEMENT

PRIS PAR UN TROUPEAU DE 500 BREBIS PORTIÈRES,

en six ans et demi,

DEPUIS JUILLET 1824 JUSQU'EN DÉCEMBRE 1830.

« J'établis le prix coûtant sur la valeur actuelle d'une brebis portière, c'est-à-dire à tingt shellings (25 fr.) argent pour une brebis pleine. Je suppose les bêtes de l'espèce qui fournit environ soixante livres (27 à 28 kilogrammes) de poids, en viande de boucherie, et qui donne une toison de trois livres (1 kilogr. 40 centigr.).

» Le produit réel d'un troupeau dans la Terre de Van Diémen est de trois moutons en deux ans. Je ne compte qu'un mouton par année pour compenser le temps que l'on perd à vendre les moutons et à les remplacer par des brebis portières, parce que le calcul qui suit, est basé sur cette supposition que chaque agneau est remplacé par une agnelle; ce qui est d'autant plus facile à faire que, pendant une partie de l'année, l'agneau est préférable à l'agnelle pour la boucherie ou pour l'usage de la maison.

Première année. — Fin décembre 1824.

Brebis portières A, achetées pour former la base du troupeau. 500
Leurs agneaux B, nés en septembre. 500
Total. 1,000

Deuxième année. — Fin décembre 1825.

Brebis portières A, de l'achat primitif. 500
Leurs agneaux B, nés en 1824. 500
Agneaux C, nés, en 1825, des mêmes brebis portières A. 500
Total. 1,500

Troisième année. — Fin décembre 1826.

Brebis A, B, C. 1,500
Agneaux D, provenant des brebis portières A, B. 1,000
Total. 2,500

Quatrième année. — Fin décembre 1827.

Brebis A, B, C, D. 2,500
Agneaux E, provenant des brebis portières A, B, C. 1,500
Total. 4,000

Cinquième année. — Fin décembre 1828.

Brebis A, B, C, D, E. 4,000
Agneaux F, provenant des brebis portières A, B, C, D. 2,500
Total. 6,500

Sixième année. — Fin décembre 1829.

Brebis A, B, C, D, E, F. 6,500
Agneaux G, provenant des brebis portières A, B, C, D, E. 4,000
Total. 10,500

Septième année. — Fin décembre 1830.

Brebis A, B, C, D, E, F, G. 10,500
Agneaux provenant des brebis portières A, B, C, D, E, F. 6,500
Total. 17,000

» Ainsi l'émigrant qui peut laisser son troupeau se multiplier, sans y porter atteinte, pendant six ans et demi, aura, au bout de ce temps, un troupeau ou plutôt plusieurs troupeaux, présentant un total de dix-sept mille bêtes. Il y a plusieurs petits détails dans lesquels je ne suis point entré; tel est, par exemple, le soin que l'on doit avoir d'engraisser les vieilles brebis pour la boucherie et de les remplacer par de plus jeunes ; mais il n'était pas nécessaire d'en surcharger le tableau que je viens de vous soumettre.

» Faites bien attention seulement que, dans mes estimations, je suppose que l'émigrant peut se suffire à lui-même, sans manger ou sans vendre une seule bête de son troupeau. S'il y porte une atteinte quelconque, il est évident que l'accroissement, établi par mes calculs, diminuera dans la proportion de cette atteinte.

» Maintenant voyons quelles sont les dépenses qu'entraînera cette opération pendant six ans et demi. Il est bien entendu qu'il n'est question ici que des dépenses qui concernent les troupeaux en eux-mêmes et non des dépenses personnelles de leurs propriétaires, lesquelles peuvent varier en plus ou moins, suivant ses habitudes, ses goûts ou sa prévoyance.

» Un troupeau, dans la colonie, ne comporte pas plus de six cents bêtes. On peut en mettre un peu plus ; mais les bêtes faibles en souffrent. Dans certaines localités et dans la belle saison, on dépasserait ce nombre sans inconvénient ; néanmoins on doit regarder six cents bêtes comme la moyenne d'un troupeau.

» Pendant la première et la seconde année, chacun de vos troupeaux de cinq cents brebis et de cinq cents agneaux n'exigera qu'un berger, dont la dépense peut être portée, nourriture et gages réunis, à quarante livres sterlings (1,000 fr.). Ainsi le compte de la dépense s'établira comme suit :

	liv. ster.	fr.
1re année. — Un berger.	40 —	1,000
2e année. — Deux bergers.	80 —	2,000
3e année. — Quatre bergers.	160 —	4,000
4e année. — Six bergers.	240 —	6,000
5e année. — Neuf bergers.	360 —	9,000
6e année. — Treize bergers.	520 —	13,000
7e année. — Vingt-quatre bergers.	960 —	24,000
Dépenses diverses pour la construction des huttes des bergers, pour les pots, terrines, etc., 100 liv. ster. (2,500 fr.) par an, soit pour sept ans.	700 —	17,500
	3,060 —	76,500
A quoi il faut ajouter le prix d'achat des 500 brebis servant de base au troupeau.	500 —	12,500
	3,560 —	89,000

» A cette somme, il faut joindre encore le prix d'achat d'un certain nombre de béliers mérinos ou à laine fine. Comme on doit tendre à améliorer la qualité de la laine du troupeau, il convient d'allouer une somme ronde pour cet objet. J'estime que, dans le cours de six ans et demi, 120 béliers à 15 livres (375 fr.) par tête doivent largement suffire.

	liv. ster.	fr.
Nous avons porté ci-dessus en dépenses.	3,560 —	89,000
Or, il faut ajouter pour 120 béliers à 15 l. st. (375 fr.).	1,800 —	45,000
Ce qui élève la dépense totale à.	5,360 —	134,000

» En déduction de ces dépenses vous avez le produit de votre laine. Je n'estimerai chaque toison qu'au poids moyen de deux livres (0 kilog. 9,068), sans distinction des brebis et des agneaux. Vous remarquerez que la qualité de votre laine devra aller en s'améliorant chaque année. Il est donc impossible de déterminer, à l'avance et d'une manière bien précise, le prix de la laine pendant six ans; mais l'expérience permet d'adopter les évaluations du tableau suivant, basées sur un poids moyen de deux livres par toison.

		liv. ster.	fr.
1re année. — 1,000 toisons à 9 deniers (90 c.) la livre.		75 —	1,875
2e année. — 1,500 toisons à 1 shelling (1 fr. 25) la livre.		150 —	3,750
3e année. — 2,500 toisons à 1 shelling 3 den. (1 fr. 55) la livre.		312 —	7,800
4e année. — 4,000 toisons à 1 shelling 6 den. (1 fr. 85) la livre.		600 —	15,000
5e année. — 6,500 toisons à 2 shellings (2 fr. 50) la livre.		1,300 —	32,500
6e année. — 10,500 toisons à 2 shellings 6 den. (3 fr. 10) la livre.		2,625 —	65,625
7e année. — 17,000 toisons à 2 shellings 6 den. (3 fr. 10) la livre		4,250 —	106,250
43,000		9,312 —	232,800

« Il faut déduire six pences (60 c.) par toison pour frais de tonte et de transport à la ville, et six pences de plus encore (60 c.) par toison pour emballage, fret et commission à Londres, ce qui donne une somme de . . . . 2,150 liv. sterl. — 53,750 fr.

	liv. ster.	fr.
Ainsi, du produit de la vente de vos laines faite à Londres.	9,312 —	232,000
Il faut déduire.	2,150 —	53,750
Ce qui en établit le produit net à.	7,162 —	178,250
A mettre en regard de vos dépenses : — Avances.	5,360 —	134,000

» Quant à la vente de votre laine, vous avez deux marches à suivre. Vous pouvez la vendre dans la colonie, ou vous pouvez l'envoyer en Angleterre pour qu'elle y soit vendue à commission. Si vous vendez dans la colonie, vous rentrez plus promptement dans vos fonds; en vendant en Angleterre, vous obtenez un prix plus avantageux. Les ventes faites dans la colonie obligent le propriétaire de la laine à de plus grands sacrifices. La valeur de l'argent est plus élevée dans la colonie, à cause de la facilité que l'on a d'en faire un emploi avantageux. L'escompte que l'on prélève sur le prix d'achat des laines est donc considérable. Et cela est fondé sur ce que les retours ne peuvent être réalisés par l'acheteur avant quinze ou dix-huit mois. Néanmoins on trouve toujours quelques ventes de laines à faire dans la colonie, parce que c'est une excellente valeur à envoyer en Angleterre.

» Dans l'estimation que j'ai faite, j'ai supposé la laine vendue dans la colonie. Je me suis placé aussi dans cette hypothèse, que la laine vendue serait plus fine, plus propre et mieux assortie que les sales produits que l'on emballe en tas informes, et que l'on envoie en cet état pour vendre à Londres. Ces laines inférieures et mal soignées, ne s'y vendent souvent pas plus de neuf pences (90 c.) par livre; tandis que les laines fines de la partie continentale de la Nouvelle-Galles du Sud, qui est fort en avance sur la Terre de Van Diémen, tant pour la qualité de la laine que pour les soins de la préparation, montent facilement dans les ventes de Londres à deux shellings six pences (3 fr. 10 c.) et même à trois shellings six pences (4 fr 35 c.) par livre.

» C'est ici la place de dire un mot sur le transport des laines d'un bout du globe à l'autre. Dix-sept mille toisons, du poids moyen de deux livres, forment 34,000 livres pesant ou à peu près quinze tonneaux. Le fret de la Terre de Van Diémen, à Londres, que je porterai à dessein au-dessus du taux ordinaire, n'excède jamais dix livres (250 fr.) par tonneau ; ce qui établit à un penny (10 c.) par livre le prix du transport de la laine, depuis la Terre de Van Diémen jusqu'à Londres. Certes, un fret aussi minime sur une laine qui peut être vendue deux shellings si pences (3 fr. 10 c.) par livre, en affecte le prix d'une manière bien peu sensible. Cela prouve que la laine est un produit qui peut supporter la dépense qu'entraîne le transport d'un bout du monde à l'autre.

» L'exposé que je viens de vous faire vous prouve qu'un émigrant, exclusivement livré à l'éducation des moutons, comme je l'ai supposé, et commençant avec cinq cents brebis, tirera de sa laine, en six ans et demi, la somme de 7,162 livres sterling (178,250 fr.); mais frappons encore cette somme d'une réduction de 20 pour cent, un cinquième, pour couvrir toutes les dépenses accessoires possibles et les pertes, ces 7,162 livres sterling (178,250 fr.) ne produiront plus que 5,730 livres sterling (143,250 fr.)

» Cette somme de 5,730 livres (143,250 fr.) est, comme vous le voyez, suffisante pour couvrir le prix d'achat des cinq cents brebis primitives, la dépense des bergers, les dépenses accessoires des parcours et l'acquisition des béliers. Vous aurez même 5,730 livres sterling (143,250 fr.) de recettes pour couvrir 5,360 liv. (134,000 fr.) de dépenses.

» A l'expiration des six ans et demi, le compte devra donc être établi comme suit :

Dépenses.

	liv. ster.	fr.
500 brebis.	500 —	12,500
Frais de bergers.	2,360 —	59,000
Menues dépenses.	700 —	17,500
Béliers mérinos.	1,800 —	45,000
	5,360 —	134,000

Recettes.

	liv. ster.	fr.
Produit net de la laine.	5,730 —	143,250
17,000 brebis à 20 shellings (25 fr.) par tête.	17,000 —	425,000
	22,730 —	568,250

» En ce qui touche l'estimation que je fais des 17,000 brebis, à raison de vingt shellings (25 fr.) par tête, au bout des six ans et demi, cette estimation est tout aussi acceptable qu'une autre ; car si d'un côté ce prix peut diminuer en conséquence de l'accroissement des troupeaux dans l'île, d'un autre côté il peut augmenter par l'accroissement des émigrants dans la colonie. Maintenant supposons qu'il ne convienne pas à l'émigrant de laisser multiplier son troupeau au-delà des 17,000 bêtes qui ont entré dans mon calcul, et qu'il tue tous ses agneaux aussitôt après leur naissance, il pourra au moins compter sur la laine des 17,000 moutons, laquelle ne peut pas produire moins de 5,000 livres (125,000 fr.) chaque année.

» Cette perspective est si séduisante qu'on pourrait ne la regarder que comme une décevante illusion; elle repose cependant sur les calculs les plus rigoureux. Mon but est de vous montrer ce qu'on peut faire avec un capital suffisant et qui n'est pas très-considérable, avec un capital qui est bien loin d'être assez important pour entreprendre, dans la mère-patrie, une opération de quelque importance, soit en agriculture, soit en négoce. La cause des grands avantages que l'on retire de l'éducation des troupeaux, dans cette colonie, est sensible. Vous avez les terres pour rien. Vous n'avez point de loyer à payer pour votre logement, point de taxe, point d'impôt. Il n'y a point de parcs, ni de hangars à établir pour mettre les moutons à l'abri, soit dans l'été, soit dans l'hiver; la douceur du climat permet de les tenir en plein air pendant toute l'année. Ils n'ont besoin pendant l'hiver d'aucune nourriture qui soit le produit de la culture. Ici les moutons ne sont sujets à aucune maladie. La première personne venue, qu'elle se soit ou non occupée de troupeaux sur une ferme, est propre à être berger dans la Terre de Van Diémen.

» J'aurais bien quelque chose à dire sur l'importance qu'il y a pour le gouvernement de la mère-patrie à encourager, par tous les moyens possibles dans cette colonie, l'établissement des grandes fermes, ayant l'éducation des troupeaux pour objet; car chaque livre de laine qu'on exporte, appelle en retour pour une valeur égale d'objets manufacturés en Angleterre. Nous sommes Anglais jusqu'à la moelle des os par goût, par habitude, par patriotisme, et nous resterons anglais tant qu'on nous le permettra. Il n'y a point à craindre avec nous de défection pareille à celle des colonies américaines que vous avez perdues. Mais si j'attaquais de semblables sujets, ma lettre serait trop longue. Je reviens donc à ce qui vous concerne, et, regardant comme irrévocable votre résolution de venir ici, je continue à vous indiquer la meilleure marche que vous ayiez à suivre.

» Le premier conseil que je crois devoir vous donner, si votre détermination est bien ferme, c'est de convertir en argent tout ce que vous possédez et tout ce qu'il n'est pas utile que vous emportiez avec vous. Pénétrez-vous de cette idée que votre objet principal doit être de changer tous les objets de luxe et de fantaisie qui sont déplacés ici, au milieu des bois, et qui y sont même quelquefois plus qu'inutiles, en moutons et en bestiaux, qui accroîtront vos richesses pendant que vous dormirez. Souvenez-vous donc bien de ne prendre avec vous aucun meuble, ni aucun objet quel qu'il soit, dont vous ne pourrez pas faire un usage utile dans la colonie. Gardez-vous surtout d'apporter des cuillers, des fourchettes d'argent, ni d'autres pièces d'argenterie de quelque nature qu'elles soient; point de bijoux, point de montres à boîtes d'or. Car en convertissant en moutons l'argent que vous procurera la vente de ces divers objets, vous serez promptement en état d'en racheter dix fois autant. Quant aux montres, procurez-vous en deux ou trois bonnes. Ne les choisissez point de nature à attirer l'attention ; que les mouvements en soient excellents et l'enveloppe peu attrayante; que les boîtes soient en argent ou mieux encore en composition, pour ne pas exciter la cupidité des voleurs. Tout ce qui concerne la litterie ne doit pas être mis au nombre des meubles inutiles ; les bois de lit ne sont pas indispensables. Si les vôtres sont des meubles de luxe, vendez-les; sinon apportez-les avec vous. Apportez aussi tout ce que vous avez d'habillements. Si vous n'en avez pas besoin, vous trouverez promptement à vous en défaire. Recueillez également avec soin jusqu'aux chiffons et aux lambeaux de tissus de lin ou de coton, que vous trouverez dans votre maison. Emportez également toutes vos commodes et tous vos meubles à tiroir. Ce sont les plus utiles que vous pouvez avoir à bord du vaisseau et dans l'habitation informe que vous occuperez en arrivant dans la colonie. Ils remplacent avec économie les caisses d'emballage que vous seriez obligé d'acheter. Munissez-vous d'un ou deux lavabo, petits et solides, ils vous seront nécessaires dans la traversée et après votre arrivée. Emballez toute votre poterie, pots de terre, terrines, etc. Pendant que vous vous occuperez de ces choix, songez aussi aux divers objets que vous aurez à emporter avec vous. N'y perdez pas de temps, car une fois que votre résolution est prise, chaque jour que vous perdez est un préjudice réel pour vous, et chaque shelling que vous dépensez ne vous est pas moins préjudiciable que la perte du temps.

» Voici un état des choses que je crois les plus nécessaires à apporter avec vous. Vos propres réflexions vous suggèreront celles que j'aurais pu omettre dans mon énumération.

4 haches américaines, à manches.
2 grandes haches.
1 caisse de clous à ardoises.
200 livres de fiches.
1 caisse de clous assortis.
6 tarières américaines assorties.
2 scies dites passe-partout.
2 scies ordinaires dont une légère.
1 boîte assortie de gros outils de charpentier.
1 machine à bluter.
1 machine à battre le blé.
1 forge complète.
1 petite boîte de médicaments.
2 truelles.
2 truelles de plâtrier.
Du gros plomb.
Du plomb n° 4.
De la poudre.
2 cuvettes et 2 cruches en étain.
4 carabines à baïonnette.
2 douzaines d'écuelles en étain.
6 marmites.
1 brosse pour les enduits.
Diverses ferrures pour les portes.
Des bâtis de croisée.
Des pipes.
Du tabac.
Des anneaux de rideaux.
Un assortiment de vis, quelques-unes fortes.
2 assortiments de herses.
2 roues de brouettes en fer.

1 grande meule.
12 gouges assorties et des mors.
2 tilles.
1 douzaine de pierres à aiguiser.
1 douzaine de faucilles.
12 paires de ciseaux à tondre.
1 moulin à blé portatif.
2 cribles fins.
2 cribles communs.
1 moulin à café.
1 moulin à poivre.
1 marmite à la Papin.
1 sonnette.
1 hachoir.
Des hameçons.
Des moules à chandelle.
Plusieurs balles de mèches à chandelle.
1 petite barette.
Des terrines à lait.
Du verre à vitrer.
Un grand filtre.
Des pierres à fusil.
Des ferrures pour croisées.
4 petits compas.
1 compas à vis de pression.
6 brosses pour peindre.
1 collection d'épingles et d'aiguilles.
2 paires de gros pistolets.
1 ou 2 selles.
Des essieux et leurs boîtes pour deux voitures.
Des roues pour deux voitures.

J'ai transcrit ces divers objets, tous utiles, à mesure qu'ils se sont présentés à ma pensée, sans chercher à les ranger dans aucun ordre. Un peu de corde, dont je viens d'avoir besoin, il n'y a qu'un instant, me fait remarquer que j'ai omis de vous engager à en apporter avec vous un assortiment de diverses espèces; soit quatorze livres de cordeau à charpentier, quatorze livres de corde à briquetier, et à peu près la même quantité de cordes pour les poulies de croisées. Vous trouveriez aisément à vendre ce que vous apporteriez de trop; mais je ne vous conseille pas de faire des provisions pour revendre. Généralement parlant, il n'y a pas de bénéfice à le tenter, à moins qu'on ne fasse l'opération en grand; et encore faut-il attendre l'occasion de la vente, qui n'arrive pas toujours au moment où on la désire. Il faut choisir entre une boutique, un bazar en ville, comme on dit, ou une ferme au milieu des terres. Pour moi, je préfère de beaucoup la ferme à la boutique; tout dépend des goûts et des habitudes.

» N'oubliez pas des semences. Il y en a certainement ici, et de toute espèce; mais il vous sera bien plus commode d'en apporter avec vous, que de courir après, une fois que vous serez arrivé, et d'attendre l'occasion de vous les procurer.

» Je recommande à votre attention la liste suivante, dans laquelle vous trouverez mentionnées les espèces et les quantités dont vous pourrez avoir besoin pour la première année.

1/4 de pois précoces.
2/4 de pois prussiens.
1/4 de haricots à ramer.
1/4 de fèves de Windsor.
1 pinte de fèves naines de Chine.
1 once de betteraves rouges.
1 once de choux à mille têtes.
1 once de choux à mille têtes rouges.
8 onces de carottes.
1/2 once de poireaux.
2 onces d'oignon de Deptford.
1 once d'oignon blanc.
2 onces de panais.
1/2 livre de radis.

4 onces de navets précoces.
4 onces d'ail.
4 livres de trèfle rouge.
4 livres de trèfle blanc.
1/4 de boisseau de graine de foin.
1 livre de navets blancs.
1 livre de navets jaunes de Suède.
2 livres de betteraves.
4 quarts de cockfoot.
2 onces d'églantier musqué.
1/4 de châtaignes d'Espagne.
2 onces de mélèzes.
1 pinte de noix de deux espèces.

» Je ne me flatte pas de vous avoir donné une liste complète des objets qu'il est convenable ou avantageux d'apporter avec vous, car leur nombre peut dépendre de vos ressources et des vues que vous avez; mais les articles que je vous ai indiqués vous donneront une idée générale de ce dont on a besoin, et une chose vous fera penser à l'autre. Par exemple, si vos moyens vous permettent de vous placer, dès la première année, dans une position que des émigrants moins riches ne peuvent atteindre que plus tard, si vous pouvez disposer d'un capital suffisant pour construire de suite une bonne maison, au lieu d'attendre pendant longtemps, avant de voir réaliser ce désir, vous pouvez, dans ce cas-là, apporter votre mobilier avec vous, chaises, tables, sofas, rideaux; en un mot, tout ce qui est nécessaire pour bien monter une maison.

» A l'occasion, vous ferez bien de ne pas négliger d'acheter deux tentes; rien n'est plus commode, et vous vous en procurerez de rencontre à Londres, à bon marché. Vous pouvez vivre fort agréablement dans une tente, au moins pendant six mois de l'année; ayez soin qu'elles soient doublées pour résister à la pluie. J'ai vu annoncés dans les journaux de Londres, divers genres de maisons portatives; mais je ne vous engage pas à en essayer. Il n'y a que deux espèces de maisons qui conviennent ici : une maison en bois pour habiter provisoirement, et ensuite une maison en pierre pour en faire sa demeure définitive.

» Après vous avoir parlé si au long des préparatifs qui doivent précéder votre émigration, il me reste à vous donner quelques avis relativement à votre séjour sur le bâtiment pendant la traversée; mais auparavant je vous dirai quelques mots sur les domestiques. Gardez-vous de songer à en amener aucun avec vous, soit pour votre intérieur, soit pour les travaux des champs, car il ne faut pas vous attendre à les conserver, à moins que vous ne les payiez aussi cher que les autres domestiques libres de la colonie. Il y a des personnes qui ont amené avec elles des garçons de charrue, des scieurs de long, des forgerons, des charpentiers; elles espéraient, en les payant au cours ordinaire de l'Angleterre, tirer quelque profit de leur travail et compenser ainsi les frais de leur voyage. Pour s'assurer leurs services, elles les avaient liés par des engagements légaux; mais quel a été l'inévitable résultat de toutes ces spéculations? A peine arrivés dans la colonie, ces ouvriers ont eu connaissance du prix des salaires, bien plus élevé que celui auquel ils avaient été engagés; alors le mécontentement s'est emparé d'eux et ils ont refusé de travailler. Je me souviens d'une cause de ce genre aux débats de laquelle j'ai assisté. Un maître avait traduit devant le tribunal, pour violation d'engagement, un domestique qui lui avait loué ses services. Le domestique réfractaire fut condamné à un mois de prison pour avoir refusé de travailler; mais le maître n'en fut pas plus avancé. En mettant le domestique en prison, la justice était satisfaite; mais cet emprisonnement n'était profitable ni au maître, ni à qui que ce soit. Le coupable ne consentit pas à en travailler davantage pour cela. Quant à l'exemple, il était tout à fait inutile, car il ne pouvait pas empêcher les autres domestiques d'éprouver le même mécontentement. Et ce mécontentement, il faut l'avouer, est inévitable en semblable circonstance. Si ce sont des femmes que vous amenez pour vous servir, elles sont tellement recherchées dans la colonie que pour peu qu'elles soient mariables, vous ne devez pas compter les garder longtemps. Si elles sont jeunes et jolies, on vous les enlève en un instant. Ce que vous avez de mieux à faire est donc de choisir une vieille brebis, hors d'âge, qui soit encore propre au travail et dont l'extérieur soit repoussant; encore n'êtes-vous pas certain qu'elle ne vous échappera pas. Ce qui offre le moins d'inconvénients, c'est d'amener avec vous un homme et une femme mariés, sur lesquels vous puissiez compter, qui aient une ferme volonté de rester avec vous, et qui soient dévoués à vos intérêts. J'ens viens maintenant à la traversée.

» Dans le choix d'un vaisseau, donnez la préférence à un grand bâtiment sur un petit, à un neuf sur un vieux. Si c'est un navire appartenant à quelque maison anciennement établie, et qui ait à craindre de compromettre sa réputation, cela n'en vaut que mieux. Il y a deux manières de faire la traversée, soit dans une cabine, soit à l'arrière. Pour un homme seul, une cabine convient mieux; pour une famille, il est préférable de s'établir à l'arrière. La cabine, vous le savez, est plus distinguée. Le passager qui l'occupe est nourri par le capitaine, sans avoir à s'inquiéter de rien; mais vous voyagerez, à l'arrière, à moitié moins de frais; vous fournirez à tous vos besoins plus abondamment, et vous serez beaucoup mieux que dans la cabine. Quant à l'opinion que l'on concevra de vous, soit à bord du vaisseau, soit dans la colonie, parce que vous aurez fait votre traversée à l'arrière, n'en ayez aucun souci. Une bonne conduite, un caractère honorable et de l'argent vous classeront ici dans la position que vous devez réellement occuper, et personne ne s'embarrassera de savoir comment vous aurez fait votre traversée. Je dois maintenant ajouter un mot sur les arrangements que vous aurez à prendre pour voyager selon le mode que je vous indique. Votre premier soin doit être de vous faire assigner une place spéciale sur l'arrière pour vous et les vôtres. Vous vous munirez d'un petit tonneau de la contenance de dix gallons (demi-hectolitre), carbonisé à l'intérieur, et d'un filtre de grandeur moyenne. Vous achèterez une provision convenable de viandes conservées dans des vases hermétiquement fermés, comme on en vend à Londres. Prenez du riz en abondance, ainsi que du biscuit scellé dans des boîtes d'étain. Vous vendrez, dans la colonie, les boîtes vides pour le prix que vous auront coûté les boîtes pleines. Un habile chimiste, le meilleur de tous ceux que je connaisse, *M. Allen, Plough Court, Lombard Street*, vous indiquera la quantité de carbonate de soude et d'acide citrique ou tartrique qu'il vous conviendra de prendre pour faire des boissons rafraîchissantes qui contribueront puissamment à maintenir votre famille en bonne santé pendant la partie de votre voyage où vous serez exposé aux grandes chaleurs. Vous n'aurez pas besoin de beaucoup de vin; n'en prenez que fort peu; mais craignez d'être à court de bonne eau-de-vie française. Faites provision, pour vos enfants, de bonne mélasse; prenez-en beaucoup. Elle vous tiendra lieu de beurre, dont il faut apprendre à vous passer. La mélasse est un excellent préservatif contre le scorbut dans les voyages de long cours. Encore une fois, n'oubliez pas le riz; prenez-en beaucoup. Je n'ai pas besoin de vous indiquer toutes les espèces de conserves qui forment d'excellentes provisions en mer; je vous recommande seulement de les enfermer toutes dans des boîtes d'étain.

» Vous vous attendez sans doute à ce qu'en ma qualité de voyageur de long cours je vous dise quelque chose du mal de mer.

» Le meilleur préservatif contre le mal de mer est LA RÉSOLUTION, à quoi il est bon pourtant de joindre de fréquentes promenades sur le pont, et une tempérance constante. Je ne pense pas qu'il y ait aucun remède au mal une fois qu'il s'est emparé de sa victime; mais on peut en modérer les effets, en éloigner le retour, en atténuer les souffrances par la résolution. Grâce au soin que je pris d'attaquer cette indisposition dès le principe, et de suivre imperturbablement un régime préventif, je ne me rappelle pas avoir souffert une seule minute du mal de mer pendant tout mon voyage. J'ai éprouvé par moi-même, et j'ai observé chez les autres que l'on parvient à combattre avec succès cet insupportable mal en lisant, en écrivant, en jouant aux échecs ou au trictrac. Après qu'on en a subi les atteintes, ce qui en efface le mieux les traces, c'est un peu d'eau-de-vie dans de l'eau froide. A bord du bâtiment, l'air frais est toujours bien venu, quand même il serait un peu froid. C'est sur le pont qu'on le respire. Ayez donc des vêtements simples et d'étoffe grossière, que vous n'ayiez pas peur de gâter. Soyez toujours prêt à mettre la main aux cordages et à aider à toutes les manœuvres qui sont de nature à vous faire prendre de l'exercice. Munissez-vous de souliers à semelle bien épaisse. Ne vous inquiétez point de l'humidité de la mer. Je n'ai jamais vu personne en être incommodé.

» A votre arrivée dans la colonie, vous me trouverez, je l'espère, prêt à vous recevoir et à vous donner tous les renseignements qui pourront vous être utiles, soit pour choisir vos terres, soit pour monter votre ferme. »

Je dois ajouter ici que cette lettre eut pour effet de décider mon ami à émigrer à la Terre de Van Diémen, et qu'il est aujourd'hui un de nos plus riches colons. Il m'a souvent témoigné sa reconnaissance de ce que j'avais contribué à lui faire prendre la décision qui a déterminé un des actes les plus importants de sa vie, et il m'a plus d'une fois répété que c'est à ma lettre qu'il doit la prospérité dont il jouit maintenant. Comme les vues générales de cette lettre sont applicables à toutes les colonies, et qu'elle a déjà produit un heureux résultat, je me suis décidé à lui donner place dans mes souvenirs, et à la reproduire telle que je l'ai écrite, sans y faire aucune altération, ni aucun changement.

CHAPITRE LIII.

Il y avait quatorze ans que les événements que j'ai racontés dans les derniers chapitres de ces Mémoires étaient passés ; assis à l'ombre d'un magnifique mimosa, dans un endroit de mon jardin que j'avais adopté comme séjour de prédilection, je jouissais du calme d'une belle soirée.

Mon fils aîné, entre les mains duquel j'avais remis la direction de ma ferme et le soin de mes troupeaux, sa femme et ses enfants occupaient avec moi la grande maison de pierre que j'avais bâtie après l'incendie. Réunis en famille, nous menions tous ensemble une vie toute patriarcale. Ma fille Betsy, qui avait épousé, en 1827, Georges Beresford, avait cinq enfants, et demeurait au Val des Cerisiers, dans une maisonnette charmante, dont Crab, aujourd'hui bien vieux, et tombé depuis quelque temps dans un état extrême d'affaiblissement, était le propriétaire toujours grondeur. Beresford aîné s'était marié, en 1824, à Lucy Moss ; ils résidaient, au sein d'une nombreuse famille, sur les rives du Shannon.

Nous étions au mois de mars ; l'été tirait à sa fin, et l'aspect du pays avait pris, depuis quelques semaines, ces teintes brunes de l'automne, qui sont la couleur dominante des champs et du feuillage, pendant la plus grande partie de l'année, dans la Terre de Van Diémen. Deux de mes petits-enfants, frère et sœur, jouaient près de moi, sur une pièce de gazon anglais, dont la verdure éclatante et l'herbe courte et veloutée formaient un contraste frappant avec les touffes brunes et échevelées des prairies incultes qui se déroulaient dans le lointain. Des pommiers, des poiriers et des pêchers, entassés dans un étroit parterre que jonchaient les fruits et les fleurs, confondaient ensemble leurs rameaux. Les uns se faisaient remarquer par les couleurs vives et chaudes que présentent les fruits en Angleterre ; les autres invitaient à les cueillir par leur maturité. A quelques pas de là, un enfant de huit ans apprivoisait un jeune kanguro en lui donnant du sucre, tandis qu'un catacoa blanc, perché sur un mur, dressant sa jaune aigrette, criait et sifflait pour attirer l'attention du jeune compagnon de ses jeux. Dans une plaine qui s'étendait plus bas, et qui offrait l'aspect d'un parc, paissaient quelques vaches à lait, deux ou trois chevaux et un petit troupeau de mérinos.

J'étais absorbé par la lecture d'un ouvrage que j'avais reçu récemment d'Angleterre ; car j'avais alors le loisir de me livrer au goût que j'avais eu dès ma jeunesse pour les livres. Je m'étais fait une bibliothèque de douze cents volumes environ, qui occupaient une pièce spéciale dont la vue donnait sur la rivière. C'était là que je me retirais pour méditer, quoique j'y fusse encore bien souvent distrait par les joyeux ébats de mes petits enfants.

La lecture du livre que j'avais entre les mains m'avait plongé dans cette mélancolie vague qui s'empare quelquefois de notre esprit sans que nous puissions en définir la cause. Je suis cependant, par caractère, un des hommes les moins enclins à la tristesse. Dieu, en me comblant de prospérités et de biens, a permis que mes yeux aient bien rarement laissé couler d'autres larmes que des larmes de bonheur et de joie.

Mon livre s'était échappé de ma main, préoccupé que j'étais à repasser dans mon souvenir les divers événements qui avaient traversé ma vie active et aventureuse, quand ma femme, cette fidèle et inséparable compagne de tous mes travaux, que je voyais avec tant de satisfaction partager aujourd'hui ma prospérité, parut à l'extrémité d'une des allées du jardin. Sa vieille mère s'appuyait sur son bras. Quoiqu'elle eût dépassé de beaucoup les limites ordinaires de la vie humaine, elle pouvait encore, malgré le poids de l'âge, et à l'aide d'une canne, se livrer au plaisir de courtes promenades. Les traits de ma chère Marie avaient subi quelques-unes des inévitables atteintes du temps ; mais son cœur n'avait rien perdu de sa tendresse et de sa bonté. Elle portait ses cheveux gris. Elle avait dédaigné de dissimuler leur nuance naturelle sous le vain artifice de couleurs d'emprunt ; et elle était plus fière d'être la grand'mère de sa nombreuse et aimable famille que de tous les trésors de sa brune et belle chevelure d'autrefois. A sa contenance, à la manière dont elle s'avançait vers moi, il ne me fut pas difficile de deviner qu'elle avait quelque bonne nouvelle à m'apprendre. Elle me présenta, en effet, en souriant, une lettre qui portait le timbre d'Angleterre, et sur le cachet de laquelle était empreint ce seul mot : « Georgiana. »

C'est ici le lieu de dire qu'aussitôt que la fille du Bohémien eut été reçue dans ma famille, je pris immédiatement, et de concert avec le magistrat, les mesures nécessaires pour assurer légalement ses droits en Angleterre. A la suite d'une correspondance qui ne dura pas moins de quatre ans, ses tuteurs envoyèrent dans la colonie un mandataire, muni de tous leurs pouvoirs, et chargé d'emmener la jeune héritière. John Shirley, son oncle, nous dit cet agent, s'était d'abord emparé de tous les biens, comme héritier le plus proche ; mais son frère aîné, William, avait fait un testament par lequel il léguait la totalité de ses biens, meubles et immeubles, à des fidéi-commissaires, pour être transmis à Georges Shirley, s'il revenait jamais en Angleterre, ou à ses enfants. Il était impossible d'attaquer ce testament ; mais John Shirley contesta le mariage et l'identité de l'enfant. L'évidence de ces faits fut aisément établie dans la colonie. C'était pour mieux assurer le succès de la cause de leur pupille, et pour leur satisfaction personnelle, que les tuteurs de Georgiana désiraient sa présence en Angleterre. Le retour dans la mère-patrie d'un de nos amis et de sa femme nous avait offert l'occasion de la confier aux soins d'une personne de son sexe. Elle s'était embarquée avec le mandataire de sa famille dès 1828. Elle avait alors onze ans. C'était déjà une jeune fille de la plus rare beauté, et qui commençait à réunir à cet avantage des qualités plus précieuses. La gouvernante que nous lui avions donnée s'était montrée digne de sa mission, et l'enfant avait amplement répondu à ses soins par une application toujours soutenue.

En annonçant au magistrat son prochain départ, je me rappelle que je manifestai l'espoir que notre jeune protégée n'aurait pas à courir en Angleterre des dangers pareils à ceux auxquels elle avait été exposée dans ce pays, et par les odieuses machinations de son oncle, et par la protection un peu fantasque des sauvages.

« Quelque grands qu'aient été ces dangers, me répondit mon digne ami, en souriant, il lui arrivera probablement pis encore !

— Que voulez-vous donc qu'il lui arrive de pis ? lui répondis-je.

— Est-ce qu'elle ne va pas tomber dans les griffes de la chancellerie ? me répliqua mon ami. »

Mes enfants, qui avaient conçu un vif attachement pour la jeune compagne de leurs premières années, furent consternés, je m'en souviens encore, à cette exclamation du magistrat. Ils ne concevaient pas quel affreux malheur ce pouvait être que de tomber dans les griffes de la chancellerie. Dans leurs folles imaginations, ils supposaient qu'il ne s'agissait de rien moins que d'une horrible prison, derrière les grilles de laquelle ils voyaient déjà leur jeune amie. Je leur expliquai donc que la chancellerie était une cour de justice, dans laquelle on avait ouvert, avec toute sorte de précaution et d'habileté, un refuge tutélaire où l'on redressait les torts dont l'orphelin était victime ; qu'en conséquence, dans vingt ans, trente ans, ou au plus tard dans un demi-siècle, on pourrait songer à s'occuper de l'affaire de Georgiana ; qu'à quelque temps de ce demi-siècle, un des lords-chanceliers que doit enfanter l'avenir, mettrait probablement la cause au rôle, et assignerait l'époque plus ou moins prochaine à laquelle on pourrait commencer à l'instruire. Cette explication, dont mes enfants n'étaient pas, je le suppose, entièrement satisfaits, eut au moins pour résultat immédiat de couper court à leurs sinistres conjectures.

Nous avions reçu plusieurs lettres de miss Shirley depuis son arrivée en Angleterre. Dans les premières nouvelles qu'elle nous donna, elle nous annonçait qu'elle venait d'entrer en chancellerie. A ce passage de sa lettre, un sombre nuage avait couvert tous les fronts ; mais il fut bientôt dissipé par l'assurance qu'elle nous donnait que sa santé n'en avait nullement souffert, et que ses tuteurs fournissaient avec libéralité et abondance à tous ses besoins. La justice de sa cause était si évidente que personne ne doutait de son succès, excepté peut-être le haut fonctionnaire à la décision duquel elle était remise. Nous étions néanmoins fort impatients de connaître les progrès de cette affaire. Ce fut donc avec la plus vive anxiété que j'ouvris la lettre qui venait d'arriver. J'en fis la lecture à haute voix. Le contenu en était adressé à ma femme, et était conçu en ces termes :

« Ma chère mistress Thornley,

» Mes dernières lettres ont dû vous faire pressentir que je touchais à l'événement le plus important de ma vie et que je ne tarderais pas à changer de nom. Ce changement est opéré ; mais soyez bien convaincue qu'il n'a porté dans mon cœur aucune atteinte aux sentiments de reconnaissance qui m'animent pour vous et pour votre famille. Je puis maintenant m'expliquer sans réserve avec vous sur quelques-unes des circonstances qui ont précédé et amené mon mariage.

» C'est à Milan, il y a deux ans, que j'ai vu pour la première fois mon mari. Je me trouvais dans cette ville avec mon tuteur qui avait voulu me faire faire un voyage en Italie. Nous allâmes à l'Opéra, le soir même de notre arrivée, sans savoir quelle pièce on jouait, et tous deux bien éloignés de penser qu'elle offrît la moindre application qui me fût personnelle. Tout alla bien pendant l'opéra; mais le ballet, qui le suivait, était LE BOHÉMIEN! Je n'ai pas besoin de vous dire que cette pièce reporta toutes mes pensées vers les malheurs auxquels j'avais été en butte dans la Terre de Van Diémen. Ce ne fut pas tout; par une de ces coïncidences étranges et romanesques, qui se mêlent quelquefois aux événements de la vie réelle, un des acteurs italiens qui jouait dans la pièce, avait des yeux noirs et expressifs, qui me rappelèrent d'une manière si frappante les regards de mon pauvre père, lorsqu'il me prodiguait ses caresses, peu de temps avant sa fin tragique, que je ne pus maîtriser mon émotion. Une foule de pensées tristes me suffoqua, et je m'évanouis. Un des spectateurs, qui étaient près de nous, beau jeune homme, plein de distinction dans ses manières, s'empressa d'aider à mon tuteur à me porter jusqu'à notre voiture. Il en prit occasion pour revenir le lendemain. Telle fut l'origine de notre liaison, et bien qu'il soit de huit ans plus âgé que moi, je ne lui en inspirai pas moins un sincère attachement. Je combattis longtemps pour défendre mon cœur de tout retour. Son rang et ses relations me faisaient craindre d'encourir son mépris, s'il fallait jamais lui dévoiler le secret de ma naissance, à moi, malheureuse fille d'un Bohémien. Les choses restèrent en cet état pendant deux ans que dura notre voyage à l'étranger. A la fin, confiante dans la générosité de ses sentiments, que le temps m'avait mis à même d'apprécier, je pris la résolution de lui découvrir mon terrible secret. Il me protesta que cet aveu n'altérait en rien son amour, et que ma sincérité augmentait encore son estime.

» Peu de temps après, il nous quitta sous prétexte que ses affaires réclamaient sa présence en Angleterre. Aussitôt que nous y fûmes revenus, nous-mêmes, il vint me rendre visite, me présenta un paquet de papiers, et se retira aussitôt sans me donner aucune explication. Cette singulière démarche me surprit. Je me hâtai d'ouvrir le paquet et je trouvai qu'il renfermait une série de pièces justificatives ayant toutes pour objet de réhabiliter la mémoire de mon père; elles établissaient qu'il n'avait pris aucune part à la mort du garde, dont on l'avait cru complice et à l'occasion de laquelle il avait été condamné à la transportation. Le seul obstacle qui s'opposât à notre union, obstacle qui, à vrai dire, n'existait que de mon côté, se trouvant aussi heureusement aplani, je me résignai, du consentement de mes tuteurs, à remettre mon avenir et mon bonheur entre ses mains, et c'est maintenant la plus heureuse des femmes qui vous écrit.

» Quand je réfléchis à ma félicité présente, je sens, ma bonne et seconde mère, toute l'étendue de la dette que la reconnaissance m'impose envers vous pour les soins tutélaires dont vous avez comblé la fille du Bohémien dans ses jours de mauvaise fortune. Comment payer toutes vos bontés et toutes celles de vos chers enfants? Rappelez-moi, je vous en prie, au souvenir de tous, du grave William, de la joyeuse Betsy, ou pour mieux dire, de madame Georges Beresford. Ne m'oubliez pas auprès du bon Edouard. L'appelle-t-on toujours Ned, le boute-en-train? Que Marie, Lucy et ma chère Ellen, avec laquelle je faisais tant de tapage et qui n'est pas la dernière dans mes affections, quoi qu'elle soit la dernière dans cette énumération, veuillent bien se souvenir de moi. Je n'oublie pas non plus ma bonne vieille gouvernante, mistress Ramsay, qui continue, je l'espère, à vivre toujours au sein de votre famille, et qui s'est montrée si tendre et si affectueuse pour l'orpheline sans asile.

» Je serais presque tentée de souhaiter que quelque revers de fortune vous réduisît à la pauvreté, pour avoir le plaisir de partager avec vous ce que nous possédons, car nous sommes fort riches ; mais d'après ce que j'apprends, vos moutons et vos bestiaux menacent de couvrir bientôt l'île entière.

» Quand je songe à l'étendue de vos domaines, à vos voitures, à vos chevaux, à votre maison, digne de service de résidence à un baron, et à l'abondance patriarcale au milieu de laquelle vous nagez, j'en suis à me demander ce que je puis vous envoyer. Je souhaiterais de grand cœur qu'il vous fût possible de transporter vos quinze mille acres de terre en Angleterre. Je bornerais même mes souhaits à ce terrain que M. Thornley a acheté à Hobart Town, il y a quelques années, et qui est devenu une propriété d'une si grande valeur ; car, ainsi que le dit mon mari, le prix des terrains convenables pour construire des maisons croît dans la même proportion que le nombre des habitants, et c'est alors, au pied carré, qu'on en estime la valeur.

» Mon mari envoie deux beaux chevaux à M. Thornley et quelques espèces de bétail rare, ainsi que des béliers mérinos de Saxe, pour William. Je prie Marie d'accepter un grand forte-piano, qui réunit toutes les améliorations les plus nouvelles ; il fera un fort bon effet à l'extrémité de votre grand salon. J'y joins une harpe pour Ellen, avec une collection nombreuse de morceaux de musique. Edward voudra-t-il bien me permettre de lui offrir un fusil à deux coups, un des meilleurs qu'on puisse se procurer à Londres? Il y a une foule d'accessoires auxquels je ne comprends rien ; mais mon mari a choisi le tout avec le plus grand soin. Je ne savais quel souvenir faire agréer à Lucy, j'ai été assez heureuse pour trouver dans un magasin de curiosité un magnifique cabinet, qui a été construit à Vienne, pour Marie-Louise, impératrice des Français. Je me flatte que ce cadeau lui sera agréable. Il est tout à fait en harmonie avec ses goûts de splendeur un peu romantiques. Betsy disait souvent qu'elle aimerait à avoir de la musique, sans avoir la peine d'en faire ; j'ai fait embarquer à son adresse un orgue *Automatique* de la plus rare perfection. Vous souvenez-vous qu'elle avait coutume de dire avec ce ton badin qui lui est propre, qu'elle aimerait autant tourner votre vieux moulin à bras qu'un orgue de Barbarie. Je ne vois plus rien à vous dire, si ce n'est de vous prier de nous envoyer encore un kanguro et quelques-unes de ces jolies petites perruches, appelées Rosina, dont nous raffolons.

» M. John Shirley vit à l'étranger. Mon affaire est toujours en chancellerie. Comme nous sommes suffisamment riches sans mes biens personnels, mon mari dit en plaisantant qu'il ne faut désespérer de rien, et qu'un jour viendra où ils seront probablement rendus aux enfants de nos petits enfants. J'entends dire que M. Shirley ne serait pas éloigné de transiger, moyennant une modique pension viagère de trois mille livres sterling (75,000 fr.) par an! Mes propriétés supporteraient aisément cette charge, et nos conseils nous engagent à accepter la proposition ; mais mon mari ne peut pardonner à mon cher oncle de m'avoir exposée au danger d'être tuée et mangée par les sauvages ; et cela pour me faire épouser son fils. Il ajoute qu'il aurait bien voulu connaître Musquito ; que ce devait être un brave homme puisqu'il m'a sauvé la vie. Il est indigné qu'on l'ait pendu. Les atrocités et les meurtres qu'il a commis étaient, il faut pourtant l'avouer, bien révoltants.

» Adieu, ma chère mistress Thornley, adieu tous mes amis. Recevez mes vœux pour la continuation de votre prospérité et de votre bonheur. Puissiez-vous vivre longtemps pour jouir de tous les biens dont il a plu à la Providence de vous combler, en vous entourant d'enfants si tendres, d'amis si dévoués et en vous accordant les faveurs de l'indépendance et de la fortune. Tels sont les vœux qu'adresse pour vous au ciel votre affectionnée et reconnaissante

GEORGIANA.

« *Post-Scriptum.* J'ai oublié de vous parler de mon ancien ami maître Crab. Il doit être bien vieux ! Quand j'ai quitté la colonie, il commençait déjà à devenir infirme. Est-il toujours de ce monde ? Gronde-t-il toujours ? Menace-t-il toujours de quitter l'*horrible*, l'*abominable pays* par le plus prochain vaisseau en partance ? »

GEORG.

Ce bon et sensible vieillard, me dis-je ! il sera enchanté d'apprendre que la petite fille, qu'il aimait tant, n'a pas oublié son vieil ami ; mais je crains bien, d'après les nouvelles que j'ai reçues hier soir, qu'il ne soit pas assez longtemps de ce monde pour qu'on puisse lui faire part de ce gracieux souvenir.

Je parlais encore que Georges Beresford arriva à cheval en toute hâte, pour nous apprendre que les symptômes, qui s'étaient manifestés dans la soirée précédente, étaient devenus plus alarmants, et que Betsy désirait que nous vinssions de suite. Je donnai ordre de seller à l'instant un de mes chevaux. Il fut convenu que ma femme nous suivrait en voiture, et je pris au plus vite avec mon gendre la route du Val des Cerisiers.

Nous prîmes en passant le chirurgien avec nous. Il monta un cheval que mon groom avait amené à son intention, et il nous accompagna. Je voulais m'assurer s'il n'était pas possible à l'art de prolonger de quelque temps encore la vie de mon vieil ami.

« J'ai bien peur, me dit le chirurgien, que toutes les ressources de la médecine ne soient inutiles dans cette circonstance. Le pauvre Crab meurt tout simplement de vieillesse. Quel âge a-t-il réellement ?

— Je ne connais pas très-exactement son âge, lui répondis-je. Il dit qu'il a quatre-vingt-deux ans ; mais d'après le souvenir qu'il a conservé de certains événements, dont il a été témoin en Angleterre, il doit être beaucoup plus âgé. »

Nous ne tardâmes pas à arriver au Val des Cerisiers ; c'était un petit bassin situé au milieu d'un cercle de collines, qui l'environnait de toutes parts. Crab en avait fait le type d'une vraie ferme anglaise. On y voyait un vaste hangar pour entasser les récoltes et plusieurs grosses meules de blé, couvertes en chaume et encore intactes. « Rien, disait Crab, n'est plus propre à donner un air d'aisance et de bien-être à une ferme. » Il y avait en outre un tas assez considérable de foin sauvage. Le jardin présentait cet aspect d'abondance et de maturité, qui caractérise ce pays, surtout en automne. Enfin, un vaste verger, planté de cerisiers, témoignait que ce val délicieux était digne du nom qu'on lui avait donné.

Dans un champ réservé et entouré d'une haie d'épines, deux chevaux tiraient de front une charrue du Shropshire ; car Crab avait en horreur l'usage, généralement adopté dans la colonie, d'atteler des bœufs aux charrues et aux chariots. En face de la maison, un étang, creusé à force de bras, recevait les eaux d'un petit ruisseau dont la source jaillissait d'une chaîne de collines qui s'élevait à quelque distance. Des oies et des canards de race anglaise, pur sang, prenaient leurs ébats dans ce vaste réservoir, et égayaient les regards du vieillard par la reproduction des tableaux qui avaient charmé ses premiers ans.

Nous trouvâmes le bon Crab assis dans un large fauteuil. Sa chevelure, d'un blanc argenté, descendait sur ses épaules. Il était près d'une croisée ouverte, de laquelle il pouvait voir en même temps ses meules de blé, son étang et le champ en labour dans lequel travaillaient ses gens. Il s'était plaint, nous dit Betsy, de l'obscurité de l'atmosphère, quoique le ciel fût clair et pur. Je compris ce que signifiait ce symptôme.

« C'est mon père, qui vient vous voir, dit Betsy en élevant un peu la voix, car le vieillard avait, entre autres infirmités, contracté, dans ces derniers temps, un peu de surdité.

— Ah! c'est vous, Thornley, je suis bien aise de vous voir. Où êtes-vous?... approchez-vous?... Il fait bien sombre? Ce sont probablement les indigènes qui ont mis le feu quelque part dans le pays. Il y a de la fumée partout..... C'est toujours comme cela dans ce pays-ci.

— Il y a longtemps qu'il n'est plus question des indigènes, lui dit Betsy, et qu'ils ne mettent plus le feu nulle part. Voilà déjà bien des années qu'on nous en a débarrassés.

— Vraiment! ah! je me rappelle les expéditions dans lesquelles nous leur donnions la chasse. Ce n'était pas une plaisanterie! Nous traversions le pays, les indigènes étaient derrière nous, tout étonnés de ce que nous faisions.

— Comment vous trouvez-vous, mon vieil ami? lui dis-je en adoucissant ma voix.

— Bien faible!..... bien faible, mon cher. Voyez-vous, Thornley, ce maudit pays a fini par me tuer. Je vous disais bien que ça arriverait; vous ne vouliez pas me croire... mais j'ai ce que je mérite. Ah! oui, il y a longtemps que j'aurais dû le quitter. Ce sont ces houblonnières qui m'ont retenu.

— Vous avez eu le mérite d'enseigner aux colons la culture du houblon, lui répondis-je.

J'étais bien aise de le flatter un peu par cet éloge, auquel il avait du reste les droits les plus légitimes.

— C'est vrai, me répliqua-t-il! je leur ai appris aussi à faire de la bière. Betsy, ma chère amie, dites qu'on apporte à votre père une pinte de notre dernière cuvée. Laissez-m'en goûter un peu. »

Nous portâmes la coupe à ses lèvres.

« D'où vient donc qu'elle est si mauvaise? Qu'on en prenne dans un autre cruchon... Ah! je vois que c'est fini! je ne planterai plus de houblon et je ne boirai plus de bière de ma récolte.

— Mon bon ami, lui dis-je, vous avez parcouru une carrière plus longue que celle accordée au commun des hommes. Vous avez vu s'écouler votre vieillesse dans un état de prospérité qui a dépassé tous nos vœux. Espérons maintenant que la Providence, qui a accumulé tant de bonheur et de biens sur vos dernières années, verra d'un œil équitable et indulgent les peines que vous avez supportées dans ce monde, et que l'autre vie sera pour vous conforme aux promesses que Dieu a faites à ceux qui gardent sa parole et placent leur confiance en lui.

— Je ne crois pas, dit d'une voix basse et affaiblie le mourant, dont l'esprit commença bientôt à battre la campagne, je ne crois pas avoir jamais fait de bien mauvaises actions, si ce n'est pourtant d'être venu dans ce malheureux pays et d'y être resté, ce qui est pis encore... mais je retournerai en Angleterre par le prochain bâtiment... Il n'y a pas moyen d'avoir une goutte de bière ici, pas plus pour de l'argent que pour l'amour de Dieu... A quoi servent les cabarets dans un pays où il n'y a pas de bière?... une demi-guinée pour une bouteille d'ale!... c'est abominable!... Avez-vous jamais vu un drôle labourer un champ de cette manière-là?... Savez-vous ce que l'on entend par laisser de la terre en jachère?... Vous n'êtes qu'un cockney!... Je ne veux pas vous offenser, mais vous êtes un cockney!... je vous répète que vous êtes un cockney!...

— Son esprit n'y est plus, nous dit le respectable ecclésiastique, qui desservait l'église de la Clyde; mais sa vie a été si pure, ses intentions si droites, que cet homme, au cœur simple, peut se reposer sur la miséricorde divine avec autant de confiance qu'aucune âme, qui ait jamais remonté vers son Créateur dans des sentiments d'espérance et de foi. »

Ma femme arriva dans ce moment; ce ne fut qu'avec une extrême difficulté que l'agonisant la reconnut, et, quand il y parvint, son intelligence égarée ne lui fournit que des souvenirs de temps et de scènes bien éloignées et bien différentes du moment actuel.

« Mistress Thornley, lui dit-il d'une voix lente et éteinte, votre pauvre mari a été tué par les indigènes. C'est un malheur qu'il faut supporter. Allons, du courage! le brûler vif!... les sauvages!... nous quitterons tous ce pays-ci. Je m'en vais le quitter de ce pas... Où est Betsy?... »

Betsy prit la main du vieillard et lui adressa quelques mots.

L'ecclésiastique lui demanda s'il n'avait rien à dire, s'il n'avait aucune volonté à exprimer.

Ces questions rappelèrent le vieillard au sentiment de sa situation. Son délire se dissipa et il recueillit ses esprits, mais sa voix devint de plus en plus faible et les pulsations de son pouls plus insensibles et plus irrégulières. Ce n'était qu'avec une peine extrême que nous pouvions comprendre le peu de mots qui lui échappaient.

« Je sais, dit-il avec un accent inarticulé, je sais... qu'il faut... que... nous mourions tous! mais... j'aurais bien voulu voir... comment serait venu... le blé... que j'ai semé... dans ce nouveau champ. Georges... ne labourez jamais... avec des bœufs... et... n'en tuez pas... comme vous l'avez fait... un jour. Je... m'en vais!... je m'en vais!... Betsy, prenez ma main. Ah! mon Dieu!... qu'est-ce que j'éprouve?... Betsy... j'étouffe... je... je... ne puis... plus... respirer!... ma respi... ration... Thornley... Enfin... je m'en vais de cet... abominable... abominable... pays... je retourne... dans... notre mère-patrie... à tous... »

Et il mourut.

Il n'y avait pas un œil sec dans toute la chambre. Pour moi je sanglotais comme un enfant. Il était mort en paix plein de jours et de bonheur, avec toutes les espérances que peut inspirer la vertu; mais tout cela était impuissant à me consoler de la perte de ce bon vieux ami, de ce premier compagnon de mes travaux dans la colonie, de cet homme dont j'aimais jusqu'aux boutades et aux excentricités qui faisaient rire les autres.

« C'était bien un des meilleurs cœurs, logé dans une des plus grossières enveloppes que l'on pût rencontrer, dit le chirurgien. »

Nous pensions tous de même; mais personne ne parlait. Je retournai chez moi le cœur navré.

Nous enterrâmes notre vieil ami dans le cimetière qui avait été consacré, en même temps que l'église de la Clyde, par l'évêque d'Australie. Je fis placer une simple pierre sur son tombeau, avec cette inscription :

ICI

REPOSE

SAMUEL CRAB,

FERMIER ANGLAIS,

MORT A 86 ANS.

CHAPITRE LIV.

CONCLUSION.

J'ai peu de chose à ajouter à ces Mémoires. Les derniers événements arrivés dans la colonie sont trop connus pour qu'il soit nécessaire que j'en donne ici le détail. Je ne puis cependant m'empêcher d'établir un parallèle entre ce qu'était la Terre de Van Diémen en 1817 et ce qu'elle est aujourd'hui, vingt-deux ans plus tard.

A cette époque, 1817, il y avait à peine un colon dans l'île. Toute la colonie se réduisait à l'établissement pénitentiaire. Aujourd'hui les fermes des émigrants s'élèvent sur presque tous les points du territoire.

En 1817, lorsque j'arrivai dans la colonie la population ne s'élevait pas à plus de deux mille âmes et encore sur ce nombre n'y avait-il que fort peu d'habitants libres. Maintenant la population est de vingt-cinq mille âmes sur lesquelles il y a vingt-trois mille personnes libres. En 1817, on n'exportait pas une seule livre de laine de la colonie, au bout de dix ans, en 1827, on en exportait 192,075 livres (87,086 kil.) et, en 1838, 1,942 mille livres (880,502 kil.), qu'on vend au cours de 1 shelling 6 deniers (2 fr. 25) à 2 shellings 6 deniers (3 fr. 10) par livre (0 k. 4534).

Jusqu'en 1824 personne n'avait songé à fonder une banque; aujourd'hui il n'y a pas moins de six banques, solidement établies, et présentant ensemble un capital de 200,000 livres sterling (5,000,000 fr.).

En douze ans les exportations se sont élevées de 14,000 livres sterling (350,000 fr.) à 420,000 livres 10,500,000 fr.) par an. Des églises ont été bâties; des ministres ont été attachés aux districts les plus peuplés. La sécurité des personnes et le respect des propriétés règnent dans tout le pays. Les indigènes en ont été bannis depuis longtemps. On les a relégués dans une des îles du détroit de Bass, et on ne les connaît plus dans la colonie que par tradition. Les habitants libres étant maintenant répandus partout, il est bien rare que les Bush-rangers se hasardent à commettre quelques méfaits. Quant aux vols de moutons, ils n'ont plus lieu en grand, comme beaucoup de personnes peuvent se rappeler que cela se pratiquait il y a quelques années.

A Hobart Town les changements et les améliorations ne sont ni moins grands ni moins frappants. On a construit autour de la ville de charmantes maisons de campagne. Les rues et les ponts se sont embellis et multipliés. Des vaisseaux de quatre cents tonneaux peuvent prendre et déposer leur cargaison dans des bassins commodes. Des progrès remarquables se manifestent à la fois dans l'aspect de la ville et dans l'état social de ses habitants.

En ce qui me concerne personnellement, je puis me citer comme un exemple incontestable de ce que l'on fait avec de l'industrie, de la frugalité et de la persévérance. On peut, d'après ma vie, se former une idée exacte des avantages qu'il y a à recueillir pour celui qui s'établit dans une colonie, à sa naissance, lorsque les terres n'en sont point encore occupées, lorsqu'elles n'ont presque pas de valeur et qu'il est facile d'en obtenir la concession. En peu d'années, l'accroissement de la population les convertit en propriétés d'une grande valeur.

Je suis sur le déclin de ma vie, mais ma santé est bonne et j'ai encore toutes mes forces. Je n'ai pas éprouvé un seul jour de maladie depuis que je suis dans la colonie.

Mon vieil ami, le magistrat, dont la fortune et l'embonpoint se sont accrus dans une égale proportion, intrigué de me voir écrire sans relâche, bien qu'il ne me connût aucun motif déterminant pour le faire, me demandait, il y a quelques mois, quelle était la nature de mes occupations. L'autre jour, je lui ai montré une énorme pile de cahiers manuscrits, en lui faisant confidence du sujet dont ils traitaient.

« Et que ferez-vous de tout cela? me dit-il; il y a là de quoi remplir trois volumes in-octavo!

— Si je ne me fais pas illusion, lui répondis-je, c'est un ouvrage dont l'impression pourrait être de quelque utilité, quoique je ne l'aie pas commencé dans l'intention de le publier. »

Je lui offris alors de lui donner lecture de mon manuscrit, depuis le commencement jusqu'à la fin. Mais à cette proposition je le vis changer de visage, et, animé sans doute du désir de m'épargner tant de peine, il se hâta de me répliquer :

« Dieu me garde de vous causer une pareille fatigue. Je tiens la chose pour faite. Bornez-vous à me dire en un mot de quoi il est question dans tout cela. Est-ce une histoire de l'île que vous avez écrite?

L'île ou plutôt la colonie, lui repartis-je, est encore de date trop récente pour qu'il y ait lieu d'en écrire l'histoire. Je me suis borné, ajoutai-je, à décrire dans le plus grand détail et d'après les événements de ma propre vie, tout ce qui concerne l'émigration. Je me suis efforcé de donner à mes descriptions un caractère de vérité assez saisissant pour que ceux qui me liront se forment une idée exacte de ce qu'est la Terre de Van Diémen et pour enseigner à ceux qui auraient la tentation d'émigrer la marche qu'ils doivent suivre.

— C'est fort bien, s'écria mon excellent ami; et voilà pourquoi vous vous êtes séquestré de ce monde pendant si longtemps? J'espère que votre tâche est achevée maintenant et que vous ne vous proposez pas d'en écrire plus long sur vos aventures?

— Non, lui répondis-je. »

Ici finit le journal du Colon.

FIN.

TABLE

Avant-Propos du traducteur.   v

Autre Avant-Propos du traducteur.   vii

Introduction.   viii

I. — Le journal d'un colon.   13

II. — M. William Thornley, espèce de demi-fermier du comté de Surrey, se voyant dans l'impossibilité de vivre avec son petit capital, tourne ses vues vers les colonies. — Motifs pour émigrer. — Le concours d'une femme dévouée est un préliminaire indispensable. — Préparatifs de départ. — Voyage à la Terre de Van Diémen. — Aspect du pays. — Entrevue avec le gouverneur. — Marche à suivre pour obtenir une concession de terre.   14

III. — Il ne s'amuse point à perdre son temps en ville et se met immédiatement en route pour chercher des terres. — Conversation avec un vieux renard. — Il rencontre un personnage original et fait connaissance avec lui. — Manière de cultiver dans la colonie. — Une aventure.   25

IV. — Comment on s'y prend pour traire une vache sauvage. — Tableau de l'intérieur d'un colon. — Les côtelettes de mouton et les Dampers. — Un lit économique et improvisé. — Alarme nocturne. — Vol de troupeaux.   32

V. — Poursuite des voleurs de moutons. — Rencontre avec les indigènes. — Instinct des nègres pour suivre une trace. — Excursion dans le pays. — Il trouve une terre qui lui convient.   41 revient à Hobart Town avec sa nouvelle connaissance, Crab. — Il se met en marche avec sa famille pour la Clyde. 41

VI. — Voyage à travers le pays avec sa famille. — Chariots traînes par des bœufs. — Crab. — Une colline escarpée. — Une nuit dans les bois. — Il arrive sur ses terres. — Premier coup de hache donné sur un arbre à gomme. 49

VII. — Travaux quotidiens d'un colon. — Abattage d'arbres à gomme. — Construction d'une maison de bois. — Achat de moutons. — Mort d'un animal sauvage. — Pâté de catacouas noirs. — Etuvée de kanguro. 58

VIII. — Chasse du kanguro. — Description et mœurs de cet animal. — Sorties de Crab contre les anomalies végétales, animales et géographiques de la Terre de Van Diémen. 66

IX. — Thornley prend possession de sa nouvelle maison. — Plaisirs de l'indépendance. — Crab met la charrue en terre. — Le jardin. — La tonte. — L'inventaire. — Une découverte. 71

X. — Frais de premier établissement. — Accroissement du troupeau et des bestiaux de Thornley. — Les serpents. — Situation en 1821. — Progrès faits en 1824. — Les vols de moutons se multiplient dans la colonie. — Bruits fâcheux qui circulent à propos des Bush-rangers. — Etat prospère en mai 1824. — Inquiétudes causées par des cris d'alarme partis d'une ferme voisine. 76

XI. — Thornley, assisté de quelques amis, vole au secours d'un de ses voisins. — Passage périlleux d'une rivière sur un tronc d'arbre. — Etrange découverte du corps inanimé d'une jeune fille. — Une maison saccagée. — Une mère désolée. 87

XII. — Attaque de Bush-rangers. — Mystérieuse destinée d'un mari perdu. — Poursuite des Bush-rangers. — Préparatifs de cette expédition. — Un magistrat se met à la tête des poursuivants. — Horrible découverte. 93

XIII. — Ruines d'une hutte incendiée. — Le sanguinaire Musquito et les indigènes. — Sagacité des chiens-kanguro. — Tombeau d'un indigène. — Les indigènes commencent l'attaque. — Escarmouche avec les Bush-rangers. 103

XIV. — Retraite des Bush-rangers. — Ils sont poursuivis par les colons. — Un bivouac. — Trace des Bush-rangers. — Passage d'une rivière profonde. — La poursuite devient plus vive. 109

XV. — Arrivée sur les bords du grand lac. — Les Bush-rangers acculés dans une baie. — Combat. — Attaque simultanée des indigènes. — L'affaire reste en suspens. — Thornley songe à se procurer un kanguro pour le souper de ses amis. 115

TABLE. 365

XVI. — Hector évente un gibier imprévu. — Thornley rencontre un détachement de soldats. — Sa joie de cet événement. — Désappointement qui la suit. — Situation critique dans laquelle il se trouve. — Coup de pistolet dont il n'est heureusement pas atteint. — Sa délivrance. — Lettre de sa femme. — Les Bush-rangers se réfugient dans une île du lac. — Tristes nouvelles des bords de la Clyde. — Thornley se décide à retourner chez lui. 123

XVII. — Thornley se met en route pour regagner les bords de la Clyde. — Il veut couper par le plus court chemin et s'écarte de sa route. — Il se perd dans le fourré. 131

XVIII. — Il est attaqué par des aigles. — Ses souffrances. — Une aiguille aimantée. — Son chien l'avertit de la présence des indigènes. — Il est attaqué par eux. — Il soutient seul un combat contre les sauvages. 139

XIX. — Il se réfugie dans une hutte abandonnée. — Les indigènes l'y assiègent et mettent le feu au toit en chaume. — Il s'échappe. — Il monte à un arbre. — Les indigènes y mettent le feu. — Sa mort semble inévitable. — Sa délivrance. 145

XX. — Il recouvre ses sens et se trouve au milieu de ses amis. — Récit de ce qui s'est passé avec les Bush-rangers sur le grand lac. — Délivrance extraordinaire de M. Moss. 153

XXI. — Proclamation du gouverneur. — Le magistrat parlementaire. — Plan de campagne d'un sergent. — Prise des Bush-rangers. 162

XXII. — Thornley retourne chez lui. — Il s'occupe à réparer ses désastres. — Comment on bâtit une maison avec de la terre pulvérisée. — Importance croissante de Crab. — Comment un troupeau s'élève de cent têtes à deux mille. — Résolution prise de construire une maison en pierre. 170

XXIII. — Carrière de pierre. — Manière dont les jeunes filles cultivent leur jardin dans les colonies. — Un nouveau personnage. — Miss Betsy se prend d'une ardeur scientifique tout à fait subite pour les carrières de pierre et autres objets. — De grosses fourmis repoussent une invasion faite dans leurs domaines. — Chasse de bestiaux sauvages. — Un jeune bœuf furieux s'échappe dans le fourré et y rencontre miss Betsy. — Thornley voit le danger que court sa fille et la croit perdue. 176

XXIV. — Le nouveau personnage sauve la vie de Betsy. — Nouvelle visite du chirurgien. — Thornley part pour Hobart Town. 182

XXV. — Un avocat facétieux. — Manière de se débarrasser de sa femme dans les colonies. — Thornley assiste à une exécution et en revient malade. — Il retourne chez lui. — Chasse aux moutons. — Rencontre avec un Bush-ranger. 185

XXVI. — Situation délicate. — Le Bush-ranger se fait connaître. — Appel inattendu. 191

XXVII. — Histoire du Bush-ranger. — Ses crimes. — Ses souffrances. — Son évasion du port de Macquarie. 193

XXVIII. — Excursion dans le pays par les condamnés évadés. — Confession du Bush-ranger. — Il n'y a pas d'homme, si pervers qu'il soit, chez qui on ne trouve un bon côté. — Dernier vœu du Bush-ranger. — Sa mort tragique. 196

XXIX. — Réflexion d'un caporal au sujet de la catastrophe qui vient d'arriver. — Recherches dans les poches du mort. — Découverte. — Marche militaire de Thornley jusqu'à la maison du magistrat. — Il est rendu à sa famille. — Observations de Crab à cette occasion. — Les rubans rouges produisent de singulières émotions sur d'autres individus que sur les bœufs. 200

XXX. — Déjeuner de famille dans la Terre de Van Diémen. — Un nouveau colon. — Danger auquel on s'expose en mangeant de la soupe à la queue de kanguro. — L'amour aux antipodes. — Le chirurgien est menacé de mourir de faim. — Crab prend part à ses malheurs. — Ses lamentations sur l'état misérable de la colonie. 205

XXXI. — Système pénitentiaire de la colonie. — Les condamnés placés comme travailleurs chez les colons. — Ce système a leur réforme pour but. — Manière dont on les traite. 212

XXXII. — Causes des crimes. — L'amélioration matérielle du sort des condamnés conduit à leur amélioration morale. 219

XXXIII. — Effet produit par le système pénitentiaire sur le développement des ressources de la colonie. — Organisation et discipline à laquelle les condamnés sont astreints. — Plainte portée devant le magistrat par un maître contre un condamné à lui assigné comme domestique par le gouvernement. 221

XXXIV. — Procès. 223

XXXV. — Plainte d'un condamné contre le maître auquel il a été assigné comme domestique par le gouvernement. — Le condamné est protégé contre le mauvais traitement de son maître, de même que le maître est protégé contre la mauvaise conduite du condamné qui lui est assigné comme domestique. 225

XXXVI. — Exposé du système de la transportation. 231

XXXVII. — Plainte d'un condamné contre un de ses camarades. 234

XXXVIII. — La peine du fouet. — Nécessité de moyens de correction prompts et redoutables dans une colonie de condamnés. — Horreurs de la transportation au port de Macquarie, établissement pénal de la colonie. — Thornley retourne chez lui. — Lettre du gouverneur. 237

XXXIX. — Arpentage de terres. — Crab devient propriétaire malgré lui. — Ses réflexions sur la partie pratique de l'émigration. — La fille du Bohémien. 242

XL. — Contradiction de Crab. — Les modes françaises pénètrent jusque dans la Terre de Van Diémen. — Demande d'un pasteur. — Le vaisseau enfumé. — Découverte d'un complot. — Déguisement. — Une nouvelle aventure. 249

XLI. — Début dans un nouveau rôle. — Déguisement découvert. — Une lutte. — C'est trop de trois contre un. — Appartement pour une personne seule. 258

XLII. — La nécessité est la mère de l'invention. — Avantage d'une bonne mémoire. — Expérience anatomique. — Le courage et la persévérance surmontent tous les obstacles. — Rencontre imprévue. — Lettre mystérieuse qui donne la clé d'une cachette. — Perquisition dans la Maison-Rouge. 263

XLIII. — Un constable de la colonie. — Une trace dans la neige. — La côte des sept milles. — La hutte abandonnée. — Une découverte. — Encore un mécompte. 270

XLIV. — Délibération. — Un gentleman entre deux âges, fatigué de courir les aventures. — La trace retrouvée. — Un dîner impromptu et des huîtres fraîches. — Une nouvelle horreur. 275

XLV. — Quel est le meurtrier et quelle est la victime ? — Hospitalité d'un colon. — Excuse pour boire un verre de grog. — Les kanguros en miniature. — Poursuite. 281

XLVI. — Discours pathétique de Scroggs. — Renseignements sur les fugitifs. — Information inattendue. — Un matelot à cheval. — Arrivée imprévue. 287

XLVII. — Le jockey de la Terre de Van Diémen. — Un troc. — Continuation de la poursuite. — Justice distributive. — Les indigènes. — Nouveaux dangers. 296

XLVIII. — Un hiver dans la Terre de Van Diémen. — Chasse donnée à des nègres. — Habitations d'indigènes. — Nouvelles de l'enfant. 304

XLIX. — Un camp d'indigènes. — Conférence avec Musquito. — Un sauvage a une âme. — L'enfant perdu est retrouvé. — Comment on prend un opossum. — Chasse au kanguro par les indigènes. — Soupçons excités par la vue des javelines et des massues. 310

L. — Encore une chasse au kanguro. — Les indigènes reconnaissent un ancien ennemi. — Fuite.

— Escarmouche. — Nouvelle attaque. — Généreux dévoûment de Scroggs. — Retour sur les bords de la Clyde. — Crab prend la résolution de quitter la colonie. 319

LI. — Comment Crab vend son troupeau.— Embarras des richesses. — Mésaventures de Crab. — Nouvelle résolution de quitter la colonie. 329

LII. — Motifs pour émigrer. — Aménagement d'un troupeau. — Avis aux émigrants. 338

LIII. — Il y a de cela quatorze ans. — Succès d'un émigrant. — Lettre de la fille du Bohémien. — Mort de Crab. 352

LIV. — Conclusion. 361

FIN DE LA TABLE.

Limoges. — Imp. E. ARDANT et C⁰.

www.ingramcontent.com/pod-product-compliance
Lightning Source LLC
Chambersburg PA
CBHW050302170426
43202CB00011B/1795